MEYERS
TASCHEN
LEXIKON
Band 12

MEYERS
TASCHEN
LEXIKON

in 12 Bänden

Herausgegeben und bearbeitet
von Meyers Lexikonredaktion

Band 12: Upd–Zz

B.I.-Taschenbuchverlag
Mannheim · Leipzig · Wien · Zürich

Redaktionelle Leitung:
Dr. Joachim Weiß

Redaktion:
Sabine-Walburga Anders,
Dipl.-Geogr. Ellen Astor,
Ariane Braunbehrens, M. A.,
Ursula Butzek,
Dipl.-Humanbiol. Silke Garotti,
Dr. Dieter Geiß,
Jürgen Hotz, M. A.,
Dr. Erika Retzlaff,
Barbara Schuller,
Marianne Strzysch

Bildredaktion:
Gabriela Horlacher-Zeeb,
Ulla Schaub

Die Deutsche Bibliothek – CIP-Einheitsaufnahme
Meyers Taschenlexikon: in 12 Bänden / hrsg. und bearb. von
Meyers Lexikonredaktion. [Red. Leitung: Joachim Weiß.
Red.: Sabine-Walburga Anders ...]. – [Ausg. in 12 Bd.]. –
Mannheim; Leipzig; Wien; Zürich: BI-Taschenbuchverl.
ISBN 3-411-12201-3
NE: Weiß, Joachim [Red.]
[Ausg. in 12 Bd.]
Bd. 12. Upd–Zz. – 1996
ISBN 3-411-12321-4

Als Warenzeichen geschützte Namen sind durch
das Zeichen ® kenntlich gemacht. Etwaiges Fehlen dieses Zeichens
bietet keine Gewähr dafür, daß es sich um einen nicht geschützten
Namen handelt, der von jedermann benutzt werden darf.

Das Wort MEYER ist für Bücher aller Art für den Verlag
Bibliographisches Institut & F. A. Brockhaus AG
als Warenzeichen geschützt.

Alle Rechte vorbehalten
Nachdruck, auch auszugsweise, nicht gestattet
© Bibliographisches Institut & F. A. Brockhaus AG, Mannheim 1996
Satz: Grafoline T·B·I·S GmbH, L.-Echterdingen
Druck: Klambt-Druck GmbH, Speyer
Bindearbeit: Röck Großbuchbinderei GmbH, Weinsberg
Papier: 80 g/m^2, Eural Super Recyclingpapier matt gestrichen
der Papeterie Bourray, Frankreich
Printed in Germany
Gesamtwerk: ISBN 3-411-12201-3
Band 12: ISBN 3-411-12321-4

Updike

Updike, John [engl. 'ʌpdaɪk], * Shillington (Pa.) 18.3. 1932, amerikan. Schriftsteller. Gesellschaftskrit., z. T. satir. Romane und Erzählungen, v. a. über das Alltagsleben der amerikan. Mittelklasse. – *Werke:* Hasenherz (R., 1960), Ehepaare (R., 1968), Unter dem Astronautenmond (R., 1971), Bessere Verhältnisse (R., 1981), Die Hexen von Eastwick (R., 1984), Das Gottesprogramm (R., 1986).

Uperisation [Kw. aus **U**ltra**p**ast**e**u**risation**], svw. ↑Ultrahocherhitzung.

UPI [engl. 'ju:pi:'aɪ], Abk. für **U**nited **P**ress **I**nternational, amerikan. Nachrichtenagentur; entstanden 1958 durch Fusion von United Press Association (gegr. 1907) und International News Service (INS, gegr. 1909 als American News Service); Sitz New York.

Uppland, histor. Prov. in Schweden, zw. Mälarsee, unterem Dalälv und Ostsee; wichtigste Städte sind Stockholm und Uppsala.

Uppsala ['ʊpsala, schwed. ˌʊpsɑ:la], schwed. Stadt 60 km nnw. von Stockholm, 164 800 E. Hauptstadt des Verw.-Geb. Uppsala, Univ. (gegr. 1477) mit berühmter Bibliothek, PH, Afrikainstitut, Museen; graph. Betriebe, pharmazeut. und Nahrungsmittelindustrie. Got. Domkirche (1435 geweiht), Dreifaltigkeitskirche (z. T. aus dem 12. Jh.). – Entstand im 12. Jh. als *Östra Aros*; 1130 Verlegung des Bistums Sigtuna nach *Gamla Uppsala* (*Alt-Uppsala*; etwa 5 km nördlich von Östra Aros), dem alten polit.-religiösen Zentrum des Reiches der Svear; 1164 zum Erzbistum erhoben (seit 1531 luth.); 1314 Stadtrecht; Mitte des 16. Jh. bis ins 17. Jh. ständige Residenz der schwed. Könige.

Ur, altoriental. Stadt in Sumer; der Ruinenhügel Tell Mukajir im südl. Irak, 150 km westlich von Basra, liegt jetzt rd. 15 km vom Euphrat entfernt. Die bed. Seehandelsstadt war in frühdynast. Zeit (1. Dynastie von Ur um 2400 v. Chr.) und v. a. unter der 3. Dynastie (um 2047 bis 1940 v. Chr.), politisches Zentrum von Sumer. Englische Ausgrabungen (bes. 1922–34 durch Charles Leonard Woolley, *1880, †1960) fanden über der Kulturschicht des 5./4. Jt. (Keramik der Obeidperiode, ↑Tell Obeid) v. a. den frühdynast. Königsfriedhof (um 2500) mit reichen Grabbeigaben bei den in Schachtgräbern beigesetzten Gefolgsleuten; aus der Zeit der 3. Dynastie besonders die dreistufige Zikkurat des Mondgottes Nanna, des Stadtgottes von Ur. Nach 1. Mos. 1, 28, 31 war Ur (»Ur in Chaldäa«) die Heimat Abrahams.

Ur, svw. Auerochse (↑Rinder).

Urabstimmung, in verschiedenen Organisationen Abstimmung aller Mgl. zur Entscheidung grundsätzl. Fragen, v. a. Abstimmung von gewerkschaftlich organisierten Arbeitnehmern über Einleitung und Durchführung bzw. Beendigung eines Streiks.

Uppsala
Stadtwappen

Ur.
Luftaufnahme des Ruinenhügels Tell Mukajir

Urach

Uranpecherz.
Uraninit, verschiedene Kristallformen

Urach (seit 1983 Bad U.), Stadt am N-Rand der Schwäb. Alb, Bad.-Württ., 10 500 E, Luftkurort. Histor. Museum (im Schloß); Thermalbad. Ev. spätgot. Pfarrkirche (1479–99), Schloß (1443 ff., im 15. und 16. Jh. verändert) mit Goldenem Saal (um 1610 umgebaut); Fachwerkrathaus (1562 und 1907), spätgot. Marktbrunnen. – Im 11. Jh. erstmals erwähnt; Residenz der Linie Württemberg-U. (1442–84).

Uracil (2,4[1H,3H]-Pyrimidindion), als Nukleinsäurebase ausschließlich in der ↑RNS enthaltene Pyrimidinverbindung; *Uridintriphosphat* (UTP) ist funktionell dem ATP analog.

Uradel, der alte Adel (bis 1400), der nicht auf landesherrl. Verleihung beruht *(Briefadel).*

Ural, 1) über 2000 km langes, größtenteils in N–S-Richtung verlaufendes Mittelgebirge zw. der Osteurop. Ebene und dem Westsibir. Tiefland (Grenze Europa/Asien), bis 1894 m hoch in der Narodnaja. Über die Rücken des *Pachoiberglandes* setzt sich der U. über 1 200 km bis zum N-Ende der Doppelinsel Nowaja Semlja fort, nach S, jenseits des Flusses Ural, über 200 km in den *Mugodscharbergen.*
2) Grenzfluß zw. Europa und Asien, entspringt im Südl. Ural, mündet 25 km sw. von Atyrau in das Kasp. Meer, 2 428 km lang.

Urämie [lat.], svw. ↑Harnvergiftung.

Uran [griech.], chem. Symbol U; radioaktives, metall. chem. Element aus der Reihe der Actinoide des Periodensystems der chem. Elemente; Ordnungszahl 92; relative Atommasse 238,029; Dichte 18,95 g/cm³; Schmelztemperatur 1132°C; Siedetemperatur 3818°C. An Isotopen sind U 226 bis U 240 und U 242 bekannt, von denen U 238 mit $4,51 \cdot 10^9$ Jahren die längste Halbwertszeit hat; U 238 und U 235 sind die Anfangsglieder natürl. Zerfallsreihen. Die wichtigste Sauerstoffverbindung ist das *Urandioxid* (Uran(IV)-oxid), UO_2, das mit U 235 angereichert als Kernbrennstoff dient. Für die U.gewinnung wichtige Erze sind Uranglimmer und Uranpecherz.

Uranblei, Bez. für das Bleiisotop Pb 206, Endglied der Uran-Radium-Zerfallsreihe.

Urania, eine der ↑Musen.

Uranos, in der griech. Mythologie Begriff und Personifikation des »Himmels«, eines der göttl. Ursprungsprinzipien.

Uranpecherz, stark radioaktives, meist in Form kryptokristalliner bis kolloidaler, schwarzer bis pechglänzender Massen *(Pechblende, Uranpech),* seltener in würfeligen oder oktaedr., schwarz glänzenden Kristallen *(Uraninit)* oder in pulverigen, schwarzen Massen *(Uranschwärze)* auftretendes Mineral, das v. a. aus Urandioxid, UO_2, besteht.

Uranus [griech.], astronom. Zeichen ⛢, der [von der Sonne aus gerechnet] siebte Planet (characterist. Daten des U. ↑Planeten [Übersicht]). Der von Friedrich Wilhelm Herschel (* 1738, † 1822) am 13. 3. 1781 entdeckte Planet unterscheidet sich durch die Lage seiner Rotationsachse, die fast genau in seiner Bahnebene liegt, von allen anderen Planeten. Seine Temperatur ist wegen seines großen Sonnenabstandes sehr niedrig (etwa −216°C). Spektroskopisch konnten freier Wasserstoff und Methan in der Atmosphäre nachgewiesen werden. Uranus besitzt 15 Monde, darunter Miranda, Ariel, Umbriel, Titania und Oberon. Die zehn kleineren Monde wurden 1985/86 von der Raumsonde Voyager 2 entdeckt. 1977 wurde bei Beobachtung einer Sternbedeckung ein innerhalb der Miranda-Bahn liegendes Ringsystem festgestellt; 1986 von Voyager 2 bestätigt.

Urartäer (fälschlich Chalder, Chaldäer), die Bewohner des Reiches von *Urartu,* dessen Zentrum sich im armen. Hochland (zw. Vansee, Urmiasee, Sewansee) befand; Residenz war Tuschpa (heute Van). Im 9./8. Jh. dehnten die U. ihr Reich bis nach N-Syrien und in den W-Iran aus und waren zeitweise gefährl.

Uranpecherz.
Pechblende

Uräusschlange (Länge etwa 2 m)

Urchristentum

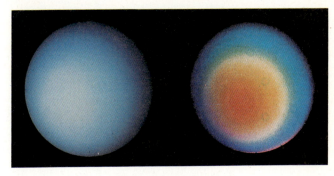

Gegner Assyriens. Um 714 v. Chr. erlag ihr Reich den Kimmeriern, bestand aber in verkleinerter Form noch bis 640 v. Chr. fort. – Erhalten sind umfangreiche Terrassen- und Kanalbauten; Steinbau (mehrstöckig), Metallkunst (Bronzeschmuck und -beschläge) und Elfenbeinschnitzerei waren hoch entwickelt.

Urate [griech.], die Salze der Harnsäure.

Uraufführung, die erste öffentl. Aufführung eines Bühnenwerkes oder Films, im Unterschied zu den nachfolgenden *Erstaufführungen* eines bereits uraufgeführten Werks bzw. Films in anderen Städten.

Uräusschlange [griech./dt.], bis 2 m lange Kobra in Trockengebieten von N- bis SO-Afrika sowie auf der Arab. Halbinsel; einfarbig hellbraun bis fast schwarz; wird oft von Schlangenbeschwörern zur Schau gestellt; Giftwirkung für den Menschen sehr gefährlich. – In der altägypt. Kunst v. a. königl. Symbol (an der Krone).

Urban, Name von Päpsten:
1) Urban II., sel., *bei Châtillon-sur-Marne (?) um 1035, † 29. 7. 1099, vorher Oddo von Châtillon (von Lagery), Papst (seit 12. 3. 1088). Führte das gregorian. Reformpapsttum einem neuen Höhepunkt zu; leitete mit dem Aufruf zum (ersten) Kreuzzug (1095) die Kreuzzugsbewegung ein.
2) Urban VIII., *Florenz 5. 4. 1568, † Rom 29. 7. 1644, vorher Maffeo Barberini, Papst (seit 6. 8. 1623). Unterstützte im Dreißigjährigen Krieg Frankreich gegen Habsburg und damit indirekt die prot. Partei; berüchtigt wegen

Uranus aus einer Entfernung von 9,1 Mio. km; das linke Bild zeigt den Planeten so, wie er dem menschlichen Auge erscheinen würde, das rechte ist eine Falschfarbendarstellung zur Hervorhebung atmosphärischer Besonderheiten; beide Bilder sind Montagen von Aufnahmen in verschiedenen Spektralbereichen durch die Raumsonde »Voyager 2« am 17. 1. 1986

seines Nepotismus; grandiose Bautätigkeit (1626 Weihe der Peterskirche); bekämpfte ↑Gallikanismus und ↑Jansenismus und verurteilte 1633 G. Galilei.

Urbanisation [zu lat. urbanus »städtisch«], 1) städtebaul. Erschließung.
2) durch städtebaul. Erschließung entstandene moderne Stadtsiedlung.
3) (Urbanisierung) der Prozeß zunehmender Bevölkerungsverdichtung in städt. Gebieten bei entsprechendem Rückgang der Bevölkerung in ländl. Bereichen als Folge der Industrialisierung.

Urbanistinnen ↑Klarissen.

Urbar [lat.], ma. Güter- und Abgabenverzeichnis größerer Grundherrschaften.

urbi et orbi [lat.] ↑Apostolischer Segen.

Urbino, italien. Stadt in den Marken, 16 000 E. Universität. Palazzo Ducale (1444 ff.; heute Nationalgalerie); Dom (1789 wiederaufgebaut). – Bischofssitz seit dem 6. Jh. bezeugt (1563 Erzbistum); fiel 756 an den Papst; 1443/74 Hzgt.; 1631 direkt dem Kirchenstaat unterstellt.

Urchristentum (Urkirche), die ersten Christengemeinden, die seit dem Tod Jesu (etwa im Jahre 30) zunächst in Jerusalem bzw. Palästina, bald aber auch im angrenzenden syr. Raum und dann in

Urd

zahlreichen Städten v. a. Kleinasiens und Griechenlands bis hin nach Rom entstanden sind (etwa die ersten 70–100 Jahre christlicher Geschichte). Im U. wurden für die spätere Kirche konstitutive Prozesse in Gang gesetzt: 1. Trennung von der jüdischen Tempelgemeinde, Öffnung der Mission und Gründung einer weltweiten Kirche aus Christen jüdischer Herkunft *(Judaisten, Judenchristen)* und Christen heidnischer Herkunft *(Heidenchristen).* 2. Zurücktreten des jüdischen zugunsten des hellenistischen Denkens. 3. Entwicklung des Christentums zu einer »Schriftreligion«. 4. Ausbildung zentraler gottesdienstlicher Formen und einer kirchlichen Ämterstruktur.

Urd ↑Nornen.

Urdinger Linie, nördlichste Linie des rheinischen Fächers, die durch den Krefelder Stadtteil Uerdingen verläuft und bis zu der in der zweiten Lautverschiebung *-k* zu *-ch (ik* zu *ich)* verschoben wurde.

Urdu, in Indien und Pakistan (Staatssprache) gesprochene Sprache (↑indische Sprachen).

Urease [griech.], Enzym, das Harnstoff in Kohlendioxid und Ammoniak spaltet.

Urese [griech.], svw. Harnentleerung (↑Harn).

Urethane [Kw.], die Ester der Carbamidsäure; Verwendung als Schlaf-, Beruhigungs-, Schädlingsbekämpfungsmittel. ↑Polyurethane.

Urethritis [griech.], svw. ↑Harnröhrenentzündung.

Urey, Harold Clayton [engl. 'juərɪ], *Walkerton (Ind.) 29.4.1893, † La Jolla (Calif.) 6.1.1981, amerikan. Chemiker. Für seine Entdeckung des Wasserstoffisotops Deuterium (1931) erhielt er 1934 den Nobelpreis für Chemie.

Urfa (Şanlıurfa), türk. Stadt in SO-Anatolien, 206 400 E. Handelszentrum. In beherrschender Lage Reste einer Festung aus der Kreuzfahrerzeit (12. Jh.) mit zwei Säulen eines ehem. Baaltempels. Unterhalb der sog. Teich Abrahams mit hl. Karpfen; mehrere Moscheen. Bed. altoriental. Stadt; 333 v. Chr. von Alexander d. Gr. eingenommen (griech. *Orrhoe, Edessa);* 132 v. Chr. bis 216 n. Chr. Hauptstadt des Reiches der Abgariden; 1098–1144/45 Zentrum eines Kreuzfahrerstaates; seit 1637 zum Osman. Reich.

Urfarne (Psilophytatae), im Devon verbreitete Klasse der Farnpflanzen; U. sind die ältesten Landpflanzen.

Urfaust, älteste, in einer Abschrift des Fräuleins von Göchhausen (*1752, †1807) erhaltene Fassung von Goethes »Faust« (↑Faust, Johannes).

Urfé, Honoré d' [frz. yr'fe], *Marseille 11. 2. 1568 (1567?), † Villefranche (Alpes-Maritimes) 1. 6. 1625, frz. Dichter. Bes. bekannt wurde sein Schäferroman »L'Astrée« (5 Bde., 1607–27).

Urfehde, 1) der die Fehde beendigende Eid der Parteien (und deren Sippen), künftig Frieden zu halten.
2) im MA (z. T. bis ins 19. Jh.) auch der eidl. Verzicht des Freigesprochenen oder Freigelassenen auf Rache gegenüber Ankläger und Gericht.

Urgebirge, veraltete Bez. für den kristallinen Unterbau der Erdkruste.

Urgemeinde, die aus Judenchristen (↑Urchristentum) bestehende Gemeinde von Jerusalem als die älteste Kirche.

Urgeschichte, ältester Abschnitt der Menschheitsgeschichte; seit den 1920er Jahren vielfach statt ↑Vorgeschichte oder für deren ältere Abschnitte (Paläo- und Mesolithikum) verwendet.

Urgestein, fälschl. Bez. für magmat. und metamorphe Gesteine.

Urheberrecht, das dem Urheber *(Autor, Verfasser, Bearbeiter, Übersetzer)* eines Werkes der Literatur, Wissenschaft oder Kunst zustehende, gegen jedermann wirkende (absolute) Recht an seiner geistigen Schöpfung; geregelt im Gesetz über Urheberrecht und verwandte Schutzrechte (Urheberrechtsgesetz) von 1965. Bei der grenzüberschreitenden Wirkung geistiger Schöpfungen ist der *internationale Urheberrechtsschutz* von bes. Bedeutung. Seine Grundlagen bilden die Berner Übereinkunft von 1886 und das *Welturheberrechtsabkommen* von 1952. Eine internat. wichtige Sonderregelung enthält das *Copyright* in den USA.
Der Schutz des *geistigen Eigentums* sichert die ideellen und materiellen Interessen. Zu den ideellen Interessen gehört das *Veröffentlichungsrecht,* wonach der Urheber allein darüber bestimmt, ob, wann und in welcher Form sein Werk der Öffentlichkeit zugänglich gemacht wird; im Mittelpunkt der materiellen Interes-

Harold Clayton Urey

Urkunde

sen steht sein alleiniges *Verwertungsrecht* am Werk in Form der Vervielfältigung, Verbreitung und Ausstellung. Vervielfältigung ist auch die Übertragung des Werkes auf Bild- oder Tonträger (Tonbänder, Kassetten). Das Verwertungsrecht des Autors erstreckt sich auch auf Bearbeitungen oder Umgestaltungen des Werkes (z. B. Übersetzungen, Verfilmungen). Der bildende Künstler besitzt außerdem das *Folgerecht,* d. h. eine 5%ige Beteiligung am Erlös, den später ein Kunsthändler oder sonstiger Vermittler beim Weiterverkauf des Werkes erzielt. Ein Urheber ist vielfach weder willens noch in der Lage, seine Rechte selbst auszuwerten. Hier greift die Vermittlungsfunktion des *Verlegers* ein, dem der Autor durch den Verlagsvertrag sein Werk gegen ein zu vereinbarendes Honorar zur Vervielfältigung und Verbreitung überläßt (Verlagsrecht). Will der Autor dem Vermittler nur ein begrenztes Werknutzungsrecht überlassen, so räumt er ihm eine begrenzte Nutzungserlaubnis, die *Lizenz,* ein. Neben den Verlegern sind v. a. die sog. Verwertungsgesellschaften tätig.
Einschränkungen des U.: Nach dem Ablauf einer Schutzdauer von 70 Jahren, gerechnet vom Ende des Todesjahres des Urhebers, wird sein Werk gemeinfrei. Eine verkürzte Schutzdauer von 25 Jahren gilt u. a. für Werke der Photographie, für das Leistungsschutzrecht des ausübenden Künstlers und für Funksendungen. – Bei öffentl. Reden und Vorträgen, insbes. im Parlament und vor Gericht, besteht weitgehend Wiedergabefreiheit. Auch sind Presse, Film und Funk bei der Bild- und Tonberichterstattung über Tagesereignisse von einer Rücksichtnahme auf etwaige U. befreit. – Schließlich findet das U. seine Schranke am Recht der durch das Werk des Autors betroffenen Persönlichkeit. Unzulässig ist die ungenehmigte Anfertigung und Verbreitung eines Personenbildnisses oder der unerlaubte Eingriff in ein fremdes Lebensbild *(Schlüsselroman).*
Die Verletzung geschützter U. gilt als unerlaubte Handlung im Sinne des bürgerl. Rechts mit den sich daraus ergebenden Rechtsfolgen (Ansprüche auf Unterlassung, Beseitigung und Schadenersatz).

Uri, zentralschweizer. Kt., umfaßt im wesentl. das Flußgebiet der Reuß vom Urserental bis zum Urner See, 1076 km², 35500 E, Hauptort Altdorf (UR). Seit jeher ist der Durchgangsverkehr auf der Gotthardroute eine wichtige wirtschaftl. Basis des Kantons.
Geschichte: 853 von König Ludwig (II.), dem Deutschen, dem Kloster Fraumünster in Zürich geschenkt. Seine überragende Bedeutung gewann das Gebirgstal durch die Erschließung des Passes über den Sankt Gotthard (vor 1230). 1231 reichsfrei; 1291 Zusammenschluß mit Schwyz und Unterwalden gegen die Habsburger. Die Reformation konnte in U. nicht Fuß fassen.
Urja (Urija, Urias), hethit. Offizier im Heer Davids, dessen Frau Bathseba von David verführt wird, der U. durch einen Brief *(Uriasbrief)* an die vorderste Front einer Schlacht schickt, damit er den Tod finde (2. Sam. 11).
Urin [lat.], svw. ↑Harn.
Urinsekten (Flügellose Insekten, Apterygoten, Apterygota), zusammenfassende Bez. für die ursprünglichsten und ältesten Ordnungen primär flügelloser, in ihrer Individualentwicklung kein bes. Larvenstadium durchlaufender Insekten: Doppelschwänze, Beintastler, Springschwänze, Borstenschwänze.
Uris, Leon [engl. ˈjʊərɪs], *Baltimore 3. 8. 1924, amerikan. Schriftsteller. Bekannt v. a. durch den Roman »Exodus« (1958; 1960 von O. Preminger verfilmt), der die Entstehung des Staates Israel schildert. – *Weitere Werke:* QB VII. (1970), Trinity (1976), Mitla Pass (1988).
Urkantone, die drei ersten Kantone der Schweizer. Eidgenossenschaft (Schwyz, Uri und Unterwalden), die 1291 den »Ewigen Bund« schlossen.
Urkilogramm, Bez. für das Normal der Masseneinheit Kilogramm, das in Sèvres bei Paris aufbewahrt wird: Ein Zylinder aus Platin-Iridium von etwa 39 mm Durchmesser und 39 mm Höhe.
Urkirche, svw. ↑Urchristentum.
Urknall (Big Bang) ↑Kosmologie.
Urkunde, 1) *Geschichtswissenschaft:* (lat. instrumentum, privilegium; mhd. brief, handveste) in der Urkundenlehre ein schriftl., unter Beachtung bestimmter Formen angefertigtes Zeugnis rechtl. Natur. Dabei wird je nach *rechtl. Geltung*

Uri
Kantonswappen

Urkundenfälschung

zw. Geschäfts- und Beweis-U., nach dem *Aussteller* zw. Königs-, Papst- und Privat-U. sowie nach dem *Inhalt* zw. (feierlichem, nach streng formalen Gesichtspunkten gegliedertem) Diplom und Mandat unterschieden. Da die Rechtsstellung des einzelnen und der Institution im MA kaum durch allgemein bindende Gesetze, sondern vielmehr durch individuelles Privilegienrecht festgesetzt wurde, ist die U. eine der grundlegenden Quellen der Mediävistik.
2) *Zivilrecht:* jede in Schriftform verkörperte Gedankenerklärung. *Öffentl. U.* ist die von einer öffentl. Behörde oder von einer mit öffentl. Glauben versehenen Person (z. B. Gerichtsvollzieher, Notar) in der vorgeschriebenen Form aufgenommene Urkunde. *Privat-U.* ist jede nicht öffentl. Urkunde; ist sie vom Aussteller unterschrieben, so gilt dies als Beweis dafür, daß die in ihr enthaltene Erklärung vom Aussteller abgegeben ist. U. sind Beweismittel im Sinne der ZPO.

Urkundenfälschung, die Herstellung einer unechten, die Verfälschung einer echten oder der Gebrauch einer verfälschten oder unechten Urkunde im Rechtsverkehr. Zur U. zählt auch das unbefugte Ausfüllen eines mit der Unterschrift eines anderen versehenen Papiers (z. B. Scheck-, Wechselformular). U. wird mit Freiheitsstrafe bis zu fünf Jahren bestraft.

Urkundenlehre (Diplomatik), histor. Hilfswissenschaft, die Echtheit, Entstehung, Datierung, Merkmale und Überlieferung von Urkunden erforscht und sie in kritischen Editionen zugänglich macht.

Urkundenprozeß, ein beschleunigtes summarisches Zivilverfahren, in dem die den Klageanspruch begründenden Behauptungen durch Urkunden bewiesen werden müssen.

Urlaub, von Berufspflichten freier, der Erholung dienender Zeitraum für jeden Arbeitnehmer bei Fortzahlung des Arbeitsentgelts. Rechtlich geregelt ist der U. für Arbeitnehmer im *Bundesurlaubsgesetz* vom 8. 1. 1963 sowie in zahlr. Sondervorschriften, v. a. auch in Tarifverträgen, und für Beamte im Bundesbeamtengesetz. Der *Mindesturlaub* beträgt jährl. 18 Werktage. Das *Urlaubsentgelt,* d. h. die Lohnfortzahlung während der Arbeitsbefreiung, ist vor Antritt des U. auszuzahlen. Durch ärztl. Zeugnis nachgewiesene Krankheitstage während des U. werden auf den Jahres-U. nicht angerechnet.

Urmaß ↑Normale.

Urmensch, in vielen Religionen verbreitete Vorstellung von einem ersten Menschen als Ahnherrn der gesamten Menschheit.

Urmenschen, svw. Australopithecinae (↑Mensch, Abstammung).

Urmia (früher Resaijje), iran. Stadt westlich des Urmiasees, 300 700 E. Hauptstadt des Verw.-Geb. Aserbaidschan-West. Freitagsmoschee (vermutlich vor 1277).

Urmiasee, abflußloser Salzsee in NW-Iran, zw. 3 900 und 5 900 km^2.

Urnenfelderkulturen, vorgeschichtliche Kulturgruppen, die die Leichenbrände ihrer Toten in Urnen bergen und diese zu größeren Feldern (Friedhöfen) zusammenstellen; bes. typ. für die *Urnenfelderzeit* (13.–8. Jh.; späte Bronzezeit); von O-Europa bis W-Europa verbreitet (z. B. Lausitzer Kultur), grundlegend für die Hallstattkultur.

Urner See, zw. der Reußmündung und Brunnen gelegener sö. Teil des Vierwaldstätter Sees.

Urogenitalsystem (Urogenitaltrakt, Harn-Geschlechts-Apparat), zusammenfassende Bez. für die beiden bei den Wirbeltieren und beim Menschen morphologisch-funktionell miteinander verknüpften Organsysteme der Exkretion und Fortpflanzung.

Urologie [griech.], Wiss. und Lehre vom Bau, von der Funktion und den Krankheiten der Harnorgane. Der Facharzt für U. heißt **Urologe.**

Ursache ↑Kausalität.

Ursa Maior ↑Sternbilder (Übersicht).

Ursa Minor ↑Sternbilder (Übersicht).

Ursprungsbezeichnung, Bez. auf der Verpackung oder der Ware selbst, die das Herkunftsland angibt. Die U. erfolgt durch die Angabe »Made in ...« mit dem Namen des Herkunftslandes; zuerst 1887 von Großbrit. für Importe vorgeschrieben.

Urstromtal, während der pleistozänen Eiszeiten als Sammelrinne der Schmelzwässer des Inlandeises vor dessen Front entstandene breite, flache Talung.

Uruguay

Ursulinen (lat. offiziell: Ordo Sanctae Ursulae, Abk. **OSU;** Gesellschaft der hl. Ursula), die Mgl. des 1535 in Brescia von der hl. Angela Merici gegr. Schwesternordens mit eigener Regel und der Verpflichtung zur Erziehung der weibl. Jugend.

Urteil, 1) *Philosophie:* in der Logik eine Aussage in Form eines einfachen Behauptungssatzes: *S ist P.*

2) *Verfahrensrecht:* die bes. Formvorschriften unterliegende schriftl. Entscheidung eines Gerichts, die einen Rechtsstreit in der jeweiligen Instanz ganz *(End-U.)* oder teilweise *(Teil-U.)* beendet. Im *Strafprozeß* beendet das U. das Hauptverfahren. Das U. soll am Schluß der Hauptverhandlung, es muß spätestens am 11. Tag danach öffentlich verkündet werden.

Urtierchen, svw. ↑Protozoen.

Urubamba, Río, rechter Quellfluß des Río Ucayali (Peru), etwa 700 km lang.

Uruguay [ˈʊrugvaɪ, uruˈgvaːi, span. uruˈɣwai], Fluß in Südamerika, 1600 km lang, im Oberlauf *Rio Pelotas* genannt, entspringt in der Serra do Mar, durchfließt das Brasilian. Bergland und das Paraná-Uruguay-Tiefland, mündet nördlich von Buenos Aires in den Río de la Plata. Bildet z. T. die argentin.-brasilianische und argentin.-uruguayische Grenze.

Uruguay [ˈʊrugvaɪ, uruˈgvaːi, span. uruˈɣwai] (amtlich spanisch República Oriental del Uruguay), Staat in Südamerika, grenzt im W an Argentinien, im N und NO an Brasilien, im SO und S an den Atlant. Ozean und den Río de la Plata.

Staat und Recht: Präsidialrepublik; *Verfassung* von 1967 (zuletzt 1985 geändert). *Staatsoberhaupt* ist der Präs., er wird für 5 Jahre direkt gewählt. Die *Exekutive* liegt beim Präs. und beim Ministerrat. Als *Legislativorgan* fungiert der Kongreß, bestehend aus Deputiertenkammer (99 Abg., für 5 Jahre direkt gewählt) und Senat (30 Senatoren, für 5 Jahre gewählt). *Parteien:* Partido Nacional (»Balncos«), Partido Colorado (»Colorados«), Frente Amplio (Zusammenschluß von 13 kleineren Parteien), Nuevo Espacio.

Landesnatur: U., das den äußersten S des Brasilian. Schildes einnimmt, erstreckt sich nördlich des Río de la Plata als flachwelliges, weites Hügelland mit

Uruguay

Fläche:	177 414 km²
Einwohner:	3,130 Mio.
Hauptstadt:	Montevideo
Amtssprache:	Spanisch
Nationalfeiertage:	18. 7., 25. 8.
Währung:	1 uruguayischer Peso (Urug$) = 100 Centésimos (cts)
Zeitzone:	MEZ – 4 Std.

in O–W-Richtung verlaufenden Hügelreihen (sog. Cuchillas); es wird durch die zum Río Uruguay fließenden Flüsse (Río Negro als Hauptstrom) gegliedert. Die höchste Erhebung erreicht 501 m im SO des Landes. U. hat subtrop. Klima. Vorherrschend sind die weiten Grasflächen der Campos.

Bevölkerung: U. ist ein traditionelles Einwandererland, in dem 90% der E europ. (bes. span. und italien.) Herkunft sind. Die indian. Urbevölkerung ist nahezu ausgestorben. 56% der Bevölkerung sind kath., Protestanten und Juden bilden Minderheiten.

Wirtschaft, Verkehr: U. ist eine Agrarstaat bei vorherrschendem Großgrundbesitz (Estancias). Wichtigster Zweig der Landwirtschaft ist die extensiv (auf 77% der landwirtschaftl. Nutzfläche) betriebene Viehzucht (Rinder, Schafe, Pferde). Bed. Anbauprodukte sind Weizen, Reis, Mais und Gerste. U. ist arm an Bodenschätzen. Schwerpunkt der Ind. ist die Verarbeitung landwirtschaftl. Rohstoffe. Das Streckennetz der Eisenbahn hat eine Länge von 3 000 km, das der Straßen von rd. 52 000 km, davon 12 000 km asphaltiert. Bedeutendster Seehafen und internat. ✈ ist Montevideo.

Geschichte: 1515 von den Spaniern entdeckt, entstanden wegen des Wider-

Staatsflagge

Staatswappen

1970 1992 1970 1992
Bevölkerung (in Mio.) Bruttosozialprodukt je E (in US-$)

Bevölkerungsverteilung 1992

Bruttoinlandsprodukt 1992

3607

Uruk

Uruguay.
Das Seebad Punta del Este an der Mündung des Río de la Plata

stands der dort ansässigen krieger. Charrua erst Ende des 17. Jh. span. und portugies. Siedlungen. Der Streit zw. diesen beiden Kolonialmächten um das als Banda Oriental de U. (»Ostseite des Flusses U.«) zum span. Machtbereich gehörende Land wurde 1777 beigelegt, die Banda Oriental de U. wurde Teil des Vizekönigreichs Río de la Plata. Nach Ausrufung der Unabhängigkeit (1810) erhoben sich die Bewohner von U. gegen die Spanier; 1817 wurde U. als »Cisplatan. Prov.« Brasilien eingegliedert. Die am 25. 8. 1825 proklamierte Unabhängigkeit wurde nach dreijährigem Kampf gegen Brasilien endgültig gesichert. Die Einmischung Argentiniens und Brasiliens in die bürgerkriegsähnl. Auseinandersetzungen in U. v. a. zw. Liberalen (Colorados) und Konservativen (Blancos) führte zu dem Krieg der Tripelallianz Argentinien, Brasilien und U. gegen Paraguay (1865–70). Präs. J. Batlle y Ordóñez, der 1903–07 und 1911–17 amtierte, schuf die Grundlagen des heutigen U. (Arbeitsgesetzgebung, staatl. Sozialfürsorge, staatl. Kontrolle des Eisenbahn- und Straßenbaus). Seit den 1930er Jahren bestimmten wiederholte diktatorische Regierungen und einschneidende Verfassungsänderungen (1952–66 Ersetzung des Präs. durch einen kollegial besetzten Nationalrat) die polit. Situation. Vor dem Hintergrund verstärkter terrorist. Aktivitäten der sozialrevolutionären Tupamaros und wirtschaftl. Probleme wurden auch Präs. J. Pacheco Areco (1967–72) diktator. Vollmachten eingeräumt. In einem Staatsstreich 1973 ersetzte Präs. J. M. Bordaberry (1972–76) mit Zustimmung des Militärs das Parlament durch einen von ihm ernannten Staatsrat. 1976 putschten die Militärs, die langfristig eine demokrat.-parlamentar. Entwicklung anstrebten. Nach der Wieder- bzw. Neugründung von Parteien fanden 1984 erstmals wieder Parlaments- und Präsidentschaftswahlen statt. Neuer Präs. wurde J. M. Sanguinetti (1985–90; Partido Colorado), der, nach der Präsidentschaft von L. A. Lacalle de Herrera (1990–95; Partido Nacional), seit 1995 erneut als Präs. amtiert.

Uruk (sumer. Unug, hebr. Erech), altoriental. Stadt, heute Ruinenstätte Warka im südl. Irak. Besiedelt vor 4000 v. Chr., im 5. Jh. n. Chr. wegen der Verlagerung des Euphrat aufgegeben. Am Beginn und am Ende des 3. Jt. v. Chr. mächtigste Stadt Sumers. Von frühdynast. Königen (Enmerkar, Lugalbanda, Gilgamesch, dem auch der Bau der Stadtmauer [um 2700] zugeschrieben wird) handeln sumer. Mythen und Epen. Wiederholte Ausgrabungen

Usbekistan

brachten v. a. Reste des Inannaheiligtums Eanna und des Anuheiligtums vom 4. Jt. an zutage; Stiftmosaike des 4. Jt., Plastik (Alabasterkopf, 28. Jh.), Reliefkunst auf Stelen und Gefäßen, zahlr. Keilschrifttafeln.

Ürümqi, Hauptstadt der chin. Autonomen Region Sinkiang, Oasenstadt am NO-Fuß des Tienschan, 1,04 Mio. E. Eisenbahnendpunkt.

Urvogel, svw. ↑Archäopteryx.

Urwald, im Ggs. zum Wirtschaftswald bzw. Naturwald der vom Menschen nicht oder wenig beeinflußte Wald der verschiedenen Vegetationszonen der Erde. U. ist heute als Folge von Rodung und Raubbau nur noch in begrenzter, in den einzelnen Vegetationszonen in unterschiedl. Ausdehnung vorhanden (v. a. in S-Amerika).

Urzeugung (Abiogenese, Archigonie), die spontane, elternlose Entstehung von Lebewesen aus anorgan. *(Autogonie)* oder organ. Substanzen *(Plasmogonie)*, im Ggs. zur Erschaffung von Lebewesen durch einen göttl. Schöpfungsakt. Es darf heute als gesichert angesehen werden, daß sich (ausgenommen die erste Entstehung von Leben überhaupt) ein lebender Organismus nur aus Lebendigem entwickeln kann.

Urzidil, Johannes [ˈʊrtsidɪl], * Prag 3. 2. 1896, † Rom 2. 11. 1970, österr. Schriftsteller. Emigrierte 1939 nach Großbrit.; lebte ab 1941 in New York; schrieb v. a. Erzählungen (u. a. »Der Trauermantel«, 1945; »Prager Triptychon«, 1960) und Essays (u. a. »Da geht Kafka«, 1965).

USA, Abk. für **U**nited **S**tates of **A**merica, ↑Vereinigte Staaten von Amerika.

Usambaraveilchen [nach den Usambara Mountains in NO-Tansania], in O-Afrika heim. Gattung der Gesneriengewächse mit rd. 20 Arten; kleine Stauden mit in Rosetten stehenden, weich behaarten Blättern und blauvioletten, fünfzähligen Blüten; als Zimmerpflanze kultiviert.

Usance [frz. yˈzãːs; lat.-frz.], Brauch, Gepflogenheit im Geschäftsverkehr.

Usambaraveilchen

Usbekistan

Fläche:	447 400 km²
Einwohner:	21,453 Mio.
Hauptstadt:	Taschkent
Amtssprachen:	Usbekisch, in der Autonomen Republik Karakalpakien Karakalpakisch
Nationalfeiertag:	31. 8.
Währung:	Som (Sum)
Zeitzone:	MEZ + 4 Std.

Usbekistan, Staat in Mitteasien, grenzt im W und N an Kasachstan, im NO und O an Kirgistan, im SO an Tadschikistan und Afghanistan sowie im S und SW an Turkmenistan.

Staat und Recht: Präsidialrepublik; *Verfassung* von 1992 (Übernahme der sowjet. Verfassung von 1978). *Staatsoberhaupt* und als Regierungschef zugleich oberster Inhaber der *Exekutive* ist der für 5 Jahre gewählte, mit weitgehenden Vollmachten ausgestattete Präsident. Die *Legislative* liegt beim Hohen Rat (250 Mgl., für 5 Jahre gewählt). Die Kommunist. Partei ist unter der neuen Bez. »Demokrat. Volkspartei« die dominierende polit. Kraft geblieben; Oppositions*parteien* wurden 1993 teilweise verboten.

Landesnatur: U. liegt im Zwischenstromland von Amudarja und Syrdarja und hat im NW Anteil am wüstenhaften Ust-Urt-Plateau und an der Sandwüste Kysylkum östlich des austrocknenden Aralsees und des unteren Amudarja. Im

Staatsflagge

Staatswappen

1970 1992 1970 1992
Bevölkerung Bruttosozial-
(in Mio.)   produkt je E
              (in US-$)

Bevölkerungsverteilung 1992

Bruttoinlandsprodukt 1992

3609

Uschebti

O geht die Wüste allmählich in ein flaches Vorgebirgsland mit der bewässerten Oase von Taschkent und der bewässerten Südl. Hungersteppe über. Die Hochgebirge, die U. im O begrenzen, sind Ausläufer des Tienschan (im N) und des Hissar-Alai-Systems (im S); sie umschließen mehrere Gebirgssenken, darunter das Ferganabecken. Das Klima ist ausgeprägt kontinental.

Bevölkerung: Die Bevölkerung besteht zu 74% aus Usbeken, daneben aus Russen (5%, seit 1991 starke Abwanderung), Tadschiken (5%), Kasachen (4%), Tataren (2%) und Karakalpaken (2%). Die traditionelle Religion ist der Islam sunnit. Richtung.

Wirtschaft, Verkehr: Nur etwa ein Zehntel der Landesfläche kann landwirtschaftlich genutzt werden. Größte Bed. haben Anbau (mittels künstl. Bewässerung) und Erstverarbeitung von Baumwolle, gefolgt von Karakulschaf- und Seidenraupenzucht. Gefördert werden Erdgas (Gasli bei Buchara, Mubarek, Dscharkak), Erdöl, Gold, Braunkohle und Buntmetallerze. Dominierend ist die Textil- und Bekleidungsindustrie, gefolgt von Maschinen- und Fahrzeugbau. Das Eisenbahnnetz ist 3 490 km lang (Teilstrecken der Transkasp. und Turkestan-Sibir. Eisenbahn), das Straßennetz umfaßt 70 800 km. Internat. ✈ in Taschkent.

Geschichte: Nach pers., seleukid., arab. (Islamisierung im 9. Jh.) und mongol. Herrschaft drangen im 16. Jh. die turkstämmigen Usbeken in das Gebiet des heutigen U. ein. Aus dem ersten usbek. Reich um die transoxan. Städte Buchara, Samarkand und Taschkent entstanden die Khanate Buchara (seit 18. Jh. Emirat), Chiwa und Kokand, die nach 1860 unter russ. Oberherrschaft gelangten. Aus Teilen der Turkestan. ASSR sowie den 1920 gegr. Volksrepubliken Buchara und Choresmien wurde 1924 die Usbek. SSR gebildet; 1929 wurde aus ihr die Tadschik. SSR ausgegliedert, 1936 ging die Karakalpak. SSR in ihren Bestand ein. 1991 erklärte U. seine Unabhängigkeit von der UdSSR und wurde Mgl. der GUS. Unter dem 1991 im Amt bestätigten Präs. I. Karimow verfolgt die von Mgl. der ehem. Kommunistischen Partei dominierte Führung eine national und islamisch ausgerichtete Politik mit Anlehnung an Rußland und die Türkei. Die Parlamentswahlen vom Dez. 1994 gewann die kommunist. Demokrat. Volkspartei.

Uschẹbti [ägypt.], kleine mumiengestaltige Figur, die die Ägypter seit dem Mittleren Reich ihren Toten mitgaben. Die aus Fayence, Ton, Holz oder Stein gearbeiteten U. sind als Abbild des Verstorbenen gestaltet und sollen ihn im Jenseits vertreten, wenn er dort zu einer Arbeit aufgerufen wird.

Uschgorod [russ. 'uʒgeret], Hauptstadt des Gebiets Transkarpatien, am S-Fuß der Waldkarpaten, Ukraine, 117 000 E. Universität.

Usedom, Insel im Odermündungsbereich zw. Stettiner Haff und Pommerscher Bucht, Deutschland und Polen, 445 km². U. besteht aus eiszeitlichen, durch Haken und Nehrungen miteinander verwachsenen Inselkernen.

Usija (Asarja, Osias), König von Juda (787–736).

Usingen, hess. Stadt im östl. Hintertaunus, 14 200 E. Mittelpunkt des Usinger Beckens. Ev. Pfarrkirche (1651–58) mit spätgot. W-Turm (1490 ff.), Rathaus (1687). – Sitz der Grafen (seit 1688 Fürsten) von Nassau-U. (1659–1744 und 1813/14).

USPD, Abk. für †**U**nabhängige **S**ozialdemokratische **P**artei **D**eutschlands.

Uschebti
(Kairo, Ägyptisches Museum)

Utopie

Usedom. Anklamer Torturm (um 1450), links der Turm der Marienkirche

Utah Flagge

Ussuri (chin. Wusuli Jiang), rechter Nebenfluß des Amur, entspringt im Sichote-Alin, Grenzfluß zw. China und dem russ. Fernen Osten, mündet bei Chabarowsk auf russ. Gebiet, 588 km lang.

Ustascha (kroatisch Ustaša [»Aufständischer«]), kroat. rechtsradikale Unabhängigkeitsbewegung, ab Frühjahr 1929 aus Protest gegen die Errichtung der »Königsdiktatur« durch König Alexander I. von A. Pavelić aus dem italien. Exil aufgebaut; kämpfte für die staatl. Unabhängigkeit ↑Kroatiens; herrschte von 1941–45 in Kroatien (grausame Verfolgung von Juden, Muslimen und Serben).

Uster, schweizer. Bezirkshauptort östlich des Greifensees, Kt. Zürich, 25 200 E. Klassizist. Kirche (1823/24) mit Freitreppe; Burg (um 1100; umgebaut).

Ustinov, Sir (seit 1990) Peter [engl. 'ʊstɪnɔf], eigentlich Petrus Alexandrus von U., *London 16. 4. 1921, engl. Schriftsteller, Regisseur und Schauspieler russ.-frz. Abstammung. Schrieb zahlr. Theaterstücke (u. a. »Romanoff und Julia«, 1956; »Endspurt«, 1962; »Beethovens Zehnte«, 1985); auch Opernregie; als Filmdarsteller u. a. in »Quo vadis?« (1952), »Lola Montez« (1955), »Spartacus« (1959).

Ust-Kamenogorsk [russisch ustjkɪmɪna'gɔrsk], Geb.-Hauptstadt im O Kasachstans, 324 000 E. Hochschulen; Anlegeplatz am Irtysch.

Ust-Urt-Plateau [russ. ustj'urtplato:], wüstenhafte Hochfläche (maximal 370 m ü. M.) im Tiefland von Turan, zw. Kasp. Meer und Aralsenke, Usbekistan und Kasachstan.

Usurpation [lat.], widerrechtl. Inbesitznahme, gesetzwidrige Machtergreifung.

Usus [lat.], Brauch, Gewohnheit, Sitte.

UT [engl. 'juː'tiː], Abk. für engl. **U**niversal **T**ime (↑Zeitmessung).

Utah [engl. 'juːtɑː], Staat im W der USA, im östl. Great Basin und den westl. Rocky Mountains, 219 889 km², 1,813 Mio. E, Hauptstadt Salt Lake City.

Geschichte: Die Besiedlung leiteten die ↑Mormonen ein, die 1847 Salt Lake City gründeten; 1848 kam U. von Mexiko in den Besitz der USA; 1850 als Territorium eingerichtet; am 4. 1. 1896 als 45. Staat in die Union aufgenommen; zuvor zugunsten von Colorado, Wyoming und Nevada beträchtlich verkleinert.

UTC [engl. 'juː'tiː'siː], Abk. für engl. **U**niversal **T**ime **C**oordinated (↑Zeitmessung).

Utensilien [lat.], notwendige Geräte, Gebrauchsgegenstände, Hilfsmittel.

Uterus [lat.], svw. ↑Gebärmutter.

Utgard [altnord. »äußeres Gehöft«], in der nordgerman. Kosmologie das Reich der Riesen und Dämonen.

U Thant, Sithu, *Pantanaw (Verw.-Geb. Irrawaddy) 22. 1. 1909, † New York 25. 11. 1974, birman. Politiker. 1961–71 Generalsekretär der UN.

Utica, histor. Ort in Tunesien, 30 km sö. von Biserta. – Im 11. Jh. v. Chr. von Phönikern aus Tyrus gegr., nach 146 v. Chr. Hauptstadt der röm. Prov. Africa.

Utilitarismus [lat.], die Erhebung der Nützlichkeit zum Bewertungskriterium der sittl. Qualität einer Handlung (Nützlichkeitsprinzip); entscheidend ist dabei ihr Beitrag zum größtmögl. Glücks einer größtmögl. Anzahl von Menschen. Im 18. Jh. von J. Bentham und J. S. Mill begründet, diente der U. der Begründung einer wohlfahrtsstaatl. Sozialpolitik.

Utopie [griech.], ein dem Kunstwort »Utopia« (»Nirgendort«) im Titel von

Peter Ustinov

Sithu U Thant

Utraquisten

T. Mores Staatsroman »De optimo rei publicae statu deque nova insula Utopia« (1516) nachgebildeter Begriff zur Erfassung 1. einer die Realitätsbezüge ihrer Entwürfe bewußt oder unbewußt vernachlässigenden Denkweise sowie 2. einer literar. Denkform, in der Aufbau und Funktionieren idealer Gesellschaften und Staatsverfassungen eines räumlich und/oder zeitlich entrückten Orts, oft in Form fiktiver Reiseberichte, konstruiert werden. Bevorzugte Gattungen der literar. Utopie ist der utop. Roman (Zukunftsroman), in dem meist ein in den Augen des Verfassers ideales Gegenbild zu den sozialen, polit. und wirtschaftl. Verhältnissen der jeweiligen Gegenwart entworfen wird. Als Vorbild gilt Platon (»Politeia«, etwa 374 v. Chr.), ihm folgten u. a. T. More, T. Campanella (»Sonnenstaat«, 1623), F. Bacon (»Neu-Atlantis«, hg. 1627), J. Schnabel (»Insel Felsenburg, 1731–43), J. Swift (Des Capitains Lemuel Gulliver Reisen ...«, 1726), Louis Sébastian Mercier (*1740, †1814; »Das Jahr 2440. Ein Traum aller Träume«, 1771), É. Cabet (»Reise nach Ikarien«, 1842) und Edward Bellamy (*1850, †1898; »Ein Rückblick aus dem Jahre 2000 auf das Jahr 1887«, 1888). Die techn.-naturwissenschaftl. Entwicklung im 19. Jh. bildete den Hintergrung zu der mit J. Verne einsetzenden †Science-fiction. Im 20. Jh. überwiegen die sog. *Antiutopien,* in denen die Schreckensvisionen einer totalitär beherrschten Gesellschaft dargestellt werden, u. a. J. I. Samjatin (»Wir«, frz. 1924, russ. 1952), A. Huxley (»Schöne neue Welt«, 1932), G. Orwell (»1984«, 1949), S. Lem (»Der futurolog. Kongreß«, 1972).

Utraquisten [lat.] †Hussiten.

Utrecht, Kirche von (offiziell: Kerkgenootschap der Oud-Bischoppelijke Clerezie), seit dem 18. Jh. von Rom getrennte niederl. Kirche jansenist. Prägung; schloß sich am 24. 9. 1889 in der *Utrechter Union* mit den Altkatholiken zusammen und gilt heute als altkath. Kirche der Niederlande.

Utrecht ['u:trɛçt, niederl. 'y:trɛxt], **1)** niederl. Prov.-Hauptstadt am Kromme Rijn und Amsterdam-Rhein-Kanal, 231 200 E. Univ. (1636 gegr.), Museen; botan. Garten. Zentrum des niederl. Binnenhandels mit zahlr. Fachmessen und Kongressen; bed. Ind.-Standort. – Got. Kathedrale (1254–1517) mit iso-

Utrecht
Stadtwappen

Maurice Utrillo. Le Lapin agile (1910; Paris, Centre Georges-Pompidou)

Utrecht. Der Dom mit freistehendem Westturm (Höhe 112 m) in der Altstadt

liert stehendem Turm (1321–82) und Kreuzgang (14./15. Jh.), Janskerk (11., 16. und 17. Jh.), Pieterskerk (11. Jh.), Catharijnekerk (1524–37; Fassade von 1900); Paushuize (Papsthaus, um 1520); got. ehem. Patrizierhaus Oudaen, Theater Lucas Bolwerk (1938–41). – Etwa 48 n. Chr. Gründung eines röm. Kohortenkastells, in dessen Umgebung die zivile Ansiedlung *Traiectum (ad Rhenum)* entstand. 695 Bischofssitz; v. a. im 11. Jh. Ausbau eines größeren Territoriums (Niederstift im Kerngebiet, Oberstift östl. der IJssel) des Bistums. *(Ut-)Trecht* stieg im 12. Jh. zur bedeutendsten nordniederl. Stadt auf. In napoleon. Zeit Residenz König Ludwigs von Holland (1806 bis 1810). – In der *Union von Utrecht* schlossen sich 1579 sieben niederl. (v. a. kalvinist.) Prov. als Gegenbewegung zur kath. Union von Arras zusammen. – Der *Friede von Utrecht* beendete mit neun Verträgen 1713–15 den Span. Erbfolgekrieg.

2) niederl. Prov. nördlich des Lek, 1 402 km² (davon sind 71 km² Binnenwasserflächen), 873 800 E, Verwaltungssitz Utrecht.

Utrillo, Maurice [uˈtriljo, frz. ytriˈjo], * Paris 26. 12. 1883, † Dax 16. 11. 1955, frz. Maler. Sohn der expressionist. Malerin Suzanne Valadon (* 1865, † 1938); malte in satten, pastosen Farben (teilweise mit Gips gemischt) v. a. Pariser Stadtansichten (bes. Montmartre).

Uttar Pradesh [engl. ˈʊtə prəˈdeɪʃ], nordind. Unionsstaat, 294 411 km², 139,112 Mio. E, Hauptstadt Lucknow.

Utu, der Sonnengott der Sumerer.

Uusima [finn. ˈuːsimɑ:] (schwed. Nyland), Verw.-Geb. und histor. Prov. in S-Finnland, am Finn. Meerbusen, 10 351 km², davon 9 898 km² Land, 1,23 Mio. E, Hauptstadt Helsinki. Wirtschaftlich wichtigstes Gebiet Finnlands.

UV, Abk. für ↑Ultraviolett.

UvD, Abk. für **U**nteroffizier **v**om **D**ienst.

Uxmal [span. uʃˈmal], Ruinenstätte der Maya auf der Halbinsel Yucatán, Mexiko, südlich von Mérida; besiedelt zw. dem 7. und 11. Jh.; bed. Bauten im *Puuçstil,* bei denen die Außenwände mit Steinmosaikfriesen (Masken des Regengottes und geometr. Muster) verziert sind.

Uz, Johann Peter, * Ansbach 3. 10. 1720, † ebd. 12. 5. 1796, dt. Dichter. Vertreter der Anakreontik, dessen heitere Lyrik Wein, Liebe und Freundschaft preist.

Vv

V, 1) 22. Buchstabe des dt., 20. des lat. Alphabets (hier mit dem Lautwert [u]), der auf das griech. ↑Ypsilon zurückgeht; die Beschränkung auf konsonant. Verwendung des Zeichens (während zur Vokalbezeichnung ↑U herausgebildet wurde) vollzog sich im MA; so bezeichnet V heute meist den stimmhaften labiodentalen Reibelaut [v], teils (wie im Deutschen) den stimmlosen labiodentalen Reibelaut [f].
2) chem. Symbol für ↑Vanadium.
3) Einheitenzeichen für ↑Volt.
4) *(V)* Formelzeichen für ↑Volumen.
5) Nationalitätenkennzeichen für Vatikanstadt.
v, physikal. Zeichen für die ↑Geschwindigkeit (*v, v*).
V1, V2 ↑V-Waffen.
VA, Einheitenzeichen für ↑Voltampere.
Vaal [engl. vɑːl, Afrikaans fɑːl], rechter Nebenfluß des Oranje, Republik Südafrika, entspringt in den Drakensbergen, mündet westlich von Douglas, 1 200 km lang.
Vaalserberg [niederl. vaːlsərˈbɛrx], mit 322 m ü. M. höchste Erhebung in den Niederlanden (im SO des südlimburg. Hügellandes).
Vaasa [finn. ˈvɑːsɑ] (schwed. Vasa; beides amtlich), finn. Hafenstadt am Bottnischen Meerbusen, 53 400 E, Univ., Museum.
va banque spielen [frz. vaˈbãːk »es geht (gilt) die Bank«], alles aufs Spiel setzen.
Vaculík, Ludvig [tschech. ˈvatsuliːk], *Brumov (Südmähr. Gebiet) 23. 7. 1926, tschech. Schriftsteller und Publizist. Sein Roman »Das Beil« (1966) und das »Manifest der 2 000 Worte« (1968) waren von entscheidender Bed. für die Bürgerrechtsbewegung in der ČSSR im »Prager Frühling«; nach 1968 Publikationsverbot; danach Initiator der »Edice Petlice« (Verlegen und Verbreiten verbotener Literatur). – *Weitere Werke:* »Die Meerschweinchen« (R., dt. 1971), »Tagträume« (Prosa, dt. 1981).
Vademekum (Vademecum) [lat. »geh mit mir!«], Bez. für ein Buch handl. Formats, das als Leitfaden für das im Titel angegebene Gebiet benutzt werden soll.

Ludvig Vaculík

Vadim, Roger [v...], eigtl. R. V. Plemiannikov, *Paris 26. 1. 1928, frz. Filmregisseur. U. a. ∞ mit B. Bardot (1952–57) und J. S. Fonda (1964–69); drehte u. a. »Und immer lockt das Weib« (1956; neuverfilmt u. d. T. »Adams kesse Rippe«, 1988), »Gefährliche Liebschaften« (1959), »Barbarella« (1968).
Vaduz [f...], Hauptstadt des Ft. Liechtenstein, am Rand der Alpenrheinebene, 5 000 E. Gemäldesammlung, Landes-, Postmuseum; zus. mit dem nördlich angrenzenden Schaan größter Ind.-Standort Liechtensteins. Schloß (1905–12 erneuert; Residenz seit der Mitte des 14. Jh.); aus dem MA stammen Bergfried und Schloßkapelle (12. Jh.), aus dem 16. Jh. die Eckbastionen. – 1342 Hauptort der später nach ihm benannten Gft.; 1396 reichsunmittelbar; 1712 an das Haus Liechtenstein (1719 reichsfürstlich, 1806 souverän).
Vagabund [v..., lat.], Landstreicher.
Vagantendichtung [v...], umstrittene Bez. für weltl. lat. Dichtung v. a. des 12. und 13. Jh., bes. für mittelalterl. Lyrik verschiedenster Gattungen wie Bettel- und Scheltlieder, Trink-, Spiel- und Buhllieder, Liebes- und Tanzlieder *(Vagantenlieder)*, Parodien, Satiren und Schwänke (↑Carmina Burana). Die V. wurde durch meist umherfahrende Kleriker und Scholaren *(Vaganten)* verbreitet.
vage [v..., lat.-frz.] (vag), unbestimmt.
Vagina [v..., lat.] ↑Scheide.
Vagotonie [v... lat./griech.], erhöhte Erregbarkeit des parasympath. Nervensystems (Übergewicht über das sympath. System).
Vagus [v..., lat.] (Eingeweidenerv) ↑Gehirn.
Vaihingen an der Enz [ˈfaɪŋən-], Stadt an der Enz, Bad.-Württ., 24 800 E. Weinmuseum; u. a. Leim- und Lederfabrik. Ev. spätgot. Stadtkirche (1513); ehem. Schloß Kaltenstein (16. Jh.).
Vaihinger, Hans [ˈfaɪŋər, ˈvaɪ...], *Nehren bei Reutlingen 25. 9. 1852, †Halle/Saale 18. 12. 1933, deutscher Philosoph. Entwickelte eine eigenständige (pragmatische) Form des Positivismus, die Philosophie des »Als-Ob« (Fiktionalismus): Jegliche Erkenntnis kommt mit Begriffen, die so betrachtet werden, als ob sie wahr wären, als hypothet. Fiktion, zustande, deren Wahr-

heitsgehalt sich nur an ihrem prakt. Lebenswert mißt.

Vaison-la-Romaine [frz. vɛzɔlaʀɔ'mɛn], frz. Stadt in der Provence, Dép. Vaucluse, 5900 E. Archäolog. Museum. – Ausgrabungen zweier galloröm. Wohnviertel. Von der mittelalterl. Stadt zeugen u. a. Kathedrale (11.–13. Jh.; merowing. Teile), Kloster (11./12. Jh.), Kapelle (12. Jh.) sowie die Ruine der Burg der Grafen von Toulouse (12. Jh.).

Vajrayana [Sanskrit »Diamantfahrzeug«] (Wadschrajana), tantr. Richtung des späten nördl. Buddhismus (ab etwa 500 n. Chr.); die Erlösung wird durch mag. Praktiken oder auch durch rituelle sexuelle Vereinigung gesucht.

vakạnt [v..., lat.], frei, leer, unbesetzt, offen.

Vakuọle [v..., lat.] (Zellvakuole), im Zellplasma liegender, größerer Hohlraum, der von einer Elementarmembran umgeben und mit festen oder flüssigen Stoffen gefüllt ist. Besondere Formen sind pulsierende V. (kontraktile V.) und Nahrungs-V. der Einzeller.

Vakuum [v..., lat.], luftleerer Raum; auch Bez. für einen Raumbereich, in dem ein Druck herrscht, der wesentlich geringer ist als der Atmosphärendruck; auch Bez. für den Zustand [der Materielosigkeit] dieses Raumbereichs.

Vakuumtechnik [v...], Teilgebiet der Technik, das sich mit den Verfahren zur Erzeugung bzw. Aufrechterhaltung eines Vakuums (mit Hilfe von Vakuumpumpen) und seiner Anwendung sowie – im Rahmen der *Vakuummeßtechnik* – mit den Verfahren zur Messung kleiner Gasdrücke befaßt. Zur Erzeugung eines Vakuums werden unterschiedl. Pumpentypen verwendet. Die wichtigsten *Vakuumpumpen* sind spezielle Verdrängerpumpen sowie Treibmittel-, Getter-, Molekular- und Kryopumpen. Die Arbeitsweise der *Verdrängerpumpen* beruht auf der period. Erweiterung und Verengung des Pumpraums. *Treibmittelpumpen* nutzen die Saugwirkung eines aus einer Düse austretenden Flüssigkeits- oder Gasstrahls. Die *Dampfstrahlpumpen* arbeiten mit Wasser-, Quecksilber- oder Öldampf. In *Diffusionspumpen* wird als Treibmittel Quecksilber- oder Öldampf niedriger Dampfstrahldichte benutzt, wobei diese *Quecksilber-* bzw. *Öldiffusionspumpen* ein Vorvakuum von 1 bis 0,1 Pa (= 10^{-2} bis 10^{-3} mbar) benötigen; das abzupumpende Gas diffundiert hier in das Strahlinnere. *Getterpumpen* sind Vorrichtungen, die in einem bereits weitgehend evakuierten Gefäß Gase durch *Getter* sorptiv oder chem. binden, wodurch eine Pumpwirkung erzielt wird. *Ionengetterpumpen* stellen eine Kombination von Getter- und Ionenpumpen dar: Das Gettermaterial (z. B. ein Titandraht) wird durch einen Elektronenstrahl verdampft, schlägt sich an den Wänden nieder und absorbiert die Gasmoleküle, die zum Teil durch Stoßionisation zusätzlich ionisiert werden und durch ein elektr. Feld beschleunigt auftreffen. *Molekularpumpen* erteilen im Druckbereich der Molekularströmung infolge der sehr schnellen Bewegung ihrer Flächen Molekülen eine Bewegungsrichtung, so daß sie in einen Raum höheren Druckes gefördert werden; erreichbares Endvakuum bis 10^{-8} Pa (= 10^{-10} mbar). *Kryopumpen* enthalten tiefgekühlte Wandflächen, an denen eine Kondensation von Gasen und Dämpfen erfolgt; sie werden insbes. zur Erzeugung von Hochvakuum (10^{-4} bis 10^{-1} Pa = 1–1000 nbar) und Ultravakuum (Druck kleiner als 10^{-4} Pa = 1 nbar) verwendet.

Vaduz
Stadtwappen

V	Römische Kapitalschrift	Vv	Renaissance-Antiqua
U	Unziale	𝔙𝔟	Fraktur
u	Karolingische Minuskel	Vv	Klassizistische Antiqua
𝔙𝔳	Textur		

Entwicklung des Buchstaben **V**

Vakuumtrocknung [v...], zur Konservierung von Lebensmitteln (auch zur Herstellung von Pulvern für Instantgetränke) angewandte Trocknung bei Unterdruck.

Vakzine [v..., lat.] (Ez. Vakzin), svw. Impfstoffe (↑Impfung).

Val [Kurzwort aus Äquiva**l**ent], svw. Grammäquivalent (↑Äquivalentmasse).

Valadon [vala'dɔ̃], Suzanne, eigentlich Marie-Clémentine V., *Bessines-sur-

Val Camonica

Suzanne Valadon. Haus auf dem Montmatre (1919)

Valencia
Stadtwappen

Gartempe 23. 9. 1865, † Paris 19. 4. 1938, frz. Malerin. Mutter von M. ↑Utrillo. Autodidaktin; schuf, angeregt von E. Degas und P. Gauguin, u. a. Landschaften, Stilleben und figürl. Darstellungen von strenger, hart konturierender Linienführung und kräftigen, kontrastierenden Farben.

Val Camonica [v... -], rd. 80 km langer Talabschnitt des Oglio zw. Tonalepaß und Iseosee, Italien; Felsbilder der Bronze- und Eisenzeit.

Valdes [v...], Petrus ↑Waldes, Petrus.

Val-d'Isère [frz. valdi'zɛːr], Wintersportort in den frz. Alpen, Dép. Savoie, 1700 E, ganzjähriger Skisport bis 3750 m ü. M.

Valdivia, Pedro de [span. bal'diβi̯a], * Villanueva de la Serena (Prov. Badajoz) 1500, † Tupacel (Chile) 25. 12. 1553, span. Konquistador. Brach 1540 zu einer Expedition nach Chile auf; gründete u. a. 1541 Santiago de Chile.

Valdivia [span. bal'diβi̯a], chilen. Hafenstadt im Kleinen Süden, 121 000 E. Univ.; u. a. Werften. – 1552 von P. de Valdivia gegr.; 1960 schwere Erdbebenschäden.

Valence [frz. va'lã:s], Hauptstadt des französischen Département Drôme, an der mittleren Rhone, 65 000 E. Romanische Kathedrale (11./12. und 17. Jh.), ehem. bischöfliches Palais (16. und 18. Jh.).

Valencia [va'lɛntsia, va'lɛnsia; span. βa-'lenθi̯a], **1)** (katalan. València), span. Prov.-Hauptstadt an der Mündung des Turia in den Golf von Valencia, 777 000 E. Univ., Hochschulen, Museen, botan. Garten. Handelszentrum; Hafen. – Got. Kathedrale (1262–1480) mit barocker W-Fassade (1703–13) und Glockenturm »Miguelete« (1381 bis 1429); spätgot. Lonja de la Seda (Seidenbörse, 1483–98); Palacio de la Generalidad del Reino (15. und 16. Jh.); Palacio del Marqués de Dos Aguas (18. Jh.). – Vielleicht eine griech. Gründung, wurde 138 v. Chr. röm. Veteranenkolonie *(Valentia);* 413 von den Westgoten, 713 von den Arabern erobert; 1010–94 Hauptstadt eines arab. Teilreiches, 1094 christl. Vasallenstadtstaat, 1102 Hauptstadt eines maur. Kgr.; 1238 endgültig von Aragonien zurückerobert und Hauptstadt des *Kgr. V.* (Teil der »Krone von Aragón«); im Span. Bürgerkrieg Nov. 1936–Okt. 1937 Sitz der republikan. Regierung.

2) histor. Prov. (Region) in O-Spanien, längs der Küste des Golfs von Valencia, erreicht im Bergland von Alcoy 1558 m ü. M. Bed. Bewässerungsfeldbau: Reisfelder, Apfelsinen-, Mandarinen- und Zitronenkulturen; Schwer-Ind. in Sagunto und Valencia.

3) Hauptstadt des Staates Carabobo in N-Venezuela, 955 000 E. Univ.; Handels- und Ind.-Zentrum. – Gegr. 1555; im 19. Jh. zeitweise Hauptstadt von Venezuela.

Valenciennes [frz. valã'sjɛn], nordfrz. Stadt an der Schelde, Dép. Nord, 40 000 E (Agglomeration 336 000 E). Univ.-Zentrum; Zentrum des östl. nordfrz. Kohlenreviers. Got. Kirche Saint-Géry (13. Jh.).

Valens, Flavius [v...], * Cibalae (heute Vinkovci) um 328, ⚔ Adrianopel (heute Edirne) 9. 8. 378, röm. Kaiser (seit 364). Wurde durch seinen Bruder Valentinian I. Kaiser im östl. Reichsteil; fiel im Kampf gegen die Westgoten.

Valentin ['va:lɛnti:n] (V. von Rom, V. von Terni), hl., Märtyrer und Bischof (?). Sein Fest am 14. Febr., der *Valentinstag,* ist zu einem Geschenktag (v. a. der Liebenden) geworden.

Valentin, Karl ['falɛnti:n], eigtl. Valentin Ludwig Fey, * München 4. 6. 1882, † ebd. 9. 2. 1948, dt. Komiker und

Schriftsteller. Verfaßte Couplets, Monologe und kurze kom. Szenen von abstrakter, absurder Logik, in denen er, zus. mit seiner Partnerin Liesl Karlstadt, die Hilflosigkeit des Menschen in der Alltagswelt bis zum Exzeß aufdeckte; ab 1912 auch Darsteller in Filmen (u. a. »Die Orchesterprobe«, 1933; »Der Firmling«, 1934), ab 1941 Filmverbot.

Valentinian [v...] (lat. Valentinianus), Name röm. Kaiser: **1) Valentinian I.** (Flavius Valentinianus), *Cibalae (heute Vinkovci) 321, †Brigetio (Pannonien) 17.11.375, Kaiser (seit 364). Ernannte seinen Bruder Valens und 367 seinen Sohn Gratian zu Augusti; kämpfte als Kaiser des westl. Reichsteils ab 365 u. a. erfolgreich gegen die Alemannen; sicherte 368–370 die Grenzen Britanniens.
2) Valentinian III. (Flavius Placidus Valentinianus), *Ravenna 2.7.419, †Rom 16.3.455, Kaiser (seit 425). Sohn des Konstantius III. und der Galla Placidia; tötete nach dem Hunnensieg von 451 seinen zu mächtig gewordenen Berater Aetius und wurde selbst von dessen Gefolgsleuten ermordet.

Valentino [v...], Rudolph, eigtl. Rodolfo Guglielmi, *Castellaneta bei Tarent 6.5.1895, †New York 23.8.1926, italien.-amerikan. Tänzer und Schauspieler. Ab 1918 in Hollywood; als Stummfilmstar von legendärem Ruf, u. a. »Der Scheich« (1921), »Der Sohn des Scheichs« (1926).

Valentinstag ['va:lenti:n...] †Valentin, hl.

Valenz [v..., lat.] (Wertigkeit), in der *Chemie* Bez. für das Mengenverhältnis, in dem sich ein Element mit einem anderen zu einer Verbindung umsetzt. Die *Valenzzahl* oder *stöchiometr. Wertigkeit* eines Elements gibt an, mit wievielen (einwertigen) Wasserstoffatomen sich ein Atom des Elements verbinden kann.

Valenztheorie [v...], theoret. Begründung für die Entstehung von Molekülen und die Ausbildung chem. Bindungen. Nach der *elektrochem. Theorie* von J.J. von Berzelius (1811) sind Verbindungen aus Atomen oder Atomgruppen entgegengesetzter Ladung aufgebaut; durch Übertragung dieser Theorie auf die organ. Chemie entstand die *Radikaltheorie,* nach der bestimmte Atomgruppen, sog. Radikale, als Molekülbausteine angenommen wurden. Aufbauend auf dem von Edward Frankland (*1825, †1899) 1852 geprägten Begriff der Wertigkeit schufen 1854 Archibald Scott Couper (*1831, †1892) und A. Kekulé von Stradonitz die eigtl. V., wonach den Elementen bestimmte Wertigkeiten zukommen. Erweiterungen der V. waren die Annahme von Mehrfachbindungen, die Aufstellung der Ringformel des Benzols mit alternierenden Doppelbindungen durch A. Kekulé von Stradonitz (1865) sowie die Grundlegungen der Stereochemie durch J. H. van't Hoff und J. A. Le Bel (1874). 1916 wurde von W. Kossel und G. N. Lewis die *Elektronentheorie der Valenz* (Valenzelektronentheorie) aufgestellt, wonach die Bindung der Atome untereinander durch Elektronenpaare (bei der Atombindung), durch Übertragung von Elektronen bzw. elektrostat. Wechselwirkung (bei der Ionenbindung) oder (bei Metallen) durch zw. den Atomrümpfen freibewegl. Elektronen zustande kommt. Diese Theorie wurde durch die Quantenmechanik erweitert *(quantenmechan. Valenztheorie)*.

Valera, Eamon de [engl. də vəˈlɛərə], *New York 14.10.1882, †Dublin 29.8.1975, ir. Politiker. Seit 1913 führend in der ir. Freiheitsbewegung; lehnte als Führer des radikalen Flügels der Sinn Féin (deren Präs. 1917–22) den von seinen Unterhändlern 1921 mit Großbritannien abgeschlossenen Vertrag über die Errichtung des ir. Freistaates im Rahmen des Commonwealth unter Abtrennung von Nordirland ab; an der Spitze der von ihm gegr. Fianna Fáil 1932–48, 1951–54 und 1957–59 Premier-Minister; 1959–73 Präsident der Republik Irland.

Valera y Alcalá Galiano, Juan [span. βaˈlera i - -], *Cabra (Prov. Córdoba) 18.10.1824, †Madrid 18.4.1905, span. Schriftsteller. Schrieb psycholog. Romane, u. a. »Pepita Jiménez« (1874), »Die Illusionen des Doctor Faustino« (1875); bed. Literaturkritiker und Übersetzer (Goethes »Faust«).

Valerian [v...] (Publius Licinius Valerianus), *um 190, †nach 259, röm. Kaiser (seit 253). Ernannte seinen Sohn Gallienus zum Mitregenten und zog gegen die Perser; starb in Gefangenschaft Schapurs I.

Karl Valentin

Valerius Flaccus

Valerius Flaccus, Gaius [v... -], † vor 95 n. Chr., röm. Epiker. Zählt mit dem [unvollendeten] myth. Epos »Argonautica« zu den Nachklassikern der röm. Literatur.

Valéry, Paul [frz. vale'ri], * Sète 30. 10. 1871, † Paris 20. 7. 1945, frz. Dichter. Gehörte zum Kreis um S. Mallarmé; schrieb zunächst symbolist. Lyrik, setzte aber bald seine Bemühungen, den reinen, von allen Gefühlen gelösten Geist zu ergründen, in strenger Prosaform fort (»Herr Teste«, Prosazyklus, 1896, erweitert 1926); gestaltete in seiner Lyrik (u. a. »Die junge Parze«, 1917; »Palme«, 1919; »Der Friedhof am Meer«, 1920) den Zwiespalt zw. Bewußtsein (Intellekt) und Sensibilität (Natur, Gefühl); widmete sich in Aphorismen, theoret. Schriften (u. a. »Rede zu Ehren Goethes«, 1932; »Erinnerungen an Degas«, 1938; »Zur Theorie der Dichtkunst«, 1938), Dramen (»Mein Faust«, zwei dramat. Skizzen, hg. 1945), bes. aber in seinen umfangreichen tagebuchähnl. Aufzeichnungen »Cahiers«, 29 Bde., veröffentlicht 1957–61) der method. Analyse psychisch-geistiger Phänomene und deren exakten sprachl. Erfassung.

Valeurs [va'lø:rs; lat.-frz.], Tonwerte in der Malerei.

Validität [v..., lat.], die Gültigkeit eines wiss. Versuchs oder eines Meßverfahrens; die V. gibt den Grad der Genauigkeit an, mit dem ein Verfahren das mißt, was es messen soll.

Valin [v..., Kw.] (2-Amino-3-methylbuttersäure), Abk. **Val,** eine essentielle Aminosäure.

Valla, Lorenzo, auch L. della Valle, * Rom 1407, † ebd. 1. 8. 1457, italien. Humanist. Wurde durch seinen Nachweis der Unechtheit der †Konstantinischen Schenkung zum Wegbereiter der modernen histor. Kritik.

Valladolid [span. βαλαðo'lið], span. Prov.-Hauptstadt (Kastilien), 333 000 E. Univ., Nationalmuseum für Skulpturen, Archäolog. Prov.-Museum; Ind.-Standort. Bed. Kirchen, u. a. die unvollendete Kathedrale (1585 ff.), San Pablo (1488–91), und Klöster, u. a. Las Huelgas Reales (1282 gegr.), und Santa Ana (1780 klassizist. umgebaut) sowie Paläste (z. T. 15. Jh.). – Seit der Mitte des 15. Jh. Residenz der kastil. Könige.

Valle-Inclán, Ramón María del [span. 'βαλeiŋ'klan], * Villanueva de Arosa (Prov. Pontevedra) 28. 10. 1866, † Santiago de Compostela 5. 1. 1936, span. Schriftsteller. Bed. Vertreter des span. †Modernismo; schrieb Romane (u. a. »Sonatas«, vier Romane, 1902–05) und grotesk-satir. Theaterstücke (u. a. »Karneval der Krieger«, 1930).

Vallendar ['faləndar], Stadt am Mittelrhein, Rheinl.-Pf., 10 500 E. Wallfahrtsort, Heilbad und Luftkurort; theolog. Hochschule der Palotiner, private Hochschule für Unternehmensführung.

Valletta [v...] (amtlich il-Belt V., früher La V.), Hauptstadt Maltas, an der O-Küste der Insel Malta, 9 200 E. Sitz des Parlaments und des höchsten Gerichtshofes; Univ. (gegr. 1592 als päpstl. Akademie), Nationalmuseum; Oper; botan. Garten; Hafen. Die bedeutendsten Bauwerke stammen aus dem 16. Jh., u. a. die Kirche San Giovanni und das Großmeisterhospital des Johanniterordens. – 1566 durch den Großmeister des Johanniterordens, Jean Parisot de La Va-

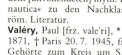

Valladolid
Stadtwappen

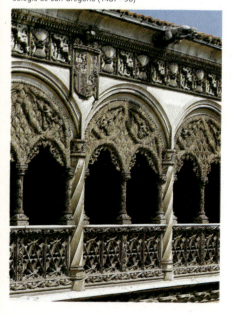

Valladolid. Zweistöckiger Arkadenhof des Colegio de San Gregorio (1487–96)

lette (*1494, †1568), gegr.; seit 1946 Hauptstadt der Republik Malta.

Vallotton [frz. valɔ'tõ], **1)** Benjamin, *Gryon (Waadt) 10.1.1877, †Sanary-sur-Mer (Var) 19.5.1962, schweizer. Schriftsteller. Humorvolle Romane [in frz. Sprache], u. a. »Polizeikommissär Potterat« (1915).
2) Félix, *Lausanne 28.12.1865, †Paris 29.12.1925, frz. Maler und Graphiker schweizer. Herkunft. Ab 1882 in Paris; Mgl. der ↑Nabis; beeinflußte mit der flächenhaft dekorativen Formgebung und den Motiven seiner Holzschnitte und Gemälde den Symbolismus und den Jugendstil.

Valmy [frz. val'mi], frz. Gem. bei Sainte-Menehould, Département Marne, 300 E. – Mit der *Kanonade von Valmy* (20.9.1792) im 1. Koalitionskrieg begann der siegreiche Vormarsch der frz. Revolutionstruppen zum Rhein.

Valois, Dame (seit 1947) Ninette de [engl. 'vælwɑ:], geb. Edris Stannus, verh. Connell, *Baltiboys bei Dublin 6.6.1898, ir. Tänzerin und Choreographin. Leitete 1931–63 das Royal Ballet in London.

Valois [frz. va'lwa], Seitenlinie des frz. Königshauses der Kapetinger, die nach dem Aussterben der Kapetinger im Mannesstamm 1328 zur Herrschaft gelangte, in direkter Linie bis 1498 und danach in den Linien des älteren Hauses Orléans bis 1589 regierte.

Valoren [v..., lat.] (Valeurs), allg. Wertgegenstände, Schmuck, Wertpapiere.

Valparaíso [span. βalpara'iso], Hauptstadt der Region Aconcagua in Zentralchile, am Pazifik, 288000 E. Univ., TU, naturhistor. Museum. Werften, Hauptimporthafen Chiles. – 1536 oder 1544 gegr.; 1885–1916 wichtigster Hafen für den Salpeterhandel.

Valpolicella [italien. valpoli'tʃella; nach dem gleichnamigen Tal (nw. von Verona)], Rotwein aus der Lombardei.

Valuta [v..., lat.-italien.], **1)** eine fremde Währung.
2) die Wertstellung eines Postens auf dem Konto.

Valutageschäft [v...], Umtausch von inländischem Geld in ausländisches und umgekehrt.

Valuten [v...], Bez. für ausländ. Geldsorten (Banknoten und Münzen) im Ggs. zu Devisen.

Valvation [v..., lat.], Festlegung des Kurswertes umlaufender, bes. landfremder Münzen.

Vampir [v..., slaw.], im Volksglauben ein Verstorbener, der nachts als lebender Leichnam aus dem Grab steigt, um Menschen das Blut auszusaugen; die V.vorstellung entstammt dem südslaw., rumän. und griech. Volksglauben vom *Wiedergänger.* – Zahlr. Bearbeitungen in Literatur (u. a. E. T. A. Hoffmann, N. Gogol, Joseph Sheridan Le Fanu [*1814, †1873], B. Stoker) und Film (seit 1913). ↑Dracula.

Vampire [v..., slaw.] (Echte V., Desmodontidae), Fam. der Fledermäuse mit drei Arten, v. a. in trockenen Landschaften und feuchten Wäldern der amerikan. Tropen und Subtropen; Körperlänge 6,5–9 cm, ohne äußerlich sichtbaren Schwanz; ernähren sich vom Blut von Säugetieren oder Vögeln; schneiden dabei mit ihren messerscharfen Schneide- und Eckzähnen eine Wunde und lecken das ausfließende Blut auf.

Van [v...], türk. Prov.-Hauptstadt nahe dem O-Ufer des Vansees, 153000 E. Auf dem Felsen von V. am Seeufer lag die ältere Residenz der Könige von Urartu (↑Urartäer) mit Namen *Tuschpa (Turuschpa),* Reste der Burg Sarduris I.

Paul Valéry

Valparaíso
Stadtwappen

Vampire. Gemeiner Vampir (Körperlänge 7,5–9 cm)

Vanadium

(🗺 etwa 832–825). Auf einem anderen nahen Felsen *(Toprakkale)* lag die jüngere Residenz *Rusachinili* (Ende des 8. Jh. v. Chr.); Fund von zahlr. Metallarbeiten.

Vanadium [v...] (Vanadin) [nach dem Beinamen Vanadis der altnord. Göttin Freya], chem. Symbol **V**; metall. chem. Element aus der V. Nebengruppe des Periodensystems der chem. Elemente; Ordnungszahl 23; relative Atommasse 50,9415; Dichte 6,11 g/cm^3; Schmelztemperatur etwa 1890 ±10°C; Siedetemperatur 3380°C. V. wird nur von oxidierenden Säuren angegriffen; wichtigste Sauerstoffverbindung des V. ist *V.pentoxid* [Vanadium(V)-oxid], V_2O_5, ein orangegelbes bis rotes Pulver, das u. a. als Katalysator verwendet wird. In seinen Verbindungen tritt V. meist fünf-, seltener zwei-, drei- und vierwertig auf. Techn. Bedeutung hat das aus V.pentoxid und Eisenoxid durch Aluminium oder Silicium reduzierte *Ferro-V.,* das zur Herstellung harter, zäher, schwingungs- und hitzebeständiger Stähle *(V.stähle)* dient.

Van-Allen-Gürtel [engl. væn'ælın...; nach dem amerikan. Physiker James Alfred Van Allen, *1914], zwei *Strahlungsgürtel* der Erde, als Zonen ionisierender Strahlung hoher Intensität; 1958 mit Satelliten entdeckt.

Van Buren, Martin [engl. væn 'bjʊrən], *Kinderhook (N.Y.) 5. 12. 1782, † ebd. 24. 7. 1862, 8. Präs. der USA (1837–41). Demokrat; 1829–31 Außen-Min., 1833 bis 1837 Vizepräsident.

Vancouver [engl. væn'ku:və], kanad. Hafenstadt am Pazifik, 471 800 E, Metropolitan Area 1,6 Mio. E. Univ.; Stadt-, Schiffahrts-, geolog., anthropolog. Museum; Wirtschaftszentrum des zum Pazifik orientierten äußersten W von Kanada; internat. ✈. – Seit etwa 1865 besiedelt.

Vancouver Island [engl. væn'ku:və 'aılənd], kanad. Insel im Pazifik, vor dem Festland von British Columbia und dem Staat Washington, USA, 31 284 km^2, bis 2200 m hoch, wichtigste Stadt Victoria. – Um 1775 durch George Vancouver (*1757, † 1798) erstmals erforscht; 1789 erste span. Dauersiedlung am Nootka Sound, die nach einem Krieg mit Spanien von Großbrit. übernommen wurde; 1849 Kronkolonie; 1871 dem Dominion Kanada als Prov. eingegliedert.

Vandalen [v...] (Wandalen; lat. Vandali), Volk der Oder-Warthe-Germanen, die bedeutendsten Teilstämme der Hasdingen und der Silingen (nach ihnen ist Schlesien ben.) sind zuerst als im Oder-Warthe-Raum ansässig belegt; seit der 2. Hälfte des 2. Jh. n. Chr. nördlich von Dakien nachweisbar; 406 Vorstoß nach Gallien, 409 nach Spanien; von dort unter †Geiserich 429 nach N-Afrika (Reichsgründung); 533/534 Vernichtung des V.reiches durch den Byzantiner Belisar.

van de Graaff, Robert Jemison [engl. 'vændəgræf], *Tuscaloosa (Ala.) 20. 12. 1901, † Boston 16. 1. 1967, amerikan. Physiker. Entwickelte den nach ihm ben. elektrostat. Generator zur Hochspannungserzeugung (†Bandgenerator).

Vandenberg Air Force Base [engl. 'vændnbɔːg 'ɛəfɔːs 'beɪs], Raketenstartgelände der amerikan. Luftstreitkräfte an der kaliforn. Küste, 220 km nw. von Los Angeles.

Van-der-Waals-Kräfte [vɑndər'wɑːls...; nach J. D. van der Waals], zw. den Git-

Vanille. Echte Vanille; oben: Blüten ◆ Unten: Fruchtstand

Vanuatu

terbausteinen von Molekülkristallen, zw. Gasmolekülen und zw. unpolaren Molekülgruppen wirkende, auf gegenseitiger Induzierung von Dipolmomenten beruhende Anziehungskräfte.

Vane, John Robert [engl. veɪn], * Tardebigge (Worcestershire) 29. 3. 1927, brit. Pharmakologe. Erhielt für den Nachweis, daß die in Blutgefäßen gebildeten Prostazykline (Abkömmling der Prostaglandine) die Entstehung von Blutgerinnseln verhindern und die Blutgefäße erweitern, 1982 den Nobelpreis für Physiologie oder Medizin (zus. mit S. K. Bergström und B. Samuelsson).

Vanen [v...] ↑Wanen.

Vänersee [v...] (schwed. Vänern), See im westl. Mittelschweden, 5 585 km².

Vanille [vaˈnɪljə; lat.-span.], Gatt. der Orchideen mit rd. 100 Arten im trop. Amerika, in W-Afrika, auf Malakka und Borneo; Lianen mit Luftwurzeln, in Trauben stehenden Blüten und schotenähnl. Kapselfrüchten. Die wirtschaftlich wichtigste Art ist die in den gesamten Tropen kultivierte *Gewürz-V.* (Echte V.) mit gelblichweißen, duftenden Blüten. Die zu Beginn der Reife geernteten Früchte liefern die glänzend schwarzbraunen *V. stangen* (V. schoten; *Bourbon-* und *Mexiko-V.;* enthalten u. a. Vanillin, Vanillinalkohol und Zimtsäureester, Verwendung als Gewürz und zur Parfümherstellung). Die v. a. auf Tahiti angepflanzte *Pompon-V.* liefert *Vanillons (Tahitivanille;* enthält u. a. Anisalkohol, Verwendung in der Parfümindustrie).

Vanillin [v...] (Vanillinaldehyd, 4-Hydroxy-3-methoxy-benzaldehyd), in äther. Ölen zahlr. Pflanzen, v. a. in den Kapselfrüchten von Vanillearten enthaltener aromat., farbloser, kristalliner Aldehyd; Geruchs- und Geschmacksstoff.

Vannes [frz. van], Hauptstadt des frz. Dép. Morbihan, an der Bucht von Morbihan, Bretagne, 48 600 E, archäolog. Museum; Hafen. Kathedrale (13., 15./16. und 18. Jh.); Häuser des 16. Jh.; Reste der Stadtbefestigung (13. bis 17. Jh.). – Hauptort der kelt. Veneter *(Dariorituum);* im 5. Jh. Bischofssitz; im späten MA Residenz der breton. Herzöge.

Vansee [v...], abflußloser See in Ostanatolien, 3 574 km². Eisenbahnfähre zw. Tatvan am W- und Van İskelesi am O-Ufer (Teil der Verbindung Europa–Iran). Im S liegt die Insel Ahtamar.

Vansittart, Robert Gilbert, Baron (seit 1941) [engl. vænˈsɪtət], * Farnham (Surrey) 25. 6. 1881, † Denham (Buckinghamshire) 14. 2. 1957, brit. Diplomat. Forderte als Unterstaatssekretär im Außenministerium eine rigoros antidt. Politik *(Vansittartismus),* warnte die brit. Regierung vor dem nat.-soz. Regime.

Vanuatu

Fläche:	12 189 km²
Einwohner:	157 000
Hauptstadt:	Vila (auf Efate)
Amtssprachen:	Bislama, Englisch, Französisch
Nationalfeiertag:	30. 7.
Währung:	1 Vatu (VT) = 100 Centimes
Zeitzone:	MEZ + 10 Std.

Vanuatu [v...], Staat im sw. Pazifik, umfaßt die Neuen Hebriden, mit den Hauptinseln Espiritu Santo, Malekula, Eromanga, Efate, Ambrim, Tana, Pentecost, Epi, Maewo, Aoba und Aneityum.

Staat und Recht: Parlamentar. Republik innerhalb des Commonwealth; *Verfassung* von 1980. *Staatsoberhaupt* ist der auf 5 Jahre durch das Parlament gewählte Präs.; *Exekutivorgan* ist die dem Parlament verantwortl. Regierung. Die *Legislative* liegt beim Parlament (46 auf 4 Jahre gewählte Mgl.), ein Rat der Häuptlinge hat beratende Funktion. *Parteien:* Unser-Land-Partei (Vanuaaki Pati), Union of Moderate Parties, National United Party.

Landesnatur: Die Inselgruppe erstreckt sich als doppelte Kette von NW nach SO über rd. 725 km. Es sind überwiegend Vulkaninseln, die von Korallenriffen gesäumt werden. Es herrscht trop.

Staatsflagge

Staatswappen

1970 1992   1970 1992
Bevölkerung   Bruttosozial-
(in Tausend) produkt je E
              (in US-$)

Bevölkerungsverteilung 1992

Bruttoinlandsprodukt 1990

Vanvitelli

Luigi Vanvitelli. Schloß in Caserta (1752–54)

Regenklima, im S mit trockenen Wintern. Auf den nördl. Inseln findet sich trop. Regenwald, auf den südl. gibt es Trockenwälder und Savannen.
Bevölkerung: Die Bevölkerung besteht überwiegend aus christl. Melanesiern (rd. 93%) sowie Polynesiern, Mikronesiern und Europäern.
Wirtschaft, Verkehr: Hauptwirtschaftszweig ist die Kopragewinnung. Außerdem gibt es Kaffee- und Kakaoplantagen. Zur Eigenversorgung baut man Jams, Taro, Gemüse, Süßkartoffeln und Maniok an (Brandrodungsfeldbau). Auf Efate wird Manganerz abgebaut. Das Straßennetz ist 1 062 km lang, davon 250 km asphaltiert; Überseehäfen und internat. ✈ sind Vila und Santo.
Geschichte: 1606 entdeckten die Spanier die Neuen Hebriden, die 1906 unter frz.-brit. Verwaltung (Kondominium) gelangten. 1977 einigten sich Frankreich und Großbrit. darauf, die Inseln 1980 in die Unabhängigkeit zu entlassen. Nach der Verabschiedung der Verfassung und dem Wahlsieg der Unser-Land-Partei (Nov. 1979) kam es im Mai 1980 nach Unruhen zu einem erfolglosen Sezessionsversuch der Insel Espiritu Santo. Am 30.7. 1980 wurden die Neuen Hebriden unter dem Namen V. eine unabhängige parlamentar. Republik. Gemeinsam mit den Salomonen und Papua-Neuguinea bildete V. eine panmelanes. Union (1988 Abkommen dieser Staaten über eine engere Zusammenarbeit). Politische Mißhelligkeiten führten im Dez. 1988 zur Absetzung Präs. G. Sokomanus. In der Amtszeit Präs. F. Timakatas trat der langjährige Premier-Min. W. Lini zurück; nach den Wahlen vom Dez. 1991 bildete M. Carlot Korman die Regierung. 1994 wurde J.-M. Leyé zum Präs. gewählt.

Vanvitelli, Luigi [v...], *Neapel 12. 5. 1700, † Caserta 1. 3. 1773, italien. Baumeister. Führender italien. Vertreter des Übergangs vom Spätbarock zum Frühklassizismus; baute für König Karl VII. von Neapel-Sizilien nach dem Vorbild von Versailles das Schloß in Caserta (1752–54).

Van Vleck, John Hasbrouck [engl. væn 'vlɛk], *Middletown (Conn.) 13. 3. 1899, † Cambridge (Mass.) 27. 10. 1980, amerikan. Physiker. Wesentlich an der Entwicklung der Quantentheorie der magnet. Suszeptibilität und des Magnetismus beteiligt; erhielt 1977 den Nobelpreis für Physik (mit P. W. Anderson und Sir N. F. Mott).

Varanasi [v...] (früher Benares), ind. Stadt am Ganges, Unionsstaat Uttar Pradesh, 926 000 E. Sanskrit-Univ., Hindu-Univ., archäolog. Museum. Mit über 1 500 Hindutempeln bedeutendster Pilgerort der Hindus: 6 km des Gangesufers sind hl. Land, Steintreppen

John Hasbrouck Van Vleck

Variometer

(»ghats«) führen zum Fluß hinab. – Seit der 1. Hälfte des 1.Jt. v. Chr. archäologisch nachweisbar; im späten 12. Jh. muslim.; 1781 britisch.

Varangerfjord [norweg. va'raŋərfjuːr], von der Barentssee ausgehender größter Fjord Norwegens, südlich der Varangerhalbinsel.

Varaždin [serbokroat. va'raʒdiːn], kroat. Stadt an der Drau, 42 000 E. Burg (13.Jh.; mit Museum); barocke Bauten, u. a. Jesuitenkirche, Franziskanerkloster.

Vardar [v...], Hauptfluß Makedoniens, entspringt sw. von Gostivar (Republik Makedonien), mündet westlich von Saloniki (Griechenland) in den Thermaischen Golf des Ägäischen Meeres, 420 km lang.

Varese [italien. va'reːse], italien. Prov.- Hauptstadt in der Lombardei, am S-Rand der Bergamasker Alpen, 85 000 E. Ind.-Standort. Basilika San Vittore (1580–1615) mit klassizist. Fassade; ehem. Palazzo d'Este (18. Jh.; heute Rathaus).

Varèse, Edgar [frz. va'rɛːz], *Paris 22. 12. 1883, †New York 6. 11. 1965, amerikan. Komponist italien. Herkunft. Experimentierte als einer der frühesten Vertreter avantgardist. Musik mit elektron. und mit Klang-Geräusch-Musik (u. a. »Ionisation«, 1929–31; »Deserts«, 1950–54; »Poème électronique«, 1958) und realisierte die Idee der »liberation of sound« (»Emanzipation des Geräuschs«).

Vargas Llosa, Mario [span. 'βaryaz 'josa], *Arequipa 28. 3. 1936, span. Schriftsteller peruan. Herkunft. Journalist; lebt seit 1959 in Europa; 1976–79 Präs. des internat. PEN-Clubs; 1990 peruan. Präsidentschaftskandidat; gehört zu den herausragenden Vertretern des lateinamerikan. Romans, u. a. »Die Stadt und die Hunde« (1962), »Das grüne Haus« (1965), »Tante Julia und der Lohnschreiber« (1977), »Der Krieg am Ende der Welt« (1982), »Maytas Geschichte« (1985); auch bed. Essayist und Literaturkritiker.

Variabilität [v..., lat.], in der *Biologie* die Fähigkeit der Lebewesen zum Abweichen von der Norm.

Variable [v..., lat.] (Platzhalter, Leerstelle), ein Symbol, für das Elemente einer Grundmenge eingesetzt werden können (↑Funktion).

Variante [v..., lat.], Bez. der *Textkritik* für Textabweichungen bei zwei oder mehreren Fassungen.

Varianz [v..., lat.], in der *Wahrscheinlichkeitsrechnung* und *Statistik* verwendetes Maß für die Größe der Abweichung einer Zufallsgröße von ihrem Mittelwert.

Variation [v..., lat.], 1) *allg.:* svw. Abänderung, Veränderung.
2) *Biologie:* die bei einem Lebewesen im Erscheinungsbild (Phänotyp) zutage tretende Abweichung von der Norm, die der betreffenden Art bzw. einer entsprechenden Population eigen ist. Die individuelle V. ist durch innere (physiolog. oder genet. [Mutation]) und/oder äußere Faktoren (z. B. Umwelteinflüsse) bewirkt.
3) *Musik:* i. w. S. die Veränderung einer gegebenen melod., klangl. oder rhythm. Struktur als elementares Gestaltungsprinzip. Bei der als Reihungsform gestalteten V. wird ein umfangsmäßig und meist auch harmonisch festgelegtes Modell in jeweils neuer Gestalt wiederholt. Die Ostinato-V. des 16./17. Jh. entsteht über einer als Gerüst konstant bleibenden Baßmelodie. Die V.suite entsteht aus nur rhythm. Wechsel bei konstanter Oberstimmenmelodie. Bei der freien V. (Charakter-V.) wird das Thema nicht als Modell variiert, sondern aus seinem Ausdrucksgehalt heraus bis hin zur Aufgabe seines Grundcharakters entwickelt.

Varietät [vari-e..., lat.], 1) *Biologie:* in der botan. Systematik nur noch selten gebrauchte Kategorie zur Unterteilung von Arten oder zur Kennzeichnung von Sippen innerhalb einer Art.
2) *Sprachwissenschaft:* Subsystem einer Einzelsprache; man unterscheidet räumliche (Standardsprache, Umgangssprache, Dialekt), soziale (Soziolekte, Gruppensprachen) und funktionale (Fachsprachen) Varietäten.

Varieté [vari-e'teː; lat.-frz.], Theater mit bunt wechselndem Programm artist., tänzer. und gesangl. Darbietungen.

varikös [v..., lat.], in der *Medizin:* krampfadrig, Krampfadern betreffend.

Variometer [v..., lat./griech.], allg. ein Gerät zur Messung bzw. Registrierung *(Variograph)* der örtl. oder zeitl. Veränderungen einer Meßgröße, z. B. der Steig- und Sinkgeschwindigkeit eines Flugzeugs *(Höhenänderungsmesser)*.

Edgar Varèse

Mario Vargas Llosa

Variskisches Gebirge

Variskisches Gebirge [v..., nach dem german. Volksstamm der Varisker], im Paläozoikum in Mitteleuropa aufgefaltetes Gebirge, das sich vom Frz. Zentralplateau in zwei großen Bögen nach NW erstreckt; der bis in die Bretagne, nach SW-England und S-Irland reichende Teil heißt *Armorikanisches Gebirge*.

Varistor [v..., lat.-engl.; Kw.] (VDR-Widerstand), spannungsabhängiger elektrischer Widerstand, meist aus gesintertem Siliciumcarbid.

Varizellen [v..., lat.], svw. ↑Windpocken.

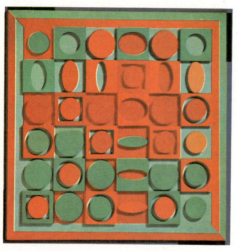

Victor de Vasarély. Relief vert-rouge (1965)

Värmland [v...], histor. Prov. im westl. M-Schweden, zentraler Ort Karlstad; 1639 gebildet.

Varmus, Harold Eliot [engl. 'vɑ:məs], *Oceanside (N.Y.) 18.12.1939, amerikan. Mediziner. Erhielt für die Entdeckung des zellulären Ursprungs der retroviralen Onkogene 1989 mit J. M. Bishop den Nobelpreis für Physiologie oder Medizin.

Varnhagen von Ense ['farnha:gən - -], 1) *Karl August*, *Düsseldorf 21.2.1785, †Berlin 10.10.1858, dt. Publizist. Ab 1814 ∞ mit Rahel V. v. E.; Offizier in österr., dann russ. Diensten; nahm an den Befreiungskriegen teil; begleitete K. A. von Hardenberg zum Wiener Kongreß; wurde dann preuß. Vertreter am bad. Hof in Karlsruhe (1819, demokrat. Neigungen verdächtigt, abberufen); gab 1804–06 zus. mit A. von Chamisso den »Grünen Musenalmanach« heraus; schrieb »Biograph. Denkmale« (5 Bde., 1824–30) und Tagebücher (14 Bde., hg. 1861–70); umfangreicher Briefwechsel, u. a. mit H. Heine, B. von Arnim, A. von Chamisso, T. Carlyle und K. von Metternich.

2) *Rahel*, geb. Levin, *Berlin 26. 5. 1771, †ebd. 7. 3. 1833. Ab 1814 ∞ mit Karl August V. v. E. Ihr Berliner Salon war Mittelpunkt eines bed. Kreises von Philosophen, Literaten und Künstlern (Zentrum der Berliner Romantik); ihre umfangreichen Briefe und literar. Aufzeichnungen weisen sie als eine der bedeutendsten Frauen ihrer Zeit aus.

Varro, Marcus Terentius [v...], gen. Reatinus (nach Reate [heute Rieti], wo er Landbesitz hatte), *116, †27 v. Chr., röm. Gelehrter. Verfaßte umfangreiche, nur bruchstückhaft erhaltene Schriften über Recht, Kunst, Sprache und Literatur (»De lingua Latina«, 47–43; Grundlage für die Erforschung der hellenist.-röm. Sprachwiss), Philosophie, Landwirtschaft u. a. sowie eine Enzyklopädie in 41 Büchern über röm. Staats- und Kultaltertümer.

Varuna [v...], Gott der ↑Vedischen Religion.

Varus, Publius Quinctilius [v...], *um 46 v. Chr., †9 n. Chr. (Selbstmord), römischer Statthalter Germaniens (ab 7 n. Chr.). 13 v. Chr. Konsul, wohl 7 v. Chr. Prokonsul von Africa, 6–4 v. Chr. Statthalter (Legat) in Syrien; wurde im Herbst 9 n. Chr. im Umkreis des Teutoburger Waldes vernichtend durch den Cherusker Arminius geschlagen. Die *Varusschlacht* wird heute bei Kalkriese (Gem. Bramsche, Kr. Osnabrück, Ndsachs.) lokalisiert.

Vasall [v..., kelt.-mittellat.-frz.], im ↑Lehnswesen der Freie, der sich in den Schutz eines Herrn begab, von diesem seinen Unterhalt bezog und sich dafür zu Gehorsam und Dienst, später zu Rat und Hilfe verpflichtete.

Vasarély, Victor de [frz. vazare'li], eigtl. Viktor Vásárhelyi, *Pécs 9. 4. 1908, frz. Maler ungar. Herkunft. Lebt seit 1930 in Paris; führender Vertreter der auf

Vasenmalerei

reine Geometrisierung des Bildraums gerichteten Gruppe »Espace« und der von ihm entscheidend entwickelten ↑Op-art; erzielt nach mathemat. Berechnungen mit Schwarz-Weiß-Kontrasten oder mit reinen Farben und geometr. Formen Bewegungseffekte.

Vasari, Giorgio [v...], *Arezzo 30. 7. 1511, † Florenz 27. 6. 1574, italien. Maler, Baumeister und Kunstschriftsteller. Erbaute die Uffizien in Florenz (1560 ff.); schuf auch manierist. Fresken und Gemälde. Seine Künstlerbiographien (»Leben der ausgezeichnetsten Maler, Bildhauer und Architekten von Cimabue bis zum Jahre 1567«, 1550, erweitert 1568) sind trotz ihrer Anekdotenhaftigkeit (bis heute) eine wichtige Quelle der kunstgeschichtl. Forschung.

Vasco da Gama [portugies. ˈvaʃku dɐ ˈɣɐmɐ] ↑Gama, Dom Vasco da.

Vasektomie [lat./griech.], in der *Medizin* die operative Entfernung eines Stücks des Samenleiters (z. B. zur Sterilisation).

Vaseline [v..., dt./griech., Kw.], aus Gemischen v. a. gesättigter Kohlenwasserstoffe bestehendes, salbenartiges, aus hochsiedenden Erdölfraktionen oder durch Lösen von Paraffin in Paraffinöl gewonnenes Produkt, das als Salbengrundlage in der pharmazeut. Ind. und in der Technik als Schmierstoff und Rostschutzmittel dient.

Vasen [v...], Gefäße unterschiedl. Materials zu kult. oder alltägl. Gebrauch; i. e. S. Bezeichnung für die antiken, bes. die griechischen Tongefäße, z. B. *Krater* (Weinmischkrüge), *Amphoren* (Gefäße für Wein, Öl, Getreide u. a.; Aschenurnen, Grabmäler), *Lekythen* (Salbgefäße, Grabmäler).

Vasenmalerei [v...], die Bemalung von Tongefäßen, bes. griech. Vasen. Schon in vorgeschichtl. Zeit verbreitet, entwickelte sich die V. über die kretischmyken. Kultur in der griech. Kunst zur Vollendung. Die frühe griech. V. (900–700 v. Chr.) gehört der geometr. Kunst an; im 6. Jh. v. Chr. setzte sich zunächst in Korinth, dann bes. in Attika der *schwarzfigurige Stil* (die auf das luftgetrocknete Gefäß aufgebrachte Umrißzeichnung wird mit einem Tonschlicker ausgemalt, der beim Brennen schwarz wird, wobei der Grund rötlich ist) mit großfigur. Szenen aus Mythos und Alltagsleben durch; die Künstler sind z. T. durch Signaturen bekannt, u. a. Exekias (3. Viertel des 6. Jh. v. Chr.). Um 530 v. Chr. kam der *rotfigurige Stil* (der Grund zw. den Figuren wird mit dunklem Malschlicker überzogen, so daß die Binnenzeichnung mit einem Pinsel aufgetragen

Harold Eliot Varmus

Rahel Varnhagen von Ense (Zeichnung von Wilhelm Hensel)

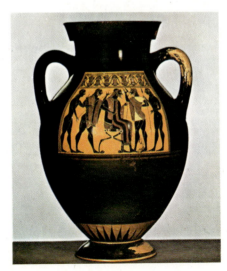

Vasenmalerei. Schwarzfiguriger Stil auf einer Bauchamphora (um 540 v. Chr.; Privatbesitz)

3625

vaskulär

Vatikan. Petersplatz und Peterskirche, daran anschließend der Komplex des Vatikanpalasts (oben rechts; Schrägluftaufnahme)

werden kann). Griech. Vasen wurden in alle Länder der antiken Welt ausgeführt und auch in etrusk. Gräbern gefunden.

vaskulär [v..., lat.], in der *Medizin* und *Biologie* zu den Körpergefäßen gehörend, Gefäße enthaltend.

vasomotorisch [v..., lat.], in der *Medizin* und *Biologie:* auf die Gefäßnerven bezüglich; von den Gefäßnerven gesteuert, durch sie ausgelöst.

Vasoneurose [v...] (Angioneurose, Gefäßneurose), vasomotor. Übererregbarkeit, z. B. bei vegetativer Dystonie (geht mit Erröten und Erblassen, Kopfschmerzen und Migräne einher).

Vasopressin [v..., lat.] (Adiuretin, ADH), Peptidhormon des Hypophysenhinterlappens; hemmt die Diurese, d. h., es fördert die Rückresorption des Wassers in der Niere und damit eine Konzentrierung des Harns; wirkt auch blutdrucksteigernd.

Vassilikos (Bassilikos), Vassilis [v...], * Kavala 18. 11. 1933, neugriech. Schriftsteller. Lebte zur Zeit der Militärjunta im Exil (Paris, London, Rom); von seinem Erzählwerk sind in dt. Sprache u. a. die Romane »Griech. Trilogie« (1961) und »Z« (1966; 1968 von Constantin Costa-Gavras (*1933) verfilmt, Drehbuch: J. Semprun) sowie Erzählungen u. d. T. »Griech. Tragödie« (1989) erschienen; auch Lyriker.

Västerås [schwed. vestər'o:s], schwed. Ind.-Stadt am N-Ufer des Mälarsees, 117 700 E.

Vater, der Erzeuger eines Kindes; im *rechtlichen* Sinn der Mann, der zusammen mit der Mutter die elterliche Sorge über ein Kind ausübt (auch der *Adoptiv-V.*, nicht aber der *Stief-V.*). *Religionsgeschichtlich* die verbreitete Bezeichnung des Hochgottes.

Vaterländische Front, 1933 von E. Dollfuß gegr. polit. Sammlungsbewegung, die programmatisch die Selbständigkeit Österreichs, einen autoritär-ständestaatl. Gesellschaftsaufbau und die Überwindung des Parteienstaates verfocht; nach dem Führerprinzip organisiert; 1938 aufgelöst.

Vaterländischer Krieg (1812), in Rußland bzw. in der Sowjetunion gebräuchl. Bez. für den Krieg gegen Napoleon I. (↑Napoleonische Kriege).

Vatermörder, Bez. für einen hohen steifen Kragen, mit Spitzen bis an die Wangen. Mode in der 1. Hälfte des 19. Jh. (um 1800–40).

Vater-Pacini-Körperchen (Vater-Pacini-Tastkörperchen) [italienisch ...pa-'tʃi:ni...; nach dem dt. Arzt Abraham Vater (* 1684, † 1751), und Filippo Pacini (* 1812, † 1883)], in der Unterhaut sowie im Bindegewebe zahlr. innerer Organe lokalisierte Drucksinnesorgane bei Reptilien, Vögeln, Säugetieren und beim Menschen.

Vaterrecht, ethnolog. Begriff zur Bez. einer Gesellschaftsstruktur, die durch die Vormachtstellung des Mannes gekennzeichnet ist.

Vaterschaft, im *Recht* die Feststellung des Erzeugers eines Kindes, d. h. des Vaters. Zur Feststellung der V. bei einer *V.klage* ist die Bestimmung der Blutgruppenantigene sowie die anthropologisch-erbbiolog. V.untersuchungen ein Hilfsmittel.

Vaterunser (Paternoster), das in zwei Fassungen (Matth. 6, 9–13, und Luk. 11, 2–4) überlieferte »Gebet des Herrn« (Herrengebet); bis heute das elementare Gebet aller christl. Konfessionen.

Vatikan [v...], nach dem auf dem *Mons Vaticanus* (Monte Vaticano) in Rom gelegenen Wohnsitz (und Residenz) des Papstes geprägte Kurz-Bez. für die oberste Behörde der röm.-kath. Kirche.

Vatikanische Konzile [v... -], zwei in der Peterskirche im Vatikan abgehaltene Konzile der kath. Kirche; nach ihrer Zählung das 20. und 21. †ökumenische Konzil: das *1. Vatikan. Konzil* (Vaticanum I 1869/70; Pius IX.) und das *2. Vatikanische Konzil* (Vaticanum II 1962 bis 1965; Johannes XXIII., Paul VI.). Wichtigste Entscheidung des *1. Vatikanischen Konzils* ist die in der Konstitution »Pastor aeternus« formulierte Lehre über die Stellung des Papstes in der Kirche, v. a. die Dogmatisierung der †Unfehlbarkeit des Papstes, die bes. in Deutschland eine Opposition hervorrief, die sich später im Altkatholizismus (†Altkatholiken) sammelte. Das Konzil wurde am 22. 10. 1870 wegen des Dt.-Frz. Krieges und der Besetzung Roms durch die italien. Regierung auf unbestimmte Zeit vertagt. – Die Bedeutung des *2. Vatikanischen Konzils,* an dem neben den über 2500 Konzilsvätern auch 93 Vertreter nichtkath. christl. Gemeinschaften teilnahmen, liegt bes. in der Neuregelung der Liturgie, in den Aussagen über die Kirche, u. a. über die Kollegialität der Bischöfe, über die Religionsfreiheit und über den †Ökumenismus. Ungeklärt ist die Frage, welche dogmat. Verbindlichkeit den einzelnen Konzilsaussagen zukommt.

Vatikanische Sammlungen [v... -] (Pinacoteca Vaticana), organisator. Zusammenfassung der in päpstl. Besitz befindlichen Kunstschätze, die zu den bedeutendsten Kunstsammlungen der Welt gehören.

Vatikanisches Archiv [v... -] (italien. Archivio Segreto Vaticano), umfangreiche, v. a. für die europ. Geschichte des 13.–16. Jh. bed. päpstl. Archivsammlung im Vatikan.

Vatikanstadt [v...] (amtl. [Stato della] Città del Vaticano), autonomer Stadtstaat (seit 1929) im NW von Rom, 0,44 km², etwa 1 000 E. Umfaßt die Peterskirche, den Petersplatz, den Vatikanspalast und seine Gärten mit Vatikan. Sammlungen, Vatikan. Bibliothek und Vatikan. Archiv. Die V. besitzt eine Garde (Schweizergarde), zahlr. Studieneinrichtungen, eine Rundfunkanstalt (Radio Vatikan), ein Observatorium, Zeitungen, Post- und Telegrafenamt, Druckerei, einen eigenen Bahnhof mit Anschluß an das Netz der italien. Staatsbahnen, zahlr. Banken. Zur Geschichte †Kirchenstaat, †Papsttum.

Vatnajökull [isländ. 'vahtnajœ:kydl], Plateaugletscher in SO-Island, mit 8 456 km² der größte Gletscher Europas.

Vättersee [v...] (schwed. Vättern), See im östlichen S-Schweden, 1 912 km².

Vauban, Sébastien le Prestre de [frz. vo'bã], *Saint-Léger (heute Saint-Léger-Vauban bei Vézelay) 1. 5. 1633, † Paris 30. 3. 1707, frz. Festungsbaumeister. 1678 Generalinspekteur des Festungswesens; sein System des Festungsbaus (u. a. Metz, Neubreisach) war bis in das 19. Jh. maßgebend. Als Volkswirtschaftler war V. ein Vertreter des Merkantilismus.

Vaudeville [vodə'vi:l; frz.], in Frankreich seit dem 15. Jh. zunächst Spottlied, seit Mitte des 17. Jh. satirische Liedeinlage in den Stegreifstücken der italienischen Komödianten in Paris, dann auch die Stücke selbst (als Vorläufer der kom. Oper); die V.-Komödie erlebte ihre Glanzzeit in der 2. Hälfte des 19. Jh. (v. a. E. Labiche).

Vaudou (Vaudoux) [frz. vo'du] †Wodu.

Vaughan Williams, Ralph [engl. 'vɔ:n 'wɪljəmz], *Down Ampney bei Oxford 12. 10. 1872, † London 26. 8. 1958, engl. Komponist. Integrierte Traditionen des engl. Volkslieds und der Kunstmusik; Opern (u. a. »The pilgrim's progress«, 1951), Oratorien, Ballette, Orchesterwerke (u. a. 9 Sinfonien).

Vauthier, Jean [frz. vo'tje], *Bordeaux 20. 9. 1910, †Paris 7. 5. 1992, frz. Dramatiker. Sein Drama »Kapitän Bada« (1952) steht am Beginn der Ära des absurden Theaters.

Vatikanstadt

Staatsflagge

Staatswappen

Vauvenargues

Vauvenargues, Luc de Clapiers, Marquis de [frz. vov'narg], *Aix-en-Provence 6.8. 1715, † Paris 28.5. 1747, frz. philos. Schriftsteller. Bed. Vertreter der frz. ↑Moralisten. — *Werke:* Einleitung zur Kenntnis des menschl. Geistes (1746), Betrachtungen und Maximen (1746).

Vázquez (Vásquez), Gabriel [span. 'βaθkεθ], gen. Bellomontanus, *Villaescusa de Haro 18.6. 1549, † Jesús del Monte 30.9. 1604, span. kath. Theologe und Jesuit. Einer der bedeutendsten Vertreter der Schule von ↑Salamanca; beeinflußte v. a. die Sozial- und Rechtsgeschichte.

v. Chr., Abk. für vor **Chr**istus (vor Christi Geburt).

VDE, Abk. für ↑**V**erband **D**eutscher **E**lektrotechniker e. V.

VDI, Abk. für ↑**V**erein **D**eutscher **I**ngenieure e. V.

VDS, Abk. für **V**ereinigte **D**eutsche **S**tudentenschaften, ↑Studentenschaft.

VEB, Abk. für **V**olks**e**igener **B**etrieb.

Veblen, Thorstein Bunde [engl. 'vɛblən], *Valders (Wis.) 30.7. 1857, † Menlo Park (Calif.) 3.8. 1929, amerikan. Nationalökonom und Soziologe. Bekannt durch seine Analyse externer Effekte beim Konsum, wonach bei gegebenem tatsächl. Preis eines Gutes die Nachfrage um so größer ist, je höher der vermeintl. Preis in den Augen der anderen liegt *(Veblen-Effekt).*

Vechta ['fɛçta], Kreisstadt im Oldenburg. Münsterland, Ndsachs., 23 900 E. Hochschule; Maschinenbau, Elektro-, Textil- und Ziegelindustrie. Pfarrkirche Sankt Georg (1452 ff., im 18. Jh. wesentlich erneuert), ehemalige Franziskanerkirche (1642).

Veda [v..., Sanskrit] (Weda; Mrz. Veden), älteste zu den hl. Schriften des Hinduismus zählende und die ↑vedische Religion begründende Literatur. Der V. besteht aus den vier Sammlungen *(Samhita)* Rigveda, Yajurveda, Samaveda und Atharvaveda und den sich an die Samhitas anschließenden Brahmanas, Aranyakas und Upanishaden. Der V. ist etwa 1200–600 v. Chr. entstanden und gilt den Indern als autoritative Tradition, die erst durch den Buddhismus eingeschränkt wurde.

Vedanta [v..., Sanskrit] (Wedanta), eines der sechs klass. Systeme der ind. Philosophie, das einen strengen Monismus lehrt.

Veden [v...], Mrz. von ↑Veda.

Vedisch [v...] (ved. Sanskrit), die Sprache des Veda (↑indische Sprachen).

vedische Religion [v... -] (Vedismus, wedische Religion), älteste, von den einwandernden indogerman. Ariern mitgebrachte, im ↑Veda überlieferte Religion Indiens. Ihr Pantheon kennt neben Naturgöttern auch eth. Gottheiten wie die Göttin Aditi und ihre Nachfahren, die Adityas, darunter Varuna, mit Mitra Hüter der Wahrheit und des Rechts (rita). Große Bedeutung kommt dem Kriegsgott ↑Indra zu. Der Kult findet auf dem Opferplatz statt, Tempel sind unbekannt. Nach dem Tod erhofft man sich im Jenseits eine Wiedervereinigung mit den Vorfahren. In späteren Teilen des Veda, in den Upanishaden, leiten philos. Spekulationen über Götter und Welt den Übergang zum Hinduismus ein.

Vedute [v..., italien. »Ansichten«], topographisch getreue Wiedergabe einer Landschaft, eines Stadtpanoramas.

Vega, Garcilaso de la [span. 'βeγa] ↑Garcilaso de la Vega.

Vega Carpio, Lope Félix de ['βeγa 'karpio] (Lope de Vega), *Madrid 25.11. 1562, † ebd. 27.8. 1635, span. Dichter. Gehört (zus. mit Calderón de la Barca, mit dem er befreundet war) zu den herausragenden Dramatikern des span. Theaters; seine eigenen Angaben zufolge rd. 1 500 Dramen (rd. 500 sind erhalten) verkörpern das Nebeneinander von mittelalterl. Tradition (↑Auto sacramental) und neuzeitl. *Comedia,* deren neue Struktur er auch in theoret. Ausführungen beschrieb: Einteilung in drei Akte, Mischung des Tragischen und des Komischen, Sprachnuancierung nach Alter und Stand, situationsbezogener Wechsel der metr. Formen (z. B. Sonette für Monologe, zehnteilige Strophen für Klagen, vierzeilige Strophen für Liebesszenen); in dt. Übers. u. a. »Der Richter von Zalamea« (1600), »Die Jüdin von Toledo« (1617), »Das brennende Dorf« (1619), »Der Ritter von Mirakel« (1621), »Die schlaue Susanne« (hg. 1635); auch Lyriker von außergewöhnl. Rang (Romanzen; Kanzonen, Sonette) und Erzähler (u. a. »Arkadien«, R., 1598; »Dorothea«, autobiograph. R., 1632).

Lope Félix de Vega Carpio

Vegetarier [v..., lat.-engl.], jemand, der ausschließlich oder vorwiegend pflanzl. Nahrung zu sich nimmt.
Vegetation [v..., lat.] (Pflanzendecke), Gesamtheit der Pflanzen, die die Erdoberfläche bzw. ein bestimmtes Gebiet mehr oder weniger geschlossen bedecken.
Vegetationsorgane [v...], *Botanik:* die Teile der Pflanze, die im Ggs. zu den Geschlechtsorganen nur der Lebenserhaltung dienen (z. B. Wurzeln).
Vegetationsperiode [v...] (Vegetationszeit), derjenige Zeitraum des Jahres, in dem Pflanzen photosynthetisch aktiv sind, d. h. wachsen, blühen und fruchten; im Ggs. zu der durch Trockenheit oder Kälte verursachten *Vegetationsruhe*.
Vegetationspunkt [v...] (Vegetationskegel), kegel- oder kuppenförmige Spitzenregion von Sproß und Wurzel bei Farn- und Samenpflanzen; besteht aus primärem Bildungsgewebe, das durch fortlaufende Zellteilungen das Ausgangsmaterial für die Organbildung und Gewebsdifferenzierung liefert. Der V. gewährleistet das lebenslang anhaltende Wachstum der Pflanze.
Vegetationsstufen [v...] (Höhenstufen), durch Temperatur und Niederschlag bedingte Vegetationszonen (auch Wirtschaftszonen), die an einem Gebirgshang (vertikal) aufeinander folgen. In Mitteleuropa umfaßt die *kolline Stufe* (Hügellandstufe) das Hügelland und die Hanglagen der Mittelgebirge bis maximal 800 m (wärmeliebender Eichenmisch- und Kiefernwald). Die *montane Stufe* (Bergwaldstufe) wird im allg. von einer charakteristischen Waldformation gebildet; bis etwa 1 400–1 600 m. Die *alpine Stufe* verläuft von der Baumgrenze bis zur klimat. Schneegrenze; bis etwa 2 500 m. Nach den Wuchsformen der vorherrschenden Pflanzen werden unterschieden (von unten nach oben aufeinanderfolgend): Krummholz-, Zwergstrauch-, Matten- *(subalpine Stufe)* und Polsterpflanzengürtel. Die in der *nivalen Stufe* (Schneestufe) noch wachsenden Moose und Flechten treten in Gruppen oder nur noch einzeln an schneearmen Standorten (Grate, Felswände) auf; in den Alpen von 2 700 bis 3 100 m.
Vegetationszonen [v...] (Vegetationsgürtel, Vegetationsgebiete), den Klimazonen der Erde zugeordnete, mehr oder weniger breitkreisparallel verlaufende Gebiete, die von bestimmten, für die jeweiligen klimat. Bedingungen charakterist. Pflanzenformationen besiedelt werden.
vegetativ [v..., lat.], **1)** *Biologie:* ungeschlechtlich; nicht mit der geschlechtl. Fortpflanzung in Zusammenhang stehend.
2) *Medizin:* unbewußt, unwillkürlich (von den Funktionen des ↑vegetativen Nervensystems gesagt).

Vegetationspunkt. Rasterelektronenmikroskopische Aufnahme eines Sproßvegetationspunktes der Waldkiefer (200fache Vergrößerung)

vegetatives Nervensystem [v... -] (autonomes Nervensystem, Eingeweidenervensystem), bei den Wirbeltieren und beim Menschen; das im Unterschied zu dem hauptsächlich die Extremitätenmuskulatur innervierenden (willkürl.) Nervensystem das v. a. die Funktionen der Eingeweideorgane steuernde und kontrollierende (unwillkürl.) Nervensystem, das sich aus ↑Sympathikus und ↑Parasympathikus zusammensetzt.
vehement [v..., lat.], mit heftigem Nachdruck.
Vehikel [lat.], **1)** *allg.:* Hilfsmittel; etwas, wodurch etwas ausgedrückt oder begründet wird.
2) *umgangssprachlich* für altes, klappriges Fahrzeug.
Veidt, Conrad [faɪt], *Berlin 22. 1. 1893, †Los Angeles-Hollywood 3. 4. 1943, dt. Schauspieler. Ab 1917 beim Film, u. a. »Das Kabinett des Dr. Caligari« (1919); emigrierte 1932 nach Großbrit.; ab 1940 in Hollywood. –

Veil

Weitere Filme: Der Kongreß tanzt (1931), Casablanca (1943).

Veil, Simone [frz. vej], *Nizza 13. 7. 1927, frz. Politikerin. 1944–45 in den KZ Auschwitz und Bergen-Belsen; 1974–79 Min. zunächst für Gesundheit (dann auch Soziales und Familien); 1979–81 Präs. des Europ. Parlaments; 1993–95 Min. für Soziales, Gesundheit und Städte.

Veilchen. Märzveilchen

Veilchen [lat.] (Viola), Gatt. der V.gewächse mit rd. 450 Arten in der nördl. gemäßigten Zone und den Gebirgen der Tropen und Subtropen; meist Stauden; Blüten mit Sporn, oft blau bis violett oder gelb. – Die häufigsten einheim. Arten sind *März-V.* (Wohlriechendes V.; Blüten dunkelviolett, duftend, an Bachufern und in lichten Laubgehölzen), *Hunds-V.* (auf Heiden und in Wäldern mit sauren Böden), *Wald-V.* (5–20 cm hohe Staude, Blüte violett, geruchlos; in Mischwäldern), *Sporn-V.* (4–10 cm hoch, Blüten meist dunkelviolett, mit meist 8–15 mm langem Sporn; in den Alpen ab etwa 1 600 m). Zur Gatt. V. gehören auch das ↑Stiefmütterchen und das *Horn-V.* (20–25 cm hoch, Blüten violett).

Veilchengewächse (Violaceae), Fam. der Zweikeimblättrigen mit rd. 850 Arten in 16 Gatt., v. a. in den Tropen, Subtropen und in den gemäßigten Zonen; Bäume, Sträucher, Halbsträucher oder Kräuter.

Veit, hl. [faɪt] ↑Vitus, hl.

Veitshöchheim [f...], Gem. am Main, bei Würzburg, Bayern, 9 400 E. Ehem. Lustschloß der Würzburger Fürstbischöfe (1763 ff. umgestaltet und erweitert).

Veitstanz [f...; nach dem hl. Veit (↑Vitus)], 1. (Chorea minor) v. a. bei Mädchen zw. dem 6. und 13. Lebensjahr auftretende, meist günstig verlaufende Nervenkrankheit. Die Kinder fallen anfangs durch Reizbarkeit, Zappeligkeit und Verschlechterung des Schriftbildes auf. Hauptsymptome sind eine Abnahme des Muskeltonus der Skelettmuskulatur und Hyperkinese (Grimassieren und choreat., d. h. ungewollte, unkoordiniert-ausfahrende schleudernde Bewegungen und Zuckungen der Gliedmaßen). 2. (Huntington-Chorea, Chorea chronica progressiva hereditaria, Chorea major, erbl. Veitstanz) dominant vererbbare unheilbare Erkrankung des Zentralnervensystems. Anzeichen des zw. dem 30. und 50. Lebensjahr beginnenden Leidens sind regellose, plötzlich einschießende Bewegungen der Arme, Beine oder des Gesichtes (Grimassieren, Schmatzen), später körperl. Verfall und zunehmende Verblödung.

Veji [v...] (lat. Veii), wohl größte etrusk. Stadt, etwa 19 km nw. von Rom; Funde der Villanovakultur; Mgl. im etrusk. Zwölfstädtebund; antike Quellen rühmen den Tonplastiker Vulca (um 510 bis 500); 396 v. Chr. von den Römern erobert; röm. Munizipium. Etrusk. Reste: Minervatempel (Apollon von Veji, heute Rom, Villa Giulia), ein in den Felsen gehauener Wassertunnel (Ponte Sodo; 6. Jh. v. Chr.), Grotta Campana (wohl älteste etrusk. Grabmalereien, 6. Jh. v. Chr.), Akropolis.

Vektor [v..., lat.], eine in *Mathematik, Physik* und *Technik* verwendete Größe, die in geometr. Deutung als eine mit bestimmtem Richtungssinn versehene

Veitshöchheim. Schloß der Würzburger Fürstbischöfe (1680–82, 1749 ff. umgestaltet)

Strecke aufgefaßt und durch einen Pfeil dargestellt werden kann, der beliebig parallel verschoben werden darf. V. sind im allg. durch zwei oder mehrere Zahlen (V.komponenten) festgelegt, die sich als Koordinatendifferenzen deuten lassen.

Vektorraum [v...] (linearer Raum), eine Menge V, für deren als *Vektoren* bezeichnete Elemente ($u, v, w, ...$) die Addition, ferner die Multiplikation mit den als *Skalare* bezeichneten Elementen eines Körpers K auf folgende Weise definiert sind: 1. Je zwei Elementen $u, v \in V$ ist eindeutig ein Element $(u+v) \in V$ zugeordnet, die Summe von u und v; V bildet bezügl. der Addition eine Abelsche †Gruppe. 2. Die Multiplikation mit einem Skalar $k \in K$ ordnet jedem Element $u \in V$ eindeutig ein Element $k \cdot u \in V$ zu; für diese [äußere] Multiplikation mit Skalaren aus K gelten die Regeln:

(a) $a \cdot (u+v) = a \cdot u + a \cdot v$
(b) $(a+b) \cdot u = a \cdot u + b \cdot u$
(c) $a \cdot (b \cdot u) = (a \cdot b) \cdot u$
(d) $1 \cdot u = u$

für alle $a, b \in K$ und $u, v \in V$.

Vektorrechner [v...], schnelle Spezialrechner mit mehreren Rechenwerken, die einfache Operationen z. B. bei der Multiplikation von Vektoren oder Matrizen parallel ausführen können.

Vektorrechnung [v...], Teilgebiet der Mathematik, das sich mit den Vektoren und ihren algebraischen Verknüpfungen befaßt *(Vektoralgebra)*, i. w. S. auch mit der Anwendung der Differential- und Integralrechnung auf Vektorfunktionen *(Vektoranalysis)*.

Velar [v..., lat.], in der Phonetik der Hintergaumenlaut: z. B. der Laut [x] in *ach,* g, k vor a, o, u.

Velázquez, Diego Rodríguez de Silva y [span. βe'laθkeθ], ≈ Sevilla 6. 6. 1599, † Madrid 6. 8. 1660, span. Maler. Verarbeitete im Typus der Darstellung einfachen Volkslebens (v. a. im »Küchenstück«, span. Bodegón) wie in seinen zahlr. höf. Szenerien und (Ganzfiguren)porträts Einflüsse Caravaggios und der niederl. Malerei, wobei die genaueste Beobachtung von Farb- und Lichtverhältnissen ein Hauptphänomen seiner Kunst ist; dabei verband V. im noch mittelalterl. geprägten Spanien eine auf-

Diego Rodríguez de Silva y Velázquez. Las Meninas (1666; Madrid, Prado)

gelockerte Malweise mit thematisch und motivisch vielschichtigen Kompositionen und nuancierten psycholog. Darstellungen. Nach einem Porträt Philipps IV. Beginn einer glänzenden Karriere als Hofmaler (1652 Schloßmarschall); Bekanntschaft mit Rubens (1628), auf einer Italienreise 1629–31 mit J. de Ribera. Das leuchtende Kolorit der großen Venezianer (Tizian) wirkte in der folgenden Zeit auf sein Werk, er dämpfte die Farbigkeit seiner Malerei jedoch wieder bis hin zu einem Silberton feinster (v. a. Grau-)Nuancen in seinem Spätwerk, dabei ist der Farbauftrag vergleichsweise dick (pastos). 1649–51 erneut in Italien (Bildnis Papst Innozenz' X., Rom, Galleria Doria Pamphili). Zahlr. Werke (Studienobjekte der Impressionisten) befinden sich im Prado in Madrid: Triumph des Bacchus (1629), Apollo in der Schmiede Vulkans (1630), Prinz Baltasar Carlos zu Pferde (1634/35), Die Übergabe von Breda (1635), Der Hofnarr Don Diego de Acedo (1644), Las Meninas (1656), Die Spinnerinnen (um 1657), Die Infantin Margarita (um 1660).

Velbert ['fɛlbərt], Stadt im Niederberg. Land, NRW, 89 100 E. Dt. Schloß- und

Veld

Henry van de Velde. Engelwache; Bildteppich (1893; Zürich, Kunstgewerbemuseum)

Beschlägemuseum. Zentrum der dt. Beschläge-, Schlösser- und Schlüsselindustrie. – 875 zuerst erwähnt; seit 1860 Stadt; 1975 mit Langenberg und dem Wallfahrtsort Neviges zusammengeschlossen.

Veld [fɛlt; Afrikaans], das subtrop., sommerfeuchte Grasland im inneren Hochland S-Afrikas.

Velde, van de [v..., niederl.], niederl. Malerfamilie des 16. und 17. Jh.; bed.:
1) Adriaen van de, ≈ Amsterdam 30. 11. 1636, ⊡ ebd. 21. 1. 1672. Bruder von Willem van de V. d. J.; Strandbilder und Winterlandschaften von heiterer festlicher Stimmung, u. a. »Strand von Scheveningen« (1658, Kassel, Staatl. Kunstsammlungen).
2) Willem van de, d. J., ≈ Leiden 18. 12. 1633, † London 6. 4. 1707. Bruder von Adriaen van de V.; seit 1674 am engl. Hof; transparent gemalte Seeschlachtenbilder.

Velde [v...], 1) Henry van de, * Antwerpen 2. 4. 1863, † Zürich 25. 10. 1957, belg. Maler, Architekt und Kunstschriftsteller. Seit 1902 tätig in Weimar, ab 1926 in Brüssel, ab 1947 in der Schweiz. Führender Künstler und Theoretiker des Jugendstils.
2) Theodo[o]r Hendrik van de, * Leeuwarden 12. 2. 1873, † 27. 4. 1937 (Flugzeugabsturz), niederländ. Frauenarzt und Sexualforscher. Versuchte phys. und psych. Störungen in Ehebeziehungen zu erforschen und klin. zu behandeln. – *Hauptwerk:* Die vollkommene Ehe. Eine Studie über ihre Physiologie und Technik (dt. 1926).

VELKD, Abk. für ↑**V**ereinigte **E**vangelisch-**L**utherische **K**irche **D**eutschlands.

Velletri [italien. vel'le:tri], italien. Stadt in Latium, am S-Rand der Albaner Berge, 41 500 E. Museen. Dom (13. bis 17. Jh.) mit roman. Krypta.

veloce [ve'lo:tʃe; italien.], musikal. Vortragsbez.: schnell, geläufig.

Velodrom [lat.-frz./griech.], [geschlossene] Radrennbahn mit überhöhten Kurven.

Velours [vəˈluːr, veˈluːr; lat.-frz.], svw. Samt; Bez. für Gewebe mit gleichmäßig langer, samtartiger Haardecke, die durch Rauhen, mehrmaliges Hochbürsten und Scheren *(V.ausrüstung)* entstanden ist.

Veloursleder [vəˈluːr..., veˈluːr...], auf der Fleischseite durch besonders feines Schleifen zugerichtetes Kalb- oder Rindleder.

Veltlin [fɛlt'li:n, vɛlt'li:n], das Tal der Adda bis zum Comer See in der Prov. Sondrio, Italien; Weinbau. – Im MA lombard., 1512 an Graubünden; 1797 zur Zisalpin. Republik; 1814/15 mit der Lombardei an Österreich, 1859/61 an Sardinien bzw. Italien.

Velvet [ˈvɛlvət; engl.], Baumwollsamt mit glatter Oberfläche.

Ven [schwed. ve:n], schwed. Insel im Sund, 7,5 km^2; Tycho-Brahe-Museum. – 1576–97 dem schwed. Astronomen T. Brahe überlassen. Vom Schloß und dem Observatorium sind nur Reste erhalten.

Venda [v...], ehemaliges südafrikan. Homeland der Venda, 7410 km², 548000 E, Hauptstadt Thoho ya Ndou. – Erhielt 1969 innere Selbstverwaltung.

Vendée [frz. vã'de:], histor. frz. Gebiet südl. der unteren Loire. – Während der Frz. Revolution Zentrum royalist.-klerikaler Bauernerhebungen gegen die Revolutionsregierung (1793–96, 1799/1800); 1815 und 1832 kämpften die Bauern der V. erneut für das Thronrecht der Bourbonen.

Vendetta [v..., italien.], Rache, v. a. in Sizilien Bez. für Blutrache.

Vendôme [frz. vã'do:m], frz. Stadt am Loir, Dép. Loir-et-Cher, 18000 E. Benediktinerabteikirche (11. bis 16. Jh.).

Venedig [v...] (italien. Venezia), Hauptstadt der italien. Region Venetien und einer Prov., auf Inseln in der Lagune von Venedig, 308700 E. Univ. u. a. Hochschulen. Markusbibliothek, Staatsarchiv, zahlr. Museen und Gemäldesammlungen; internat. Biennale für zeitgenöss. Kunst, Film- und Musikfestspiele, Opernhäuser und Theater. Eisenbahn- und Straßenbrücke vom Festland; der innerstädt. Verkehr erfolgt mit Barken und Motorbooten. Durch Absenkung des gesamten Lagunengebiets sind die auf Pfählen errichteten Häuser gefährdet, auch durch mangelhafte Kanalisation, gestiegenen Schiffsverkehr und Luftverunreinigungen insbes. der petrochem. Ind. in den festländ. Ortsteilen *Marghera* und *Mestre*.

Stadtbild: Mittelpunkt ist der Markusplatz mit dem ↑Dogenpalast, dem Kuppelbau der Kirche San Marco (dritter Bau an dieser Stelle; 11. Jh.; Säulenfassade und die Auskleidung mit Mosaiken und Marmorinkrustationen 13. Jh.), der Alten Bibliothek (1537 ff.), den Prokurazien (16.–19. Jh.), dem Uhrturm (um 1500), der Münze (1537–45) und dem

Venedig.
Canal Grande mit Santa Maria della Salute (rechts)

Venedigergruppe

Kampanile (12. Jh.). Am Canal Grande mit der berühmten Rialtobrücke (1588 bis 1591) liegen zahlr. Paläste aus Gotik, Renaissance und Barock. Neben der Markuskirche sind u. a. bed.: Santi Giovanni e Paolo (13.[?]–15. Jh.), Santa Maria Gloriosa dei Frari (14./15. Jh.; mit Tizians »Assunta«), San Giorgio Maggiore (1566–1610 von A. Palladio), Santa Maria della Salute (1631–87 von Baldassare Longhena [* 1598, † 1682]).
Geschichte: Die im Zug der hunn., dann langobard. Verwüstungen auf dem Festland (5./6. Jh.) von Venetern besiedelten Laguneninseln unterstanden seit 697 einem gewählten Dogen. Seit dem 9./10. Jh. war V. Haupthandelspartner von Byzanz und der Levante; seit dem 10. Jh. hatte es Stützpunkte in Istrien und Dalmatien; seit dem 12. Jh. (Ausnutzung der Kreuzzüge) Ausbau seiner polit. und wirtschaftl. Stellung im östl. Mittelmeer (1204 während des 4. Kreuzzuges Erwerb griech. Inseln [u. a. Kreta] und Küstenplätze an der Peloponnes). Im Innern der Markusrepublik (nach den Reliquien des hl. Markus ben.) Ausbildung einer streng oligarch. Verfassung: Der Große Rat, seit 1172 Gremium der großen und alten Adelsfamilien, wählte den Dogen (auf Lebenszeit) und beschränkte dessen Macht; seine Funktion übernahm 1310 der Rat der Zehn. Im sog. Chioggiakrieg (1378–81) Sieg über den Handelskonkurrenten Genua; bis zum Frieden von Lodi (1454) Eroberung eines geschlossenen Gebietes im östl. Oberitalien (↑Terra ferma). Handelsverbindungen nach England und Flandern; im 15./16. Jh. kulturelle Blüte der Renaissance. Die transatlant. Schwerpunktverlagerung des Welthandels durch die Entdeckungen der Neuzeit sowie die osman. Expansion zum Adriat. Meer schwächten die Machtstellung von V. entscheidend (1669/70 Verlust Kretas). Mitte des 18. Jh. »Hauptstadt des Rokoko«. Nach der Absetzung des letzten Dogen durch frz. Truppen 1797 an Österreich, 1805–14 das napoleon. Kgr. Italien, 1815 an das habsburg. Kgr. Lombardo-Venetien, 1866 an das Kgr. Italien.
Venedigergruppe [v...], westlichste Gruppe der Hohen Tauern, im Großvenediger 3 674 m hoch.

Venen [v..., lat.] (Blutadern), bei Wirbeltieren (einschließlich Menschen) diejenigen Blutgefäße, die im Unterschied zu den Arterien (mit denen sie über Kapillaren in Verbindung stehen) das Blut dem Herzen zuführen. Ihre Wand ist ähnlich wie die der Arterien gebaut, sie weist jedoch weniger elast. Fasern und Muskelzellen auf. Mit Ausnahme der Lungen-V. führen die V. mit Kohlensäure beladenes (venöses) Blut, dessen Druck geringer ist als in den Arterien und dessen Strömungsrichtung durch Venenklappen gesteuert wird.
Venenentzündung [v...] (Phlebitis), vom Gefäßvolumen (z. B. bei einer infizierten Thrombose) oder von der entzündeten Umgebung ausgehende entzündl. Erkrankung der Venenwand, bes. häufig bei Krampfadern.
Venenverödung [v...] (Varizenverödung, Gefäßverödung), Unwegsammachen von Krampfadern durch die Injektion von Verödungsmitteln, die über eine Entzündung der Gefäßinnenhaut zur Bildung eines wandständigen Thrombus und dann schließlich zur dauernden narbigen Verlegung der Gefäßlichtung führen.
venerisch [v..., lat., nach der röm. Liebesgöttin Venus], die Geschlechtskrankheiten betreffend, durch Geschlechtsverkehr übertragen; *venerische Krankheiten,* svw. ↑Geschlechtskrankheiten.
Venerologe [v..., lat.-griech.], Arzt mit speziellen Kenntnissen auf dem Gebiet der Geschlechtskrankheiten.
Venerologie [v..., lat.-griech.], Lehre von den Geschlechtskrankheiten, als Teilgebiet der Medizin verbunden mit der Dermatologie.
Veneter [v...] (lat. Veneti), Name mehrerer antiker Völker, u. a.: 1. V. an der italien. Adriaküste; wurden 215 v. Chr. von den Römern abhängig; 2. V. in der südl. Bretagne an der Atlantikküste, als Seefahrer berühmter Keltenstamm, den Cäsar 56 v. Chr. unterwarf.
Venetien [v...] (italien. Veneto), italien. Region und Großlandschaft am Adriat. Meer, 18 364 km², 4,453 Mio. E, Hauptstadt Venedig. – V. war seit dem 14./15. Jh. das Gebiet der Republik Venedig. Italien kannte zw. den Weltkriegen drei V.: 1. die heutige Region *Venetien;* 2. *Julisch-Venetien,* seit 1947 (außer

Triest) im wesentl. bei Jugoslawien (Slowenien), die restl. Teile gehören seitdem zur Region Friaul-Julisch-V.; 3. *Tridentinisch-Venetien,* für das 1919/20 an Italien gefallene Gebiet der Prov. Bozen und Trient, die heutige Region Trentino-Südtirol.

venezianische Schule [v... -], Gruppe von Komponisten, die zw. 1530 und 1620 als Kapellmeister an der Markuskirche in Venedig wirkten, u. a. A. Willaert, C. Monteverdi, Andrea (*1510?, †1586) und G. Gabrieli; neben verschiedenen Formen der Barockmusik entwickelten sie v. a. in der geistl. Vokalmusik eine von kontrastreichen Klangwirkungen geprägte Mehrchörigkeit, die auch auf die Instrumentalmusik übertragen wurde.

Venezuela [v...], Staat in Südamerika, grenzt im N an das Karib. Meer und den offenen Atlantik, im O an Guyana, im S an Brasilien, im W an Kolumbien.
Staat und Recht: Präsidiale Republik mit bundesstaatl. Elementen; *Verfassung* von 1961. Staatsoberhaupt und oberster Inhaber der *Exekutivgewalt* ist der Präs., er wird für 5 Jahre direkt gewählt. *Legislative* ist das Zweikammerparlament aus Senat (52 Mgl. sowie ehem. Präs.) und Abgeordnetenhaus (203 Abg., für 5 Jahre gewählt). Wichtigste *Parteien:* Acción Democrática, Partido Social-Cristiano (früher: Comité de Organización Política Electoral Independiente [COPEI]).
Landesnatur: V. hat im SO Anteil am Bergland von Guayana, im W und N an den nö. Ausläufern der Anden mit dem Senkungsfeld von Maracaibo und der karib. Küstenkordillere. Im Andenteil liegt der Pico Bolívar, mit 5 007 m die höchste Erhebung des Landes. Zw. Kordilleren und Bergland von Guayana ist das Orinokotiefland eingesenkt. V. hat wechselfeuchtes Tropenklima. Trop. Regenwald und Trockenwald sind ebenso verbreitet wie Savannen.
Bevölkerung: Etwa $2/3$ der Bev. sind Mestizen und Mulatten; die Weißen sind v. a. span. und italien. Herkunft. Die Indianer leben in Stammesverbänden in Rückzugsgebieten. Rd. 90% der E sind katholisch.
Wirtschaft, Verkehr: Die wichtigsten Anbauprodukte sind Mais, Reis, Kaffee, Baumwolle, Zuckerrohr, Erdnüsse, Maniok und Sesam. Trop. Früchte (Bananen, Ananas, Orangen) werden in großen Mengen geerntet. Bedeutendster Wirtschaftszweig ist die verstaatlichte Erdölindustrie. Wichtige Bergbauprodukte sind außerdem Eisenerz, Manganerz, Gold, Diamanten, Kohle, Nickel-, Kupfer-, Blei- und Zinkerze. Führend sind Nahrungs-, Genußmittel-, chem., Metall- und Textilindustrie. Die einzige Eisenbahnstrecke Puerto Cabello–Barquisimeto-Acarigua ist 336 km lang. Das Straßennetz hat eine Länge von 62 601 km, davon 24 036 km asphaltiert. Die wichtigsten Häfen sind La Guaira, Puerto Cabello, Maracaibo und Puerto Ordaz. Wichtigster internat. ✈ ist Caracas.
Geschichte: 1498 entdeckt und 1499 nach den Pfahlbauten der Indianer V. (»Klein-Venedig«) gen.; 1528–46 Versuch der Kolonialisierung des Landes durch die von Karl V. dazu berechtigten Augsburger Welser. 1546–1717 zum Vize-Kgr. Neuspanien, danach zum Vize-Kgr. Neugranada gehörig. 1810 Revolution, 1811 Unabhängigkeitserklärung und Ausrufung der Republik. Unter S. Bolívars Leitung wurde V. ein Teil Groß-Kolumbiens (1819/22), nach dessen Zerfall (1829/30) ein eigener Staat; in der Folgezeit immer wieder Bürgerkrieg oder Diktaturen. Unter

Venezuela

Staatsflagge

Venezuela

Fläche:	912 050 km²
Einwohner:	20,186 Mio.
Hauptstadt:	Caracas
Amtssprache:	Spanisch
Nationalfeiertag:	5. 7.
Währung:	1 Bolivar (Bs) = 100 Centimos (c, cts)
Zeitzone:	MEZ – 5 Std.

Staatswappen

Bevölkerungsverteilung 1992

Bruttoinlandsprodukt 1992

Venezuela, Golf von

Venezuela. Gehöft in der Cordillera de Mérida im Westen des Landes

dem Diktator General J. Vincente Gómez (1908–29 und 1931–35) innerer Aufbau und wirtschaftl. Aufschwung v. a. durch Ausbeutung der Erdölvorkommen seit den 1920er Jahren. Im 2. Weltkrieg Entstehung neuer polit. Parteien zur Lösung drängender sozialer Fragen (z. B. die Acción Democrática). 1964 erster verfassungsmäßiger Präs.-wechsel. 1979–84 war L. Herrera Campins, Vertreter des christl.-sozialen, linksliberalen Comitado Organización Politica Electoral Independiente (COPEI), Präsident. Die Präsidentschaftswahlen 1983 und 1988 konnte die Acción Democrática gewinnen. Außenpolitisch distanzierte sich V. von den Militärdiktaturen Südamerikas. Im Rahmen der OPEC suchte Venezuela eine aktive Rolle zu spielen. Die sozialen Gegensätze sind noch immer scharf ausgeprägt. Im Febr. und Nov. 1992 kam es zu zwei mißlungenen Militärputschen gegen Präsident C. A. Pérez Rodriguez, der im Mai 1993 wegen Korruptionsvorwürfen des Amtes enthoben wurde. Nachfolger wurde R. J. Velásquez, den nach Präsidentschaftswahlen vom Dez. 1993 R. Caldera Rodríguez ablöste.

Venezuela, Golf von [v...], Bucht des Karib. Meers vor der Küste Venezuelas und Kolumbiens.

veni, vidi, vici [v..., v..., v..., lat.], »ich kam, ich sah, ich siegte« (nach Plutarch Aussage Cäsars über seinen 47 v. Chr. bei Zela errungenen Sieg über den pont. König Pharnakes II.).

Venia legendi [v... -, lat.], Lehrbefugnis an wiss. Hochschulen.

Venizelos [v...], Eleftherios [neugriech. vɛniˈzɛlɔs], * Murnia (bei Chania, Kreta) 23. 8. 1864, † Paris 18. 3. 1936, griech. Politiker. 1910–15 und 1917–20 griech. Min.-Präs.; erreichte durch die Balkankriege 1912/13 eine beträchtl. Gebietserweiterung Griechenlands und den endgültigen Anschluß Kretas; rief am 16. 10. 1916 in Saloniki eine provisor. Gegenregierung aus; erklärte im Juni 1917 den Mittelmächten den Krieg. 1920–23 im Exil; 1924, 1928–32 und 1933 erneut Min.-Präs.

Venlo [niederl. ˈvɛnloː], niederl. Stadt an der Maas, 63 600 E. Zentrum der nördl. Prov. Limburg, Mittelpunkt eines Erwerbsgartenbaugebiets. Spätgot. Kirche Sint Martinus (15. Jh.), Renaissancerathaus (1597–99), Giebelhäuser (16. und 18. Jh.). – 1343 Stadtrecht, 1481 Hansestadt; kam 1543 unter habsburg. Herrschaft, 1715 an die Vereinigten Niederlande.

Venosa [v...], italien. Stadt in der Basilicata, 12 000 E. Dom (1470–1502), Benediktinerabtei (gegr. 1046) mit zwei

Venus

Kirchen, Kastell (15. Jh.), Ruinen eines röm. Amphitheaters. – Das antike *Venusia*, seit 291 v. Chr. röm. Colonia, war der Geburtsort des Dichters Horaz.

Venstre [dän. 'vɛnsdrə »Linke«], dän. liberale Partei; 1872–1924 stärkste Partei im Folketing. Heute versucht die V. ihre primär agrar. Ausrichtung aufzugeben und gegen ihren Ruf als liberale Laissez-faire-Partei anzugehen. Seit 1905 besteht neben der V. die Sozialliberale Partei (Radikale Venstre).

Ventile [v..., lat.], **1)** *Elektrotechnik:* (elektr. V.) elektr. Bauelemente, deren Widerstand von der Stromrichtung abhängig ist.
2) *Technik:* häufigste Form der Absperrorgane *(Absperrventil).* Das strömende Medium tritt beim *Kegel-V.* in das meist kugelförmig verdickte Gehäuse ein, wird etwas umgelenkt, fließt durch eine Öffnung, den sog. *V.sitz,* und verläßt das *V.gehäuse* fast immer auf der dem Eintritt gegenüberliegenden Seite. Durch Drehen an einem Hahnrad oder Drehgriff drückt eine Spindel den daran befindl. *V.kegel* auf den *V.sitz* und verschließt das Ventil. *Platten-V.* besitzen statt des V.kegels eine V.platte (z. B. die meist als »Wasserhähne« bezeichneten V.). Beim *Sicherheits-V.* oder *Überdruck-V.* wird der V.kegel durch eine einstellbare Feder auf den Sitz gedrückt. Bei Kolbenmotoren dienen die im Einlaß- und Auslaßkanal eines Zylinders angebrachten V. zur Steuerung des Ladungswechsels. Es werden ausschließl. *Teller-V.* verwendet, bestehend aus dem V.teller mit kegeliger Paßfläche, die sich an den V.sitz anlegt, und dem Schaft, der das V. führt.

ventilieren [v..., lat.-frz.], **1)** lüften.
2) sorgfältig prüfen.

Ventimiglia [italien. venti'miʎʎa], italien. Hafenstadt im westl. Ligurien, 26 000 E. Archäolog. Museum; Grenzbahnhof zw. Frankreich und Italien. Roman. Dom (11. und 12. Jh.) mit Baptisterium, Kirche San Michele (12. Jh.) über einem Tempel des Kastor und Pollux. Nahebei röm. Theater (2. Jh. n. Chr.).

ventral [v..., lat.], in der *Anatomie:* an der Bauchseite (Vorderseite) gelegen, zur Bauchseite (Vorderseite) hin.

Ventrikel [v..., lat.], in der *Anatomie:* Kammer, Hohlraum, bes. von Organen.

Ventura, Lino [v...], eigtl. Angelo Borrini, *Parma 14. 7. 1919, † Saint Cloud 22. 10. 1987, frz. Filmschauspieler italien. Herkunft. Rollen in Gangster- und Kriminalfilmen, u. a. »Der Panther wird gehetzt« (1959), »Die Filzlaus« (1973), »Ein glückl. Jahr« (1974), »Das Verhör« (1981).

Venus [v...], **1)** *Astronomie:* [nach der röm. Göttin], astronom. Zeichen ♀, der (von der Sonne aus gesehen) zweite Planet unseres Sonnensystems. Als innerer Planet kann sie sich, von der Erde aus gesehen, nicht weit von der Sonne entfernen (größte Elongation 47°, jeweils östlich oder westlich der Sonne). Steht V. westlich der Sonne, so geht sie als *Morgenstern* vor der Sonne im Osten auf. Bei östl. Elongation läuft V. scheinbar hinter der Sonne her und ist am Abendhimmel als *Abendstern* zu sehen (charakterist. Daten der V. ↑Planeten [Übersicht]). V. und Erde sind sich bezügl. Masse, Dichte und Radius sehr ähnlich; in den anderen physikal. Parametern treten jedoch kaum Gemeinsamkeiten auf. Eine Besonderheit gegenüber allen anderen Planeten ist die langsame V.rotation von 244 Erdtagen. Da die Rotation um die Achse und die Bahnbewegung um die Sonne entgegengesetzt gerichtet sind, entspricht die Länge eines Sonnentages auf der V. 117 Erdtagen. Die Atmosphäre der V. ist völlig anders aufgebaut als die der Erde (97% Kohlendioxid, 2% Stickstoff und Edelgase, weniger als 0,4% Sauerstoff, 0,1–0,2% Wasserdampf). Die V. wird von einer globalen Wolkenhülle umgeben, deren oberste und mit maximal 14 km Dicke stärkste Schicht sich zw. 56 und 70 km Höhe erstreckt. Die durchschnittl. Temperatur dieser Schicht beträgt etwa $-20\,°C$; in ihr wurde ein großer Anteil von Schwefelsäurepartikeln nachgewiesen. Das Kohlendioxid, der atmosphär. Wasserdampf sowie die nachgewiesenen festen und flüssigen Schwefelpartikel bewirken eine Aufheizung *(Glashauseffekt)* der Venusoberfläche, so daß Temperaturen bis zu $480\,°C$ erreicht werden. Der Druck am Boden beträgt mit 9 Mio. Pa (= 90 bar).
Die durch Krater zerklüftete Oberfläche der V. macht nach Radarmessungen von Bord amerikan. Venussonden (zuletzt 1991 »Magellan«) aus einen flachen

Lino Ventura

Venusberg

bis hügeligen Eindruck. Auf der Nordhalbkugel wurde jedoch ein Hochplateau (3 200 km Länge, 1 600 km Breite) entdeckt, das fast 5 000 m höher als die Umgebung ist und an dessen Rändern sich drei große Berggruppen bis zu 12 000 m über das Grundniveau der V. erheben. Ferner wurde ein 250 km breites und mindestens 1 500 km langes Kluftsystem aufgefunden, in dem sich eine etwa 6,5 km tiefe und etwa 400 km lange Spalte befindet.
2) *Religion:* röm. Göttin der Liebe, mit der griech. ↑Aphrodite gleichgesetzt.

Venusberg (Venushügel), *Anatomie:* svw. ↑Schamberg.

Venusfliegenfalle (Dionaea muscipula), Sonnentaugewächs in Mooren der südöstl. USA. Die Spreite der auf blattbreiten Stielen sitzenden Blätter klappt längs der Mittelrippe ein, wenn ein Insekt die Fühlborsten berührt; das Tier wird festgeklemmt, mit den Randborsten gehalten und durch Enzyme zersetzt.

Venusfliegenfalle

Venusstatuetten, jungpaläolith., in der Regel 6–12 cm hohe weibl. Statuetten.

Veracruz [veraˈkruːs; span. βeraˈkrus], mex. Staat am Golf von Mexiko, 71 699 km², 6,8 Mio. E, Hauptstadt Jalapa Enríquez.

Veracruz Llave [span. βeraˈkruz ˈjaβe], mex. Hafenstadt am Golf von Mexiko, 328 000 E. Angelegt im Schachbrettgrundriß; Kathedrale Nuestra Señora de la Asunción (1734). – 1519 von H. Cortés gegründet; besaß in der Kolonialzeit das Monopol für die Aus- und Einfuhr des Landes.

Veränderliche (veränderliche Sterne, Variable), Sterne, bei denen eine oder mehrere Zustandsgrößen, insbes. die scheinbare Helligkeit und das Magnetfeld, einer zeitl. Änderung unterworfen sind.

Veränderungssperre, im *Planungsrecht* vorgesehene Möglichkeit zur Sicherung der Planung, insbes. der Bebauungsplanung. Durch die V. soll verhindert werden, daß während der Planung Fakten geschaffen werden, die dem späteren Planungsvollzug entgegenstehen.

Veranlagung (Steuerveranlagung), Feststellung und Festsetzung der Höhe der Steuerschuld in all den Fällen, in denen die Steuerbemessungsgrundlage nicht von vornherein feststeht, z. B. bei Einkommen-, Vermögen-, Umsatz-, Gewerbe-, Körperschaftsteuer.

Verätzung, mit einem Substanzverlust durch Nekrose einhergehende flächenhafte Schädigung der Haut oder Schleimhaut durch starke Säuren oder Laugen.

Veräußerung, rechtlich die Übertragung von Sachen (Übereignung), Forderungen (Abtretung) und dingl. Rechten (Übertragung); eine V. kann durch Gesetz oder Gericht untersagt werden *(Veräußerungsverbot).*

Verb [lat.] (Verbum, Zeitwort, Tätigkeitswort, Tuwort; Mrz. Verben, Verba), Wortart, die in ihrer Form veränderlich ist (↑Flexion); ist i. d. R. der grammat. Kern der Aussage eines Satzes (Prädikat); ein V., das nur in Verbindung mit einem anderen V. seine Funktion erfüllen kann, heißt *Modalverb* (z. B. »Ich *muß* gehen«).

Verbalinjurie [v..., ...i-ə; lat.], durch Worte verübte Beleidigung.

verballhornen [nach J. Balhorn], eine Formulierung, einen Namen o. ä. entstellen (in der Absicht, etwas vermeintlich Falsches zu berichtigen).

Verband, 1) *allg.:* zur Verfolgung gemeinsamer Interessen gebildeter Zusammenschluß.
2) *Mathematik:* (Dualgruppe) eine algebraische Struktur V mit zwei zweistelligen inneren Verknüpfungen (Zeichen $\sqcup$ und $\sqcap$), in der für beliebige Elemente $a, b, c \in V$ folgende Axiome gelten:

$$a \sqcup b = b \sqcup a \left.\right\} \text{(Kommutativ-}$$
$$a \sqcap b = b \sqcap a \left.\right\} \text{gesetze),}$$
$$a \sqcap (b \sqcup c) = (a \sqcap (b) \sqcap c) \left.\right\} \text{(Assoziativ-}$$
$$a \sqcup (b \sqcup c) = (a \sqcup b) \sqcup c \left.\right\} \text{gesetze),}$$
$$a \sqcup (a \sqcap b) = a \left.\right\} \text{(Verschmelzungs-}$$
$$a \sqcap (a \sqcup b) = a \left.\right\} \text{gesetze).}$$

Gelten zusätzl. noch die beiden Distributivgesetze

$$a \sqcup (b \sqcap c) = (a \sqcup b) \sqcap (a \sqcup c),$$
$$a \sqcap (b \sqcup c) = (a \sqcap b) \sqcup (a \sqcap c),$$

so spricht man von einem *distributiven Verband.* Ein Verband V heißt komplementär, wenn er ein Nullelement 0 und ein Einselement 1 besitzt und wenn es zu jedem Element $a \in V$ ein $\bar{a} \in V$ gibt mit $a \sqcap \bar{a} = 0$ und $a \sqcup \bar{a} = 1$.
3) *Medizin:* ↑Verbände.

Verbrechen

4) *techn. Bereich:* 1. Konstruktion im Fachwerkbau, die der Aufnahme von Seitenkräften und der Formerhaltung eines Tragwerkes dient; 2. versteifendes, stützendes oder tragendes Bauteil (Längs-, Quer-, Stütz-V.) im Schiffbau. **5)** *Militär:* die Zusammenfassung mehrerer Einheiten (von Bataillonstärke aufwärts).

Verband Deutscher Elektrotechniker (VDE) e. V., 1893 gegr. techn.-wiss. Verband; Sitz Frankfurt am Main. Zu den Aufgaben gehören u. a. die Fortbildung der Mgl., die Erstellung gesetzlich anerkannter elektrotechn. Sicherheitsvorschriften und die Prüfung von Elektroerzeugnissen durch die *VDE-Prüfstelle.*

Verband deutscher Schriftsteller e. V. (VS), 1969 aus der »Bundesvereinigung Dt. Schriftsteller e. V.« (BDS) hervorgegangener Schriftstellerverband; seit 1974 in der IG Medien – Druck und Papier; Sitz: Stuttgart.

Verbände, Hilfsmittel zur Abdeckung von offenen Wunden *(Schutzverband)* oder zur Fixierung und Ruhigstellung von Körperteilen bei geschlossenen Verletzungen bzw. zur Stützung und Stellungskorrektur von Gliedmaßen und Rumpf. Bei geschlossenen Körperverletzungen wie Prellungen, Zerrungen oder nach Verrenkungen sind *Stütz-V.* aus Zinkleim- oder elast. Pflasterbinden gebräuchlich. Bei Knochenbrüchen dient der aus Gipsbinden hergestellte *Gipsverband* als umhüllender Verband zur Fixierung der Bruchenden, bei Brüchen im Becken- und Wirbelsäulenbereich als Lagerungsschale. Bei Brüchen, deren Bruchenden zur Verlagerung neigen, werden *Streck-V.* in Form von einfachen Zugmanschetten oder als ↑Extensionsverband angelegt.

Verbandsgemeinde, Gebietskörperschaften mit Selbstverwaltungsaufgaben, die aus benachbarten Ortsgemeinden des gleichen Landkreises bestehen.

Verbandsklage, von Verbänden erhobene Klage, mit der diese keine eigenen Rechte, sondern die ihrer Mgl. oder der Allgemeinheit geltend machen.

Verbannung, seit der Antike praktizierte Verweisung einer Person aus einem bestimmten Gebiet auf Dauer oder für bestimmte Zeit.

Verbena [v..., lat.], svw. ↑Eisenkraut.

Verbindlichkeiten, vorwiegend aus Warenlieferungen und Leistungen resultierende Verpflichtungen gegenüber Geschäftspartnern.

Verblutung, zum Tode führender akuter Blutverlust. Beim Gesunden ist gewöhnl. ein Blutverlust von 1,5–2,5 l tödlich.

Verbotsirrtum, Irrtum über das Verbotensein eines strafrechtlich relevanten Verhaltens. Der Täter nimmt irrig an, sein Verhalten sei erlaubt, so daß ihm das Unrechtsbewußtsein fehlt; kann zur Strafmilderung führen bzw. Schuldausschließungsgrund sein.

verbrannte Erde, eine Kriegstaktik, die die Vernichtung der gesamten Lebensgrundlage der beim Rückzug geräumten Gebiete beabsichtigt: u. a. Tötung oder Deportation der Bevölkerung, Zerstörung von Verkehrsverbindungen, Ind.- und Versorgungsanlagen sowie der Ernte.

Verbraucher, Käufer von Waren (und Dienstleistungen) zur eigenen Bedürfnisbefriedigung, auch zur gewerbl. Herstellung oder für den Handel.

Verbraucherpreise, die [Endverkaufs]preise für Güter und Dienstleistungen, die von den Konsumenten zu entrichten sind.

Verbraucherschutz, die Gesamtheit der rechtl. Vorschriften, die den Verbraucher vor Benachteiligungen im Wirtschaftsleben schützen sollen (z. B. Preisauszeichnungspflicht).

Verbraucherverbände, Organisationen, deren satzungsgemäße Aufgabe die Vertretung der Interessen der Verbraucher ist, v. a. durch Information *(Verbraucheraufklärung)* und *Rechtsberatung.* Außerdem sind die Verbraucherverbände berechtigt, mit Unterlassungsklagen gegen Verstöße gegen das Gesetz gegen den unlauteren Wettbewerb vorzugehen.

Verbrauchsteuern, indirekte Steuern, die durch die Besteuerung der Einkommensverwendung für bestimmte Güter die persönl. Leistungsfähigkeit nur mittelbar erfassen. Durch V. belastete Waren sind u. a. Mineralöl, Branntwein, Zucker, Salz, Tabakwaren, Kaffee, Tee. Zu den V. im weiteren Sinne gehören auch die *Aufwandsteuern* (z. B. Kraftfahrzeugsteuer, Hundesteuer).

Verbrechen ↑Straftat.

Verband Deutscher Elektrotechniker (VDE) e.V.

Verbrechen gegen die Menschlichkeit

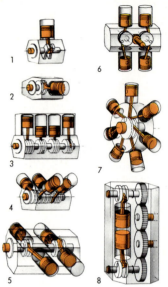

Verbrennungsmotoren. Schematische Darstellung verschiedener Bauformen: **1** Einzylindermotor stehend; **2** Einzylindermotor liegend; **3** Reihenmotor stehend; **4** V-Reihenmotor stehend; **5** Boxer-Reihenmotor; **6** H-Reihenmotor (zwei Kurbelwellen im Zahnradverbund); **7** Sternmotor; **8** Gegenkolbenmotor (Kurbelwellen im Zahnradverbund)

Verbrechen gegen die Menschlichkeit, staatlich angeordnete oder geduldete Verbrechen gegen Menschen aus polit., religiösen oder rass. Gründen, im Ggs. zu Kriegsverbrechen. Wird nach allg. Strafrechtsnormen bestraft.

Verbrennung, 1) *Chemie:* unter Flammenbildung und Wärmeentwicklung ablaufende Reaktion von Stoffen mit Sauerstoff oder anderen Oxidationsmitteln nach Erreichen der jeweiligen Entzündungstemperatur. Bei vollständiger V. von organ. Brennstoffen entstehen vorwiegend Kohlendioxid und Wasserdampf, bei unvollständiger V. Ruß und Kohlenmonoxid.

2) *Medizin:* (Combustio, Kombustion) durch örtl. Hitzeeinwirkung hervorgerufene Gewebeschädigung. Bei *V. ersten Grades* kommt es zu einer schmerzhaften Rötung der Oberhaut. Bei einer *V. zweiten Grades* entstehen die außerordentlich schmerzhaften Brandblasen durch Schädigung der Blutkapillaren mit Austritt von Blutflüssigkeit und Abhebung der obersten Hautschicht. Bei *V. dritten Grades* ist auch die Lederhaut mit ihren Gefäßen und Nerven (verbrannte Partien zeigen stellenweise Gefühllosigkeit und ein verkohltes oder weißl.-lederartiges Aussehen) betroffen. Die nekrot. Hautpartien werden abgestoßen und hinterlassen tiefe Narben. V. größerer Ausdehnung (ab 15% der Körperoberfläche) sind lebensgefährlich. Der Protein- und Flüssigkeitsverlust bei Störung der Wärmeregulation der Haut und die Giftwirkung der durch die V. veränderten Proteine führen u. a. zum Kreislaufversagen.

Verbrennungskraftmaschinen, Kraftmaschinen, bei denen mechan. Arbeit durch die unmittelbar im Zylinder bzw. einer Brennkammer stattfindende rasche Verbrennung eines Brennstoff-Luft-Gemisches gewonnen wird, z. B. Gasturbinen (↑Turbinen) und ↑Verbrennungsmotoren.

Verbrennungsmotoren (Explosionsmotoren), Kraftmaschinen, bei denen in einem Zylinder durch Verbrennung eines Brennstoff-Luft-Gemisches ein Kolben bewegt und so über diesen die Wärmeenergie in mechan. Energie umgewandelt wird. Nach dem Arbeitsablauf unterscheidet man z. B. Zweitakt- und Viertaktmotoren, nach der Art der Gemischbildung und -zündung Ottomotoren, Einspritzmotoren und Dieselmotoren.

Verbundwerkstoffe (Kompositwerkstoffe), aus mehreren Komponenten zusammengesetzte Werkstoffe. Typ. Beispiel für *Faser-V.* sind die glasfaserverstärkten Kunststoffe (*GFK;* ↑GFK-Technik), ferner Faser-V. mit Bor- *(borfaserverstärkte Kunststoffe; BFK)* oder Kohlenstoffasern *(kohlefaserverstärkte Kunststoffe; KFK),* die in Kunststoffe, Aluminium oder Titan eingebettet sind, sowie Faser-V. mit Kristallfäden *(Whisker),* die bezüglich der Festigkeitswerte an der Spitze aller Faser-V. liegen. – *Schicht-V.* sind V., die aus mehreren Lagen unterschiedl. Materials bestehen.

Vercelli [italien. verˈtʃelli], italien. Prov.-Hauptstadt in der westl. Poebene, Piemont, 50500 E. Museen und Gemäldesammlungen, Staatsarchiv; Mittelpunkt des norditalien. Reisanbaugebiets. Dom (16. und 18. Jh.) mit roman. Kampanile, roman. Zisterzienserkirche Sant'Andrea (1219–24). – Beim röm. *Vercellae* schlug 101 v. Chr. Marius die Kimbern; im 4. Jh. Bischofssitz; 1335 an die Visconti, 1427 an Savoyen.

Verchromen, Verfahren der Oberflächenbehandlung, bei dem Metallgegenstände im galvan. Bad mit einer Chromschicht als Korrosionsschutz überzogen werden. Beim *Glanzverchromen* werden meist Schichten von 0,3–0,5 μm Dicke, beim *Hartverchromen* (v. a. zum Schutz von mechan. stark beanspruchten Metallgegenständen) Schichten bis zu 0,5 mm Dicke aufgetragen.

Vercingetorix [v...], *um 82, † Rom 46 v. Chr., Fürst der gall. Arverner. 52 v. Chr. Führer des gesamtgall. Aufstandes gegen Cäsar; siegte bei Gergovia; wurde in Alesia eingeschlossen und besiegt, 46 v. Chr. im Triumphzug Cäsars mitgeführt und anschließend hingerichtet.

Verdacht, im *Recht* die auf konkrete Anzeichen (Indizien) oder Beweise gegründete Wahrscheinlichkeit oder Möglichkeit, daß jemand als Täter oder Teilnehmer einer Straftat in Betracht kommt. Der zum Erlaß eines Haftbefehls erforderl. *dringende Tatverdacht* liegt vor, wenn der zu Inhaftierende sich mit großer Wahrscheinlichkeit als Täter oder Teilnehmer strafbar gemacht hat.

Verdammnis, nach bibl. und christl. Auffassung der Zustand ewiger Totalbestrafung (ewige V.); Ort der V. ist die †Hölle.

Verdampfung, Bez. für den Übergang eines Stoffes vom flüssigen in den gasförmigen Aggregatzustand, die v. a. dann benutzt wird, wenn dieser Übergang nur an der Oberfläche der Flüssigkeit, also ohne Blasenbildung stattfindet.

Verdampfungswärme, diejenige Wärmemenge, die erforderl. ist, um einen Körper ohne Temperaturerhöhung aus dem flüssigen in den gasförmigen Aggregatzustand zu überführen.

Verdauung (Digestion), Abbau der organ. Grundnahrungsstoffe Kohlenhydrate, Proteine und Fette in einfache und für den Organismus bzw. eine einzelne Zelle resorbierbare Bausteine des Stoffwechsels durch die Einwirkung

Verdauungsenzyme

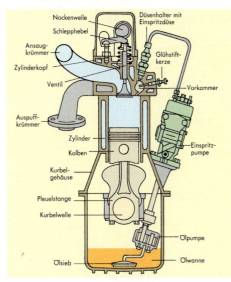

Verbrennungsmotoren. Schematischer Aufbau eines Dieselmotors mit Vorkammerverfahren

von †Verdauungsenzymen. Bei Einzellern, Schwämmen, Hohltieren, Strudelwürmern, einigen Muscheln und Schnecken erfolgt die V. innerhalb der Zellen *(intrazellulare Verdauung)*. Bei höheren Tieren erfolgt die V. im Darm *(extrazellulare Verdauung)*.

Verdauungsenzyme, Enzyme, die eine Verdauung bewirken, insbes. die aus den Verdauungsdrüsen (die in den Darmtrakt münden) bzw. aus Darmepithelzellen stammenden Enzyme. Man unterscheidet Carbohydrasen, Proteasen und Lipasen. *Carbohydrasen* sind die die Stärke und das Glykogen bis zu den Oligo- bzw. Disacchariden abbauenden Amylasen, die die Zellulose bis zur Glucose abbauenden Zellulasen und die Chitinasen, die Chitin zu einfachen Zuckern spalten; Maltase und Lactase spalten Glykoside und Oligosaccharide zu Monosacchariden. Bei den *Proteasen* unterscheidet man Proteinasen (Endopeptidasen; Pepsin, Trypsin, Chymotrypsin), die Proteine und höhere Polypeptide in niedermolekulare Proteine spalten, und die Peptidasen i. e. S. (Exopeptidasen), die v. a. niedermolekulare

Verden (Aller)

Giuseppe Verdi
(aus einem Gemälde
von Giovanni Boldini;
1886)

Proteine in die einzelnen Aminosäuren zerlegen. Die die Fette in Glycerin und Fettsäuren spaltenden *Lipasen* können erst nach Einwirken der Gallensäuren wirksam werden.

Verden (Aller) [ˈfeːrdən], Kreisstadt oberhalb der Mündung der Aller in die Weser, Ndsachs., 26 900 E. Dt. Pferdemuseum; Reiterstadt mit Turnieren, Rennen und Reitpferdauktionen. Got. ev. Dom (12. bis 15. Jh.) mit roman. W-Turm, ev. roman. Andreaskirche (1212–20). – 810 als *Ferdi* urkundl. erstmals gen.; nach 800, spätestens 849, Bischofssitz; fiel mit dem 1566 reformierten und 1648 säkularisierten Bistum 1648 an Schweden, 1712/19 an Kurhannover, 1866 an Preußen. – 782 sollen nach histor. Überlieferung bei V. 4500 aufständ. Sachsen auf Befehl Karls d. Gr. hingerichtet worden sein *(Blutbad von Verden)*.

Verdi, Giuseppe [v...], *Le Roncole (heute zu Busseto bei Cremona) 10. 10. 1813, † Mailand 27. 1. 1901, italienischer Komponist. Gehört (als Repräsentant der italienischen Oper) zu den herausragenden Vertretern der europäischen Oper; nach einem betont patriotischen Frühwerk entwickelte V. über »Nabucco« (1842), »Macbeth« (1847, nach Shakespeare; Neufassung 1865) und »Luisa Miller« (1849, nach Schiller) v. a. in »Rigoletto« (1851, nach V. Hugo), »Der Troubadour« (1853) und »La Traviata« (1853, nach A. Dumas d. J.) eine hinreißende, von der Dramaturgie einer überzeugend differenzierten Charakterdarstellung geprägte Musiksprache. In »Don Carlos« (1867, nach Schiller, Neufassung 1894) und »Aida« (komponiert 1869 zur Eröffnung des Suezkanals; UA 1871 in Kairo) vollzieht sich (unabhängig von R. Wagner) in der Synthese von Arie, Rezitativ, Ensemblegesang und Orchestermusik der Schritt zu einer musikdramat. Einheit, die in den zwei Spätwerken »Otello« (1887) und »Falstaff« (1893, beide nach Shakespeare; Libretti von A. Boito) ihre Vollendung fand. – *Weitere Opern:* Ernani (1844, nach V. Hugo), Ein Maskenball (1859), Die Macht des Schicksals (1862). Außerdem ein Streichquartett, Kirchenmusik (u. a. »Requiem«, 1873/74; A. Manzoni gewidmet), Romanzen und Lieder.

Verdichter (Kompressor), ein- und mehrstufig gebaute Arbeitsmaschine zum Verdichten von Gasen und Dämpfen. Nach Bauart und Funktion des Förderelementes unterscheidet man *Kolben-V., Drehkolben-V. (Umlauf-V.), Kreisel-V. (Kreiselkompressor), Turbo-V.* und *Strahlverdichter.*

Verdichtungsverhältnis, der Quotient ε aus dem Volumen vor und demjenigen nach der Verdichtung. Übl. V. bei Verbrennungsmotoren: $\varepsilon = 7-11$ für Ottomotoren, $\varepsilon = 16-24$ für Dieselmotoren.

Verdienstorden der Bundesrepublik Deutschland (Bundesverdienstkreuz), vom Bundes-Präs. 1951 gestiftete Auszeichnung für »Leistungen, die im Bereich der polit., wirtschaftl., sozialen und geistigen Arbeit dem Wiederaufbau des Vaterlandes dienten«; drei Klassen: Verdienstkreuz, Großes Verdienstkreuz und Großkreuz.

Verdienstorden der Bundesrepublik Deutschland. Ordenskreuz und Ordensband

Verdikt [v..., lat.], vernichtendes Urteil.
Verdingung, svw. ↑Ausschreibung.
Verdingungsordnungen, Bestimmungen für die Vergabe von Aufträgen und für den Inhalt der entsprechenden Verträge, enthalten in der *Verdingungsordnung für Bauleistungen (VOB)* und in der *Verdingungsordnung für* [andere] *Leistungen (VOL);* v. a. von der öffentl. Verwaltung verwendet.

Verdoppelung des Würfels ↑delisches Problem.

Verdrängung (Repression), in der *Psychoanalyse* Bez. für einen Abwehrmechanismus, durch den Triebwünsche und damit zusammenhängende Vorstellungen und Erinnerungen, die im Konflikt mit anderen Forderungen (z. B. des Gewissens) stehen, ins Unbewußte abgedrängt und dort fixiert werden. Das Verdrängte kehrt in Träumen, Fehlhandlungen (z. B. Sichversprechen) und Krankheitssymptomen (z. B. denen der Hysterie) wieder.

Verein Deutscher Ingenieure e.V.

Verdun [frz. vɛrˈdœ̃], frz. Stadt an der Maas, Dép. Meuse, 21 500 E. Kriegs- und archäolog. Museum. – Roman. Kathedrale (11. und 12. Jh.) mit spätgot. Kreuzgang, Bischofspalais (18. Jh.); Barockrathaus (17. Jh.); Reste der Stadtbefestigung (14. Jh.). – Keltische Gründung *Verodunum;* im 4. Jh. Bischofssitz (1801–22 aufgehoben); kam bei der Teilung des Fränk. Reichs im *Vertrag von Verdun* 843 zunächst an das Mittelreich, 880 zum Ostfränk. Reich, somit später zum Hl. Röm. Reich; im 13. Jh. Reichsstadt; 1552/1648 frz.; wegen seiner strateg. wichtigen Lage (Maasübergang) von Vauban zur starken Festung ausgebaut. Die verlustreiche *Schlacht um Verdun* (Febr. bis Dez. 1916) wurde zum Symbol der nat. Widerstandskraft Frankreichs (rd. 700 000 Tote auf beiden Seiten).

Verdunklungsgefahr, der dringende Verdacht, daß der einer Straftat Beschuldigte zur Erschwerung der Wahrheitsfindung Beweismittel vernichten, verändern, beiseite schaffen, unterdrücken oder fälschen bzw. auf Mitschuldige, Zeugen oder Sachverständige in unlauterer Weise einwirken oder andere zu solchem Verhalten veranlassen wird; V. ist ein Haftgrund.

Verdunstung, der sich unterhalb der Siedetemperatur vollziehende Übergang einer Flüssigkeit in den gasförmigen Zustand, v. a. von Wasser in Wasserdampf. Die beim V.vorgang verbrauchte Wärme (bei Wasser von 25 °C 2441 kJ/kg = 583 kcal/kg) wird zunächst dem Wärmereservoir der [verdunstenden] Flüssigkeit und damit der Umgebung entzogen; daher ist V. mit Abkühlung verbunden (*V.kühlung* z. B. beim Schwitzen). Die V. ist ein wichtiges Glied im Kreislauf des Wassers zw. Meer, Atmosphäre und Festland. Sie bildet die Grundlage für das gesamte pflanzl. Leben, da erst durch die Wasser-V. von den Blättern den Pflanzen die Aufnahme von Nährlösungen aus dem Boden ermöglicht wird.

Verdunstungsmesser, ein mit einer speziellen Flüssigkeit gefülltes Glasröhrchen (mit Skala) an Heizkörpern. Die entsprechend der Betriebsdauer und der Heizkörpertemperatur daraus verdunstete Flüssigkeitsmenge ist ein Maß für die abgegebene Wärmemenge.

Veredelung (Veredlung), **1)** *Pflanzenbau:* das der Qualitätssteigerung, der vegetativen Vermehrung, der Resistenz gegen Krankheitserreger u. a. Zwecken dienende Überpflanzen eines Teils *(Edelreis, Edelauge)* einer gewünschten Pflanze (v. a. Obst- und Rosensorten) auf eine geeignete (weniger edle) Unterlage, mit der der überpflanzte Teil zu einer künstl. Lebensgemeinschaft verwächst. – Man unterscheidet *Okulation* (Augen-V.; ein Stück Rinde mit einer daraufsitzenden Knospe wird unter die mit einem T-Schnitt gelöste Rinde der Unterlage geschoben) und *Reisveredelung* (Vereinigung eines Edelreises mit einer geeigneten Unterlage). Reisveredelungsverfahren sind: *Pfropfung,* dabei wird ein kronenbildendes *Edelreis* mit einer geeigneten wurzelbildenden Unterlage an der Wundstelle zum Anwachsen vereinigt. *Ablaktieren,* dabei wird das Edelreis erst nach Verwachsung mit der Unterlage von der Mutterpflanze abgetrennt. Dann wird auch die Unterlage dicht oberhalb der V.stelle abgeschnitten. Bei der *Kopulation* wird das Edelreis über schräge, gleichlange Schnittflächen mit der Unterlage vereinigt.
2) *verarbeitende Industrie:* die Bearbeitung eines Rohstoffs oder Halbfabrikats zu ge- und verbrauchsfähigen Erzeugnissen.

Verein, freiwilliger Zusammenschluß von Personen zu einem bestimmten Zweck mit einer von der Individualität der jeweiligen Mgl. unabhängigen (körperschaftl.), den Bestand auf Dauer sichernden Organisation. Die Gründung eines V. geschieht durch Einigung der Gründer, die die Satzung mit Namen und Zweck des V. feststellen. Gesetzlich vorgeschriebene Organe des V. sind Mitgliederversammlung und Vorstand. Der *rechtsfähige V.* ist jurist. Person, d. h., er ist selbst Träger von Rechten und Pflichten; er erlangt die Rechtsfähigkeit durch Eintragung in das vom Amtsgericht geführte *Vereinsregister (eingetragener Verein,* »e. V.«). Der *nichtrechtsfähige* (nichteingetragene) V. hat keine eigene Rechtsfähigkeit; auf ihn finden die Vorschriften über die Gesellschaft Anwendung.

Verein Deutscher Ingenieure e. V. [ɪnʒənˈjøːrə], Abk. **VDI**, 1856 gegr. Verein von Ingenieuren aller Fachrichtun-

Verdun
Stadtwappen

Verein für Socialpolitik

Vereinigte Arabische Emirate

Staatsflagge

Staatswappen

1971 1992 1990 1992
Bevölkerung Bruttosozial-
(in Mio.)   produkt je E
             (in US-$)

Stadt Land

Bevölkerungsverteilung 1992

Industrie
Landwirtschaft
Dienstleistung

Bruttoinlandsprodukt 1992

gen mit dem Ziel der Förderung und des Austausches der techn.-wiss. Erkenntnisse und der Vertretung ihrer berufl. Interessen. 1946 Neugründung mit Sitz in Düsseldorf. Innerhalb des VDI bestehen 18 Fachgliederungen, in denen u. a. die *VDI-Richtlinien* als »anerkannte Regeln der Technik und Maßstäbe für einwandfreies techn. Verhalten« erarbeitet werden.

Verein für Socialpolitik, 1872 u. a. von G. Schmoller, L. Brentano und A. H. G. Wagner gegr. Verein, der sich theoretisch an den Lehren der histor. Schule der Nationalökonomie orientierte. Er befürwortete eine den nat. Interessen entsprechende Wirtschaftspolitik (gegen den Freihandel) und förderte innenpolit. Bestrebungen zu einer reformerisch orientierten Sozialpolitik, v. a. zur Verbesserung der Lage der Arbeiterschaft. Ab 1905 Wandlung zu einer rein wiss. Forschungsgesellschaft zu Fragen der Wirtschaftstheorie und -politik; 1936 aufgelöst. 1948 neu gegr.; seit 1955 unter dem Namen »Gesellschaft für Wirtschafts- und Sozialwissenschaften – Verein für Socialpolitik«.

Vereinigte Arabische Emirate

Fläche:	83 600 km²
Einwohner:	1,670 Mio.
Hauptstadt:	Abu Dhabi
Amtssprachen:	Arabisch, Englisch
Nationalfeiertag:	2. 12.
Währung:	1 Dirham (DH) = 100 Fils
Zeitzone:	MEZ + 3 Std.

Vereinigte Arabische Emirate, Föderation von sieben Emiraten (Abu Dhabi, Dubai, Sharja, Ajman, Umm al-Kaiwain, Ras al-Khaima und Fujaira) auf der Arab. Halbinsel. Sie grenzen im N an den Pers. Golf, im NO an den Golf von Oman, im O an Oman, im S und W an Saudi-Arabien.

Staat und Recht: Föderation von sieben selbständigen Emiraten, Verfassung von 1971. *Staatsoberhaupt* ist der Präs., seine Amtszeit beträgt 5 Jahre. Höchstes Föderationsorgan ist der Oberste Rat; er wird von den Emiren der sieben Emirate gebildet und ist sowohl *Exekutive* als auch *Legislative,* die Föderative Nationalversammlung (40 ernannte Mgl.) hat nur beratende Funktion. Keine *Parteien.*

Landesnatur: Das Gebiet der V. A. E. umfaßt die flachen Küstenabschnitte im NO der Arab. Halbinsel. Das Hinterland ist Teil der Sandwüste Rub al-Khali. Im äußersten NO haben die V. A. E. Anteil am Omangebirge. Das Klima ist schwülheiß; Vegetation findet sich nur in den Oasen.

Bevölkerung: Die einheim. Araber sind in der Minderzahl. Etwa ³/₄ der Bevölkerung sind Gastarbeiter (Inder, Pakistani, Araber aus anderen Staaten, Iraner, Europäer, Nordamerikaner).

Wirtschaft, Verkehr: In den Oasen finden sich Gemüsebau. Die Erdölförderung ist der wichtigste Wirtschaftszweig. Es gibt Zementfabriken und Betriebe zur Herstellung von Schwefel, Soda und Kunstdünger. Das Straßennetz umfaßt rd. 2 200 km. Die wichtigsten Häfen sind Dubai, Abu Dhabi und Sharja (Tiefwasserhafen). Internat. ⚓ sind Abu Dhabi, Dubai, Sharja und Ras al-Khaima.

Geschichte: Seit dem 18. Jh. Versuche der brit. Ostind. Kompanie, den Seeweg im Pers. Golf zu kontrollieren, dessen Südküste wegen der europ. und einheim. Piraten als *Piratenküste* bekannt war. Seit dem Abschluß eines Vertrages 1853 unterstanden die lokalen Herrscher der späteren V. A. E. als »Vertragsstaaten« brit. Oberhoheit. 1968 entstand der Plan einer Föderation der *Arab. Emirate am Pers. Golf.* Am 2. 12. 1971 erklärte Großbrit. die Unabhängigkeit des Gebiets; gleichzeitig schlossen sich sechs der Scheichtümer zu den V. A. E. zusammen, erließen eine provisor. Verfassung und wählten den Herrscher des Scheichtums Abu Dhabi zum Präsidenten. Im Febr. 1972 schloß sich auch Ras al-Khaima der Föderation an. 1975 wurde Abu Dhabi Sitz der zentralen

Vereinigte Staaten von Amerika

Regierung, die für Außen-, Verteidigungs-, Wirtschafts- und Kulturpolitik zuständig ist. 1981 bildeten die V.A.E. mit fünf weiteren Anrainerstaaten des Pers. Golfs den Golfrat, dessen Bemühungen im ↑Golfkrieg allerdings scheiterten. 1992/93 sahen sich die V.A.E. in einen Streit mit Iran um die Hoheitsrechte über die Insel Abu Musa im Pers. Golf verwickelt, die bis dahin gemeinsam verwaltet und im Aug. 1992 von Iran annektiert worden war.

Vereinigte Arabische Republik, Abk. **VAR,** 1958–61 Staatenbund zw. Syrien und Ägypten; dann bis 1971 Staatsname von Ägypten.

Vereinigte Deutsche Studentenschaften, Abk. **VDS,** ↑Studentenschaft.

Vereinigte Evangelisch-Lutherische Kirche Deutschlands, Abk. **VELKD,** 1948 erfolgter Zusammenschluß der heute acht luth. Landeskirchen von Bayern, Braunschweig, Hannover, Mecklenburg, Nordelbien, Sachsen, Schaumburg-Lippe und Thüringen; die auf dem Gebiet der DDR liegenden Landeskirchen bildeten 1968–88 die VELK-DDR.

Vereinigte Großlogen von Deutschland [...loʒən], Abk. **VGLvD,** Zusammenschluß aller dt. freimaurer. Großlogen zu einer souveränen Körperschaft (seit dem 17.5. 1958); Sitz: Berlin.

Vereinigte Österreichische Eisen- und Stahlwerke – Alpine Montan AG, Kurzform **VÖEST-ALPINE,** größtes Unternehmen der österr. Stahl-Ind.; Sitz: Linz.

Vereinigte Ostindische Kompanie (niederl. Vereenigde Oost-Indische Compagnie), niederl. Handelskompanie (1602–1798), die beim Aufbau des niederl. Kolonialreichs in SO-Asien mitwirkte.

Vereinigte Polnische Arbeiterpartei (Polska Zjednoczona Partia Robotnicza [Abk. **PZPR**]), kommunist. Partei Polens, 1948 entstanden aus der Zwangsvereinigung der kommunist. Poln. Arbeiterpartei und der Poln. Sozialist. Partei; Regierungspartei 1948–89; 1990 Selbstauflösung.

Vereinigte Staaten von Amerika (amtlich englisch United States of America, Abk. **USA**), Staat in Nordamerika und im Pazifik. Der zusammenhängende festländ. Teil wird im W vom Pazifik,

Vereinigte Staaten von Amerika

Fläche:	9 529 063 km²
Einwohner:	255,159 Mio.
Hauptstadt:	Washington
Amtssprache:	Englisch
Nationalfeiertag:	4.7.
Währung:	1 US-Dollar (US-$) = 100 Cents (c)
Zeitzone:	MEZ – 6 bis – 12 Std. (von W nach O)

im N von Kanada, im O vom Atlantik und im S vom Golf von Mexiko sowie von Mexiko begrenzt. Außerdem gehören ↑Alaska und ↑Hawaii zum Staatsgebiet.

Staat und Recht: Bundesstaatl. Republik mit präsidentieller Demokratie; *Verfassung* von 1787 (urspr. eine Präambel und sieben Artikel), die die zentralen Institutionen und Prinzipien der bundesstaatl. Ordnung festhielt, 1791 wurden zehn Verfassungssätze (»amendments«) hinzugefügt, die einen Grundrechtskatalog enthalten; insgesamt enthält die Verfassung der USA heute 27 Verfassungszusätze. Grundlegende Prinzipien für die institutionelle Ordnung der USA sind Gewaltenteilung (»separation of powers«) und Gewaltenbalance (»checks and balances«).

Die *exekutive Gewalt* des Bundes liegt beim Präsidenten; er ist zugleich *Staatsoberhaupt,* Regierungschef und Oberbefehlshaber der Streitkräfte. Der Präs. wird zus. mit dem Vize-Präs. durch Wahlmänner für 4 Jahre gewählt; einmalige Wiederwahl ist zulässig. Der Wahlvorgang ist mehrstufig: Zunächst werden in den Einzelstaaten in allg. und direkten Vorwahlen (»primaries«) Wahlmänner (»electors«) ermittelt, wobei jedem Staat soviel Wahlmänner zu-

Vereinigte Staaten von Amerika

Staatsflagge

Staatswappen

1970 1992 1970 1992
Bevölkerung (in Mio.) Bruttosozialprodukt je E (in US-$)

Bevölkerungsverteilung 1992

Bruttoinlandsprodukt 1992

3645

Vereinigte Staaten von Amerika

Vereinigte Staaten von Amerika. Links: Teton Range in den Rocky Mountains von Wyoming ◆ Rechts: Landschaft in Vermont, südlich von Saint Albans

stehen, wie er Abg. in den Kongreß entsendet. Der in einem Staat erfolgreichen Partei fallen alle Wahlmännerstimmen dieses Staats zu, die dann regelmäßig, aber nicht zwingend dem jeweils im Sommer des Wahljahres von den nat. Parteikonventen nominierten Präsidentschaftskandidaten dieser Partei gegeben werden.

Der Präs. ernennt mit Zustimmung des Senats die Mgl. der Regierung sowie der obersten Bundesbehörden; er vertritt die USA nach außen, hat das Recht, mit Zustimmung des Senats Verträge zu schließen, und hat gegenüber Beschlüssen des Kongresses ein suspensives Vetorecht. Ihm steht kein formales Recht zur Gesetzesinitiative zu, er kann dem Kongreß jedoch Maßnahmen zur Beratung empfehlen. Der Präs. ist dem Kongreß nicht verantwortlich und kann ebenso wie der Vize-Präs. nur auf dem Wege der Anklage und Verurteilung wegen Verfassungs- und Rechtsverletzungen abgesetzt werden (↑Impeachment). Wichtigste Funktion des Vize-Präs. (neben dem Vors. im Senat und der Vertretung des Präs. bei Missionen im Ausland) ist die Amtsnachfolge im Fall des Todes, des Rücktritts oder der Absetzung des Präsidenten. Das Kabinett setzt sich neben dem Präs. und dem Vize-Präs. aus den Leitern (»secretaries«) der Ministerien (»departments«) sowie anderen vom Präs. ausgewählten hohen Beamten und persönl. Beratern zusammen, ist aber ein rein beratendes Gremium, da die Exekutive allein im Amt des Präs. ruht. Dem Präs. unmittelbar unterstellt ist ein von den Ministerien unabhängiges Präsidentenamt (Executive Office of the President). Zu seinen wichtigsten Abteilungen gehören das Büro des Weißen Hauses (White House Office), das die persönl. Assistenten und Berater des Präs. sowie den Personalchef (Chief of Staff) umfaßt, und der Nat. Sicherheitsrat (National Security Council), der sich neben dem Außenministerium zum zentralen Ort des außenpolit. Entscheidungsprozesses entwickelt hat.

Die *Legislative* liegt beim Kongreß, bestehend aus Senat und Repräsentantenhaus. Der Senat hat 100 auf 6 Jahre gewählte Mgl. (zwei aus jedem Staat); alle zwei Jahre wird ein Drittel der Senatoren neu gewählt. Das Repräsentantenhaus besteht aus 435 Abg., die für 2 Jahre nach dem Mehrheitswahlrecht gewählt werden. Beide Häuser sind im wesentlichen gleichberechtigt; jede Gesetzesvorlage bedarf der Zustimmung beider Kammern. Während das Repräsentantenhaus Budgetinitiativrecht genießt, besitzt der Senat Vorrechte in der Exekutive. Jede Gesetzesvorlage und Entschließung des Kongresses wird dem Präs. zugeleitet und erhält Rechtskraft, wenn dieser sie unterzeichnet. Legt der

Vereinigte Staaten von Amerika

Präs. sein Veto ein, müssen beide Häuser des Kongresses die Vorlage nochmals – nunmehr mit Zweidrittelmehrheit – beschließen, damit sie rechtskräftig wird. Die eigtl. Arbeit des Kongresses geschieht in den Ausschüssen und Unterausschüssen (unter Vorsitz der Mehrheitsfraktion).

Parteien: Die USA haben ein Zweiparteiensystem, das bestimmt wird von der Demokrat. Partei (Democratic Party) und der Republikan. Partei (Republican Party). Weitere Parteien sind nur lokal/regional bedeutend. Im Unterschied zu den europ. sind die amerikan. Parteien keine Mitglieder- und Programmparteien, sondern Wählerparteien, deren Finanzierung hauptsächlich durch Spenden erfolgt. Sie kennen weder eine Organisation mit fester Mitgliedschaft noch einen hauptamtl. Apparat. Der eigtl. Vors. der siegreichen Partei ist der Präs., während die unterlegene Partei in diesem Sinne meist keinen nat. Vors. hat. Obgleich sich in beiden großen Parteien progressive, gemäßigte und konservative Politiker finden und zw. den Parteien keine ideolog. Konflikte vorherrschen, lassen sich doch unterschiedl. polit. Tendenzen feststellen. Mit allen Vorbehalten können die Demokraten als eher staatsinterventionistisch und wohlfahrtsstaatlich orientiert, die Republikaner als eher konservativ bezeichnet werden. Dem Einfluß von Interessengruppen sind die Politiker angesichts des organisatorisch und ideologisch-programmatisch schwach ausgebildeten Parteiensystems direkter ausgesetzt als etwa in der BR Deutschland. Die polit. Struktur der Einzelstaaten stimmt mit der des Bundes weitgehend überein. Die Legislative liegt in allen Staaten mit Ausnahme von Nebraska bei einem Zweikammerparlament. Die Exekutive ruht in der Hand eines Gouverneurs, der in allg. und direkten Wahlen vom Volk gewählt wird.

Dem Präs. als Oberbefehlshaber der *Streitkräfte* unterstehen der Verteidigungs-Min. und die Vereinigten Stabschefs (Joint Chiefs of Staff), die beiden wichtigsten Entscheidungszentren des Verteidigungsministeriums (Pentagon). 1973 wurde die Wehrpflicht abgeschafft. Die Streitkräfte umfassen (1992) rd. 1,91 Mio. Soldaten (einschließlich 200 000 Frauen). Als Heeresreserve dient neben den Reservisten die Nationalgarde (Army National Guard).

Landesnatur: Der festländ. Teil der USA hat Anteil an vier Großlandschaften: den Kordilleren im W, den Inneren Ebenen, den Appalachen und den Küstenebenen am Atlantik und am Golf von Mexiko. Die Kordilleren lassen sich in zwei Gebirgssysteme untergliedern: Das pazif. Gebirge (bis 4418 m hoch) im W und die Rocky Mountains (bis 4398 m hoch) im O; sie werden

3647

Vereinigte Staaten von Amerika

durch zahlr. intramontane Becken und Plateaus voneinander getrennt (Great Basin, Colorado Plateau, Hochland von Arizona). Östlich der Rocky Mountains schließen sich in einer W–O-Ausdehnung von 2000 km die Inneren Ebenen an. Sie lassen sich in vier große Teilräume gliedern: die Great Plains, das Zentrale Tiefland um die Großen Seen, die südlich davon gelegenen zentralen Plateaulandschaften und das Appalachenplateau. Nach O schließt sich das Gebirgssystem der Appalachen an, das durch die Hudson-Champlain-Senke in je einen nördl. und südl. Bereich geteilt wird. Das jüngste Formenelement bilden die Küstenebenen am Atlantik und Golf von Mexiko, die im Bereich der Halbinsel Florida ineinander übergehen. Der größte Teil der USA liegt im Bereich vorherrschender Westwinde in der warm- und kühlgemäßigten Zone. Südkalifornien hat winterfeuchtes Mediterranklima, auf Florida und Texas greifen die sommerfeuchten Randtropen über. Hawaii hat trop. Seeklima und Alaska Boreal- oder Tundrenklima. Im NO und O der USA gedeihen Tanne, Fichte, Eiche, Buche, Ahorn und Kiefer. Nach W geht die Waldzone in ein baumarmes Grasland, die Prärie, über. Die höheren Lagen (oberhalb 1 500 m) des W werden von Nadelwald eingenommen. Im SW von Texas findet sich Dornstrauchsavanne, für Teile von Texas sind Hartlaubwälder charakteristisch.

Bevölkerung: Urspr. bevölkerten wenige Mio. Indianer das Land; heute leben deren Nachfahren meistens in ihnen zugewiesenen Reservaten, die überwiegend westlich des Mississippi liegen. Die Einwanderung von europ. Siedlern (u. a. aus Großbrit., Irland, Deutschland, Italien, Polen) begann im frühen 17. Jh., die Einfuhr von über 650 000 Sklaven aus Schwarzafrika in die Plantagen des S sowie der Zustrom aus ostasiat. Ländern, v. a. in den pazif. Bereich, und aus Mexiko, v. a. in die angrenzenden Staaten, erfolgte in mehreren Siedlungswellen; 1820–1990 wurden rd. 57 Mio. Einwanderer gezählt. Rd. 57% sind Protestanten, 28% Katholiken, 2,4% Juden. Der Anteil der Weißen an der Gesamtbevölkerung betrug 1992 rd. 80%, der Schwarzen rd. 12%, der Asiaten rd. 3%, der Urbevölkerung knapp 1%; diese Gruppen übergreifend bezeichnen sich 9% der Bevölkerung als Hispanos (Hispanics, Chicanos; Einwanderer aus spanischsprachigen Ländern).

Wirtschaft, Verkehr: Die USA sind seit Anfang des 20. Jh. der bedeutendste Ind.-Staat der Erde, dessen Entwicklung durch die reiche Ausstattung mit natürl. Ressourcen wesentlich begünstigt ist. Mit einem Anteil von 5% an der Weltbevölkerung und 6% an der Landfläche der Erde erbringt das Land fast ein Viertel des Weltsozialprodukts. Ihre absolute Überlegenheit in Weltproduktion und Welthandel haben die USA aber gegenüber Westeuropa und Japan in einigen Bereichen (Fahrzeugbau, Elektronik-Ind.) eingebüßt.

Die USA besitzen außerordentlich günstige landwirtschaftl. Möglichkeiten. Die landwirtschaftl. Nutzfläche umfaßt etwa $^1/_4$ des Staatsgebiets. Die Zahl der Farmen hat sich von 6,4 Mio. (1940) auf 2,1 Mio. (1991) verringert. Ausgesprochene Landwirtschaftszonen (»belts«) finden sich im feuchten O mit Regenfeldbau und intensiver Weidewirtschaft, weniger deutlich ausgeprägt sind sie im trockenen W mit Dry-farming, Bewässerungswirtschaft und extensiver Weidewirtschaft. Der gesamte NO und der nördl. Mittlere Westen gehören zur Milchwirtschaftsregion (Dairy Belt). Der zentrale Teil der Inneren Ebenen ist eine Region intensiven Ackerbaus (Mais, Sojabohnen, Weizen, Hafer; Corn Belt) als Grundlage für eine intensive Viehzucht. Eine Zone gemischter Landwirtschaft südl. und sö. hiervon trennt den Corn Belt vom inzwischen weitgehend aufgelösten Cotton Belt (Baumwollanbaugebiet). Im Bereich der Prärie- und Plainsstaaten liegt eine Region extensiven Weizenanbaus (Wheat Belt). Obst- und Gemüsekulturen zeigen eine gewisse Konzentration in klimatisch bzw. für den Absatz günstigen Gegenden (Kalifornien, Golfküstenbereich, Florida, Stadtregionen an der Küste der mittelatlant. Staaten und im Bereich der Großen Seen). Die USA sind der bedeutendste Exporteur für Weizen und Tabak sowie der zweitwichtigste für Reis. $^2/_3$ des heutigen Waldbestandes sind wirtschaftlich nutz-

Vereinigte Staaten von Amerika

bar. Die forst- und holzwirtschaftl. bed. Regionen sind die Nadelwälder des NW und die Kiefern- und Mischwälder im SO. In Alaska, das zu 35% waldbedeckt ist, nimmt die Holzwirtschaft die zweite Stelle hinter der Fisch-Ind. ein.

In der Förderung von Steinkohle, Kupfer-, Molybdän-, Uran-, Vanadiumerz, Erdgas, Schwefel, Kali, Salz, Eisen-, Bleierz, Steinkohle, Erdöl und Gold nehmen die USA eine führende Stelle in der Weltproduktion ein. Wegen des hohen Energiebedarfs (Verbrauch von 30% der Weltenergieproduktion) sind bei vielen mineral. Rohstoffen (bes. Erdöl) jedoch umfangreiche Importe notwendig.

Die Herausbildung von Großbetrieben und der Zusammenschluß zu umfangreichen Konzernen ist charakteristisch für die Wirtschaft. Der wirtschaftl. Aufschwung der 1980er Jahre brachte eine deutl. Strukturänderung zugunsten des Dienstleistungsbereichs und zu Lasten der verarbeitenden Ind.; Rüstungs-, Automobil- und Computer-Ind. stehen vor erhebl. Strukturveränderungen. Die industriellen Schwerpunkte konzentrieren sich bes. im N, NO und O (Manufacturing Belt), doch findet eine deutl. Verlagerung in den S und an die W-Küste statt. Die Eisen- und Stahl-Ind. hat ihre Schwerpunkte um Pittsburgh, Chicago und Gary am Michigansee sowie an der Atlantikküste und in Texas (Houston). Die Aluminiumherstellung erfolgt im Gebiet des Columbia bzw. Tennessee River und in der Golfküstenebene. Schwerpunkt der Auto-Ind. ist Detroit. Die Zentren der Luft-, Raumfahrt- und Elektronik-Ind. liegen v. a. im Bereich der Golfküste und in Kalifornien (Silicon Valley). Große Schlachthäuser, Konservenfabriken, Getreidemühlen und Nahrungsmittelfabriken gibt es v. a. im Mittleren Westen und in den Prärie- und Plainsstaaten.

Das Schienennetz ist knapp 250000 km lang (größte Ausdehnung 1916 mit über 428000 km). Das Streckennetz der Straßen umfaßt 6,3 Mio. km, davon sind 4,7 Mio. km Überlandstraßen. Das Rohrleitungsnetz für den Transport von Erdöl- und Raffinerieprodukten hat eine Länge von 687000 km. Bei rd. 40000 km schiffbaren Gewässern dominiert der Verkehr auf dem Mississippi-flußsystem mit 60% der Gesamtleistungen vor den Großen Seen mit 20%. Seit dem Bau des Sankt-Lorenz-Seeweges können rd. 80% aller Seeschiffe vom Atlantik her in das Seengebiet einlaufen. Die am häufigsten frequentierten internat. ⚒ sind O'Hare (Chicago), Atlanta, Dallas, Denver, Los Angeles, Boston, San Francisco, Saint Louis, Phoenix, John F. Kennedy International Airport (New York), La Guardia (New York), Miami, National Airport (Washington).

Geschichte: Zur Vorgeschichte, Entdeckungs- und Kolonialgeschichte ↑Nordamerika (Geschichte).

Unabhängigkeitskrieg, Konsolidierung und Expansion (1763–1850): Den Anlaß für die Loslösung der 13 brit. Kolonien an der Ostküste Nordamerikas vom Mutterland bildete der Versuch Großbrit., einen Teil seiner im siegreichen Krieg gegen Frankreich (Siebenjähriger Krieg, 1756–63) entstandenen beträchtlichen Schulden durch die Kolonien abtragen zu lassen. Der rasch zunehmende Widerstand der Kolonien (Boston Tea Party 1773) richtete sich bes. gegen die Erhebung neuer Steuern, strengere Handels- und Zollgesetze sowie brit. Bestrebungen zur Zentralisierung der Verwaltung. Nachdem es nach dem 1. ↑Kontinentalkongreß, auf dem außer Georgia und den kanad. Provinzen alle brit. Kolonien vertreten waren, zu den ersten Gefechten zw. brit. Truppen und amerikan. Miliz gekommen war, veranlaßte der 2. Kontinentalkongreß 1775 die Bildung einer gemeinsamen Armee unter dem Oberbefehl von G. Washington und nahm die von T. Jefferson entworfene Unabhängigkeitserklärung am 4. 7. 1776 an. Der ↑Nordamerikanische Unabhängigkeitskrieg (1775–83), in dem die Kolonien von Frankreich unterstützt wurden, führte nach wechselvollem Verlauf zur brit. Niederlage. Im Pariser Frieden (1783) erkannte Großbrit. die Unabhängigkeit seiner ehem. Kolonien an und verzichtete auch auf deren westl. Hinterland bis zum Mississippi. Die neuen Verfassungen, die sich elf Staaten zw. 1776 und 1780 gaben, garantierten Grundrechte und sahen Gewaltenteilung vor. Mit den 1781 in Kraft getretenen Konföderationsartikeln schlossen sich die souveränen Einzelstaaten zu einem lockeren Staaten-

3649

Vereinigte Staaten von Amerika

bund zusammen. Dessen Umwandlung in einen Bundesstaat mit gestärkter Zentralgewalt erfolgte erst durch die 1787 formulierte und 1788 ratifizierte Verfassung. Erster Präs. wurde G. Washington.
Mit dem Kauf des westl. Louisiane von Frankreich (1803) begann die territoriale Ausdehnung der USA westlich des Mississippi. 1812–14 führten die USA einen ergebnislosen Krieg mit Großbrit. um den Besitz Kanadas. Zur Verhinderung einer Einmischung der Hl. Allianz in den aufständ. span. Kolonien in M- und S-Amerika sowie zur Abwehr der Ansprüche Rußlands auf die NW-Küste Nordamerikas verkündete Präs. J. Monroe 1823 die ↑Monroedoktrin. 1845 wurde Texas Gliedstaat, 1846–48 im Mex. Krieg das Gebiet von New Mexico bis Kalifornien annektiert; die Erwerbung von Florida (1810/19) und die Teilung Oregons (1846) brachten die USA im wesentlichen auf ihren heutigen territorialen Stand. Der Landhunger der nach W vordringenden Siedler führte zur Verdrängung der ↑Indianer; den Überlebenden der Ausrottungskriege und Deportationen wurden erst 1924 die Bürgerrechte zuerkannt, ohne daß dadurch ihre wirtschaftl. Lage verbessert worden wäre.
Der Kampf um die nationale Einheit (1850–65): Dem Mittleren W bzw. NW mit relativ breit gestreutem landwirtschaftl. Privateigentum standen um die Mitte des 19. Jh. der industrialisierte NO und das auf Sklaverei beruhende Plantagensystem des S gegenüber. Bes. die wirtschaftspolit. Vorstellungen der Industrie – Wirtschaftsexpansion, gefördert durch Schutzzölle und liberalist. Arbeitsmarktpolitik – waren mit den statischen gesellschaftspolit. Vorstellungen der Sklaven- und Plantagenbesitzer nicht vereinbar. Den wirtschaftl. Interessen des N kam die Bewegung der Abolitionisten entgegen, die die Sklaverei aus humanitären Gründen abzuschaffen suchten. Umstritten war auch der von der Verfassung bestimmte Primat der Union vor den Einzelstaaten, den insbes. die Südstaaten bekämpften. Der Wahlsieg des populären, der Sklaverei kritisch gegenüber stehenden republikan. Präsidentschaftskandidaten A. Lincoln (1860), der den Kapital- und Ind.-Interessen Schutzzölle und Privatbanken, den unteren Einkommensschichten freies Siedlungsland versprach, veranlaßte elf Südstaaten, sich unter dem Präs. J. Davis als »Konföderierte Staaten von Amerika« vom N zu lösen. In dem mit äußerster Erbitterung geführten ↑Sezessionskrieg (1861–65) zerbrach das Plantagensystem der Südstaaten; zugleich kam es zu einem kriegsbedingten konjunkturellen Aufschwung in den Nordstaaten, deren Sieg die Einheit der Union wieder herstellte.
Industrialisierung und Aufstieg zur Weltmacht (1865–1920): Die Periode der ↑Reconstruction (1865–77), in der sich zwar die regionalen wirtschaftl. Unterschiede verringerten, die Situation der Schwarzen hingegen trotz Abschaffung der Sklaverei auf lange Sicht kaum veränderte, leitete eine Phase der explosionsartigen Industrialisierung ein. Diese Entwicklung wurde begleitet von der fortschreitenden Erschließung des Kontinents (1869 Vollendung der 1. transkontinentalen Eisenbahnlinie) und – trotz mehrerer Krisen – begünstigt durch hohe Schutzzölle, Erschließung reicher Rohstoffvorkommen (»Gold Rush« nach Kalifornien 1848/1849), Einwanderung (etwa 15 Mio. Menschen zw. 1865 und 1900), Westwanderung (Mythos vom »Wilden Westen«) und Laissez-faire-Politik bei gleichzeitiger Verschärfung der sozialen Gegensätze.
Außenpolitisch war für die von außerhalb ihrer Grenzen nicht bedrohten USA in der 2. Hälfte des 19. Jh. die Absicherung wirtschaftl. Interessen bestimmend (u. a. gewaltsame Öffnung Japans für den Handel 1854). Erst die gegen Ende des 19. Jh. rasch anwachsenden privaten Auslandsinvestitionen, v. a. im politisch unruhigen Lateinamerika, führten in zunehmendem Maße zu Interventionen der USA. Diese Phase des »Dollarimperialismus« leitete über zu einer Politik des Erwerbs von Außenterritorien unter Anwendung der nunmehr expansiv umgedeuteten Monroedoktrin. Durch den Span.-Amerikan. Krieg (1898) gewannen die USA Puerto Rico, Kuba (1902 formal unabhängig), die Philippinen und Guam; ebenfalls 1898 wurde Hawaii annektiert. Die USA veranlaßten die Abspaltung Panamas von

Vereinigte Staaten von Amerika

Vereinigte Staaten von Amerika. Blick auf den New Yorker Stadtteil Manhattan mit den Doppeltürmen des World Trade Center

Kolumbien (1903) und sicherten sich die Rechte an Bau und Nutzung des Panamakanals.

Nach anfängl. Neutralität im 1. Weltkrieg traten die USA 1917 nach der Proklamierung des uneingeschränkten U-Boot-Kriegs durch Deutschland auf seiten der Westmächte in den Krieg ein. Als Grundlage für die Friedensverhandlungen verkündete Präs. T. W. Wilson 1918 seine moral.-idealist. »Vierzehn Punkte«; der Senat lehnte jedoch 1919/20 die Ratifizierung des Versailler Vertrags ab, die USA blieben somit außerhalb des Völkerbundes und kehrten weitgehend zur Nichteinmischung in die polit. Verhältnisse in Europa (Isolationismus) zurück.

Zwischenkriegszeit und 2. Weltkrieg (1920 bis 1945): Da die USA durch den 1. Weltkrieg zum Gläubiger der meisten europ. Länder geworden waren, nahmen sie wirtschaftspolitisch in Europa verstärkt Einfluß; nach dem Separatfrieden mit Deutschland (1921) wirkten sie maßgebend an der Lösung der Reparationsfrage durch den Dawesplan (1924) und Youngplan (1929) mit. Unter den republikan. Präsidenten W. G. Harding und C. Coolidge begann eine neue Periode des Big Business (1919 bis 1929), die von Korruptionsskandalen erschüttert wurde. Die 1920–33 gültige Prohibition war von einem Aufschwung des organisierten Gangstertums begleitet. Zur Überwindung der Weltwirtschaftskrise (1929–33) leitete Präs. F. D. Roosevelt die Politik des ↑New Deal ein, die erstmals staatl. Eingriffe in das Wirtschaftsleben vorsah. Nach Beginn des 2. Weltkriegs lieferten die USA Kriegsmaterial an die westl. Alliierten, später auch an die Sowjetunion; nach dem jap. Überfall auf Pearl Harbor und der dt. und italien. Kriegserklärung (Dez. 1941) traten sie selbst in den Krieg ein. Ihr Einsatz auf dem europ. Kriegsschauplatz trug entscheidend zur bedingungslosen Kapitulation Deutschlands im Mai 1945 bei. Der Abwurf der beiden ersten Atombomben auf Japan (6./9. 8. 1945) führte im Sept. 1945 zur jap. Kapitulation und wies die USA als erste Nuklearmacht der Welt aus.

Führungsmacht im kalten Krieg und innere Krisen (1945–74): Bald nach Kriegsende zerbröckelte die Allianz mit der UdSSR auf Grund der abweichenden Auffassungen über die Gestaltung des Friedens; der daraus entstehende kalte Krieg wurde zuerst außenpolitisch (1947/48 Berliner Blockade, 1949 Gründung der NATO, 1950–53 Koreakrieg), unter Präs. D. D. Eisenhower aber auch innenpolitisch geführt (Kommunistengesetze 1954, Senatsausschuß zur Verfolgung unamerikan. Umtriebe unter J. R. McCarthy); Außen-Min. J. F. Dulles formulierte in Abkehr von Präs. H. S. Trumans Politik der Eindämmung des

3651

Vereinigte Staaten von Amerika

Ostblocks (Containment) die Politik der Zurückdrängung (Roll back). Präs. J. F. Kennedys verstärkt nach der Kubakrise (1962) einsetzende Entspannungsbemühungen wurden teilweise durch den militär. Einsatz in Vietnam belastet, der sich unter den Präs. L. B. Johnson und R. M. Nixon bis Anfang der 1970er Jahre stetig steigerte (↑Vietnamkrieg). Das Ausbleiben dauerhafter Erfolge und die ab 1965 von den Universitäten ausgehende Protestbewegung gegen die amerikan. Kriegsbeteiligung führten 1973 zum Abzug der amerikan. Truppen. Durch den Vietnamkrieg war in weiten Teilen der amerikan. Gesellschaft nicht nur der Glaube an die Unbesiegbarkeit der USA und an ihre Rolle als »Weltpolizist« sowie die beherrschende Stellung des Dollars im Weltwährungssystem verlorengegangen, sondern auch das Vertrauen auf die moral. Integrität und die Glaubwürdigkeit der Regierung. Teilerfolge erzielten Nixon und Außen-Min. H. A. Kissinger jedoch mit ihrer Entspannungspolitik gegenüber den beiden kommunist. Großmächten (Abkommen mit der Sowjetunion, Normalisierung der Beziehungen zu China, SALT-, MBFR- und KSZE-Verhandlungen).

Innenpolitisch war während der 1960er Jahre, die durch die sozial- und wirtschaftspolit. Programme Kennedys (Forderung nach einem Aufbruch zu »neuen Grenzen«, »New Frontiers«) und Johnsons (»Great Society«) gekennzeichnet waren, die Rassenfrage das brisanteste Problem. Das Bürgerrechtsgesetz von 1964 gewährte den Schwarzen Schutz bei der Ausübung des Wahlrechts, förderte die Schulintegration und verbot Rassendiskriminierung in öffentl. Einrichtungen. Die dennoch fortdauernde wirtschaftl.-soziale Benachteiligung der Schwarzen mündete zum Teil in Radikalisierung (»Black Power«) und Gewalt (Ghettoaufstände 1966/67, Ermordung M. L. Kings 1968). Bestärkt wurde das Krisenbewußtsein durch den massivsten polit. Skandal der Geschichte der USA, die ↑Watergate-Affäre, die mit dem Rücktritt von Präs. Nixon am 9. 8. 1974 endete.

Die USA seit 1974: Präs. J. E. Carter, der 1977 G. R. Ford folgte, vereinbarte in den 1978 ratifizierten Verträgen mit Panama die schrittweise Übergabe des Panamakanals und vermittelte im Nahostkonflikt einen Sonderfrieden zw. Ägypten und Israel. Seine Entspannungspolitik (1979 Unterzeichnung des SALT-II-Abkommens) geriet durch den sowjet. Einmarsch in Afghanistan im Dez. 1979 in eine schwere Krise. Die islam. Revolution in Iran 1979 brachte die USA, die das Schah-Regime gestützt hatten, in außenpolit. Verwicklungen, die im Nov. 1979 in der Besetzung der Teheraner US-Botschaft und der bis Jan. 1981 währenden Festsetzung

Vereinigte Staaten von Amerika. Leuchtreklamen in der Spielerstadt Las Vegas

Vereinte Nationen

von über 50 US-Bürgern als Geiseln gipfelten. Unter dem republikan. Präs. R. W. Reagan rückten neben dem Wechsel zu einer angebotsorientierten, staatlichen Regulierungen abbauenden Wirtschaftspolitik (»Reagonomics«) die Stärkung der Weltmachtstellung und die innere »Erneuerung« der USA in den Mittelpunkt. Gegen das erklärte Streben nach militär. Überlegenheit gegenüber der Sowjetunion, das mit der beträchtl. Erhöhung der Militärausgaben (SDI-Programm) trotz drast. Sparmaßnahmen im Gesamthaushalt zu einem hohen Haushaltsdefizit führte, richtete sich eine anwachsende Friedensbewegung; zugleich betonte Reagan die Rolle der USA als Ordnungsmacht in M-Amerika (Unterstützung der Diktaturen in El Salvador, Honduras und Guatemala sowie der in Nicaragua kämpfenden Contras, 1983 Invasion Grenadas durch US-Truppen, 1989 Intervention in Panama). Die Stationierung amerikan. Mittelstreckenraketen in W-Europa ab 1983 führte zwar zum Abbruch der 1981/82 aufgenommenen Abrüstungsverhandlungen (↑START), doch nach seiner Wiederwahl (1984) suchte Reagan einen Ausgleich mit der Sowjetunion zu erreichen, der durch die 1985 begonnene Reformpolitik M. Gorbatschows und den Abzug der sowjet. Truppen aus Afghanistan (1988/89) ermöglicht wurde. 1987 wurde mit der Unterzeichnung des INF-Vertrags zur Beseitigung der Mittelstreckenraketen beider Länder erstmals ein Erfolg bei Abrüstungsinitiativen im Bereich der atomaren Waffen erzielt. Für eine innenpolit. Schwächung Reagans sorgte 1987 die Iran-Contra-Affäre um den von Regierungsbeamten inszenierten geheimen Waffenhandel mit dem Iran zur Finanzierung der nicaraguan. Contras.
Die Auflösung des O-W-Gegensatzes und das von Präs. G. H. W. Bush im Okt. 1990 verkündete Ende des kalten Krieges führte im Weltsicherheitsrat der UN zu einer allmählich enger werdenden Zusammenarbeit zw. der Sowjetunion und den USA. Bei den Verhandlungen über die Vereinigung der beiden dt. Staaten (1990) und während des 2. Golfkriegs (1991) konnten die USA ihre Weltmachtposition (bes. in Zusammenarbeit mit den UN) stärken und nach dem Zerfall der Sowjetunion (1991) ausbauen. Trotz dieser außenpolit. Erfolge des Amtsinhabers konnte der Kandidat der Demokrat. Partei, B. Clinton, die Präsidentschaftswahlen von 1992 gewinnen; er bemühte sich v. a. um wirtschaftl. Konsolidierung, um die Überwindung sozialer Mißstände mittels staatl. Reformprogramme und um außenpolit. Kontinuität (1994 Intervention auf Haiti), sah sich jedoch nach den erdrutschartigen Verlusten der Demokrat. Partei bei den Kongreßwahlen von 1994 erhebl. innenpolit. Widerständen ausgesetzt.

Vereinigung (V.menge, Aggregat), die Menge der Elemente, die (bei zwei gegebenen Mengen A und B) in A oder in B enthalten sind; Formelzeichen $A \cup B$. ↑Mengenlehre.

Vereinigungen, Zusammenschlüsse von (gleichgesinnten) Personen zur Verfolgung eines gemeinsamen Zweckes, die im Unterschied zum Verein rechtl. unverbindl. gestaltet sein können.

Vereinigung evangelischer Freikirchen in Deutschland, seit 1926 bestehende Arbeitsgemeinschaft aus dem »Bund Ev.-Freikirchl. Gemeinden«, dem »Bund Freier ev. Gemeinden« und der »Ev.-methodist. Kirche«.

Vereinigungsfreiheit (Vereinsfreiheit), die in Artikel 9 GG allen Deutschen gewährte Freiheit, Vereine und Gesellschaften zu bilden, insbes. die ↑Koalitionsfreiheit. Vereinigungen, deren Zwecke oder deren Tätigkeit den Strafgesetzen zuwiderlaufen oder die sich gegen die verfassungsmäßige Ordnung oder gegen den Gedanken der Völkerverständigung richten, sind verboten.

Vereinigungskirche e. V. (Unification Church), 1954 von dem Koreaner San Myung Mun (* 1920) unter dem Namen »Tong-Il« (korean. »Vereinigung«) gegr. Religion; heute meist »Mun-Sekte« genannt.

Vereinigungskriminalität, Bez. für diejenige Kriminalität von Personen oder Personengruppen, die sich die Besonderheiten der dt. Vereinigung 1990 widerrechtlich zunutze machten. Die Schäden werden auf 20 bis 70 Mrd. DM geschätzt.

Vereinsregister ↑Verein.
Vereinte Nationen ↑UN.

Vereisung, 1) *Luftfahrt:* Bildung von Eis (Klareis, Rauheis) an Körpern beim Auftreffen unterkühlter Wassertröpfchen, speziell an Luftfahrzeugen beim Flug durch Wolken mit Temperaturen unterhalb 0 °C.
2) *Medizin:* 1. oberflächl. Anästhesie durch Einfrieren des Gewebes mit Chloräthylspray, Kohlensäureschnee oder flüssigem Stickstoff; 2. Einfrieren von Gewebe zum Zweck der Zerstörung und/oder operativen Entfernung.

Verelendungstheorie, in der ersten Hälfte des 19. Jh. im Zuge der frühkapitalist. Industrialisierung entstandene Theorie, wonach die Löhne der Industriearbeiter im Verlauf der kapitalist. Entwicklung unter das Existenzminimum sinken würden. Wichtiger Bestandteil des Marxismus.

Vererbung, die Übertragung von Merkmalsanlagen (d. h. von genet. Information) von den Elternindividuen auf deren Nachkommen bei Pflanzen, Tieren und beim Menschen. Die Entstehung eines neuen Organismus aus Strukturen seiner Eltern kann vegetativ oder sexuell erfolgen (↑Fortpflanzung). Immer ist der materielle Träger der im Erbgut enthaltenen, als Gene bezeichneten »Anweisungen« zur Ausbildung bestimmter Eigenschaften die DNS bzw. (bei einigen Viren) die virale RNS. Bei Organismen mit echtem Zellkern, den Eukaryonten, ist die genet. Information v. a. in den einzelnen Chromosomen bzw. deren Genen lokalisiert, die dann beim V.vorgang von Generation zu Generation weitergegeben werden *(chromosomale V., karyont. V.;* im Unterschied zur *akaryont. V.* bei den Prokaryonten [Bakterien, Blaualgen]). Je nachdem, ob entsprechende (allele) Erbanlagen (allele Gene), die die Nachkommen von ihren Eltern mitbekommen haben, gleich oder ungleich sind, spricht man von rein- oder von mischerbigen Merkmalen bzw. Individuen (↑Homozygotie, ↑heterozygot); bei Mischerbigkeit kann das eine allele Gen dominant (↑ Dominanz) und damit das andere rezessiv sein, oder beider Einfluß auf die Merkmalsausbildung ist etwa gleich stark *(intermediäre Vererbung).* Auf diesen Verhältnissen beruhen die klass. ↑Mendelschen Gesetze (↑Faktorenaustausch, ↑Mutation). Von einer *geschlechtgebundenen V.* wird dann gesprochen, wenn im V.gang ↑geschlechtsgebundene Merkmale eine bes. Rolle spielen. Die Ausbildung des jeweiligen Geschlechts erfolgt v. a. durch die Geschlechtschromosomen. Ein einzelnes Merkmal kann durch ein einzelnes Gen, durch mehrere oder durch viele Gene bedingt sein. Neben der chromosomalen V. gibt es noch die (nicht den Mendel-Regeln folgende) *extrachromosomale V. (zytoplasmat. V.)* über v. a. in den ↑Mitochondrien und ↑Plastiden (bei Pflanzen) lokalisierten Gene. Die zytoplasmat. V. höherer Organismen zeigt, entsprechend den Plasmaanteilen von Eizelle und Spermien, bei der ↑Zygote einen mütterl. Erbgang. Die den ↑Genotyp ergebenden V.faktoren führen zusammen mit (modifizierenden) Umweltfaktoren zur Ausbildung des jeweiligen ↑Phänotyps.

Vererbungslehre, svw. ↑Genetik.

Verfahrenstechnik, Teilgebiet der chem. Technik, das sich mit den ingenieurtechn. Fragen bei der Herstellung formloser, insbes. fließfähiger Stoffe beschäftigt.

Verfall, 1) Verlust eines Rechtes ohne Willen des Berechtigten.
2) die Einziehung der durch eine rechtswidrige Tat erlangten Vermögensvorteile; sie verfallen an den Staat.

Verfallklausel (Verwirkungsklausel, kassatorische Klausel), eine Vereinbarung, durch die der Schuldner eines Teiles oder aller seiner Rechte verlustig gehen soll, sofern er seine Pflichten aus dem Vertrag schuldhaft nicht oder nicht in der gehörigen Weise (z. B. nicht rechtzeitig) erfüllt.

Verfassung (Konstitution, lat. constitutio), i. w. S. die in einem Staat bestehende polit. Kräfteverteilung sowie deren gebräuchl. Macht- und Entscheidungsmechanismen, die nicht unbedingt in bestimmter Form fixiert sein müssen; i. e. S. die Gesamtheit der Regeln über die Staatsform, die Leitung des Staates, über die Bildung und den Aufgabenkreis der obersten Staatsorgane *(Verfassungsorgane),* über Verfahren zur Bewältigung von Konflikten und die Beschreibung der ↑Grundrechte *(Verfassungsrecht).* Diese Regeln sind meist (nicht jedoch z. B. in Großbrit.) in einem formellen Gesetz – das selbst auch V. genannt wird – niedergelegt, das i.d.R. in einem bestimmten Verfahren (durch eine verfassunggebende Versammlung [Konstituante]) zustande kommt und nur mit qualifizierten Mehrheiten geändert werden kann. Die geschriebene V. steht im allg. in einem Spannungsverhältnis zur tatsächl. Machtverteilung (z. B. Parteien- und Verbändeeinfluß) und zum polit. Prozeß in einem Staat *(Verfassungswirklichkeit)*. Als *Verfassungsstaaten* werden allg. alle Staaten mit einer V.urkunde bezeichnet, i. e. S. nur Staaten, in denen durch V. die Staatsgewalt prinzipiell beschränkt und aufgeteilt ist, eine unabhängige Rechtsprechung besteht und Grundrechte der Bürger garantiert sind.

Verfassungsbeschwerde, Rechtsschutzmittel des einzelnen Bürgers, zum Schutz gegen verfassungswidrige Eingriffe der Staatsgewalt in seine von der Verfassung geschützten Rechte ein Verfassungsgericht anzurufen.

Verfassungsgerichtsbarkeit, die in der BR Deutschland durch das Bundesverfassungsgericht und in den Ländern durch die Staats- bzw. Verfassungsgerichtshöfe ausgeübte Gerichtsbarkeit zur Entscheidung von Verfassungsstreitigkeiten. Das Bundesverfassungsgericht entscheidet v. a. in folgenden Fällen: 1. Streitigkeiten über den Umfang der Rechte und Pflichten eines obersten Bundesorgans oder anderer Beteiligter, die durch das GG oder die Geschäftsordnung eines obersten Bundesorgans mit eigenen Rechten ausgestattet sind, z. B. einer Fraktion *(Organstreitigkeiten);* 2. im Verfahren der ↑Normenkontrolle; 3. Streitigkeiten zw. Bund und Ländern u.zw. verschiedenen Ländern; 4. Verfassungsbeschwerden (zahlenmäßig bedeutendste Form der V.); 5. in sonstigen im GG genannten Fällen (z. B. Parteiverbot, Verwirkung von Grundrechten). Die Staats- und Verfassungsgerichtshöfe der Länder entscheiden über landesrechtliche Verfassungsstreitigkeiten; Prüfungsmaßstab ist die jeweilige Landesverfassung.

Verfassungskommission, 1992/93 unter Vors. von R. Scholz und H. Voscherau tagende Gemeinsame V. von Bundesrat und Bundestag (je 32 Mgl., die je zur Hälfte von Regierung bzw. Opposition gestellt wurden); sie unterbreitete entsprechend dem Einigungsvertrag Vorschläge zu Änderungen des GG (u.a. Neuaufnahme von Staatszielen [Umweltschutz], Bürgerbeteiligung [Volksabstimmungen]).

Verfassungsschutz, i. w. S. die Gesamtheit der Normen, Einrichtungen und Maßnahmen zum Schutz der freiheitl. demokrat. Grundordnung, des Bestandes und der Sicherheit der BR Deutschland; i. e. S. Sammel-Bez. für das Bundesamt für V. (↑Bundesämter, Übersicht) und die *V.ämter* der Länder.

Verflechtung, in der *Wirtschaft* die durch Beteiligung vermittelte Verbindung zw. rechtlich selbständigen Unternehmen, die – im Unterschied zum Konzern – nicht unter einer Dachgesellschaft zusammengefaßt sind.

Verflüssigung, die Überführung von Stoffen in den flüssigen Aggregatzustand. ↑Gasverflüssigung.

Verfolgungsrennen ↑Radsport.

Verfolgungswahn, Vorstellung und Überzeugung, von anderen beobachtet, überwacht, bedroht und verfolgt zu werden; tritt v. a. bei Schizophrenie und Alkoholismus auf.

Verfremdung, das Verändern gewohnter Erscheinungen ins Ungewöhnliche; bes. in Literatur und Kunst die Differenz zw. Alltagsrealität und künstler. Darstellungsweise. ↑episches Theater.

Verfügung, 1) *öffentl. Recht:* ein Verwaltungsakt.
2) *Verfahrensrecht:* die meist prozeßleitende gerichtl. Entscheidung des Vorsitzenden oder eines beauftragten oder ersuchten Richters, die meist den äußeren Ablauf des Verfahrens betrifft.
3) *Zivilrecht:* ein Rechtsgeschäft, das unmittelbar darauf gerichtet ist, ein bestehendes Recht zu übertragen, zu ändern oder aufzuheben.

Verfügung von Todes wegen, Oberbegriff für Testament oder Erbvertrag.

Verführung (Verführung Minderjähriger), im Strafrecht das für den [männl.] Täter strafbare Verleiten eines Mädchens unter 16 Jahren zum Vollzug des Beischlafs. Verführen ist jede Form des Einwirkens auf den Willen unter Ausnutzung der sexuellen Unerfahrenheit oder geringen Widerstandskraft des Mädchens.

Verga, Giovanni [italien. 'verga], *Aci bei Catania 31. 8. 1840, † Catania 27. 1. 1922, italien. Schriftsteller. Hauptver-

Giovanni Verga

vergällen

treter des Verismo (↑Verismus); schrieb Romane (u. a. »Die Malavoglia«, 1881) und Novellen (»Sizilian. Novellen«, 1883), darunter »Cavalleria rusticana« (1884 dramatisiert, Opernlibretto für P. Mascagni).

vergällen ↑denaturieren.

Vergaser, Vorrichtung an Ottomotoren, die das zum Betrieb notwendige Kraftstoff-Luft-Gemisch aufbereitet. Zur restlosen Verbrennung von einem Gewichtsanteil Benzin werden theoret. rd. 15 Gewichtsteile Luft benötigt. Wird mehr Luft beigemischt, so wird das Gemisch als *mager*, bei Luftmangel als *fett* bezeichnet. Beim Start bzw. bei kaltem Motor soll z. B. das Gemisch extrem fett sein, da sich ein Teil des Kraftstoffs auf dem Weg bis zum Zylinder an den kalten Wandungen niederschlägt und das verbleibende Gemisch zündfähig sein muß. Spezielle Startvorrichtungen bewirken die extreme Gemischfettung, z. B. die drehbar am Eingang des Mischkanals sitzende *Starterklappe;* Betätigung von Hand *(Choke)* oder automat. über eine Bimetallfeder *(Startautomatik).* Zur Herstellung der im Leerlauf des Motors notwendigen Gemischzusammensetzung dienen Leerlaufeinrichtungen (z. B. Leerlaufdüse). *Beschleunigungspumpen* erlauben den Ausgleich der Gemischabmagerung bei raschem Gasgeben.

Vergaserkraftstoffe (Ottokraftstoffe, Motorenbenzin), Gemische verschiedener flüssiger Kohlenwasserstoffe. Anforderungen an V.: hoher Heizwert, Reinheit, hohe Klopffestigkeit, günstiger Siedeverlauf (zw. 30 und 200 °C), rückstandsarme Verbrennung. Im allg. unterteilen sich V. in *Normalbenzin* und *Super[benzin],* wobei Super im wesentl. nur eine höhere Klopffestigkeit und eine etwas höhere Dichte besitzt.

Vergasung, Umwandlung fester oder flüssiger Brennstoffe in Brenngase durch Umsetzen mit Luft (Sauerstoff) oder Wasserdampf bei erhöhten Temperaturen. ↑Kohleveredlung.

Vergatterung, beim *Militär* urspr. das Signal zur Wachablösung; heute die formelle Belehrung der Soldaten beim Antritt des Wachdienstes.

Vergehen ↑Straftat.

Vergeilung (Etiolement), durch Lichtmangel bedingte Wachstumsstörung bei Pflanzen; u. a. extreme Verlängerung der Stengelglieder, Verkümmerung der Blattspreiten, keine Chlorophyllbildung.

Vergeltung, 1) *allg.:* die Reaktion auf eine moral. abzulehnende oder auch anzuerkennende Tat.

2) *Religionsgeschichte:* der Glaube an eine über die jeweils aktuelle Situation hinauswirkende und künftiges Schicksal des Menschen bestimmende Bedeutung ird. Taten. Dieser V.gedanke hat große Bed. für das eth. Verhalten des Menschen.

3) *Strafrecht:* eine der mögl. Sinngebungen für die staatl. Strafe. Die vergeltende Strafe will durch die gewollte Zufügung des mit ihr verbundenen Übels die geschehene Rechtsverletzung ausgleichen.

Vergesellschaftung, svw. ↑Sozialisierung.

Vergewaltigung, erzwungener Geschlechtsverkehr. Wer eine Frau oder ein Mädchen mit Gewalt oder durch Drohung mit gegenwärtiger Gefahr für Leib und Leben zum Beischlaf mit dem Täter selbst oder einem Dritten nötigt, wird mit Freiheitsstrafe von 2 bis 15 Jahren bestraft. Das Bundeskriminalamt verweist auf jährlich ca. 20 000 Anzeigen wegen sexueller Gewaltanwendung

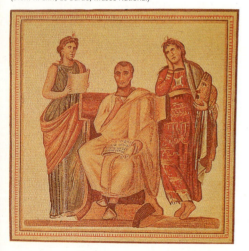

Vergil mit einer Schriftrolle der »Aeneis«, umgeben von den Musen Klio und Melpomene; Mosaikbild aus einer Villa in Sousse (3. Jh. n. Chr.; Le Bardo, Musée National)

von Männern gegen Frauen. Viele V.opfer scheuen eine Anzeige, so daß der amtlich registrierten Zahl eine beträchtliche Dunkelziffer gegenüber steht. Die Täter kommen aus allen sozialen Schichten und stammen zu mehr als 70% aus dem sozialen Nahbereich (Familienangehörige, Bekannte, Kollegen); sie sind i. d. R. psychisch nicht auffällig.

Vergiftung, 1) *Medizin:* (Intoxikation) schädigende Einwirkung von chem., tier., pflanzl., bakteriellen oder sonstigen Giftstoffen auf den Organismus.

2) *Strafrecht:* das Beibringen von Gift oder anderen Stoffen, die geeignet sind, die Gesundheit zu zerstören, in der Absicht, die Gesundheit eines anderen zu schädigen; wird mit Freiheitsstrafe von einem bis zu zehn Jahren (bzw. bei Todesfolge mit lebenslanger Freiheitsstrafe) bestraft.

Vergil [v...] (Publius Vergilius Maro), *Andes (heute Pietole) bei Mantua 15. 10. 70, † Brundisium (heute Brindisi) 21. 9. 19 v. Chr., röm. Dichter. Lebte meist in Neapel; von ↑Maecenas gefördert; sein in Auseinandersetzung mit den Epen Homers entstandenes Heldenepos »Äneis« (12 Bücher, 29–19 v. Chr.), das die Herrschaft des Augustus darstellt, wurde zum Nationalepos der Römer: das Epos gliedert sich in zwei Teile (Buch 1–6: Irrfahrten des ↑Äneas, Buch 7–12: Ansiedlung in Italien); als Klassiker der Antike gelten auch seine 10 Hirtengedichte (»Bucolica«, auch »Eclogae« gen., 42–39 v. Chr.) sowie die Lehrdichtung über die Arbeit der ital. Bauern »Georgica« (4 Bücher, 39–29 v. Chr.). Vorbildhaft für die gesamte lat. Dichtung, erlebte die V.-Rezeption in karoling. Zeit, im Hoch- und Spätmittelalter (Dante) und während der italien. Renaissance (T. Tasso) eine Blütezeit.

Vergina [v...] (Verjina), griech. Gem. in Makedonien, am N-Abhang des Pieriagebirges, 1 200 E; wahrscheinlich das antike *Aigai*, Hauptstadt der makedon. Könige; bei Ausgrabungen (seit 1977) entdeckt wurden bisher ein Königspalast (3. oder 4. Jh. v. Chr., bereits freigelegt), ein Amphitheater und makedon. Grabanlagen, darunter zwei »Königsgräber« mit kostbaren Beigaben (u. a. zwei goldene Schreine, mehrere Elfenbeinköpfchen, Schmuck, verzierte Waf-

Vergißmeinnicht. Sumpfvergißmeinnicht

fen). Die Zuordnung des einen Grabes an Philipp II. und dessen Gemahlin Kleopatra ist umstritten.

Vergißmeinnicht, Gatt. der Rauhblattgewächse mit rd. 80 Arten im gemäßigten Eurasien, in den Gebirgen des trop. Afrika bis zum Kapland, auf Neuguinea, in Australien und Neuseeland; einjährige, zweijährige oder ausdauernde Kräuter; Blüten in trauben- bis ährenförmigen Wickeln; Blütenkrone blau, rosafarben oder weiß. Einheimisch sind u. a. das *Sumpf-V.* (bis 50 cm hoch, mit blauen oder weißen Blüten) und das *Akker-V.;* vom *Wald-V.* leiten sich zahlr. zweijährig gezogene Gartenformen ab.

Vergleich, 1) *Literaturwissenschaft:* rhetor. Figur zur Steigerung der Anschaulichkeit einer Aussage. ↑Gleichnis, Parabel.

2) *Recht:* 1. im Schuldrecht ein Vertrag, durch den der Streit oder die Ungewißheit der Parteien über ein Rechtsverhältnis im Wege gegenseitigen Nachgebens beseitigt wird; 2. der im Vergleichsverfahren zustandegekommene Vertrag; 3. im Prozeßrecht der Prozeßvergleich. – Im *österr. Recht* ein zweiseitig verbindl. Vertrag, in dem streitige oder zweifelhafte Rechte bestimmt werden. Die gerichtl. Entscheidung über die Änderung von Forderungen, die mehreren Gläubigern gegenüber einem Schuldner zustehen, wird als *Ausgleich* bezeichnet.

Vergleichsmiete

Vergleichsmiete, der der Kostenmiete vergleichbare, zulässige Mietzins bei Sozialwohnungen sowie das einem Mieterhöhungsverlangen zugrundeliegende ortsübl. Mietniveau.

Vergleichsverfahren, das in der *Vergleichsordnung* vom 26. 2. 1935 geregelte gerichtl. Verfahren zur Abwendung des Konkurses. Ziel des V. ist die Herbeiführung eines Vergleichs (»Akkord«), d. h. eines Vertrages zw. dem Schuldner und der Gläubigermehrheit, der mit Wirkung für und gegen alle Gläubiger die anteilige Befriedigung der Gläubiger gegen den Erlaß der Restforderungen sicherstellen soll, damit das schuldner. Unternehmen fortgeführt und saniert werden kann. Der Antrag auf Eröffnung des Vergleichs kann nur vom Schuldner und nur bis zur Konkurseröffnung gestellt werden; er setzt einen *Vergleichsgrund,* i. d. R. die Zahlungsunfähigkeit des Schuldners oder die Überschuldung, voraus. Der Antrag muß einen *Vergleichsvorschlag* enthalten, der angibt, zu welchem Teil, d. h. zu welcher Quote *(Vergleichsquote)* – mindestens 35 % – die Forderungen der Gläubiger befriedigt werden. Mit Antragstellung sind bis zur rechtskräftigen Beendigung des V. einzelne Vollstreckungsmaßnahmen ausgeschlossen. Der Vergleich kommt durch die Annahme des Vergleichsvorschlags und eine gerichtl. Bestätigung zustande. Lehnt das Gericht die Eröffnung des V. oder die Bestätigung des Vergleichs ab oder stellt das Verfahren ein, hat es von Amts wegen über die Eröffnung des Konkursverfahrens zu entscheiden.

Vergleichsverwalter, mit Prüfungs- und Überwachungsaufgaben betrauter, von Schuldner und Gläubigern unabhängiger Amtsträger im Vergleichsverfahren.

Vergnügungssteuer, örtl., den Gemeinden zufließende Verbrauch- und Aufwandsteuer.

Vergolden, das Aufbringen dünner Goldüberzüge auf Gegenstände, z. B. durch Auftragen von Blattgold oder Goldamalgam (und anschließendes Verdampfen des Quecksilbers; *Feuervergoldung),* durch Aufdampfen oder durch elektrolyt. Abscheidung.

Vergöttlichung ↑Apotheose.

Vergreisung, Auftreten von Alterserscheinungen, meist auf genet. Grundlage.

Émile Verhaeren

Vergrößerung, 1) (V.zahl) das Verhältnis vom Tangens des Sehwinkels mit vergrößerndem Instrument (z. B. Fernrohr) zum Tangens des Sehwinkels ohne Instrument.
2) (Lateral-V., Seitenmaßstab, Seitenverhältnis) das (positive) Verhältnis von Bildgröße zur Objektgröße bei einer opt. Abbildung.

Vergrößerungsapparat ↑Projektionsapparate.

Vergrößerungsglas, svw. ↑Lupe.

Vergrusung, Gesteinszerfall grobkristalliner Gesteine.

Vergütung (Vergüten, Entspiegelung), das Aufbringen von dünnen reflexvermindernden Schichten *(Antireflexbelag,* z. B. aus Calciumfluorid) z. B. auf Linsen oder Prismen.

Verhaeren, Émile [frz. vɛraˈrɛn, niederl. vərˈhaːrə], *Sint-Amands (Antwerpen) 21. 5. 1855, † Rouen 27. 11. 1916 (Eisenbahnunglück), belg. Dichter. Bed. frz.sprachiger Lyriker: »Die geträumten Dörfer« (1895), »Die Gesichter des Lebens« (1899) u. a. trugen ihm den Ruf eines lebensbejahenden »Sängers des Maschinenzeitalters« ein; auch Dramatiker (»Die Morgenröte«, 1898; »Philipp II.«, 1901).

Verhalten, i. w. S. die Gesamtheit aller beobachtbaren (feststellbaren oder meßbaren) Reaktionsweisen oder Zustandsänderungen von Materie, insbes. das Reagieren lebender Strukturen auf Reize; i. e. S. die Gesamtheit aller Körperbewegungen, Körperhaltungen und des Ausdrucksverhaltens eines lebenden tier. Organismus in seiner Umwelt. Dieses letztere V. ist der Untersuchungsgegenstand der vergleichenden Verhaltensforschung (↑Behaviorismus). Unter *autochthonem* V. versteht man die Gesamtheit der Reaktionen, die auf einem spezif. Antrieb beruhen und durch einen passenden Schlüsselreiz ausgelöst werden. Im Unterschied dazu wird V., dem auch individuelle Lernvorgänge zugrunde liegen, als *allochthones* V. bezeichnet. Des weiteren wird etwa zw. *spontanem* V., *agonist.* V. (V. im Zusammenhang mit [kämpfer.] Auseinandersetzungen) und *appetitivem* V. (↑Appetenzverhalten) unterschieden. Bes. Interesse wird dem insgesamt *artspezif.* V. in seiner Angepaßtheit (Funktion) und stammesgeschichtl. Entwicklung (Evolution) entgegengebracht, das bei der Mehrzahl der bei einer bestimmten Tierart zugehörigen Individuen in relativ ähnl. Situationen und unter relativ ähnl. Begleitumständen regelmäßig auftritt. Bei kybernet. Modellen der V. *organisation* ist der Organismus weniger ein Wesen, das auf seine (inneren) Bedürfnisse und (äußeren) Verhältnisse oder Situationen nach einer durch Vererbung und Erfahrung entstandenen Vorprogrammierung reagiert, als vielmehr ein in hohem Grade aktives System, das sich Reizen zuwendet, sie aufnimmt, umformt, koordiniert und verarbeitet und die Verarbeitungsergebnisse in neue Aktivitäten umsetzt.

Verhaltensforschung (vergleichende V., Ethologie), Teilgebiet der Biologie, das sich mit der objektiven Erforschung des Verhaltens der Tiere und des Menschen befaßt. Die *deskriptive V.* beobachtet und registriert Verhaltensabläufe in möglichst natürl. Umgebung. Demgegenüber arbeitet die *analyt. (experimentelle) V.* mit veränderten Untersuchungsbedingungen, um Einblick in die Kausalzusammenhänge zu gewinnen. Von der *allg. V.* werden v. a. die neuro- und sinnesphysiolog. sowie die hormonalen und auch morpholog. Grundlagen des Verhaltens untersucht. Die *spezielle V.* befaßt sich u. a. mit den Formen der Orientierung, des Fortpflanzungsverhaltens und des sozialen Verhaltens. − Als Begründer der modernen V. gilt K. Lorenz.

Verhaltensstörungen, eine Gruppe funktioneller psychophys. Störungen (z. B. Konzentrationsschwäche, Schreckhaftigkeit), die zu einer mehr oder minder starken Beeinträchtigung im Leistungs- und sozialen Bereich führen, aber nicht primär auf körperl. Veränderungen oder Schädigungen zurückzuführen sind.

Verhaltenstherapie, Bez. für Formen der Psychotherapie, die psych. Störungen auf der Basis psycholog. Lerntheorien erklären und behandeln und sich dabei experimenteller Methodik bedienen; bestimmte Verhaltensweisen sollen verlernt oder erlernt werden.

Verhältnis (V.größe), Bez. für Brüche, in denen Zähler und Nenner Größen gleicher Art (z. B. Längen, Leistungen) oder auch reine Zahlen sind.

Verhütung

Verhältnismäßigkeitsgrundsatz, die sich aus dem Rechtsstaatsprinzip ergebende Leitregel staatlichen Handelns, wonach jeder Eingriff der öffentlichen Gewalt (Gesetzgebung, Verwaltung, Rechtsprechung) in den grundrechtlich geschützten Bereich des Bürgers unter dem rechtsstaatlichen Gebot der Verhältnismäßigkeit steht: Von mehreren möglichen geeigneten Maßnahmen darf zur Erreichung eines rechtmäßigen Zieles nur diejenige gewählt werden, die den Betroffenen und die Allgemeinheit am wenigsten beeinträchtigt.

Verhältniswahl ↑Wahlen.

Verhältniswort, svw. ↑Präposition.

Verhandlungsgrundsatz (Verhandlungsmaxime), im Zivilprozeß den Prozeßmaximen gehörender Verfahrensgrundsatz. Das Gericht darf bei seiner Entscheidung nur solche Tatsachen berücksichtigen, die die Parteien selbst in der Darlegungsstation oder im Laufe des Verfahrens vorgetragen haben, sowie nur die von den Parteien angebotenen Beweise erheben.

Verharzung, Bez. für die Bildung harzartiger, schwer- bis unlösl. Produkte durch Polymerisation chem. Verbindungen.

Verheugen, Günter [f...], *Bad Kreuznach 28. 4. 1944, dt. Politiker. 1978−82 Generalsekretär der FDP; nach dem Bruch der sozialliberalen Koalition im Nov. 1982 Übertritt zur SPD; seit 1983 MdB; 1987−89 Chefredakteur des »Vorwärts«; 1993−95 Bundesgeschäftsführer der SPD (Rücktritt).

Verhoeven [fɛrˈhoːfən], **1)** Michael, *Berlin 13. 7. 1938, dt. Schauspieler und Regisseur. Sohn von Paul V.; Arzt. Zahlr. Kino- und Fernsehfilme, u. a. »o. k.« (1970), »Die weiße Rose« (1982), »Killing Cars« (1986), »Das schreckliche Mädchen« (1989).

2) Paul, *Unna 23. 6. 1901, †München 22. 3. 1975, dt. Schauspieler und Regisseur. War u. a. 1945−49 Intendant des Bayer. Staatstheaters, ab 1959 an den Münchner Kammerspielen und im Fernsehen tätig.

Verhüttung, industrielle Verarbeitung von Erzen zur Gewinnung von Metallen.

Verhütung, svw. ↑Empfängnisverhütung.

Veria

Veria [v...], griech. Stadt in Makedonien, 37 100 E. Mauerreste aus hellenist. und röm. Zeit; über 30 byzantin. Kirchen und Kapellen (14. Jh.); maler. Türkenviertel und Ghetto (z. T. verfallen). – In der Antike als *Beroia* militärisch bedeutende Stadt, wurde 168 v. Chr. römisch.

Verifikation [v..., lat.], die Überprüfung einer (logisch-analyt. oder empir.) Aussage auf ihre Richtigkeit; *verifizieren,* durch Überprüfen die Richtigkeit einer Hypothese bestätigen. – Ggs. ↑Falsifikation.

Verismus [lat.], dem ↑Naturalismus verpflichtete Darstellung sozialer Zeitprobleme, bes. in Italien *(Verismo),* in Literatur (Hauptvertreter: G. Verga) und Oper (G. Puccini, R. Leoncavallo); nach dem 2. Weltkrieg von Einfluß (v. a. auch im Film) auf den (italien.) ↑Neorealismus.

veritabel [lat.-frz.], wahrhaft, echt.

Verjährung, im *Zivilrecht* der durch Zeitablauf eintretende Verlust der Durchsetzbarkeit eines Rechts. Ihr unterliegen grundsätzlich alle Ansprüche, dagegen nicht die sonstigen Rechte wie Persönlichkeitsrechte, das Eigentum, Gestaltungsrechte usw. Die *Verjährungsfrist* beträgt allg. 30 Jahre, für Entgeltansprüche aus unerlaubter Handlung 3 Jahre. Die V. beginnt i. d. R. mit dem Tag der Entstehung des Anspruchs. Die *Hemmung der V.* tritt ein, wenn die Leistung gestundet ist, oder bei Stillstand der Rechtspflege. Bei Ordnungswidrigkeiten tritt die *Verfolgungs-V.* je nach Höhe der angedrohten Geldbuße nach 3, 2, 1 Jahr bzw. nach 6 Monaten ein (bei Verkehrsordnungswidrigkeiten i. d. R. nach 3 Monaten); die *Vollstrekkungs-V.* tritt nach 5 bzw. 3 Jahren ein.

Verjina ↑Vergina.

Verkalkung, in der *Medizin:* 1. die physiolog. Einlagerung von Calciumsalzen in die Knochen *(Kalzifizierung);* 2. die krankhafte Ablagerung von Calciumsalzen im Bereich abgestorbener oder schlecht ernährter Gewebe, auch im Gefolge abgelaufener Entzündungen; volkstüml. auch im Sinne einer Arterienverkalkung (↑Arteriosklerose).

Verkäufermarkt, Markt, auf dem die Verkäufer auf Grund eines Nachfrageüberschusses das Marktgeschehen entscheidend beeinflussen können. – Ggs. ↑Käufermarkt.

Verkaufsförderung ↑Merchandising.

Verkaufspreis, Preis, zu dem Waren angeboten werden; der *Brutto-V.* enthält noch Rabatt, Skonto u. a., der *Netto-V.* ist der Preis, den der Käufer effektiv zahlt.

Verkehr, 1) *allg.:* alle Arten und Formen sozialer Kontakte; in diesem Sinne spricht man von gesellschaftl. V., V. sitte (z. B. unter Kaufleuten), verkehrsüblich.

2) *Sexualkunde:* svw. ↑Geschlechtsverkehr.

3) *Wirtschaftswiss.:* die Ortsveränderungen von Personen, Gütern und Nachrichten als grundlegende Voraussetzung für arbeitsteiliges Wirtschaften und wirtschaftl. Spezialisierung. Die durch den modernen *Personen-V.* gewonnene Mobilität begünstigte die Auflösung der engen räuml. Beziehung zw. Wohnung und Arbeitsplatz und beeinflußte infolgedessen grundlegend die Siedlungsstrukturen. Die Funktionsfähigkeit des *Güter-V.* ist Voraussetzung für die Intensität des Welthandels in seiner heutigen Form und veränderte die Verbrauchergewohnheiten und -zwänge (Einschränkung von Hungerkatastrophen). Je nach V.weg wird unterschieden zw. *Straßen-, Schienen-, Wasser-* und *Luftverkehr.* Die Benutzung elektr. Leiter (neuerdings auch Glasfasern und Laserstrahlen) bzw. elektromagnet. Wellen für die Zwecke der Nachrichtenübertragung heißt *Nachrichtenverkehr.* Nach Art der V.teilnehmer und V.mittel unterscheidet man v. a. zw. *Individual-V.* (Fußgänger, Pkw) und öffentl. V. (Busse, Straßenbahn, Eisenbahn) sowie zw. *Berufs-V.* (zw. Wohnung und Arbeitsplatz), *Einkaufs-V.* (zw. Wohnung und Geschäftsvierteln) sowie *Erholungs-* und *Freizeitverkehr.* Darüber hinaus wird je nach der Entfernung zw. *Nah-, Binnen-* und *Fern-V.* unterschieden. Infolge seiner großen wirtschaftl. und sozialen Bedeutung wie seiner spezif. Problematik (Organisation, Kosten) hat sich bes. die staatl. Planung des Verkehrswesens angenommen *(Verkehrsplanung).* Dies betrifft v. a. die Bereiche des Schienenver-

Verkehrssignalanlage

kehrs, dessen Bedeutung für den *Nahverkehr* in den großen Ballungsgebieten durch den Zusammenschluß verschiedener Verkehrsbetriebe (Dt. Bahn AG, kommunale und private V.betriebe) zu einem *Verkehrsverbund* (z. B. in Hamburg, im Ruhrgebiet, Rhein-Main-Gebiet, Stuttgart, München) beträchtlich gewachsen ist, und den Bereich des *Straßenverkehrs,* der v. a. durch die *Straßenverkehrszulassungsordnung* und die *Straßenverkehrsordnung* reglementiert ist (↑Verkehrspolitik).

Verkehrserziehung, besondere pädagog. Maßnahmen, mit denen Kenntnisse der Straßenverkehrsordnung und verantwortungsbewußtes verkehrsgerechtes Verhalten vermittelt werden.

Verkehrsfunk (Verkehrsrundfunk, Verkehrswarnfunk), in regelmäßigen Abständen von bestimmten UKW-Sendern ausgestrahlte Verkehrsmitteilungen (für Autofahrer), die über die aktuelle Verkehrssituation Auskunft geben. Das in der BR Deutschland seit Juni 1974 offiziell eingeführte Verfahren *(ARI;* Abk. für **A**utofahrer-**R**undfunk-**I**nformationssystem) arbeitet mit doppelter Kennung: Den Sendern wird eine nicht hörbare Kennung von 57 kHz *(Pilot(ton)frequenz)* aufmoduliert, die mit Hilfe eines V.decoders zur opt. und/ oder akust. Anzeige am Autoradio führt. Zusätzlich wird eine Modulationsfrequenz zw. 23,75 und 53,98 Hz ausgestrahlt, die jeweils einem bestimmten Bereich der BR Deutschland zugeordnet ist. Entsprechende Decoder im Autoradio sprechen auf Sender- und Bereichskennung an, so daß der Empfänger bei entsprechender Einstellung nur V.sender aufnimmt, wenn eine mit der in Betracht kommenden Bereichskennung versehene Durchsage erfolgt. Auf derselben Pilotfrequenz wie ARI sendet seit Ende der 1980er Jahre *RDS* (**R**adio-**D**aten-**S**ystem) digitale Signale, die in Klarschrift auf einem LCD-Display am Autoradio erscheinen (z. B. Senderkennzeichnung) und streckenspezifische, mit gespeicherten Texten formulierte Informationen ausgeben. RDS soll ARI ablösen.

Verkehrsgefährdung, die mit Freiheits- oder Geldstrafe bedrohte Gefährdung des Bahn-, Schiffs-, Luft- und Straßenverkehrs.

Verkehrsgewerbe, alle Dienstleistungsbetriebe, die am Transport, an der Verteilung von Gütern sowie an der Beförderung von Personen und Nachrichten beteiligt sind.

Verkehrsleitsystem, in Entwicklung befindl. Verfahren und Einrichtungen zur Regelung und Optimierung des Straßenverkehrs durch Einsatz vernetzter Kommunikationstechniken. Durch Informationsübertragung zw. Fahrzeug und zentralen Verkehrsleitrechnern über eine straßenseitige Infrastruktur soll langfristig das Konzept eines kooperativen Verkehrsmanagements (Telematik) verwirklicht werden: Erhöhung der Fahrsicherheit (Kolonnenfahren, Kontrolle der Fahrzeugabstände, Straßenzustandsberichte), individuelle Routen- und Verkehrsmittelempfehlungen (Parkand-ride-Konzepte), Überwachung und Lenkung des Verkehrsflusses, Verkehrsplanung. Neben zahlr. Feldversuchen besteht u. a. das durch EUREKA geförderte Projekt Prometheus (**Pro**gram for a **E**uropean **T**raffic with **H**ighest **E**fficiency and **U**nprecedented **S**afety).

Verkehrspolitik, alle Maßnahmen des Staates und der öffentl. Körperschaften im Zusammenhang mit dem Transport von Personen, Gütern und Nachrichten. Maßnahmen der *Ordnungspolitik* beziehen sich auf die Regulierung des Verkehrs, während die *Strukturpolitik* auf volkswirtschaftl. Ziele ausgerichtet ist (z. B. Beeinflussung der Anteile der konkurrierenden Verkehrsträger [öffentl. betriebener] Schienenverkehr und [privatwirtschaftl.] Straßenverkehr).

Verkehrssicherungspflicht, Rechtspflicht des Anliegers, die für die Sicherheit des Verkehrs erforderl. Maßnahmen im Rahmen des Zumutbaren zu treffen (z. B. den zu seinem Grundstück gehörenden Weg bei Glatteis zu streuen). Der Verkehrssicherungspflichtige haftet für einen entstandenen Schaden aus unerlaubter Handlung.

Verkehrssignalanlage (Lichtzeichenanlage, Lichtsignalanlage), mit Wechselzeichen (Rot, Gelb, Grün) arbeitende Anlage zur Regelung des Straßenverkehrs (meist als [Verkehrs-]Ampel bezeichnet). V. können festzeitgesteuert (mit festgelegten Signalzeiten) oder verkehrsabhängig gesteuert sein; dabei wird der Verkehr meist durch Induk-

3661

Verkehrssitte

Verkündigung Mariä. Konrad Witz. »Verkündigung« (um 1440; Nürnberg, Germanisches Nationalmuseum)

tionsschleifen in der Fahrbahndecke erfaßt und die Signalschaltung der Verkehrsdichte angepaßt. Ist die V. eines Knotenpunktes mit der benachbarter Knoten zeitlich abgestimmt (»grüne Welle«), so spricht man von *koordinierter Signalsteuerung.*

Verkehrssitte, ständige Übung eines bestimmten Verhaltens im Rechtsverkehr. Die V. ist im Ggs. zum ↑Gewohnheitsrecht keine Rechtsnorm, wird jedoch bei der nach Treu und Glauben vorzunehmenden Auslegung von Verträgen herangezogen (§§ 133, 157, 242 BGB).

Verkehrssprache, Sprache, mit deren Hilfe Angehörige verschiedener Sprachgemeinschaften miteinander kommunizieren können, z. B. Pidgin-Englisch.

Verkehrssünderkartei ↑Verkehrszentralregister.

Verkehrsteuern, Steuern auf Vorgänge des volkswirtschaftl. Güter- und Leistungstauschs. Zu den V. werden gezählt: 1. die Umsatzsteuer; 2. die Steuern auf den Vermögensverkehr; 3. Steuern auf den Beförderungsverkehr.

Verkehrswacht, eingetragener Verein auf Bundes-, Landes- und Kommunalebene, der als gemeinnützige Selbsthilfeorganisation zur Erhöhung der Verkehrssicherheit durch die Schaffung eines höheren Verantwortungsbewußtseins der Verkehrsteilnehmer beitragen will.

Verkehrszeichen, Zeichen zur Regelung des Straßenverkehrs, unterschieden in Gefahrzeichen (Grundform Dreieck), Vorschriftzeichen (Grundform Kreis; u. a. auch Fahrbahnmarkierungen) und Richtzeichen (Grundform Viereck, z. B. Wegweiser). *Wechsel-V.* zeigen einen wechselnden Inhalt und werden ferngesteuert der Verkehrssituation angepaßt. – Die in der BR Deutschland gültigen V. sind in der Straßenverkehrsordnung aufgeführt. – Abb. S. 3664–3667.

Verkehrszentralregister, vom Kraftfahrt-Bundesamt in Flensburg geführtes Verzeichnis *(Verkehrssünderkartei)* über Verkehrsverstöße von Kraftfahrern und entsprechende Verwaltungs- und Gerichtsentscheidungen (z. B. rechtskräftige Verurteilungen wegen Verkehrsstraftaten, Geldbußen von mehr als 80 DM). Jeder Verkehrsverstoß wird nach dem Bußgeldkatalog mit 1–7 Punkten bewertet. Beim Erreichen von 9 Punkten erfolgt eine schriftl. Verwarnung, bei 14 Punkten muß die theoret., eventuell auch die prakt. Fahrprüfung wiederholt werden; werden 18 Punkte in zwei Jahren erreicht, kommt es zum Führerscheinentzug.

Verkieselung (Silifikation, Silifizierung), Ersetzung der Substanz eines Gesteins oder Fossils durch Kieselsäure, als Quarz, seltener Chalcedon oder Opal.

Verklappen, das Einbringen von Abfallstoffen (Dünnsäure, Klärschlamm) durch Schiffe ins Meer.

Verkleinerungsform, svw. ↑Diminutiv.

Verknüpfung (algebraische Operation, Komposition), zwei- oder mehrstellige Abbildungen; Beispiele für V. sind Addition und Multiplikation von Zahlen.

Verkohlung, die Zersetzung organ. Stoffe durch Erhitzen unter Sauerstoffmangel oder durch Einwirken wasserabspaltender Substanzen, z. B. konzentrierter Schwefelsäure.

Verkokung, die therm. Zersetzung von Kohle, Holz, Torf u. ä. unter Luftabschluß.

Verkrampfung (Muskel-V.), Muskelverspannung im Bereich der Rumpf- oder Extremitätenmuskulatur auf Grund unphysiolog. Beanspruchung (z. B. ungewohnte Körperhaltung).

Verkündigung Mariä, die im NT berichtete Mitteilung des Engels Gabriel an Maria über die Empfängnis Jesu *(Engl. Gruß).* Bevorzugtes Thema der christl. Kunst.

Verkündung, 1) (V. von Rechtsvorschriften) amtl. Bekanntmachung in der durch Verfassung oder sonstige Bestimmungen vorgeschriebenen Form von Gesetzen und Verordnungen in den sog. Verkündungsblättern; Voraussetzung für das Inkrafttreten der Vorschriften.
2) (V. von Entscheidungen) das Verlesen von Urteilen, Beschlüssen oder Verfügungen durch den Vorsitzenden des Gerichts. Mit der V. beginnen die Fristen für die Einlegung von Rechtsmitteln.

Verkupfern, das Aufbringen dünner Kupferschichten, z. B. als Korrosionsschutz, auf metallischen Unterlagen; meist durch elektrolytische Metallabscheidung.

Verlag, 1) *Buchwesen:* Unternehmen, das die Veröffentlichung (Herstellung und Vertrieb [direkt oder über den ↑Sortimentsbuchhandel]) von Druckerzeugnissen betreibt, indem es entweder von den Verfassern der Manuskripte das V.recht erwirbt oder die Manuskripte im V. selbst erstellen läßt. Man unterscheidet im wesentlichen den als Teil des ↑Buchhandels (herstellender Buchhandel) fungierenden Buchverlag und den der journalist. Presse zuzuordnenden Zeitungs- und Zeitschriftenverlag. Eine Besonderheit des V.wesens in der BR Deutschland ist die nach dem Wettbewerbsrecht einzig für V.erzeugnisse zulässige vertikale ↑Preisbindung.
2) *Wirtschaft:* ↑Verlagssystem.

Verlagsbuchhandel, herstellender ↑Buchhandel (↑Verlag).

Verlagsrecht ↑Urheberrecht.

Verlagssystem, frühe Form der arbeitsteiligen und dezentralisierten Gütererzeugung und -verteilung, die als Stadium in der Entwicklung des Kapitalismus zw. dem selbständigen Handwerk und der Manufaktur liegt. Das V. entstand im 14. und 15. Jh. in Norditalien und Flandern. Im V. geraten ehem. selbständige Handwerker in die Abhängigkeit von Großkaufleuten, die ihnen die Rohstoffe zur Produktion in Heimarbeit »vorlegen« und dafür die Abnahme des Produkts garantieren. Die Ablösung des V. im 19. Jh. durch industrielle Produktionsweisen, z. B. bei den Webern, rief beträchtl. Widerstand der Betroffenen hervor und war eine der Ursachen für den frühsozialist. Arbeiterradikalismus.

Verlaine, Paul [frz. vɛrˈlɛn], *Metz 30. 3. 1844, †Paris 8. 1. 1896, frz. Dichter. Als einer der bedeutendsten Lyriker des frz. Symbolismus von großem Einfluß auf die Lyrik des 20. Jh.; 1871–73 homophile Freundschaft mit A. Rimbaud, dem er im Verlauf einer Auseinandersetzung eine Schußverletzung beibrachte; dafür 1873–75 Gefängnisstrafe. – Der unverwechselbare Stil seiner Lyrik (thematisiert in dem Gedicht »L'art poétique«, in: »Einst und jüngst«, 1885, dt. Auswahl 1922) lebt v. a. von einem Satzbau, der musikal. Strukturen folgt (bes. ungerade Versmaße und Assonanzen). – *Weitere Werke:* Saturn. Gedichte (1866), Galante Feste (1869), Lieder ohne Worte (1874), Les poètes maudits (literar. Porträts, 1884), Frauen (1890), Chair (1896).

Verleumdung ↑Beleidigung.

Verlöbnis, das gegenseitige Versprechen, die Ehe miteinander einzugehen (Verlobung). Bes. Förmlichkeiten sind für das V. nicht erforderlich. Aus einem V. kann nie auf Eingehung der ↑Ehe geklagt werden. Ein Rücktritt vom V. ohne Vorliegen eines anerkennungswerten wichtigen Grundes verpflichtet gegenüber dem Partner zum Schadensersatz. Verlobungsgeschenke *(Brautgeschenke)* sind nach den Regeln der ungerechtfertigten Bereicherung zurückzugeben.

verlorene Generation ↑Lost generation.

Verlust, Haben-Saldo zw. Erträgen und Aufwendungen in der Gewinn-und-Verlust-Rechnung bzw. Überschuß der Passiv- über die Aktivposten in der Bilanz.

Paul Verlaine (Gemälde von Eugène Carrière; Ausschnitt, 1891; Paris, Louvre)

Verkehrszeichen

Gefahrzeichen
1. Gefahrstelle
2. Kreuzung oder Einmündung mit Vorfahrt von rechts
3. Kurve (rechts)
4. Doppelkurve (zunächst rechts)
5. Gefälle
6. Steigung
7. unebene Fahrbahn
8. Schleudergefahr bei Nässe oder Schmutz
9. Steinschlag von rechts
10. Seitenwind von links
11. verengte Fahrbahn
12. einseitig (rechts) verengte Fahrbahn
13. Baustelle
14. Gegenverkehr
15. bewegliche Brücke
16. Ufer
17. Lichtzeichenanlage
18. Fußgängerüberweg
19. Kinder
20. Radfahrer kreuzen
21. Viehtrieb, Tiere
22. Wildwechsel
23. Flugbetrieb
24. Bahnübergang mit Schranken oder Halbschranken
25. unbeschrankter Bahnübergang
26. Warnbaken vor Bahnübergängen
a dreistreifige Bake rechts etwa in 240 m
b zweistreifige Bake rechts etwa in 160 m

Verkehrszeichen (Forts.)

31 a   b   c   32   33 a   b

c   d   e   34   35   36   37

38   39   40   41   42 a   b

c   d   e   43   44   45

46   47   48   49   50 a   b

c einstreifige Bake rechts etwa in 80 m Entfernung

Vorschriftzeichen
27 Andreaskreuz (dem Schienenverkehr Vorrang gewähren)
28 Vorfahrt gewähren!
29 Halt! Vorfahrt gewähren!
30 dem Gegenverkehr Vorrang gewähren!
31 vorgeschriebene Fahrtrichtung
 a rechts
 b hier rechts
 c geradeaus und rechts
32 vorgeschriebene Vorbeifahrt (rechts vorbei)
33 Sonderwege
 a Radfahrer
 b Reiter
 c Fußgänger
 d getrennter Rad- und Fußweg
 e gemeinsamer Fuß- und Radweg
34 Einbahnstraße
35 Haltestelle für Straßenbahnen oder Linienbusse
36 Taxenstand
37 Sonderfahrstreifen für Linienomnibusse
38 Verbot für Fahrzeuge aller Art
39 Verbot für Kraftwagen und sonstige mehrspurige Kraftfahrzeuge
40 Verbot für Kraftfahrzeuge mit einem zulässigen Gesamtgewicht über 2,8 t einschließlich ihrer Anhänger und Zugmaschinen, ausgenommen Personenkraftwagen und Kraftomnibusse
41 Verbot für kennzeichnungspflichtige Kraftfahrzeuge mit gefährlichen Gütern
42 Verbot für Fahrzeuge
 a deren tatsächliches Gewicht,
 b tatsächliche Achslast,
 c Breite,
 d Höhe,
 e Länge je einschließlich Ladung die angegebene Grenze überschreitet
43 Verbot der Einfahrt
44 Schneeketten sind vorgeschrieben
45 Verbot für Fahrzeuge mit wassergefährdender Ladung
46 Verkehrsverbot bei Smog oder zur Verminderung schädlicher Luftverunreinigungen
47 Verbot des Fahrens ohne einen Mindestabstand
48 zulässige Höchstgeschwindigkeit
49 vorgeschriebene Mindestgeschwindigkeit
50 Überholverbot
 a für Kraftfahrzeuge aller Art
 b für Kraftfahrzeuge mit einem zulässigen Gesamtgewicht über 2,8 t einschließlich ihrer Anhänger und für Zugmaschinen, ausgenommen Personenkraftwagen und Kraftomnibusse

Verkehrszeichen (Forts.)

 51a
 b
 c
 d
 52
 53a

 b
 c
 54
 55
 56
 57

 58
 59
 60
 61a
 b

 62
 63a
 b
 c
 64a
 b

 65
 66
 67a
 b
 68
 69

 70
 71
 72
 73
 74
 75
 76

51 a–d Ende von Verbotsstrecken
52 Ende sämtlicher Streckenverbote
53
a Halteverbot
b Halteverbot (Anfang)
c Halteverbot (Mitte)
54 eingeschränktes Halteverbot
55 eingeschränktes Halteverbot für eine Zone
56 Ende des eingeschränkten Halteverbots für eine Zone

Richtzeichen
57 Vorfahrt
58 Vorfahrtstraße
59 Ende der Vorfahrtstraße
60 Vorrang vor dem Gegenverkehr
61 Ortstafel
a Vorderseite
b Rückseite
62 Parkplatz
63 a–c Parken auf Gehwegen
64 verkehrsberuhigte Bereiche
a Beginn
b Ende

65 Autobahn
66 Kraftfahrstraße
67 Ausfahrt von der Autobahn
a Ausfahrttafel
b Pfeilschild
68 Ende der Autobahn
69 Ende der Kraftfahrstraße
70 Ausfahrt (außer an Autobahnen)
71 Ausfahrt nach innerörtlichen Zielen
72 Fußgängerüberweg
73 Einbahnstraße
74 Wasserschutzgebiet

75 Fußgängerunterführung
76 Verkehrshelfer
77 Sackgasse
78 Erste Hilfe
79 Pannenhilfe
80 Notruf
81 Fernsprecher
82 Zelt- und Wohnwagenplatz
83 Tankstelle auch mit bleifreiem Benzin
84 Parken und Reisen
85 Fremdenverkehrsbüro oder Auskunftsstelle
86 Verkehrsfunksender

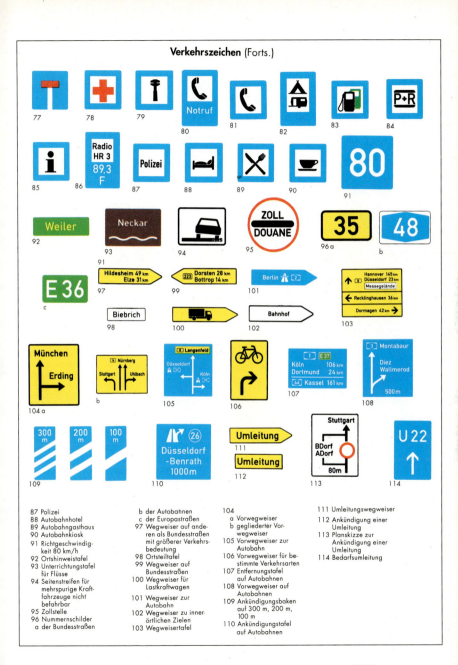

Verlustausgleich

Verlustausgleich, nach §2 Abs. 3 des Einkommensteuergesetzes bestehende Möglichkeit, Verluste aus einer oder mehreren Einkunftsarten mit anderen Einkünften auszugleichen (Einschränkungen bei Spekulationsgeschäften, erhöhten Absetzungen, Sonderabschreibungen und bei beschränkt Steuerpflichtigen).

Verlustvortrag, bei Kapitalgesellschaften Übertragung des Verlustes auf das neue Geschäftsjahr.

Jan Vermeer. Der Maler im Atelier (Allegorie der Malerei) (um 1665; Wien, Kunsthistorisches Museum)

Vermächtnis, auf Grund von Testament oder Erbvertrag erfolgende Zuwendung eines bestimmten Vermögensvorteils, ohne daß der Bedachte als Erbe eingesetzt wird. Der V.nehmer erwirbt den betreffenden Gegenstand nicht mit dem Tode des Erblassers unmittelbar, sondern erlangt einen [schuldrechtl.] Anspruch gegen den mit dem V. Belasteten (i. d. R. der Erbe).

Vermeer, Jan (Johannes), gen. V. van Delft, ≈Delft 31. 10. 1632, □ebd. 15. 12. 1675, niederl. Maler. In seinen sorgfältig ausgearbeiteten Genrebildern mit häufig auch allegor. Gehalt gestaltete V. in Nachfolge der niederl. Malerei des 15. Jh. (J. van Eyck) Porträts, Landschaften und (häufig) Innenräume; deren oft poet. Stimmung beruht auf dem subtilen Zusammenspiel einer strengen Perspektive, einer intimen Farbskala und einer sphär. wie barock-theatral. Inszenierung des Lichteinfalls. Zu den bedeutendsten seiner rund 40 Werke zählen »Bei der Kupplerin« (1656; Dresden, Gemäldegalerie), »Die kleine Straße« (um 1660; Amsterdam, Rijksmuseum), »Ansicht von Delft« (um 1660; Den Haag, Mauritshuis), »Die Briefleserin« (um 1664; Amsterdam, Rijksmuseum), »Die Spitzenklöpplerin« (um 1664/65; Paris, Louvre), »Das Mädchen mit der Perle« (um 1665; Den Haag, Mauritshuis), »Der Maler im Atelier (Allegorie der Malerei)« (um 1665; Wien, Kunsthistorisches Museum).

Vermehrung ↑Fortpflanzung.

Vermeil [vɛrˈmɛːj; lat.-frz.], vergoldetes Silber.

Vermittlungsausschuß, im ↑Gesetzgebungsverfahren institutionalisiertes Organ zur Harmonisierung der Gesetzgebungsarbeit zw. Bundestag und Bundesrat. Der V. besteht aus je 16 Mgl. beider Organe; er kann vom Bundesrat und bei Zustimmungsgesetzen von Bundestag und Bundesregierung angerufen werden; seine Änderungsempfehlungen müssen dann von beiden Gesetzgebungsorganen beschlossen bzw. abgelehnt werden.

Vermizid [lat.], wurmtötendes Arzneimittel.

Vermögen, die auf der Aktivseite der Bilanz ausgewiesenen V.gegenstände: *Anlage-V., Umlauf-V.;* nach Abzug der Schulden ergibt sich das *Reinvermögen.*

Vermögensbildung (V. in Arbeitnehmerhand), die Umwandlung von Einkommen in Vermögenswerte, d. h. die Bildung von Geld- und Sachvermögen durch Unternehmen sowie private und öffentl. Haushalte. Wege der V. sind z. B. Spar- und Wohnungsbauförderung. Durch das 5. V.-Gesetz vom 19. 1. 1989 (mit späteren Änderungen) werden *vermögenswirksame Leistungen,* bis maximal 936 DM pro Jahr, gefördert, die der Arbeitgeber entweder im Auftrag des Arbeitnehmers zur Anlage bringt oder die er selbst entsprechend bestehenden Tarifverträgen oder Betriebsvereinbarungen für diesen leistet

Verödung

(Anlagemöglichkeiten in Sparverträgen, Kapitalversicherungen, Bausparverträgen u. a.).

Vermögenskonzentration ↑Vermögensverteilung.

Vermögensteuer, wie die Einkommensteuer eine direkte Steuer, deren Bemessungsgrundlage das Gesamtvermögen des Steuerpflichtigen unter Berücksichtigung von Freibeträgen ist. Unbeschränkt vermögensteuerpflichtig sind alle natürl. (Steuersatz 0,5%) und jurist. (0,7%) Personen, die im Inland wohnen; beschränkt vermögensteuerpflichtig sind Personen, die im Ausland wohnen, nur mit ihrem Inlandsvermögen; von der V. befreit sind verschiedene Körperschaften des öffentl. Rechts sowie alle Körperschaften, die ausschließlich gemeinnützigen, mildtätigen oder kirchl. Zwecken dienen.

Vermögensverteilung, die Verteilung (Distribution) der Verfügungsgewalt über Sachgüter und Rechtstitel unter den Mitgliedern einer Gesellschaft. Eine enge wechselseitige Beziehung besteht zw. der Vermögensverteilung und der ↑Einkommensverteilung. Bes. beim Eigentum am Produktivvermögen besteht trotz zaghafter Ansätze zu Vermögensbildungsmaßnahmen eine ungeminderte *Vermögenskonzentration.* Maßnahmen der *Eigentumspolitik* zielen darauf ab, das Eigentum breiter zu streuen, indem die Eigentumsbildung auf breiter Basis gefördert wird und bestehende Vermögen steuerlich stärker belastet werden.

Vermögensverwaltung ↑Treuhandgeschäfte.

vermögenswirksame Leistungen ↑Vermögensbildung.

Vermont [engl. vəˈmɔnt], Staat im NO der USA, 24900 km², 570000 E, Hauptstadt Montpelier. *Geschichte:* 1724 erste Dauersiedlungen; 1777 erste amerikan. Staatsverfassung, die die Sklaverei verbot und das allg. Wahlrecht für Männer vorsah. 1791 als erster Nichtgründerstaat in der Union.

Vernalisation [lat.] (Jarowisation), von der sowjet. Agrarbiologen T. D. Lyssenko ausgearbeitete Methode in der Pflanzenzüchtung und Landwirtschaft zur Beschleunigung der Entwicklung und Generationsfolge; erfolgt durch künstl. Kältebehandlung der (vorgequollenen) Samen.

Verne, Jules [frz. vɛrn], *Nantes 8. 2. 1828, †Amiens 24. 3. 1905, frz. Schriftsteller. Seine Abenteuer- und Zukunftsromane, in denen er oft techn. Erfindungen vorwegnahm, stehen am Beginn der ↑Science-fiction; u. a. »Reise nach dem Mittelpunkt der Erde« (1864), »Von der Erde zum Mond« (1865), »20000 Meilen unter'm Meer« (1870), »Reise um die Erde in 80 Tagen« (1873).

Vernehmung (Verhör), die i. d. R. mündl. Befragung einer Person (Zeuge, Sachverständiger, Beschuldigter u. a.) zur Klärung verfahrensrechtlich bedeutsamer Sachverhalte; Zeugen müssen vor der V. zur Sache auf ein etwaiges ↑Zeugnisverweigerungsrecht hingewiesen werden.

Jules Verne

Vernichtungslager, im Unterschied zu den nat.-soz. ↑Konzentrationslagern von der SS seit Ende 1941 zur Massentötung der europ. Juden errichtete Lager. Mehr als die Hälfte der nahezu 6 Mio. Opfer der nat.-soz. Judenverfolgung kamen in V. um. V., die aus Geheimhaltungsgründen im besetzten Polen errichtet wurden, waren u. a. Bełżec, Chełmno, Sobibór, Treblinka, Auschwitz-Birkenau und Lublin-Majdanek. Die beiden letztgenannten Lager hatten eine Doppelfunktion als V. und Konzentrationslager.

Vernier, Pierre [frz. vɛrˈnje], *Ornans bei Besançon 19. 8. 1584, †ebd. 14. 9. 1638, frz. Mathematiker. Erfand und beschrieb (1631) den ↑Nonius.

Vernissage [vɛrniˈsaːʒə; frz. vɛrniˈsaːʒ], Eröffnung einer Kunstausstellung.

Vernunft, das menschl. Vermögen, sinnl. Wahrnehmungen geistig zu verarbeiten, Dinge und Erscheinungen in ihrem Zusammenhang zu begreifen. – In der *Philosophie* der Aufklärung, bes. I. Kants, das höchste Erkenntnisvermögen, die Fähigkeit zur Ideenbildung als einen Verständigung und Normen überschreitenden Prozeß, der jedoch der *V. kritik* unterworfen bleibt. ↑Verstand.

Vermont
Flagge

Verödung (Obliteration), **1)** *Medizin:* Verstopfung bzw. Verschluß der ↑Lumens von Körperhöhlen, Kanälen oder Gefäßen (u. a. durch entzündl. Veränderungen oder Thromben verursacht). **2)** *Medizintechnik:* ↑Venenverödung.

Verona

Verona
Stadtwappen

Verona, italien. Prov.-Hauptstadt in Venetien, an der Etsch, 258 700 E. Zahlr. Museen; Opern- und Theateraufführungen im röm. Amphitheater; u. a. Metall-, chem., pharmazeut. Industrie.
Stadtbild: Aus röm. Zeit sind außer dem Amphitheater (»Arena«) ein Triumphtor (beide 1. Jh. n. Chr.) und Reste der Stadtbefestigung erhalten. Zahlr. bed. Kirchen, u. a. Dom (5., 12., 15. und 20. Jh.), San Zeno Maggiore (12. Jh.), San Fermo Maggiore (11. Jh., Oberkirche umgebaut), Santa Maria Antica (12. Jh.; anliegend die berühmten Scaliger-Gräber, und bed. Paläste, u. a. Castel Vecchio (ehem. Scaligerburg, 1354–56), Palazzo del Comune (1194), Palazzo del Governo (13. Jh.), Palazzo Bevilacqua (16. Jh.).

Verona. Brücke über den Etsch, links der romanische Dom aus dem 12. Jh.

Geschichte: Wurde 89 v. Chr. röm. Colonia latin. Rechts, 49 v. Chr. Munizipium; wahrscheinlich seit dem 3. Jh. Bischofssitz; eine der Residenzen des Ostgotenkönigs Theoderich d. Gr. (»Dietrich von Bern« [Bern: V.]); ab 572 Mittelpunkt eines Hzgt., in fränk. Zeit (seit 774) Hauptort einer Gft.; 952 Errichtung der *Mark Verona* vom Alpenkamm entlang der Etsch bis zum Adriat. Meer. V. gründete 1164 mit anderen Städten des östl. Oberitalien den *Veroneser Bund,* der sich 1167 zum Lombardenbund erweiterte; stand 1222–59 unter der Herrschaft von Ezzelino III. da Romano; ab 1259 unter der Herrschaft der Familie della Scala (Scaliger), fiel 1387 an die Visconti von Mailand, 1405 an Venedig.
Veronese, Paolo, ↑Paolo Veronese.
Veronica [nach der hl. Veronika], svw. ↑Ehrenpreis.
Veronika, hl., reichte nach der Legende dem kreuztragenden Christus ihren Schleier, auf dem sich sein Gesicht abdrückte *(Schweißtuch der V.).*
Verordnung ↑Rechtsverordnung.
Verpackungsverordnung, Verordnung über die Vermeidung von Verpackungsabfällen vom 12. 6. 1991. Danach sollen Verpackungen aus umweltverträgl. und die stoffl. Verwertung nicht belastenden Materialien hergestellt werden und so beschaffen sein, daß sie möglichst wiederverwendet werden können (Mehrwegverpackungen). Bei Einwegverpackungen wurde der Vertreiber (Verkaufsstelle) ab 1. 1. 1993 verpflichtet, vom Endverbraucher die gebrauchte Verkaufsverpackung kostenlos zurückzunehmen; Umverpackungen müssen ab 1. 4. 1992 vom Vertreiber zurückgenommen werden. Hersteller und Vertreiber sind verpflichtet, die zurückgenommen Verpackungen einer erneuten Verwendung oder stoffl. Verwertung (↑duales System) zuzuführen.
Verpflichtungsklage (Vornahmeklage), bes. Klageart in der Verwaltungs-, Finanz- und Sozialgerichtsbarkeit. Mit der V. kann der Kläger begehren, den Beklagten (Bund, Land, Gemeinde usw.) zu verurteilen, einen ihn begünstigenden Verwaltungsakt (z. B. Baugenehmigung) zu erlassen.
Verpuffung, die Umsetzung von Gasen, Dämpfen oder Stäuben, die im Ggs. zur Explosion mit nur geringer Geschwindigkeit und Druckwirkung und mit dumpfem Geräusch verläuft.
Verputz, svw. ↑Putz.
Verrechnungseinheit, Abk. **VE,** in internat. Zahlungsabkommen vereinbarte Einheit, nach der zu leistende Zahlungen abgerechnet werden.
Verrenkung (Luxation), Verschiebung zweier durch ein Gelenk verbundener Knochenenden gegeneinander mit Überdehnung oder Zerreißen des Kapsel-Band-Apparats, verbunden mit schmerzhafter Schwellung, einge-

schränkter Beweglichkeit und Fehlstellung der betroffenen Gliedmaßen.

Verrocchio, Andrea del [italien. verˈrɔkkio], eigtl. A. di Michele Cioni, *Florenz 1435, † Venedig vor dem 7. 10. 1488, italien. Bildhauer und Maler. Wegbereiter der Hochrenaissance, führte ab 1465 eine vielseitige Werkstatt in Florenz; Lehrherr von zahlr. bed. Meistern, u. a. Leonardo da Vinci; schuf Bronzewerke (Porträtbüsten; Davidstatue, um 1470), das Grabmal für Piero und Giovanni de'Medici in San Lorenzo (1472) sowie die Thomas-Gruppe (1483) für Or San Michele; arbeitete 1486 ff. in Venedig an dem Modell des Reiterdenkmals des Bartolomeo Colleoni. Sein maler. Werk (»Taufe Christi«, um 1470/80) zeigt niederl. Einflüsse.

Vers [lat.], Zeile einer Dichtung (meist Gedicht, Epos oder Drama), die einen bestimmten ↑Rhythmus aufweist; der Rhythmus wird bestimmt durch das *Versmaß* bzw. *Metrum;* kleinste Einheit des metr. Schemas eines V. ist der *Versfuß* (dem Takt in der Musik entsprechend): der Versfuß (z. B. Jambus, Daktylus, Trochäus) bildet eine Einheit aus betonten und unbetonten Silben (Zeichen: x́/x) oder langen und kurzen (Zeichen: –/◡) Silben (↑akzentuierendes Versprinzip). – Als V. werden auch der kleinste Abschnitt eines Bibeltextes sowie die Strophe des ev. Kirchenliedes bezeichnet.

Versailler Vertrag [vɛrˈsaːjər -], wichtigster der Pariser Vorortverträge, die 1919/20 den 1. Weltkrieg auch völkerrechtlich beendeten. Der V. V. wurde am 28. 6. 1919 im Versailler Schloß zw. dem Dt. Reich und 26 alliierten und assoziierten Mächten unterzeichnet und trat am 10. 1. 1920 in Kraft. Verschiedene Länder ratifizierten ihn jedoch nicht oder beendeten den Kriegszustand mit dem Dt. Reich durch besondere Verträge (v. a. die USA 1921). – Ab 18. 1. 1919 wurde der Text des Friedensvertrages von W. Wilson, D. Lloyd George, G. B. Clemenceau und Vittorio Emanuele Orlando (*1860, † 1952) (Die »Großen Vier«) ausgearbeitet, am 7. 5. 1919 der dt. Delegation zugestellt, am 16. 6. 1919 ultimativ die Vertragsannahme binnen fünf Tagen gefordert. Die Weimarer Nationalversammlung stimmte (mit 237 Abg. gegen 138 Abg. bei sechs Enthaltungen) am 22. 6. 1919 unter dem Druck einer drohenden militär. Besetzung der Unterzeichnung zu. Der V. V. umfaßte 440 Artikel in 15 Teilen. Teil I enthielt die Satzung des Völkerbunds (ohne daß damit das Dt. Reich dessen Mgl. wurde). Die Teile II und III legten die neuen dt. Grenzen und die polit. Bestimmungen über Europa fest (Gebietsverluste des Dt. Reiches [ohne Kolonien]: 70 579 km² mit 6,5 Mio. E [1910]): Moresnet und – nach einer strittigen Volksbefragung – Eupen-Malmedy fielen an Belgien; Luxemburg schied aus dem Dt. Zollverein aus und verlor seinen neutralen Status; Elsaß-Lothringen kam ohne Abstimmung an Frankreich; fast ganz Westpreußen, die Prov. Posen, das Gebiet um Soldau und Teile Pommerns fielen an Polen (Poln. Korridor); Danzig wurde als Freie Stadt dem Schutz des Völkerbunds unterstellt; das Memelland kam unter alliierte Verwaltung; das Hultschiner Ländchen fiel an die Tschechoslowakei. Volksabstimmungen wurden für die sog. ↑Abstimmungsgebiete vorgesehen. Sie führten zur Teilung Oberschlesiens, wobei die kohlenreichen Gebiete im SO an Polen kamen, und zur Abtretung Nordschleswigs an Dänemark. Das Saargebiet wurde für 15 Jahre vom Völkerbund verwaltet und konnte danach über seinen Status entscheiden. Der von der Republik Dt.-Österreich proklamierte Anschluß an das Dt. Reich wurde untersagt. Art. 42–44 bestimmten die linksrhein. Gebiete und einen 50 km breiten Streifen rechts des Rheins zu einer entmilitarisierten Zone, in der bestehende Festungen geschleift und dt. Garnisonen aufgelöst werden mußten. Teil IV legte die Abgabe der Kolonien als Mandate an den Völkerbund fest. Teil V enthielt militär. Bestimmungen: Das Heer wurde auf 100 000 Mann (spätere Reichswehr), die Marine auf 15 000 Mann mit geringem Schiffsbestand beschränkt; Wehrpflicht, Generalstab und Kriegsakademie wurden abgeschafft. Die Teile VIII und IX behandelten die dt. Reparationen. Sie wurden mit der in Art. 231 genannten dt. Alleinschuld am 1. Weltkrieg begründet. In Teil X–XII mußte das Dt. Reich der Konfiskation des dt. Eigentums und sonstiger Rechte

Andra del Verrocchio. David (vor 1476; Florenz, Bargello)

Versailles

im Ausland, dem Meistbegünstigungsrecht für die alliierten Staaten ohne Gegenseitigkeit, der Beschränkung der dt. Eisenbahnhoheit sowie der Privilegierung der Alliierten in der Luftfahrt und den dt. Häfen und der Internationalisierung der dt. Flüsse zustimmen. Teil XIV bestimmte den Rückzug der dt. Truppen aus den ehem. russ. Gebieten und die alliierte Besetzung des Saargebietes sowie des linken Rheinufers (rechtsrhein. Brückenköpfe bei Köln, Koblenz und Mainz für 15 Jahre, etappenweise Räumung).

Bei aller materiellen und massenpsycholog. Belastung beließen die Bedingungen des V. V. dem Dt. Reich dennoch den Status einer potentiellen Großmacht. Die Forderung nach Revision des V. V. galt in der dt. öffentl. Meinung fortan als grundsätzl. außenpolit. Ziel; so fanden die antidemokrat. Kräfte von rechts wie links im »Diktat von Versailles« einen entscheidenden Ansatzpunkt für ihre Agitation gegen die den V. V. billigenden polit. Kräfte der Weimarer Republik.

Versailles [frz. vɛrˈsɑːj], frz. Dép.-Hauptstadt im sw. Vorortbereich von Paris, 91500 E. Kern des heutigen Schlosses ist das Jagdschloß Ludwigs XIII., nach 1661 unter Ludwig XIV. u. a. durch L. Le Vau, C. Le Brun, A. Le Nôtre und J. Hardouin-Mansart ausgebaut in hochbarockem und klassizist. Stil (Vorbild für Barockschlösser ganz Europas); bis 1789 Residenz der frz. Könige. Berühmt der Spiegelsaal (1686 vollendet) und die Garten- und Parkanlage mit Lustschlössern (↑Trianon) und dem Pavillon Français (1750). – Am 18. 1. 1871 wurde im Spiegelsaal des Schlosses von V. König Wilhelm I. von Preußen zum Dt. Kaiser proklamiert; am 28. 6. 1919 wurde in demselben Saal der Versailler Vertrag unterzeichnet.

Versammlung, die zu einem bestimmten Zweck zusammengekommene Personenmehrheit. Die *Versammlungsfreiheit,* d. h. das Recht, sich friedlich und ohne Waffen zu versammeln, ist in Artikel 8 GG allen Deutschen als Grundrecht gewährleistet.

Versammlungsgesetz, das auf Grund des Artikels 8 Absatz 2 GG erlassene Gesetz über Versammlungen und Aufzüge in der Fassung vom 15. 11. 1978. Es konkretisiert Inhalt und Schranken der Versammlungsfreiheit (z. B. das Demonstrationsrecht). Die Versammlungsfreiheit in geschlossenen Räumen kann nur in einzelnen Ausnahmefällen eingeschränkt werden. Versammlungen unter freiem Himmel hingegen sind mindestens 48 Stunden vor Beginn der zuständigen Behörde anzumelden.

Versailles. Spiegelgalerie des Schlosses

Versicherung

Versäumnisurteil, im Zivilprozeß das bei Ausbleiben oder Nichtverhandeln einer Partei in einem ordnungsgemäß anberaumten Termin zur notwendigen mündl. Verhandlung auf Antrag der Gegenpartei ergehende Urteil.

Verschaffelt, Pieter-Antoon [niederl. vərˈsxɑfəlt], *Gent 8. 5. 1710, † Mannheim 5. 7. 1793, fläm. Bildhauer und Baumeister. Seit 1752 in Diensten des Kurfürsten Karl Theodor in Mannheim; schuf u. a. Skulpturen für den Schwetzinger Schloßgarten (um 1772) sowie Reliefs für das Zeughaus in Mannheim (1777/78).

Pieter-Antoon Verschaffelt. Hirschgruppe (um 1772; Schwetzingen, Schloßpark)

Verschleppung, ein mit Freiheitsstrafe nicht unter einem Jahr bedrohtes Gefährdungsdelikt. Der V. macht sich schuldig, wer einen anderen durch List, Drohung oder Gewalt in ein Gebiet außerhalb der BR Deutschland bringt, ihn veranlaßt, sich dorthin zu begeben, oder davon abhält, von dort zurückzukehren, und ihn dadurch der Gefahr aussetzt, aus polit. Gründen verfolgt zu werden oder anderen Schaden zu erleiden.

Verschluß, 1) *Photographie:* ↑Photoapparat.
2) *Waffentechnik:* (V.einrichtung) bei Feuerwaffen (Hinterladern) ein den Lauf oder das Rohr (bzw. Patronen- oder Kartuschenlager) nach hinten abschließender bewegl. Teil, der auch die Spann-, Abzugs-, Sicherungsvorrichtungen und den Auswerfer enthält.

Verschlußlaut (Explosiv[laut], Klusil, Muta), Laut, bei dessen Artikulation der von innen nach außen drängende Luftstrom im Mundraum oder am Hintergaumen gestoppt wird. Man unterscheidet u. a. bilabiale [p, b], dentale [t, d] und velare V. [k, g].

Verschmelzungsfrequenz, svw. Flimmerverschmelzungsfrequenz (↑Flimmerfrequenz).

verschneiden, svw. kastrieren (↑Kastration).

Verschnitt, bei der Herstellung von Weinen und Spirituosen Mischung verschiedener Jahrgänge oder verschiedener Rebsorten oder von Weinen verschiedener Herkunft.

Verschulden, im *Zivilrecht* die Beurteilung menschl. Verhaltens als objektiv pflichtwidrig und vorwerfbar und damit als Schuld; Formen sind vorsätzl. und fahrlässiges Verschulden.

Versehrtensport, svw. ↑Behindertensport.

Verseifung, die hydrolyt. Spaltung von Estern zu Säuren und Alkoholen unter dem Einfluß von Säuren, Basen oder Enzymen. Die Bez. V. rührt von der Bildung von ↑Seifen bei der *Fettspaltung* (Ester aus Glycerin und Fettsäuren) mit Alkalien her.

Versepos ↑Epos.

Versetzung (innerbetriebl. V., Arbeitsplatzwechsel), Zuweisung eines anderen Arbeitsplatzes (d. h. Aufgabenbereich) für eine längere Zeit als einen Monat oder unter erhebl. Änderungen der Arbeitsbedingungen. Die V. bedarf der Zustimmung des Betriebsrates.

Versetzungszeichen ↑Vorzeichen.

Versfuß (Metrum) ↑Vers.

Versichertenkarte, Ausweis der gesetzlichen Krankenversicherungen im Scheckkartenformat, der bis Ende 1994 die herkömml., vom Patienten beim Arztbesuch zur Leistungserbringung vorzulegenden Krankenscheine ablöste. Die V. enthält auf einem Mikrochip gespeicherte Angaben zur Person des Versicherten sowie dessen Versicherungsnummer.

Versicherung (Assekuranz), die gegenseitige Deckung eines im einzelnen zufälligen, im ganzen aber schätzbaren Geldbedarfs durch eine Vielzahl gleichartig bedrohter Wirtschaftseinheiten. Zu unterscheiden ist zw. ↑Individualversicherung (private Feuer-, Haftpflicht-, Hausrat-, Lebens-, Unfall-V. u. a.), ↑Sozialversicherung (gesetzl. Kranken-, Renten- und Arbeitslo-

Versicherung an Eides Statt

sen-V.) und *Versicherung auf Gegenseitigkeit* (↑Versicherungsverein auf Gegenseitigkeit).

Versicherung an Eides Statt, svw. ↑eidesstattliche Versicherung.

Versicherungsbetrug, das vorsätzl. Herbeiführen oder Vortäuschen eines Schadens mit dem Ziel, Versicherungsleistungen zu erhalten (z. B. absichtl. Beschädigung eines kaskoversicherten Kfz). Bei V. ist der Versicherer von der Leistung frei.

Versicherungspflicht, 1) *Individualversicherung:* die Pflicht zum Abschluß oder zur Aufrechterhaltung eines Versicherungsvertrages (z. B. die Kfz-Haftpflichtversicherung).
2) *Sozialversicherung:* die kraft Gesetzes bewirkte Zugehörigkeit zu einem bestimmten Zweig der Sozialversicherung.

Versicherungsteuer (Versicherungssteuer), Verkehrsteuer auf die Zahlung des Versicherungsentgelts aus einem Versicherungsverhältnis mit einem inländischen Versicherungsnehmer (z. Z. 10%).

Versicherungsverein auf Gegenseitigkeit, Abk. **VVaG,** typ. Unternehmensform der Versicherungswirtschaft. Das Risiko für die Geschäftsführung liegt bei den Versicherten. Versicherer ist die Gesamtheit der Mitglieder.

Versicherungsvertrag (Versicherungsschein, Versicherungspolice), ein gegenseitiger Vertrag zw. einem Versicherungsunternehmen und dem Versicherungsnehmer zur Begründung eines privatrechtl. Versicherungsverhältnisses. Das Versicherungsunternehmen verspricht, eine bestimmte, versicherte Gefahr zu tragen, d. h., die vertraglich vereinbarte Versicherungssumme bei Eintritt des Versicherungsfalles zu zahlen. Der Versicherungsnehmer hat als Gegenleistung die vereinbarte Prämie zu zahlen. Die Rechtsgrundlagen des V. sind im wesentlichen das Versicherungsvertragsgesetz und die der staatl. Kontrolle unterliegenden *Allg. Versicherungsbedingungen.*

Versicherungszeiten, Zeiten, in denen Beiträge gezahlt werden, die die Höhe des Leistungsanspruchs sowie den Leistungsanspruch selbst in der sozialen Rentenversicherung begründen. ↑Anrechnungszeiten, ↑Ersatzzeiten.

Versiegelung, 1) *allg.:* Verschließen von Briefen, Paketen u. a. mit einem Siegel.
2) *Oberflächentechnik:* Oberflächenbehandlung von Holzfußböden mit Kunstharzlacken, die in das Holz eindringen und auf der Oberfläche einen Schutzfilm bilden.

Version [lat.-frz.], Übersetzung, Lesart, spezielle Fassung eines Textes; allg. svw. Darstellung, Sicht.

Verslehre, svw. ↑Metrik.

Versöhnungstag ↑Jom Kippur.

Versorgungsanstalt des Bundes und der Länder, Abk. **VBL,** Einrichtung zur Gewährung einer privatrechtl. zusätzl. Alters- und Hinterbliebenenversorgung für Arbeitnehmer öffentl. Verwaltungen, Anstalten und Stiftungen des öffentl. Rechts u. a. Körperschaften; Sitz Karlsruhe.

Versorgungsausgleich, der bei der Ehescheidung vor Ausspruch der Scheidung durch das Familiengericht durchzuführende Ausgleich zw. den Anwartschaften der Ehegatten auf eine voneinander unabhängige Versorgung wegen Alters, Berufs- oder Erwerbsunfähigkeit. Der V. beruht auf dem Grundgedanken, daß die während der Ehe erworbenen Versorgungsansprüche aus der Leistung beider Ehegatten resultieren. Der V. erfolgt in der Weise, daß nach Ermittlung von Art und Höhe der jeweiligen Versorgungstitel beider Ehegatten (z. B. Renten aus der Sozialversicherung, Beamtenpensionen) der Ehegatte mit den werthöheren Anwartschaften als Ausgleich die Hälfte des Wertunterschiedes an den anderen Ehegatten zu übertragen hat (sog. *Wertausgleich*). Rentenanwartschaften aus der gesetzl. Rentenversicherung werden durch unmittelbare Übertragung der Hälfte des Wertunterschiedes auf den versorgungsrechtlich schlechter gestellten Ehegatten ausgeglichen *(Renten-Splitting).* Bei Beamtenpensionen wird diesen gleichgestellten Versorgungstiteln werden zu Lasten des Versorgungskontos eines Beamten für den ausgleichsberechtigten Ehegatten neue Anwartschaften in der gesetzl. Rentenversicherung als Form der fiktiven Nachversicherung begründet.

Versorgungswirtschaft, der Teil der Wirtschaft, der in Gemeinwesen die

Versteppung

Versorgung mit Energie (Elektrizität, Gas, Fernwärme) und Wasser sowie den öffentl. Nahverkehr betreibt.

Verstaatlichung, Form der Sozialisierung, bei welcher der Rechtsträger der sozialisierten Güter der Staat (der Bund oder ein Land) wird.

Verstädterung, svw. ↑Urbanisation.

Verstand, die menschl. Fähigkeit des analyt. Denkens und Urteilens. – In der *Philosophie* I. Kants im Ggs. zur ma. Hierarchie die der Vernunft, der Erkenntnis der prinzipiellen Bedingungen des Handelns untergeordnete Grundlage der Begriffsbildung. ↑Vernunft.

Verständigungsfriede, im 1. Weltkrieg zur polit. Parole gewordene Bez. für einen Frieden, der im Ggs. zum »Siegfrieden« auf einem Verhandlungskompromiß zw. den Kriegführenden beruht.

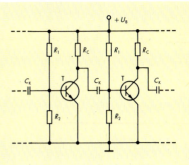

Verstärker. Mehrstufige Verstärkung durch Kaskadierung mehrerer, kapazitiv gekoppelter Verstärkerstufen (Transistoren T in Emitterschaltung); + U_B Betriebsspannung, R_1 und R_2 Spannungsteiler, R_C Kollektorwiderstand, C_K Kopplungskapazität

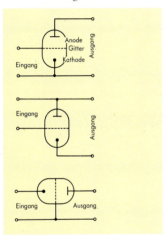

Verstärker. Grundschaltungen mit Elektronenröhren (Trioden); von oben Kathodenbasisschaltung; Anodenbasisschaltung; Gitterbasisschaltung

Verstärker, Geräte zur Steuerung einer von außen zugeführten Leistung mittels einer kleinen Signalleistung entsprechend deren zeitl. Verlauf; i. e. S. *elektron. Linearverstärker.* Je nachdem, ob die Ausgangsleistung sich vom Eingangssignal im wesentlichen durch Vergrößerung der Spannungs- oder Stromwerte auszeichnet, spricht man von *Spannungs-* bzw. *Stromverstärker.* Als *Leistungs-V.* bezeichnet man solche V., die Leistung (z. B. zum Betrieb von Lautsprechern) abzugeben vermögen; quantitative Merkmale sind: *Nenn-* oder *Sinusleistung* (Dauerausgangsleistung ohne Verzerrung) und die höhere [Gesamt-]*Musikleistung* (kurzzeitige Spitzenleistung).

Verstauchung (Distorsion), durch plötzl. Überschreiten der normalen Bewegungsgrenze eines Gelenks hervorgerufene Verletzung der Gelenkbänder.

Versteigerung (Auktion), öffentl. Verkauf eines Gegenstandes an den Meistbietenden. 1. Im *Schuldrecht* ist die V. u. a. zulässig beim Selbsthilfeverkauf, bei Fundsachen und bei der Pfandleihe. Die V. wird durch den Gerichtsvollzieher oder einen öffentlich bestellten Versteigerer *(Auktionator)* durchgeführt. 2. In der *Zwangsvollstreckung* werden bewegl. Sachen durch den Gerichtsvollzieher öffentlich versteigert. Diese V. ist Hoheitsakt. Die Verwertung von Grundstücken erfolgt durch *Zwangsversteigerung.*

Versteinerung, 1) Vorgang der ↑Fossilisation.

2) zu Stein gewordene tier. und pflanzl. Überreste (↑Fossilien).

Versteppung, 1) durch Klimaänderung bedingte Umwandlung eines Waldgebiets an seiner Trockengrenze in Steppe. 2) Bez. für die Austrocknung des Bodens und die damit verbundene Verän-

Verstopfung

derung der Vegetation, hervorgerufen durch Entwaldung und/oder Eingriffe in den Wasserhaushalt.

Verstopfung (Stuhlverstopfung, Obstipation, Konstipation, Darmträgheit, Hartleibigkeit), verzögerte oder erschwerte Kotentleerung infolge Erschlaffung der Darmwand oder Krampf der Darmmuskulatur. Ursachen sind oft schlackenarme Nährstoffe (wodurch dem Darm die mechan. Reize für die vorwärtstreibende Muskeltätigkeit [Peristaltik] und die Mastdarmdehnung fehlen), falsche oder gestörte Entleerungsgewohnheiten oder längere unkontrollierte Anwendung von Abführmitteln. Bei V. ist schlackenreiche Kost (Gemüse, Obst) bei ausreichender Flüssigkeitszufuhr, körperl. Bewegung und die zeitl. Regulierung des Stuhlgangs zu empfehlen.

Verstrahlung, im militär. Bereich übl. Bez. für das Vorhandensein von radioaktiven Substanzen (aus Kernwaffenexplosionen) auf Kleidung, Waffen und Gerät. Im nichtmilitär. Bereich spricht man meist von *radioaktiver Verseuchung.*

Versuch, im *Strafrecht* die begonnene, aber noch nicht vollendete Straftat. Der V. eines Verbrechens ist stets strafbar, der V. eines Vergehens nur, wenn es das StGB ausdrücklich bestimmt. Der V. kann milder bestraft werden als die vollendete Tat. Der Täter bleibt straflos, wenn er freiwillig vom V. zurücktritt.

Versuch und Irrtum ↑Trial-and-error-Methode.

Versuchung, jede Hinlenkung des Willens auf eine dem religiösen oder sittl. Gebot widersprechende Haltung.

Vertebrata [lat.] (Vertebraten), svw. ↑Wirbeltiere.

Verteidiger, 1) *Sport:* bei Mannschaftsspielen svw. Abwehrspieler.

2) *Strafprozeß:* unabhängiger, dem Gericht und dem Staatsanwalt gleichgeordneter ↑ Rechtsanwalt. Hat im Strafverfahren als *Strafverteidiger* ausschließlich die Interessen des Beschuldigten zu vertreten, dessen Rechte zu wahren und auf die Einhaltung eines rechtmäßigen Verfahrens hinzuwirken *(Verteidigung).* Die Mitwirkung eines V. im Strafverfahren ist u. a. notwendig, wenn die Hauptverhandlung im ersten Rechtszug vor dem Oberlandesgericht oder dem Landgericht stattfindet bzw. wenn die Anklage wegen eines Verbrechens erhoben wird. In einem Fall *notwendiger Verteidigung* erhalten Beschuldigte, die keinen *Wahlverteidiger* haben, vom Gericht einen *Pflichtverteidiger* beigeordnet.

Verteidigung, 1) *Sport, Strafrecht:* ↑Verteidiger.

2) *Völkerrecht:* die zulässige Abwehr eines Angriffs.

Verteidigungsfall ↑Notstand.

Verteiler (Zündverteiler) ↑Zündanlage.

Verteilungsfunktion, in der *Wahrscheinlichkeitsrechnung* die einer Zufallsgröße X zugeordnete Funktion $F(x)$, die die Wahrscheinlichkeit dafür angibt, daß die Zufallsgröße X höchstens den Wert x annimmt.

Vertikale [lat.], senkrechte Gerade oder Ebene.

Vertrag (Kontrakt), mehrseitiges Rechtsgeschäft zur Begründung, Aufhebung oder Änderung eines Rechtsverhältnisses, das durch übereinstimmende Willenserklärungen, nämlich Antrag und Annahme, zw. zwei oder mehreren Personen (V.parteien, V.gegner) zustande kommt. Das Zustandekommen eines wirksamen V. kann von der Einhaltung einer bestimmten Form, der Zustimmung dritter Personen oder einer Behörde, der (konstitutiven) Eintragung in ein Register (z. B. Grundbuch) oder dem Eintritt einer Bedingung abhängig sein.

Vertragsfreiheit (Parteiautonomie), Grundsatz im bürgerl. Recht, über den Abschluß eines Vertrags *(Abschlußfreiheit)* und dessen Inhalt *(Inhaltsfreiheit)* frei bestimmen zu können. Die V. findet ihre Grenzen durch das Verbot der Gesetzes- sowie der Sittenwidrigkeit. Sie ist ferner durch den Grundsatz von Treu und Glauben sowie der Billigkeit und bei Monopolstellungen durch den *Kontrahierungszwang* (z. B. müssen Verkehrs- und Versorgungsunternehmen der öffentl. Hand Beförderungsverträge abschließen) eingeschränkt.

Vertragshändler (Eigenhändler, Konzessionär), selbständiger Unternehmer, der durch einen Rahmenvertrag mit einem Hersteller von Waren in dessen Vertriebsorganisation eingegliedert ist, aber im eigenen Namen und auf eigene Rechnung Waren des Herstellers ankauft und weiterveräußert.

Vervielfältigungsgeräte

Vertragslehre ↑Gesellschaftsvertrag.

Vertragsstrafe (Konventionalstrafe), Versprechen einer Geldsumme als Strafe für den Fall, daß der Versprechende eine Schuld gegenüber dem Gläubiger nicht oder nicht gehörig erfüllt.

Vertrauensarzt, Arzt, der im Auftrag der gesetzl. Kranken- und Rentenversicherung gutachterl. Funktionen ausübt.

Vertrauensfrage, vom Regierungschef gestellter Antrag an das Parlament, ihm das Vertrauen auszusprechen; bei Ablehnung erfolgt i. d. R. der Rücktritt der Regierung und/oder Auflösung des Parlaments. In der BR Deutschland ist das Verfahren der V. in Art. 68 GG geregelt.

Vertreibung, die mit Drohung oder Gewalt bewirkte Aussiedlung der Bevölkerung aus ihrer Heimat über die Grenzen des vertreibenden Staates hinweg. Die V. der eigenen Staatsangehörigen gilt als Verbrechen gegen die Menschlichkeit und Verstoß gegen Menschenrechte, die V. fremder Staatsangehöriger, d. h. der Zivilbevölkerung aus einem besetzten Gebiet, als Kriegsverbrechen. – Zu V. kam es v. a. im Gefolge von Kriegen und im Zuge der Entkolonisation (wobei die Grenzen zw. V. und Flucht fließend sind): z. B. die Zwangsumsiedlung von Türken und Griechen nach dem Griech.-Türk. Krieg 1919–22, von Hindus und Muslimen bei der Unabhängigkeit Indiens und Pakistans 1947, die Ausweisung der (wirtschaftlich führenden) ind. Minderheit aus Uganda 1972. – Zur V. von Deutschen nach dem 2. Weltkrieg ↑Vertriebene.

vertretbare Sachen, bewegl. Sachen, die im Verkehr nach Maß, Zahl oder Gewicht bestimmt zu werden pflegen, z. B. Geld, Kohlen, Obst oder Wertpapiere.

Vertreter ↑Stellvertretung, ↑Handelsvertreter.

Vertriebene, allg. Bez. für Personen, die ihre Heimatgebiete zwangsweise verlassen mußten; i. e. S. für Personen *(Heimatvertriebene),* die als dt. Staatsangehörige oder dt. Volkszugehörige ihren Wohnsitz in den ehemals unter fremder Verwaltung stehenden dt. Ostgebieten oder in den Gebieten außerhalb der Grenzen des Dt. Reiches (Gebietsstand vom 31. 12. 1937) hatten und diesen im Zusammenhang mit den Ereignissen des 2. Weltkrieges durch Ausweisung oder Flucht verloren haben. *Aussiedler* werden diejenige dt. Staats- und Volkszugehörigen genannt, die nach Abschluß der allgemeinen Vertreibungsmaßnahmen vor dem 1. 7. 1990 oder danach im Wege des Aufnahmeverfahrens vor dem 1. 1. 1993 die ehemals unter fremder Verwaltung stehenden dt. Ostgebiete, Danzig, Estland, Lettland, Litauen, die UdSSR, Polen, die Tschechoslowakei, Ungarn, Rumänien, Bulgarien, Jugoslawien, Albanien oder China verlassen haben. Das Bundesvertriebenengesetz bezeichnet die seit dem 1. 1. 1993 gekommenen Aussiedler als *Spätaussiedler.*

Verunglimpfung ↑Beschimpfung, ↑Beleidigung.

Veruntreuung ↑Unterschlagung.

Verursacherprinzip, Grundsatz (v. a. im Umweltschutz), wonach der Verursacher von Umweltschäden die Kosten für deren Beseitigung oder Vermeidung zu tragen hat.

Verus, Lucius Aurelius (Lucius V.), eigtl. Lucius Ceionius Commodus, *Rom 15. 12. 130, † Altinum Jan./Febr. 169, röm. Kaiser (seit 161). Von Antoninus Pius adoptiert (138), durch Mark Aurel 161 zum Mitkaiser ernannt; führte 162–166 erfolgreich Krieg gegen die Parther, Rückeroberung von Edessa und Nisibis, Eroberung von Seleukeia am Tigris.

Vervielfältigungsgeräte, von Hand oder elektrisch betriebene Geräte (Büromaschinen), die zum Herstellen zahlr. Abzüge von einer Originalvorlage (Schriftstück oder Zeichnung) dienen und dabei – im Unterschied zu den mit Belichtung arbeitenden *Kopiergeräten* – eine Druckform und Druckfarbe verwenden. Die meisten Druckformen werden hierbei durch direkte Beschriftung mit der Schreibmaschine hergestellt (sog. *Matrize*); es ist aber auch die photomechan., thermograph. oder elektrophotograph. Übertragung der Vorlage auf die Druckform möglich. Die wichtigsten Verfahren sind die Hektographie mit *Hektographiergeräten (Hektographen),* das Umdruckverfahren mit *Umdruckern (Spiegelschriftvervielfältiger),* der Büroschablonendruck mit *Schablonenvervielfältigungsgeräten (Schablonen-*

3677

Verwahrlosung

Vervielfältigungsgeräte. Vervielfältigungsmaschine von Thomas A. Edison, 1903; im Innern des fein durchlöcherten Druckzylinders befanden sich Farbbehälter und Farbwalze; als Original wurde eine Wachsschablone beschriftet (dadurch verletzt, d. h. farbdurchlässig) und dann auf den Zylinder gespannt; das Kopierpapier wurde an der Zylinderunterseite gegen eine Trommel gepreßt; nach einer Umdrehung war die Kopie fertig

drucker) sowie der Offsetdruck (Offsetverfahren; ↑Drucken) mit den im wachsenden Maße verwendeten *Bürooffsetdruckern (Kleinoffsetmaschinen)*.

Verwahrlosung, 1) *allg.:* die starke Vernachlässigung der äußeren Erscheinung (ungepflegtes Äußeres, Unreinlichkeit). **2)** *Gesellschaft:* auffällige Entwicklungs- und Verhaltensformen v. a. bei Kindern, die als Abweichen von der (gesellschaftl.) Norm zu einem latenten oder offenen Konflikt mit der gesellschaftl. Ordnung führen. Hauptsymptome sind u. a. Schuleschwänzen, Lügenhaftigkeit, Eigentums- und Rohheitsdelikte, Drogenmißbrauch.

Verwahrung, im *Zivilrecht* Gewährung von Raum und Übernahme der Obhut für eine bewegl. Sache auf Grund selbständiger Vertragsverpflichtung (V.vertrag, z. B. in einem Depot) oder als Nebenpflicht eines anderen Vertrages.

Verwaltung (Administration), im materiellen Sinne die Wahrnehmung von Angelegenheiten eines Trägers öffentl. V. (z. B. Bund, Länder, Gemeinden) durch dafür bestellte Organe (*V.behörden*; V. im *organisator*. Sinne); im formellen (funktionellen) Sinne die Gesamtheit der Aufgaben, die der V. im organisator. Sinne obliegen. – Von der V. im materiellen Sinne unterscheidet man die *Regierung (Staats-V.),* die *Gesetzgebung* und die *Rechtsprechung*.

Verwaltungsakt, hoheitl. Maßnahme, die eine Verwaltungsbehörde im Verwaltungsverfahren zur Regelung eines Einzelfalles auf dem Gebiet des öffentl. Rechts trifft und die auf unmittelbar Rechtswirkung nach außen gerichtet ist. Ein fehlerhafter V. ist rechtswidrig, bei schweren Fehlern ist er nichtig. Ein V. kann durch Widerspruch angefochten werden.

Verwaltungsgerichtsbarkeit, bes. Gerichtszweig für öffentlich-rechtl. Streitigkeiten nichtverfassungsrechtl. Art. Rechtsgrundlage ist die *Verwaltungsgerichtsordnung* von 1960. Die V. wird durch die *Verwaltungsgerichte,* die *Oberverwaltungsgerichte* (in Baden-Württemberg und Bayern als *Verwaltungsgerichtshof* bezeichnet) und das *Bundesverwaltungsgericht* ausgeübt; letzteres ist oberstes Gericht auf dem Gebiet der allg. V. sowie der Disziplinargerichtsbarkeit des Bundes (Sitz der Revisions- und Disziplinarsenate ist Berlin, der Wehrdienstsenate München).

Verwaltungsgerichtsverfahren (Verwaltungsprozeß, Verwaltungsstreitverfahren), das durch die Verwaltungsgerichtsordnung geregelte Verfahren vor einem Gericht der Verwaltungsgerichtsbarkeit. Die wichtigsten Klagearten im V. sind Anfechtungs- und Verpflichtungsklage (nach erfolglosem Widerspruchsverfahren) sowie Leistungs- und Feststellungsklage. Sachlich zuständig ist i. d. R. das Verwaltungsgericht erster Instanz. Es entscheidet durch Urteil, Beschluß oder Vorbescheid. Dessen Urteile sind mit der Berufung, Beschlüsse mit der Beschwerde anfechtbar, über die das Oberverwaltungsgericht entscheidet. Gegen dessen Urteil steht den Beteiligten Revision an das Bundesverwaltungsgericht zu.

Verwaltungsrat, ein dem Aufsichtsrat der AG entsprechendes Organ bei Körperschaften, Anstalten und Stiftungen des öffentl. Rechts. – Im *schweizer. Aktienrecht* das für die Geschäftsführung der AG verantwortliche Organ.

Verwaltungsrecht, Gesamtheit der Rechtsnormen, die die Tätigkeit der öffentl. Verwaltung regeln; umfaßt z. B. Polizeirecht, Baurecht, Gemeinderecht, Wehrrecht, Beamtenrecht, Gewerbe-

Verwertungsgesellschaften

recht, Schulrecht, Wege- und Wasserrecht.

Verwandtschaft, im *Recht* i. e. S. der durch gemeinsame Abstammung miteinander verbundene Kreis von Personen *(Blutsverwandtschaft)*. Dabei sind Personen, deren eine von der anderen abstammt, in gerader Linie, Personen, die von derselben dritten Person abstammen, in der Seitenlinie miteinander verwandt. Der Grad der V. bestimmt sich nach der Zahl der sie vermittelnden Geburten. Die V. schließt auch nichtehel. Kinder sowie adoptierte Kinder mit ein. I. w. S. gehören zur V. auch die Verwandten des Ehegatten *(Schwägerschaft)*.

Verwarnung, 1) *Recht:* 1. die im *Verwaltungsrecht* bei geringfügigen Ordnungswidrigkeiten bestehende Möglichkeit, ein Fehlverhalten zu ahnden; 2. im *Jugendstrafrecht* eines der für die Ahndung einer Straftat zur Verfügung stehenden Zuchtmittel, wenn Jugendstrafe nicht geboten ist; 3. im *Strafrecht* kann eine V. mit Strafvorbehalt, d. h. statt einer Verurteilung zur Geldstrafe bis zu 180 Tagessätzen in bestimmten Fällen erteilt werden.
2) *Sport:* v. a. bei *Mannschaftsspielen* die Androhung des Schiedsrichters, einen sich regelwidrig verhaltenden Spieler des Spielfeldes zu verweisen (beim Fußball u. a. durch Zeigen der sog. »gelben Karte«).

Verweis, 1) *Recht:* ↑Disziplinarmaßnahmen.
2) *Schriftmedien:* (Verweisung) in einem Text Hinweis auf eine andere Textstelle (im Lexikon meist angezeigt durch einen Pfeil).

Verweisung, im *Prozeßrecht* die Abgabe einer Streitsache an das nach Ansicht des [unzuständigen] verweisenden Gerichts zuständige Gericht.

Verwerfen, das vorzeitige Ausstoßen der (nicht lebensfähigen) Leibesfrucht bes. bei Haustieren.

Verwerfung, tekton. Störung einer urspr. intakten Gesteinslagerung, wobei diese an einer Bruchfläche in zwei Schollen zerbricht und diese gegeneinander verschoben werden. Die Bewegung kann nicht nur senkrecht bzw. schräg, sondern auch in horizontaler Richtung erfolgen *(Blattverschiebung)*. Nach der Art der relativen Bewegung der Gesteinsschollen unterscheidet man *Abschiebung* und *Aufschiebung;* oft ist nicht nur eine Bewegungsfläche, sondern ein V.system entwickelt, so daß ein treppenartiger *Staffelbruch* entsteht bei gleichsinnig einfallenden Verwerfungen.

Verwertungsgesellschaften (V. für Urheberrechte), Gesellschaften, die geschäftsmäßig aus dem Urheberrechtsgesetz sich ergebende Nutzungsrechte, Einwilligungsrechte oder Vergütungsansprüche zugunsten von Urhebern oder Inhabern verwandter Schutzrechte zur gemeinsamen Auswertung wahrnehmen, u. a. die ↑GEMA, die »Verwertungsgesellschaft Wort« (Sitz München) für schriftsteller. Arbeiten und die »Gesellschaft zur Verwertung von Lei-

Verwerfung. San Andreas Fault (200 km nordwestlich von Los Angeles)

Verwesung

stungsschutzrechten mbH« (Sitz Hamburg), die entsprechende Aufgaben für ausübende Künstler und Schallplattenfabrikanten hat.

Verwesung, der mikrobielle, durch Bakterien und Pilze bewirkte Abbau organ. (menschl., pflanzl., tier.) Substanzen unter Luftzufuhr zu einfachen anorgan. Verbindungen; geht bei mangelndem Sauerstoffzutritt in ↑Fäulnis über.

Verwirkung, aus dem Grundsatz von Treu und Glauben entwickeltes Verbot mißbräuchl. Rechtsausübung. Die V. führt zum Verlust eines Rechts, wenn z. B. ein Recht während einer längeren Zeit nicht geltend gemacht wurde. Nach dem GG (Art. 18) kann die *V. von Grundrechten* vom Bundesverfassungsgericht auf Antrag des Bundestags, der Bundesregierung oder einer Landesregierung ausgesprochen werden, wenn ein Grundrecht vorsätzlich zum Kampf gegen die freiheitlich demokrat. Grundordnung mißbraucht wurde.

Verwitterung, Zerfall von Gesteinen und Mineralen an oder nahe der Erdoberfläche. Man unterscheidet: 1. *mechanische Verwitterung* (physikal. V.), z. B. die Wirkungen ständiger großer Temperaturschwankungen, von in Spalten gefrierendem Wasser und auskristallisierenden Salzen (Frost- bzw. Salzsprengung); 2. *chemische V.,* beruht auf der Lösungsfähigkeit des Wassers und führt zu Korrosion. Sie geht in geringerem Maße auch auf atmosphär. Gase zurück (Rauchschäden); 3. *biogene V.,* z. B. die Sprengwirkung von Wurzeln, die grabende Tätigkeit vieler Organismen.

Verwoerd, Hendrik Frensch [Afrikaans fər'vu:rt], *Amsterdam 8. 9. 1901, †Kapstadt 6. 9. 1966 (ermordet), südafrikan. Politiker. 1950–58 Min. für Eingeborenenfragen, seit 1958 Premier-Min. und Vors. der National Party; rigorose Apartheidpolitik, Gründung von ↑Homelands; setzte 1961 die Umwandlung des Landes in eine Republik durch.

Verzerrung, in der *Elektroakustik* und *Nachrichtentechnik* jede durch unvollkommene Übertragungseigenschaften eines Übertragungssystems bewirkte unerwünschte Veränderung der Signale nach Größe oder zeitl. Verlauf. *Nichtlineare V. (Intermodulation)* liegt vor, wenn Ausgangs- und Eingangssignal nicht proportional sind.

Verzierungen (Ornamente, Manieren, Auszierungen, Koloraturen), in der *Musik* die durch Zeichen oder kleinere Noten angedeutete Ausschmückung einer Hauptnote, z. B. ↑Vorschlag, ↑Triller und ↑Doppelschlag.

Verzinsung, die Zahlung von (in Prozenten ausgedrückten) Teilbeträgen auf eine entliehene Summe als Preis für die Leihe.

Verwitterung. Schalenbildung und Absprengung an einem Gestein durch Abschuppung

Verzug, im *Schuldrecht* ein Fall der Leistungsstörung. *Schuldnerverzug* (Leistungs-V.) ist die Verzögerung der Leistung durch den Schuldner. Er setzt voraus, daß die Leistung noch erfüllbar und fällig ist, eine Mahnung erfolgt ist (entfällt, wenn die Leistung nach dem Kalender bestimmt ist) und daß der Schuldner den V. zu vertreten hat. Rechtsfolgen des Schuldner-V. sind: der Schuldner bleibt i. d. R. zur Leistung verpflichtet und hat dem Gläubiger den durch den V. eingetretenen Schaden zu ersetzen.

Gläubigerverzug (Annahme-V.) ist die Verzögerung der Annahme einer dem Gläubiger angebotenen Leistung oder der zur Erfüllung eines Schuldverhältnisses notwendigen Mitwirkungspflicht des Gläubigers. Der Gläubiger gerät in V., wenn ihm die Leistung am Leistungsort, zur Leistungszeit in der geschuldeten Art, Menge und Güte tatsächlich angeboten wird. *Rechtsfolgen des Gläubiger-V.* sind: die Haftung des Schuldners beschränkt sich auf Vorsatz und grobe Fahrlässigkeit, der Schuldner

Vesuv

ist mit befreiender Wirkung zur Hinterlegung befugt und behält seinen Vergütungsanspruch, auch wenn die Leistung unmöglich geworden ist.

Verzweigung, 1) *Botanik:* (Ramifikation) die räuml. Aufgliederung der Sproßachse und Wurzel durch seitl. V. (bei höheren Pflanzen) bzw. durch gabelige Teilung des Thallus (bei niederen Pflanzen).

2) *elektron. Datenverarbeitung:* Stelle in einem Computerprogramm, von der aus in Abhängigkeit von einem bedingten Sprungbefehl oder einer bedingten Anweisung mindestens zwei andere Programmstellen erreichbar sind.

Vespasian (Titus Flavius Vespasianus), *bei Reate (heute Rieti) 17. 11. 9 n. Chr., † Rom 24. 6. 79, röm. Kaiser (seit 69). Begründer der 1. flav. Dynastie; Oberbefehlshaber im 1. jüd.-röm. Krieg (ab 66). Nach Ausrufung zum Kaiser durch das Heer (Juli 69) und Vernichtung des Vitellius bei Betriacum mußte V. bes. in Gallien die Folgen der Wirren des Jahres 68/69 (sog. Vierkaiserjahr) bewältigen. Er erbaute u. a. das Kolosseum; rigorose Steuerpolitik und Sparsamkeit.

Vesper ['fɛspər; lat.], 1) *allg.:* im Süddt. kleinere [Zwischen]mahlzeit.

2) *kath. Kirche:* ↑Stundengebet.

Vesperbild ['fɛspər...] ↑Pieta.

Vespucci, Amerigo [italien. vesˈputtʃi], *Florenz 9. 3. 1451, † Sevilla 22. 2. 1512, italien. Seefahrer und Entdecker. Unternahm 1497–1504 in portugies. und span. Diensten Reisen in mittel- und südamerikan. Küstengebiete, die ihn überzeugten, einen neuen Kontinent zu erkunden. M. Waldseemüller benannte 1507 nach dessen Vornamen den Kontinent »Amerika«.

Vesta, altital. Göttin des Herdes und des Herdfeuers, hatte im alten Rom einen Tempel mit einem ewigen Feuer, das von den *Vestalinnen* (jungfräul. Priesterinnen) gehütet wurde und den Bestand des Staates symbolisierte.

Vester, Frederic ['fɛstər], *Saarbrücken 23. 11. 1925, dt. Biochemiker. Wurde v. a. durch seine biokybernet. Arbeiten, die Umweltprobleme mit ganzheitl. Systemansatz zu lösen suchen, sowie seine Fernsehsendungen und Buchpublikationen bekannt (u. a. »Denken, Lernen, Vergessen«, 1975; »Phänomen Streß«, 1976; »Das Ei des Kolumbus«, 1978; »Leitmotiv vernetztes Denken«, 1988).

Vestibül, Vorhalle, Treppenhalle.

Vesuv, aktiver Vulkan am Golf von Neapel, Italien, 1 281 m ü. M. Der Doppelgipfel besteht aus dem Monte Somma und dem jungen Kegel des eigtl. V., der nach dem Ausbruch vom 24. 8. 79 n. Chr. (Zerstörung der röm. Siedlungen Pompeji, Herculaneum und Stabiae) entstand und seine heutige Gestalt nach über 70 nachgewiesenen Ausbrüchen erhielt.

Amerigo Vespucci

Vesuv.
Blick in den Krater

Veszprém

Veszprém [ungar. 'vɛspre:m] (dt. Veszprim), ungar. Bezirkshauptstadt nördlich des Plattensees, 66 000 E. Bakony-Museum; Zentrum des Bergbau- und Ind.-Gebietes des Bakony. Roman. Dom (im 20. Jh. erneuert), Giselakapelle (jetzige Gestalt 13. Jh.), barocker Bischofspalast (1765–76). – Residenz der Fürsten des Großmähr. Reichs, im 11.–13. Jh. bevorzugte Residenz der ungar. Arpaden-Dynastie.
Veteran [lat.], altgedienter Soldat.
Veterinär [lat.-frz.], Tierarzt.
Veterinärmedizin, svw. ↑Tiermedizin.
Vetorecht [lat./dt.], das Recht, durch Einspruch *(Veto)* das Zustandekommen eines Beschlusses endgültig *(absolutes V.)* oder aufschiebend *(suspensives V.)* zu verhindern. – Im *Völkerrecht* besitzen die fünf ständigen Mgl. des Weltsicherheitsrats der UN ein absolutes Vetorecht.

Heinz Oskar Vetter

Vetter, Heinz Oskar, *Bochum 21. 10. 1917, † Mühlheim/Ruhr 18. 10. 1990, dt. Gewerkschafter. 1969–82 Vors. des DGB; 1974–79 Präs. des Europ. Gewerkschaftsbundes; 1979–88 Mgl. des Europ. Parlaments (SPD).
Vetulonia, italien. Ortschaft bei Grosseto; Siedlung der Villanovakultur (9.–7. Jh.) und bed. etrusk. Stadt (Mitte des 7. Jh. bis ins 6. Jh.), im 3. Jh. kurzfristig röm. Kolonie. Die Nekropole des 8. und 7. Jh. enthielt zahlr. Metallfunde (Treib- und Gußarbeiten); es folgen die etrusk. Kuppelgräber mit falschem Gewölbe, weibliche Statuenfragmente und ein Kriegerrelief.
Vevey [frz. vəˈvɛ], schweizer. Bezirkshauptort am Genfer See, Kt. Waadt, 15 100 E. Heilklimatischer Kurort; u. a. Nahrungsmittelindustrie. Got. Kirche **Vevey** am Nordufer des Genfer Sees
Saint-Martin (12., 14. und 15. Jh.), Verwaltungsgebäude der Firma Nestlé (1958–60).
Vexierbild [lat./dt.], Suchbild, das eine nicht sofort erkennbare Gegenfigur enthält.
Vézelay [frz. veˈzlɛ], frz. Ort 45 km sö. von Auxerre, Dép. Yonne, 580 E. Berühmte, überwiegend roman. Kirche Sainte-Madeleine (11.–13. Jh.).
v. H., Abk. für **v**om **H**undert (↑Prozent).
VHD ↑Bildplatte.
VHF [Abk. für engl. **v**ery **h**igh **f**requency] (vhf), internat. übl. Abk. für den Frequenzbereich der Ultrakurzwellen.
VHS ↑Videorecorder.
via [lat.], [auf dem Weg] über.
Via [lat.], Straße, ↑Römerstraßen.
Viadukt [lat.], Talbrücke.
VIAG AG, dt. Industrieunternehmen mit Aktivitäten in den Bereichen Energie, Aluminium, Chemie Dienstleistungen, Transport; Sitz: Bonn; gegr. 1923 vom Dt. Reich für dessen Industriebeteiligungen als Vereinigte Industrie-Unternehmungen AG (jetziger Name seit 1984).
Via Mala, Schlucht des Hinterrheins, nahe Thusis, im schweizer. Kt. Graubünden, bis 600 m tief, rd. 6 km lang.
Vianney, Jean-Baptiste Marie [frz. vjaˈnɛ], hl., gen. Pfarrer von Ars, *Dardilly bei Lyon 8. 5. 1786, † Ars-sur-Formaus bei Lyon 4. 8. 1859, frz. kath. Priester. Intuitiv und mystisch veranlagter Beichtvater und Prediger; Patron der kath. Pfarrer. – Fest: 9. August.

Viaud, Julien [frz. vjo], frz. Schriftsteller, †Loti, Pierre.

Viborg [dän. 'vibɔr], dänische Stadt in Jütland, 39 500 E. Kunstmuseum, ornitholog. Sammlung; vom urspr. roman. Dom (12. Jh.) ist nur die Krypta erhalten. Ehem. Rathaus (18. Jh.; jetzt Museum). – Alte heidnische Kultstätte, wurde 1065 Bischofssitz (1537 luth.); im MA bed. Handelsplatz; 1150 Stadtrecht; bis 1340 Wahlort der dän. Könige.

Vibraphon

Vibraphon [lat./griech.], in den 1920er Jahren entwickeltes, dem Xylophon ähnl. Schlaginstrument mit Platten aus Leichtmetall (Umfang $f–f^3$). Wird mit Schlegeln angeschlagen. Unter den Platten befinden sich abgestimmte Resonanzröhren, in deren oberen Enden auf gemeinsamen Wellen angebrachte Drehklappen durch einen Elektromotor mit regelbarer Drehzahl angetrieben werden.

Vibration [lat.], mechanische Schwingung[en], Zitterbewegung.

Vibrato [lat.-italien.], rasche Wiederholung von geringen Tonhöhenschwankungen bei Singstimmen, Blasinstrumenten und v. a. Streich- und Zupfinstrumenten mit Griffbrett.

Vibrionen [lat.], **1)** allg. Bez. für kommaförmige Bakterien.
2) Bakterien der Gatt. Vibrio; leben in Süß- und Salzgewässern; Krankheitserreger (u. a. Cholera).

Vicarius Christi [lat. »Stellvertreter Christi«], Titel des Papstes.

Vicente, Gil [portugies. vi'sentə], * Guimarães (?) um 1465, † Lissabon (?) um 1536, portugies. Dichter, Schauspieler und Musiker. Begründer des portugies. Dramas, u. a. »Der Indienfahrer« (Farce, hg. 1562), »Lusitania« (Farce, hg. 1562; dt. u. d. T. »Jedermann und Niemand«).

Vicenza [italien. vi'tʃentsa], italien. Prov.-Hauptstadt in Venetien, am N-Fuß der Monti Berici, 109 500 E. Museen, Staatsarchiv. Verwaltungs- und Handelszentrum. – An der Stelle des antiken Forums befindet sich die Piazza dei Signori mit der sog. Basilica (Palazzo Pubblico; 1549 ff. von A. Palladio erneuert) und der Torre di Piazza (13.–15. Jh.), San Vicenzo (1614–17)

Vicenza
Stadtwappen

Vicenza. Piazza dei Signori mit dem Palazzo Monte di Pietà, dessen langgezogene Fassade durch die Kirche San Vincenzo unterbrochen ist

Vichy

Vichy
Stadtwappen

und der Loggia del Capitano (1571 ff.). Zahlr. Kirchen, u. a. got. Dom (im Kern 1400 ff., Chor und Kuppel 16. Jh.), Oratorio di San Nicola (1617 ff.), San Rocco (15. und 16. Jh.) und bed. Paläste, u. a. Palazzo Civena-Trissino (1540), Palazzo Porto-Festa (1551/52), Palazzo Valmarana (1565 ff.). Teatro Olimpico (1580–83). Im SO der Stadt die Villa Capra »La Rotonda« Palladios (1550/ 1551). – In der Antike *Vicetia (Vicentia);* gehörte seit dem 10. Jh. zur Mark Verona; trat im Kampf gegen Kaiser Friedrich I. Barbarossa als freie Kommune und Mgl. des Lombardenbundes auf; unterstellte sich nach verschiedenen Besitzwechseln (u. a. war Ezzelino III. da Romano Stadtherr) 1404 der Republik Venedig.

Victoria. Victoria amazonica

Vichy [frz. vi'ʃi], frz. Heilbad 45 km nö. von Clermont-Ferrand, Dép. Allier, 30 500 E. – 1940–44 Hauptstadt des État Français, in dem Marschall P. Pétain unter Duldung des nat.-soz. Deutschland ein autoritäres Regime der »nat. Revolution« errichtete.

Vicksburg [engl. 'vɪksbə:g], Stadt in W-Mississippi, USA, am Mississippi, 31 500 E. – Im Sezessionskrieg wichtiger Stützpunkt der Konföderierten am Mississippi, dessen Kapitulation am 4. 7. 1863 zus. mit dem gleichzeitigen Sieg der Union bei Gettysburg (Pa.) als Wendepunkt des Sezessionskrieges gilt.

Vico, Giovanni Battista (Giambattista) [italien. 'vi:ko], *Neapel 23. 6. 1668, † ebd. 23. 1. 1744, italien. Geschichts- und Rechtsphilosoph. Begründer der neuzeitl. spekulativen Geschichtsphilo- sophie, beeinflußte u. a. Goethe, Hegel und Spengler; Wegbereiter des Historismus; gilt als Systematiker der Geisteswissenschaften.

Vicomte [frz. vi'kõ:t; lat.-frz.], frz. Adelstitel (weibl. Form *Vicomtesse*) zw. Baron und Graf; in Italien *Visconte (Viscontessa),* in Spanien *Vizconde (Vizcondesa)* und in Großbrit. *Viscount (Viscountess).*

Victoria, Tomás Luis de [span. βik'toria], *Ávila um 1548/50, † Madrid 27. 8. 1611, span. Komponist; u. a. Messen, Motetten, Hymnen sowie die »Missa da Requiem« (1603).

Victoria [engl. vɪk'tɔ:rɪə], 1) Hauptstadt der Seychellen, auf Mahé, 23 300 E. Konsumgüterindustrie; Hafen.

2) Hauptstadt der kanad. Prov. British Columbia, an der SO-Küste von Vancouver Island, 66 300 E. Univ., Kunstgalerie, Wachsfigurenkabinett, Schifffahrtsmuseum; u. a. Holzverarbeitung und Schiffbau, Hafen.

3) Hauptstadt von Hongkong, an der N-Küste der Insel Hongkong, rd. 1,1 Mio. E. Sitz des Gouverneurs; Finanz- und Handelszentrum.

4) Gliedstaat des Austral. Bundes im SO des Kontinents, 227 600 km², 4,439 Mio. E, Hauptstadt Melbourne.

Victoria, 1) *Botanik:* [nach Königin Viktoria von England] Gatt. der Seerosengewächse mit zwei Arten im trop. S-Amerika. Die bekannteste Art ist *V. amazonica* mit kreisrunden, im Durchmesser bis 2 m großen Schwimmblättern; Blüten 25–40 cm im Durchmesser, nur zwei Nächte geöffnet, beim ersten Erblühen weiß, beim zweiten Erblühen dunkelrot.

2) *Religion:* röm. Siegesgöttin.

Victoriafälle, Wasserfälle des Sambesi bei Maramba; der Fluß stürzt 1 700 m breit in mehreren Fällen in eine 110 m tiefe Schlucht.

Victorialand, Teil der Ostantarktis, westlich des Rossmeeres.

Victorianil, Nilabschnitt in Uganda, entfließt dem Victoriasee, durchfließt den Kiogasee, mündet in den Albertsee.

Victoriasee, größter Süßwassersee Afrikas, 68 000 km², bis 85 m tief, viele Inseln. Hauptzufluß ist der Kagera, Abfluß der Victorianil.

Vidal, Gore [engl. vaɪdl], *West Point (N. Y.) 3. 10. 1925, amerikan. Schrift-

Gore Vidal

Videorecorder

Victoriafälle
bei Livingstone an der Grenze zwischen Simbabwe und Sambia

steller. Als Romancier und Essayist (provokanter) Exponent der amerikan. Gegenwartsliteratur; bes. bekannt wurden seine histor. Romane (u. a. »Nacht über Washington«, 1967; »Burr«, 1973; »Lincoln«, 1984; »Hollywood«, 1990); auch Lyrik, Komödien (u. a. »Duluth wie Dallas«, 1983) und Drehbücher; schrieb (unter dem Pseudonym Edgar Box) Kriminalromane.

Video... [lat.-engl.], Bestimmungswort von Zusammensetzungen mit der Bedeutung »magnet. Bildaufzeichnung«.

Videoclip, kurzer Videofilm zu einem Titel der Popmusik, über eine Person oder Sache.

Videokamera (Kamerarecorder), Aufzeichnungsgerät, bei dem die Aufnahmen auf das Magnetband einer Videokassette aufgezeichnet werden. Die Videoaufzeichnungen können unmittelbar nach dem Aufzeichnungsvorgang am Bildschirm eines (mit der Kamera verbundenen) Fernsehgeräts betrachtet werden. ↑Camcorder.

Videokunst, Fixierung gestalteter zeitl. Abläufe und Bewegungen mittels elektron.-opt. Medien (Videoaufzeichnungen bzw. Direktübertragung, sichtbar gemacht durch Monitoren). Eingesetzt bei Projekten der Land-art und der Körperkunst bzw. darsteller.-gest. Aktionen von Performances.

Videoplatte, svw. ↑Bildplatte.

Videorecorder, für Unterrichtszwecke und zum Heimgebrauch entwickeltes Magnetbandgerät zur *magnet. Bildaufzeichnung* von Fernsehsendungen oder Aufnahmen mit einer Videokamera und zur Wiedergabe von auf Magnetband *(Videoband)* gespeicherten Bild-Ton-Inhalten über ein Fernsehgerät. Im Unterschied zum Tonbandgerät (Tonfre-

Videokunst.
Nam June Paik. »Venus« (1990)

quenzbereich bis 20 kHz; Längsspurverfahren bzw. Längsschrift) müssen V. in der Lage sein, Videosignale bis rd. 5 MHz aufzuzeichnen. Handelsübl. V. für den Heimgebrauch arbeiten mit dem *Schrägspurverfahren.* Das $^1/_2$ Zoll (= 12,7 mm) breite Magnetband enthält auf schräg liegenden Spuren die Videosignale (ein Halbbild pro Schrägspur) und auf zwei schmalen Randspuren jeweils Ton- bzw. Synchron- oder Kontrollsignale in Längsschrift. Das Band läuft schräg an der sich mit 25 Umdrehungen pro Sekunde drehenden *Kopftrommel* vorbei. Diese trägt zwei *Videoköpfe,* die bei jeder Umdrehung zwei Halbbilder, d. h. pro Sekunde 50 Halbbilder aufzeichnen bzw. abtasten (Fernsehnorm). Den verschiedenen europ. (z. B. *Video 2000*) und jap. (z. B. *Betamax, VHS* [Video-Home-System]) Systemen ist das Schrägspurverfahren gemeinsam. Unterschiede beruhen u. a. auf unterschiedl. Aufnahme- bzw. Bandgeschwindigkeiten und auf unterschiedl. Art der Bandführung an der Kopftrommel. Kassetten der verschiedenen Systeme sind nicht austauschbar. Insbes. Camcorder arbeiten mit einem nur 8 mm breiten metallbeschichteten Band. In Fernsehstudios finden technisch aufwendigere Geräte Anwendung (MAZ-Technik).

Videosignal, svw. Bildsignal (↑Fernsehen).

Videospiele, svw. ↑Bildschirmspiele.

Videotex, von der Internat. Fernmeldeunion gewählte Bez. für verschiedene Formen der Telekommunikation, bei denen Informationen auf dem Fernsehbildschirm dargestellt werden. Man unterscheidet Interactive Videotex (in Deutschland ↑Bildschirmtext) und Broadcast Videotex (in Deutschland ↑Videotext).

Videotext, Abk. **VT,** ein früher auch als *Bildschirmzeitung* oder *Teletext* bezeichnetes Informationssystem auf der Grundlage des Fernsehens, bei dem die *vertikale Austastlücke* (auf dem Bildschirm als schwarzer Balken bei fehlerhafter Bildsynchronisation sichtbar) zur Übermittlung von Texten und Graphiken in codierter Form genutzt wird. V. können zusätzlich zum regulären TV-Programm gesendet werden. Ein spezieller *Videotext-Decoder* entschlüsselt den in schneller Folge immer wieder gesendeten Text, speichert die vom V.leser gewünschte Seite und stellt sie als stehendes Bild beliebig lange dar. – Das Dt. Institut für Normung legte 1983 für V. die Bez. *Fernsehtext* fest; internat. gebräuchl. Bez. ist *Broadcast Videotex.*

Videothek [lat./griech.], öffentl. oder private Sammlung von Videokassetten, die mit Hilfe von Videorecordern und Fernsehgeräten gezeigt werden können.

Vidikon [lat./griech.] (Vidicon, Endikon, Resistron), eine Fernsehaufnahmeröhre, die zur Abtastung der Speicherplatte bzw. -schicht langsame Elektronen verwendet.

Vidor, King [engl. vɪˈdɔː], * Galveston (Tex.) 8. 2. 1895, † Paso Robles (Calif.) 1. 11. 1982, amerikan. Filmregisseur. Gehört zu den Pionieren des Films, u. a. »Die große Parade« (1925), »Halleluja« (1929), »Billy the Kid« (1930), »Nordwest-Passage« (1940), »Duell in der Sonne« (1946), »Krieg und Frieden« (1955).

Viebig, Clara [ˈfiːbɪç], * Trier 17. 7. 1860, † Berlin (West) 31. 7. 1952, dt. Schriftstellerin. Schrieb Novellen (u. a. »Kinder der Eifel«, 1897) sowie zahlr. Romane (u. a. »Insel der Hoffnung«, 1933).

Vieh, Sammelbezeichnung für landwirtschaftliche Nutz-, Schlacht- und Zuchttiere. Man unterscheidet *Großvieh* (z. B. Rinder, Schweine, Pferde, Esel) und *Kleinvieh* (z. B. Ziegen, Kaninchen, Geflügel).

Viehsalz, mit Eisen(III)-oxid denaturiertes Kochsalz (zur Vieh- und Wildfütterung).

Vielborster (Polychäten, Polychaeta), Klasse fast ausschließlich meerbewohnender Ringelwürmer mit rd. 5 300 Arten von weniger als 1 mm bis etwa 3 m Länge; jedes Segment mit meist einem Paar mit Borstenbüscheln versehener Stummelfüße.

Vieleck (Polygon), geometr. Gebilde aus *n* Punkten (den *Ecken* des V.) und *n* Verbindungsstrecken (den *Seiten*). Nach der Anzahl der Ecken unterscheidet man Dreieck, Viereck usw. und spricht allg. auch von einem *n*-Eck. Die Verbindungsstrecken nicht benachbarter Ecken bezeichnet man als *Diagonalen.*

Vielflach (Vielflächner), svw. ↑Polyeder.

Clara Viebig

Vierkaiserjahr

Vielfraß [von altnorweg. fjeldfross = Bergkater], Gatt. der Marder mit dem *Järv* (Jerf, Carcajou) als einziger Art; plumpes, etwa 45 cm schulterhohes und 65–85 cm körperlanges, bärenähnlich aussehendes Raubtier v. a. in Wäldern und Tundren N-Eurasiens und großer Teile N-Amerikas; Fell sehr dicht und lang, dunkelbraun; ernährt sich von kleineren Säugetieren, Aas und Beeren.

Vielfrüchtler (Polycarpicae, Ranales), Ordnung der Zweikeimblättrigen (u. a. Magnoliengewächse, Hahnenfußgewächse und Seerosengewächse).

Vielmännerei ↑Ehe.

Vielstoffmotor, svw. ↑Mehrstoffmotor.

Vielweiberei ↑Ehe.

Vielzeller (Metazoen, Metazoa), in allen Lebensräumen weltweit verbreitetes Unterreich des Tierreichs. Der Körper der V. ist aus zahlr. Zellen zusammengesetzt, die in mindestens zwei Schichten angeordnet und im Erwachsenenzustand in Körperzellen und Keimzellen (Geschlechtszellen) gesondert sind.

Vienne [frz. vjɛn], **1)** frz. Stadt an der Rhone, Dép. Isère, 28 900 E. Pharmaindustrie. Bed. Reste röm. Bauten, u. a. Tempel (um 10 v. Chr. und 1. Jh. n. Chr., jetzt Freilichtbühne), Mosaiken aus Villen. Roman.-got. ehem. Kathedrale (12.–16. Jh.). – Als Hauptort der kelt. Allobroger wurde *Vienna* 121 v. Chr. römisch; seit 314 Bischofs-, später Erzbischofssitz (1801 aufgehoben); wurde 464/471 Hauptort der Burgunder, 534 fränk., 879 Hauptstadt des Kgr. Niederburgund (Arelat).
2) linker Nebenfluß der Loire, 372 km lang.

Vienne, Konzil von [frz. vjɛn], 15. allg. Konzil 1311/12 unter Papst Klemens V.; hob den Templerorden auf.

Vientiane [vienti'aːnə], Hauptstadt von Laos, am Mekong, 377 400 E. Univ., PH; Nationalbibliothek, archäol. Museum; Marktort; Flußhafen, internat. ✈. Bed. Heiligtum That Luang, ein 35 m hoher Stupa. – V., das alte *Wiangchan*, wurde 1694 Hauptstadt eines der neu entstandenen laot. Teilstaaten; 1778 von Thai erobert, 1827 zerstört; 1893 unter frz. Herrschaft.

Viereck (Tetragon), ein Vieleck mit vier Ecken und vier Seiten. Die Summe der Innenwinkel eines V. ist 360°.

Vierer, ein von vier Ruderern gefahrenes Boot, als Riemenboot mit (Länge 13,50 m, Breite 0,50 m) und ohne Steuermann (Länge 12 m, Breite 0,50 m), als Skullboot *Doppelvierer* (Länge 13,50 m, Breite 0,50 m).

Viererbande, Bez. für die nach Mao Zedongs Tod (9. 9. 1976) verhafteten Exponenten des ultralinken Flügels: Maos Witwe Jiang Jing (* 1914, † 1991), Zhang Chunqiao (* 1911), Wang Hongwen (* 1935, † 1992) und Yao Wenyuan (* 1931), über die im Jan. 1981 wegen Verbrechen im Rahmen der Kulturrevolution zwei [nicht vollstreckte] Todesurteile bzw. hohe Freiheitsstrafen verhängt wurden.

Vierfarbendruck ↑Drucken.

Vierfarbenproblem, Bez. für die erstmals 1852 aufgetauchte Fragestellung: Kann man die Länder jeder Landkarte mit vier Farben so färben, daß benachbarte Länder stets verschiedene Farben haben? – Dieses mathemat. Problem wurde erst 1976 im positiven Sinne gelöst.

Vierflach (Vierflächner), svw. ↑Tetraeder.

Vier Freiheiten (Four Freedoms), von Präs. F. D. Roosevelt am 6. 1. 1941 verkündete Prinzipien einer friedl. Nachkriegsordnung: Meinungs- und Redefreiheit, Religionsfreiheit, Freiheit von Not (d. h. internat. wirtschaftl. Kooperation) und Freiheit von Angst (d. h. internat. Abrüstung).

Vierfüßer (Tetrapoden, Tetrapoda), zusammenfassende Bez. für alle Wirbeltiere mit Ausnahme der Fische und Rundmäuler.

Vierkaiserjahr, Bez. für den Zeitraum 68/69 n. Chr., in dem nacheinander

Vielfraß
(Kopf-Rumpf-Länge 70–105 cm)

3687

Vierkampf

Galba, Vitellius, Otho, Vespasian zu röm. Kaisern ausgerufen wurden. Aus den Kämpfen der vier Kaiser ging Vespasian als Sieger hervor.

Vierkampf, Mehrkampf im Eisschnelllauf; *kleiner V.:* 500 m und 3 000 m am 1. Tag, 1 500 m und 5 000 m am 2. Tag; *großer V.:* 500 m und 5 000 m am 1. Tag, 1 500 m und 10 000 m am 2. Tag; *V. für Damen:* 500 m und 1 500 m am 1., 1 000 m und 3 000 m am 2. Tag. *Sprinter-V.* für Damen und Herren: über 500 m und 1 000 m jeweils an zwei Tagen.

Vierkandt, Alfred ['fi:rkant], *Hamburg 4. 6. 1867, † Berlin (West) 24. 4. 1953, dt. Soziologe. 1909 Mitbegründer der Dt. Gesellschaft für Soziologie; ab 1913 Prof. in Berlin (1934–46 emeritiert); schrieb u. a. »Handwörterbuch der Soziologie« (1931).

Vierlande, Flußmarschenlandschaft im sö. Teil von Hamburg.

Viermächteabkommen über Berlin ↑Berlinabkommen.

Vierpaß, got. Maßwerkfigur, die vier Dreiviertelkreise oder Pässe innerhalb eines umfassenden Kreises birgt.

Vierpol, ein elektr. Netzwerk mit je einem Eingangs- und einem Ausgangsklemmenpaar, das der Übertragung elektr. Leistung oder elektr. Signale dient, z. B. Verstärker.

Vierschichtdiode (Shockley-Diode), ein dem Thyristor gleichendes Halbleiterbauelement, das aber im Unterschied zu diesem keine Steuerelektrode aufweist.

Viersen ['fi:rzən], Kreisstadt im Niederrhein. Tiefland, NRW, 77 300 E. Narrenmuseum; u. a. Webereien. – 1182 erstmals gen.; 1970 mit *Süchteln* und *Dülken* zum heutigen V. zusammengeschlossen.

Viertagefieber ↑Malaria.

Viertaktverfahren, aus vier Takten bzw. Hüben (ein Hub ist der Kolbenweg zw. beiden Umkehrpunkten [unterer Totpunkt UT, oberer Totpunkt OT]) zusammengesetztes Arbeitsspiel bei Viertaktmotoren (Ottomotor, Dieselmotor).

vierte Dimension, Bez. für die Zeit, wenn sie als vierte Koordinate zu den drei räuml. Koordinaten hinzugenommen wird.

Vierte Internationale ↑Internationale.

Vierte Republik (Quatrième République), Bez. für das polit. System Frankreichs 1944 (nach dem Zusammenbruch des État Français) bis 1958.

Vierte Welt, auf der Rohstoffkonferenz der UN 1974 geprägte Bez. für diejenigen 25 ärmsten Entwicklungsländer, die wegen fehlender eigener Rohstoff- und Energiereserven (bes. Erdöl) von der Mengen- und Preispolitik der erdölfördernden Länder am stärksten betroffen sind.

Vierung, im Kirchenbau der (im Grundriß meist quadrat.) Raumteil, in dem sich Langhaus und Querhaus treffen; Raster für das ↑gebundene System; oft überkuppelt oder mit einem *Vierungsturm* versehen.

Vierventilmotor, Viertaktmotor mit zwei Einlaß- und zwei Auslaßventilen pro Zylinder. Vorteile gegenüber dem gewöhnl. Motor mit zwei Ventilen: beschleunigter Gaswechsel, erhöhte Leistung durch vollständige Füllung des Verbrennungsraumes mit Frischgas (Benzin-Luft-Gemisch). Entsprechende Vierzylindermotoren werden als *16-Ventil-Motoren* bezeichnet.

Vierwaldstätter See [fi:r...], von der Reuß durchflossener See am Alpennordrand in der Z-Schweiz, 114 km², gegliedert in Küßnachter, Luzerner, Alpnacher und Urner See.

Vierzehn Heilige ↑Nothelfer.

Vierzehnheiligen [fi:r...], Wallfahrtskirche in Oberfranken, südl. von Lichtenfels, Bayern; bed. Barockbau, im Rokokostil ausgestattet, erbaut von J. B. Neumann (1743–72).

Vierzehn Punkte, Friedensprogramm des amerikan. Präs. W. Wilson vom 8. 1. 1918 zur Beendigung des 1. Weltkriegs. Die V. P. betrafen u. a. die Öffentlichkeit von internat. Verhandlungen, die Freiheit der Meere in Krieg und Frieden, die Beseitigung von Handelsschranken, die internat. Abrüstung, die Räumung und Rückgabe der besetzten russ., belg. und frz. Gebiete einschließlich Elsaß-Lothringens, die Gründung eines polnischen Nationalstaats, einen freien Zugang zum Meer für Polen und Serbien sowie die Bildung eines Völkerbundes.

Vietcong [vi'ɛtkɔŋ, viɛt'kɔŋ], Bez. für die südvietnames. kommunist. Guerillakämpfer im ↑Vietnamkrieg.

Vietnam

Vietminh [viˈɛtmɪn, viɛtˈmɪn], 1941 von Ho Chi Minh gegr. und unter kommunist. Führung stehende Bewegung gegen den jap. Imperialismus und den frz. Kolonialismus. ↑Vietnam (Geschichte), ↑Vietnamkrieg.

Vietnam [viˈɛtnam, viɛtˈnam], Staat in SO-Asien, grenzt im N an China, im W an Laos und Kambodscha, im S und O an den Golf von Thailand bzw. an das Südchines. Meer.

Staat und Recht: Nach der *Verfassung* vom April 1992 ist V. eine sozialist. Republik. *Staatsoberhaupt* ist der Staatspräsident. Die *Exekutive* liegt beim Min.-Rat unter dem Min.-Präs., die *Legislative* bei der Nat.-Versammlung (395 Abg., für 5 Jahre gewählt), die den Staats-Präs. und den Min.-Rat wählt. Beherrschende *Partei* ist die Kommunist. Partei Vietnams (KPV, bis 1976 Vietnames. Arbeiterpartei).

Landesnatur: V. erstreckt sich über 1 600 km Länge an der O-Küste der Halbinsel Hinterindien. Die Breite beträgt im N 600 km, in der Mitte 60 km, im S 350 km. Kernräume sind das Tonkin- (im N) und das Mekongdelta (im S); beide sind durch eine schmale Küstenebene verbunden. Nach W folgt ein stark gegliedertes Bergland. Es erreicht 3 142 m Höhe im N und setzt sich nach S in der Küstenkette von Annam fort. Es herrscht trop.-monsunales Klima. Trop. Regenwald und laubabwerfende Monsunwälder sind verbreitet. Im N gibt es Nadelwälder, an den Küsten Mangroven.

Bevölkerung: Über 80 % der E sind Vietnamesen, die sich traditionell zum Buddhismus bekennen. Sie leben vorwiegend im Tiefland. Im Bergland leben Minderheiten, u. a. Miao, Muong und Bergstämme (Montagnards), im S Cham, Khmer und Chinesen.

Wirtschaft, Verkehr: Dem Eigenbedarf dient der Anbau von Reis, Mais, Hirse, Kartoffeln, Bataten, Maniok, Sojabohnen und Zuckerrohr. Exportiert werden u. a. Gemüse, Obst, Kautschuk, Erdnüsse, Kaffee und Tee. An Bodenschätzen verfügt V. über Steinkohle, verschiedene Erze und Salz; Wiederaufbau der Ind. nach 1975. Ein wichtiger Devisenbringer sind textile und handwerkl. Erzeugnisse, auch Rattan- und Binsenartikel. Das Eisenbahnnetz ist 4 200 km lang, das Hauptstraßennetz 65 000 km. Wichtigste Häfen sind Haiphong, Thanh Phô Hô Chi Minh und Da Nang. Internat. ✈ bei Hanoi und Thanh Phô Hô Chi Minh.

Geschichte: Im Delta des Roten Flusses errichtete die Viêt 257 v. Chr. den Staat Aulac, der in dem nach 209 v. Chr. entstandenen Reich Nam Viêt aufging. 111 v. Chr. wurde es zur chin. Prov.; 939 Vertreibung der Chinesen und Gründung der ersten nationalvietnames. Dynastie. Unter der späten Lêdynastie (1428–1788; 1527–92 verdrängt) endgültige Unterwerfung des mittelvietnames. Reiches Champa (1471). Die Feudalgeschlechter Nguyên und Trinh brachten die fakt. Regierungsgewalt an sich; die Nguyên bauten sich in Süd-V. ein seit 1620 unabhängiges Herrschaftsgebiet auf. Die Zweiteilung des Landes wurde im Tây-So'n-Aufstand (1772 bis 1778) beendet.

Die 1802 folgende Nguyêndynastie mußte 1862 die reichsten Prov. in Süd-V. (Cochinchina) an Frankreich abtreten, das 1880–85 Annam und Tonkin ein Protektoratsverhältnis aufzwang und diese 1887 mit Cochinchina zur Indochin. Union vereinigte. 1941 ging aus der von Ho Chi Minh 1930 gegr. Kommunist. Partei Indochinas die Freiheitsbewegung Vietminh hervor, die nach

Vietnam

Fläche:	331 689 km²
Einwohner:	69,485 Mio.
Hauptstadt:	Hanoi
Amtssprache:	Vietnamesisch
Nationalfeiertag:	2. 9.
Währung:	1 Dong (D) = 100 Hào = 100 Xu
Zeitzone:	MEZ + 7 Std.

Vietnam

Staatsflagge

Staatswappen

1970 1992   1985 1992
Bevölkerung   Bruttosozial-
(in Mill.)   produkt je E
                (in US-$)

☐ Stadt   Land ☐

Bevölkerungsverteilung 1992

☐ Industrie
☐ Landwirtschaft
☐ Dienstleistung

Bruttoinlandsprodukt 1992

3689

der frz. Niederlage im 2. Weltkrieg und der Besetzung durch die Japaner das gesamte Land erfaßte. Am 2. 9. 1945 rief Ho Chi Minh die Demokrat. Republik V. (DRV) aus. Entgegen dem frz.-vietnames. Abkommen vom 6. 3. 1946, das der DRV den Status eines freien Staates innerhalb der Frz. Union zuerkannte, betrieb Frankreich eine Rekolonialisierungspolitik, der der Vietminh Widerstand entgegensetzte. Entschieden wurde der verlustreiche Kampf durch die Niederlage des frz. Expeditionskorps in Ðiên Biên Phu 1954. Auf der Genfer Indochina-Konferenz 1954 wurde die provisor. Teilung von V. in eine nördl. Zone, in die sich die Truppen des Vietminh, und eine südl., in die sich die des frz. Expeditionskorps zurückziehen sollten, vereinbart (↑Vietnamkrieg).

In *Nord-V.* festigte die seit Nov. 1955 durchgeführte Landreform die Macht der Kommunisten. 1960 trat eine neue Verfassung in Kraft. Die starke Abhängigkeit von den sowjet. Kriegsmateriallieferungen für den Guerillakrieg in Süd-V. bewirkte die zunehmende Orientierung nach Moskau. Die amerikan. Bombenangriffe auf Nord-V. ab 1964 brachten zwar erhebl. Verluste und Zerstörungen, unterbanden jedoch den Nachschub nach Süd-V. nicht. In *Süd-V.* wurde 1954 der antikommunist. und antikolonialist. Katholik Ngô Ðinh Diêm Regierungschef; im Okt. 1955 wurde die Republik Süd-V. ausgerufen und Ngô Ðinh Diêm zum Präs. bestellt. Seine Gewaltherrschaft führte zum Anschluß auch der nationalgesinnten bürgerl. Kräfte an die kommunistisch geführte Nat. Befreiungsfront von Süd-V. (FNL; Vietcong). Nach mehreren Militärrevolten (1963 Sturz Diêms) wurde 1965 General Nguyên Văn Thiêu Staatsoberhaupt (1967 Präs.). Die alten Privilegien blieben jedoch ebenso bestehen wie die Korruption in Armee und Verwaltung. Nach dem Abzug der amerikan. Truppen aus V. 1973 brach Süd-V. im April 1975 völlig zusammen; die von der FNL getragene Provisor. Revolutionsregierung von Süd-V. übernahm die Regierungsgewalt.

1976 wurde offiziell die Wiedervereinigung von Nord- und Süd-V. vollzogen (2. 7. 1976 Gründung der »Sozialist. Republik V.« [SRV]). Der Prozeß der Integration von Süd-V. verschärfte sich ab 1978 und führte zu einem nicht abreißenden Flüchtlingsstrom (1975–80 rund 800 000 Flüchtlinge). Ende 1977 begannen kriegerische Auseinandersetzungen mit dem nach China orientierten Kambodscha, das bis zum Frühsommer 1979 weitgehend unterworfen wurde. Die VR China reagierte mit dem Einmarsch in Nord-V. Anfang 1979, zog sich aber nach einigen Wochen aus den meisten besetzten Gebieten zurück. Grenzzwischenfälle dauerten jedoch fort. 1985 eroberten vietnames. Truppen in W Kambodschas wichtige Stützpunkte der Roten Khmer und der nichtkommunist. Widerstandsbewegung. 1989 zog V. seine Truppen aus Kambodscha zurück und forcierte eine vorsichtige außenpolit. und wirtschaftl. Liberalisierung. Im April 1992 wurde eine neue Verfassung verabschiedet, die zwar weiterhin den Führungsanspruch der KP festschreibt, aber auch das Recht auf Privateigentum zusichert. Erster Staatspräsident wurde Le Duc Anh. V. wurde 1995 Mgl. der ASEAN.

Vietnam̦esisch (Annamitisch), Sprache der Vietnamesen. V. ist eine flexionslose und syntakt. Stellungsgesetzen folgende »Mischsprache«, die von den indones. und den Mon-Khmer-Sprachen nachhaltig beeinflußt worden ist; wird heute in lat. Schrift (mit diakrit. Zeichen) geschrieben.

Vietnamkrieg [vi'ɛtnam..., viɛt'nam...], die bewaffneten Kampfhandlungen in Indochina 1946–75, die ihren Ursprung und Hauptschauplatz in Vietnam hatten. Der offene frz.-vietnames. Konflikt begann mit dem *Haiphong-Zwischenfall* (Beschießung Haiphongs durch frz. Kriegsschiffe am 23. 11. 1946, als der Forderung des frz. Oberbefehlshabers nach sofortigem Abzug des Vietminh aus Haiphong nicht entsprochen wurde). Schon bald zeigte sich, daß das frz. Expeditionskorps den ab 1949 von den chin. Kommunisten unterstützten Vietminh-Truppen unterlegen war. Die amerikan. Regierung gewährte Frankreich im Rahmen ihrer antikommunist. Eindämmungspolitik ab 1950 Finanzhilfe und entsandte Militärberater nach Saigon. 1953 war der Vietminh militärisch im größten Teil des Landes präsent und konnte mit der polit. Unterstützung der bäuerl. Bevölkerungsmehrheit rechnen. Nach dem Fall von Điên Biên Phu (7. 5. 1954) wurden am 21. 7. 1954 in Genf die Waffenstillstandsabkommen unterzeichnet (↑Genfer Konferenzen). Die in der (von den USA und Großbrit. nicht unterzeichneten) Schlußerklärung der Konferenz angekündigten gesamtvietnames. Wahlen zur Wiedervereinigung des in militär. Einflußzonen geteilten Landes scheiterten am Widerstand des von den USA unterstützten südvietnames. Regierungschefs Ngô Đinh Diêm, der die Franzosen aus dem Land drängte und alle oppositionellen Kräfte ausschaltete. Präs. J. F. Kennedy verstärkte die amerikan. Militärberater in Süd-Vietnam von 2000 Ende 1960 auf 16300 Ende 1963. Gleichzeitig wuchs die Zahl der »eingesickerten« Kader aus Nord-Vietnam. Der amerikan. Präs. L. B. Johnson ließ sich aufgrund des nie ganz aufgeklärten *Tonkin-Zwischenfalls* (die angebl. Beschießung von zwei US-Zerstörern durch nordvietnames. Kriegsschiffe im Golf von Tonkin am 2. und 4. 8. 1964) vom Kongreß die Generalvollmacht für eine Ausweitung des Krieges geben (u. a. Verstärkung der amerikan. Truppen, Luftangriffe gegen militär. und wirtschaftl. Ziele in Nord-Vietnam sowie gegen das von Nordvietnamesen benutzte Straßennetz des Ho-Chi-Minh-Pfades in Laos und Kambodscha). In Süd-Vietnam konnten die Amerikaner auch durch den Einsatz ihrer überlegenen Luftwaffe und die Anwendung neuer Kampfmethoden (Entlaubungsmittel, Napalm ®) zwar einen militär. Gesamtsieg ihres Gegners vereiteln, aber keinen eigenen Sieg erzwingen. Eine polit. Wendung brachte die nordvietnames. Tet-Offensive der Truppen Vo Nguyên Giaps Ende Jan. 1968. Obwohl sie militärisch letztlich ein Fehlschlag war, wirkte sie in den USA als Schock. Mit der Einstellung der Bombardierungen des Nordens wurde die wichtigste Bedingung für die Aufnahme von Verhandlungen (ab Mai 1968 in Paris) erfüllt. In den USA und weltweit nahm die Kritik an der amerikan. Vietnampolitik zu. Die Lösung aus dem amerikan. Überengagement strebte Präs. R. M. Nixon durch den Abbau der amerikan. Streitmacht in

Vietnamkrieg. Kinder auf der Flucht nach einem Napalmangriff der südvietnamesischen Luftwaffe auf Trang Ban am 8. Juni 1972

Vietnam seit Anfang 1969, in bilateralen Geheimverhandlungen seines Sonderberaters H. A. Kissinger mit Nord-Vietnam seit Aug. 1969 und durch die »Vietnamisierung« des Konflikts an, d. h. durch den massiven Aufbau der südvietnames. Armee. Das Waffenstillstandsabkommen vom 27. 1. 1973 (im März 1973 auf einer internat. Konferenz bestätigt und garantiert) bestimmte den Abzug des gesamten militär. Personals der USA, ohne über die im Süden befindlichen nordvietnames. Truppen etwas auszusagen. Verhandlungen zw. den südvietnames. Kriegsparteien zur Bildung des im Abkommen vorgesehenen Versöhnungsrats blieben ergebnislos. Beide versuchten vielmehr, ihre Gebiete mit Waffengewalt zu vergrößern. Diese 3. Phase des Krieges endete mit dem vollständigen Zusammenbruch der südvietnames. Armee (30. 4. 1975 Eroberung Saigons).

Vigée-Lebrun, Élisabeth[-Louise] [frz. viʒeləˈbrœ̃], *Paris 16. 4. 1755, † Louveciennes bei Paris 30. 3. 1842, französische Malerin. Ihr klassizistischer Porträtstil (v. a. Frauen des französischen Hochadels, u. a. Marie Antoinette) ist an Rubens und van Dyck geschult. – Abb. S. 3692.

Élisabeth Vigée-Lebrun. Selbstporträt mit Tochter (1789; Paris, Louvre)

Vigeland, Gustav [norweg. 'vi:gəland, 'vi:gəlan], *Mandal 11. 4. 1869, † Oslo 12. 3. 1943, norweg. Bildhauer. Beeinflußt bes. von A. Rodin; schuf stark bewegte, naturalist. Bildwerke (auch Porträts). Monumentalwirkung erstrebte er mit seiner Skulpturenanlage im Frognerpark in Oslo (1906 ff.), die etwa 100 symbolist. Steinfiguren, Figurengruppen und Reliefs umfaßt.

Vigil [lat.], in der kath. Liturgie eine gottesdienstl. Feier am Vortag eines (hohen) Festes.

Vigneaud, Vincent du [engl. vɪn'jəʊ], *Chicago 18. 5. 1901, † White Plains (N. Y.) 11. 12. 1978, amerikan. Biochemiker. Für Isolierung, Strukturaufklärung und Synthese der Hormone Oxytozin und Vasopressin erhielt er 1955 den Nobelpreis für Chemie.

Vignette [vɪn'jɛtə], **1)** *Buchkunst:* kleine, meist ornamentale Verzierung.

2) *Photographie:* Bez. für eine Maske mit bestimmten Ausschnitten vor dem Objektiv einer Filmaufnahmekamera; auch Bez. für eine Maske, die zur Verdekkung bestimmter Stellen eines Negativs beim Kopieren dient.

3) *Verkehrswesen:* Gebührenmarke für die Autobahnbenutzung; 1985 in der Schweiz eingeführt.

Vincent du Vigneaud

Vignola, Giacomo, eigtl. Iacopo Barozzi [italien. vɪɲ'ɲɔ:la], *Vignola bei Modena 1. 10. 1507, † Rom 7. 7. 1573, italien. Architekt. Meisterwerke des Manierismus sind die Villa Giulia (1551 ff.) in Rom und der Palazzo Farnese (1559–64) in Caprarola. Baute ab 1568 den Grundtypus der Jesuitenkirchen, Il Gesù in Rom (vollendet 1573 durch C. della Porta), einen Langhausbau mit Kuppel, der den Einheitsraum des barocken Kirchenbaus begründete. Seine »Regola delli cinque ordini d'architettura« (1562) wurden zu einem architekturtheoret. Standardwerk.

Vigny, Alfred Comte de [frz. vi'ni], *Schloß Loches (Indre-et-Loire) 27. 3. 1797, † Paris 17. 9. 1863, frz. Dichter. Bed. Vertreter der frz. Romantik; ab 1845 Mgl. der Académie française; schrieb Lyrik, (histor.) Romane und Dramen. – *Werke:* Poèmes antiques et modernes (Ged., 1826), Cinq-Mars (R., 1826), Stello (R., 1832), Chatterton (Dr., 1835), Glanz und Elend des Militärs (En., 1835), Daphné (R.-Fragment, entst. 1837, hg. 1912).

Vigo ['vi:go, span. 'βiɣo], span. Hafenstadt in Galicien, 264 000 E. Häuser mit Laubengängen (16. bis 18. Jh.). – Seit der Antike bed. Hafen (in der Römerzeit *Vicus*).

vigoroso [italien..], musikal. Vortragsbez.: energisch, lebhaft, kräftig.

Vikar [lat.], in der *kath.* Kirche der Vertreter eines geistl. Amtsperson. – Die *ev.* Kirchenverfassungen kennen den V. für alle kirchl. Ämter, bes. für einen weiter auszubildenden Theologen nach Ablegung des ersten Examens; auch *Vikarinnen.*

Viking [engl. 'vaɪkɪŋ], Name zweier amerikan. Planetensonden, die 1975 zur Erforschung des Mars gestartet wurden. 1976 erreichten sie Marsumlaufbahnen und landeten auf der N-Halbkugel des Planeten. Bis 1982 übermittelten V. 1 und V. 2 sowie ihre Orbiter neben über 50 000 Aufnahmen von 97 % der Marsoberfläche eine Fülle von Informationen (Bodenanalysen, Wetterberichte) über den Planeten.

Viktor, Name von Herrschern:

Italien: **1) Viktor Emanuel II.,** *Turin 14. 3. 1820, † Rom 9. 1. 1878, König von Sardinien (1849–61) und Italien (seit 1861). Akzeptierte das Bündnis mit der liberalen Nationalbewegung und die Unterstützung auch der demokrat.-republikan. Kräfte (Garibaldi) bei der Einigung Italiens.

2) Viktor Emanuel III., *Neapel 11. 11. 1869, † Alexandria (Ägypten) 28. 12. 1947, König (1900 bis 1946). Entschied 1915 den Kriegseintritt Italiens. Unter dem Druck des Faschismus ernannte er 1922 B. Mussolini zum Min.-Präs.; im Zusammenspiel mit dem monarchist. Flügel im Großrat des Faschismus gelang es V. E. 1943, diesen wieder zu stürzen. Mußte auf Druck des Nat. Befreiungskomitees abdanken.

Sardinien: **3) Viktor Amadeus I.,** *Turin 14. 5. 1666, † Moncalieri bei Turin 31. 10. 1732, Hzg. von Savoyen (1675 bis 1730; als V. A. II.), König von Sizilien (1713–1718/20) und Sardinien (1718/20–30). Sicherte durch Teilnahme am Span. Erbfolgekrieg 1713 seinem Haus die Königskrone. Wegbereiter des aufgeklärten Absolutismus.

Viktoria (Victoria), Name von Herrscherinnen:

Dt. Reich: **1) Viktoria,** *London 21. 11. 1840, † Schloß Friedrichshof (bei Kronberg) 5. 8. 1901, preuß. Königin und Kaiserin. Älteste Tochter der brit. Königin Viktoria; seit 1858 ∞ mit dem späteren Kaiser Friedrich, mit dem sie die Ablehnung preuß. Militär- und Machttraditionen sowie der Politik Bismarcks teilte.

Großbritannien und Irland: **2) Viktoria,** *Kensington Palace (London) 24. 5. 1819, † Osborne House (Isle of Wight) 22. 1. 1901, Königin (seit 1837) und Kaiserin von Indien (seit 1876). Seit 1840 ∞ mit ihrem Vetter Albert, Prinz von Sachsen-Coburg-Gotha. V. war durch ihre neun Kinder mit fast allen europ. Fürstenhöfen verwandt (»Großmutter Europas«). Das *Viktorianische Zeitalter* war eine Glanzepoche mit höchster polit. Machtentfaltung, wirtschaftl. Prosperität und imperialist. Expansion, aber auch kultureller Verflachung und Prüderie.

Vikunja [indian.] ↑Kamele.

Vila [engl. ˈviːlə], Hauptstadt von Vanuatu, an der SW-Küste der Insel Efate, 17 000 E. Museum; Hafen, internat.

Vila Nova de Gaia, portugies. Stadt gegenüber von Porto, 62 500 E. Museum. Portweinkellereien.

Villa [lat.] (Mrz. Villen), herrschaftl. Wohnhaus, Landsitz. In der italien. Renaissance verstand man unter einer V. große Gartenanlagen mit Casino (Gartenpalast). Bed. Beispiele sind die V. Borghese und die V. Madama in Rom, die V. Lante bei Viterbo, die V. d'Este in

Alfred Comte de Vigny (Lithographie von Charles de Lafosse)

Viktoria, Königin von Großbritannien und Irland

Gustav Vigeland. Monolith und Figurengruppen (1960 ff.; Oslo, Frognerpark)

Villach

Vincennes. Teil der Schloßanlage mit 42 m hohem Donjon; 14. Jh.

Tivoli. Als Höhepunkt der Villenarchitektur gelten Palladios V. Carpa (»La Rotonda«) bei Vicenza und die V. Barbaro in Maser.

Villach ['filax], österr. Stadt im Kärntner Seengebiet, an der Drau, 5600 E. Stadtmuseum, seit 1955 Paracelsus-Institut; u. a. Holzveredlung, Lackfabrik; Fremdenverkehr, Wintersport; der Stadtteil *Warmbad Villach* ist Kurbad. Spätgot. Kirche Sankt Jakob (14./15. Jh.; barockisiert) mit hohem W-Turm (um 1300), spätbarocke Stadtpfarr- und Wallfahrtskirche zum Hl. Kreuz (1726 bis 1738). Schloß Mörtenegg (16. und 18. Jh.). – Seit dem Neolithikum besiedelt; liegt an der Stelle zweier Römersiedlungen; erscheint 1239/40 erstmals als Stadt; 1348 durch Erdbeben (Dobratschabsturz) und Feuer vernichtet; kam 1759 durch Kauf an das Haus Österreich.

Villa de Guadalupe Hidalgo [span. 'βija 'ðe ɣuaða'lupe i'ðalɣo], mex. Stadt im nö. Vorortbereich der Stadt Mexiko. Wallfahrtskirche (1709 erneuert, später erweitert). – Der *Friede von Guadalupe Hidalgo* (2. 2. 1848) beendete den Mex. Krieg der USA gegen Mexiko 1846–48.

Villafranca di Verona, Vorfriede von, frz.-österr. Waffenstillstand (11. 7. 1859) im Sardin.-Frz.-Österr. Krieg.

Villa Hammerschmidt, Sitz des Bundes-Präs. der BR Deutschland in Bonn, ben. nach dem Großindustriellen R. Hammerschmidt (* 1853, † 1922), 1863 bis 1865 errichtet.

Villahermosa [span. βijaɛr'mosa], Hauptstadt des mexikan. Staates Tabasco, in der Golfküstenebene, 390 000 E. Univ.; archäolog. Museum; Hafen.

Villa-Lobos, Heitor [brasilian. 'vila'lobus], * Rio de Janeiro 3. 3. 1887, † ebd. 17. 11. 1959, brasilian. Komponist und Dirigent. Opern, Ballette, Sinfonien, Kammer- und Klaviermusik.

Villanelle [lat.-italien.] (Villanella), im 16. Jh. in Neapel entstandene mehrstimmige Liedform mit volkstüml. Texten; in der Kunstmusik bes. durch A. Willaert, in Deutschland durch L. Lechner, H. L. Haßler und J. H. Schein vertreten.

Villanovakultur, früheisenzeitl. Kulturgruppe M- und Oberitaliens; ben. nach dem Gut Villanova bei Bologna, wo 1853 ein Gräberfeld gefunden wurde.

Villard de Honnecourt [frz. vilardɔɔn'ku:r], frz. Baumeister des 13. Jh. Hinterließ ein Bauhüttenbuch (1230 bis 35; Paris, Bibliothèque Nationale) mit 325 Federzeichnungen als Muster für Bauten, Bildwerke, Werkzeuge u. a. mit 33 Blättern (von urspr. 63).

Villars, Claude Louis Hector Herzog von [frz. vi'la:r], * Moulins 8. 5. 1653, † Turin 17. 6. 1734, frz. Marschall. Unterlag im Span. Erbfolgekrieg bei Malplaquet (1709), eroberte Landau in der Pfalz und Freiburg im Breisgau (1713) und schloß 1714 den Frieden von Rastatt.

Ville [v...], Vorgebirge, schmaler Höhenrücken im S der Niederrhein. Bucht zw. Erft und Rhein; bis 177 m ü. M. aufragend.

Villehardouin [frz. vilɑr'dwɛ̃], frz. Adelsfamilie aus der Champagne. Gott-

vinkulierte Namensaktien

fried I. († um 1228) begründete die Herrschaft der V. im Kreuzfahrerstaat Achaia (Morea; bis 1318), die unter Wilhelm II. (⌒ 1246–78) auf den Höhepunkt gelangte (Bau der Festung Mistra). Weiterer bed. Vertreter:

Villehardouin, Geoffroi de, *Villehardouin (Dép. Aube) um 1150, † in Thrakien um 1213, Geschichtsschreiber. Schildert in seinem bed. Werk »La conquête de Constantinople« (hg. 1938/39) das Ergebnis des 4. Kreuzzuges.

Villiers de L'Isle-Adam, Philippe Auguste Graf von [frz. viljedlila'dã], *Saint-Brieuc 7. 11. 1838, † Paris 18. 8. 1889, frz. Dichter. Gehörte zum Kreis der frz. Symbolisten; neben Lyrik bed. Verteter der phantast. Erzählliteratur, u. a. »Grausame Geschichten« (1883), »Die Eva der Zukunft« (R., 1886).

Villiger, Kaspar, *Pfäffikon (Kt. Luzern) 5. 2. 1941, schweizer. Politiker (Freisinnig-Demokrat. Partei). Seit 1989 Bundesrat (Militärdepartement); 1995 Bundespräsident.

Villingen-Schwenningen ['filɪŋən...], Kreisstadt des Schwarzwald-Baar-Kreises, Bad.-Württ., 78 900 E. Museen, Theater; u. a. Uhren-, Metallwaren- und Elektro-Industrie; Uhrenmuseum; Kneippkurort. Beim Ortsteil Villingen liegt der *Magdalenenberg* (118 m Durchmesser, 8 m hoch) mit einem Zentralgrab aus dem 6. Jh. v. Chr.; Reste der Stadtbefestigung (v. a. 15. und 16. Jh.) mit drei Toren; roman.-got. Münster Unserer Lieben Frau (12. Jh. ff.). – 1972 wurden die Städte *Schwenningen* und *Villingen* (erstmals erwähnt 895 und 817) zu V.-S. vereinigt.

Villon, François [frz. vi'jõ], eigtl. F. de Montcorbier oder F. des Loges, *Paris um 1431, † nach dem 5. 1. 1463, frz. Dichter. Lebte im »Gaunermilieu«; mehrere Gefängnisstrafen; 1463 zum Tode verurteilt, zu zehnjähriger Verbannung aus Paris begnadigt, dann verschollen; gilt mit seinem Balladenwerk (Teile davon wurden u. a. von B. Brecht übernommen) als erster großer frz. Lyriker im modernen Sinne. Sein Hauptwerk ist »Das große Testament« (2023 Verse, entstanden 1461, gedruckt 1489).

Vilshofen [fils...], Stadt an der Mündung der Vils in die Donau, Bayern, 14 900 E. Barocke Wallfahrtskirche Mariahilf (1691–94).

Vilsmaier, Joseph, *München 24. 1. 1939, dt. Kameramann und Filmregisseur. Drehte u. a. »Herbstmilch« (1989), »Rama dama« (1991), »Stalingrad« (1993), »Schlafes Bruder« (1995).

Viña del Mar [span. 'βiɲa ðɛl 'mar], chilen. Stadt bei Valparaíso, 297 300 E. Seebad.

Vincaalkaloide, Alkaloide aus Immergrünarten; Chemotherapeutika bei Krebserkrankungen.

Vincennes [frz. vɛ̃'sɛn], frz. Stadt östl. von Paris, Dép. Val-de-Marne, 42 900 E. Univ., Museum der Kunst Afrikas und Ozeaniens, Zoo. Schloß (14., 17. Jh. mit kriegsgeschichtl. Museum).

Vincent de Paul [frz. vɛ̃sãd'pɔl] ↑Vinzenz von Paul, hl.

Vinci [italien. 'vintʃi], Geburtsort von ↑Leonardo da Vinci.

Vindeliker (lat. Vindelici), kelt. Volk im Alpenvorland; ihr Gebiet gehörte zur röm. Prov. Raetia et Vindelicia (Rätien).

Vindobona ↑Wien.

Vindonissa ↑Windisch.

Vineta, der Sage nach vom Meer verschlungene Stadt an der Ostsee, die wahrscheinlich auf die Siedlung Julin auf der Insel Wollin zurückgeht.

vinkulierte Namensaktien [lat./dt.] (gebundene Aktien, vinkulierte Aktien), Namensaktien, deren Übertragung an die Zustimmung des nach der Satzung zuständigen Organs gebunden ist.

François Villon (Darstellung auf einem Holzschnitt in der Erstausgabe seiner Werke, 1489)

3695

Vinland

Viola da gamba

Viola d'amore

Vinland [ˈviːn...], Abschnitt der nö. Küste Nordamerikas, an dem Leif Eriksson um 1000 landete; vermutlich wurde von den Wikingern das heutige Baffinland *Helluland* (Steinland), die NO-Küste von Labrador *Markland* (Waldland) genannt.

Vintschgau [ˈfɪntʃ...], Tallandschaft der oberen Etsch in Südtirol, Italien.

Vinylchlorid (Monochloräthen), farblose, gasförmige, sehr reaktionsfähige Substanz, die v. a. zur Herstellung des Kunststoffs ↑Polyvinylchlorid (PVC) und von Mischpolymerisaten verwendet wird.

Vinzentiner ↑Lazaristen.

Vinzentinerinnen (Barmherzige Schwestern von hl. Vinzenz von Paul, Töchter der christl. Liebe), Mgl. der größten religiös-laikalen Frauengenossenschaft für Krankenpflege. 1633 von Vinzenz von Paul und Louise de Marillac gegründet.

Vinzenz von Paul [ˈvɪntsɛnts] (Vincent de Paul), hl., *Pouy (heute Saint-Vincent-de-Paul bei Dax) 24. 4. 1581, † Paris 27. 9. 1660, frz. kath. Theologe. Gründete 1617 eine Frauenvereinigung zur Betreuung armer Kranker, aus der später die ↑Vinzentinerinnen hervorgingen, und 1625 die ↑Lazaristen; gilt als Begründer der neuzeitl. Karitas. – Fest: 27. September.

Vio, Jacobus de ↑Cajetan, Thomas.

Viola, 1) *Botanik:* [lat.] svw. ↑Veilchen. **2)** *Musik:* [altprovenzal.-italien.] (Mrz. Violen) 1. Name einer Gruppe von Streichinstrumenten, aus der im 16. Jh. die Violine (Geige) sowie die drei weiteren Instrumente der *Violinfamilie* (Viola, Violincello, Kontrabaß) entwickelt wurden. – Die kleineren alten Violen wurden (wie heute die Violine und Viola) mit dem Arm gehalten und am Kinn angesetzt *(V. da braccio),* die größeren (wie heute das Violincello) zw. den Knien gehalten *(V. da Gamba)* oder (wie heute der Kontrabaß) in stehender Haltung gespielt. – Die alten Violen wurden bis ins 18. Jh. hinein gespielt. Ihre Renaissance begann in den 1950er Jahren im Interesse einer möglichst authent. Wiedergabe. – 2. Streichinstrument in Altlage mit der Stimmung c g d^1 a^1; die V. (Abk. **Va**), im Dt. *Bratsche* genannt, ist etwas größer als die ↑Violine und in der Form vergleichbar.

Viola da gamba [italien., eigtl. »Beingeige«] (Kniegeige, Gambe), Streichinstrument in Tenor-Baß-Lage mit der Stimmung D G c e a d^1; eines der wichtigsten Streichinstrumente des 16.–18. Jahrhunderts.

Viola d'amore [italien. - da'more »Liebesgeige«], im Barock beliebtes Altinstrument der Viola-da-gamba-Familie (↑Viola) mit 5–7 Griffsaiten (mit variabler Stimmung) und 7–14 unter dem Griffbrett verlaufenden Resonanzsaiten.

Violett [lat.-frz.], Name für den Farbenbereich zw. Blau und Rot, insbes. für eine gleichteilige Mischung aus Rot und Blau. Ein aufgehelltes V. ist das Lila; das V.rot wird auch als Purpurrot bezeichnet.

Violettverschiebung (Blauverschiebung), die durch ↑Doppler-Effekt bewirkte Verschiebung von Spektrallinien nach kürzeren Wellenlängen bei Sternen, die sich auf das Sonnensystem zu bewegen.

Violine [italien.] (italien. violino, dt. gemeinsprachl. Geige), Abk. **V.**, Streichinstrument in Diskantlage. Die Form der V. stand spätestens um 1560 fest. Die V. besteht aus einem in der Mitte eingezogenen Resonanzkörper

Viren

(Korpus), dem angesetzten Hals mit bündelosem Griffbrett (Ebenholz) und dem in die Schnecke auslaufenden Wirbelkasten mit den seitl. Stimmwirbeln. Das Korpus besteht aus zwei leichtgewölbten Platten, der Decke, mit zwei f-förmigen Schallöchern aus bes. Fichtenholz und dem Boden aus Ahornholz sowie den Zargen (ebenfalls Ahorn). Der Lack beeinflußt die klangl. Eigenschaften und schützt das Instrument vor Feuchtigkeit. Die vier in Quinten gestimmten Saiten ($g\ d^1\ a^1\ e^2$) aus Darm, aus Stahl oder metallumsponnenem Kunststoff laufen von den Wirbeln über den Sattel und den zweifüßigen Steg aus Hartholz zum beweglich an der Zarge befestigten Saitenhalter. Akust. und stat. Funktion haben Stimmstock und Baßbalken.

Violoncello [...ˈtʃɛlo; italien.] (dt. Kurzform Cello), Abk. **Vc.,** das Tenor-Baß-Instrument der Violinfamilie (↑Viola) mit der Stimmung C G d a, das wegen seiner Größe zw. den Knien gehalten wird. Eine Sonderform des V. im 18. Jh. war das *V. piccolo,* ein von J. S. Bach verwendetes fünfsaitiges V. mit der Stimmung C G d a e^1.

VIP [vɪp, viaɪˈpi; Kw. für engl. **v**ery **i**mportant **p**erson], wichtige Persönlichkeit [mit bes. Privilegien].

Vipern [lat.] (Ottern, Viperidae), Fam. kurzschwänziger, 30 cm bis 1,8 m langer, meist lebendgebärender Giftschlangen mit breitem, dreieckförmigem, deutlich vom Hals abgesetztem Kopf und meist senkrecht-ellipt. Pupille; rd. 60 Arten in Afrika und in wärmeren Regionen Eurasiens; u. a. Aspisviper, Sandotter, Hornvipern, Kreuzotter, Puffotter.

Viracocha [span. viraˈkotʃa] ↑Inka.

virale RNS [lat.] (Virus-RNS), die die genet. Information enthaltende ein- oder doppelsträngige ↑RNS der RNS-Viren.

Virchow, Rudolf [ˈvɪrço], * Schivelbein bei Belgard (Persante) 13. 10. 1821, † Berlin 5. 9. 1902, dt. Mediziner und Politiker. Prof. ab 1856 in Berlin; grundlegende Untersuchungen v. a. zur patholog. Anatomie (u. a. Geschwulstforschung, Entzündungslehre); begründete die ↑Zellularpathologie, stand deshalb der aufkommenden Bakteriologie (R. Koch u. a.) zunächst skept. gegenüber; Vorkämpfer der Hygiene (Desinfektion, Kanalisation u. a.); auch Arbeiten zur Anthropologie und Vorgeschichte. Mitbegründer der Dt. Fortschrittspartei (1861); seit 1862 Mgl. des preuß. Abg.-Hauses; Gegner Bismarcks im preuß. Verfassungskonflikt; 1880 bis 1893 MdR (ab 1884 für die Dt. Freisinnige Partei).

Rudolf Virchow

Viren [lat.] (Einz. Virus), Krankheitserreger in der Größe zw. 10 und 300 nm. V. sind in Proteinhüllen verpackte Stücke genet. Materials, die den Stoffwechsel geeigneter (lebender) Wirtszellen auf Produktion neuer V. derselben Art umprogrammieren können. V. haben keinen eigenen Stoffwechsel; ihre Zurechnung zu lebenden Mikroorganismen ist daher strittig. Durch Hitze, Desinfektionsmittel, oft auch durch organ. Lösungsmittel werden V. zerstört. Die Grenze zw. V. und zellulärem genet. Material ist fließend: Manche V. können über lange Zeit frei oder ins Genom einer Wirtszelle integriert existieren und dabei symptomlos oder unter Transformation der Zelle im Rhythmus der Zellteilung mitvermehrt werden. Auch kennt man nackte (d. h. von keiner Proteinhülle umgebene) infektiöse Nukleinsäuren *(Viroide).*

V. bestehen im wesentlichen aus Nukleinsäuren und Protein. Jedes Virus enthält nur entweder doppel- oder einsträngige DNS bzw. RNS. Isolierte virale Nukleinsäure ist in vielen Fällen infektiös, da die Virusvermehrung oft nur durch spezielle im Viruspartikel mitgebrachte Enzyme eingeleitet werden kann. Bei allen V. ist die Nukleinsäure von einer Proteinhülle umgeben. Bei der Infektion gelangt entweder nur die Nukleinsäure (z. B. bei Bakteriophagen) oder (meistens) das intakte Viruspartikel

Viren. Struktur eines Tabakmosaikvirus (helikales Capsid)

3697

Virginal

Virginia Flagge

kel *(Virion)* in die Zelle, in der dann die Nukleinsäure freigegeben wird. Während der folgenden Periode der *Eklipse* (während dieser Zeit werden in der Zelle neue Viren produziert) läßt sich kein infektiöses Virus mehr nachweisen. Die in die Zelle gelangte virale Nukleinsäure dirigiert den Zellstoffwechsel so um, daß v. a. Virusbausteine synthetisiert werden. Die Virionen werden entweder durch Zellyse frei oder treten unter Knospung durch die Zellmembran. Fast alle Virusinfektionen erzeugen Immunität gegen eine Zweiterkrankung. – Man kennt heute rund 1 500 Viren unterschiedl. Gestalt; sie werden mit Trivialnamen bezeichnet, die auf Wirt, Krankheitssymptome und Vorkommen anspielen (z. B. Afrikanisches Schweinefiebervirus), doch wird eine Nomenklatur mit latinisierten Gattungsnamen und Kurzbezeichnungen für die einzelnen Typen angestrebt. V. können bei fast allen Lebewesen auftreten. Manche V. haben ein enges Wirtsspektrum (das menschliche Pockenvirus befällt nur den Menschen), andere besiedeln sehr viele Arten.

virtuelle Realität. Anwendung der VR-Technik für Bildschirmspiele in einem Spielcenter in Kaiserslautern; zu sehen sind der Spezialhelm mit elektronischer Brille und Kopfhörern sowie ein Handsteuergerät

Virginal [lat.], dem Spinett vergleichbares (engl.) Tasteninstrument, meist rechteckige Form.
Virginia [vɪrˈdʒiːnia; engl. vəˈdʒɪnjə], Staat im O der USA, an der Atlantikküste, 105 586 km², 6,38 Mio. E, Hauptstadt Richmond.

Geschichte: Unter Sir W. Raleigh erste vergebl. Ansiedlungsversuche (1584 bis 1589) auf Roanoke Island. 1606 gründete die engl. Regierung die Virginia Company zur Besiedelung des Landes; 1607 wurde Jamestown gegründet; 1619 erste Legislativversammlung im engl. N-Amerika. 1624 wurde V. direkt der Krone unterstellt. In den 1760er Jahren zus. mit Massachusetts führend im Widerstand gegen die brit. Kolonialpolitik. Im Sezessionskrieg (1861–65) bildete sich 1863 im W von V. der neue, im Gegensatz zum restl. Gebiet unionstreue Staat West Virginia. Wegen seiner führenden polit., militär. und wirtschaftl. Stellung innerhalb der Konföderation war V. eines der Hauptschlachtfelder des Krieges. 1870 wurde V. nach Ausarbeitung einer neuen Verfassung wieder in die Union aufgenommen.
Virginia Bill of Rights [engl. vəˈdʒɪnjə ˈbɪl əv ˈraɪts] (Virginia Declaration of Rights), am 12. 6. 1776 vom Konvent von Virginia angenommene Menschenrechtserklärung; Vorbild für die ersten Sätze der Declaration of Independence und eine der Grundlagen der amerikan. Bill of Rights.
Virgin Islands of the United States [engl. ˈvəːdʒɪn ˈaɪləndz ɔv θə juˈnaɪtɪd ˈsteɪts] ↑Jungferninseln.
Virgo [lat. »Jungfrau«] ↑Sternbilder (Übersicht).
Virologie [lat./griech.], die Wiss. und Lehre von den Viren.
Virosen [lat.] ↑Viruserkrankungen.
Virtanen, Artturi Ilmari, *Helsinki 15. 1. 1895, † ebd. 11. 11. 1973, finn. Biochemiker. Untersuchungen auf dem Gebiet der Agrikultur- und Nahrungsmittelchemie; 1945 Nobelpreis für Chemie.
virtuelle Prozesse, Vorgänge in mikrophysikal. Systemen, bei denen für äußerst kurze Zeiten unter vorübergehender Verletzung des Energiesatzes Elementarteilchen *(virtuelle Teilchen)* entstehen und wieder verschwinden.
virtueller Bildpunkt ↑Abbildung.
virtuelle Realität, Abk. **VR,** Bez. für eine mittels Computer simulierte Wirklichkeit oder künstl. Welt (»Cyberspace«), in die Personen mit Hilfe techn. Geräte (elektron. Brille, Lautsprecher, Datenhandschuh, Datenhelm) versetzt und interaktiv eingebunden werden.

Die in die Brille auf zwei kleine Bildschirme stereoskopisch eingespielten, dreidimensional erscheinenden Bilder vermitteln dem Beobachter den Eindruck, sich selbst in der Kunstwelt (z. B. Räume, Landschaften, Fahrzeuge) zu befinden. Bewegungen der Personen werden sensorisch erfaßt und Bildausschnitt und -perspektive laufend angepaßt. Über den ebenfalls mit aufwendiger Sensortechnik ausgestatteten Datenhandschuh kann der Träger aktiv auf die modellhafte Umwelt einwirken (z. B. einen Gegenstand greifen), indem entsprechende Informationen vom Handschuh in das darauf reagierende Simulationssystem eingespeist werden. Die VR-Technik findet erste Anwendungen bei Fahr- und Flugsimulatoren, ist aber auch für Raumfahrt, Medizin, Architektur, Unterhaltungselektronik u. ä. interessant.

virulent [lat.], ansteckungsfähig.

Virungavulkane, Vulkankette im Zentralafrikan. Graben, nördl. und nö. des Kiwusees, bis 4507 m hoch.

Viruserkrankungen (Viruskrankheiten), durch das Eindringen von Viren in den Organismus und ihre Vermehrung hervorgerufene Infektionskrankheiten. Beim Menschen rufen Viren u. a. Gehirnhautentzündung, AIDS, Viruspneumonie, Gelbfieber, Grippe, Gürtelrose, Windpocken, Kinderlähmung, Masern, Pocken, Röteln, Schnupfen und Leberentzündung hervor, bei Haus- und Wildtieren u. a. Maul- und Klauenseuche, Tollwut, Pockenseuche, Rinderleukose, Rinderpest, Schweinepest, Staupe. Der Beginn von V. ist meist durch Fieber, Kopf- und Gliederschmerzen, Abgeschlagenheit und gelegentlich Übelkeit und Erbrechen gekennzeichnet. Nach 5–7 Tagen beginnt i. d. R. die Erkrankung eines Organsystems, das von dem jeweiligen Virus bevorzugt wird, mit den entsprechenden Erscheinungen, z. B. Dünndarm-, Gehirnhaut-, Leberentzündung. Die V. sind gegenüber bakteriellen Infektionskrankheiten gekennzeichnet durch einen zweiphasigen Fieberverlauf, lymphat. Reaktionen und nichteitrige Entzündungen. Die medikamentöse Therapie mit virushemmenden Mitteln *(Virostatika)* und Viren abtötenden Mitteln *(Virozide)* befindet sich in Entwicklung. Mensch und Tier können oft durch vorbeugende Impfung mit abgeschwächten (attenuierten) Viren geschützt werden. Neuerdings wird auch der Einsatz zelleigener Abwehrstoffe, der ↑Interferone, versucht.
V. bei Pflanzen äußern sich häufig in Störungen der Blattgrünbildung (Mosaikkrankheiten) sowie Blattmißbildungen. Pflanzenpathogene Viren können nahezu alle Kulturpflanzen befallen.

Vis (italien. Lissa), kroat. Adriainsel ssw. von Split, 86 km², bis 587 m hoch. – In der *Seeschlacht bei Lissa* schlug die österr. Flotte am 20. 7. 1866 im Dt. Krieg die überlegene italien. Flotte.

Visa, internat. elektron. Zahlungssystem auf der Basis von ↑Kreditkarten. V. geht zurück auf eine 1958 von der Bank of America herausgegebene Kreditkarte, für die diese ab 1974 international Lizenzen an andere Banken vergab.

Visby [schwed. 'vi:sby:], schwed. Stadt auf Gotland, 20 700 E. Hafen. Domkirche (1225 geweiht), Ruinen mehrerer roman. und got. Kirchen, gut erhaltene Stadtmauer (13. Jh.) mit Türmen. – Im MA Zentrum des Ostseehandels; 1280 Hansestadt; 1361 von den Dänen gebrandschatzt; 1645 schwedisch.

Vischer [f...], **1)** *Friedrich Theodor von* (seit 1870), *Ludwigsburg 30. 6. 1807, †Gmunden 14. 9. 1887, dt. Philosoph. 1848 liberaler Abg. in der Frankfurter Nationalversammlung, Vertreter der Hegelschen Schule (»Ästhetik oder Wiss. des Schönen«, 1846–57).
2) *Peter, d. Ä.,* *Nürnberg um 1460, †ebd. 7. 1. 1529, dt. Erzgießer. Das von V. gearbeitete Sebaldusgrab in der Sebalduskirche in Nürnberg (1507–19) spiegelt die Wandlung der dt. Spätgotik zur Renaissance wider, u. a. Baldachinkuppeln (Mitarbeit seiner Söhne *Hermann V.* [*vor 1486, †1517] und *Peter V. d. J.* [*1487, †1528]). Fast durchweg Arbeiten nach fremden Entwürfen; Grabmäler, Grabplatten, Vollfiguren (Theoderich und Artus) am Maximiliansgrab in Innsbruck (1513, Hofkirche). 1529 übernahm *Hans V.* (*1485, †1550) die Werkstatt.

Visconte [lat.-italien.] ↑Vicomte.

Visconti, *Luchino* [italien. vis'konti], *Mailand 2. 11. 1906, †Rom 17. 3. 1976, italien. Regisseur. Exponent des ↑Neorealismus (»Ossessione ... von

Friedrich Theodor von Vischer

Luchino Visconti

Visconti

Liebe besessen«, 1942; »Die Erde bebt«, 1948; »Rocco und seine Brüder«, 1960); von seinen späteren Werken sind v. a. »Der Leopard« (1963, nach G. Tomasi di Lampedusa), »Der Tod in Venedig« (1971, nach T. Mann) und »Ludwig II.« (1972) in die Filmgeschichte eingegangen. – *Weitere Werke:* Boccaccio '70 (1962), Der Fremde (1967, nach A. Camus), Die Verdammten (1969), Die Unschuld (1976, nach G. d'Annunzio).

Visconti [italien. vis'konti], lombard. Adelsgeschlecht. Die ghibellin. V. erlangten 1277 die Herrschaft in Mailand, die sie im 14. Jh. auf die Lombardei und fast ganz Oberitalien ausdehnten. 1395 erhielt Giangaleazzo V. (*1351, † 1402) den Hzg.-Titel. Die Hauptlinie erlosch 1447.

Viscount [engl. 'vaɪkaʊnt] ↑Vicomte.

Visegrád [ungar. 'viʃegraːd], ungar. Ort am rechten Donauufer, 1 900 E. 1323 bis 1350 Residenz der ungar. Könige; König Matthias I. Corvinus baute das im 13. Jh. begonnene Schloß zu einem der prächtigsten Renaissanceschlösser der Zeit aus.

Viseu [portugies. vi'zeʊ], portugies. Stadt 80 km sö. von Porto, 21 000 E. Berühmte Gemäldesammlung. Roman.-got. Kathedrale (12. und 16. Jh.).

Vishnu, Gott des ↑Hinduismus (auch Hari; Anredeform Hare). Im klass. Hinduismus neben Brahma und Shiva einer der höchsten Götter; erscheint in zehn Inkarnationen auf der Erde, um die Welt von Dämonen zu befreien und den ↑Dharma zu schützen.

Visier [lat.-frz.], **1)** *allg.:* eiserner Gesichtsschutz.
2) *Militärwesen:* Zielvorrichtung an Feuerwaffen u. a. Geräten, die auf einen bestimmten Zielpunkt [aus]gerichtet werden müssen; man unterscheidet *mechan. V.* (z. B. Kimme und Korn) und *opt. V.* (z. B. Richtglas mit Fadenkreuz).

Vision [lat.], Bez. für eine ↑Halluzination aus dem opt. Sinnesbereich.

Visitation [lat.] (Kirchenvisitation), seit dem 4./5. Jh. bezeugtes Mittel der kirchl. Aufsicht über das ordnungsgemäße Verhalten der Kirchenangehörigen sowie über den Zustand der kirchl. Sachen und des Sprengels.

viskos [lat.], zähflüssig, leimartig.

Viskose [lat.], die bei der Herstellung von Viskosefasern (↑Viskoseverfahren) entstehende dickflüssige Spinnlösung; auch Bez. für die aus regenerierter Zellulose bestehenden Viskosefasern (früher *Reyon* genannt) selbst.

Viskoseverfahren, Verfahren zur Herstellung von Zelluloseregeneratfasern: Zellstoffplatten werden mit Natronlauge behandelt, wobei gequollene sog. *Alkalizellulose* entsteht. Diese wird nach Zerkleinerung und Reifung (partieller oxidativer Abbau der Zellulose) mit Schwefelkohlenstoff zu lösl. *Natriumzellulosexanthogenat* umgesetzt, das in Natronlauge zu zähflüssiger Spinnlösung (Viskose) gelöst und in ein aus Natriumsulfat und Schwefelsäure bestehendes Spinnbad gepreßt wird, in der die Zellulose wieder ausfällt. Zelluloseregeneratfasern besitzen gute Färbbarkeit, große Wasseraufnahmefähigkeit bei geringem Quellvermögen und sind gut waschbar.

Viskosität [lat.] (Zähigkeit, innere Reibung), diejenige Eigenschaft eines flüssigen oder gasförmigen Mediums, die bei Deformation das Auftreten von Reibungsspannungen zusätzlich zum thermodynam. Druck hervorruft, die einer Verschiebung von Flüssigkeits- oder Gasteilchen relativ zueinander entgegenwirken.

Visser 't Hooft, Willem Adolph [niederl. vɪsərt'hoːft], *Haarlem 20. 9. 1900, † Genf 4. 7. 1985, niederländischer ev. Theologe. 1948–66 Generalsekretär des Ökumen. Rates der Kirchen. 1966 Friedenspreis des Börsenvereins des Deutschen Buchhandels.

visuell [lat.], das Sehen, den Gesichtssinn betreffend.

visuelle Medien ↑audiovisuelle Medien.

Visum [lat.], svw. ↑Sichtvermerk.

Vita [lat. »Leben«] (Mrz. Viten), Lebensbeschreibung, Biographie, Lebensdaten.

Vitalienbrüder [vi'taːliən...] (niederdt. Likendeeler), Freibeuter, versorgten 1389–92 das dänisch belagerte Stockholm von See her mit Lebensmitteln (Vitalien); verlegten, nachdem sie vom Dt. Orden 1398 von Gotland vertrieben worden waren, ihr Tätigkeitsgebiet in die Nordsee; 1400/1401 schwere Niederlagen gegen die Hanse; ihre Führer, u. a. Klaus Störtebeker, wurden hingerichtet.

Viterbo

Vitalismus [lat.], Theorien, die eine physikal. und chem. Erklärung von Entstehung, Struktur oder Funktion des Lebens ablehnen und statt dessen ein unstoffl. Prinzip (»Seele«) oder eine Grundkraft (lat. vis) des Lebens annehmen, die jedem Lebendigen innewohne. Der ältere V. geht auf Aristoteles zurück, der moderne V. wird v. a. von H. Driesch und J. von Uexküll vertreten.

Vitalität [lat.-frz.], die genetisch und von Umweltbedingungen beeinflußte Lebenskraft (eines Organismus oder einer Population); äußert sich in Anpassungsfähigkeit an die Umwelt, Widerstandskraft gegen Krankheiten, körperl. und geistiger Leistungsfähigkeit sowie Fortpflanzungsfähigkeit.

Vitalkapazität, Fassungsvermögen der Lunge an Atemluft (etwa 3,5–5 l), bestehend aus inspirator. Reservevolumen, Atemzugvolumen und exspirator. Reservevolumen.

Vitamine [Kw.], zusammenfassende Bez. für eine Gruppe von chemisch sehr unterschiedl., v. a. von Pflanzen und Bakterien synthetisierten Substanzen, die für den Stoffwechsel der meisten Tiere und des Menschen unentbehrlich *(essentiell)* sind, die aber vom tier. und menschl. Organismus nicht synthetisiert werden können und daher ständig mit der Nahrung zugeführt werden müssen. Einige V. können vom tier. Organismus aus bestimmten biolog. Vorstufen, den *Provitaminen,* in einem letzten Syntheseschritt hergestellt werden, z. B. die Vitamine A_1 und A_2 aus β-Karotin, die Vitamine D_2 und D_3 aus Ergosterin bzw. Dehydrocholesterin und die Nikotinsäure aus Tryptophan. Ein Mangel an V. kann zu verschiedenen †Vitaminmangelkrankheiten führen. Die V. zeigen bereits in kleinsten Dosierungen (1 mg und weniger) biolog. Aktivitäten. Ihre biochem. Wirkung beruht v. a. bei den V. der B-Gruppe auf ihrer Funktion als Koenzyme; Vitamin A bildet in Form des Retinals zus. mit dem Protein Scotopsin das für den Sehvorgang wichtige Rhodopsin.

Die V. werden üblicherweise mit einem Buchstaben und/oder einem Trivialnamen bezeichnet und nach ihrer Löslichkeit in die Gruppen der *fettlösl.* (Vitamin A, D, E, K; ihre Resorption hängt von der Funktionstüchtigkeit der Fette ab) und der *wasserlösl. V.* (Vitamine der B-Gruppe, Vitamin C) eingeteilt. Daneben werden häufig auch z. T. ebenfalls essentielle Nahrungsbestandteile zu den V. gerechnet, u. a. das [wasserlösl.] *Vitamin P* (Rutin), ferner die p-Aminobenzoesäure, Cholin, Myoinosit und Liponsäure.

Vitaminmangelkrankheiten (Hypovitaminosen, Avitaminosen), Erkrankungen, die durch relativen oder absoluten Mangel eines oder mehrerer Vitamine hervorgerufen werden (u. a. Skorbut, Rachitis). Ursachen sind ein erniedrigtes oder fehlendes Angebot an Vitaminen in der Nahrung, Verdauungs- oder Resorptionsstörungen und Erkrankungen mit erhöhtem Bedarf an Vitaminen.

Vitellius, Aulus, *7. 9. 12 oder 15 n. Chr., † Rom 20. 12. 69, röm. Kaiser (69). Gegen Galba zum Kaiser ausgerufen, konnte er Otho, den Nachfolger Galbas, besiegen; unterlag dann jedoch Vespasian.

Viterbo. Papstpalast (1257–66) mit Freitreppe und gotischer Loggia

Viterbo, italien. Prov.-Hauptstadt im nördl. Latium, 59 700 E. Museum, Gemäldesammlung, Staatsarchiv; u. a. Herstellung von Käse-, Wurst- und Likörspezialitäten. Gut erhaltene Stadtmauer (13.–15. Jh.), roman. Dom (12. Jh.), roman. Kirche San Giovanni in Zoccoli (11. Jh.), got. Papstpalast (1266 ff.) mit offener Loggia. – Fiel 754/756 an den Papst; errang Ende des 11. Jh. kommunale Freiheit.

Vitoria

Antonio Vivaldi
(Kupferstich von François Morellon La Cave; 1723)

Vitoria, Francisco de [span. βi'torja] (Franz von Vitoria), *Burgos (Vitoria?) zw. 1483 und 1493, † 12.8. 1546, span. kath. Theologe, Dominikaner; Gründer der Schule von ↑Salamanca und des modernen Völkerrechts.
Vitoria [span. βi'torja], span. Prov.-Hauptstadt im Baskenland, 207 500 E. U. a. Metallverarbeitung. Got. Alte Kathedrale (um 1500 vollendet); neugot. Neue Kathedrale (20. Jh.), von Arkaden umgebene Plaza de España (1791).
Vitrac, Roger [frz. vi'trak], *Pinsac (Lot) 17. 11. 1899, † Paris 22. 1. 1952, frz. Dramatiker. War u. a. Mgl. der Pariser Surrealistengruppe; schrieb neben Lyrik und Essays groteske, absurde Farcen, u. a. »Victor oder Die Kinder an der Macht« (1930).
Vitrine [lat.-frz.], gläserner Schaukasten, Glasschrank.
Vitruv (Vitruvius), röm. Architekturtheoretiker des 1. Jh. v. Chr. (*um 84 v. Chr.?). Ingenieur u. a. in Rom und Baumeister (Basilika in Fano, vermutlich seiner Geburtsstadt). Sein monumentales Werk über die Architektur (»De architectura«, zehn Bücher, wohl ab 25 v. Chr. entstanden; in dt. Übers. erstmals 1912) war richtungsweisend für die Baumeister des gesamten MA und v. a. auch für die Baukunst der Renaissance (u. a. L. Alberti, A. Palladio).
Vittel, frz. Heilbad in den Monts Faucilles, Dép. Vosges, 7 000 E. Mineralquellen.
Vittorini, Elio, *Syrakus 23. 7. 1908, † Mailand 13. 2. 1966, italien. Schriftsteller und Übersetzer. Gehört mit seinen Romanen zu den Vertretern des ↑Neorealismus, u. a. »Tränen im Wein« (1941, 1948 u. d. T. Gespräch in Sizilien), »Die rote Nelke« (R., 1948), »Die Frauen von Messina« (R., 1949).
Vittorio Veneto [italien. vit'tɔːrjo 'veːneto], italien. Stadt in Venetien, nördl. von Venedig, 30 000 E. U. a. Seidenindustrie. – Bei V. V. letzte Kämpfe des 1. Weltkriegs (24. 10.–3. 11. 1918), die zum Zusammenbruch des österr. Widerstands und zum Waffenstillstand führten.
Vitus (Veit), hl., † um 305 (?), frühchristl. Märtyrer der Diokletian. Verfolgung. Zählt seit dem MA zu den 14 Nothelfern. – Fest: 15. Juni.
Vitzliputzli, svw. ↑Huitzilopochtli.

Elio Vittorini

vivace [vi'vaːtʃe; italien.], musikal. Vortrags-Bez.: lebhaft, schnell.
Vivaldi, Antonio, gen. il Prete rosso, *Venedig 4. 3. 1678, † Wien 28. 7. 1741, italien. Komponist und Violinist. 1703 zum Priester geweiht; einer der bedeutendsten Violinisten seiner Zeit, trug wesentlich zur Entwicklung und Ausbreitung des *Solokonzerts* (↑Konzert) bei. Bekannt sind etwa 770 Werke, davon 46 Opern (21 erhalten), 3 Oratorien, 344 Solokonzerte (u. a. 12 Violinkonzerte »Il cimento dell'armonia e dell'inventione« op. 8, 1725 [darin die »Vier Jahreszeiten«]), 81 Konzerte mit zwei oder mehr Soloinstrumenten, 61 Concerti grossi, 23 Kammerkonzerte, 93 Sonaten und Trios, viele weltl. und geistl. Vokalwerke.
Vivarini, italien. Künstlerfamilie des 15. Jh., durch die sich die venezian. Malerei vom byzantin. Schematismus löste; Begründer der »Schule von Murano« war Antonio da Murano, gen. V. (*um 1418, † vor 1484 oder nach 1491); bed. sein Bruder Bartolomeo V. (*um 1432, † um 1499) und v. a. sein Sohn Alvise V. (*um 1445, † um 1504).
Vivarium [lat.], Anlage, in der v. a. wechselwarme lebende Tiere gezeigt werden; z. B. Aquarium, Terrarium.
vivat! [lat.], er (sie, es) lebe hoch!
Viva Television, erster dt. über Kabel und Satellit ausgestrahlter TV-Musikkanal; Programmstart Dez. 1993; Sitz: Köln.
Vivekananda (Wiwekananda), eigtl. Narendranath Datta, *Kalkutta 12. 1. 1863, † Belur Math bei Kalkutta 4. 1. 1902, ind. hinduist. Mönch. Wichtiges religiöses Anliegen war die Verbreitung der Lehre des ↑Vedanta.
Viviparie [lat.], in der *Zoologie* im Ggs. zur ↑Oviparie und ↑Ovoviviparie das Gebären von lebenden Jungen, die die Eihüllen schon vor oder während der Geburt durchbrechen; kennzeichnend v. a. für Säugetiere und Menschen (Ausnahme sind die Kloakentiere).
Vivarais, Monts du, Bergland am O-Rand des frz. Zentralmassivs.
Vivisektion [lat.], der zoolog. und medizin. Forschungszwecken dienende Eingriff am lebenden, meist narkotisierten (oder örtl. betäubten) Tier. V. unterliegen den Bestimmungen des Tierschutzgesetzes. – In den meisten nat.-

Vlieland

Maurice de Vlaminck. Landschaft mit roten Bäumen (1906; Paris, Musée National d'Art Moderne)

soz. Konzentrationslagern wurden von SS-Ärzten im Rahmen ihrer mörder. Menschenversuche auch V. an kranken, z. T. an gesunden Häftlingen durchgeführt.

Vix, frz. Gem. bei Châtillon-sur-Seine, Dép. Côte-d'Or, 85 E. Fundstelle (unterhalb des Mont Lassois) eines frühkeltischen Fürstengrabes (Ende 6. Jh. v. Chr.); unter den Beigaben griechische Bronzekrater.

Vize... [fi:tsə...; lat.], Bestimmungswort von Zusammensetzungen mit der Bedeutung »an Stelle von ..., stellvertretend«.

Vizekönig, Titel eines Generalgouverneurs oder Statthalters als Vertreter des Monarchen.

Viztum ['fıtstu:m, 'vi:tstu:m; mittellat.] (Vizedom), fränk. Verwaltungsbeamter kirchl. Grundherrschaften (Kleriker); später in den dt. Territorialstaaten (v. a. Bayern) Beamter des Landesherrn mit administrativen Aufgaben (v. a. Finanzverwaltung).

VKSE, Abk. für **V**erhandlungen über **k**onventionelle **S**treitkräfte in **E**uropa, Nachfolgegespräche der MBFR-Verhandlungen (↑Abrüstung); der im Nov. 1990 geschlossene »Vertrag über Konventionelle Streitkräfte in Europa« vereinbarte die Schaffung eines Gleichgewichtes auf niedrigerem Niveau.

Vlaardingen [niederl. 'vla:rdɪŋə], niederl. Hafenstadt, 74 500 E. Fischereimuseum; Teil des Hafen- und Ind.-Gebiets Rotterdam-Europoort. Stadthaus (1650), Waage (1556), Fleischhalle (1681).

Vlad Țepeș [rumän. 'vlad 'tsepeʃ], *Schäßburg (?) 1430 oder 1431, † bei Bukarest Ende 1476/Anfang 1477, Fürst der Walachei 1448, 1456–62, 1476/77. Sohn des Fürsten Vlad Dracul (daher auch Draculea oder Dracula [»Sohn des Dracul«] gen.); kämpfte zeitweise erfolgreich gegen die Osmanen; berüchtigt wegen seiner Grausamkeit (rumän. țepeș »Pfähler«) gegenüber seinen Feinden; in der heutigen rumän. Geschichtswissenschaft Nationalheld. ↑Dracula.

Vlaminck, Maurice de [frz. vla'mɛ̃:k], *Paris 4. 4. 1876, † Rueil-la Gadelière bei Chartres 11. 10. 1958, frz. Maler und Graphiker. Landschaftsmotive und Stilleben des ↑Fauvismus.

Vlieland ['vli:lant], eine der Westfries. Inseln, gehört zur Prov. Friesland, Niederlande, 40 km², 1 100 E; Fremdenverkehr; Vogelschutzgebiet.

3703

Vlies

Vlies [niederl.] (Wollvlies), die zusammenhängende Haarmasse der Wollschafe.

Vliesstoffe, Bez. für flexible, poröse textile Flächengebilde, die durch Verkleben von Faserflorschichten (Faservliesen) hergestellt werden.

Vlissingen [niederl. 'vlɪsɪŋə], niederl. Hafenstadt, Seebad an der S-Küste von Walcheren, 44 000 E. Kirche Sint Jacob (14. Jh.); Alte Börse (17. Jh.); ehem. Stadthaus (18. Jh.); Stadttor (16. Jh.).

Vlorë [alban. 'vlorə], Stadt in S-Albanien, 61 000 E. U. a. Zementfabrik, Salinen. – Im 5. Jh. als Bischofssitz erwähnt; nach 1414 osman., dabei mehrfach für kurze Zeit unter venezian. Herrschaft *(Valona)*; 1912 Sitz der provisor. alban. Regierung.

Vlotho ['flo:to], Stadt an der Weser, NRW, 19 300 E. U. a. Maschinen-, Fahrzeugbau. Ev. got. Stephanskirche (13. und 17. Jh.), Fachwerkhäuser (16. bis 19. Jh.).

VLSI [engl. vi:eles'aɪ; Abk. für engl. **v**ery **l**arge **s**cale **i**ntegration »Höchstintegrationsgrad«], in der *Mikroelektronik* Bez. für techn. Verfahren, mit denen mehr als 50 000 elektron. Bauelemente auf einem Chip untergebracht werden können. Heute existieren bereits integrierte Schaltungen mit über 1 000 000 Transistorfunktionen.

VLT [Abk. für engl. **V**ery **L**arge **T**elescope; sehr großes Teleskop], Spiegelteleskop der Europ. Südsternwarte (ESO), das auf dem 2 664 m hohen Cerro Paranal in Chile errichtet werden soll. Das VLT soll aus vier 8-m-Spiegeln bestehen, die auf einer Länge von über 100 m linear angeordnet sind und die in jeder möglichen Kombination, also auch einzeln, betrieben werden können. Beim VLT werden zahlr. techn. Neuerungen angewendet, die beim ↑NTT vorher erprobt wurden. Durch Kopplung zweier oder mehrerer Teleskope kann das VLT als Interferometer betrieben werden und erreicht eine für opt. Teleskope bisher nicht annähernd erzielte Auflösung.

VMOS [engl. vɪːemə ʊ es; Abk. für engl. **v**ertical **m**etal **o**xide **s**emiconductor »vertikaler Metalloxidhalbleiter«], Bez. für in ↑MOS-Technologie hergestellten elektron. Bauelemente, bei denen die Halbleiterschichten untereinander angeordnet sind, so daß der Stromfluß vertikal verläuft. VMOS-Transistoren sind für stromlose, schnelle Schaltvorgänge geeignet, z. B. in verzerrungsarmen Niederfrequenzleistungsverstärkern in Hi-Fi-Anlagen.

V-Motor (Gabelmotor), Verbrennungsmotor, bei dem die Zylinder paarweise so angeordnet sind, daß ihre Achsen einen spitzen Winkel (V-Form) miteinander bilden, dessen Scheitel in der Drehachse der gemeinsamen Kurbelwelle liegt.

VOB, Abk. für **V**erdingungs**o**rdnung für **B**auleistungen.

Vöcklabruck [fœ...], oberösterr. Bezirkshauptstadt im Attergau, 11 200 E. U. a. Maschinenbau, Betonwerke. Spätgot. Kirche (14./15. Jh.), barocke St. Ägidiuskirche (1688 vollendet).

Vocoder [voˈkoːdər; engl. 'vəʊkəʊdə; Kw. aus engl. **vo**ice **coder**], Gerät zur Übertragung von Sprache bei stark verminderter Bandbreite; besteht aus dem Analyseteil *(Coder)* und dem *Voder* (Synthesator, Sprachgenerator), der ein dem ursprüngl. Sprachsignal ähnl. Sprachsignal erzeugt.

Vodoo (Voodoo) ↑Wodu.

Vogel, 1) Bernhard, *Göttingen 19. 12. 1932, dt. Politiker (CDU). Bruder von H.-J. Vogel; 1965–67 MdB; in Rheinland-Pfalz 1967–91 Kultus-Min., 1976 bis 1988 Min.-Präs.; seit 1992 Min.-Präs. von Thüringen.

Bernhard Vogel

2) Hans-Jochen, *Göttingen 3. 2. 1926, dt. Politiker (SPD). Bruder von B. Vogel; 1960–72 Oberbürgermeister von München; 1972–77 Landes-Vors. der bayr. SPD; 1972–81 und 1983–94 MdB; 1972–74 Bundes-Min. für Raumordnung, Bauwesen und Städtebau, 1974–81 Bundes-Min. für Justiz, Jan.–Juni 1981 Regierender Bürgermeister von Berlin (West); in der Bundestagswahl 1983 Kanzlerkandidat, danach bis 1991 Vors. der Bundestagsfraktion; 1987–91 Vors. der SPD.

Hans-Jochen Vogel

Vögel (Aves), von Reptilien abstammende, heute mit rd. 8 600 Arten in allen Biotopen weltweit verbreitete Klasse warmblütiger, befiederter, meist flugfähiger Wirbeltiere, deren Vordergliedmaßen (unter starker Reduktion der fünf Finger) zu Flügeln umgebildet sind; Skelett teilweise lufthaltig; Haut ohne Schweißdrüsen und (mit Aus-

Vogelfeder

nahme einiger Vogelgruppen, z. B. Reiher) mit einer meist großen Bürzeldrüse; Lunge relativ klein, wenig dehnbar, ohne Lungenbläschen, jedoch mit z. T. sich in die Röhrenknochen erstreckenden, blasebalgartig wirkenden Luftsäcken; Stoffwechsel sehr intensiv; Körpertemperatur hoch (gegen 42 °C); mit Ausnahme von Strauß, Gänsevögeln und wenigen anderen Gruppen kein Penis vorhanden, dafür haben alle V. eine Kloake; Harnblase fehlend, es wird Harnsäure ausgeschieden. V. legen stets von Kalkschalen umschlossene Vogeleier in häufig kunstvoll gebaute Nester ab. – An Sinnesorganen steht bei den V. der Gesichtssinn im Vordergrund (Farbensehen im allg. ähnlich wie beim Menschen; Sehvermögen sonst dem Menschenauge überlegen hinsichtlich Größe des Gesichtsfeldes und Sehschärfe). Der gut ausgebildete Gehörsinn entspricht etwa dem des Menschen, wohingegen der Geruchssinn sehr schwach entwickelt ist. – Die Lauterzeugung erfolgt meist durch einen bes. Kehlkopf (↑Syrinx). – Unter den V. unterscheidet man Standvögel, Strichvögel, Zugvögel und Teilzieher.

Vogelbeerbaum, gemeinsprachl. Bez. für die Eberesche.

Vogelfeder (Feder), charakterist. Epidermisbildung der Vögel. V. sind Horngebilde von nur geringem Gewicht. Sie dienen v. a. der Wärmeisolation und sind eine notwendige Voraussetzung für das Fliegen. Man unterscheidet ↑Dunen und bei erwachsenen Tieren über den Pelzdunen (vielästige Dunen) liegende Konturfedern (den Körperumriß, die Kontur bestimmende Federn), die in Schwungfedern, Deckfedern und Schwanzfedern unterteilt werden. Eine Konturfeder besteht aus einem *Federkiel* (Federachse, Federschaft, Schaft), der die *Federfahne* trägt; sie ist bei den Schwung- und Schwanzfedern asymmetrisch ausgebildet. Die Federfahne wird aus *Federästen* gebildet, die nach oben *(Hakenstrahlen)* und unten *(Bogenstrahlen)* gerichtete, kürzere *Federstrahlen* tragen. Die Hakenstrahlen sind mit Häkchen besetzt, die in die Bogenstrahlen greifen (Reißverschlußprinzip), so daß die Federfahne eine geschlossene Fläche bildet. Der unterhalb der Federfahne anschließende Abschnitt des Federkiels steckt teilweise in dem in die Epidermis eingesenkten *Federbalg* und wird als *Federspule* bezeichnet. Die Federn werden ein- oder zweimal im Jahr gewechselt (↑Mauser). – Die Farben der Federn werden meist durch das Zusammenspiel von auf Interferenzerschei-

Vögel.
Von links: Standvogel: Kaiserpinguin; Strichvogel: Stieglitz; Zugvogel: Klunkerkranich; Teilzieher: Kiebitz

Vögel.
Habitus eines Buchfinken

vogelfrei

nungen beruhenden Strukturfarben mit den Pigmenten hervorgerufen.
vogelfrei ↑Acht.
Vogelherdhöhle, bei Stetten ob Lontal (Gem. Niederstotzingen, Bad.-Württ.) gelegene Höhle, 1931 ausgegraben; neun Fundschichten des Mittel- und Jungpaläolithikums (mit bed. Kunstwerken dieses Zeitabschnitts) sowie des Neolithikums.
Vogelkirsche (Süßkirsche), in Europa, W-Sibirien und Vorderasien heim. Rosengewächs der Gatt. Prunus; bis 20 m hoher Baum, Früchte der Wildform klein, schwarz, bittersüß schmeckend (↑Süßkirsche).
Vogelkunde, svw. ↑Ornithologie.
Vogelmilbe (Rote V., Hühnermilbe), etwa 0,75 mm lange Milbe; saugt nachts Blut, v. a. an Hühnern und Stubenvögeln.

Vogelspinnen. Art der Vogelspinnen im engeren Sinn

Vogelsberg, Mittelgebirge vulkanischen Ursprungs in Hessen, höchste Erhebung ist der Taufstein (774 m hoch).
Vogelschutz, Schutz der wildlebenden (nicht jagdbaren) Vögel (↑Naturschutz). Dazu gehören einerseits Verbote (z. B. den Fang und den Abschuß einschränkend), andererseits die Einrichtung von Nistgelegenheiten und die Bekämpfung der natürl. Feinde von Vögeln. *Vogelschutzgebiete* dienen als Regenerationsräume, Brut- und Raststätten für Vögel, aber auch für andere Tiere.
Vogelschutzwarte, staatl. Institut, das sich dem Vogelschutz und der angewandten Vogelkunde widmet.

Vogelspinnen (Orthognatha), Unterordnung 6–100 mm langer Spinnen mit rd. 1500, vorwiegend trop. und subtrop. Arten; gekennzeichnet durch annähernd parallel zur Körperachse einschlagbare Giftklauen. Zu den V. gehören u. a. die *Eigentl. V.* (Buschspinnen, Aviculariidae): im Extremfall bis 9 cm lang, dämmerungs- und nachtaktiv, dicht braun bis schwarz behaart; Beutetiere sind u. a. Gliedertiere und kleine Wirbeltiere.
Vogelwarte, Institut für wiss. Vogelkunde, das sich als »Beringungszentrale« vorwiegend mit der Aufklärung des Vogelzugs befaßt. In Deutschland gibt es die *V. Helgoland* (Sitz: Wilhelmshaven), die *V. Radolfzell,* die *V. Hiddensee,* in Österreich die *V. Neusiedler See,* in der Schweiz die *V. Sempach.*
Vogelzug, bei vielen Vogelarten (↑Zugvögel) regelmäßige, jahreszeitlich bedingte Wanderung zw. zwei (häufig weit voneinander entfernt gelegenen) Gebieten (Brutgebiet und Winterquartier). Die in den nördlichen Regionen brütenden Arten ziehen am weitesten nach Süden. Auslösefaktoren für den V. sind wahrscheinlich v. a. hormonelle Einflüsse, ausgelöst durch Stoffwechseländerungen oder Lichtintensitätsabnahme bzw. -zunahme. Ebenfalls noch nicht befriedigend geklärt ist, woran sich die Vögel beim V. orientieren. Tagzieher (die meisten Zugvögel) orientieren sich nach der Sonne und nach landschaftl. Richtmarken, während sich die Nachtzieher (z. B. Nachtigall, Nachtschwalben, viele Grasmücken) vermutlich v. a. nach den Sternen orientieren. Für Rotkehlchen und Dorngrasmücke wurde nachgewiesen, daß für sie das Magnetfeld der Erde richtungweisend ist.
Vogesen (früher dt. Wasgenwald; frz. Vosges), Mittelgebirge in O-Frankreich, erhebt sich steil aus dem Oberrheingraben, begleitet von einer Vorbergzone und dacht sich sanft nach W ab. Im N bildet die Zaberner Steige die Grenze zum Pfälzer Wald, im S fallen die V. ab zur Burgund. Pforte. Höchste Erhebung ist mit 1423 m der Große Belchen.
Vogler, Georg Joseph, genannt Abbé V., *Würzburg 15. 6. 1749, †Darmstadt 6. 5. 1814, dt. Komponist. Gründete

1776 die ↑Mannheimer Schule; bed. Kompositionslehrer und Orgelimprovisator.

Vogt [fo:kt], **1)** Alfred, *Menziken 31.10.1879, † Oberägeri bei Zug 10.12.1943, schweizer. Augenarzt. Bed. Arbeiten zur mikroskop. Augenuntersuchung mit der Spaltlampe und zur Entstehung der Augenkrankheiten.

2) Oskar, *Husum 6.4.1870, † Freiburg im Breisgau 31.7.1959, dt. Neurologe. Seine Arbeiten betreffen die Hirnforschung und die Psychiatrie (bes. Hypnoseforschung) sowie die Bestimmung von Zentren der Großhirnrinde.

Vogt [lat.], im MA Inhaber einer Schutzherrschaft (häufig verbunden mit der Gerichtsbarkeit), die Kirchenvogtei oder weltl. *Vogtei* sein konnte; später landesherrl. Verwaltungsbeamter.

Vogtland, Bergland zw. Frankenwald im W, Fichtelgebirge im S und Erzgebirge im SO, Deutschland und Tschech. Republik; im Aschberg 936 m hoch.

Vogts, Hans Hubert (»Berti«), *Büttgen 30.12.1946, dt. Fußballspieler und -trainer. Als Abwehrspieler mit Borussia Mönchengladbach Dt. Meister 1970, 1971, 1975–77, UEFA-Cup-Sieger 1975 und 1979; Weltmeister 1974 (96 A-Länderspiele); seit 1990 Bundestrainer des DFB.

Voice of America [engl. ˈvɔɪs əv əˈmerɪkə »Stimme Amerikas«], 1942 gegr., staatl. Rundfunkanstalt der USA, die mit Sendestationen im In- und Ausland Hörfunksendungen in 47 Sprachen ausstrahlt.

Voile [voˈaːl; lat.-frz.], meist leinwandbindiges, sehr poröses Gewebe aus feinfädigen Voilegarnen; u. a. für Blusen, Kleider, Vorhänge.

Voitsberg [ˈfɔyts...], österr. Bezirkshauptstadt in der Mittelsteiermark, 10 400 E. U. a. Glashütte, Pumpenfabrik; 5 km nw. Schloß und Gestüt *Piber* (Aufzucht von ↑Lipizzanern). Roman.-spätgot. Kirche zum hl. Michael, Burgruine Obervoitsberg (12. Jh.).

Vokabular [lat.], Wörterverzeichnis; Wortschatz.

Vokal [lat.] (Selbstlaut, Freilaut), Laut, bei dessen Artikulation die Atemluft verhältnismäßig ungehindert ausströmt. – Ggs. ↑Konsonant.

Vokalmusik, diejenigen Musikgattungen, die mit Sprache oder Gesang verbunden sind; im Unterschied zum Begriff der Instrumentalmusik, der Singstimmen ausschließt, umfaßt die V. auch die Gattungen, die mit instrumentaler Musik verbunden sind; u. a. geistl. Konzert, Kantate, Oratorium, Oper.

Vokation [lat.], in den ev. Kirchen die Berufung in ein kirchl. Amt.

Vokativ [lat.] (Anredefall), Kasus v. a. in älteren indogerman. Sprachen (u. a. Lat., Griech., Sanskrit), der dem direkten Anruf und der Anrede dient.

Vol., Abk. für **Vol**umen.

Volant [voˈlãː; lat.-frz.], **1)** *Kraftfahrzeugtechnik:* Lenkrad, Steuerrad eines Kraftwagens.

Vogelzug. Ausgewählte Beispiele

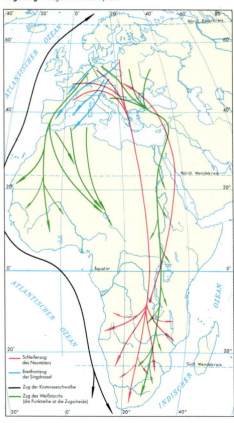

Volapük

Völkerbund.
Rede Gustav Stresemanns vor dem Völkerbund am 29. 9. 1929

2) *Mode:* Stoffstreifen, der an einer Seite angekraust und als Besatz auf- oder angesetzt wird.
Volapük [Kw.], 1879 von dem dt. Geistlichen Johann Martin Schleyer (*1831, † 1912) geschaffene, v. a. Ende des 19. Jh. verbreitete ↑Welthilfssprache.
Volcánica, Cordillera [span. kɔrði'jera βɔl'kanika], Vulkanzone in Mexiko, bildet den S-Rand des zentralmex. Hochlandes, bis 5 700 m hoch.
Volendam [niederl. voːlən'dɑm] ↑Edam.
Voliere, bes. großer Vogelkäfig, in dem Vögel auch frei fliegen können.
Volk, durch gemeinsames kulturelles Erbe und histor. Schicksal gekennzeichnete Lebensgemeinschaft von Menschen. Der Begriff wird oft im Sinn von Nation oder Staats-V. verwendet, ist aber nicht notwendig damit identisch; wesentlich ist das Gefühl innerer, meist auch äußerer (räuml.) Zusammengehörigkeit. Das Staats-V. ist in Demokratien Träger der verfassung- und gesetzgebenden Gewalt.
Volkach ['fɔlkax], Stadt am Main, Bayern, 8 000 E. Spätgot. Bartholomäuskirche (15. Jh.; Innenausstattung Rokoko), spätgot. Wallfahrtskirche Sankt Maria im Weingarten (15./16. Jh.) mit Rosenkranzmadonna von T. Riemenschneider (1521–24); Renaissancerathaus (1544 ff.). – 906 erstmals erwähnt, 1258 als Stadt bezeichnet.
Volker von Alzey ['fɔlkər], Held des Nibelungenlieds; Ritter und Spielmann.
Völkerball, Wurfballspiel, bei dem die Spieler der gegner. Mannschaft mit einem Ball abgeworfen werden.
Völkerbund (frz. Société des Nations, engl. League of Nations), die 1920–46 bestehende internat. Organisation zur Sicherung des Weltfriedens und Wahrung der territorialen Integrität und polit. Unabhängigkeit der Mitgliedsstaaten nach dem Prinzip der kollektiven Sicherheit; angeregt u. a. durch den Vorschlag des US-Präsidenten Wilson in seinen Vierzehn Punkten vom 8. 1. 1918. Die Satzung vom 28. 4. 1919 *(Völkerbundakte)* war Bestandteil der Pariser Friedensverträge von 1919/20. Mgl. waren urspr. die 32 Siegermächte des 1. Weltkrieges (außer den USA) und 13 neutrale Staaten. Weitere Staaten konnten mit Zweidrittel-Mehrheitsbeschluß aufgenommen werden (so u. a. Deutschland 1926, UdSSR 1934). Austritt war möglich (z. B. Brasilien 1928, Japan und

das Dt. Reich 1933, Italien 1937). Die UdSSR wurde 1939 ausgeschlossen. Oberste *Organe* des V. waren die in Genf tagende Bundesversammlung, in der jedes Mgl. eine Stimme besaß, sowie der V.rat, dem die Hauptmächte (Großbrit., Frankreich, Italien bis 1937, Japan bis 1933, Deutschland 1926–33 und UdSSR 1934–39) als ständige Mgl. und zuletzt neun nichtständige, jeweils auf drei Jahre gewählte Mgl. angehörten. Das Sekretariat in Genf wurde vom Generalsekretär geleitet. Daneben wurden mehrere Hilfsorgane geschaffen: u. a. Hoher Kommissar für Danzig, Regierungskommission für das Saargebiet, Kommission für Flüchtlingsschutz, Ständiger Internat. Gerichtshof in Den Haag, Internat. Arbeitsorganisation. Die polit. Ohnmacht des V., der auf humanitärem Gebiet Bedeutendes leistete, wurde in dessen Einflußlosigkeit bei Ausbruch und Verlauf des 2. Weltkrieges deutlich. Nach Gründung der UN beschloß der V. am 18. 4. 1946 seine Auflösung.

Völkerkunde, svw. ↑Ethnologie.

Völkermarkt, österr. Bezirkshauptstadt in Kärnten, östlich von Klagenfurt, 11 100 E. Herstellung von opt. Geräten. Spätgotische Stadtpfarrkirche (15. Jh.) mit spätroman. W-Türmen des Vorgängerbaus.

Völkermord (Genozid), im 20. Jh. entwickelter Begriff, der die vollständige oder teilweise, direkte oder indirekte phys. Ausrottung von nat., ethn., rass., religiösen oder sozialen Gruppen umfaßt. Als histor. Phänomen ist V. von der Antike an belegt. In der Neuzeit wurde V. begangen v. a. im Zusammenhang mit der kolonialen Expansion Europas (z. B. von den Europäern an der indian. Urbevölkerung), in Verbindung mit der Entkolonisation (von verschiedenen ethn. Gruppen untereinander, z. B. in Biafra) sowie während des 1. und 2. Weltkriegs (Massenmorde an den Armeniern durch die Türken, nat.-soz. Rassenpolitik, v. a. die Judenverfolgung). Am 9. 12. 1948 nahm die Generalversammlung der UN (bei Nichtteilnahme Südafrikas) einstimmig die *Konvention über die Verhütung und Bestrafung des Völkermordes* an, die den V. als ein Delikt wider das Völkerrecht deklarierte.

Völkerwanderung

Völkerrecht, die Gesamtheit der durch Vertrag oder Völkergewohnheitsrecht begründeten Rechtssätze, die die Rechte und Pflichten der Staaten und anderer Völkerrechtssubjekte in Anerkennung ihrer Existenz und Integrität regeln.
Im Ggs. zum innerstaatl. Recht wird das V. weder von einem zentralen Gesetzgebungsorgan erzeugt und durch eine zentrale Gewalt durchgesetzt noch durch eine vom Willen der Streitteile unabhängige Gerichtsbarkeit ausgelegt. Da es sich in erster Linie an souveräne Rechtsgemeinschaften wendet, kann es nur durch das Zusammenwirken dieser Rechtsgemeinschaften geschaffen, ausgelegt und ausgeführt werden. Die Anwendung völkerrechtl. Normen, d. h. die Verbindlichkeit des V., wird durch das Prinzip der Gegenseitigkeit gesichert.
Das V. umfaßte bis Anfang dieses Jh. v. a. die Regeln über Gebietserwerb, völkerrechtliches Delikt, Seerecht, Kriegsrecht und das Recht der Neutralität. Seither umspannt das V. alle Bereiche der zwischenstaatl. Beziehungen (z. B. Menschenrecht, Weltraumrecht, das Recht der internat. Organisationen).

Völkerrechtssubjekt, natürl. oder jurist. Person, die Träger von völkerrechtl. Rechten und Pflichten sein kann (v. a. die souveränen Staaten und internat. Organisationen).

Völkerwanderung, Bez. für die Züge meist german. Stämme (↑Germanen) aus ihren Ursprungsgebieten nach S- und W-Europa mit dem Höhepunkt im 4.–6. Jh. Bereits im 3.–1. Jh. v. Chr. drangen Bastarnen nach SO-Europa sowie Kimbern, Teutonen und Sweben in das Röm. Reich vor. Im 2./3. Jh. n. Chr. wanderten Teile der Goten, Gepiden und Vandalen nach S-Rußland und in die Karpaten, während Markomannen, Alemannen und Franken über Donau und Rhein vorstießen (um 260 Fall des Limes). Der Einbruch der Hunnen nach S-Rußland 375, gewöhnlich als Beginn der V. bezeichnet, bewirkte nach und nach die Abwanderung auch geschlossener Volksstämme, von denen sich einige zu »Wanderbünden« zusammentaten (406 Vandalen, Alanen, Sweben). Die Masse der Ostgoten kam erst nach Attilas Tod (453) nach Ungarn, 488 nach

Volk Gottes

Italien. Westgoten zogen 401 nach Italien, später nach S-Frankreich (↑Tolosanisches Reich) und Spanien.
Die ständige Einwanderung von Franken in Gallien ab 350 und ihre Ansiedlung als röm. Bundesgenossen erleichterte die Gründung und Ausbreitung des Fränk. Reiches im 5./6. Jh. Ab etwa 400 gelangten Stammesteile der Sachsen, Angeln und Jüten nach Britannien und gründeten dort eigene Königreiche. 406/407 überschritten Teile der Burgunder den Rhein und wurden zw. Mainz und Worms angesiedelt, nach ihrer Niederlage gegen den weström. Feldherrn Aetius und die Hunnen (436) ins Rhonegebiet umgesiedelt. Mit dem Zug der Langobarden 568 nach Italien fand die german. V. ihren vorläufigen Abschluß. Im 8.–10. Jh. klangen die V. in Europa mit den Wikingerzügen aus. Die german. V. war kein einheitl. Vorgang, sondern die Summe von Bevölkerungsbewegungen unterschiedl. Zeitstellung und Ursachen, zu denen u. a. neue Stammesbildungen (↑Goten), die Verschlechterung der Wirtschaftslage und die Anziehungskraft der röm. Welt mit ihrer höheren Kultur gehören. Zu den Ergebnissen der V. gehören die tiefgreifenden Bevölkerungsumgruppierungen in ganz Europa, die das Ende bzw. die Umgestaltung des Röm. Reiches einleiteten. Neben dem span. Westgotenreich war nur den Staatsgründungen der Franken, Angelsachsen und Langobarden auf ehemaligem Reichsgebiet eine längere Lebensdauer beschieden. Die dort erfolgte Tradierung spätantiker Zivilisation prägte wesentlich die abendländ. Kultur des frühen Mittelalters.

Volk Gottes, in der christl. Theologie Bez. für die Gesamtheit der an den Gott der Bibel glaubenden Menschen (Gottesvolk); in der kath. Theologie Bez. für Kirche.

völkisch, allg. (wie »volklich«) svw. »sich auf das Volk beziehend, dem Volk gemäß, zum Volk gehörig«. Seit dem letzten Drittel des 19. Jh. insbes. als Eindeutschung für »national« verwendet, diente der Begriff speziell zur Kennzeichnung eines ethnisch exklusiven, meist antisemit. Nationalismus.

Völkischer Beobachter, Zentralorgan der NSDAP (1920–45).

Völklingen ['fœlk...], Stadt an der Saar, Saarland, 43 800 E. Schwerindustrie, Eisenhütte (1873 gegr., 1986 stillgelegt; Kulturzentrum und Museum). – 822 erstmals erwähnt; 1937 Stadtrecht.

Volksabstimmung (Plebiszit), Abstimmung der [wahlberechtigten] Bürger über eine bestimmte Sachfrage. Innerstaatlich wird die V. im Ggs. zu ↑Wahlen als ein Instrument der unmittelbaren (plebiszitären) Demokratie angesehen. In der BR Deutschland sieht das Grundgesetz die V. nur für die Neugliederung des Bundesgebietes vor. Dagegen lassen einige Landesverfassungen bzw. die Gemeindeordnungen in einigen Bundesländern die V. zu.

Bei einem *Volksbegehren* läßt i. d. R. das Landesinnenministerium auf schriftl. Antrag einer bestimmten Zahl von Wahlberechtigten nach Prüfung formeller Voraussetzungen innerhalb einer Frist Listen in den Gemeinden auslegen, in die sich die am Volksbegehren interessierten Bürger eintragen. Wird die Mindestzahl von Eintragungen erreicht *(Quorum),* so ist das zustandegekommene Volksbegehren zur V. *(Volksentscheid)* zu stellen.

In *Österreich* findet auf Bundesebene die V. (Referendum) statt bei Gesamtänderungen der Verfassung *(obligatorisches Referendum* [Verfassungsreferendum]); daneben gibt es das Volksbegehren: jeder von 200 000 Stimmberechtigten oder je der Hälfte der Stimmberechtigten gestellte Antrag in Form eines Gesetzentwurfs.

In der *Schweiz* spielt die V. *(Referendum)* eine grundlegende Rolle. Auf Bundesebene steht dem Volk u. a. die Entscheidung darüber zu, ob eine Gesamtänderung der Verfassung durchzuführen ist. Jede Verfassungsänderung tritt erst in Kraft, wenn sie von der Mehrheit der an der Abstimmung teilnehmenden Bürger und von der Mehrheit der Kt. angenommen worden ist *(obligatorisches Referendum).* Wenn es von 30 000 stimmberechtigten Schweizerbürgern oder von acht Kt. verlangt wird, sind Bundesgesetze und allg. verbindl. Bundesbeschlüsse dem Volk zu Annahme oder Verwerfung vorzulegen *(fakultatives Referendum).* In den Kt. ist die V. unterschiedlich geregelt. Außerdem gibt es die *Volksinitiative:* das Recht einer be-

Volksdemokratie

Volksbuch. Illustration aus dem Volksbuch der Melusine (1479; Augsburg)

stimmten Anzahl von Stimmbürgern, durch Antrag ein Gesetzgebungsverfahren in Gang zu setzen.
Volksarmee ↑Nationale Volksarmee.
Volksbanken ↑Kreditgenossenschaften.
Volksbegehren ↑Volksabstimmung.
Volksbuch, von J. Görres eingeführter Begriff; bezeichnete zunächst romanhafte Prosafassungen mittelalterl. Versepen, dann auch populäre Erzählsammlungen der Renaissance. In der Romantik ordnete man dem V. Werke des 15. und 16. Jh. zu: u. a. »Melusine«, »Magelone«, »Herzog Ernst«, »Genovefa«, »Faust«, darüber hinaus auch Schwankserien wie »Eulenspiegel« und »Schildbürger«.
Volksbücherei, svw. ↑öffentliche Bücherei.
Volksbühne, Vereine, die ihren Mgl. verbilligte Theaterbesuche ermöglichen. Die erste »Freie V.« wurde 1890 in Berlin als Teil des Arbeiterbildungsvereins gegr.; 1892 Abspaltung der »Neuen Freien V.«; 1919 erneuter Zusammenschluß, mit anderen neu gegr. V. 1920 Zusammenschluß zum »Verband der dt. V.-Vereine e. V.« (1933 aufgelöst, nach 1945 neu gegr.), Sitz heute Berlin, 1963 Eröffnung eines eigenen Theaters, der »Freien V.« in Berlin (West).
Volksbund Deutsche Kriegsgräberfürsorge e. V., 1919 gegr. Verein, dem in Europa und in N-Afrika die Sorge für die Gräber der dt. Opfer der Weltkriege und der Gewalt (verzeichnet in der Zentralgräberkartei) obliegt; Sitz Kassel.
Volksdemokratie, Selbstbez. zahlr. kommunist. Staaten in M- und O-Europa zw. 1949 und 1989/90. In der V. sollte Herrschaft nicht durch die Minderheit der »kapitalist. Bourgeoisie«, sondern kraft Mehrheit der Arbeiter- und Bauernklasse ausgeübt werden; V. begriff sich aber als Übergangsform zw. der antifaschist. Revolution und dem Ziel einer sozialist. Republik (»Diktatur des Proletariats«, G. Dimitrow 1948). Kennzeichen waren das Einparteiensystem unter der Vormachtstellung der

volkseigener Betrieb

Volkskunst. Links: Hund »Greif«; Oberfranken (um 1930; München, Bayerisches Nationalmuseum) ● Rechts: Türkfigur für ein Wurfspiel; Oberammergau (19. Jh.; Oberammergau, Heimatmuseum)

kommunist. Partei (auch als Führungsrolle in einem Blocksystem) und ein durch Bodenreform und zentrale Planung gesteuerter Wirtschaftsprozeß.

volkseigener Betrieb, Abk. **VEB,** in der DDR Namenszusatz verstaatlichter bzw. vom Staat errichteter Betriebe.

Volkseigentum, in der DDR der Teil des sozialist. Eigentums, der direkt dem Staat unterstellt war, insbes. die volkseigenen Betriebe, die Bodenschätze, Verkehrswege und Transportmittel.

Volkseinkommen (Nationaleinkommen), Summe aller den inländ. Wirtschaftssubjekten aus dem In- und Ausland in einer Periode zufließenden Einkommen.

Volksentscheid ↑Volksabstimmung.

Volksfront, Bez. für ein innenpolit. Bündnis zw. kommunist., sozialdemokrat. und linksbürgerl. Parteien, basierend auf einem gemeinsamen Wahl- oder Regierungsprogramm.
Die von der Sowjetunion v. a. aus außenpolit. Motiven in der zweiten Hälfte der 1930er Jahre für alle kommunist. Parteien verbindlich gemachte V.politik führte zwar zunächst zu V.regierungen in Frankreich (1936/37) und Spanien (1936–39), scheiterte aber letztlich an den polit. Gegensätzen zw. den Bündnispartnern. Nach 1945 hatte die V.politik in der gewandelten Form der Nat. Front wesentl. Anteil an der Errichtung der kommunist. Herrschaft in Ost- und Mitteleuropa.

Volksgerichtshof, durch Gesetz vom 24. 4. 1934 als Provisorium geschaffenes und durch Gesetz vom 18. 4. 1936 in ein Dauerorgan umgewandeltes Gericht, das als Erst- und Letztinstanz die Aufgaben des Reichsgerichts bei Hoch- und Landesverrat und anderen polit. Delikten übernahm. Er verhängte über 5 000 (vollstreckte) Todesurteile. Präs. des V. waren O. G. Thierack (1936–42), R. Freisler (1942 bis Febr. 1945) und Harry Haffner (*1900, †1969; März/April 1945). Der Dt. Bundestag erklärte 1985 die Entscheidungen des V. für nichtig.

Volkshochschule, in den 1950er Jahren entstandene, autonome, überparteil. und überkonfessionelle öffentl. Weiterbildungseinrichtung, meist unter kommunaler Trägerschaft, die in Tages- und Abendveranstaltungen ein breit angelegtes Programm anbietet; meist werden die Lehrveranstaltungen von nebenberufl. Mitarbeitern durchgeführt. Ihre Aufgabe ist es, den Weiterbildungsbedarf in der arbeitsteiligen Industriegesellschaft in thematisch und niveaumäßig differenzierten Kursen abzudecken. Zunehmend werden Kurse, die der berufl. Weiterbildung dienen und deren Abschlüsse von den Arbeitgebern anerkannt werden, angeboten. Die ländl. *Heimvolkshochschulen* dagegen sind zumeist in Internatsform organisiert und betreuen in privater Trägerschaft die berufsbezogene und allg. Weiterbildung.

Volkskammer, Volksvertretungsorgan der ↑Deutschen Demokratischen Republik (Staat und Recht).

Volkskommissare, in Sowjetrußland bzw. in der Sowjetunion und ihren Gliedstaaten 1917–46 Bez. für die Minister.

Volkskommune, ländl. Produktionskollektiv in China; entstanden 1958 aus dem Zusammenschluß jeweils mehrerer landwirtschaftl. Produktionsgenossenschaften; nach Mao Zedongs Tod (1976) de facto aufgelöst.

Volkskongreß, (Dt. V. für Einheit und gerechten Frieden) von der SED organisiertes Vorparlament (1947–49).

Volksstück

Volkskunde (europ. Ethnologie), Kulturwiss., die die alltägl. Lebensformen eines Volkes (Arbeit, Gerät, Haus) sowie seine kulturellen Besonderheiten (Volksglaube, -brauch, -sprache, -dichtung, Musik, Kunst, Tracht) erforscht.

Volkskunst, Begriff, der die kunstgewerbl. Produktionen eines Volkes oder bestimmter Volks- und Berufsgruppen (z. B. sog. Bauernkunst) sowie die religiöse Kleinkunst (z. B. Devotionalien, Votivbilder) bezeichnet. Die V. tradierte ihre Motive und Grundmuster oft über viele Jh.; offenbar haben viele Ornamente (z. B. Dreieck, Kreis, Spirale, Sonne), auch Bauglieder, urspr. symbol. Bedeutung. Infolge der Industrialisierung wurde die V. im 19. und 20. Jh. durch industrielle Massenware verdrängt. Als neues Phänomen entstand die ↑naive Kunst.

Volkslied ↑Lied.

Volksmärchen ↑Märchen.

Volksmusik (Musikfolklore), Gesamtheit der gedächtnismäßig überlieferten Gebrauchs- und Unterhaltungsmusik eines Volkes; wie das Volkslied steht auch die instrumentale V. in enger Beziehung zum Tanz; charakteristisch sind landschaftl. Eigenart, einfache Formen und feststehende Spielfiguren, die dem oft improvisator. Vortrag zugrunde liegen, sowie Musikinstrumente, die in der Kunstmusik nur wenig zum Einsatz kommen (Zither, Gitarre, Fidel, Akkordeon, Dudelsack, Banjo, Balalaika).

Volkspartij voor Vrijheid en Democratie [niederl. 'vɔlkspɑrtɛi voːr 'vrɛihɛit ən deːmoːkraˈsiː], Abk. **VVD,** 1948 entstandene bedeutendste liberale Partei der Niederlande; 1948–51, 1959–73, 1977–81 und 1982–90 sowie seit 1994 Regierungspartei.

Volksrechte ↑germanische Volksrechte.

Volksrepublik, nach dem 2. Weltkrieg Eigen-Bez. einiger sozialistisch orientierter Staaten.

Volksschule, traditionell neben den höheren Schulen bestehende Schulform für die breiten Schichten der Bevölkerung. Die V. wurde erst im 19. Jh. unter Widerständen allg. ausgebaut, als die Schreib- und Rechenschulen nicht mehr ausreichend erschienen (↑Schule). Heute sind anstelle der V. zwei selbständige Schulformen getreten: ↑Grundschule und ↑Hauptschule bzw. (in Gesamtschulen) Sekundarstufe I.

Volkssouveränität, Grundprinzip der Legitimation demokrat. Herrschaft, fixiert in dem Verfassungssatz, daß alle Staatsgewalt vom Volke ausgehe. Herrschaftsausübung soll letztlich immer auf Zustimmung des Volkes zurückführbar sein. – In der modernen Demokratie westl. Prägung verbindet sich die Idee der V. mit der Lehre vom liberalen Verfassungsstaat.

Volksstück, von professionellen Schauspieltruppen für ein breites Publikum teils auf Wanderbühnen, teils an festen Bühnen gespieltes volkstüml. Stück mit

Volkskunst.
Patenbrief aus dem Elsaß (1825; Berlin, Museum für Deutsche Volkskunde)

Volkssturm

meist mundartl. Texten; die Grenzen zur Komödie und Posse sind fließend (J. Nestroy, L. Thoma, Ö. von Horváth, F. X. Kroetz).

Volkssturm, durch Erlaß vom 25. 9. 1944 aus allen nicht der dt. Wehrmacht angehörigen, waffenfähigen Männern zw. 16 und 60 Jahren gebildete Kampforganisation zur Verteidigung des Reichsgebiets.

Volkstanz, Bez. für die überlieferten, bei festl. oder geselligen Anlässen mit instrumentaler oder vokaler Begleitung getanzten Tänze sozialer oder regionaler Gemeinschaften. Nach seiner Funktion wird der V. eingeteilt in Tänze für bestimmte Kulte oder Bräuche; Tänze, die von einzelnen (bzw. Paaren) zur Schau gestellt werden; gesellige Tänze. In seiner urspr. Tradition hat sich der V. insbes. in O- und S-Europa erhalten.

Volkstrachten, traditionelle Kleidung der ländl.-bäuerl. Bevölkerung, deren Differenzierung auf territorialer wie naturräuml. Abgrenzung beruht (Trachtenlandschaften), mit Blütezeit im 18. Jahrhundert. In Einzelheiten (Kopfputz, Farben) unterscheiden die V. den Personenstand (Kind, ledig, verheiratet, verwitwet); auch berufsständ. Trachten (z. B. Berg- und Zimmerleute) bildeten sich heraus. Für das Gesamtbild spielte auch die Konfession eine Rolle. Zur Arbeit wurde einfache Kleidung getragen. Von der Festtagstracht hebt sich die Trauertracht, bes. aber die Brauttracht ab. Heute sind die V. in Deutschland weitgehend verschwunden, sie leben noch im Dirndl fort, werden in Trachtenvereinen durch bewußte Pflege tradiert, in der Mode als »Trachtenlook« aufgegriffen.

Volkstrauertag, seit 1952 nat. Trauertag in der BR Deutschland (vorletzter Sonntag vor dem 1. Advent) zum Gedenken der Gefallenen beider Weltkriege und der Opfer des Nationalsozialismus.

Volkstribun ↑Tribun.

Volksvermögen (Reinvermögen einer Volkswirtschaft), Summe der Realvermögensbestände (Boden, Gebäude, Einrichtungen, Maschinen, Vorräte usw.) aller Sektoren einer Volkswirtschaft zuzüglich der Differenz zw. Forderungen und Verpflichtungen gegenüber dem Ausland.

Volksvertretung, die gewählte Vertretung des ganzen Volkes (↑Parlament).

Volkswagen-Stiftung, 1961 von dem Land Niedersachsen und der BR Deutschland unter der Bez. Stiftung Volkswagenwerk gegr. Stiftung zur Förderung von Wiss. und Technik in Forschung und Lehre; Sitz Hannover. Die Förderungsmittel (1992 rd. 160 Mio. DM) stammen aus den Zinsen des Stiftungsgrundkapitals sowie den jährl. Dividenden der Volkswagenaktien des Landes Niedersachsen. 1962–92 wurden rund 3,8 Mrd. DM zur Forschungsförderung zur Verfügung gestellt.

Volkswagenwerk AG, Abk. **VW AG,** dt. Unternehmen der Automobil-Ind., Sitz Wolfsburg; gegr. 1937 als »Gesellschaft zur Vorbereitung des dt. Volkswagens«, ab 1938 Volkswagenwerk, 1960 Umwandlung in eine AG durch Teilprivatisierung von Bundesvermögen und Ausgabe von Volksaktien. Wichtige Tochtergesellschaften sind u. a. Audi AG/Ingolstadt, SEAT S. A./Madrid, Škoda/Pilsen, und Volkswagen Sachsen/Mosel (bei Zwickau).

Volkswirtschaft, die Gesamtheit des wirtschaftenden Zusammenwirkens aller privaten und öffentl. Wirtschaftssubjekte innerhalb des [mit dem Staatsgebiet zusammenfallenden] Wirtschaftsraums mit einheitl. Währung und Wirtschaftssystem.

volkswirtschaftliche Gesamtrechnung, Periodenrechnung der in der Sozialproduktstatistik ermittelten makroökonom. Kreislaufgrößen mit Hilfe eines Kontenschemas, in dem jedem gesamtwirtschaftl. Aggregat (Unternehmen, private Haushalte, Staat, Ausland, Vermögensänderung) ein Konto zugeordnet ist, auf dem jeweils sämtl. Kreislauftransaktionen mit den übrigen Aggregaten entsprechend der doppelten Buchführung erscheinen.

Volkswirtschaftslehre (Nationalökonomie, Sozialökonomie), als Teilgebiet der Wirtschafts-Wiss. eine empir. Wiss., deren Objekt die Bestimmungsgrößen wirtschaftl. Entscheidungen von Individuen, gesellschaftl. Gruppen und ganzer Gesellschaften sowie die Auswirkungen und gegenseitigen Abhängigkeiten dieser Entscheidungen sind. Disziplinen der V. sind die *Wirtschaftstheorie,* die theoret. *Wirtschaftspolitik,* die *Fi-*

nanzwiss. und Teile der *Wirtschaftsgeschichte;* Hilfswiss. der V. sind v. a. *Statistik* und *Ökonometrie.*
Die *Geschichte* der Volkswirtschaftslehre i. e. S. beginnt nach einzelnen Ansätzen in Antike und MA mit dem ↑Merkantilismus und der Schule der ↑Physiokraten, weiterhin durch ↑Kameralismus und die englischen Klassiker der Nationalökonomie (A. Smith, D. Ricardo, T. R. Malthus, J. B. Say, J. S. Mill). Nach einer Ausdifferenzierung in verschiedene Zweige (histor. Schule, österr. Schule, Grenznutzenschule, neoklass. Schule) erfuhr die V. im 20.Jh. eine Neubelebung durch J. M. Keynes (↑Keynesianismus) und M. Friedman (↑Monetarismus).

Volkszählung, von der amtl. Statistik durchgeführte Erhebung über den Bevölkerungsbestand; in der BR Deutschland zuletzt 1987. Die V. werden durch jährlich durchgeführte Stichprobenzählungen bei 1% der Bevölkerung (*Mikrozensus*) ergänzt.

Vollbeschäftigung, volle Auslastung aller Produktionsfaktoren (insbes. des Faktors Arbeit) einer Volkswirtschaft; formales Merkmal für das Bestehen von V. ist ein geringer Prozentsatz an Arbeitslosen.

Vollblut (Vollblutpferd), in zwei Rassen (Arab. Vollblut, Engl. Vollblut) gezüchtetes, bes. edles Hauspferd; v. a. als Rennpferd.

Volleyball ['vɔle...; lat.-engl./dt.], Rückschlagspiel für zwei Mannschaften zu je sechs Spielenden auf einem Spielfeld von 18×9m, das durch ein Netz (2,43 m hoch für Männer, 2,24 m hoch für Frauen) über einer Mittellinie in zwei Hälften geteilt ist. Jede Mannschaft versucht, den Ball so in das gegner. Feld zu spielen, daß er dort den Boden berührt oder nur fehlerhaft angenommen werden kann. Sieger eines Satzes ist die Mannschaft, die zuerst 15 Punkte (mit mindestens zwei Punkten Unterschied zur gegner. Mannschaft) erreicht. Sieger eines Spiels ist, wer drei Sätze gewonnen hat.

Volljährigkeit (Mündigkeit), die mit Vollendung des 18. Lebensjahres erlangte Rechtsstellung, die zur Mündigkeit im Rechtsleben führt.

vollkommene Zahl (perfekte Zahl), eine natürl. Zahl, halb so groß ist wie die Summe ihrer Teiler. Eine v. Z. ist z. B. 6, denn 6 = (1+2+3+6)/2.

Vollkorn, hinsichtlich Länge und Umfang optimal ausgebildetes Getreidekorn. – Ggs. Schmachtkorn. – Der aus dem ganzen Getreidekorn gemahlene Vollkornschrot enthält einen höheren Anteil an Vitaminen, Proteinen, Mineral- und Ballaststoffen als (Weiß)mehl.

Vollmacht, durch Rechtsgeschäft erteilte Vertretungsmacht. Die V. wird erteilt durch einseitige Erklärung gegenüber dem Vertreter (Innenvollmacht) oder dem Geschäftsgegner oder durch öffentl. Bekanntmachung (Außenvollmacht). Die *Generalvollmacht* (Blankovollmacht) bezieht sich auf alle Geschäfte schlechthin. Das Erlöschen der V. bestimmt sich nach dem Rechtsverhältnis, das ihrer Erteilung zugrunde liegt. Ein Widerruf der V. ist grundsätzlich jederzeit möglich.

Vollmer, Antje, *Lübbecke 31.5.1943, dt. Politikerin (Bündnis 90/Die Grünen). Pastorin; 1983–85, 1987–90 und seit 1994 MdB; seit 1994 Bundestags-Vizepräsidentin.

Vollstreckung, 1) im Strafrecht die zwangsweise Durchsetzung einer rechtmäßig und rechtskräftig verhängten Strafe (Straf-V.).
2) svw. ↑Zwangsvollstreckung.

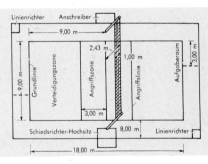

Volleyball. Spielfeld

Vollstreckungsbescheid (Vollstreckungsbefehl) ↑Mahnverfahren.

Vollstreckungstitel (vollstreckbare Titel), eine der Voraussetzungen zur Durchführung der Zwangsvollstreckung; muß mit einer *Vollstreckungsklausel* (Vermerk über die Vollstreckbarkeit) versehen sein. V. sind: 1. vollstreckbare Urkunden, 2. bestimmte rechtskräftige

Vollversammlung

gerichtl. Entscheidungen (Arreste und einstweilige Verfügungen), 3. Urteile, die für vorläufig vollstreckbar erklärt worden sind.

Vollversammlung, svw. ↑Plenum.

Vollwinkel, ein Winkel von 360°.

vollziehende Gewalt (Exekutive), nach dem Prinzip der Gewaltentrennung die Staatsfunktion neben Legislative (↑Gesetzgebung) und Jurisdiktion (↑Rechtsprechung). Die polit. Spitze der v. G. ist die Regierung, der Vollzug der Gesetze obliegt der Verwaltung; in parlamentar. Regierungssystemen kommt es zu Überschneidungen zw. Legislative und vollziehender Gewalt.

Volontär [lat.-frz.], ein in der Ausbildung befindl. Arbeitnehmer, der keine abgeschlossene Berufsausbildung, sondern Einarbeitung in eine bestimmte (v. a. journalist. oder kaufmänn.) Tätigkeit, meist gegen eine nur unerhebl. Vergütung, erhält.

Volos (Wolos), griech. Hafen- und Ind.-Stadt am N-Ende des Pagasäischen Golfes, 71 400 E.

Volsinii [...ni-i], eine der bedeutendsten Städte der ↑Etrusker; über Bolsena oder Orvieto gelegen (das spätere röm. V. lag etwa auf dem Gebiet von Bolsena).

Volsker (lat. Volsci), altitalischer, zur osk.-umbr. Sprachgruppe gehörender Stamm, seit dem 6. Jh. v. Chr. im Bergland des südl. Latium ansässig; Unterwerfung durch Rom 329 v. Chr.

Volt [nach A. Graf Volta], Einheitenzeichen **V**, SI-Einheit der elektr. Spannung. Festlegung: 1 V ist gleich der elektr. Spannung oder elektr. Potentialdifferenz zw. zwei Punkten eines fadenförmigen, homogenen und gleichmäßig temperierten Leiters, in dem bei einem zeitlich unveränderl. elektr. Strom der Stärke 1 Ampere zw. den Punkten die Leistung 1 Watt umgesetzt wird.

Volta, Alessandro Graf (seit 1810), *Como 18. 2. 1745, † ebd. 5. 3. 1827, italien. Physiker. Wies u. a. nach, daß die galvan. Elektrizität und die Reibungselektrizität von gleicher Natur bzw. Wirkung sind. Das bedeutendste Ergebnis seiner Untersuchungen war 1800 die Erfindung der nach ihm ben. *Voltaschen Säule,* die die erste brauchbare elektr. Stromquelle darstellte.

Volta, größter Fluß Ghanas, entsteht durch Zusammenfluß von Schwarzem und Weißem V., im nördl. Z-Ghana, mündet in den Golf von Guinea, mit Schwarzem V. rd. 1 800 km lang; wird bei Akosombo zum 8 480 km^2 großen *Voltasee* gestaut.

Voltaire (Ausschnitt aus einem zeitgenössischen Gemälde von Nicolas de Largillière)

Voltaire [frz. vɔl'tɛːr], eigtl. François Marie Arouet, *Paris 21. 11. 1694, † ebd. 30. 5. 1778, frz. Schriftsteller und Philosoph. Einer der Hauptvertreter der frz. Aufklärung, u. a. Mitarbeit an der Enzyklopädie Diderots und d'Alemberts; ab 1746 Mgl. der Académie française. – Zunächst Karriere als Hofdichter; mußte wegen einer persönl. Fehde 1726 Frankreich verlassen; lebte bis 1729 in Großbrit., wo die »Lettres philosophiques« entstanden, in denen die liberalen brit. Verhältnisse den Zuständen in Frankreich gegenübergestellt werden. Nach Verbrennung dieser Schrift durch das Pariser Parlament floh V. nach Lothringen; dort lebte er 15 Jahre (bis 1748) auf dem Schloß Cirey der Marquise du Châtelet. Neben Theaterstücken (u. a. »Der verlorene Sohn«, 1736) und Erzählungen (u. a. »Zadig«, 1747) entstanden hier u. a. die »Elemente der Philosophie Newtons« (1738, unter Mitarbeit der Marquise) und Teile des 1756 veröffentlichten Buchs »Versuch einer allg. Weltgeschichte«. Darin fordert V. von der Geschichtsschreibung, sich der Exaktheit ihrer Fakten durch Quellenprüfung und -kritik zu

Alessandro Volta

vergewissern. 1750–53 lebte V. auf Einladung Friedrichs II., des Großen, in Potsdam. 1758 machte er das Gut Ferney bei Genf, von wo aus er über 400 Schriften veröffentlichte und mit fast allen wichtigen Persönlichkeiten Europas korrespondierte, von seinem Alterssitz: zahlr. gesellschaftspolit. und philosoph. Artikel sind in seinem »Dictionaire philosophique portatif« (1764) zusammengefaßt. Von seinen literar. Werken sind v. a. der Roman »Candide oder Die beste Welt« (1759) sowie das Drama »Mahomet der Lügenprophet« (1742) in die Literaturgeschichte eingegangen. – *Weitere Werke:* Die Zeiten Ludwigs XIV. (1752), Abhandlung über die Religionsduldung (1763).

Voltameter [nach A. Graf Volta] (Coulombmeter), Gerät zur Messung von Elektrizitätsmengen, die einen Stromkreis in einer bestimmten Zeit durchflossen haben, durch Bestimmung der Menge der vom Strom bewirkten elektrolyt. Abscheidungen.

Voltampere [...ãper], Einheitenzeichen **VA,** bei der Angabe elektr. Scheinleistung übl., gesetzl. zulässige Bez. für das ↑Watt.

Volte ['vɔltə; frz.], **1)** *Fechten:* seitl. Ausweichen aus der Gefechtslinie.
2) *Kartenspiel:* Kunstgriff, durch den beim Mischen einem Kartenblatt eine gewünschte Lage gegeben wird.
3) *Reitsport:* Reitfigur der Hohen Schule: Kreis von sechs Schritt Durchmesser.

Volterra, italien. Stadt in der Toskana, 14 000 E. Museo Etrusco; Alabasterverarbeitung. Etrusk. Stadtmauer mit zwei Toren; Reste vom röm. Theaters; urspr. roman. Dom (umgebaut) mit Baptisterium, Palazzi. – Das etrusk. *Velathri* entstand im 7./6. Jh.; ab 298 v. Chr. mit Rom verbündet, später röm. Munizipium *Volaterrae;* im 12. Jh. kommunale Freiheit; fiel 1361 an Florenz.

Voltigieren [vɔlti'ʒi:rən; frz.], **1)** *Kunstkraftsport:* Gewandtheits- und Kletterübungen an Geräten.
2) *Pferdesport:* Geschicklichkeitsübungen am galoppierenden Pferd.

Voltmeter, zur Messung von elektr. Spannungen dienende elektr. Meßgeräte.

Volumen [lat.], **1)** *Buchwesen:* (Mrz. Volumina; Abk. **Vol.**) Schriftrolle, Band.
2) *Physik:* (Rauminhalt) der von der Oberfläche eines Körpers eingeschlossene Teil eines Raumes; Formelzeichen *V.* SI-Einheit des V. ist das Kubikmeter (Einheitenzeichen m³) bzw. seine dezimalen Vielfachen und Teile: Kubikkilometer (km³), Kubikdezimeter (dm³), Kubikzentimeter (cm³) und Kubikmillimeter (mm³): $1\,m^3 = 1\,000\,dm^3 = 1\,000\,000\,cm^3 = 10^9\,mm^3$. ↑Liter.

Volumetrie [lat./griech.], svw. ↑Maßanalyse.

Volumprozent (Volumenprozent), Abk. **Vol.-%,** Hundertsatz vom Volumen; der Volumenanteil eines Stoffes, der in 100 cm³ einer Lösung enthalten ist.

Voluntarismus [lat.], von F. Tönnies geprägter Begriff, der eine Lehre bezeichnet, die den Willen (nicht die Vernunft) im Hinblick auf Erkenntnis und Psychologie als Grundprinzip des menschl. Seins begreift; klass. Vertreter: A. Schopenhauer.

Völundur, altnordisch für ↑Wieland.

Völuspá [altisländ.], Lied aus der ↑Edda.

Volute [lat.] (Schnecke), spiralförmiges Ornament oder Bauelement.

Volterra. Blick auf den Palazzo dei Priori (1208–54)

Volvo AB, schwed. Industriekonzern; gegr. 1926; Sitz Göteborg; Kfz- und Maschinenbau, Strahltriebwerke, Nahrungsmittel.

Vo Nguyên Giap [vietnames. vɔ ŋuiən ʒap], *An Xa 1. 9. 1910 (?), vietnames. General und Politiker. Errang 1954 bei

Vonnegut

Vo Nguyên Giap

Điên Biên Phu den entscheidenden Sieg über die Franzosen; 1946–80 Verteidigungs-Min. Nordvietnams bzw. (seit 1976) Vietnams; ab 1967 auch Oberbefehlshaber der nordvietnames. Truppen im Vietnamkrieg.

Vonnegut, Kurt [engl. 'vɔnɪgʌt], *Indianapolis 11. 11. 1922, amerikan. Schriftsteller. 1942–45 Soldat; wurde internat. bekannt mit dem Roman »Schlachthof 5 oder Der Kinderkreuzzug« (1969), der die Zerstörung Dresdens schildert, die V. als Kriegsgefangener erlebte. Seine satir. Romane verbinden Elemente der Science-fiction mit schwarzem Humor. – *Weitere Werke:* Frühstück für starke Männer (R., 1973), Galgenvogel (R., 1979), Galápagos (R., 1985).

VOR ↑VOR-Verfahren.

Vorarlberg ['foːrˈarlbɛrk, foːrˈarlbɛrk], westlichstes österr. Bundesland, 2601 km², 331500 E, Hauptstadt Bregenz. V. hat Anteil an vier Landschaftseinheiten: der Aufschüttungsebene des Alpenrheins, den Voralpen (Bregenzerwald), den Nördl. Kalkalpen und ganz im S an den Zentralalpen (Piz Buin, 3312 m). Der größte Teil der Bevölkerung lebt im Rhein- und im unteren Illtal. Bed. Molkereiwirtschaft und Viehzucht; Ackerbau v. a. in der Rheinebene; am Bodensee Obstbau. Wichtigster Industriezweig ist die Textil- und Bekleidungsindustrie; bed. Fremdenverkehr.

Geschichte: 15 v. Chr. vom Röm. Reich unterworfen und in die Prov. Rätien eingegliedert; seit dem 5. Jh. alemann. Einwanderung; 537 fränk.; 1032/40 Teilung in Bregenz, Unter- und Oberrätien; bis 1523 Einigung unter habsburg. Herrschaft; bis 1752 und seit 1782 Tirol unterstellt, mit dem es 1805 an Bayern fiel; 1814 endgültig an Österreich; 1918 von Tirol gelöst; 1919 österr. Bundesland (1938–45 wieder Tirol angegliedert).

Vorarlberg
Landeswappen

Vorarlberger Bauschule, Gruppe von Baumeistern aus Vorarlberg, v. a. die Familien Beer, Thumb und Moosbrugger (17. und 18. Jh.). Entwickelten das *Vorarlberger Schema* (Wandpfeilerkirche): weiß stuckiertes Hallenlanghaus mit Kapellennischen (statt Seitenschiffen); u. a. Weingarten, Einsiedeln und Obermarchtal.

Vorbereitungsdienst (Referendariat), berufsprakt. Ausbildung der Anwärter für die höhere Beamtenlaufbahn.

Vorbescheid, im *Verwaltungsgerichtsverfahren* die gerichtl. Entscheidung, mit der eine Klage, die sich als unzulässig oder offenbar unbegründet erweist, ohne mündl. Verhandlung abgewiesen werden kann. Im *Baurecht* der auf schriftl. Antrag ergehende bindende Bescheid zu einzelnen Fragen.

Vorderasien (Südwestasien), zusammenfassende Bez. für die Türkei, Zypern, Libanon, Israel, Jordanien, Syrien, Irak, Iran und die Länder auf der Arab. Halbinsel.

Vorderindien (Ind. Subkontinent), die große südl. Halbinsel Asiens, die im NW, N und NO durch Gebirge vom übrigen Asien abgetrennt wird; Zentralgebiet ist die nach S spitz auslaufende Halbinsel mit dem Hochland von Dekhan. Zu den V. zählen Indien, Pakistan, Bangladesh, außerdem im Himalaja, Nepal und Bhutan.

Vorderkiemer (V.schnecken, Prosobranchia, Streptoneura), Unterklasse primitiver, fast ausschließlich getrenntgeschlechtl. Schnecken mit rd. 20000 Arten, v. a. in Meeren; Gehäuse im allg. vorhanden, kräftig entwickelt, meist mit Deckel; Mantelhöhle stets vorn (hinter dem Kopf) gelegen mit vor dem Herzen ausgebildeten Kiemen.

Vorderlader, Feuerwaffe, bei der Treibladung und Geschoß von der Rohr- oder Laufmündung her eingeführt werden.

Vorderösterreich, der im 14. und 15. Jh. zu den *vorderen Landen* bzw. *Vorlanden* zusammengefaßte südwestdt. habsburg. Länderkomplex, seit dem 16. Jh. V. genannt; es bestand v. a. aus Teilen des Elsaß (u. a. dem Sundgau), dem Breisgau, dem südl. Schwarzwald, »Schwäb. Österreich« (u. a. der Ortenau, der Reichslandvogtei in Ober- und Niederschwaben) und 1752–82 Vorarlberg. 1648 fielen das Elsaß an Frankr., 1801–05 der größte Teil des restl. V. an Bayern, Württemberg und Baden.

Vorderradantrieb ↑Frontantrieb.

Vorfinanzierung, die Aufnahme kurzfristigen Fremdkapitals (als Überbrückungs- oder Zwischenkredit) zur vorläufigen Deckung eines langfristigen Kapitalbedarfs.

Vorfrieden, svw. ↑Präliminarfrieden.
Vorführung, die Erzwingung des Erscheinens von Beschuldigten (im Strafverfahren) und Zeugen (im Straf- und Zivilverfahren) vor Gericht oder einer Behörde. Die V. ist erst nach erfolgloser schriftl. Ladung zulässig.
Vorgabe, Ausgleichsverfahren im Sport; im *Golf* die Differenz zw. den vom Platzstandard vorgeschriebenen und den vom Spieler gebrauchten Schlägen; spielt ein schlechterer gegen einen besseren Spieler, so erhält er eine V. (Handikap).
Vorgeschichte (Prähistorie), der Zeitraum der menschl. Frühzeit, der der durch schriftl. Überlieferungen erhellbaren Vergangenheit (Geschichte) vorangeht. Systemat. Bemühungen um eine zeitl. Einordnung vorgeschichtl. Funde setzten in der [prähistor.] Archäologie im frühen 19. Jh. ein. Der Däne Christian Jürgensen Thomsen (*1788, †1865) begründete das Dreiperiodensystem (Steinzeit, Bronzezeit, Eisenzeit). Zw. 1880 und 1912 wurden die noch heute gültigen chronolog. Systeme für die europ. V. geschaffen. Das Gebiet der Vorgeschichtsforschung beginnt mit der Zeit der ersten Werkzeugherstellung, der ↑Steinzeit (↑Paläolithikum). Die ältesten datierbaren Funde von Steinwerkzeugen sind 2-3 Mio. Jahre alt und wurden in O-Afrika gemacht; andere Gebiete können jedoch noch nicht als Entstehungsräume der menschl. Kultur ausgeschlossen werden. Regionale und entwicklungstypolog. Gliederungsmöglichkeiten werden erst mit dem Auftreten von ↑Faustkeilen (Afrika, W-Europa, Iber. Halbinsel, Vorderasien, Indien) erkennbar. Außerhalb des Gebietes der Faustkeilkultur kommen Fundgruppen vor, bei denen sich die ältesten Belege für Feuerstellen fanden. Vor etwa 50000/40000 Jahren waren anscheinend auch gemäßigte und weniger günstige Klimazonen Afrikas und Eurasiens bewohnt. Es folgte die Ausbreitung nach Australien und – spätestens vor etwa 25000 Jahren – nach Amerika. Mit der vor etwa 10000 Jahren einsetzenden Herausbildung produktiver Wirtschaftsformen (↑Neolithikum) war eine starke Bevölkerungsvermehrung verknüpft, eine Voraussetzung für weitere kulturelle Aufsplitterung. Neben den Kulturen der Bronze- und Kupferzeit entwickelten sich die frühen Hochkulturen.

Vorhand, 1) *Kartenspiel:* Bez. für den Spieler, der beim Geben zuerst bedient wird.
2) *Sport:* bei Rückschlagspielen, im Tennis, Tischtennis, Badminton, Polo und [Eis]hockey Bez. für eine Schlagart, bei der dem zu schlagenden Spielgerät (Ball, Puck) die Innenfläche von Hand oder Schläger zugewandt ist.

Vorhauer, Georg, *Paris 4. 11. 1903, †Bad Dürkheim 13. 9. 1987, dt. Bildhauer und Maler. In den 1950er Jahren unter Anregung der niederl. ↑Stijl-Gruppe und den Kubisten Zuwendung zur großflächigen abstrakten Darstellung; meist architekturbezogene Skulpturen und sich im Raum entfaltende Gitterplastik (Freiplastik Yggdrasil; Aluminiumstele, 1974, Kaiserslautern).

Vorhaut ↑Penis.
Vorhautverengung, svw. ↑Phimose.
Vorherbestimmung, svw. ↑Prädestination.
Vorhof, svw. Vorkammer (↑Herz).
Vorhofflimmern ↑Herzkrankheiten.
Vorhölle ↑Limbus.
Vorhut, selbständiger (militär.) Verband, der vor der marschierenden Truppe Sicherungsaufgaben wahrnimmt.
Vorkammer ↑Herz.

Georg Vorhauer. Yggdrasil; Aluminium (1974; Kaiserslautern)

Vorkaufsrecht

Vorkaufsrecht, das Recht einer Person, in einen zw. dem Eigentümer und einem Dritten geschlossenen Kaufvertrag an Stelle des Käufers einzutreten. Man unterscheidet das lediglich zw. dem Berechtigten und dem Verpflichteten wirkende *persönl. (schuldrechtl.) V.* (bezogen also auf eine bestimmte Person) sowie das als eintragungsfähige Grundstücksbelastung ausgestaltete *dingl. V.*, das nur an einem Grundstück oder an grundstücksgleichen Rechten (z. B. Hypothek, Grundschuld, Nießbrauch) zulässig ist. Große prakt. Bedeutung hat das umfassende gesetzl. *V. der Gemeinden,* denen zur Sicherung der städtebaul. Entwicklungsplanung (insbes. der Bauleitplanung) das Recht zusteht, durch Verwaltungsakt in einen Kaufvertrag über Grundstücke einzutreten.

Vorkeim, bei den Samenpflanzen die aus der befruchteten Eizelle durch Querteilungen hervorgehende Zellreihe, aus der sich der Embryo entwickelt.

vorkolumbische Kulturen (präkolumb. Kulturen), die Gesamtheit der vor der Entdeckung Amerikas (durch C. Kolumbus) entstandenen kulturellen Manifestationen; oft fälschlich *vorkolumbianische Kulturen* genannt. ↑altamerikanische Kulturen.

langer Vorschlag

kurzer Vorschlag

Vorschlag

Vorland ↑Deich.
Vorlande ↑Vorderösterreich.
vorläufige Festnahme (Sistierung), vorläufige Freiheitsentziehung bis zur richterl. Entscheidung über die Freilassung oder den Erlaß eines Haftbefehls.
Vormärz, Epochen-Bez. für die Periode der dt. Geschichte zw. ↑Wiener Kongreß (1815) und ↑Märzrevolution (1848). Kennzeichen des V. sind v. a. die Zersplitterung in 39 Einzelstaaten (im Rahmen des Dt. Bundes nur locker verbunden), die erzwungene innenpolit. Ruhe durch eine reaktionäre Knebelung der entstehenden nat. und liberalen Bewegungen im »System Metternich« mit Hilfe von Bundesbeschlüssen (u. a. die Karlsbader Beschlüsse 1819), die zögernd einsetzende Industrialisierung, der Ausbau des Verkehrsnetzes (Eisenbahn, 1834 Zollverein) und ein (bes. seit etwa 1830) verbreitetes Massenelend (Pauperismus) bei gleichzeitiger Emanzipation des Bürgertums (Forderung nach Pressefreiheit und Verfassungen, u. a. auf dem Hambacher Fest 1832).

Vormerkung, Vermerk im Grundbuch zur Sicherung des persönl. (schuldrechtl.) Anspruchs auf Eintragung einer dingl. Rechtsänderung (z. B. Eigentumsübertragung, Bestellung einer Hypothek) hinsichtlich eines Grundstücksrechts. In der Praxis von bes. Bedeutung ist die *Auflassungs-V.* (Sicherung des Anspruchs auf Übertragung des Eigentums an einem Grundstück).

Vormilch, svw. ↑Kolostrum.

Vormund, heute *Betreuer* gen., vom Amtsgericht bestellte und beaufsichtigte Vertrauensperson, die nach dem Betreuungsgesetz vom 12. 9. 1990 (in Kraft seit 1. 1. 1992) zur Ausübung der Vormundschaft berechtigt ist.

Vormundschaft ↑Betreuung.

Vormundschaftsgericht, bes. Abteilung des Amtsgerichts, dem die gerichtl. Entscheidungen im Familienrecht übertragen sind (z. B. Aufsicht über Vormundschaft).

Vorname, der ↑Name, der in Verbindung mit dem Familiennamen eine Person bezeichnet; wird in das Geburtenbuch eingetragen. In bestimmten Fällen ist eine Namensänderung möglich.

Vorort, 1) in der Schweiz bis zur Wahl Berns als Bundeshauptstadt (1848) im Turnus wechselnder Ort, der die Tagsatzung leitete und deren administrative Arbeiten erledigte.

2) bei der Hanse und ähnl. Städtebünden die führende Stadt.

3) Siedlung, die zwar räumlich, nicht aber sozial und wirtschaftlich (Arbeitsleben, Schulbesuch) von einer benachbarten Stadt getrennt ist.

Vorparlament, ohne Wahl und Mandat gebildete Versammlung, die vom 31. 3. bis 3. 4. 1848 in Frankfurt am Main tagte und die Wahlen zur ↑Frankfurter Nationalversammlung vorbereitete.

Vorpommern, 1532 vom übrigen ↑Pommern abgeteilter westl. Landesteil; heute Teil von ↑Mecklenburg-Vorpommern.

Vorratsmilben (Acaridae), weltweit verbreitete Fam. bis etwa 1 mm großer, weißl. oder gelbl. Milben; befallen in oft riesigen Mengen Vorräte (z. B. Mehlmilbe) und Möbel.

Vorratsschädlinge, Sammel-Bez. für Insekten (v. a. Käfer, Schmetterlinge, Fliegen und/oder deren Larven), Milben und Nagetiere, die meist an vegetabil. Vorräten v. a. Fraßschäden hervorrufen.

Vorruhestandsregelung, gesetzl. Maßnahmen als Rahmen für tarif- oder arbeitsvertragl. Vereinbarungen, die zur Entlastung des Arbeitsmarkts das vorzeitige Ausscheiden von Arbeitnehmern aus der Erwerbstätigkeit erleichtern sollten, insbes. das *Vorruhestandsgesetz* vom 13. 4. 1984 (mit Begleitgesetzen); wurde durch die ↑Altersteilzeitarbeit abgelöst.

Vorsatz (Dolus malus, Dolus), im *Strafrecht* das Wissen und Wollen der Verwirklichung eines gesetzl. Straftatbestands. Der V. ist als Merkmal der Vorwerfbarkeit des Täterverhaltens notwendiger Bestandteil der Schuld. *Direkter V.* liegt vor, wenn der Täter den mit Strafe bedrohten Tatbestand kennt und ihn verwirklichen will. Hingegen liegt *bedingter V.* vor, wenn der Täter die Verwirklichung des gesetzl. Straftatbestands weder anstrebt noch für sicher, durch sein Verhalten jedoch ernstlich für möglich hält und sich damit abfindet. Vom bedingten V. ist die bewußte ↑Fahrlässigkeit zu unterscheiden.

Vorsatzzeichen, im *Meßwesen* ein zur Bez. eines bestimmten dezimalen Vielfachen bzw. Teiles einer Einheit verwendetes, vor diese gesetztes Zeichen, z. B. h, k, M, zur Bez. des entsprechenden *Vorsatzes* (Hekto..., Kilo..., Mega...).

Vorschlag (Appoggiatura), musikal. Verzierung, die meist von der Unter- oder Obersekunde zur Hauptnote geführt wird. Der V. wird als langer (a) oder kurzer V. (b) ausgeführt:

vorschulische Erziehung (Vorschulerziehung), Förderung von Kindern der Altersstufe von 3–6 Jahren durch öffentliche Erziehungseinrichtungen.

Vorsehung, urspr. von der Stoa entwickelter Begriff für eine vernunftmäßig über die Welt waltende Macht. – Die christl. Theologie deutet die V. als Lenkung von Welt, Geschichte und Menschen durch Gott.

Vorsilbe, svw. ↑Präfix.

Vorsitzender (Vorsitzender Richter), bei einem Kollegialgericht der mit der Vorbereitung und Leitung der Verhandlung betraute Richter.

Vorsokratiker, die griech. Philosophen vor Sokrates, die zw. 600 und 400 v. Chr. die griech. Philosophie begründeten und das zuvor herrschende religiös-myth. Denken ablösten. Thales von Milet begründete die *ion. Schule und Tradition* (Anaximander, Anaximenes, Leukipp, Demokrit), die sich bes. mit Fragen der Naturphilosophie beschäftigte. Ihr stand die von Pythagoras begründete *ital. Schule und Tradition* gegenüber mit den Vertretern der ↑eleatischen Philosophie (Xenophanes, Parmenides, Zenon von Elea); hinzugerechnet werden auch Pythagoras, Heraklit, Anaxagoras, Empedokles und die Sophisten.

Vorsorgeaufwendungen, steuerrechtlich ein Teil der Sonderausgaben, der für Beiträge zu Kranken-, Unfall-, Haftpflichtversicherungen, zur gesetzl. Rentenversicherung, zur Arbeitslosenversicherung, zu Lebensversicherungen und zu Bausparverträgen verwendet wird.

Vorsorgeuntersuchung, gezielte medizin. Untersuchung zur Früherkennung von Erkrankungen, v. a. zur frühzeitigen Krebserkennung (↑Krebs).

Vorspiel, 1) *Musik:* (Anteludium) die instrumentale Einleitung eines Musikstücks (↑Präludium).
2) *Sexualkunde:* der einer sexuellen Vereinigung vorausgehende, die sexuelle Bereitschaft steigernde sowie den Koitus vorbereitende und einleitende Austausch von Zärtlichkeiten zw. den Sexualpartnern.
3) *Theater:* kleineres dramat. Stück als Eröffnungsteil eines größeren Bühnenwerkes (z. B. V. auf dem Theater, Goethe, Faust I).

Vorspur ↑Fahrwerk.

Vorsteherdrüse, svw. ↑Prostata.

Vorstehhunde (Hühnerhunde), Sammel-Bez. für meist mittelgroße Jagd-

Vorster

Vorstehhunde. Großer Münsterländer

Johann Heinrich Voß
(Gemälde von Johann
Heinrich Wilhelm
Tischbein; 1818)

hunde, die Niederwild durch *Vorstehen* (Stehenbleiben in charakterist. Körperhaltung) anzeigen; u. a. Deutsch Drahthaar, Pointer, Großer Münsterländer.

Vorster, Balthazar Johannes [Afrikaans ˈfɔrstər], *Jamestown (Kapprovinz) 13. 12. 1915, † Kapstadt 10. 9. 1983, südafrikan. Politiker. 1958–66 Min.; 1966–78 Vors. der regierenden National Party und Min.-Präs.; 1978/79 Staats-Präs.; Verfechter der Apartheid-Politik.

Vorsteuerabzug, bei der Ermittlung der Umsatzsteuerschuld (Mehrwertsteuerschuld) der Abzug der von Lieferanten in Rechnung gestellten Umsatzsteuer.

Vorstrafen, die zeitlich vor einer erneuten Verurteilung rechtskräftig gegen einen Straftäter verhängten Strafen. Sie sind u. a. für die Strafzumessung von Bedeutung.

Vorteil, 1) *Sport, allg.:* (Vorteilsregel) Bestimmung im *Fußball*, *Rugby* und *Hockey:* Bei einem regelwidrigen Verhalten braucht der Schiedsrichter das Spiel nicht zu unterbrechen, wenn die benachteiligte Mannschaft dennoch in Ballbesitz bleibt.
2) *Tennis:* ↑Einstand.

Vorteilsausgleichung, bei der Schadenberechnung Anrechnung desjenigen Vorteils auf den zu leistenden Schadenersatz, der durch ein zum Schadenersatz verpflichtendes Ereignis ausgelöst wurde.

Vortrag, in der *Buchführung* Saldo eines Kontos, der zu Beginn eines neuen Rechnungsabschnitts übertragen wird.

Vortragsrecht, 1) *Geschichte:* das Recht eines Min. auf direkten amtl. Zugang zum und Vortrag beim Monarchen.

2) *Urheberrecht:* das dem Aufführungsrecht entsprechende Recht des Autors eines Sprachwerkes, dieses durch persönl. Darbietung öffentlich zu Gehör zu bringen.

Vortrieb, 1) *Bergbau:* ein in der Errichtung befindl. Grubenbau.
2) *Verkehrstechnik:* in der Bewegungsrichtung eines Schiffes oder Flugzeugs wirkende Kraft.

Vorverfahren, verwaltungsinternes Kontrollverfahren zur Überprüfung der Recht- und Zweckmäßigkeit eines Verwaltungsaktes vor Einleitung eines gerichtl. Verfahrens.

VOR-Verfahren [engl. ˈviːoʊˈɑː...; Kurzbezeichnung für engl. **V**ery-high-frequency-**o**mnidi-rectional-**r**ange-Verfahren], internat. standardisiertes Funknavigationsverfahren für die Kurz- und Mittelstreckennavigation; arbeitet mit einem am Boden installierten UKW-Drehfunkfeuer (VOR), bestehend aus einer Rundstrahlantenne und einer mit 30 U/s umlaufenden Richtantenne, die im Empfangsgerät an Bord des Flugzeugs eine in der Phase richtungsabhängige Wechselspannung liefern, so daß mit Hilfe einer Phasenmessung eine Richtungsbestimmung bezüglich des VOR möglich ist.

Vorvergangenheit, svw. ↑Plusquamperfekt.

Vorwärts, Zentralorgan der SPD, gegr. 1876 durch W. Liebknecht und W. Hasenclever; erschien ab 1891 als Tageszeitung, nach dem Verbot 1933 wieder ab 1948 als Wochenzeitung; 1989 im Mitgliedermagazin der SPD aufgegangen.

Vorzeichen, 1) *Mathematik:* zur Unterscheidung positiver und negativer Zah-

len verwendete mathemat. Zeichen (Plus- bzw. Minuszeichen).
2) *Musik:* (Versetzungszeichen, Akzidentien) Zusatzzeichen vor den Noten, die die chromat. Veränderung eines Tons oder die Aufhebung ders. anzeigen. Das Kreuz (♯) erhöht um einen Halbton, B (♭) erniedrigt um einen Halbton; das Auflösungszeichen (♮) hebt die Erhöhung oder Erniedrigung auf.

Vorzugsaktien (Vorrechtsaktien), Aktien, die gegenüber den Stammaktien bestimmte Vorrechte genießen. Diese Vorrechte beziehen sich insbes. auf die Gewinnverteilung, z. B. durch Zusicherung einer erhöhten oder einer Mindestdividende.

Vorzukunft, svw. ↑Futurum exaktum.

Voscherau [f...], Henning, *Hamburg 13. 8. 1941, dt. Politiker. Jurist; seit 1988 Erster Bürgermeister von Hamburg; 1992/93 Vors. der Gemeinsamen Verfassungskommission von Bundestag und Bundesrat.

Voß, Johann Heinrich [fɔs], *Sommerstorf (heute zu Grabowhöfe bei Waren) 20. 2. 1751, † Heidelberg 29. 3. 1826, dt. Dichter. Gab dem »Göttinger Hain« den Namen. Seine in Hexametern geschriebenen Idyllen verbinden inniges Naturgefühl und Szenen des bürgerl. Lebens mit gelehrter Bildung und aufgeklärtem Protestantismus. V. erschloß mit seinen Nachdichtungen griech. und röm. Autoren seiner Zeit ein neues Verhältnis zur Antike.

Vossische Zeitung ['fɔ...], Berliner Tageszeitung 1617–1934 mit wechselnden Titeln; nach dem Familiennamen der Besitzer 1751–95 meist als »V. Z.« bezeichnet (offizieller Name ab 1910/1911); Mitarbeiter u. a. G. E. Lessing und T. Fontane. – Die Zeitung mußte wegen Berufsverbots vieler Redakteure 1934 ihr Erscheinen einstellen.

Vostell, Wolf [fɔs'tɛl], *Leverkusen 14. 10. 1932, dt. Happeningkünstler. Bed. Vertreter neodadaist. Décollagen (destruktive Verfremdung von Konsummaterialien).

Votive [v...; lat.] (Votivgaben, Weihegaben), Weihgeschenke, die von Gläubigen an religiösen Kultstätten niedergelegt werden. Das *Votivbild* (oft von Laien gemalt) wird aufgrund eines Gelübdes (ex voto) dargebracht und stellt den Anlaß dar.

Votum [v...; lat.], **1)** (feierl.) Gelübde. **2)** Urteil, Gutachten; [Wahl]stimme; [Volks]entscheid[ung].

Vouet, Simon [frz. vwɛ], *Paris 9. 1. 1590, † ebd. 30. 6. 1649, frz. Maler. In Italien von Caravaggio angeregt; wegweisend für die frz. Barockmalerei. Zahlr. Dekorationsarbeiten (v. a. in den königl. Schlössern), Gemälde und Altarbilder; Pastellporträts.

Voute ['vu:tə; lat.-frz.], Deckenkehle, Ausrundung oder Abschrägung des Übergangs zw. einer Wand (bzw. einer Säule) und der Decke.

Vox, seit Januar 1993 ausgestrahlter dt. Fernsehkanal; Sitz Köln.

Voyager [engl. 'vɔɪədʒə], Name zweier amerikan. Raumsonden, die 1977 zur Erforschung der äußeren Planeten des Sonnensystems gestartet wurden. Im März 1979 erreichte V. 1 den kürzesten Abstand zum ↑Jupiter (rd. 278 000 km). Im Juli 1979 erreichte V. 2 den Jupiter (Abstand 647 000 km). V. 1 passierte im Nov. 1980 ↑Saturn in rd. 123 000 km Entfernung (Entdeckung weiterer sechs Monde). Der Vorbeiflug von V. 2 am Saturn (Aug. 1982) in einem Abstand von

Henning Voscherau

Votive. Votivbild in der Wallfahrtskirche von Sammarei in Niederbayern; 1833

Voyeur

Voyager. Voyager 2 bei der Endmontage (oben erkennt man die große Parabolantenne für die Datenübertragung zur Erde)

101 000 km von der Wolkengrenze brachte neue Erkenntnisse über dessen Beschaffenheit. V. 2 erreichte im Jan. 1986 Uranus (Entdeckung weiterer zehn Monde) und im Aug. 1989 Neptun (Entdeckung möglicherweise aktiver Vulkane auf dem Neptunmond Triton und weiterer sechs Monde). Die beiden Sonden befinden sich seit 1990 auf dem Weg aus dem Sonnensystem; ihre Signale werden weiterhin aufgefangen.

Voyeur [voajø:r; lat.-frz.], Person, die durch heiml. Zuschauen bei sexuellen Handlungen anderer Personen Luststeigerung erfährt.

VPS, Abk. für **V**ideo**p**rogrammier**s**ystem, Codesystem zum automat. Ein- und Ausschalten von programmierbaren Videorecordern, das auch bei zeitl. Verschiebungen eine korrekte Aufzeichnung von Fernsehsendungen erlaubt.

Franz Vranitzky

Vranitzky [v...], Franz, *Wien 4. 10. 1937, österr. Politiker. Volkswirt; 1984 bis 1986 Finanz-Min., seit Juni 1986 Bundeskanzler; seit 1988 Vors. der SPÖ.

Vrchlický, Jaroslav [tschech. ˈvr̩xlitski:], eigtl. Emil Frída, *Louny 17. 2. 1853, † Domažlice 9. 9. 1912, tschech. Dichter. V. a. durch seine zahlr. Übersetzungen (Dante, Goethe u. a.) und seine Lyrik erhielt die tschech. Literatur Anschluß an die literar. Entwicklung Europas; umfangreiches Werk (mehr als 100 Bände Dramen, lyr. und ep. Dichtungen, Novellen, Essays).

Vreden [ˈfreːdən], Stadt im westl. Münsterland, NRW, 20 200 E. Hamaland-, Bauernhausmuseum; u. a. Textil- und Schmuckindustrie. Pfarrkirche Sankt Georg mit Krypta (9. und 11. Jh.), roman. Stiftskirche (11. und 15./16. Jh.).

Vries [vri:s], **1)** Adriaen de, *Den Haag um 1560, □ Prag 15. 12. 1626, niederl. Bronzebildhauer. Schüler von Giovanni da Bologna; 1596 ff. in Augsburg (Merkur- und Herkulesbrunnen), 1601 ff. in Prag (Kaiserbüsten, 1603 und 1607, Wien, Kunsthistor. Museum); nach dem Tode Rudolfs II. für Ernst von Schaumburg (Bückeburg, Stadthagen) sowie in Dänemark (Neptunbrunnen, 1616–23, heute im Park von Drottningholm) tätig.

2) Hugo de, *Haarlem 16. 2. 1848, † Lunteren bei Amersfoort 21. 5. 1935, niederl. Botaniker und Genetiker. Seine Vererbungsstudien führten ihn um 1900 zur Wiederentdeckung der Mendel-Regeln und zur Aufstellung der Mutationstheorie.

3) Theun de, eigtl. Theunis Uilke de V., *Veenwouden bei Leeuwarden 26. 4. 1907, niederl. Schriftsteller. Während des 2. Weltkrieges Redakteur einer illegalen Zeitung; KZ-Haft. Schrieb Gedichte und Romane mit starker sozialkrit. Tendenz, u. a. »Das Glücksrad« (1938), »Das Mädchen mit dem roten Haar« (1956; verfilmt 1981).

Vuillard, Édouard [frz. vɥijaːr], *Cuiseaux bei Tournus 11. 11. 1868, † Baule bei Orléans 21. 6. 1940, frz. Maler und Graphiker. Mitbegründer der ↑Nabis. Interieurs von intensiver Farbigkeit (locker gesetzte Farbtupfer); großflächige Lithographien.

Vulcano [v...], eine der Lipar. Inseln, Italien, 21 km², bis 499 m hoch.

Vulcanus [v...] (Volcanus), röm. Gott des Feuers; kunstfertiger Schmied.

Vulci [ˈvultʃi] (etrusk. Velch), im Altertum eine der reichsten Städte der Etrusker in Mittelitalien, sw. des Bolsenasees. Bed. Fundstätte etrusk. Kunst in den

V-Waffen

riesigen Nekropolen, u. a. Bronzegeräte des 6. Jh. sowie nahezu 4000 griech. Vasen des 7. und 6. Jh., meist athen. Herkunft. Die Fresken der 1857 entdeckten Tomba François (4. Jh. v. Chr.?) befinden sich heute im Museo Torlonia in Rom.

vulgär [v...; lat.-frz.], gewöhnlich, gemein.

Vulgata [v...; lat.], die auf Hieronymus zurückgehende, seit dem 8. Jh. maßgebl. und seit dem Tridentinum (1546) als authentisch und verbindlich geltende lat. Bibelübersetzung. Von den Revisionen, die der V.text im Lauf der Geschichte erfuhr, setzte sich die unter Sixtus V. erarbeitete Fassung (*Sixtina;* 1590) durch, die dann als *Sixtina-Clementina* (1592) durch Klemens VIII. zur offiziellen Bibelausgabe der kath. Kirche wurde. Die Psalmen und das NT sind in einer revidierten Neufassung *(Neo-V.)* erschienen, die seit 1979 als Grundlage für die Übers. in die Volkssprachen vorgeschrieben ist.

Vulkane [v...] ↑Vulkanismus.

Vulkanfiber [v...; lat.-engl.], aus zellulosehaltigem Material durch starkes Quellen mit konzentrierter Zinkchloridlösung und anschließendes Pressen hergestellter harter bis elast. Kunststoff.

Vulkanisation [v...; lat.-engl.], Umwandlung des nur wenig elastischen, rasch brüchig werdenden Rohkautschuks (Naturkautschuk und Synthesekautschuk) in elastisches und beständigeres Gummi durch geeignete Chemikalien.

Vulkanismus [v...], Bez. für alle Vorgänge, die mit dem Austritt fester, flüssiger und gasförmiger Stoffe aus dem Erdinneren an die Erdoberfläche in Zusammenhang stehen. Die dabei entstehenden geolog. Formen nennt man *Vulkane.* Man unterscheidet: 1. überwiegend aus Lava aufgebaute *Lavavulkane (Schildvulkane),* bei denen man den kleineren Island-Typ vom größeren Hawaii-Typ unterscheidet. 2. *gemischte Vulkane (Stratovulkane)* aus einer Wechselfolge von Lavaergüssen und Lockermaterial; ihre Form ist im allg. ein Kegel, dessen Spitze durch den zentralen Krater gekappt ist; entsteht eine ↑Caldera, so kann es durch erneute Ausbrüche auf deren Boden zum Aufbau meist kleinerer Vulkankegel kommen (Vesuv- oder Monte-Somma-Typ). 3. deckenförmige *Lockervulkane,* als Ringwall um den Ausbruchstrichter oder als Aschenkegel ausgebildet. 4. *Gasvulkane* als Folge von [fast] reinen Gasausbrüchen (Maare). Nach der eigtl. vulkan. Tätigkeit treten postvulkan. Erscheinungen auf (heiße Gase, heiße Quellen).

Vulkanite [v...; lat.] ↑Gesteine.

Vulpecula [v...; lat. »kleiner Fuchs«] ↑Sternbilder (Übersicht).

Vulpius [v...], **1)** *Christian August,* * Weimar 23. 1. 1762, † ebd. 26. 6. 1827, dt. Schriftsteller. Bruder von Christiane von Goethe; ab 1797 Theater- und Bibliothekssekretär in Weimar; schrieb Ritter- und Schauerromane, u. a. »Rinaldo Rinaldini, der Räuberhauptmann« (1798).
2) *Christiane,* * Weimar 1. 6. 1765, † ebd. 6. 6. 1816. Schwester von Christian August V.; Lebensgefährtin von J. W. von Goethe (∞ ab 1806).

Vulva [v...; lat.], die äußeren Geschlechtsorgane der Frau, bestehend aus den großen und den kleinen Schamlippen.

V-Waffen, Kurz-Bez. für zwei während des 2. Weltkriegs auf dt. Seite entwickelte, neuartige Waffensysteme, propagandistisch als »Vergeltungswaffen« bezeichnet; V 1: unbemannter Flugkörper, Gefechtskopf mit rd. 850 kg Sprengstoff; V 2: ballist. Flüssigkeitsrakete, Gefechtskopf mit rd. 1000 kg Sprengstoff.

Hugo de Vries

Vulkanismus. Mount Saint Helens im Staat Washington, USA, nach dem Ausbruch (Aufnahme vom 30. 6. 1980)

Ww

W, 1) 23. Buchstabe des dt. Alphabets, der im MA durch Verdoppelung des V bei Verwendung als Konsonantenzeichen entstand; er bezeichnet im Dt. und in anderen Sprachen den stimmhaften labiodentalen Reibelaut [v], im Engl. und Niederl. den Halbvokal [u̯].
2) chem. Symbol für ↑Wolfram.
3) Einheitenzeichen für ↑Watt.

Waadt [vat, va:t], amtl. Canton de Vaud [frz. kɑ̃tɔ̃d'vo], Kt. im französischsprachigen SW der Schweiz, im Jura, Mittelland und den Alpen, 3219 km², 597 000 E, davon mehr als 20 % Ausländer, Hauptstadt Lausanne. Wein- und Obstbaugebiete am Genfer See, im Rhonetal und am Neuenburger See; intensiv genutzte Landwirtschaftsgebiete, in den Gebirgen v. a. Viehhaltung; bed. Uhren- u. a. feinmechan. Industrie.
Geschichte: 58 v. Chr. römisch, im 5. Jh. von Burgundern besiedelt, seit 1032 beim Heiligen Römischen Reich, im 13. Jh. savoyisch, 1536 Berner Untertanengebiet; Jan.–April 1798 als *Lemanische Republik* unabhängig; seit 1803 Kt. Waadt.

Waadt
Kantonswappen

Waag, linker Nebenfluß der Donau, 390 km lang, vereinigt sich bei Kolárovo mit der Kleinen Donau zur *Waagdonau,* mündet bei Komárno.

Waage, 1) *Astrologie, Astronomie:* ↑Sternbilder (Übersicht), ↑Tierkreiszeichen (Übersicht).
2) *Meßwesen:* Meßgerät zur Bestimmung von Massen und Gewichten. Nach ihrer Wirkungsweise und dem physikal. Meßprinzip können die W. in folgende Hauptgruppen unterteilt werden: Bei *Hebel-W.* wird die unbekannte Masse (Last) durch den Ausgleich der Hebeldrehmomente mit der bekannten Masse (Gewicht) direkt verglichen. Bei *Feder-* und *Torsions-W.* wird das Gewicht der Last durch Formänderung (Dehnung von Federn, Verdrillung von Drähten oder Bändern) bestimmt. Bei *hydraul. W.* ergibt sich das Gewicht der Last aus der Größe des Druckes, den die Last mit einem Kolben auf eine Flüssigkeit in einem Behälter ausübt. Bei *elektron. W.* wird das Gewicht der Last in elektr. Größen umgesetzt und mit elektr. Meßinstrumenten gemessen. Bei elektron. W. mit Digitalanzeigen werden die analogen elektr. Größen (z. B. Stromstärke) durch sog. Analog-Digital-Umwandler in digitale Größen überführt. Zur Einstufung nach der *Waagengenauigkeit* wird folgende Unterscheidung getroffen: *Grob-W.* (Höchstlasten 1 kg bis 10 t), *Handels-W.* (Höchstlasten 20 g bis 100 t), *Präzisions-W.* (Höchstlasten 1 g bis etwa 100 kg), *Fein-W.,* z. B. *Mikro-W.* und *Analysen-W.* (Höchstlast etwa 0,1 g bis 200 g).
3) *Sport:* in verschiedenen Sportarten (Turnen, Eis- und Rollkunstlauf) Figur oder Übungsteil, bei dem der Körper in die Waagerechte gebracht wird.

waagerecht (waagrecht, horizontal), rechtwinklig zur Lotrichtung verlaufend.

Waal, Hauptmündungsarm des Rheins, wichtigster Schiffahrtsweg des Rhein-Maas-Deltas (Niederlande).

Waalkes, Otto Gerhard, *Emden 22. 7. 1948, dt. Komiker und Produzent. Seit den 1970er Jahren zahlr. Auftritte als »Blödel-Otto« in Fernsehshows und Kinofilmen; Cartoons.

Waals, Johannes Diderik van der, *Leiden 23. 11. 1837, †Amsterdam 8. 3. 1923, niederl. Physiker. Arbeiten über den gasförmigen und den flüssigen Aggregatzustand der Materie. 1873 stellte van der W. die nach ihm ben. Zustandsgleichung der realen Gase auf. Nobelpreis für Physik 1910.

Wabe, aus vielen im Querschnitt sechseckigen Zellen aus körpereigenem Wachs gefertigter Bau von Bienen; dient zur Aufzucht der Larven und zur Speicherung von Honig und Pollen.

Wabenkröten, Gatt. der Zungenlosen Frösche mit fünf etwa 5–20 cm großen Arten im trop. Amerika; die Eier entwickeln sich zu Larven oder Jungtieren in wabenartigen Vertiefungen der Rückenhaut des Weibchens.

Entwicklung des Buchstabens **W**

Entwicklung des Buchstaben **W**

Wachsblume

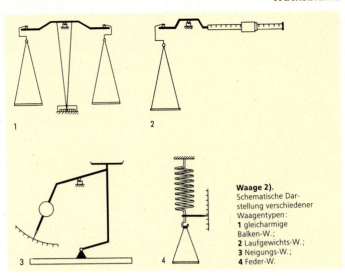

Johannes Diderik van der Waals

Waage 2). Schematische Darstellung verschiedener Waagentypen: **1** gleicharmige Balken-W.; **2** Laufgewichts-W.; **3** Neigungs-W.; **4** Feder-W.

Waberlohe, in der »Edda« der Feuerwall, mit dem Odin die Burg der in einen Zauberschlaf versetzten Walküre Brunhilde umgeben hatte. Sigurd durchbricht die W. und weckt die Walküre.

Wace [frz. vas] (auch Robert W.), *auf Jersey um 1100, † Caen (?) um 1174, anglonormann. Dichter. Schrieb u. a. die Reimchronik »Le roman de Brut« (beendet 1155), die die Geschichte Britanniens erzählt. Erstmals in der frz. Literatur wird darin von König Artus' Tafelrunde berichtet.

Wachau, Engtalstrecke der Donau zwischen Melk und Krems, etwa 30 km lang.

Wacholder, Gatt. der Zypressengewächse mit rd. 60 Arten auf der N-Halbkugel; immergrüne, meist zweihäusige Sträucher oder Bäume; Blätter meist nadelartig; Zapfen zur Samenreife beerenartig, aus mehreren verwachsenen Schuppen gebildet; meist giftige Pflanzen. Einheim. Arten: *Heide-W.* (Gemeiner W., Machandel, Kranewitt), säulenförmiger Strauch oder bis 12 m hoher Baum mit stechenden Nadeln und schwarzblauen, bereiften, dreisamigen Beerenzapfen (*Wacholderbeeren;* Verwendung zu Saft, Schnaps, als Gewürz); auf Sand- und Heideböden der nördl. gemäßigten und kalten Zonen. *Sadebaum* (Sade-W.), niedriger Strauch; Früchte kugelig bis eirund, blauschwarz, bereift; Ziergehölz.

Wacholderdrossel (Krammetsvogel, Ziemer), in M-Europa und im nördl. Eurasien heim. Drosselart; bis 25 cm langer Singvogel; Teilzieher.

Wachsblume (Porzellanblume), Gattung der Schwalbenwurzgewächse mit rd. 100 Arten im trop. Asien, in Australien und Ozeanien; meist windende Sträucher mit in Trugdolden stehenden

Wacholder. Gemeiner Wacholder

Wachsbohne

Wachsblume. Porzellanblume

wachsähnl., wohlriechenden Blüten; z. T. Zimmerpflanzen.
Wachsbohne, Zuchtsorte der Gartenbohne mit gelben (wachsfarbenen) Hülsen.
Wachse, natürl. oder synthet., chemisch uneinheitl. Substanzgemische mit stark temperaturabhängiger Konsistenz (bei 20 °C knetbar, fest oder brüchig hart, über 40 °C ohne Zersetzung schmelzend und nicht fadenziehend); W. sind undurchsichtig, grob- bis feinkristallin und unter leichtem Druck polierbar. *Ester-W.* bestehen aus Estern langkettiger, ein- oder zweiwertiger Alkohole mit langkettigen Fettsäuren (sog. *Wachsalkohole* und *Wachssäuren*), *Paraffin-W.* aus höheren Kohlenwasserstoffen. *Natürl. W.* werden in solche pflanzl. (z. B. das Karnaubawachs), tier. (z. B. Bienenwachs und Schellack) und mineral. Herkunft unterschieden (z. B. Erdwachs und die im Erdöl enthaltenen Paraffine). Zu den *synthet. W.* zählt das paraffinartige Polyäthylen-W. und die nach der Fischer-Tropsch-Synthese gewonnenen Paraffine. W. werden als Dichtungs- und Isoliermittel, zur Kerzen-, Zündholz- und Bohnerwachsherstellung und als Ausgangsmaterial für Salbengrundlagen verwendet.
Wachsfigurenkabinett, Sammlung von meist lebensgroßen Nachbildungen berühmter, auch berüchtigter Persönlichkeiten in Wachs; am bekanntesten ist das W. der Madame †Tussaud in London.

Wachshaut, nackte, oft auffällig gefärbte, verdickte, weiche, sehr tastempfindl. Hautpartie an der Oberschnabelbasis bestimmter Vögel, die i. d. R. die Nasenöffnungen umschließt.
Wachskreide, wasserunlösl., mit Öl bzw. Wachs gebundene Malstifte.
Wachsmalerei, svw. †Enkaustik.
Wachsmotten (Wachszünsler, Galleriinae), weltweit verbreitete Unter-Fam. mottenähnl. Kleinschmetterlinge (Fam. Zünsler) mit sechs einheim. Arten; Raupen oft schädlich in Bienenstöcken oder an Trockenfrüchten.
Wachspalme, zwei Gatt. der Palmen im trop. und westl. S-Amerika; liefern wirtschaftlich verwertbares Wachs (z. B. Karnaubawachs).
Wachsschildlaus, bis etwa 5 mm große, in O-Asien gezüchtete Schildlausart; männl. Larven scheiden Pelawachs aus, das z. B. für Kerzen verwendet wird.
Wachstuch, mit einer glänzenden, elast. Schicht aus Leinölfirnis überzogenes, bedrucktes Baumwoll- oder Mischgarngewebe; v. a. für Tischdecken.
Wachstum, 1) *Biologie:* irreversible Volumenzunahme einer Zelle oder eines Organismus bis zu einer genetisch festgelegten Endgröße. Das W. beruht auf dem Aufbau körpereigener Substanz und ist daher eine Grundeigenschaft des Lebens; es wird (zumindest bei mehrzelligen Organismen) hormonell gesteuert. Bei den Wirbeltieren und beim Menschen z. B. wirken das W.hormon Somatotropin und das Schilddrüsenhormon Thyroxin wachstumssteigernd, während die Geschlechtshormone das W. beenden. Bei den höheren Pflanzen wird das W. durch verschiedene Phytohormone geregelt. Das W. ist in seiner Intensität auch abhängig von äußeren Faktoren (v. a. Ernährung, Temperatur, bei Pflanzen auch Licht). Bei einzelligen Lebewesen ist das W. nach Erreichen einer bestimmten Kern-Plasma-Relation abgeschlossen. Bei mehrzelligen Tieren und beim Menschen beruht das W. auf Zellvermehrung und damit verbundener Plasmaneubildung. Die W.geschwindigkeit der einzelnen Organe und Körperteile ist unterschiedlich. – Bei Pflanzen hält das W. die gesamte Lebensdauer über an, bewirkt durch ständig teilungsfähige, undifferenzierte (embryonale) Zellen. Das W. der Pflan-

zen beruht im Ggs. zu dem der Tiere weniger auf der Zunahme der Zellenzahl als vielmehr auf einer starken Streckung der Zellen.
2) *Wirtschaftswissenschaften:* die Zunahme des realen Bruttosozialprodukts. Der Begriff W. schließt auch die Zunahme des Kapitalbestandes sowie den techn. Fortschritt und das Bevölkerungs-W. ein. Bis zum Beginn der 1970er Jahre hatte die an diesem rein *quantitativen* Wachstumsbegriff orientierte *Wachstumspolitik* in allen Volkswirtschaften uneingeschränkten Vorrang gegenüber allen anderen wirtschaftspolit. Zielen, gemäß der Auffassung, daß ohne wirtschaftl. W. die anderen im ↑magischen Viereck definierten Ziele nicht erreichbar seien. In den Folgejahren wurde vielen Wissenschaftlern, aber zunehmend auch der Öffentlichkeit, bewußt, daß angesichts begrenzter Ressourcen (v. a. Energie, Rohstoffe) und einer sich immer mehr beschleunigenden Umweltbelastung dem quantitativen W. Grenzen gesetzt bzw. zu setzen sind. Entsprechend der Erkenntnis, daß nach einer Zerstörung der Umwelt bestimmt kein W. mehr möglich ist, gewinnt weltweit eine an einem *qualitativen* W.begriff orientierte Betrachtungsweise an Bedeutung, die als Maß die Verbesserung gesellschaftl. Wohlstands und von Lebensqualität heranzieht.

Wachstumsstörungen, krankhafte, meist hormonell bedingte Abweichungen des (somat.) Wachstums von der normalen Entwicklung des Körpers, der Körperteile bzw. Organe.

Wächte [schweizer., eigtl. »Angewehtes«] (Schneewächte), im Gebirge an Kanten durch Wind abgelagerte, dachartig überhängende Schneemassen.

Wachteln ↑Feldhühner.

Wachtelweizen, Gatt. der Rachenblütler mit rd. 25 Arten in der nördl. gemäßigten Zone; einjährige Halbschmarotzer mit gelben, purpurfarbenen oder weißl. Blüten. Einheim. Arten sind u. a. *Acker-W.* (bis 50 cm hoch, schädlich an Getreidepflanzen), *Wiesen-W.* (gelbl.-weiße Blüten) und *Wald-W.* (gelbe Blüten).

Wachtmeister, 1) *Gerichte:* ein mit Vollzugs- und Sicherungsaufgaben betrauter Beamter in gerichtl. Verfahren *(Justizwachtmeister).*

2) *Militär:* Dienstgrad (↑Feldwebel).
3) *Polizei:* Dienstkräfte des mittleren Polizeivollzugsdienstes.

Wachtraum (Tagtraum), lebhafte Phantasietätigkeit in entspanntem Wachzustand.

Wachtturm Bibel- und Traktatgesellschaft, Deutscher Zweig e. V. ↑Zeugen Jehovas.

Wach- und Schließgesellschaften, konzessionspflichtige private Dienstleistungsunternehmen zur Bewachung von Gebäuden, Parkplätzen, [Fabrik]anlagen u. ä.; auch bei Werttransporten tätig.

Wackenroder, Wilhelm Heinrich, *Berlin 13. 7. 1773, † ebd. 13. 2. 1798, dt. Schriftsteller. Gilt als erster Vertreter der dt. Romantik; u. a. Geigen- und Kompositionsunterricht bei C. F. Fasch und C. F. Zelter. Seit der Schulzeit enge Freundschaft mit L. Tieck (u. a. dokumentiert in Briefen, in deren Mittelpunkt die Diskussion über Literatur, Theater und Musik steht [April 1792–März 1793]). W., der früh an einem Nervenfieber starb, hinterließ eine Sammlung von Aufsätzen über das Wesen der Kunst, die unter dem wahrscheinlich nicht von ihm stammenden Gesamttitel »Herzensergießungen eines Klosterbruders« 1796 anonym (durch vier Beiträge von Tieck ergänzt) erschienen sind (Buchausgabe 1797; darin neben der Novelle »Das merkwürdige musikal. Leben des Tonkünstlers Joseph Berglinger« v. a. literar. Porträts von Renaissancekünstlern).

Wachtelweizen.
Ackerwachtelweizen

Wackernagel, Wilhelm, *Berlin 23. 4. 1806, †Basel 21. 12. 1869, dt. Philologe. Zahlr. Untersuchungen zur altdt. Literatur; bed. textkrit. Herausgeber der dt. und frz. Literatur des MA; schrieb auch am Minnesang orientierte Lyrik.

Wadai, ehem. mittelsudan. Reich, seit dem 17. Jh. faßbar; 1912 frz. Kolonialgebiet.

Wade, die durch den kräftigen Wadenmuskel stark muskulöse Rückseite des Unterschenkels des Menschen.

F. K. Waechter. Titelblatt der Cartoonsammlung »Wahrscheinlich guckt wieder kein Schwein« (1978)

Wadi [arab.] (frz. Oued [frz. wɛd]), meist tief eingeschnittenes Bett eines Wüstenflusses, das nur nach plötzl. heftigen Regenfällen Wasser führt.

Waechter, F[riedrich] K[arl] ['vɛç...], *Danzig 3. 11. 1937, deutscher Zeichner und Schriftsteller. Bedeutender Vertreter der satirischen Zeichnung, auch Autor und Illustrator zahlreicher Kinderbücher, u. a. »Der Anti-Struwwelpeter« (1970), »Wir können noch viel zusammen machen« (1973), »Spiele« (1979), »Wahrscheinlich guckt wieder kein Schwein« (1978).

Wafd-Partei, nationalist. Partei in Ägypten, die die Unabhängigkeit des Landes von Großbrit. forderte; ab 1924 bestimmender innenpolit. Faktor; 1953 verboten; im Febr. 1978 neu zugelassen, löste sich im Juni 1978 nach der Ausschaltung ihrer führenden Mgl. auf; wurde nach ihrer Neugründung im Mai 1984 bei Wahlen zur parlamentar. Oppositionspartei.

Wafer [w'eɪfə, engl.], in der *Mikroelektronik* bei der Chipherstellung verwendete, dünne Scheibe aus Halbleitermaterial (meist Silicium). Nach Funktionsprüfung der mikroelektron. Bauelemente oder der integrierten Schaltungen wird der einige cm^2 große W. in mehrere, nur wenige mm^2 große Chips zerteilt.

Waffen, Sammel-Bez. für alle Mittel, die zum Angriff auf einen Gegner bzw. zur Selbstverteidigung oder auch zu weidmänn. oder sportl. Zwecken (Jagd-W., Sport-W.) dienen; insbes. die *militär. W. (Kriegs-W.).* Man unterscheidet allg. *Hieb-* und *Stoß-W. (kalte* oder *blanke W.* wie z. B. Degen, Säbel, Bajonett, Dolch, Lanze), *Feuer-W. (heiße W.)* und *Wurf-W.* (Handgranaten, geballte und gestreckte Ladungen, Wurfminen, Flieger- und Wasserbomben). Nach der Wirkung unterscheidet man *W. mit Sprengwirkung, biolog. W., chem. W.* und *Kern-W.* (↑ABC-Waffen). Bei den *konventionellen W.* (alle W. außer den ABC-Waffen) unterscheidet man *Nahkampf-W.* (z. B. blanke W., Handfeuer-W., Faustfeuer-W., Handgranaten, Flammenwerfer) und *Fernkampf-W.* (z. B. Geschütze, Raketen, Torpedos). Im militär. Bereich gliedert man die Feuer-W. in *Schützen-W.* (Handfeuer-W., Maschinengewehre, Panzernahbekämpfungs-W., leichte Granatwerfer u. a.), *Artillerie-W.* (Geschütze, schwere Granatwerfer) und *Raketen-W.* (↑Raketen).

Waffenbesitzkarte ↑Waffenrecht.

Waffengattungen, in der Bundeswehr frühere Bez. für die heutigen Truppengattungen; im nichtamtl. Gebrauch oft auch als Bez. für die Teilstreitkräfte (Heer, Luftwaffe, Marine) verwendet.

Waffenrecht, die Gesamtheit der gesetzl. Regelungen über die Herstellung und den Umgang mit Waffen, geregelt insbes. im Bundeswaffengesetz in der

Fassung vom 8.3. 1976. Wer Schußwaffen erwerben und die tatsächl. Gewalt über sie ausüben, d. h. sie innerhalb seiner Wohnung, Geschäftsräume oder seines befriedeten Besitztums gebrauchen will, bedarf der *Waffenbesitzkarte.* Wer Schußwaffen außerhalb seines befriedeten Besitztums bei sich führen will, bedarf eines *Waffenscheins.* Kriegswaffen dürfen nach Artikel 26 Absatz 2 GG nur mit Zustimmung der Bundesregierung hergestellt, befördert und in den Verkehr gebracht werden.

Waffen-SS, seit 1939/40 gebräuchliche Bezeichnung für die bewaffneten Formationen der SS; umfaßte die im Krieg eingesetzten militär. Verbände und die Wachmannschaften der Konzentrationslager, zw. denen Personalaustausch stattfand. Grundstock für die W.-SS waren die Polit. Bereitschaften der SS (später SS-Verfügungstruppe) und die Totenkopfverbände, die, zunächst als Polizeitruppen konzipiert, 1938 zur »stehenden bewaffneten Truppe der SS« erklärt wurden. Nach dem Polenfeldzug 1939 wurden die SS-Verfügungsdivision und die SS-Totenkopfdivision gebildet, die die Grundlage für den Ausbau der Waffen-SS abgaben, die von 100 000 (1940) auf rd. 900 000 Mann (1944) anwuchs.

Waffenstillstand, Vereinbarung der Kriegsparteien, bewaffnete Feindseligkeiten zeitweilig oder dauernd, allg. oder für einen Teil des Kriegsgebietes zu beenden.

Wagen, 1) *Astronomie:* (Großer W., Kleiner W.) ↑Sternbilder (Übersicht). 2) *Verkehrstechnik:* ein- oder mehrachsiges Räderfahrzeug zum Transport z. B. von Gütern oder Personen.

Wagenburg, ringförmige Aufstellung von Wagen zur Verteidigung gegen Feinde (z. B. in der nordamerikan. Kolonialzeit).

Wagenfeld, Wilhelm, *Bremen 15.4. 1900, † Stuttgart 28.5. 1990, dt. Industriedesigner. Schuf Designs v. a. für Glas und Porzellan.

Wagengrab, v. a. bronze- und eisenzeitl. Grabtyp der Oberschicht in M- und W-Europa, gekennzeichnet durch Mitbestattung eines Wagens.

Wagenrennen, v. a. bei den Festspielen der Antike im Hippodrom bzw. in der Arena des röm. Zirkus ausgetragene Rennen auf leichten zweirädrigen Karren als Zwei- und Vierspänner.

Wagenseil, Georg Christoph, *Wien 29. 1. 1715, † ebd. 1. 3. 1777, österreichischer Komponist. Musiklehrer der kaiserlichen Familie in Wien, ab 1739 kaiserlicher Hofkomponist; u. a. Opern, Oratorien, Sinfonien, Klavierwerke und Kantaten.

Waggerl, Karl Heinrich, *Badgastein 10. 12. 1897, † Schwarzach 4. 11. 1973, österr. Schriftsteller. Schrieb humorist. Romane (u. a. »Brot«, 1930) und Erzählungen (u. a. »Fröhl. Armut«, 1948) über das Leben der ländl. Bevölkerung.

Wagner, 1) Adolph Heinrich Gotthilf, *Erlangen 25. 3. 1835, † Berlin 8. 11. 1917, dt. Nationalökonom. Als sog. Kathedersozialist Mitbegründer des Vereins für Socialpolitik.
2) Cosima, *Como 24. 12. 1837, † Bayreuth 1. 4. 1930. Tochter Franz Liszts und der Marie Gräfin d'Agoult; ab 1857 mit H. von Bülow, ab 1870 mit Richard W. verheiratet.
3) Eduard, *Kirchenlamitz 1. 4. 1894, † Zossen 23. 7. 1944 (Selbstmord), dt. General. 1940 Generalquartiermeister des Heeres; wurde mit seinem Stab zeitweise zur Zentrale des militär. Widerstandes; nahm sich nach dem mißglückten Attentat auf Hitler (20. 7. 1944) das Leben.
4) Otto, *Penzing (heute zu Wien) 13. 7. 1841, † Wien 11. 4. 1918, österr. Architekt. Wurde mit seinem zweckbestimmten Stil zum führenden Architekten Österreichs; Bauten für die Wiener

Karl Heinrich Waggerl

Cosima Wagner

Wilhelm Wagenfeld. Glaslampe (1923/24, zusammen mit Karl J. Zucker; Berlin, Bauhaus-Archiv, Museum für Gestaltung)

Wagner

Richard Wagner. Anfang des »Siegfried-Idylls« in eigenhändiger Niederschrift

Richard Wagner (Gemälde von Franz von Lenbach)

Stadtbahn (1894–97), Postsparkassenamt in Wien (1904–06).

5) Richard, *Leipzig 22. 5. 1813, † Venedig 13. 2. 1883, dt. Komponist. Einer der wirkungsreichsten Musiker seiner Zeit; er entwickelte die für das 20. Jh. richtungsweisende Idee des Gesamtkunstwerks, verstanden als Vereinigung aller Künste, zu einem absoluten (Wort-Ton-)Drama *(Musikdrama)*. – Nach Anstellungen als Musikdirektor in Lauchstädt, Magdeburg, Königsberg, wo seine ersten vollendeten Opern, die W. – wie sämtl. späteren musikdramat. Werke – auf eigene Texte komponierte, »Die Feen« (1833/34) und »Das Liebesverbot« (1834–36), entstanden, war er 1837–39 Musikdirektor in Riga. Im März 1839 mußte W. hochverschuldet Riga heimlich verlassen. Über London kam er nach Paris; hier vollendete W. den »Rienzi«; zudem entstanden hier die »Faust-Ouvertüre« sowie »Der fliegende Holländer« (1839–41). Die Uraufführungen der beiden Opern in Dresden 1842 und 1843 wurden ein großer Erfolg und führten zur Ernennung zum Königl. Sächs. Hofkapellmeister. Seine Hauptwerke der Dresdner Zeit sind die beiden romant. Opern »Tannhäuser« (UA 1845) und »Lohengrin« (UA 1850). Hier griff W. erstmals zu Stoffen aus der dt. mittelalterl. Literatur. Musikalisch werden die Ansätze des »Holländers« zur *Leitmotivtechnik* in Verbindung mit der Dramaturgie großer szen. Einheiten weitergeführt. 1848 schrieb W. den Text zur Heldenoper »Siegfrieds Tod« (Vorform der späteren »Götterdämmerung«). Auf Grund seiner Beteiligung an dem gescheiterten Dresdner Maiaufstand von 1849 wurde er steckbrieflich gesucht und floh nach Zürich. Hier schrieb W. einige seiner wichtigsten Kunstschriften: »Das Kunstwerk der Zukunft« (1849), »Oper und Drama« (1850/51). 1851/52 erweiterte W. »Siegfrieds Tod« durch »Der junge Siegfried« (später »Siegfried«), »Die Walküre« und »Das Rheingold« (1853–57) zum »Ring des Nibelungen« (mit der Gattungsbez. »Bühnenfestspiel«): die Leitmotivtechnik wurde tragendes Kompositionsprinzip. 1857–59 entstanden Text und Musik von »Tristan und Isolde«. Die Musik erreicht in der Chromatisierung der Harmonik die Grenzen der funktionalen Tonalität bzw. die Schwelle der ↑Neuen Musik. 1858 verließ W. Zürich und lebte u. a. in Venedig, Luzern, Paris, Wien. 1864 berief Ludwig II. von Bayern den völlig verschuldeten W. nach München und finanzierte – auch nach Zerwürfnissen mit dem bayr. Kabinett – seine Komponistentätigkeit. 1865 wurde in München

Wahldelikte

»Tristan« unter der Leitung H. G. von Bülows uraufgeführt. 1866–72 wohnte W. in Tribschen bei Luzern. Hier vollendete er 1867 »Die Meistersinger von Nürnberg« (UA 1868). 1870 heiratete er Cosima von Bülow. 1872 übersiedelte W. nach Bayreuth. Im Festspielhaus (Grundsteinlegung 1872) erlebte »Der Ring des Nibelungen« 1876 seine Uraufführung. Ab 1877 folgten Dichtung und Komposition von »Parsifal«. In diesem »Weltabschiedswerk« verbindet W. das Musikdrama mit Zügen des Mysterienspiels und des Oratoriums. In der musikal. Motivik kontrastieren Diatonik und Chromatik, in der Orchesterbehandlung Farbmischung mit registerartigem Einsatz der Instrumentengruppen. Nach den 2. Bayreuther Festspielen mit der UA des »Parsifal« (1882) reiste W. nach Venedig, wo er im Palazzo Vendramin einem Herzleiden erlag.

6) Siegfried, * Tribschen bei Luzern 6.6. 1869, † Bayreuth 4.8. 1930, dt. Komponist, Dirigent und Regisseur. Sohn von Richard W.; leitete ab 1908 die Bayreuther Festspiele; komponierte 13 Opern.

7) Wieland, * Bayreuth 5.1. 1917, † München 17.10. 1966, dt. Regisseur und Bühnenbildner. Herausragender Vertreter der Opernregie; Sohn von Siegfried W.; übernahm mit seinem Bruder Wolfgang 1951 die Leitung der Bayreuther Festspiele, schuf mit seinen abstrakten, Requisiten durch Lichteffekte ersetzenden Bühnenbildern einen neuen Inszenierungsstil.

8) Winifred, geb. Williams, * Hastings 23.6. 1897, † Überlingen 5.3. 1980, Frau von Siegfried W.; leitete 1930–44 die Bayreuther Festspiele.

9) Wolfgang, * Bayreuth 30.8. 1919, dt. Regisseur. Sohn von Siegfried W.; übernahm mit seinem Bruder Wieland 1951 die Leitung der Bayreuther Festspiele; nach dessen Tod (1966) alleiniger Leiter.

Wagner-Régeny, Rudolf [...ˈreːgəni], * Sächsisch-Reen (heute Reghin) 28.8. 1903, † Berlin 18.9. 1969, dt. Komponist. Lehrer an der Dt. Hochschule für Musik in Berlin (Ost); komponierte insbes. Opern, in denen er sich z. T. der Brechtschen Theaterkonzeption näherte, u. a. »Die Bürger von Calais« (1939), »Das Bergwerk zu Falun« (1961).

Wagnerscher Hammer [nach dem dt. Ingenieur Johann Philipp Wagner (* 1799, † 1879)] (Neefscher Hammer), einfacher elektr. Unterbrecher; ein an einer Blattfeder befindl. eiserner Anker wird bei Stromfluß in einem kleinen Elektromagneten von dessen Magnetfeld angezogen; diese Bewegung unterbricht den Erregerstromkreis und schaltet den Elektromagneten aus; der Anker schwingt in seine Ruhelage zurück, wobei er den Stromkreis wieder schließt, so daß der Vorgang erneut beginnt; Verwendung in der elektr. Klingel.

Wagner von Jauregg, Julius Ritter (J. Wagner-Jauregg), * Wels 7.3. 1857, † Wien 27.9. 1940, österr. Psychiater. Grundlegende Arbeiten über den Kretinismus; führte (mit der Malariaimpfung zur Behandlung der progressiven Paralyse) die Infektionstherapie zur Behandlung von Psychosen ein; erhielt 1927 den Nobelpreis für Physiologie oder Medizin.

Wagrien [ˈvaːɡriən], Teil des Ostholstein. Hügellandes zw. Kieler und Lübecker Bucht. – Nach dem wend. Stamm der *Wagrier,* einem Teilstamm der Obotriten, benannt; um 968 Gründung des Bistums Oldenburg (Holstein); ab 1143 Ansiedlung dt. Siedler.

Wahhabiten, Anhänger einer puritan. Bewegung des Islams, deren Begründer Mohammed ibn Abd al-Wahhab (* um 1703, † 1792) den Islam auf seine ursprüngl. Form zurückführen wollte, z. B. durch strikte Befolgung altarab. Strafgesetze. Um 1740 gewann Mohammed ibn Abd al-Wahhab den Stammesscheich Mohammed ibn Saud (* 1735, † 1765) für seine Lehren; dessen Nachfolger breiteten sie über ganz Z-Arabien aus; 1883 wurde das Haus Ibn Saud aus Riad vertrieben. Erst 1902 gelang es Abd al-Asis III. †Ibn Saud, nach Riad zurückzukehren. Die Lehren der W. sind die herrschende religiöse Doktrin in dem von ihm begründeten Kgr. Saudi-Arabien.

Wahlanfechtung ↑Wahlprüfung.

Wahldelikte, zusammenfassende Bez. für Straftaten, die im Zusammenhang mit Wahlen zu den Volksvertretungen und sonstigen Wahlen und Abstimmungen des Volkes in Bund, Ländern, Gemeinden und Gemeindeverbänden sowie bei Urwahlen in der Sozialver-

Julius Wagner von Jauregg

Wahlen

sicherung begangen werden, v. a. *Wahlbehinderung* (Verhinderung oder Störung einer Wahl bzw. der Feststellung ihres Ergebnisses durch Gewalt oder durch Drohung mit Gewalt), *Wahlfälschung* (Herbeiführen eines unrichtigen Wahlergebnisses [z. B. durch unbefugtes Wählen] oder Verfälschen des Wahlergebnisses), *Wählerbestechung* (das Anbieten, Versprechen oder Gewähren von Geschenken oder anderen Vorteilen dafür, daß nicht oder in einem bestimmten Sinne gewählt wird), *Verletzung des Wahlgeheimnisses* und *Fälschung von Wahlunterlagen* (z. B. hinsichtlich einer Eintragung in die Wählerliste).

Wahlen, Friedrich Traugott, *Gmeis (heute zu Mirchel, Kt. Bern) 10. 4. 1899, † Bern 7. 11. 1985, schweizer. Politiker (BGB/SVP). 1942–45 Beauftragter des Bundesrats für den *Plan Wahlen,* der die Anbaufläche der schweizer. Landwirtschaft gegenüber der Vorkriegszeit verdoppelte; 1959–65 Bundesrat, 1961 Bundes-Präs.; 1967–74 Vors. der *Wahlenkommission* für die Vorbereitung der Totalrevision der Bundesverfassung.

Wahlen, Verfahren in Staaten, Gebiets- und anderen Körperschaften sowie Personenvereinigungen und Organisationen zur Bestellung u. a. von Vertretungs- und Führungsorganen. Aus W. können u. a. Abg., Stadt- und Gemeinderäte, Vereins- und Kirchenvorstände, Präs. und Regierungschefs, Betriebsräte und Jugendvertreter hervorgehen.

Wahlgrundsätze: Man unterscheidet zw. *allg. Wahl* (Wahlrecht aller Staatsbürger ohne Ansehen des Geschlechts, der Berufs-, Gruppen- oder Klassenzugehörigkeit) und *beschränktem Wahlrecht;* zw. *unmittelbarer (direkter) Wahl* und *indirekter Wahl* (über Wahlmänner); zw. *gleicher Wahl* (jede Stimme hat gleiches Gewicht) und *ungleicher Wahl* (z. B. ↑Dreiklassenwahlrecht) sowie zw. *geheimer Wahl* (verdeckte Stimmabgabe) und *offener Wahl* (z. B. mit Handzeichen). ↑Wahldelikte werden geahndet.

Wahlsysteme: Bei der *Mehrheitswahl* bestehen u. a. folgende Verfahren: In Einerwahlkreisen (pro Wahlkreis wird ein Abg. gewählt) ist derjenige Kandidat gewählt, der die relative bzw. absolute Mehrheit der Stimmen auf sich vereinigt. In Mehrerwahlkreisen (pro Wahlkreis wird eine festgelegte Anzahl von Abg. gewählt) hat bei Persönlichkeitswahl i. d. R. jeder Wähler soviele Stimmen, wie Mandate im Wahlkreis zu vergeben sind. Beim Mehrheitssystem mit freien Listen kann der Wähler Kandidaten aus verschiedenen Listen wählen *(panaschieren).* Bei Mehrheitswahl mit Stimmenhäufung kann der Wähler mehrere Stimmen auf einen oder mehrere Wahlbewerber vereinen *(kumulieren).* Beim Mehrheitssystem mit starren Listen sind alle Kandidaten der Liste, die die Stimmenmehrheit erreicht hat, gewählt. – Bei der *Verhältniswahl* (Proportionalwahl, Listenwahl) stellen die Parteien für das ganze Land (Einheitswahlkreis) Listen auf, zw. denen die Wähler zu entscheiden haben. – *Mischwahlsysteme* kombinieren Mehrheits- und Verhältniswahlsysteme.

In der *BR Deutschland* gelten für die Wahlen zum Dt. Bundestag, geregelt durch das Bundeswahlgesetz i. d. F. vom 23. 7. 1993 und die Bundeswahlordnung i. d. F. vom 7. 12. 1989, die Grundsätze der allg., unmittelbaren, freien, gleichen und geheimen Wahl. Wahlberechtigt und wählbar ist jeder Deutsche, der das 18. Lebensjahr vollendet hat (↑Wahlrecht). Jeder Wähler verfügt über zwei Stimmen, eine »Erststimme« für die Wahl eines Wahlkreis-Abg. nach dem Prinzip der relativen Mehrheitswahl und eine »Zweitstimme« für die Wahl einer Landesliste nach dem Prinzip der Verhältniswahl; aufgrund der Verbindung von Persönlichkeitswahl und Verhältniswahl nach Listen bezeichnet man dieses Wahlsystem als »personalisierte Verhältniswahl«. Die Auszählung der Zweitstimmen erfolgt seit 1987 nach dem Hare-Niemeyer-Verfahren. Berücksichtigt werden dabei nur Parteien, die (mit den Zweitstimmen) die ↑Fünfprozentklausel überschritten haben oder (mit den Erststimmen) in den Wahlkreisen mindestens drei Direktmandate gewonnen haben. Erzielt eine Partei durch die Erststimmen mehr Direktmandate als ihr auf Grund der Zweitstimmen zustehen, kommt es zu ↑Überhangmandaten.

In *Österreich* werden die Abg. des Nationalrats nach den Grundsätzen der Verhältniswahl gewählt. Entsprechend den Stimmenanteilen werden zunächst innerhalb der neun Wahlkreise (d. h. der Bundesländer) die Mandate auf die Parteien verteilt. Die anfallenden Reststimmen und Restmandate werden danach auf der Ebene von zwei Wahlkreisverbänden verteilt. – In der *Schweiz* wird bei der Nationalratswahl das Verhältniswahlsystem angewandt, wobei jeder Kanton einen Wahlkreis bildet.

Wahlkapitulation, im MA und in der Neuzeit schriftlich fixierter Vertrag, durch den Wähler einem zu Wählenden Bedingungen für seine künftige Regierung stellten. 1519 mußte Karl V. als erster dt. König einer W. zustimmen; seit 1711 gab es eine ständige, unveränderl. W. (capitulatio perpetua). Sie galt als Grundgesetz des Hl. Röm. Reiches und enthielt in erster Linie Bestimmungen zum Schutz der Souveränität der dt. Fürsten und Forderungen der Reichsreform.

Wahlmänner, Personen, die in einem System mit indirekter Wahl von den Urwählern in ein Gremium gewählt werden, das nur zu dem Zweck zusammentritt, den oder die eigtl. Vertreter bzw. Amtsträger zu wählen.

Wahlöo, Per [schwed. ˌvaːløː], *Lund 5. 8. 1926, † ebd. 23. 6. 1975, schwed. Schriftsteller. Schrieb zahlr. Kriminalromane (u. a. »Libertad«, 1964; »Mord im 31. Stock«, 1974) und, gemeinsam mit seiner Frau M. Sjöwall, einen Kriminalromanzyklus.

Wahlpflichtfach, in der gymnasialen Oberstufe ein unter mehreren Lehrangeboten eines Wahlpflichtbereichs (z. B. Sprachen) ausgewähltes Fach. Zusätzl. wahlfreie Möglichkeiten bestehen je nach Kursangebot der Schulen.

Wahlprüfung, Verfahren zur Feststellung der Gültigkeit einer Wahl. Die W., die sich z. B. auf die Wahl des ganzen Bundestages oder eines einzelnen Abg. erstrecken kann, erfolgt nur auf Einspruch, den jeder Wahlberechtigte einlegen kann.

Wahlrecht, 1) die Berechtigung, jemanden zu wählen *(aktives W.)* bzw. selbst gewählt zu werden *(passives W., Wählbarkeit);* das W. ermöglicht die aktive Teilhabe am Zusammenleben in demokrat. Staaten.
2) die Gesamtheit der in Verfassungen, Wahlgesetzen und Wahlordnungen festgelegten Rechtsvorschriften zur Durchführung von ↑Wahlen. – In der *BR Deutschland* besteht aktives und passives W. nach Vollendung des 18. Lebensjahres. – Bei der Nationalratswahl in *Österreich* haben alle Staatsbürger das aktive W., die im Vorjahr das 19., das passive W., die das 25. Lebensjahr vollendet haben. Wahlpflicht kann in den Bundesländern gesetzlich angeordnet werden. – In der *Schweiz* steht auf Bundesebene das aktive und passive W. jedem zu, der im Besitz des ↑Aktivbürgerrechts und mindestens 18 Jahre alt ist.

Geschichte: Die Durchsetzung des allg., nicht an Herkunft, Besitz oder Geschlecht gebundenen W. in den europ. Staaten erstreckt sich auf das 19. und 20. Jahrhundert. So war in *Großbrit.* die Entwicklung zum allg. W. für Männer und Frauen nach mehreren Reformen (1832, 1867, 1884) im wesentlichen 1918 abgeschlossen. In *Frankreich* wurde während der Frz. Revolution 1791 ein Zensus-W. eingeführt, 1848 das allg. W. für Männer, 1944 für Frauen. Ein Teil der *dt. Staaten* schuf nach 1814 ein beschränktes Wahlrecht; auf Reichsebene galt seit 1867/71 das allg. W. für Männer, nach der Novemberrevolution 1918 auch für Frauen. In *Österreich* wurde 1907 das allg. Männer-W., 1918 auch das Frauen-W. verwirklicht. Die *Schweiz* führte auf Bundesebene das allg. W. für Männer endgültig 1848 ein, das Frauen-W. 1971.

Wahlstatt (poln. Legnickie Pole [poln. lɛgˈnitskjɛ ˈpɔlɛ]), Gem. sö. von Liegnitz, Polen. Barockes Kloster (1727 ff.). – Hier unterlag am 9. 4. 1241 ein dt.-poln. Ritterheer einem mongol. Reiterheer.

Wahn, v. a. bei Schizophrenie, Paranoia und Psychosen entstehende, in der realen Umwelt unbegründete, mit dem Merkmal der subjektiven Überzeugung ihres Trägers ausgestattete Vorstellung *(Wahnvorstellung, Wahnidee),* die weder durch Erfahrung noch durch zwingende Logik korrigiert werden kann.

Wahrheitstafeln, in der *Logik* die schemat. Darstellung der Wahrheitswerte einer log. Verknüpfung zweier oder mehrerer Aussagen in Abhängigkeit von den Wahrheitswerten der Einzelaussagen.

Wahrnehmung, der außer durch Empfindungen auch durch Gedächtnisin-

Wahrnehmungstäuschung

halte, Interessen, Gefühle, Stimmungen, Erwartungen u. a. mitbestimmte physiopsych. Prozeß der Gewinnung und Verarbeitung von Informationen aus äußeren und inneren Reizen; die auf – meist bewußtem – Auffassen und Erkennen von Gegenständen und Vorgängen ruhende W. ermöglicht dem Individuum ein an seine Umwelt angepaßtes Verhalten.

Wahrnehmungstäuschung, psych. Effekt, bei dem subjektiv Wahrgenommenes nicht mit der objektiven [Reiz]gegebenheit übereinstimmt (z. B. opt. Täuschungen).

Wahrsagen, auf vorgeblich übersinnl. Wahrnehmung beruhende Aussagen über verborgene gegenwärtige oder zukünftige Ereignisse. Die Praktiken des W. reichen vom Handlesen und Kartenlegen bis zur Sterndeutung.

Wahrscheinlichkeit, 1) *allg.*: Begriff, der die Einstufung von Aussagen oder Urteilen nach dem Grad ihres Geltungsanspruchs zw. Möglichkeit und Gewißheit bezeichnet, wobei die Gründe für den Geltungsanspruch nicht oder noch nicht ausreichen, um die Annahme des Gegenteils auszuschließen.
2) *Mathematik* und *Naturwissenschaften:* der Grad der Möglichkeit bzw. Voraussagbarkeit (Prognostizierbarkeit) des Eintretens eines Ereignisses (↑Wahrscheinlichkeitsrechnung).

Wahrscheinlichkeitslogik, mehrwertige Logik, bei der eine Aussage im allg. nicht wahr oder falsch, sondern mehr oder weniger wahrscheinlich ist.

Wahrscheinlichkeitsrechnung, Teilgebiet der Mathematik, das sich mit der Untersuchung der Gesetzmäßigkeiten »zufälliger Ereignisse« *(Zufallsgrößen, Zufallsvariablen)* befaßt, die bei Massenerscheinungen verschiedenster Art auftreten. Die klass. Definition der *Wahrscheinlichkeit* lautet: Die Wahrscheinlichkeit $P(E)$ für das Eintreten des Ereignisses E ist gleich dem Quotienten aus der Anzahl g der für das Ereignis »günstigen« und der Anzahl m der »möglichen« Ereignisse: $P(E) = g/m$. Bei Verallgemeinerungen dieses Wahrscheinlichkeitsbegriffs spricht man auch von *statist. Wahrscheinlichkeiten.*
Zur Charakterisierung einer Zufallsgröße X mit den Werten x_i und den entsprechenden Wahrscheinlichkeiten p_i benutzt man folgende Kenngrößen:
1. den *Erwartungswert (Mittelwert, [mathemat.] Hoffnung)*

$$E[X] = \sum_k p_k x_k$$

$E[X]$ gibt den bei einer großen Anzahl von Versuchen zu erwartenden Durchschnittswert von X an (z. B. ist beim Würfeln die Wahrscheinlichkeit bei jedem Wurf $^1/_6$; also ist

$E[X] = {}^1/_6 \cdot 1 + {}^1/_6 \cdot 2 + \ldots + {}^1/_6 \cdot 6 = {}^{21}/_6 = 3{,}5$)

2. die *Varianz (Dispersion, Streuungsquadrat)*

$$V[X] = E[(X - E[X])^2]$$

$V[X]$ beschreibt die Abweichung vom Mittelwert.
Die Größe $\sigma = \sqrt{V[X]}$ bezeichnet man als *Standardabweichung (mittlere quadrat. Abweichung, Streuung)* von E. Die statist. Abhängigkeit zweier *Zufallsgrößen* X, Y erfaßt man mit Hilfe der *Kovarianz*

$K[X, Y] = E[(X - E[X])(Y - E[Y])]$.

Währung, 1) die Währungseinheit eines Landes, die gesetzl. Zahlungsmittel ist; über den ↑Wechselkurs ergibt sich die *Währungsparität*, d. h. das Verhältnis zweier W. zueinander.
2) im Sinne von *Währungssystem* die Geldordnung eines Landes. Dabei unterscheidet man zwischen der an Metalle *gebundenen W.* (z. B. Goldwährung, Aufhebung zuletzt in den USA 1971) und der *freien W.*, die nicht an einen bestimmten Metallwert gebunden ist, sondern bei der die Zentralnotenbank die Aufgabe der Geldmengenregulierung übernimmt. Dazu zählen die *Papier-W.*, bei der die Geldmengenregulierung nach wirtschafts-, insbesondere konjunkturpolitische Gegebenheiten erfolgt, und die *Index-W.*, bei der der Geldwert an einen bestimmten Preisindex gebunden ist.

Währungsblock, Währungsgemeinschaft mehrerer Länder, bei der die verschiedenen nat. Währungen eng an eine [dominierende] Währung gebunden sind.

Währungspolitik, Gesamtheit aller Maßnahmen des Staates und der Zentralbank zur Festlegung einer Währungsordnung sowie zur Erreichung der im ↑magischen Viereck definierten

Waigel

Währungsreform. Umtauschstelle in Hamburg; 1948

wirtschaftspolit. Zielsetzungen durch Beeinflussung des Wertes der Währung.
Währungsreform, allg. die Neuordnung des Geldwesens durch gesetzl. Maßnahmen; in Westdeutschland zuletzt die Umstellung von Reichsmark auf Deutsche Mark am 21.6. 1948 nach Anordnung der westl. Besatzungsmächte als Folge der durch die nat.-soz. Kriegswirtschaft zurückgestauten Inflation. – In der SBZ wurde auf Anordnung der SMAD vom 24. bis 28.6. 1948 ebenfalls eine W. durchgeführt. Mit den separat durchgeführten W. begann die Spaltung Deutschlands. – Durch die Währungsunion zw. der BR Deutschland und der DDR als Vorstufe der Wiederherstellung der dt. Einheit erfolgte am 1.7. 1990 die Umstellung des Währungssystems der DDR auf die D-Mark.
Währungsreserven ↑Devisen.
Währungsschlange, umgangssprachl. Bez. für die 1972 beschlossene, seither mehrfach geänderte Einbindung der Währungen der EU-Länder innerhalb enger Schwankungsbreiten (sog. *Blockfloating*) bei nach außen (gegenüber anderen Währungen) flexiblen Wechselkursen; seit 1979 im ↑Europäischen Währungssystem geregelt.
Währungsunion, Zusammenschluß von Staaten zur Bildung eines gemeinsamen Währungsgebietes mit einheitl. Währung und Währungspolitik.

Waiblingen, Kreisstadt nö. von Stuttgart, Bad.-Württ., 50300 E. Ev. spätgotische Michaeliskirche (1459–89); zweigeschossiges Nonnenkirchle (1496). – Als karoling. Pfalz 885 erstmals gen.; symbol. Mittelpunkt der stauf. Macht (↑Ghibellinen, d.h. Waiblinger). – Stadtrecht um 1250.
Waid, Gatt. der Kreuzblütler mit rd. 30 Arten, verbreitet von M-Europa bis Z-Asien und im Mittelmeergebiet; einheimisch ist der bis 1,4m hohe, an Wegen und in Schuttunkrautgesellschaften wachsende *Färberwaid* (Dt. Indigo; symbol. Mittelpunkt der stauf. Macht; früher zur Gewinnung des Farbstoffs Indigo angebaut).
waid..., Waid..., fachsprachl. Schreibung für Wörter, die mit weid..., Weid... (in der Bedeutung »Jagd«) beginnen.
Waidhofen an der Thaya, niederösterr. Bezirkshauptstadt im nördl. Waldviertel, 5600 E. Spätbarocke Pfarrkirche (18.Jh.), Schloß (1770).
Waidhofen an der Ybbs [- - - ˈɪps], niederösterr. Stadt 50 km sö. von Linz, 11400 E. Geschlossenes Stadtbild mit Bürgerhäusern v.a. des 16. und 17.Jh.; spätgot. Pfarrkirche (1439–1510).
Waigel, Theodor, *Oberrohr (bei Krumbach/Schwaben) 22. 4. 1939, dt. Politiker (CSU). Jurist; seit 1972 MdB; seit 1988 Vors. der CSU; 1982–89 Vors. der CSU-Landesgruppe des Bundes-

Theodor Waigel

Waisenhaus

Selman Waksman

Derek Alton Walcott

George Wald

tags; seit 1989 Bundes-Min. für Finanzen.
Waisenhaus, Einrichtung zur Unterbringung elternloser Kinder, von kirchl., staatl. oder privaten Institutionen getragen. – Seit dem 15. Jh. entstanden W. in Italien, den Niederlanden und Deutschland. 1695 gründete A. H. Francke das berühmte W. in Halle/Saale; Anfang des 18. Jh. folgten zahlr. weitere Gründungen (u. a. das Militär-W. in Potsdam von Friedrich Wilhelm I.), oft den örtl. Armen- und Krankenhäusern eingegliedert, wobei es häufig zu großen Mißständen (u. a. Ausbeutung der kindl. Arbeitskraft) kam. Um eine Reform der Anstalten machte sich bes. Pestalozzi verdient. Im 19. Jh. gingen die W. weitgehend in Erziehungsanstalten auf.
Waisenrente, die Leistungen der gesetzl. Sozialversicherung (Unfall- und Rentenversicherung) an Waisen. Waisen von Beamten erhalten *Waisengeld.*
Waits, Tom [engl. 'weɪts], eigtl. Thomas Allan W., *Pomona (Calif.) 7. 12. 1949, amerikan. Rockmusiker und Schauspieler. Schreibt Lieder über Menschen auf der Schattenseite des Lebens; auch Filmmusiken (u. a. zu »Night on Earth«, 1991) und spielte in Filmen mit (u. a. »Down by Law«, 1986).
Waitz, Georg, *Flensburg 9. 10. 1813, †Berlin 24. 5. 1886, dt. Rechtshistoriker. Prof. in Kiel, Göttingen und Berlin; 1848/49 Mgl. der Frankfurter Nationalversammlung (Erbkaiserl. Partei); 1875–86 Leiter der Monumenta Germaniae historica; 1869–83 Hg. der 3.–5. Auflage von F. C. Dahlmanns »Quellenkunde der dt. Geschichte«.
Wajda, Andrzej [poln. 'vajda], *Suwalki 6. 3. 1926, poln. Regisseur. Internat. Durchbruch mit der Trilogie »Generation« (1954), »Der Kanal« (1956), »Asche und Diamant« (1958; nach dem Roman von J. Andrzejewski). – *Weitere Filme:* »Der Mann aus Marmor« (1977), »Der Mann aus Eisen« (1981), »Danton« (1982), »Eine Liebe in Deutschland« (1983), »Korczak« (1990), »Der Ring mit dem Adler in der Krone« (1993).
Waka, 1) die gesamte japan. Lyrik in Unterscheidung zur chin. Lyrik.
2) die spezif. Gattung des japan. Kurzgedichts aus 31 Silben *(Tanka),* das seit der ersten monumentalen Gedichtsammlung »Man'yōshū« (8. Jh.) bis heute seinen Platz in der japan. Lyrik behauptet.
Wakefield [engl. 'weɪkfiːld], Stadt in N-England, am Calder, 60 500 E. Verwaltungssitz der Metropolitan County West Yorkshire; Markt- und Ind.-Stadt. Kathedrale (erneuert 1329), Brückenkapelle Saint Mary (1342 ff.).
Wakhan, Gebiet in NO-Afghanistan, erstreckt sich 300 km lang und 20–60 km breit zw. Tadschikistan (im N) und Pakistan (bzw. Indien) bis zur chin. Grenze (im O).
Waksman, Selman [engl. 'wɑːksmən], *Priluki bei Kiew 22. 7. 1888, †Hyannis (Mass.) 16. 8. 1973, amerikan. Biochemiker russ. Herkunft. Isolierte aus dem Strahlenpilz Streptomyces griseus das Streptomyzin und aus Streptomyces fradiae das Neomyzin; erhielt 1952 den Nobelpreis für Physiologie oder Medizin.
Walachei, Teil Rumäniens zw. den Karpaten im N, der Donau im W, S und O, im NO in die Moldau übergehend, in die *Kleine W. (Oltenien;* im W) und die *Große W. (Muntenien),* geteilt durch den Alt.
Geschichte: Fürst Basarab I. (⚭ um 1310–52) vereinte das Gebiet beiderseits des Alt und begründete das Ft. der W.; größte Ausdehnung unter Fürst Mircea dem Alten (⚭ 1386–1418; u. a. auch die Dobrudscha sowie Teile Siebenbürgens und das Banat von Severin), seit 1415 Tributpflicht und zunehmende Abhängigkeit von den Osmanen; ab 1714 wurden die Herrscher von den Osmanen eingesetzt (bis 1821 Phanarioten). Der Vertrag von Adrianopel (1829) schränkte den osman. Einfluß erheblich ein. 1828–34 russisch besetzt. Mit der Wahl von Alexandru Ioan Cuza (*1820, †1873) zum Fürsten der Moldau und der W. (1859) begann die Entstehung des Staates ↑Rumänien (1862).
Walachen, svw. Wlachen, d. h. Rumänen.
Walcha, Helmut, *Leipzig 27. 10. 1907, †Frankfurt am Main 15. 8. 1991, dt. Organist. Mit 16 Jahren erblindet, Schüler von G. Ramin; bes. Bedeutung als Interpret der Orgelmusik von J. S. Bach.
Walchensee, mit 16,4 km² größter dt. Alpensee.

Walcott, Derek Alton [engl. 'wɔ:lkət], * Castries 23. 1. 1930, Schriftsteller aus Saint Lucia. Lebt seit 1953 auf Trinidad; schreibt vornehmlich Lyrik (dt. Auswahl »Das Königreich des Sternapfels«, 1989) in engl. Sprache, in der Kultur und Tradition der Karibik mit europ. Anregungen verschmelzen; auch Bühnenstücke. 1992 Nobelpreis für Literatur. – *Werke*: In a Green Night. Poems 1948–60 (Ged., 1962), Another Life (Ged., 1973), Omeros (Ged., 1990).

Wald, George [engl. wɔ:ld], * New York 18. 11. 1906, amerikan. Biochemiker. Entdeckte die Vitamine A_1 und A_2 in der Netzhaut des Auges und arbeitete über den Mechanismus des Farbensehens; erhielt (zus. mit R. A. Granit und H. K. Hartline) 1967 den Nobelpreis für Physiologie oder Medizin.

Wald, natürl. Lebensgemeinschaft und Ökosystem von dicht stehenden Bäumen mit spezieller Tier- und Pflanzenwelt sowie mit bes. Klima- und Bodenbedingungen. Hinsichtlich der Entstehung des W. unterscheidet man zw. dem ohne menschl. Zutun gewachsenen *natürl. Wald* (Urwald), dem nach menschl. Eingriffen (z. T. Rodung) natürlich nachwachsenden *Sekundärwald* und dem vom Menschen angelegten *Wirtschaftswald,* hinsichtlich des Baumbestandes zw. *Reinbestand* (eine einzige Baumart) und Mischbestand (mehrere Baumarten; *Mischwald*). Die Pflanzen des W. stehen miteinander in ständiger Wechselbeziehung, indem sie sich gegenseitig fördern oder miteinander um Licht, Wasser und Nährstoffe konkurrieren. Das *Waldklima* zeichnet sich im Verhältnis zum Klima offener Landschaften durch gleichmäßigere Temperaturen, höhere relative Luftfeuchtigkeit, geringere Lichtintensität und schwächere Luftbewegung aus. Der W. hat einerseits eine sehr hohe Transpirationsrate, andererseits vermag er in seinen Boden große Wassermengen schnell aufzunehmen und darin zu speichern. – Unter entsprechenden Klimabedingungen gilt der W. als dominierende pflanzl. Formation.

Die Wälder der Erde unterscheiden sich wesentlich in ihrem Baumbestand, der durch die jeweils unterschiedl. ökolog. Faktoren bedingt ist. Der *trop. Wald* in den niederschlagsreichen Gebieten ist durch üppiges Wachstum und Artenreichtum charakterisiert. In den *Subtropen* erscheinen mit zunehmender Trockenheit Hartlaubgehölze. Die *gemäßigte Region* ist durch sommergrüne Laubwälder (in Gebirgslagen besonders durch Nadelwälder) charakterisiert, die auf der *Nordhalbkugel* in einen breiten Nadelholzgürtel übergehen. Im einzelnen lassen sich folgende *Waldformationsklassen* unterscheiden: (tropischer oder subtropischer) Regenwald (grundwasserbedingt sind die Unterklassen Mangrove und Galeriewald), regengrüner Wald (auch Monsunwald), regengrüner Trockenwald, Lorbeerwald, Hartlaubwald, sommergrüner Laubwald und borealer Nadelwald.

Wald. Pflanzensoziologische Schichtung

Waldameisen

Im Wirtschafts-W. unterscheidet man (als Bewirtschaftungsformen) *Niederwald* (Laubwald, bei dem sich der Baumbestand aus Stöcken und Wurzeln der gefällten Bäume erneuert), *Hochwald* (der Baumbestand wird durch Anpflanzen oder Saat erneuert) und *Mittelwald* (in ein dichtes, alle 10–15 Jahre geschlagenes und immer wieder neu austreibendes Unterholz sind besser geformte Stämme eingestreut).
Über seine Funktion als Holzlieferant und Lebensstätte des Wildes hinaus kommen dem W. trotz weitgehender Einbuße seiner kultisch-mytholog. Bed. noch wichtige landeskulturelle und soziale Funktionen zu, u. a. als Schutzwald und Erholungsraum.

Waldameisen. Arbeiterin der Roten Waldameise füttert eine Nestgenossin

Waldameisen, Gatt. der Ameisen (Fam. Schuppenameisen) mit rd. 15 einheim. Arten. Am bekanntesten ist die geschützte *Rote W.* (♂ und ♀ 9 bis 11 mm lang, Arbeiterinnen 4–9 mm lang). Sie baut aus Kiefern- oder Fichtennadeln ein bis 1,8 m hohes Nest.

Waldböcke, Unter-Fam. reh- bis rindergroßer, schlanker und hochbeiniger Paarhufer (Fam. Horntiere) mit rd. zehn Arten, v. a. in Wäldern, Dickichten und Savannen Afrikas und Indiens (u. a. ↑Drehhornantilopen).

Waldburg, urspr. staufisches Ministerialengeschlecht; 1419–1808 Titel: *Truchseß von Waldburg;* 1429 dynast. Teilung; 1628 Reichsgrafen, 1803 Reichsfürsten; 1805/06 mediatisiert. Bed. Vertreter: **1)** *Gebhard Frhr. zu* ↑Gebhard Frhr. zu Waldburg.
2) *Georg Truchseß von,* gen. »der Bauernjörg«, * Waldsee (heute Bad Waldsee) 25. 1. 1488, † ebd. 29. 5. 1531, Feldhauptmann. 1519 an der Vertreibung Herzog Ulrichs von Württemberg beteiligt; warf 1525 im Bauernkrieg als Führer des Schwäb. Bundes die aufständ. Bauern grausam nieder.

Waldeck, ehem. Gft. im heutigen N-Hessen; seit 1180 bezeugt; seit 1431/38 unter hess. Landes- (bis 1648) und Lehnshoheit; mehrfache dynast. Teilungen; u. a. 1625 Erwerb der Gft. Pyrmont; 1682/1712 Reichs-Ft.; 1815 beim Dt. Bund; seit 1867 unter preuß. Verwaltung; 1918 Freistaat; 1922 kam Pyrmont, 1929 W. selbst an Preußen (Prov. Hannover bzw. Hessen-Nassau). Seit 1945 gehört W. zu Hessen.

Waldeck-Rousseau, Pierre [frz. valdɛkru'so], * Nantes 2. 12. 1846, † Paris 10. 8. 1904, frz. Politiker (Gemäßigter Republikaner). 1881/82 und 1883–85 Innen-Min.; als Premier-Min. (1899 bis 1902) leitete er die Trennung von Staat und Kirche sowie die Beendigung der ↑Dreyfusaffäre ein; berief mit A. Millerand erstmals einen Sozialisten in ein Min.-Amt.

Waldemar, Name von dän. Herrschern:
1) Waldemar I., der Große, * 14. 1. 1131, † Schloß Vordingborg (S-Seeland) 12. 5. 1182, König (seit 1157). Zur Unterstützung seiner Ausdehnungspolitik in Konkurrenz zu Heinrich dem Löwen erkannte er 1162 die Lehnshoheit Friedrichs I. Barbarossa an. 1168/69 eroberte er Rügen und verstärkte das Danewerk *(Waldemarsmauer).*
2) Waldemar IV. Atterdag, * um 1320, † Schloß Gurre 24. 10. 1375, König (seit 1340). 1361 zerstörte er die Hansestadt Visby und geriet dadurch in einen Krieg mit der Hanse, den die dän. Stände im Frieden von Stralsund (1370) eigenmächtig beendeten.

Walden, Herwarth, eigtl. Georg Levin, * Berlin 16. 9. 1878, † Saratov 31. 10. 1941, dt. Schriftsteller und Kunstkritiker. Als Hg. der Zeitschrift »Der Sturm« und Autor bed. kunsttheoret. Schriften Wegbereiter des Expressionismus, Kubismus und Futurismus; förderte u. a. A. Döblin, F. Wedekind, H. und Th. Mann, G. Benn und O. Kokoschka. Ging 1932 nach Moskau, wo er 1941 verhaftet wurde; starb im Gefängnis. ↑Sturmkreis.

Waldenburg (Schles.) (poln. Wałbrzych), Stadt im Waldenburger Bergland, Polen, 141 000 E.; Theater, Zentrum eines Bergbau- und Ind.-Reviers.

Herwarth Walden (Zeichnung von Emil Orlik; 1926)

Waldhorn

Waldenburg (Schles.). Bürgerhäuser am Marktplatz, in der Mitte das »Haus zum Anker« (1799), rechts das »Haus zu den drei Rosen« (1777)

Waldenser, Anhänger der von P. Waldes 1173 innerhalb der kath. Kirche S-Frankreichs zur Verkündigung des Evangeliums gegr. und nach dem Vorbild Jesu in Armut lebenden Laienbruderschaft (»Arme von Lyon«); wegen ihrer Praxis der Laienpredigt 1184 exkommuniziert. – Zunächst gegen die Katharer gerichtet, übernahmen die W. bald deren Organisationsform, verwarfen aber später Lehrautorität, Hierarchie, Liturgie, Sakramente, die Lehre vom Fegefeuer, Eid, Kriegsdienst und Todesstrafe. Stete Verfolgung, u. a. durch die Inquisition; 1532 schlossen sich die W. dem ref. Zweig der Reformation an. Nach Vertreibung aus Savoyen (1699, 1709) wurden die W. in Südwestdeutschland aufgenommen. Heute mit etwa 50 000 Mgl. v. a. in Italien (Piemont) und Uruguay/Argentinien; ihre theol. Fakultät befindet sich in Rom.

Waldersee, Alfred Graf von, *Potsdam 8. 4. 1832, †Hannover 5. 3. 1904, preuß. Generalfeldmarschall (seit 1900). 1889–91 als Nachfolger Moltkes Chef des Großen Generalstabs; maßgeblich an Bismarcks Sturz beteiligt; im chin. Boxeraufstand Oberbefehlshaber der europ. Interventionstruppen.

Waldes, Petrus (P. Waldensis, Valdes, Valdus, Valdesius), † vor 1218, Begründer der ↑Waldenser.

Waldgärtner (Kiefernmarkkäfer), Gatt. der Borkenkäfer mit zwei einheim. Arten; 3,5–5 mm lang, schwarz-braun; Larven unter der Rinde von Kiefern, fressen als Käfer in den Astspitzen, die dadurch absterben.

Waldgrenze, klimatisch bedingte Grenzzone, bis zu der geschlossener Wald noch gedeiht.

Waldheim, Kurt, *Sankt Andrä-Wördern bei Wien 21. 12. 1918, österr. Diplomat und Politiker. 1968–70 österr. Außen-Min.; 1971–81 Generalsekretär der UN; 1986–92 österr. Bundes-Präs.; W. sah sich in seiner Amtszeit als Bundes-Präs. wegen des Vorwurfs, als Offizier der Wehrmacht an nat.-soz. Kriegsverbrechen auf dem Balkan beteiligt gewesen zu sein, internat. Kritik und Ächtung ausgesetzt.

Waldhorn (Horn), Blechblasinstrument mit kreisförmig gewundenem, stark kon. Rohr, trichterförmigem Mundstück, ausladender Stürze und

Waldgärtner. Großer Waldgärtner (oben, Länge 3,5 bis 5 mm) und Fraßbild (unten)

Waldkatze

Waldhorn

Waldsassen. Klosterbibliothek (1724/25)

drei Ventilen (mit zusätzl. Stopfventil), von weichem, warmem Klang. Heute wird v. a. das Doppelhorn in B/F (mit Umschaltventil) oder das Horn in F (Umfang $_1$B–f^2) verwendet.

Waldkatze ↑Wildkatze.
Waldkauz ↑Eulenvögel.
Waldkirch, Stadt im Breisgau, Bad.-Württ., 20000 E. Barocke Pfarrkirche (1732–34) mit Rokokoausstattung, Ruine der Kastelburg (13.–16. Jh.).
Waldlandtradition, Kulturperiode im östlichen Nordamerika (ab etwa 1000 v. Chr.) bis in die Neuzeit.
Waldmeister ↑Labkraut.
Waldmüller, Ferdinand Georg, *Wien 15. 1. 1793, † Hinterbrühl bei Mödling 23. 8. 1865, österr. Maler. Hauptvertreter des Wiener Biedermeier; bed. Porträts.
Waldorfschulen, private, anthroposophisch orientierte Gesamtschulen. Die erste W. wurde 1919 in Stuttgart von dem Direktor der Waldorf-Astoria-Zigarettenfabrik, Emil Molt (*1876, † 1936), gegründet, der die Leitung dem Anthroposophen R. Steiner übertrug. 1938 Verbot der bestehenden acht dt. W.; nach 1945 zahlr. Neugründungen. Bis heute rd. 160 W. in Deutschland, weltweit rd. 650. Schulträger jeder W. ist ein eigener Schulverein, in dessen Vorstand Eltern und Lehrer gleichberechtigt sind. Der 12 Schuljahre umfassende Unterricht ist bis zum 8. Schuljahr einem Klassenlehrer, dann Fachlehrern übertragen. Päd. Zielsetzung ist eine breitangelegte Begabungsförderung unter bes. Berücksichtigung künstler. und handwerkl. Tätigkeiten und des Eurythmieunterrichts. Fremdsprachl. Unterricht beginnt im 1. Schuljahr.
Waldrebe (Klematis, Clematis), Gatt. der Hahnenfußgewächse mit rd. 300 weltweit verbreiteten Arten; sommer- oder immergrüne, meist kletternde Sträucher; Blüten glockig bis tellerförmig, einzeln oder in Rispen, oft weiß oder violett; einheimisch ist u. a. die *Gemeine W.* (Hexenzwirn) mit bis 7 m hoch kletternden Zweigen und kronblattlosen Blüten mit weißen bis gelbl. Kelchblättern.
Waldsassen, Stadt in der Wondrebsenke zwischen Oberpfälzer Wald und Fichtelgebirge, Bayern, 8000 E. Stiftslandmuseum. Barocke Abteikirche (1681 bis 1704) und Klostergebäude (1133 ff.) mit bedeutendem Bibliotheksraum (1724/25). – 1133 Gründung des Zisterzienserklosters, 1147 bis Mitte 16. Jh. reichsunmittelbar, 1803 aufgelöst, 1863 als Zisterzienserinnenkloster neu gegründet, seit 1925 Abtei. Der Ort entstand 1613.

Waldvögelein

Waldsterben. Schadbilder: links: ganze Nadeljahrgänge sind abgeworfen (Lamettasyndrom) ◆ Rechts: Der jüngste Nadeljahrgang ist vergilbt, während die älteren grün bleiben

Waldseemüller, Martin, *in oder bei Freiburg im Breisgau zw. 1470 und 1475, † Saint-Dié 1518(?), dt. Kartograph. Auf seiner Globuskarte und Weltkarte (beide 1507) erscheint erstmals der Name »America« für den neu entdeckten Kontinent.

Waldshut-Tiengen [...'tiŋən], Kreisstadt an Hochrhein und Wutach, Bad.-Württ., 23 000 E. In *Waldshut* frühklassizist. Pfarrkirche (1804–06), spätbarockes Rathaus (18. Jh.), spätgot. Stadttore. In *Tiengen* barocke Marienkirche (18. Jh.), Schloß (1571–1619). – 1975 Zusammenschluß von Waldshut, Tiengen und Gurtweil zur Stadt Waldshut-Tiengen.

Waldstein ↑Wallenstein.

Waldsterben, das großflächige Absterben von Nadel- und Laubbäumen. Als Ursache gilt neben dem ↑sauren Regen auch die durch Kraftfahrzeuge, Haushalte und Ind. erzeugten Schadstoffe wie Stickoxide, Schwermetalle und Ozon. Andere, nicht immissionsbedingte Schadfaktoren, z. B. extreme Witterungs- und Klimaereignisse, waldbaul. Fehler, Pilze, Bakterien und Schadinsekten, können Sekundärschäden verursachen oder die Wirkung der Schadstoffe verstärken. Schon seit dem 19. Jh. sind Waldschäden durch Abgase von Ind.anlagen, allerdings ausschließlich in deren Nahbereich, bekannt. Seit etwa 20–25 Jahren treten jedoch in emittentenfernen Gebieten (bedingt durch die Erhöhung der Schornsteine) neuartige unterschiedl. Schadbilder auf. Dabei handelt es sich um Schäden v. a. an älteren Beständen von Tannen, Kiefern und Fichten; die Laubbäume (Eichen, Buchen) zeigen die Auswirkungen mit einer zeitl. Verzögerung bei derzeit annähernd gleich hoher Schädigung. Characterist. Symptome aller betroffenen Baumarten: 1. Verfärbung und Abwurf von Nadeln oder Blättern; 2. verminderte Wasser- und Nährstoffaufnahme des Baumes durch große Schäden im Feinwurzelsystem; 3. Wachstumsstörungen. Nach offiziellen Angaben des Bundesministeriums für Ernährung, Landwirtschaft und Forsten waren 1992 in Deutschland über 66% der Waldfläche geschädigt, v. a. in Bad.-Württ., Bayern, Thüringen und Mecklenburg-Vorpommern. ↑Luftreinhaltung.

Waldviertel, nw. Landesteil von Niederösterreich, westlich des Manhartsberges und nördlich der Donau.

Waldvögelein, Gatt. der Orchideen mit 14 Arten im gemäßigten Eurasien

Waldzecke

Waldvögelein.
Rotes Waldvögelein

Lech Wałęsa

Wales
Flagge

und in N-Amerika; Erdorchideen mit beblättertem Stengel und in lockerer Ähre stehenden Blüten; einheimisch sind u. a. *Weißes* und *Rotes W.* (in lichten Buchenwäldern).
Waldzecke ↑Schildzecken.
Waldziegenantilopen, Gatt.-Gruppe der Ziegenartigen mit 2 etwa ziegengroßen Arten, v. a. in dichten Gebirgs- und Bambuswäldern S- und O-Asiens. Etwa 90–130 cm lang und rd. 55–75 cm schulterhoch ist der *Goral* (mit kurzen, spitzen Hörnern; Fell dicht und lang; Färbung überwiegend rotbraun bis dunkelbraun).
Wale (Cetacea), mit rd. 90 Arten weltweit verbreitete Ordnung der Säugetiere von etwa 1,25–33 m Körperlänge und rd. 25 kg bis über 135 t Gewicht; mit Ausnahme weniger Zahnwalarten ausschließlich im Meer; Gestalt torpedoförmig, fischähnlich (jedoch waagrecht gestellte Schwanzflosse), Vorderextremitäten zu Flossen umgewandelt, Hinterextremitäten vollständig rückgebildet; Rückenfinne fast stets vorhanden; mit Ausnahme von zerstreuten Borsten am Kopf (Sinneshaare) Haarkleid rückgebildet; Haut ohne Schweiß- und Talgdrüsen, von mehr oder minder stark ausgebildeter Fettschicht unterla-

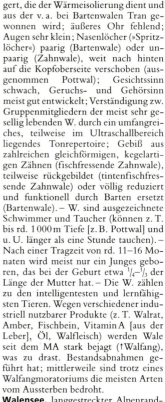

gert, die der Wärmeisolierung dient und aus der v. a. bei Bartenwalen Tran gewonnen wird; äußeres Ohr fehlend; Augen sehr klein; Nasenlöcher (»Spritzlöcher«) paarig (Bartenwale) oder unpaarig (Zahnwale), weit nach hinten auf die Kopfoberseite verschoben (ausgenommen Pottwal); Gesichtssinn schwach, Geruchs- und Gehörsinn meist gut entwickelt; Verständigung zw. Gruppenmitgliedern der meist sehr gesellig lebenden W. durch ein umfangreiches, teilweise im Ultraschallbereich liegendes Tonrepertoire; Gebiß aus zahlreichen gleichförmigen, kegelartigen Zähnen (fischfressende Zahnwale), teilweise rückgebildet (tintenfischfressende Zahnwale) oder völlig reduziert und funktionell durch Barten ersetzt (Bartenwale). – W. sind ausgezeichnete Schwimmer und Taucher (können z. T. bis rd. 1000 m Tiefe [z. B. Pottwal] und u. U. länger als eine Stunde tauchen). – Nach einer Tragzeit von rd. 11–16 Monaten wird meist nur ein Junges geboren, das bei der Geburt etwa $^1/_4$–$^1/_3$ der Länge der Mutter hat. – Die W. zählen zu den intelligentesten und lernfähigsten Tieren. Wegen verschiedener industriell nutzbarer Produkte (z. T. Walrat, Amber, Fischbein, Vitamin A [aus der Leber], Öl, Walfleisch) werden Wale seit dem MA stark bejagt (↑Walfang), was zu drast. Bestandsabnahmen geführt hat; mittlerweile sind trotz eines Walfangmoratoriums die meisten Arten vom Aussterben bedroht.
Walensee, langgestreckter Alpenrandsee (16 km lang, kaum 2 km breit, 24 km² groß) in der O-Schweiz zw. den Kantonen Glarus und St. Gallen.
Wales [engl. weɪlz], die westl. Halbinsel der brit. Hauptinsel zw. der Ir. See und dem Bristolkanal, Teil von ↑Großbritannien und Nordirland.
Geschichte: Nach dem Abzug der Römer Anfang des 5. Jh. wurde W. vor den anrückenden Angelsachsen zum Rückzugsgebiet der alteingesessenen Kymren und anderer kelt. Stämme. Nach der normann. Eroberung belehnte Wilhelm I. Ritter aus seinem Gefolge mit den Grenzgebieten und Teilen des südl. Wales. Erst unter Eduard I. konnte W. endgültig dem engl. Herrschaftsbereich eingegliedert werden. Den Titel ↑Prince of Wales übertrug er 1301 sei-

nem Sohn, dem späteren Eduard II., um W. fester an England zu binden. Den letzten Versuch, wieder die nat. Unabhängigkeit zu erlangen, unternahm 1400 O. Glendower. Eine endgültige Befriedung der Waliser gelang erst den Tudors, die selbst walis. Abstammung waren. In den Acts of Union von 1536 und 1542 wurde W. von Heinrich VIII. England rechtlich, politisch und administrativ gleichgestellt. Eine neue Belebung erfuhr das nat. Bewußtsein durch die »kelt. Renaissance« des 18. Jahrhunderts. Zu Anfang des 20. Jh. machte die brit. Regierung auf die walis. Autonomieforderungen hin Zugeständnisse im kulturellen Bereich; eine größere polit. Autonomie (eigenes Parlament) lehnten die Waliser 1979 ab.

Wałęsa, Leszek (»Lech«) [poln. va'u̯ɛ̃sa], *Popowo (bei Bromberg) 29. 9. 1943, poln. Politiker. Elektromonteur; trat 1980 als Vors. des Streikkomittes der Leninwerft in Danzig an die Spitze eines überbetriebl. Streikkomitees und setzte in Verhandlungen mit der Reg. zentrale polit. Forderungen durch (bes. die Zulassung unabhängiger Gewerkschaften, Streikrecht); 1980–90 Vors. des 1981 bis 1989 von der Reg. verbotenen Dachverbands der freien Gewerkschaften Polens (Solidarność); von Dez. 1981–Nov. 1982 unter Hausarrest gestellt, erhielt 1983 den Friedensnobelpreis; 1990–95 Staatspräsident.

Walfang, gewerbsmäßige Jagd auf Wale. Das von der 1946 gegr. internat. Walfangkommission 1986 verhängte (fünfjährige) Fangverbot für alle großen Wale scheiterte bisher an Verstößen v. a. Japans und Norwegens. 1994 wurde ein Walschutzgebiet in der Antarktis eingerichtet, das etwa 90 % der Wale schützen soll.

Walfisch ↑Sternbilder (Übersicht).

Walfischbai [...bɛɪ], Stadt an der Walfischbucht des Atlantiks, Namibia, 23 500 E. Eines der größten Fischverarbeitungszentren der Erde; wichtigster Hafen für Namibia; Eisenbahnendpunkt, ✈. – Kam 1878 unter brit. Herrschaft; ab 1884 von der Kapkolonie verwaltet; 1994 Abtretung an Namibia.

Walfische, falsche Bez. für ↑Wale.

Walhall (Wallhalla, altnord. Valhöll), im altnord. Mythos Ort, wohin ↑Odin die gefallenen Krieger beruft.

Walhalla, Ruhmeshalle (mit Büsten berühmter Deutscher), die König Ludwig I. von Bayern von L. von Klenze erbauen ließ (1830–42); oberhalb der Donau bei Regensburg.

Wali (Vali) [arab.-türk.], der höchste Regierungsvertreter in einer Prov. des Osman. Reiches wie auch in einem Verw.-Geb. (İl) der heutigen Türkei.

Walisisch ↑Kymrisch.

Walken, in der *Textiltechnik* Bez. für das mechan. Bearbeiten von Wollstoffen unter Druck, Wärme und Feuchtigkeit, bei dem es zu einem Verfilzen der Gewebe kommt. Durch das W. erhalten die Wollstoffe ein geschlossenes Aussehen und erhöhte Festigkeit.

Walkenried, Gem. bei Bad Sachsa, Ndsachs., 2400 E. Ruine der ehem. Zisterzienserklosterkirche (13. Jh.), berühmter Kreuzgang (14. Jh.).

Walhalla. 1830–42 östlich von Regensburg erbaut

Walker, Alice ['wɔːkə], *Eatonton 9. 2. 1944, amerikan. Schriftstellerin. Ihre Romane und Erzählungen greifen feminist. Potentiale der afroamerikan. Tradition auf und setzen sich mit der doppelten Unterdrückung schwarzer Frauen durch die rassist. weiße Gesellschaft wie durch die patriarchal. Haltung schwarzer Männer auseinander;

Walkie-talkie

u. a. »Das dritte Leben des Grange Copeland« (dt.; 1970); »Meridian« (dt.; 1976); »Die Farbe Lila« (dt.; 1982)

Walkie-talkie [engl. 'wɔːki'tɔːki], tragbares, handl. Funksprechgerät.

Walkman [engl. 'wɔːkmæn], kleiner, tragbarer Kassettenrecorder mit Kopfhörer.

Walküren [altnord. »diejenigen, die bestimmen, wer auf dem Kampfplatz fallen soll«], im german. Mythos die Botinnen des Gottes Odin, die die gefallenen ↑Einherier durch ihren Kuß zu ewigem Leben erwecken.

Wallabys [engl. 'wɔləbɪz; austral.], 1) i. w. S. mehrere Gatt. kleinerer und mittelgroßer ↑Känguruhs; i. e. S. die Gatt. Wallabia.
2) die Felle verschiedener Känguruharten.

Wallace [engl. 'wɔlɪs], 1) Alfred Russel, *Usk bei Cardiff 8. 1. 1823, † Broadstone bei Bournemouth 7. 11. 1913, brit. Zoologe und Forschungsreisender. Untersuchte bes. die geograph. Verbreitung von Tiergruppen und teilte die Erde in tiergeograph. Regionen ein; stellte unabhängig von C. Darwin die Selektionstheorie auf.
2) Edgar, *Greenwich (heute zu London) 1. 4. 1875, † Los Angeles-Hollywood 10. 2. 1932, engl. Schriftsteller. Diktierte über 100 erfolgreiche Kriminalromane (auch zahlr. Verfilmungen), u. a. »Der Hexer« (1925, dramatisiert 1926), »Der Zinker« (1927).
3) Lew[is], *Brookville (Ind.) 10. 4. 1827, † Crawfordsville (Ind.) 15. 2. 1905, amerikan. Schriftsteller. Schrieb u. a. den histor. Roman »Ben Hur« (1880; verfilmt 1959 von W. Wyler; 1929 Stummfilm).

Wallach, Otto, *Königsberg 27. 3. 1847, † Göttingen 26. 2. 1931, dt. Chemiker. Bed. Arbeiten über äther. Öle, Kampfer u. a. Terpene, opt. Aktivität; Nobelpreis für Chemie 1910.

Wallach [nach der Walachei], kastriertes männl. Pferd.

Walldürn, Stadt am O-Rand des Odenwalds, Bad.-Württ., 10400 E. Wallfahrtsort. Barocke Wallfahrtskirche Hl. Blut (v. a. 17./18. Jh.); röm. Kastellbad. – Erstmals 795 erwähnt; um 1264 befestigt.

Wallenberg [schwed. ˌvalənbærj], schwed. Bankiers- und Industriellenfa-

Edgar Wallace

Wallenstein (aus einer Grisaille von Anthonis van Dyck, 1636–41; München, Pinakothek)

milie. Die Holdinggesellschaft des W.-Konzerns ist an den bedeutendsten schwed. Unternehmen wesentlich beteiligt. Bed. Vertreter u. a.: 1) Knut Agaton, *Stockholm 19. 5. 1853, † ebd. 1. 6. 1938. Bankier; leitete ab 1886 die Stockholm Enskilda Bank, die unter seiner Leitung zur bedeutendsten schwed. Bankgesellschaft wurde; vertrat als Außenmin. 1914–17 eine strikte Neutralitätspolitik.
2) Raoul, *Stockholm 1912, † Moskau 1947, Diplomat. Rettete in einer Sondermission in Budapest rd. 100 000 ungar. Juden im 2. Weltkrieg das Leben; 1945 vom sowjet. Geheimdienst in die Sowjetunion verschleppt.

Wallenstein (Waldstein), Albrecht Wenzel Eusebius von, Hzg. von Friedland (seit 1625), Fürst von Sagan (seit 1627/28), Hzg. von Mecklenburg (seit 1627/29), gen. der Friedländer, *Hermanitz (heute Heřmanice, Ostböhm. Gebiet) 24. 9. 1583, † Eger 25. 2. 1634 (ermordet), Feldherr und Staatsmann. Aus altböhm. Adelsgeschlecht; gewann durch Heirat (1609) reichen Besitz in Mähren und als Anhänger Kaiser Ferdinands II. nach der Niederwerfung des Böhm. Aufstandes 1622 große Ländereien im NO Böhmens (1624 zum Ft. Friedland erhoben). 1625 stellte W. dem Kaiser ein eigenes Söldnerheer zur Verfügung und erhielt den Oberbefehl über alle kaiserl. Truppen im Reich. Im April 1626 schlug W. die Armee Hzg.

Wallraff

Ernsts II. von Mansfeld, 1627 vertrieb er mit Tilly Christian IV. von Dänemark aus N-Deutschland. 1630 erzwangen die Reichsfürsten die Entlassung des zu mächtig gewordenen Friedländers; doch der unaufhaltsame schwed. Vormarsch zwang den Kaiser, ihm 1632 erneut den Oberbefehl mit unbeschränkter Vollmacht zu übertragen. W. vertrieb die Schweden aus S-Deutschland und zog sich nach der Schlacht bei Lützen (16.11.1632; Tod Gustavs II. Adolf) nach Böhmen zurück. Nach dem Tode des schwed. Königs gewannen seine Gegner erneut die Oberhand beim Kaiser. Auf die Unterstellung eines geplanten Hochverrats hin, der jedoch nicht bewiesen werden konnte, wurde W. geächtet; fast alle Offiziere (M. Reichsgraf Gallas, J. Gordon) fielen daraufhin von W. ab. Er wurde mit seinen nächsten Vertrauten Christian Frhr. von Ilow (*1585), A. E. Terzka und Wilhelm Kinský (*1574 oder 1582) in Eger ermordet. – Dramentrilogie »Wallensteins Lager«, »Die Piccolomini«, »Wallensteins Tod« (1800) von F. Schiller.

Waller, Fats [engl. 'wola], eigtl. Thomas W., *New York 21.5.1904, †Kansas City 15.12.1943, amerikan. Jazzmusiker (Pianist, Organist, Sänger, Komponist). Einer der stilbildenden Pianisten des Swing.

Wallfahrt (Pilgerfahrt), Fahrt bzw. Wanderung zu hl. Stätten, Gräbern oder Gnadenbildern; in der Religionsgeschichte allg. verbreitet.

Wallis (frz. Valais), südschweizer. Kt., umfaßt das Einzugsgebiet der oberen Rhone bis zu deren Mündung in den Genfer See, 5226 km², 262 400 E, Hauptstadt Sitten. Im Rhonetal Ackerbau, Wein- und Obstbau auf südexponierten Hängen, in den Seitentälern v. a. Milchviehhaltung; bed. Fremdenverkehr.

Geschichte: Mitte des 5. Jh. drangen Burgunder im heutigen Unterwallis ein, später die Alemannen ins heutige Oberwallis; 999 kam die Gft. W. an den Bischof von Sitten, der in seinem Kampf gegen die Hzg. von Savoyen von den sieben Zenden (bäuerl. Gemeindeorganisationen) des Oberwallis unterstützt wurde; diese eroberten 1475–77 das bisher savoyische Unterwallis. 1475 wurde das W. zugewandter Ort der Eidgenossenschaft. Die Anhänger der Reformation wurden zu Beginn des 17.Jh. unter dem Einfluß der kath. Orte vertrieben. 1798 von den Franzosen besetzt, 1802 zur unabhängigen Republik, 1810 zum frz. »Département du Simplon« erklärt. 1814 als Kt. in die Eidgenossenschaft aufgenommen; 1845–47 Mgl. des Sonderbundes.

Wallis et Futuna [frz. walisefyty'na], frz. Überseeterritorium im südl. Pazifik, umfaßt die zw. Fidschi und Westsamoa gelegenen Inselgruppen Îles Wallis (Hauptinsel Ouvéa) und Îles de Horn (Hauptinsel Futuna), 274 km², 15 400 E, Verwaltungssitz Mata Utu. Seit 1888 frz. Protektorat, seit Juli 1961 Überseeterritorium.

Wallonisch, Bez. für die in Belgien gesprochenen nordfrz. Mundarten (mit Ausnahme des Pikard. im Hennegau und des südlich des Flusses Semois gesprochenen Lothring.). Hauptmerkmal: altertüml. Sprachformen mit starkem german. Einfluß.

Wallonische Bewegung, Anfang des 20. Jh. in Reaktion auf die Fläm. Bewegung unter der frankophonen Bevölkerung Belgiens entstandene Bewegung mit dem Ziel, deren kulturelle, polit. und wirtschaftl. Sonderinteressen zu wahren. Mit der Verlagerung des wirtschaftl. Schwergewichts nach Flandern seit dem 2. Weltkrieg gewann die W. B. zunehmend an Bedeutung und schlug sich in Parteibildungen nieder (Front Démocratique des Francophones, Rassemblement Wallon), wobei die Zielsetzung zw. Regionalisierung (1970/80 erreicht; ↑Belgien, Geschichte) und Anschluß an Frankreich variierte.

Wallot, Paul, *Oppenheim 26.6.1841, †Langenschwalbach (heute zu Bad Schwalbach) 10.8.1912, dt. Architekt. Baute das Reichstagsgebäude in Berlin (1884–94).

Wallraff, Günter, *Burscheid 1.10.1942, dt. Publizist. Verfaßte zunächst Reportagen aus der Arbeitswelt. Aufsehen erregten seine Methoden der Recherche (u. a. die Annahme falscher Identitäten), um gesellschaftl. »Geheimbereiche« auszuleuchten; schrieb u. a. »13 unerwünschte Reportagen« (1969), »Die unheiml. Republik« (1982), »Ganz unten« (1985; Erfahrungen in der Rolle des Türken »Ali«).

Wallis
Kantonswappen

Günter Wallraff

Wall Street

Wall Street [engl. 'wɔ:lstri:t], Straße im New Yorker Stadtteil Manhattan, mit Banken und Börsen; übertragen verwendete Bez. für das Finanzzentrum der USA.

Wall Street Journal [engl. 'wɔ:l'stri:t 'dʒəːnl], 1889 gegr. New Yorker Tageszeitung; bed. Wirtschaftszeitung (veröffentlicht regelmäßig den ↑Dow-Jones-Index).

Walnuß. Zweig mit Früchten der Gemeinen Walnuß

Walnuß, Gatt. der W.gewächse mit rd. 15 Arten im sö. Europa, im gemäßigten Asien, in N-Amerika und in den nördl. Anden; sommergrüne Bäume mit einhäusigen Blüten; männl. Blüten in hängenden Kätzchen, weibl. Blüten einzelstehend oder in wenigblütigen Knäueln oder Ähren; Steinfrucht mit dicker, faseriger Außen- und holziger Innenschale sowie einem sehr fetthaltigen, eßbaren Samen; wichtige Holzlieferanten. Bekannte Arten sind: *Gemeine W.* (W.baum, *Nußbaum*), ein bis 30 m hoher Baum, Samen liefert ein wertvolles Speiseöl. *Schwarznuß* (Schwarze W.), bis 50 m hoch, im östl. N-Amerika; mit schwarzer, dickschaliger Nuß; Kern süßlich und ölreich.

Walnußgewächse (Juglandaceae), Familie der Zweikeimblättrigen mit rd. 60 Arten in acht Gatt. in der nördl. gemäßigten Zone, v. a. im östl. N-Amerika und in O-Asien (u. a. Hickorybaum und Walnuß).

Walpole [engl. 'wɔ:lpəʊl], **1)** *Horace, Earl of Orford,* eigtl. *Horatio W.,* * London 24. 9. 1717, † ebd. 2. 3. 1797, engl. Schriftsteller. Sein Roman »Schloß Otranto« (1765), erstes Beispiel des engl. ↑Gothic novel, wurde bes. von den dt. Romantikern geschätzt.

2) *Sir* (seit 1937) *Hugh,* * Auckland (Neuseeland) 13. 3. 1884, † London 1. 6. 1941, engl. Schriftsteller. Schrieb zeitkrit. Romane, u. a. »Jeremy« (1919), »Der Mörder und sein Opfer« (hg. 1942).

3) *Sir Robert, 1. Earl of Orford* (seit 1742), * Houghton (Norfolk) 26. 8. 1676, † London 18. 3. 1745, brit. Staatsmann (Whig). 1721–42 als Erster Schatzlord und Schatzkanzler der erste brit. »Premier-Min.« mit Gesamtverantwortung; ordnete die Staatsfinanzen, verhalf Handel und Industrie zu neuem Aufschwung und betrieb (bis 1739) eine erfolgreiche Friedenspolitik.

Walpurgisnacht [nach der hl. Walburga], die Nacht vor dem 1. Mai, in der nach dem Volksglauben die Hexen auf dem Blocksberg (Brocken) zusammenkommen.

Walrat, weißl., wachsartige Masse, die aus den Stirnbeinhöhlen des Pottwals gewonnen wird; als Salbengrundlage, Zusatz zu Kerzen, Seifen.

Walroß, plumpe, etwa 3 (♀) bis 3,8 m (♂) lange, gelbbraune bis braune Robbe im N-Pazifik und Nordpolarmeer; Haut dick, von einer starken Fettschicht unterlagert; nur schwach behaart, auf der Oberlippe Schnauzbart aus dicken, starren Borsten; obere Eckzähne stark verlängert (beim ♂ bis 1 m lang), zeitlebens nachwachsend; liefern Elfenbein; Bestände teilweise gefährdet; überwiegend Muschelfresser.

Walser, 1) *Martin,* * Wasserburg (Bodensee) 24. 3. 1927, dt. Schriftsteller. 1949–57 Rundfunkredakteur; schreibt neben Novellen (u. a. »Ein fliehendes Pferd«, 1978) zahlr. Romane (u. a. »Ehen in Philippsburg«, 1957; die Trilogie »Halbzeit«, 1960, »Das Einhorn«, 1966, »Der Sturz«, 1973; »Seelenarbeit«, 1979; »Brandung«, 1985; »Die Jagd«, 1988; »Die Verteidigung der Kindheit«, 1991; »Ohne einander«, 1993), die ein krit. Bild der dt. Nachkriegsgesellschaft

Martin Walser

zeichnen; auch Theaterstücke (u. a. »Eiche und Angora«, 1962, revidiert 1963; »Überlebensgroß Herr Krott«, 1964) und Hörspiele. 1981 Georg-Büchner-Preis.
2) **Robert,** *Biel (BE) 15. 4. 1878, † Herisau 25. 12. 1956, schweizer. Schriftsteller. Lebte 1905–13 in Berlin, danach wieder in Biel, ab 1921 in Bern; 1929 u. a. wegen Selbstmordversuchen bis zu seinem Lebensende in die Nervenklinik Herisau eingewiesen; hinterließ von seinen Zeitgenossen wenig beachtete, erst nach 1945 wiederentdeckte Romane, Erzählungen und Kurzprosa (Parabeln, literar. Miniaturen, Essays, die gekennzeichnet sind durch analyt. Beobachtungsgabe, die Vorliebe zu Wortspielen, Witz und Ironie, die Vermischung von Paradoxem (der Welt in Kleinigkeiten) mit Phantastischem und Skurrilem. – *Werke:* Fritz Kochers Aufsätze (E., 1904), Geschwister Tanner (R., 1907), Der Gehülfe (R., 1908), Jakob von Gunten (R., 1909), Gedichte (1909), Kleine Dichtungen (En., 1914), Kleine Prosa (1917), Der Spaziergang (E., 1917), Die Rose (Prosaskizzen, 1925), Gedichte (1944).

Walser, aus dem oberen Wallis stammende Bergbauern, besiedelten im 13.–15. Jh. das ↑Walsertal u. a. Hochtäler der Alpen.

Walsertal, zwei Täler in Vorarlberg: ↑Großes Walsertal und ↑Kleines Walsertal.

Walsrode, Stadt am W-Rand der Lüneburger Heide, Ndsachs., 23 700 E. Heidemuseum; Vogelpark. – Wuchs aus der älteren Siedlung *Rode* und dem 986 gegr. Kloster *Walsrode* zusammen; 1383 städtische Rechte.

Walstatt, in der german. Sage Kampfplatz der Helden.

Wälsungen (altnord. Völsungar; auch Welsungen, Wölsungen, Völsungen), nach der nordgerman. »Völsunga saga« Name eines von Odin abstammenden Heldengeschlechts, als dessen Ahnherr König Völsung galt.

Waltari, Mika, *Helsinki 19. 9. 1908, † ebd. 26. 8. 1979, finn. Schriftsteller. Schrieb histor. Romane wie »Sinuhe, der Ägypter« (1945; verfilmt 1954), »Die weiße Taube« (1958), »Minutus, der Römer« (1964).

Walter, 1) Bruno, eigtl. B. W. Schlesinger, *Berlin 15. 9. 1876, † Beverly Hills 17. 2. 1962, amerikan. Dirigent dt. Herkunft. Ab 1901 an der Wiener Hofoper (von G. Mahler engagiert), 1929–33 Gewandhauskapellmeister in Leipzig (Nachfolger W. Furtwänglers); u. a. auch Dirigent der Salzburger Festspiele; 1939 Emigration in die USA, ab 1948 auch wieder in Europa tätig.
2) **Fritz,** *Kaiserslautern 31. 10. 1920, dt. Fußballspieler. 1951 und 1953 mit 1. FC Kaiserslautern dt. Meister; Spielführer der dt. Weltmeisterschaftsmannschaft 1954; 61 Länderspiele (1940–58); Ehrenspielführer.
3) **Johann[es],** *Kahla oder Großpürschütz 1496, † Torgau 25. 3. 1570, dt. Kantor und Komponist. Veröffentlichte 1524 in Zusammenarbeit mit M. Luther

Robert Walser

Walroß

Waltharius

Ernest Walton

das erste (mehrstimmige) Chorgesangbuch der ev. Kirche (»Geystl. gesangk Buchleyn«; 39 Liedsätze, davon 29 von Luther).
4) Otto F[riedrich], *Aarau 5.6.1928, schweizer. Schriftsteller. Bed. Vertreter des zeitgenöss. dt.sprach. Romans, u.a. »Der Stumme« (1959), »Herr Tourel« (1962), »Das Staunen der Schlafwandler am Ende der Nacht« (1983), »Zeit des Fasans« (1988), »Die verlorene Geschichte« (1993).

Waltharius (Waltharilied), mittellat. Epos (9./10. Jh.) nach einem german. Heldenlied (über Walther von Aquitaniens Flucht mit Hiltgunt aus hunnischer Gefangenschaft). †Ekkehart I.

Walther von der Vogelweide
(aus der Manessischen Handschrift)

Walther von der Vogelweide, *um 1170, †1230, dt. Dichter. Stammte möglicherweise aus Niederösterreich; gilt als bedeutendster deutschsprachiger Lyriker des MA. Als fahrender Berufsdichter begann er um 1190 als Minnesänger (etwa 70 Lieder) am Babenberger Hof in Wien, wobei er neben Liedern der »hohen Minne« auch »Mädchenlieder« (Begegnung mit der Frau nichtadeligen Standes) verfaßte. Ab 1198/99 wirkte er an verschiedenen Höfen als Sänger polit. Sangsprüche, dessen virtuose Sprachbeherrschung, v.a. die Fähigkeit zur polem. Pointierung, zu Wortspiel und Wortwitz, herausragte. Seine religiösen Lieder (Kreuzzugslyrik) sind in der Form des Leich (eine lange Reihe ungleicher Strophen) verfaßt.

Walton [engl. 'wɔːltən], **1)** Ernest, *Dungarvan (Waterford) 6.10.1903, ir. Physiker. Entwickelte mit J.D. Cockroft den Kaskadengenerator, mit dessen Hilfe beiden Forschern 1932 die ersten künstl. Kernumwandlungen gelangen; 1951 erhielten sie hierfür den Nobelpreis für Physik.
2) Sir William Turner, *Oldham bei Manchester 29.3.1902, †auf Ischia 8.3.1983, engl. Komponist. U.a. Orchesterwerke, Kammer- und Klaviermusik, Oper »Troilus und Cressida« (1954).

Waltrop, Stadt am N-Rand des Ruhrgebiets, NRW, 29900 E. U.a. Steinkohlenbergbau. Hafen am Dortmund-Ems-Kanal. Erste gesicherte Erwähnung 1147; seit 1938 Stadt.

Walze, 1) *Gartenbau:* Ackergerät zum Verfestigen des Bodens, Zerdrücken von Schollen, Brechen der Kruste, Andrücken von Samen.
2) *Mathematik:* svw. gerader Kreiszylinder.
3) *Nutzfahrzeugtechnik: Straßenbaumaschine* zum Verdichten des Bodens, von Schotter und Straßendecken, als *Anhänge-W.* oder *Selbstfahr-W.* ausgeführt.

Walzen, wichtiges Verfahren zur spanlosen Formung metall. Werkstoffe; ihre Streckung [bzw. Stauchung] erfolgt dabei jeweils im Spalt zw. zwei umlaufenden Walzen, wobei das Material vorwiegend in der Längsrichtung geformt wird. Die bei einem Durchgang, dem sog. *Stich,* erzielbaren Querschnittsabnahmen – und damit die Anzahl der Stiche vom Rohblock bis zum Fertigprodukt – sind u.a. von Werkstoff und Temperatur abhängig. Bei kontinuierlich arbeitenden *Walzwerken* sind die Arbeitsgänge vom Rohblock bis zum Endprodukt durch Hintereinanderschaltung der entsprechenden Walzgerüste, Transport- und Hilfsvorrichtungen teilweise oder auch vollständig automatisiert. Walzwerksgerüste mit Antriebs-, Hilfs- und Adjustagevorrichtungen sind im allg. zu sog. *Walzwerks-* oder *Walzenstraßen* zusammengefügt.

Walzenskinke, Gatt. bis etwa 45 cm langer Reptilien mit drei Arten im

Wanderheuschrecken

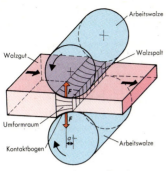

Walzen. Schematische Darstellung des Walzvorgangs mit glatten Walzen; F Walzkraft, Walzmoment $Md = F \cdot a$

Mittelmeergebiet; Körper kräftig bis schlangenförmig; u. a. die bis etwa 40 cm lange *Erzschleiche;* Körper blindschleichenförmig.

Walzenspinnen (Solifugae), Ordnung bis etwa 7 cm langer, meist brauner oder grauer Spinnentiere mit rd. 800 Arten, v. a. in Wüsten und Steppen der Subtropen und Tropen; Hinterleib walzenförmig.

Walzer, Paartanz im $^3/_4$-Takt, um 1770 aus dem Ländler hervorgegangen; seit dem Wiener Kongreß (1815) internat. Standardtanz. Neben dem schnellen *Wiener Walzer* (↑Strauß, Johann) und dem *langsamen Walzer* (oder English Waltz) entstand der langsame Boston.

Wälzlager, aus zwei Laufringen, den Wälzkörpern und dem Käfig bestehendes, meist genormtes Stützelement für drehbare Maschinenteile (z. B. Anker von Elektromotoren). Als *Wälzkörper* werden *Kugeln* und *Rollen* (Zylinder-, Tonnen-, Kegelrollen, Nadeln) verwendet. Der *Käfig* hat die Aufgabe, die Wälzkörper in gleichem Abstand zu halten. Laufringe und Wälzkörper berühren sich bei Kugellagern punktförmig, bei Rollenlagern linienförmig. – Grundsätzlich unterscheidet man nach der Form der Wälzkörper zw. *Kugel-* und *Rollenlagern* und je nach Belastung (Radial- oder Axialbelastungen) zw. *Radial-* und *Axiallagern*.

Walzwerk ↑Walzen.

Wamme, in der *Tierzucht* Bez. für die von der Kehle bis zur Brust reichende Hautfalte an der Unterseite des Halses verschiedener Tierarten (v. a. der Rinder).

Wampum [indian.], bei den Indianern des östl. Nordamerika verbreitete zylindrisch geschliffene Schnecken- und Muschelscheiben, die auf Schnüre aufgereiht und zu Ketten oder Gürteln verbunden wurden; dienten als Zahlungsmittel und Vertragsurkunden.

Wams, bis ins 14. Jh. unter der Ritterrüstung, im 15.–17. Jh. unter dem Überrock getragenes Kleidungsstück; seit dem 18. Jh. durch die Weste ersetzt; heute noch bei Trachten.

Wandalen ↑Vandalen.

Wandelanleihe, svw. ↑Wandelschuldverschreibung.

Wandelröschen, Gatt. der Eisenkrautgewächse mit rd. 160 Arten im trop. und subtrop. Amerika, in O-Afrika und Indien; z. T. als Gartenzierpflanze kultiviert.

Wandelschuldverschreibung (Wandelanleihe, Wandelobligation), Schuldverschreibung einer Aktiengesellschaft, die nach einer bestimmten Zeit gegen eine Aktie der betreffenden Gesellschaft eingetauscht werden kann.

Wandelsterne, svw. ↑Planeten.

Wanderameisen (Dorylidae), Fam. räuberisch lebender Ameisen, die in bis zu 200 m langen Kolonnen durch Wald, Busch und Grasland der südamerikan. (Südamerikan. W., Heeresameisen) und afrikan. (Afrikan. W., Treiberameisen) Tropen ziehen.

Wanderfalke (Taubenstößer), bis 48 cm (♀) bzw. 40 cm (♂) langer, v. a. in Wald- und Gebirgslandschaften sowie in Tundren und an Meeresküsten fast weltweit verbreiteter Falke.

Wanderfalter, Schmetterlinge, die regelmäßig einzeln oder in großen Mengen im Laufe des Jahres ihr Ursprungsgebiet verlassen und über oft sehr weite Strecken in andere Gegenden einfliegen (u. a. Admiral; überfliegt die Alpen).

Wanderfeldmotor, svw. ↑Linearmotor.

Wanderfeldröhre ↑Laufzeitröhren.

Wanderheuschrecken, verschiedene Arten bes. subtrop. und trop. Feldheuschrecken, die unter günstigen Ernährungs- und klimat. Bedingungen zur Massenvermehrung neigen und dann große Schäden an Kulturpflanzen verursachen. In z. T. riesigen Schwärmen

Wandelröschen. Lantana camara (Höhe 2–3 m)

Wandersaibling

wandern sie, als Larven auf der Erde kriechend, als erwachsene Tiere im Flug aus ihrem Ursprungsgebiet aus, wobei nicht selten Entfernungen von 1000 bis 2000 km überwunden werden. Die wichtigsten Arten sind: *Wüstenheuschrecke* (in N-Afrika und Vorderasien; bis 8 cm lang); *Marokkanische Wanderheuschrecken* (im Mittelmeergebiet; etwa 2–3 cm lang); *Europäische Wanderheuschrecken* (in verschiedenen Teilen Asiens, Afrikas und regelmäßig auch in S-Europa; bis 6 cm lang).

Wandersaibling (Rotforelle), meist 50–60 cm langer Lachsfisch, v. a. im Nordpolarmeer (einschließlich seiner Zuflüsse) und im Alpengebiet; eine bekannte Unterart ist der *Seesaibling* (Rotfisch, Ritter), 10–75 cm lang, Färbung variabel, in bayr. und österr. Alpenseen; Speisefisch.

Wandervogel, um 1895 von Hermann Hoffmann (*1875, †1955) begründete Schülerwandergruppe des Gymnasiums in Steglitz (heute zu Berlin), die zum Ausgangspunkt der dt. ↑Jugendbewegung wurde. Der W. versuchte, einen eigenen jugendspez. Lebensstil zu entwickeln, in dem Wandern, Zeltlager, Volkstanz und -lied eine große Rolle spielten. Die seit 1904 entstandenen Bünde (u. a. »Alt-W.«, »Dt. Bund für Jugendwanderungen«, »Jungwandervogel«) schlossen sich 1913 zum »W. e. V., Bund für dt. Jugendwandern« zusammen. 1933 Auflösung der W.bünde; nach dem 2. Weltkrieg Neugründungen.

Wandlung, 1) *katholische Theologie:* die ↑Transsubstantiation.
2) *Schuldrecht:* (Wandelung) die Rückgängigmachung eines Kauf- oder Werkvertrages durch einseitige Erklärung des Käufers oder Bestellers, wenn die Voraussetzungen der Mängelhaftung gegeben sind; es entsteht ein Anspruch auf Rückgewähr der bereits erbrachten Leistungen.

Wandmalerei, in Unterscheidung zum Tafelbild die Bemalung von Wänden, auch Decken und Gewölben (↑Deckenmalerei); gemalt wird auf den noch feuchten Putz (↑Freskomalerei) oder auf die trockene Wand (a secco). – Früheste Zeugnisse sind die vorgeschichtl. Höhlenmalereien. Aus dem Altertum sind ägypt., kret.-myken. und röm. W. erhalten, aus frühchristl. Zeit die W. der Katakomben. – Hatte die W. der alten Hochkulturen und des MA offenbar immer die Funktion der Raumbegrenzung, so tritt erstmals in der röm. Kunst (Pompeji) und dann bei Giotto (14. Jh.) räuml. Illusionierung und Eigenständigkeit des Bildes an ihre Stelle. Die Entwicklung der Zentralperspektive um 1400 (L. Alberti, Masaccio) führte schließlich zur Entgrenzung des gebauten Raumes in Manierismus (Correggio) und Barock (Tiepolo). Eine Wiederbelebung der W. brachten Romantik und Jugendstil (G. Klimt, F. Hodler).

Wandschirm (spanische Wand, Paravent), mehrteilige Stellwand mit (bewegl.) Flächen; in Ostasien u. a. mit Lackmalerei (16. Jh.), in Europa v. a. im 18. Jahrhundert.

Wandteppich (Bildteppich), Teppich mit bildl. Darstellung, im allg. gewirkt, auch gestickt (z. B. der Bayeux-Teppich), mit Applikationen versehen oder (seit dem 19. Jh.) gewebt. W. aus dem MA sind u. a. im Dom von Halberstadt (12. Jh.) und in Paris (Musée Cluny) erhalten. Im 16. und 17. Jh. sind die flandr. Werkstätten führend (Brüssel), vom späten 17. Jh. bis ins 18. Jh. die königl. Manufaktur in Paris (Gobelins). Die Wiederbelebung der Teppichkunst im 20. Jh. setzte in Frankreich ein (J. Lurçat).

Wandzeitung, meist handschriftlich hergestellter Anschlag aktueller Informationen, Meinungen und Appelle, in überschaubaren Kommunikationsräumen (z. B. Schule, Betrieb) oft an zen-

Wandmalerei. Vorzeichnung zu einer Wandmalerei in einem nicht fertiggestellten Felsengrab in Amarna (14. Jh. v. Chr.)

Wandmalerei. Illusionistische Wand- und Deckenmalerei von Giovanni Francesco Marchini im Nebensaal der Sala terrena in Schloß Weißenstein in Pommersfelden (1716–19)

traler Stelle angebracht; existiert generell nur in einem Exemplar im Ggs. zum Plakat, von dem sie sich auch durch die einfache Machart unterscheidet; in der VR China (chin. Dazibao), hier als handgeschriebene Zeitungen oder auch Schriftplakate verbreitet, ein wichtiges Massenmedium, spielte v. a. in der Kulturrevolution eine bed. Rolle.

Wanen (Vanen), in der german. Mythologie uraltes Göttergeschlecht der Fruchtbarkeit, der Schiffahrt und des Handels.

Wange, 1) *Anatomie:* (Backe) der die seitl. Mundhöhlenwand bildende, mehr oder weniger fleischige Teil des Kopfes bzw. Gesichts v. a. der Säugetiere.
2) *Baukunst:* Seitenwand, z. B. eines Chorgestühls.

Wangenbein (Jochbein, Backenknochen), meist spangenförmiger paariger Deckknochen des Gesichtsschädels der Wirbeltiere, der beiderseits den Oberkiefer mit der seitl. Schädeldachwand verbindet.

Wangen im Allgäu, Stadt im nördl. Allgäu, Bad.-Württ., 24 800 E. Dt. Eichendorff-Museum; Luftkurort; u. a. Skifabrik, Käsereien. Spätgot. Pfarrkirche (14. und 15. Jh.), Rathaus (1719–21) mit got. Bauteilen; Stadttore (z. T. barockisiert). – 815 erstmals erwähnt; 1217 Stadt; ab etwa 1347 Reichsstadt; 1802/03 an Bayern und 1810 an Württemberg.

Wangerooge [vaŋər''oːgə, 'vaŋərˌoːgə], östlichste der Ostfries. Inseln, Nds., 4,9 km², 1 800 E.

Wang Wei [chin. uaŋuɛi̯], *Qi (Prov. Shanxi) 701, †761, chin. Maler und Dichter. Gilt als Begründer der poet. Sicht der nichtakadem. Literatenmalerei (Südschule); seine Gedichte zählen zu den Höhepunkten chin. Lyrik.

Wankel, Felix, *Lahr 13. 8. 1902, †Heidelberg 9. 10. 1988, dt. Ingenieur. Befaßte sich ab 1926 mit der Konstruktion von Rotationskolbenmotoren; 1944 Erprobung des ersten Drehkolbenvordichters. Ab 1953 förderten die NSU Motorenwerke AG die Entwicklung des *Wankelmotors* (↑Rotationskolbenmotor), der ab 1957 erprobt wurde und 1964 in Serienproduktion ging.

Wankie [engl. 'wɔŋkɪ] ↑Hwange.

Wanne-Eickel, Stadtteil von ↑Herne.

Wannsee, 2,7 km² große Havelbucht im SW von Berlin.

Wannseekonferenz, Konferenz von Spitzenvertretern oberster Reichs- und Parteidienststellen unter Vorsitz von R. Heydrich am 20. 1. 1942 im Berliner Interpolgebäude (Am Großen Wannsee 56–58) mit dem Ziel, die Vorgehensweise bei der »Endlösung der Judenfrage« zu klären und die Zusammenarbeit aller Instanzen zu sichern; vorgesehen war die Deportation der jüd. Bevölkerung in osteurop. Vernichtungslager.

Wanst, svw. Pansen (↑Magen).

Felix Wankel

Wanten

Wappenkunde. Heraldische Farben und die für sie in einfarbigem Druck verwendeten Schraffuren

Wanten, starke Taue oder Drahtseile, die den Mast seitlich stützen.

Wanzen, 1) *Technik:* svw. ↑Abhörgeräte.

2) *Zoologie:* (Halbflügler, Ungleichflügler, Heteroptera) mit fast 40 000 Arten weltweit verbreitete Ordnung land- oder wasserbewohnender Insekten (davon rd. 800 Arten einheimisch); Körper meist abgeflacht, 1 mm bis 12 cm lang; Kopf mit stechend-saugenden Mundwerkzeugen und entweder langen (Land-W.) oder sehr kurzen Fühlern (Wasser-W.); Brustsegment durch großen ersten Abschnitt gekennzeichnet (oft als Halsschild ausgebildet; Vorderflügel zu Halbdeckflügeln umgebildet, Hinterflügel weichhäutig. Stinkdrüsen (Wehrdrüsen) sind bei Wanzen sehr verbreitet. Fortpflanzung erfolgt meist durch Eiablage; Larven machen im allgemeinen fünf Entwicklungsstadien durch. – Die meisten Wanzen sind Pflanzensauger, andere Arten saugen Körpersäfte erbeuteter Insekten, wieder andere können Blutsauger bei Vögeln und Säugetieren und beim Menschen sein (z. B. Bettwanze).

Wapiti [indian.] ↑Rothirsch.

Wappen, farbiges Abzeichen, das eine Person, Familie, Körperschaft oder Institution (Amts-W.) repräsentiert. Seit Beginn des 12. Jh. war das W. in W- und M-Europa das auf dem Schild der gleichförmig gerüsteten Ritter angebrachte Unterscheidungszeichen. Im 13./14. Jh. wurde das W. mit den Wandlungen in der Waffentechnik und dem Niedergang des Rittertums zum Symbol von Adels- und Bürgerfamilien, aber auch von Klerikern, Bistümern, Abteien, Städten und ↑unehrlichen Gewerben. Seit dem 14. Jh. durften die W. nach dem damaligen W.recht nur noch vom Oberherrn (Kaiser, Fürst usw.) durch *Wappenbriefe* verliehen werden (Urkunde über die Verleihung bzw. Änderung des W.; heute bei Gleichsetzung des W.rechts mit dem Namensrecht nur noch Bestätigung der Registrierung im W.register, z. B. der Dt. W.rolle). Das 16. Jh. sah eine letzte Blütezeit des dekorativen Wappens.

Wappendichtung ↑Heroldsdichtung.

Wappenkunde (Heraldik), die Lehre von der Wappengestaltung. Als Quellen dienen neben den relativ selten erhaltenen originalen Wappenschilden v. a. Siegel, Münzen, Besitzerwappen an Gebäuden und Grabmälern sowie Wappenregister. Wichtigster Teil des Wappens ist der Schild *(Blason).* Durch z. T. als Zierlinien *(herald. Schnitte)* gestaltete geometr. Teilungslinien entstanden darauf die *Schildteilungen* oder *Heroldsbilder,* die die *Wappenfigur* (Schildfigur), den Hauptbestandteil des Wappens ergeben. Große Bedeutung kommt den *herald. Farben* zu, sie bestehen aus den Tönen Rot, Blau, Schwarz, Grün und Purpur; hinzu treten die Metalle Gold (auf Papier und Stoff: Gelb) und Silber (Weiß). Bei schwarz-weiß wiedergegebenen Wappen erscheinen die Farben in unterschiedl. Schraffur. Auf dem Wappenschild befinden sich *Helm* und *Helmdecke* als weitere Elemente des Vollwappens. Über den Helm erhebt sich als Persönlichkeitsabzeichen die *Helmzier* (Helmkleinod). Seit Beginn des 14. Jh. wird der Übergang von Helm zu Helmzier durch den *Helmwulst* oder die *Helmkrone* (beim Adel) verdeckt. Anstelle des Helms erscheint beim Adel oft eine *Rangkrone* bzw. bei geistl. Würdenträgern eine Mitra.

Warmblüter

Waräger, Bez. für die seit dem 8./9. Jh. nach O-Europa vorgedrungenen ↑Wikinger.

Warane [arab.] (Varanidae), Fam. etwa 20 cm bis über 3 m langer Echsen mit rd. 30 Arten, v. a. in Wüsten, Steppen, Wäldern und in der Nähe von Gewässern in Afrika, S-Asien und Australien; tagaktive, räuberisch lebende Tiere mit kräftigen, scharf bekrallten Beinen und langem Schwanz; Zunge lang und sehr tief gespalten; u. a. der etwa 3 m lange *Komodo-W.* und der bis über 2 m lange *Nilwaran.*

Warburg, 1) Aby Moritz, *Hamburg 13. 6. 1866, †ebd. 26. 10. 1929, dt. Kunsthistoriker und Kulturwissenschaftler. Befaßte sich mit dem Nachleben der Antike in der neueren europ. bildenden Kunst in ihren vielfältigen Aspekten (Sozialgeschichte, Mythologie und Religion, Literatur, Philosophie) und vermittelte mit dieser kulturgeschichtl. Konzeption der Kunstwiss. eine neue Dimension.
2) Otto, *Freiburg im Breisgau 8. 10. 1883, †Berlin (West) 1. 8. 1970, dt. Biochemiker. Bed. Arbeiten u. a. über Atmungsenzyme, Stoffwechselvorgänge und über die Photosynthese. Für seine Arbeiten zur Zellatmung erhielt er 1931 den Nobelpreis für Physiologie oder Medizin.

Warburg, Stadt an der Diemel, NRW, 21 900 E. U. a. Maschinenbau. Spätroman.-frühgot. Neustädter Kirche (13., 14. und 15. Jh.), frühgot. Altstädter Kirche (Weihe 1299); Renaissancerathaus (1568 und 1902), Stadtbefestigung (13. und 14. Jh.).

Warendorf, Kreisstadt im östl. Münsterland, NRW, 35 300 E. Westfäl. Landgestüt; Textil-Ind., Landmaschinenbau. Spätgot. Pfarrkirche (15. Jh., neugot. erweitert); im Ortsteil *Freckenhorst* frühroman. Pfarrkirche (1129 vollendet).

Wareneingangsbuch, Nebenbuch der kaufmänn. Buchführung zur Erfassung der eingekauften Waren bei gewerbl. Unternehmen (nicht bei Vollkaufleuten).

Warenkonto, Konto bei der doppelten Buchführung, das in *Wareneinkaufskonto* (als Bilanzkonto) und *Warenverkaufskonto* (als Erfolgskonto) aufgeteilt ist.

Warenkorb ↑Lebenshaltungskosten.

Warenkredit, 1) svw. Lombardkredit (↑Lombardgeschäft).
2) Kredit, der vom Lieferanten gewährt wird.

Warentermingeschäfte, an den Warenbörsen abgeschlossene Geschäfte mit Waren, die zu einem späteren Zeitpunkt geliefert werden sollen (Abwälzung des Preisrisikos).

Warentest, Prüfung der von verschiedenen Firmen hergestellten Produkte der gleichen Warenart auf ihre Qualität mit annähernd objektiven Testmethoden (z. B. durch die ↑Stiftung Warentest).

Warenzeichen (Fabrikmarke, Handelsmarke, Handelszeichen, Schutzmarke), geschäftl. Kennzeichnungsmittel (Zeichen ®), durch das ein Gewerbetreibender eine Ware als von ihm hergestellt oder vertrieben kennzeichnet, um deren Echtheit zu gewährleisten. Es erlangt in der BR Deutschland durch Eintragung in die beim Dt. Patentamt geführte W.rolle Zeichenschutz. Dienstleistungsbetriebe können seit 1979 ihre Dienstleistungen durch eine Dienstleistungsmarke schützen. Der Schutz des W. dauert 10 Jahre nach Anmeldung.

Warft [niederdt.], svw. ↑Wurt.

Warhol, Andy [engl. 'wɔːhɔːl], eigtl. Andrew Warhola, *Pittsburgh 6. 8. 1928, †New York 22. 2. 1987, amerikan. Künstler und Filmregisseur. Exponent der ↑Pop-art; v. a. Klischeeproduktionen der Trivialitäten der Konsumkultur, oft in Serie; charakteristisch ist die Siebdrucktechnik; in den 1960er Jahren Hinwendung zum Undergroundfilm, u. a. »Blue movie« (1968). – Abb. S. 3756.

Warmblut (Warmblutpferd), Bez. für die durch Einkreuzung von Vollblutpferden in Pferdeschläge des heim. Kaltbluts gezüchteten ausdauernden, temperamentvolleren und anspruchsvolleren Rassen des Hauspferds (u. a. Hannoveraner, Holsteiner).

Warmblüter (eigenwarme Tiere, homöotherme Tiere), im Ggs. zu den Kaltblütern Tierarten (auch der Mensch ist W.), die ihre Körpertemperatur unabhängig von der Außentemperatur oder einer erhöhten Wärmebildung im Körper durch Temperaturregulation in engen Grenzen konstant zu halten vermögen, ausgenommen bei W. mit Win-

Otto Warburg

Andy Warhol

3755

Wärme

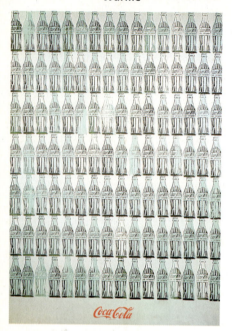

Andy Warhol. Green Coca-Cola-Bottles (1962; New York, Whitney Museum of American Art)

terschlaf. Zu den W. gehören die Vögel (Temperaturen zw. 38 und 44 °C) und die Säugetiere (30–41 °C).
Wärme (Wärmeenergie), Energieform, die eine ganz bestimmte physiolog. Empfindung im menschl. Organismus hervorruft. Gemäß der kinet. Gastheorie kann man die *Wärmeenergie* (therm. Energie) als kinet. Energie der Moleküle bzw. Atome eines Stoffes auffassen. W., W.menge, Energie und Arbeit sind physikal. Größen gleicher Art und haben die gleiche SI-Einheit ↑Joule.
Wärmeäquivalent (Arbeitswert einer Wärmeeinheit, Energieäquivalent der Wärme), mechan. oder elektr. Energie bzw. Arbeit, die der Wärmeenergie 1 cal (↑Kalorie) = 4,18684 J entspricht.
Wärmeausbreitung ↑Wärmeaustausch.
Wärmeausdehnung (therm. Ausdehnung), die bei Erhöhung der Temperatur im allg. auftretende Vergrößerung (Ausdehnung) des Volumens bzw. der Länge eines Körpers.

Wärmeaustausch (Wärmeausbreitung, Wärmeübertragung), die Übertragung von Wärmeenergie von Stellen bzw. Körpern höherer Temperatur zu solchen mit tieferer Temperatur. Der W. erfolgt durch Wärmeleitung, Wärmekonvektion und/oder Wärmestrahlung.
Wärmebehandlung, 1) *Medizin:* (Thermotherapie) therapeut. Anwendung von Wärme (Infrarot-, Licht- oder Ultraviolettstrahlung, Heizkissen, Wärmflasche, heißer Umschlag) zur Erzielung einer großen Blutfülle und einer vermehrten peripheren Durchblutung.
2) *Werkstofftechnik:* zeitlich begrenztes Erwärmen metall. Werkstücke bzw. Halbzeuge auf bestimmte Temperaturen unter Beachtung der Erwärmungs- und der Abkühlungsgeschwindigkeit zur Verbesserung der Werkstoffeigenschaften. Grundsätzlich unterscheidet man zw. Verfahren, die lediglich eine Umwandlung an der Oberfläche des Werkstücks bewirken, und Verfahren, die eine durchgreifende Gefügeumwandlung verursachen. Ein wichtiges Verfahren der W. mit Wirkung auf die *Oberfläche* ist das *Einsatzhärten* (Härten der Oberfläche kohlenstoffarmer Stähle durch Aufkohlen der Werkstückrandzone bei hoher Temperatur über lange Zeit in festen, flüssigen oder gasförmigen Aufkohlungsmitteln und nachfolgendes Abschrecken). Die wichtigsten Verfahren der W. mit Wirkung auf das *gesamte Werkstückgefüge* sind: *Glühen:* Erwärmen eines Werkstücks auf eine bestimmte Glühtemperatur, Halten auf dieser Temperatur während einer bestimmten Dauer und nachfolgendes, meist langsames Abkühlen. *Härten:* Verfahren zur Erzielung einer örtl. oder durchgreifenden Härtesteigerung metall. Werkstoffe, bei dem durch Erhitzen und anschließendes sehr schnelles Abkühlen *(Abschrecken)* ein martensit. [nach dem dt. Ingenieur Adolf Martens (*1850, †1914)] Gefüge des Werkstücks angestrebt wird.
Wärmebilanz, die Aufsummation und Gegenüberstellung der in physikal. und techn. Vorgängen zugeführten (bzw. erzeugten) und abgeführten (bzw. verbrauchten) Wärme- und Energiemengen; u. a. zur Berechnung und Kontrolle von Wärmeverlusten.
Wärmebildgeräte ↑Thermographie.

Wärmedämmung, svw. ↑Wärmeisolation.
Wärmeenergie ↑Wärme.
Wärmeflußbild, svw. ↑Sankey-Diagramm.
Wärmeisolation (Wärmedämmung, Wärmeschutz), die Verhinderung bzw. Verminderung eines Wärmeaustauschs und damit von Wärmeverlusten; auch Bez. für dazu erforderl. Maßnahmen. *Wärmeleitung* verringert man mit Hilfe von wärmedämmenden bzw. -isolierenden Stoffen, die meist eine Vielzahl kleiner luftgefüllter Hohlräume aufweisen und dadurch den Wärmefluß eindämmen. *Wärmekonvektion* wird beträchtlich durch Anbringen evakuierter Zwischenräume verhindert, wobei die Wände außerdem meist mit Aluminium verspiegelt sind, um den Wärmeaustausch durch Wärmestrahlung zu vermindern (Prinzip der Thermosgefäße).
Wärmekapazität, Quotient aus der einem Körper zugeführten Wärmemenge und der dadurch hervorgerufenen Temperaturerhöhung. SI-Einheit der W. ist 1 Joule durch Kelvin (1 J/K).
Wärmekonvektion, Transport bzw. Ausbreitung von Wärmeenergie durch strömende Flüssigkeiten oder Gase.
Wärmelehre, svw. ↑Thermodynamik.
Wärmeleitfähigkeit (Wärmeleitzahl, spezif. Wärmeleitvermögen, therm. Leitfähigkeit), eine die Stärke der Wärmeleitung in einem Körper festlegende physikal. Größe. Sie ist eine Stoffkonstante und wird gemessen in Watt durch Meter mal Kelvin [W/(m·K)]. Ein Stoff hat die W. 1 W/(m·K), wenn von einer Seitenfläche eines aus diesem Stoff bestehenden Würfels mit 1 m Kantenlänge zur gegenüberliegenden Seite bei einer zw. ihnen bestehenden Temperaturdifferenz von 1 Kelvin (1 °C) in 1 Sekunde eine Wärmeenergiemenge von 1 Joule fließt.
Wärmeleitung, Transport von Wärmeenergie durch die ungeordnete Wärmebewegung der Moleküle und Atome in Richtung abnehmender Temperatur.
Wärmemauer, svw. ↑Hitzeschwelle.
Wärmemenge ↑Wärme.
Wärmepumpe, maschinelle Anlage, die unter Aufwendung mechan. oder elektr. Energie einem auf relativ niedriger Temperatur befindl. Wärmespeicher Wärmeenergie entzieht und sie einem anderen Wärmespeicher bzw. Wärmetauscher, der bereits eine höhere Temperatur besitzt, zuführt und ihn so weiter erwärmt. W. werden v. a. zur Heizung von Gebäuden, zur Wärmerückgewinnung aus aufgeheizten Wärmeträgern und zur Abwärmenutzung herangezogen.
Wärmeschutz, svw. ↑Wärmeisolation.
Wärmespeicher, techn. Anlage bzw. Vorrichtung, die Wärme aufnehmen, sie längere Zeit speichern und bei Bedarf wieder abgeben kann.
Wärmestauung, passive Überwärmung mit Anstieg der Körperkerntemperatur (Hyperthermie) durch ein Mißverhältnis zw. Wärmeproduktion (auch Wärmezufuhr von außen, z. B. infolge Sonneneinstrahlung) und Wärmeabfuhr; typ. Situation: körperl. Tätigkeit bei hoher Luftfeuchtigkeit und/oder unzweckmäßiger Kleidung.
Wärmestrahlung (therm. Strahlung), allg. jede elektromagnet. Strahlung, die intensiv genug ist, um Wärme zu erzeugen bzw. zu übertragen; insbes. die Infrarotstrahlung und die Strahlung v. a. glühender Körper.
Wärmetod (Kältetod), **1)** *Astronomie:* Bez. für den hypothet. Endzustand des Weltalls, bei dem bei überall gleicher, minimaler (der Kältetod) Temperatur keine Energieumwandlungen mehr stattfinden können, so daß alle thermodynam. Prozesse enden würden.
2) *Medizin:* Einsetzen des Todes nach Erreichen der Letaltemperatur.
Wärmeübertragung, svw. ↑Wärmeaustausch.
Wärmezähler (Wärmemesser), Gerät zur Messung der von Heizungen abgegebenen oder von strömenden Wärmeträgern in Rohrleitungen übertragenen Wärmemengen. Beim *Heizkostenverteiler* (an Heizkörpern) verdunstet aus einem Meßröhrchen eine Spezialflüssigkeit; der zur gesamten Wärmeabgabe proportionale Verbrauch wird an einer Strichskala abgelesen. Auch den Strom eines am Heizkörper angebrachten Thermoelements messende *Elektrolytzähler* werden als W. verwendet.
warmgemäßigte Zone, Bez. für den Bereich der mittleren Breiten mit warmen Sommern und milden Wintern.
Warmwasserspeicher ↑Heißwassergeräte.

Warna

Warschau.
Oben: Ruinen am Marktplatz nach der Zerstörung durch deutsche Truppen Ende 1944 ♦ Unten: Marktplatz mit Bürgerhäusern nach der Restaurierung

Warschau Stadtwappen

Warna, bulgar. Hafenstadt, Seebad an der Bucht von Warna des Schwarzen Meeres, 305 900 E. Hochschulen, archäologisches Museum; hafenorientierte Industrie. Frühe Siedlungsspuren, u. a. Gräberfeld (2. Hälfte des 4. oder Anfang des 5. Jt. v. Chr.) mit Gold- und Kupferbeigaben. – Als *Odessos* von Griechen im 6. Jh. v. Chr. gegr.; 1391 osmanisch; ab 1878 wieder bulgarisch. Röm. (Thermen) und byzantin. Überreste. – Bei W. siegten 1444 die Osmanen unter Murad II. über ein Kreuzfahrerheer unter Wladislaw III. von Polen und Ungarn.

Warnemünde, Stadtteil von ↑Rostock.

Warner Brothers Pictures Inc. [engl. ˈwɔːnə ˈbrʌðəz ˈpɪktʃəz ɪnˈkɔːpəreɪtɪd], 1923 von den Brüdern Harry (* 1881, † 1967), Sam (* 1888, † 1927) und Jack (* 1892, † 1978) Warner gegr. amerikan. Filmstudio, in dem 1927 der erste Tonfilm (The Jazz Singer) produziert wurde. 1972 Fusion mit dem Unternehmen Kinney Services zu *Warner Communications Inc.;* 1989 Fusion mit Time Inc. zu ↑Time Warner Inc.

Warnfärbung (Warntracht), bei verschiedenen (wehrlosen) Tieren, v. a. Insekten, eine auffällige Färbung und Zeichnung des Körpers, die Feinde von einem Angriff abhalten, warnen oder abschrecken sollen. ↑Mimese, ↑Mimikry.

Warnkreuz ↑Andreaskreuz.

Warrant [engl. ˈwɔrənt], Lagerschein über eingelagerte Güter.

Warren, Robert Penn [engl. ˈwɔrɪn], * Guthrie (Ky.) 24. 4. 1905, † Stratton (Vt.) 15. 9. 1989, amerikan. Schriftsteller. Bed. Vertreter der amerikan. Lyrik; seine Romane behandeln v. a. Stoffe der Südstaaten (u. a. »Der Gouverneur«, 1946; verfilmt 1950); auch bed. Vertreter der zeitgenöss. Literaturkritik.

Warschau (poln. Warszawa), Hauptstadt Polens, an der mittleren Weichsel, 1,66 Mio. E. Sitz der Poln. Akademie der Wiss., Univ., TU u. a. Hochschulen. Nationalbibliothek, Museen, Observatorien, Theater, Oper, Operettentheater, Philharmonie; botan. Garten, Zoo; jährl. Messen und Festspiele. Bed. elektrotechn. und elektron. Ind., Maschinen- und Metallbau; wichtigster Verkehrsknotenpunkt Polens, ✈.

Stadtbild: Ab 1946 grundlegender Wiederaufbau der histor. Stadt, u. a. got. Kathedrale Sankt Johannes (14. Jh.), Sankt-Anna-Kirche (15.–17. Jh.; klassizist. Fassade 18. Jh.), Visitantinnenkirche (1755–61), Kapuzinerkirche (1683

Wartburgfest

bis 1692), Heilig-Kreuz-Kirche (1682 bis 1696; Fassade 18. Jh.). Unter den Profanbauten ragen die Paläste des 17. und 18. Jh. hervor, u. a. Königsschloß (1680–92). Repräsentative moderne Bauten, u. a. Kulturpalast (1952–56; 234,5 m hoch). Nahebei das Barockschloß Wilanów (1681–94).

Geschichte: 1241 erstmals als Siedlung erwähnt; ab 1596 Sitz der poln. Könige; in der 3. Teilung Polens (1795) an Preußen; 1807–15 Hauptstadt des gleichnamigen, aus den seit den Poln. Teilungen preuß. Gebieten gebildeten Hzgt., dann des in Personalunion mit Rußland vereinigten Kgr. (Zartum) Polen (sog. ↑Kongreßpolen); seit 1918 Hauptstadt Polens; im 1. und 2. Weltkrieg von den Deutschen besetzt; 1939 Hauptstadt des »Generalgouvernements Polen«; Errichtung eines Ghettos mit etwa 400 000 Juden aus W. und dem übrigen Polen, von denen etwa 300 000 bis 1943 im Vernichtungslager Treblinka ermordet wurden. Im Verlauf der ↑Warschauer Aufstände (1943 und 1944) wurde W. fast vollständig zerstört; nach Besetzung durch sowjet. Truppen (Jan. 1945) Sitz der poln. provisor. Regierung.

Warschauer Aufstand, Bez. für zwei Erhebungen während der dt. Besetzung Polens. Der *1. W. A.* von 1943 (19. 4. bis 16. 5.), ausgelöst durch den Abtransport der Juden aus dem Warschauer Ghetto, wurde durch die SS niedergeschlagen (rd. 50 000 Juden getötet). Bei dem Versuch, der anrückenden Roten Armee bei der Befreiung Warschaus zuvorzukommen, löste die der Londoner Exilregierung unterstehende poln. Heimatarmee (AK) am 1. 8. 1944 den *2. W. A.* aus, der ihr gegen die schlecht vorbereitete dt. Besatzung die weitgehende Kontrolle der Stadt sicherte. Wegen fehlender Unterstützung durch die Rote Armee mußten die poln. Truppen am 2. 10. 1944 kapitulieren.

Warschauer Pakt, 1955–91 bestehendes Militärbündnis kommunist. Staaten Europas unter Führung der Sowjetunion; gegr. am 14. 5. 1955 in Warschau mit dem von Albanien (Austritt 1961/ 1968), Bulgarien, der DDR (bis 2. 10. 1990), Polen, Rumänien, der Tschechoslowakei, der Sowjetunion und Ungarn unterzeichneten »Vertrag über Freundschaft, Zusammenarbeit und gegenseitigen Beistand« *(Warschauer Vertrag)* sowie mit dem Beschluß über die Bildung eines »Vereinten Kommandos der Streitkräfte«. Neben dem RGW war der W. P. die wichtigste multilaterale Organisation der europäischen kommunistischen Staaten. Die Sowjetunion sah in diesem Bündnis v. a. ein Gegengewicht zur NATO, eine Möglichkeit, die Streitkräfte der europäischen kommunistischen Staaten einheitlich zusammenzufassen und diese Staaten möglichst eng an sich zu binden. Der W. P. löste sich zum 30. 6. 1991 selbst auf.

Warschauer Vertrag, 1) ↑Warschauer Pakt.

2) ↑Deutsch-Polnischer Vertrag.

Warstein, Stadt im nördl. Sauerland, 28 600 E. Ofenherstellung, Brauerei.

Wartburg

Wartburg, über der Stadt Eisenach liegende Burg; wohl 1067 erbaut, 1080 zuerst genannt; unter Landgraf Hermann I. von Thüringen bed. Zentrum höf. Kultur (↑Wartburgkrieg); hier lebte 1211–27 die hl. Elisabeth; Zufluchtsort Luthers (1521/22); 1817 ↑Wartburgfest. Im 19. Jh. Wiederaufbau der verfallenen Burg im Sinne der Romantik; ältester erhaltener Teil ist der Palas (um 1190 bis 1220); Freskenzyklen von M. von Schwind (1853–55).

Wartburgfest, student. Zusammenkunft auf der Wartburg am 18./19. 10. 1817 zur Erinnerung an die Reformation 1517 und die Völkerschlacht bei Leipzig 1813. Das W. wurde durch die

3759

Wartburgkrieg

anschließende Verbrennung reaktionärer Schriften und Symbole durch einige Teilnehmer zu einer Demonstration patriot. und liberaler Kräfte gegen das konservative Gefüge des territorial zersplitterten Deutschland sowie zum Ansatzpunkt zur Gründung der Burschenschaften (↑studentische Verbindungen).

Wạrtburgkrieg (Sängerkrieg auf der Wartburg), um 1260/70 in Thüringen entstandene Sammlung mehrerer urspr. selbständiger Gedichte; am wichtigsten das »Fürstenlob«, Rollenspiel eines angebl. Sängerwettstreits am Hof Hermanns I. von Thüringen zu Anfang des 13. Jh., bei dem Heinrich von Ofterdingen unterliegt, und das »Rätselspiel« (»Urrätselspiel« um 1239), in dem Klingsor (literar. Gestalt aus dem »Parzival«) und Wolfram von Eschenbach gegeneinander antreten; Wolfram siegt über den Gelehrten.

Wạrtezeit (Karenzzeit), 1) *Landwirtschaft:* gesetzlich vorgeschriebene Mindestzeit, die zw. der letzten Anwendung eines Pflanzenschutzmittels bei Kulturpflanzen und deren Ernte einzuhalten ist.
2) *Versicherungswesen:* in der Sozial- und Individualversicherung der Zeitraum, den ein Versicherter versichert sein muß, ehe er bestimmte Versicherungsleistungen erhalten kann.

Wạrthe, rechter Nebenfluß der Oder, mündet bei Küstrin, 808 km lang.

Wạrwe [schwed.] (Warve) ↑Bänderton.

Wạrze (Verruca), umschriebene gutartige, meist durch Viren hervorgerufene, mit vermehrter Hornbildung einhergehende Neubildung der Haut, v. a. bei Kindern und Jugendlichen.

Wạrzenkaktus (Mamillkaktus, Mammillaria), Gatt. der Kaktusgewächse mit rd. 300 Arten, v. a. in Mexiko und den angrenzenden Ländern; kugelförmige bis zylindrische Kakteen mit runden oder eckigen, in spiraligen Reihen angeordneten Höckern; Areolen filzig oder wollig behaart; Blüten überwiegend gelb oder rot; Frucht eine saftige, oft rote Beere.

Wạrzenschwein, tagaktive Schweineart in den Savannen Afrikas südlich der Sahara; Länge 1,5 bis 1,9 m, Schulterhöhe 65 bis 85 cm; mit großen, warzenartigen Hauthöckern im Gesicht und stark verlängerten, gekrümmten Eckzähnen (bes. im Oberkiefer).

Wạsa (Vasa), schwed. Königsgeschlecht, seit Mitte des 13. Jh. bezeugt. Regierte 1523 (Gustav I.) bis 1654 (Thronverzicht Königin Christines) in Schweden und 1587 (Sigismund III.) bis 1668 (Abdankung König Johanns II. Kasimir) in Polen.

Wạsalauf (Gustav-Wasa-Lauf), alljährl. ausgetragener schwed. Skilanglauf von Sälen nach Mora in Mittelschweden; heutige Streckenlänge: 88,55 km. Der W. wurde erstmals 1922 zur Erinnerung an die Flucht von Gustav Eriksson Wasa (König Gustav I.) vor den Dänen (1521) und zum Gedenken an seine triumphale Rückkehr ausgetragen.

Wạschbären (Schupp), Gatt. der Kleinbären mit sieben Arten in N-, M- und S-Amerika; Länge rd. 40–70 cm; Färbung überwiegend grau bis schwärzlich mit schwarzer Gesichtsmaske; geschickt kletternde und gut schwimmende Allesfresser; der *Nordamerikan.* W. verbreitete sich nach Einbürgerung (1934) in ganz M-Europa; Länge rd. 50–70 cm, Schwanz etwa 20–25 cm lang, buschig, braun und schwarz geringelt; reibt seine Nahrung häufig mit rollenden Bewegungen der Vorderpfoten auf einer Unterlage, manchmal auch im flachen Wasser.

Wạschbeton, Bez. für Betonteile (Fassadenplatten, Gehwegplatten u. a.), bei denen durch Abbürsten und Abwaschen der obersten Schicht die Zuschlagstoffe (z. B. Kieselsteine) aus der Oberfläche hervortreten und einen Schmuckeffekt ergeben.

Warzenschwein (Kopf-Rumpf-Länge 1,5–1,9 m) mit Jungen

Waschmittel

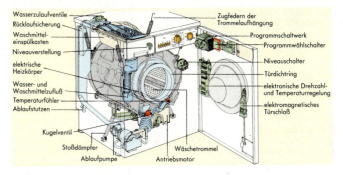

Waschmaschine. Schemazeichnung einer vollautomatischen Trommelwaschmaschine (Vorderseite geöffnet)

Waschen, allg. das Ablösen und Wegschwemmen von Fremdteilchen (Verunreinigungen) aus Gegenständen mit Flüssigkeiten; z. B. bei der Erz- und Kohleaufbereitung; in der chem. Technik das Reinigen von Gasen, Filterrückständen usw.; i. e. S. das Reinigen von Textilien.

Waschflasche, *Chemie:* Gasflasche zum Trocknen und Reinigen von Gasen mittels Waschflüssigkeiten.

Waschmaschine, elektr. Haushaltsgerät zur Reinigung verschmutzter Wäsche und Kleidung in erwärmtem Wasser unter Zugabe von Waschmitteln; auch als Industrie-W. für verschiedenste Zwecke in vielen Ausführungen. Bei der *Trommel-W.* befindet sich die Wäsche in einer gelochten, innen mit Mitnehmerrippen versehenen [Edel]stahltrommel, die im Laugenbehälter abwechselnd nach beiden Seiten gedreht wird. Neuere Geräte sind in der Regel Vollautomaten, in denen alle Arbeitsgänge (Vorwäsche, Hauptwäsche, Spülen, Schleudern) einschließlich Waschmitteleinspülung selbsttätig ablaufen. Weitere ergänzende Haushaltsgeräte sind die *Wäscheschleuder* (Entwässern der Wäsche durch Fliehkraftwirkung mit meist höheren Drehzahlen als bei der W.) und der *Wäschetrockner,* dessen Trocknungsprozeß zeitgesteuert und/ oder elektronisch gesteuert (z. B. elektron. Feuchtigkeitsmessung, Trockenprogramme für mangelfeuchte, bügelfeuchte oder schranktrockene Wäsche) erfolgen kann.

Waschmittel, zum Waschen von Textilien verwendete Gemische aus Waschrohstoffen (früher Seife) und zahlreiche weiteren, der Verbesserung des Waschvermögens dienenden Substanzen. Man unterscheidet Koch- (Voll-), Bunt- und Synthetik- sowie Feinwaschmittel. Die für alle Waschtemperaturen (bis 95 °C) geeigneten *Vollwaschmittel* enthalten neben 10–15 % Waschrohstoffen 30–40 % Komplexbildner zur Wasserenthärtung (v. a. Zeolithe in Verbindung mit Polycarboxylaten und Nitriloessigsäure, früher Alkalipolyphosphate oder Natriumaluminiumsilicate), 20–30 % Bleichmittel (v. a. Natriumperborat), 2–4 % Bleichmittelstabilisatoren, die das Zersetzen der Bleichmittel bei der höchsten Waschtemperatur verhindern (z. B. Magnesiumsilicat), 2–4 % Schaumregulatoren (v. a. Seifen langkettiger Fettsäuren), 1–2 % Vergrauungsinhibitoren (v. a. Carboxymethylcellulose), 5 % Korrosionsinhibitoren zum Schutz von Waschmaschinenteilen (v. a. Natriumsilicate), 0,1–0,3 % optische Aufheller, 0,1–1 % Enzyme (Proteasen) zum Auswaschen eiweißhaltiger Flecken, 0,2 % natürliche oder synthetische Parfümöle zur Geruchsverbesserung des Waschmittels und der Wäsche sowie 5–30 % Füllstoffe (v. a. Natriumsulfat). Die bis 60 °C wirksamen *Bunt-* und *Synthetikwaschmittel* enthalten mehr Komplexbildner (35–60 %), aber keine Bleichmittel und Korrosionsinhibitoren. Die bis 30 °C Waschtemperatur verwendeten *Feinwaschmittel* bestehen aus 20–35 % Waschrohstoffen, enthalten keine Bleichmittel, op-

Waschrohstoffe

Washington 1). Kapitol

Washington 1). Stadtwappen

Washington 2). Flagge

George Washington (Gemälde von Gilbert Stuart; Ausschnitt, 1796; Boston, Museum of Fine Arts)

tische Aufheller und Korrosionsinhibitoren.
Waschrohstoffe (Waschmittelrohstoffe), synthet., grenzflächenaktive Stoffe (Detergenzien, Tenside); Grundlage der Wasch- und Reinigungsmittel. Im Ggs. zu den Seifen besitzen die W. ein höheres Reinigungsvermögen, das durch die Wasserhärte weniger beeinflußt wird.
Waschung, im religiösen Bereich eine rituelle Reinigung durch Wasser.
wash and wear [engl. 'wɔʃ ənd 'weə »waschen und tragen«] ↑Pflegeleichtausrüstung.
Washington, George [engl. 'wɔʃɪŋtən], * Wakefield (Westmoreland County, Va.) 22. 2. 1732, † Mount Vernon (Va.) 14. 12. 1799, amerikan. General und Politiker. Als Oberbefehlshaber der Armee der Kolonien (1775–83) beendete er mit frz. Unterstützung durch den Sieg in Yorktown (19. 10. 1781) den Nordamerikan. Unabhängigkeitskrieg; 1787 Vors. des Verfassungskonvents; 1789 einstimmig zum ersten Präs. der USA gewählt (Amtszeit bis 1797). W. vertrat den Gedanken einer starken Zentralregierung, befürwortete den Ausgleich mit Großbrit. und wahrte Neutralität in den europ. Kriegen der Revolutionsära; innenpolitisch entwickelte er das Kabinettsystem.
Washington ['wɔʃɪŋtən], **1)** Bundeshauptstadt der USA, zugleich Bundesdistrikt (↑District of Columbia), am Potomac River, 667 000 E. Sechs Univ., Sitz der NASA und zahlr. Institutionen, Nationalarchiv, bed. Museen, Observatorium, Zoo. Wichtigster Arbeitgeber ist die Bundesregierung. W. verfügt über den National Airport im County Arlington und den Dulles International Airport.
Stadtbild: Die Mitte des N–S und O–W angeordneten Straßennetzes, das von diagonal verlaufenden Avenuen durchschnitten wird, bildet das erhöht liegende ↑Kapitol. Von ihm aus erstreckt sich die Mall, eine 3,5 km lange und 500 m breite Parkanlage, nach W bis zum Potomac River. Die Regierungsgebäude sowie zahlreiche bedeutende Museen liegen beiderseits (v. a. nördlich) der Mall. Im NW liegt das ↑Weiße Haus. – Die größeren Kirchen sind z. T. klassizistisch, z. T. neugotisch; Neubau (East-Building) der National Gallery of Art (1978 vollendet) in moderner Architektur; Gedenkstätten, u. a. Washington Monument, ein 170 m hoher Obelisk (1848–84), Lincoln Memorial (1915–22) und Jefferson Memorial (1943).
Geschichte: 1790 als Hauptstadt der USA (ab 1800 in Funktion) gegr.; 1814 von den Briten stark zerstört, v. a. die Regierungsgebäude.
2) Staat im NW der USA, in den Kordilleren, 176 479 km², 5,13 Mio. E, Hauptstadt Olympia.
Geschichte: 1846 durch Teilung des brit.-amerikan. Kondominiums Oregon an die USA; 1853 Territorium; 1889 42. Staat der USA.
Washingtoner Artenschutzabkommen [engl. 'wɔʃɪŋtən... -] ↑Artenschutz.
Washingtoner Flottenabkommen [engl. 'wɔʃɪŋtən... -], zw. den USA, Großbrit., Japan, Frankreich und Italien im Winter 1921/22 abgeschlossener Vertrag, der insbes. die Flottenstärken im Verhältnis 5 : 5 : 3 : 1,75 : 1,75 festlegte; 1934 durch Japan gekündigt.
Washington Post [engl. 'wɔʃɪŋtən 'pəʊst], amerikan. unabhängige Tages-

zeitung, gegr. 1877, erscheint in Washington (D.C.).

Wash-out [engl. 'wɔʃ'aʊt], Aufnehmen von Aerosolpartikeln aus der Atmosphäre durch fallende flüssige und feste Niederschlagsteilchen.

Wasmeier, Markus, *Schliersee 9.9.1963, dt. Skiläufer. 1985 Weltmeister (Riesenslalom); 1994 Olympiasieger (Riesenslalom, Super-G).

Wasow, Iwan [bulgar. 'vazof], *Sopot (heute Wasowgrad) 9.7.1850, † Sofia 22.9.1921, bulgar. Schriftsteller. Gehört zu den Begründern der modernen bulgar. Literatur, Hauptwerk: »Unter dem Joch« (R., 1889/90); auch Lyrik und Dramen.

Wasser, H_2O, chem. Verbindung von Wasserstoff und Sauerstoff (Wasserstoffoxid); farblose Flüssigkeit; Schmelztemperatur bei 0°C, Siedetemperatur bei 100°C (bei 1 bar), Dichte (flüssig) bei 0°C 0,9998 g/cm³ bzw. 0,91674 g/cm³ (Eis); bei 4°C ist das Dichtemaximum von 1,0000 g/cm³ erreicht, bei weiterem Erwärmen nimmt die Dichte wieder ab (bei 20°C 0,998 g/cm³). Deshalb schwimmt Eis auf flüssigem W.; beim Gefrieren erfolgt eine Volumenvergrößerung von etwa 9%. W. ist die häufigste chem. Verbindung auf der Erdoberfläche; es bedeckt die Erdoberfläche zu 71% und ist in Form von W.dampf bis zu 4% in der Atmosphäre enthalten. W. mit weniger als 1g Abdampfrückstand pro Liter wird als *Süß-W.* bezeichnet; der Gehalt an Calcium- und Magnesiumionen bestimmt dabei seine Härte. Chemisch reines W. zur Verwendung in der analytischen Chemie und Medizin erhält man durch Destillation (sog. *destilliertes Wasser*) oder über Ionenaustauscher. *Trinkwasser* enthält alle mineralischen Bestandteile, ist aber weitgehend keimfrei. – Die Körpersubstanz der meisten Organismen besteht zu 60–70% aus Wasser; es ist Ausgangsprodukt der Photosynthese, Lösungs- und Transportmittel für Nährstoffe und Gase und dient der Aufrechterhaltung des osmot. Drucks in den Zellen. Wasser ist das wichtigste Lösungs-, Kühl- und Reinigungsmittel und wird als Ausgangsprodukt für zahlreiche Synthesen sowie zur Wasserstoffgewinnung verwendet. ↑schweres Wasser.

Wasserburg a. Inn

Wasseramseln (Cinclidae), Fam. bis fast 20 cm langer, kurzschwänziger, meist braun, grau und weiß gefärbter Singvögel mit fünf Arten, v.a. an schnell strömenden Gebirgs- und Vorgebirgsbächen großer Teile Eurasiens, N-, M- und S-Amerikas; in Europa als einzige Art die *Eurasiat. W.* (Wasserschwätzer).

Wasseramseln. Eurasiatische Wasseramsel (Größe 18 cm)

Wasseraufbereitung, Gewinnung von nutzbarem Wasser aus Grund- bzw. Oberflächenwasser mittels chem.-physikal. und physikal. Aufbereitungsverfahren. Während die Trink-W. v.a. hygienisch einwandfreies Wasser liefern muß, ist die Brauch-W. häufig dem jeweiligen Verwendungszweck angepaßt (z.B. enthärtetes Speisewasser für Dampfkessel, eisen- und manganfreies, härteärmeres Wasser für Brauereien, Färbereien u.a.).

Wasserball, Ballspiel im Wasser für zwei Mannschaften mit je 13 Spielern, von denen jeweils sieben im Becken sind. Ziel des Spieles ist es, den 400–450g schweren Ball, der von den Spielern (mit Ausnahme des Torwarts) nur mit einer Hand berührt und nicht gefaustet werden darf, in das 3m breite und 90 cm hohe gegner. Tor zu werfen. Spielzeit: 4×7 Minuten.

Wasserblüte, Massenentwicklung von Phytoplankton in nährstoffreichen Gewässern, die dadurch intensiv grün, bräunlich oder rot gefärbt werden.

Wasserbüffel ↑Büffel.

Wasserburg, durch Wassergräben geschützte Burganlage; im 16./17.Jh. oft umgebaut (Schlösser der Weserrenaissance).

Wasserburg a. Inn, Stadt in einer Flußschlinge des oberen Inn, Bayern, 10800 E. Spätgot. Kirche Sankt Jakob (1410–78), Frauenkirche (14.Jh.), Burg (1531 ff.), spätgot. Rathaus (1457–59,

Wasserdost

Wasserdost. Gemeiner Wasserdost

mehrfach verändert); zahlr. Häuser mit Lauben und Grabendächern. – Burg seit dem Früh-MA über einer Schiffersiedlung (Ersterwähnung 1085).
Wasserdost, Gatt. der Korbblütler mit rd. 600 Arten in Amerika und Eurasien; meist Stauden oder Sträucher; einzige einheim. Art ist der auf feuchten Böden verbreitete, bis etwa 1,70 m hohe *Gemeine W.* (Wasserhanf; mit rosafarbenen Blüten).
Wasserfarben ↑Aquarellfarben.
Wasserflöhe (Cladocera, Kladozeren), Unterordnung im Durchschnitt etwa 0,4–6 mm langer Krebstiere mit über 400 Arten in Süß- und Meeresgewässern; gekennzeichnet durch hüpfende Schwimmweise.
Wassergeister (Wassergottheiten), in manchen Religionen (auch im Volksglauben als Neck, Nöck und v. a.

Wasserflöhe. Gemeiner Wasserfloh (Größe bis 4 mm)

Nixen) Geister bzw. Gottheiten, die Macht über das Wasser haben, z. T. auch in ihm leben.
Wasserglas, glasartige Alkalisilicate sowie ihre stark basisch reagierenden, viskosen wäßrigen Lösungen; z. T. als Imprägnierungs-, Binde-, Korrosionsschutz-, Kleb-, Konservierungs- und Flammschutzmittel verwendet.
Wasserhärte ↑Härte.
Wasserhaushalt, die physiologisch gesteuerte Wasseraufnahme und -abgabe bei allen Organismen. Der W. ist eng mit dem Ionenhaushalt (↑Stoffwechsel) gekoppelt und wird zus. mit diesem bei Mensch und Tier sowie bei Salzpflanzen durch Osmoseregulation (↑Osmose) im Gleichgewicht gehalten.
Wasserjungfern, svw. ↑Libellen.
Wasserkäfer, zusammenfassende Bez. für vorwiegend im Wasser lebende Käfer, z. B. Schwimm-, Haken- und Taumelkäfer.
Wasserkopf (Hydrocephalus, Hydrozephalus), abnorm vergrößerter Schädel infolge übermäßiger Ansammlung von Gehirn-Rückenmarks-Flüssigkeit in den Hirnhöhlen oder im Subarachnoidalraum.
Wasserkreislauf, die natürl., auch mit Änderungen des Aggregatzustands verbundene Bewegung des Wassers auf der Erde zw. Ozeanen, Atmosphäre und Festland.
Wasserkuppe, mit 950 m höchster Berg Hessens in der Hohen Rhön; Segelflugsport.
Wasserläufer, 1) Gatt. lerchen- bis hähergroßer, langbeiniger Schnepfenvögel mit 15 Arten, v. a. an Süßgewässern, auf Sümpfen und nassen Wiesen Eurasiens und N-Amerikas; melodisch pfeifende Watvögel, die mit Hilfe ihres langen, geraden Schnabels im Boden nach Nahrung (bes. Insekten, Würmer) stochern; Zugvögel. – Hierher gehören u. a. der etwa 20 cm lange, oberseits olivbraune, unterseits weiße *Uferläufer* und der fast 30 cm lange, oberseits hellbraune, unterseits weiße *Rotschenkel.*
2) Bez. für einige Familien der Landwanzen, die auf der Wasseroberfläche laufen können (u. a. Stoß-W., Teichläufer und Wasserschneider).
Wasserleitung ↑Wasserversorgung.
Wasserlinie, Linie, in der der Wasserspiegel den Schiffsrumpf berührt.

Wasserläufer 1).
Oben: Rotschenkel
(Größe bis 30 cm) ♦
Unten: Grünschenkel
(Größe etwa 30 cm)

Wasserorgel, svw. ↑Hydraulis.

Wasserpest, Gatt. der Froschbißgewächse mit rd. 15 Arten in N- und S-Amerika; untergetaucht lebende Wasserpflanzen; weltweit kommt die bis 3 m lange Sprosse bildende *Kanad. W.* vor.

Wasserpfeife, in Afrika und Asien, bes. in Persien und in der Türkei *(Nargileh),* verbreitete Form der Tabakspfeife; besteht aus einem Wassergefäß mit einer ins Wasser tauchenden Röhre, auf der ein großer Pfeifenkopf sitzt, sowie aus einem oder mehreren oberhalb des Wasserspiegels angesteckten Saugrohren bzw. Schläuchen mit Mundstücken. Der Rauch wird auf dem Weg durch das Wasser gekühlt und gefiltert.

Wasserpflanzen (Hydrophyten), höhere Pflanzen mit besonderen morpholog. und physiolog. Anpassungen an das Leben im Wasser. W. treten als wurzellose Schwimmpflanzen oder im Boden verankert, ganz untergetaucht (submers) oder an der Wasseroberfläche schwimmend auf.

Wasserprobe ↑Gottesurteil.

Wasserrad, zur Ausnutzung der Strömungsenergie des Wassers sich in senkrechter Ebene drehendes Rad, dessen Umfang mit Zellen oder Schaufeln besetzt ist. Beim *oberschlächtigen W.* wird dem W. das Wasser von oben zugeführt; *unterschlächtige W.* tauchen mit ihrem unteren Teil in strömendes Wasser ein.

Wasserrecht, die Gesamtheit aller rechtl. Vorschriften, die sich auf die Gewässer, v. a. deren Schutz und Benutzung, beziehen. In der BR Deutschland ist das W. teils Bundes- (Wasserhaushaltsgesetz vom 16. 10. 1976), teils Landesrecht. Für die Durchführung der Gesetze sind u. a. die *Wasserwirtschaftsämter* als Wasserbehörden zuständig.

Wasserreis, Gatt. der Süßgräser mit drei Arten an See- und Flußufern N-Amerikas und O-Asiens; u. a. der *Tuscarorareis* (Indianerreis).

Wasserscheide, Grenzlinie zw. zwei Einzugsgebieten von Gewässern.

Wasserschildkröten, 1) nichtsystemat. zusammenfassende Bez. für süßwasserbewohnende Schildkröten.

2) Gatt. etwa 10–25 cm langer Sumpfschildkröten mit rd. zehn Arten in Europa, Asien, N-Afrika und N-Amerika; Rückenpanzer nur flach gewölbt.

Wasserschildkröten

Jakob Wassermann

Wasserlinse (Entengrütze, Entenlinse), Gattung der einkeimblättrigen Pflanzenfam. *Wasserlinsengewächse* (Lemnaceae) mit rd. zehn fast weltweit verbreiteten Wasserpflanzen mit blattartigen, schwimmenden Sproßgliedern.

Wassermann, Jakob, *Fürth 10. 3. 1873, † Altaussee 1. 1. 1934, dt. Schriftsteller. Sein Engagement für Gerechtigkeit und gegen die »Trägheit des Herzens« wurde von den Nationalsozialisten als »jüdisch« denunziert; seine Romane, u. a. »Die Juden von Zirndorf« (1897), »Caspar Hauser oder Die Trägheit des Herzens« (1908), »Der Fall Maurizius« (1928; verfilmt 1953 von J. Duvivier) wurden verboten.

Wassermann ↑Sternbilder (Übersicht), ↑Tierkreiszeichen (Übersicht).

Wassermann-Reaktion [nach dem dt. Mediziner August von Wassermann, *1866, † 1925], Abk. **WaR,** dem Nachweis einer bestehenden syphilit. Infektion dienende serolog. Reaktion zw. dem Patientenserum und einem Organextrakt mit Hilfe eines hämolyt. Systems als Indikator.

Wassermelone, Gatt. der Kürbisgewächse mit vier Arten, verbreitet im trop. und südl. Afrika sowie vom Mittelmeergebiet bis Indien; die wichtigsten Arten sind: *Echte Zitrulle* (Koloquinte) mit bis 10 cm dicken, grün bis gelblichweiß gezeichneten etwa orangegroßen, hartschaligen Früchten; die Wassermelone i. e. S. (Arbuse, Dschamma) wird in allen wärmeren Ländern angebaut; Früchte mit dunkelgrüner, glatter Schale und hellrotem, säuerlich schmeckendem Fruchtfleisch, das bis zu 93 % Wasser enthält.

Wasserläufer 2).
Oben: Teichläufer ♦
Unten: Wasserschneider

Wasserschlange

Wasserspeier
(am Freiburger Münster)

Wasserschlange, dt. Name für die Sternbilder Hydra *(Weibl.* oder *Nördl. W.)* und Hydrus *(Männl.* oder *Südl. Wasserschlange).* ↑Sternbilder (Übersicht).
Wasserschlauch (Wasserhelm), Gatt. der *Wasserschlauchgewächse* (Lentibulariaceae) mit rd. 250 v. a. in den Tropen verbreiteten Arten; sowohl Wasser- als auch Landpflanzen oder Epiphyten; Wasserblätter bzw. (bei landbewohnenden Arten) Seitensprosse mit Blasen zum Fang von Insekten oder Kleinkrebsen.
Wasserschnecke (Wasserschraube), svw. ↑ägyptische Schraube.
Wasserschöpfrad ↑Noria.
Wasserskisport, Sportart, bei der man auf Skiern im Schlepp eines Motorbootes über das Wasser gleitet.
Wasserspeier (Abtraufe), Rohr, das das Regenwasser eines Daches von den Mauern ablenkt. Bereits am griech. Tempel künstlerisch gestaltet (Löwenköpfe), v. a. jedoch in der Gotik (Menschen, Tiere, Fabelwesen) mit symbol. Schutzfunktion gegen Dämonen.
Wasserspinne (Silberspinne), 1–1,5 cm lange, braune Trichterspinne, v. a. in sauerstoffreichen Süßgewässern Europas, N- und Z-Asiens; lebt unter dem Wasserspiegel in einer mit Luft gefüllten Gespinstglocke.
Wasserstoff, chem. Symbol **H** (von lat. »hydrogenium«), gasförmiges, der I. Hauptgruppe des Periodensystems der chem. Elemente zugeordnetes Element; Ordnungszahl 1; mittlere relative Atommasse 1,0079; Dichte (bei 0 °C) $0{,}08988 \cdot 10^{-3}$ g/cm^3; Schmelztemperatur $-259{,}14\,°C$; Siedetemperatur $-252{,}87\,°C$. Vom W. sind drei Isotope bekannt: H 1 *(Protium;* Anteil am natürlich vorkommenden W. 99,985 %), H 2 *(schwerer W., Deuterium,* D; Anteil am natürl. W. 0,015 %) und das radioaktive H 3 *(überschwerer W., Tritium,* T; Anteil am natürl. W. 10^{-15} %). W. ist ein farb- und geruchloses Gas und das leichteste aller Elemente. Er kommt normalerweise in Form zweiatomiger Moleküle (als H$_2$) vor, kann aber kurzzeitig atomar (als sehr reaktionsfähiger, sog. *naszierender W.* oder *W. in statu nascendi)* beim Freisetzen aus W.verbindungen auftreten. W. reagiert nur mit Fluor schon bei tiefen Temperaturen explosionsartig; mit Chlor und Sauerstoff bildet er explosive Gemische (Knallgas). Mit anderen Elementen reagiert W. erst bei höheren Temperaturen und/oder in Gegenwart von Katalysatoren. Technisch wird W. durch therm. Zersetzung von Wasserdampf mit Kohle, Koks, Erdöl oder Erdgas, durch therm. Zersetzung (Kracken) von Kohlenwasserstoffen oder durch Elektrolyse von Wasser gewonnen und kommt in roten Stahlflaschen in den Handel. W. wird v. a. zur Synthese von Ammoniak, Chlorwasserstoff, Methanol und Aldehyden, zum Hydrieren von Erdölkrackprodukten und zur Fetthärtung verwendet. Im Gemisch mit Sauerstoff dient W. zum Schweißen von Metallen. Flüssiger W. wird u. a. als Kühlmittel für Generatoren und Kältemaschinen sowie als Raketentreibstoff und in der Elementarteilchenphysik in Blasenkammern verwendet. – Die *Wasserstofftechnologie* beschäftigt sich mit allen Verfahren zur Herstellung und Nutzung des W. als Sekundärenergieträger, z. B. mit der Elektrolyse von Wasser mittels Strom aus Solarzellen oder Sonnenöfen, mit der Speicherung des W. als Metallhydrid und mit der Nutzung als Treibstoff durch Verbrennung mit Sauerstoff.
Wasserstoffbombe (H-Bombe) ↑ABC-Waffen (Atomwaffen).
Wasserstoffbrückenbindung (Wasserstoffbrücke), schwache chem. Bindung zw. einem an elektronegative Atome gebundenen Wasserstoffatom und einem weiteren elektronegativen Atom; z. B. in der DNS und in Proteinen.
Wasserstoffelektrode, eine Elektrode, die aus Platinmohr, der auf ein Platinblech aufgetragen ist, besteht und in einer Wasserstoffionenlösung von reinem, gasförmigem Wasserstoff umspült wird. Zw. den vom Platinmohr absorbierten Wasserstoffatomen und den in der Lösung befindl. Wasserstoffionen bildet sich eine Potentialdifferenz bzw. Spannung aus, die durch das Gleichgewicht $H_2 \rightleftarrows 2H^+ + 2e^-$ bestimmt wird. Eine Lösung mit einem Wasserstoffgasdruck von 1,013 bar und der Wasserstoffionenaktivität 1 liefert eine *Normal-W. (Standard-W.).* Das Potential dieser Elektrode wird als *Normalpotential (Standardpotential)* bezeichnet und vereinbarungsgemäß mit dem Wert Null festgesetzt. Diese Normal-W. dient als

Wasserversorgung

Bezugselektrode für die Messung der Normalpotentiale der übrigen Elemente, die die Aufstellung der elektrochem. Spannungsreihe der Elemente ermöglichen.

Wasserstoffionenkonzentration, der Gehalt einer Lösung an Wasserstoffionen, H⁺ (bzw. Hydroniumionen, H_3O^+), der für den ↑pH-Wert der Lösung verantwortlich ist.

Wasserstoffperoxid (früher Wasserstoffsuperoxid), H_2O_2, farblose, in wäßriger Lösung sauer reagierende Flüssigkeit (Dichte bei 0°C 1,47 g/cm³; Schmelztemperatur −0,41°C; Siedetemperatur 150°C); starkes Oxidationsmittel; auch Bleich- und Desinfektionsmittel.

Wasserstoffspektrum, die Gesamtheit der Spektrallinien aus dem Linienspektrum des Wasserstoffatoms und dem Bandenspektrum des Wasserstoffmoleküls.

Wasserstoffsuperoxid, veraltet für ↑Wasserstoffperoxid.

Wasserstofftechnologie ↑Wasserstoff.

Wassersucht (Hydrops), krankhafte Ansammlung von Flüssigkeit im Gewebe und in Körperhöhlen; verursacht durch verschiedene Erkrankungen, z.B. Herz- oder Niereninsuffizienz.

Wasserturbine, die die potentielle und kinet. Energie des Wassers ausnutzende Strömungskraftmaschine, bes. zum Antrieb von Generatoren. Die W. besteht aus einer Leitvorrichtung und einem Laufrad. Die Leitvorrichtung besteht meist aus (z. T. verstellbaren) Schaufeln, die so angeordnet sind, daß die Energie des Wassers weitgehend in Drehbewegung umgewandelt wird. W. werden unterteilt: 1. nach der Art der Beaufschlagung des Laufrades *(Axial-, Radial-, Tangentialturbinen);* 2. nach dem Grad der Beaufschlagung des Laufrades *(vollbeaufschlagte Turbinen, teilbeaufschlagte Turbinen);* 3. nach der Bauart (z. B. *Francis-Turbine, Kaplan-Turbine).*

Wasseruhr, svw. ↑Wasserzähler.

Wasserverdrängung (Deplacement) ↑Schiff (Schiffsvermessung).

Wasserversorgung, Sammel-Bez. für alle Maßnahmen und Einrichtungen, die der Versorgung von Bevölkerung und Ind. mit Wasser dienen. – Der tägl. Wasserverbrauch je Einwohner beträgt in der BR Deutschland etwa 200–300 l, wobei auf das in Haushaltungen verbrauchte Wasser 70–100 l pro Person entfallen.

Wasserfassung: Für die W. kann Regen-, Oberflächen-, Grund- und Meerwasser herangezogen werden. Wegen der Verschmutzung der Flüsse kann *Flußwasser* sowie das *Wasser von Seen* direkt oft nur als Brauchwasser (für gewerbl. und industrielle Zwecke) verwendet werden. Nach verschiedenen Verfahren der Meerwasserentsalzung kann Trinkwasser auch aus *Meerwasser* gewonnen werden.

Wasseraufbereitung: Gefaßtes Rohwasser, das nicht den Anforderungen für Trinkwasser genügt, muß in einer *Wasseraufbereitungsanlage* aufbereitet werden. Das Abtrennen ungelöster Schwebstoffe einschließlich der daran haftenden Bakterien erfolgt im Absetzbecken und in Filtern. Das vorgeklärte Wasser durchläuft einen Sandfilter, wobei restl. Schwebstoffe zurückgehalten werden. Enthält das Wasser mehr als 0,1 mg Eisen oder mehr als 0,05 mg Mangan je

Wasserversorgung. Schematische Darstellung einer kombinierten Versorgung mit Trinkwasser und Brauchwasser aus einem Fluß und aus dem Grundwasser

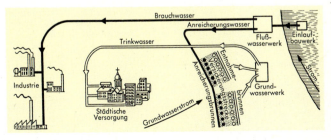

Wasserwaage

James Dewey Watson

James Watt

Liter, so muß es einer *Enteisenung* bzw. *Entmanganung* unterzogen werden. Die ↑Härte kann (bes. für industrielle Zwecke) mit Ionenaustauschern vermindert werden *(Enthärtung)*. Die *Entkeimung* des Wassers kann durch Abkochen, Filtern, durch Ozonisierung und durch Chloren erfolgen.

Anlagen der Wasserleitung: Das aufbereitete Wasser wird meist in *Hochbehältern* (z. B. *Wassertürmen*) gespeichert. Sie sorgen u. a. für konstanten Wasserdruck in den Leitungen. Das *Wasserversorgungsnetz* verteilt das vom *Wasserwerk* geförderte Wasser an die einzelnen Verbraucher. – In bes. dicht besiedelten Gebieten ist es zuweilen erforderlich, Wasser mit Hilfe umfangreicher Leitungs-, Pump-, Speicher- und Drucksteigerungsanlagen aus weit entfernten natürl. Wasserreservoiren heranzuschaffen *(Fernwasserversorgung)*. Ein Beispiel hierfür ist die Fern-W. des Großraums Stuttgart und weiter Teile Baden-Württembergs durch die Bodensee-W., die rd. 2,5 Mio. Einwohner mit Trinkwasser versorgt.

Wasserwaage (Setzwaage, Richtwaage), Instrument bzw. Handwerkzeug zur Prüfung der waagrechten, senkrechten oder geneigten Lage ebener Flächen. Der W.körper aus Holz oder Aluminium enthält meist zwei tonnenförmige ↑Libellen, eingegossen in Acrylglas.

Wasserwanzen (Hydrocorisae), mit über 1 000 Arten in stehenden und fließenden Süßgewässern weltweit verbreitete Unterordnung der Wanzen; wenige Millimeter bis 10 cm lange Insekten, meist mit Schwimmbeinen.

Wasserwerfer, im Polizeieinsatz zum Zerstreuen von Menschenansammlungen verwendete, meist auf gepanzerten Fahrzeugen installierte Vorrichtung zum Ausbringen eines gezielten, scharfen Wasserstrahls (evtl. mit Farb- und Tränenreizstoffen) aus mitgeführten Vorratsbehältern.

Wasserzähler (Wasseruhr, Wassermesser), Gerät zur Ermittlung der durch eine Rohrleitung fließenden Wassermenge. Übl. Bauarten sind der *Ringkolbenzähler, Flügelradzähler* und *Woltman-Zähler*.

Wasserzeichen, im Papier in der Durchsicht erscheinende Muster, die zur Charakterisierung bestimmter Papiersorten dienen, z. B. als Markenzeichen einer Papierfabrik, als Echtheitsnachweis u. a. für Banknoten, Wertpapiere und Briefmarken.

Wassilewski, Alexandr Michailowitsch [russ. vɐsɪˈljefskij], * Nowaja Golschika (Gebiet Kostroma) 30. 9. 1895, † Moskau 5. 12. 1977, sowjet. Offizier. Marschall (seit 1943); leitete als Chef des Generalstabs die Schlachten von Stalingrad (1942) und Kursk (1943); 1949–53 Kriegsminister.

Wassmo, Herbjørg, norweg. Schriftstellerin, * Myre (Vesterålinseln) 6. 12. 1942. Lehrerin; schrieb u. a. »Das Haus mit der blinden Glasveranda« (R., 1981), »Der stumme Raum« (R., 1983), »Gefühlloser Himmel« (R., 1986), »Das Buch Dina« (R., 1989).

Wästberg, Per [schwed. ˈvɛstbærj], * Stockholm 20. 11. 1933, schwed. Schriftsteller. 1979–86 Präs. des Internat. PEN; schreibt v. a. sozialkritische Romane (»Gelöste Liebe«, 1969; »Erdenmond«, 1972); auch engagierter Hg. afrikan. Literatur.

Waterford [engl. ˈwɔːtəfəd], ir. Hafenstadt am Zusammenfluß von Barrow und Suir in den Waterford Harbour, 41 100 E. Kathedralen Holy Trinity (vollendet 1796) und Christ Church (1779, 1891 verändert), City Hall (1788). – 914 von Wikingern erobert, die W. zu einer ihrer wichtigsten Städte in Irland machten; 1172 von Anglonormannen erobert; Stadtrecht 1206.

Watergate-Affäre [engl. ˈwɔːtəɡeɪt...], polit. Skandal in den USA. Ein Einbruch im demokrat. Wahlkampfhauptquartier in den Watergate-Appartements (Büro- und Hotelgebäudekomplex in Washington [D. C.]) im Sommer 1972 und die zw. den Einbrechern und dem Komitee für die Wiederwahl des republikan. Präs. Nixon bestehenden Verbindungen führten zu einer erhebl. Belastung engster Mitarbeiter des Präs. und schließlich Nixons selbst, so daß

Wasserwaage mit 45°-Libelle (links), waagrechter (Mitte) und senkrechter Libelle (rechts)

der Kongreß ein ↑Impeachment gegen Nixon vorbereitete, dem dieser durch seinen Rücktritt (Aug. 1974) zuvorkam. Sein Nachfolger G. R. Ford befreite Nixon (nicht die übrigen Beteiligten) von jeder Strafverfolgung.

Waterloo [niederl. 'wa:tərlo:], belg. Gem. 15 km südlich von Brüssel, 25 000 E. – Die Entscheidungsschlacht der Befreiungskriege am 18. 6. 1815 wurde von Wellington nach seinem Hauptquartier W. benannt, während Blücher die Bez. *Belle-Alliance* vorzog.

Watson [engl. wɔtsn], **1)** James Dewey, *Chicago 6. 4. 1928, amerikan. Biochemiker. Postulierte 1953 (zus. mit F. H. C. Crick) das später bestätigte Modell der Doppelhelix (↑DNS); erhielt (mit Crick und M. H. F. Wilkins) 1962 den Nobelpreis für Physiologie oder Medizin.
2) John Broadus, *Greenville (S. C.) 9. 1. 1878, † New York 25. 9. 1958, amerikan. Psychologe. Begründer des ↑Behaviorismus.

Watt, James [engl. wɔt], *Greenock bei Glasgow 19. 1. 1736, † Heathfield (heute zu Birmingham) 19. 8. 1819, brit. Ingenieur und Erfinder. Verbesserte 1765 die (atmosphär.) Dampfmaschine von T. Newcomen durch Einführung des vom Zylinder getrennten Kondensators. 1782–84 konstruierte er eine doppeltwirkende Dampfmaschine.

Watt, 1) *Geographie:* an flachen Gezeitenküsten vom Meer täglich zweimal überfluteter und wieder trockenfallender Meeresboden, wobei Sand und Schlick abgelagert wird; reiche Tierwelt. Zum Schutz des Wattenmeeres vor der dt. Nordseeküste wurden 1985 der Nationalpark Schleswig-Holsteinisches Wattenmeer, 1986 der Nationalpark Niedersächsisches Wattenmeer und 1990 der Nationalpark Hamburgisches Wattenmeer eingerichtet.
2) *Physik:* [nach J. Watt] Einheitenzeichen **W**, SI-Einheit der Leistung. $1\,W = 1\,J/s = 1\,Nm/s$. Dezimale Vielfache sind das *Kilowatt* (kW), das *Megawatt* (MW) und das *Gigawatt* (GW): $1\,kW = 1\,000\,W$, $1\,MW = 1\,000\,kW$, $1\,GW = 1\,000\,MW$.

Watteau, Jean Antoine [frz. va'to], *Valenciennes 10. 10. 1684, † Nogent-sur-Marne 18. 7. 1721, frz. Maler. Autodidakt; geschult an der niederl. Malerei

Watteau

Watt. Kothaufen der im Schlick lebenden Köderwürmer; Kieselalgen verursachen die braungrüne Färbung des Wassers

des 17. Jh.; begründete in der Genremalerei den galanten Stil *(fêtes galantes),* u. a. »Aufbruch von Kythera« (mehrere Fassungen, u. a. 1709/10, Frankfurt am Main, Städelsches Kunstinstitut; 1717, Paris, Louvre; um 1720, Berlin, Schloß Charlottenburg), damit Wegbereiter des Rokoko. – *Weitere Werke:* Gilles (1718, Paris, Louvre), Das Ladenschild des Kunsthändlers Gersaint (1720, Berlin, Schloß Charlottenburg). – Abb. S. 3770.

Jean Antoine Watteau. Die Tonleiter der Liebe (1717 – 19; London, National Gallery)

Wattenscheid

Jean Antoine Watteau. Aufbruch von Kythera (1717; Paris, Louvre)

Wattenscheid ↑Bochum.
Wattsekunde [nach J. Watt], Einheitenzeichen **Ws**, SI-Einheit der Energie bzw. Arbeit: 1 Ws = 1 J = 1 Nm. 1 Wh *(Wattstunde)* = 3 600 Ws = 3 600 J.
Wat Tyler ↑Tyler, Wat.
Watvögel (Regenpfeiferartige, Charadrii, Limikolen), mit rd. 200 Arten weltweit verbreitete Unterordnung meist ziemlich hochbeiniger Vögel, die in flachen Süß- und Salzgewässern waten bzw. in Sümpfen, Mooren oder in feuchten Landschaften leben.
Watzmann, Gebirgsstock der westlichen Salzburgisch-Oberösterreichischen Kalkalpen, Bayern, bis 2713 m hoch (Mittelspitze).
Waugh, Evelyn [engl. wɔː], *London 28. 10. 1903, † Taunton bei Bristol 10. 4. 1966, engl. Schriftsteller. Vertritt mit seinem Erzählwerk (v. a. Romane), das Genre der (absurden) Gesellschaftssatire, u. a. »... aber das Fleisch ist schwach« (1930), »Wiedersehen mit Brideshead« (1945), »Tod in Hollywood« (1948), »Gilbert Pinfolds Höllenfahrt« (1957).
Wayang [indones.] (Wajang), seit dem 8. Jh. n. Chr. auf Java und später auch auf Bali bekanntes, vom ↑Gamelan begleitetes Schattenspiel, das meist Themen aus ind. Epen (↑Ramayana, ↑Mahabharata) darstellt.
Wayne, John [engl. weɪn], eigtl. Marion Michael Morrison, *Winterset (Iowa) 26. 5. 1907, †Los Angeles 11. 6. 1979, amerikan. Filmschauspieler. V. a. erfolgreich als Westernheld, u. a. »Ringo« (1939, früherer Verleihtitel: »Höllenfahrt nach Santa Fé/Ringo«), »Red River« (1948), »Rio Bravo« (1959), »Alamo« (1960), »El Dorado« (1967), »Der Marshal« (1971).
WC, Abk. für engl. **w**ater**c**loset (↑Toilette).
Weaver, Sigourney [engl. ˈwiːvə], *New York 8. 10. 1949, amerikan. Filmschauspielerin. Spielte u. a. in »Alien – Das unheimliche Wesen aus einer fremden Welt« (1979), »Ghostbusters« (1984), »Gorillas im Nebel« (1988).
Webb, Sidney James, Lord Passfield of Passfield Corner (seit 1929), *London 13. 7. 1859, † Liphook (Hampshire) 13. 10. 1947, brit. Sozialpolitiker. Mitbegründer und bedeutendster Theoretiker der ↑Fabian Society; beschäftigte sich zus. mit seiner Frau Beatrice (geb. Potter, *1858, † 1943) mit Fragen der Sozialreform und der Gewerkschaftsbewegung; sie gründeten die London School of Economics sowie die Zeitschrift »New Statesman«.
Weben (Abweben), Herstellung textiler Flächengebilde durch rechtwinkelige Verkreuzung zweier Fadensysteme (Kett- und Schußfäden) nach den Regeln der Bindungslehre ↑Bindung auf dem ↑Webstuhl.

John Wayne

Weber

Weber, 1) Alfred, *Erfurt 30. 7. 1868, † Heidelberg 2. 5. 1958, dt. Nationalökonom und Soziologe. Bruder von Max W.; zahlr. Arbeiten zur Wirtschaftstheorie, Sozialpolitik, polit. Soziologie und Kultursoziologie; begründete die industrielle Standortlehre.

2) A[ndreas] Paul, *Arnstadt 1. 11. 1893, † Schretstaken bei Lauenburg 9. 11. 1980, dt. Zeichner. Zeitkrit. Satiren in allegor.-symbol. Verschlüsselungen. – Abb. S. 3772.

3) Carl Maria von, *Eutin 18. oder 19. 11. 1786, † London 5. 6. 1826, dt. Komponist. Zu seinen Lehrern gehörten M. Haydn und G. J. Vogler; ab 1813 Operndirektor in Prag, ab 1817 in Dresden. »Der Freischütz« (1821) wurde zum Inbegriff der romant. dt. Oper; seine anderen Opern (u. a. »Abu Hassan«, 1811; »Preziosa«, 1821; »Euryanthe«, 1823; »Oberon«, 1826) setzten sich kaum durch. In Thematik, Inszenierung und Klangfülle seines Werkes (u. a. Konzertstück f-moll; Klaviermusik, u. a. »Aufforderung zum Tanz«, 1819; auch Vokalmusik) wegweisend u. a. für R. Wagner.

4) Helene, *Elberfeld (heute zu Wuppertal) 17. 3. 1881, † Bonn 25. 7. 1962, dt. Frauenrechtlerin. 1919/20 Mgl. der Weimarer Nationalversammlung (Zentrum), 1921–24 MdL in Preußen, 1924 bis 1933 MdR; 1948/49 Mgl. des Parlamentarischen Rates und ab 1949 MdB (CDU); ab 1952 Vorsitzender des Kuratoriums des Dt. Mütter-Genesungswerks.

5) Max, *Erfurt 21. 4. 1864, † München 14. 6. 1920, dt. Sozialökonom, Wirtschaftshistoriker und Soziologe. Prof. in Berlin, Freiburg/B., Heidelberg, Wien und München; Gründungs-Mgl. der Dt. Gesellschaft für Soziologie und der Dt. Demokrat. Partei; 1919 Mitarbeit an der Reichsverfassung. Im Mittelpunkt seines wiss. Werkes stehen Studien zum Verhältnis von Religion, Wirtschaft und Gesellschaft (»Die prot. Ethik und der Geist des Kapitalismus«, 1904/05; »Gesammelte Aufsätze zur Religionssoziologie«, 1920/21; »Wirtschaft und Gesellschaft«, hg. 1921, darin u. a. die klassifikator. Einteilung in rationale, traditionale und charismat. Herrschaft sowie Studien zur Frühgeschichte der Stadt). In seiner Arbeit über »Die ‚Objectivität' sozialwiss. und sozialpolit. Erkenntnis« (1904) plädiert W. für eine Trennung von polit.-prakt. Handeln und soziolog. Erkenntnis (Wertfreiheit der Wiss.).

6) Wilhelm, *Wittenberg 24. 10. 1804, † Göttingen 23. 6. 1891, dt. Physiker; Hauptarbeitsgebiet Elektromagnetismus. Zus. mit R. Kohlrausch bestimmte W. 1856 die Lichtgeschwindigkeit aus elektr. Messungen.

Carl Maria von Weber (Ausschnitt aus einem Gemälde von Caroline Bardua)

Max Weber

Watzmann (Blick von Norden). Im Vordergrund die nördlich von Berchtesgaden gelegene Wallfahrtskirche Maria-Gern

Weberaufstand

A. Paul Weber. Das Bildungspflänzchen, Lithographie (undatiert)

Weberknechte. Phalangium opilio (Körperlänge 4–5 mm)

Anton Webern

Weberaufstand, Hungerrevolte der schles. Weber in Peterswaldau und Langenbielau (4.–6. 6. 1844). 3000 Aufständische zerstörten Maschinen und Bücher der Fabrikanten und Verleger. Der W., die erste proletar. Erhebung in Deutschland mit überregionaler Bedeutung, wurde von preuß. Truppen blutig niedergeschlagen. Dramat. Bearbeitung u. a. durch G. Hauptmann (»Die Weber«, 1892).

Weberknechte (Kanker, Afterspinnen, Opiliones), mit über 3000 Arten (einheimisch rd. 35 Arten) weltweit verbreitete Ordnung bis über 2 cm langer, landbewohnender Spinnentiere mit z. T. extrem (bis 16 cm) langen Beinen (brechen leicht an einer vorgebildeten Stelle ab und lenken dann durch Eigenbewegungen einen Angreifer ab); Spinn- und Giftdrüsen fehlen; fressen Pflanzenstoffe und kleine Wirbellose.

Webern, Anton (von), *Wien 3. 12. 1883, † Mittersill 15. 9. 1945, österr. Komponist und Dirigent. Schüler von A. Schönberg; als Dirigent v. a. Engagement für G. Mahler und Schönberg. Seine Werke bewegen sich von der freien Atonalität (1907/08–1914; u. a. George-Lieder op. 3 und op. 4, 1907 bis 1909; Orchesterwerke op. 6 und op. 10, 1909–13) über die reihengebundene Atonalität (u. a. 4 Lieder mit Orchester op. 13, 1914–18; 2 Lieder für Chor und fünf Instrumente op. 19, 1926) zur Reihentechnik (1927–43; u. a. Streichtrio op. 20, 1927; »Das Augenlicht« für Chor und Instrumente op. 26, 1935; Klaviervariationen op. 27, 1936; 2. Kantate op. 31, 1941/43). Bei W. ist die Reihe (↑Zwölftontechnik) nicht nur Basis für Themen- und Motivbildung, sondern bestimmt die Anlage des ganzen Werkes (z. B. in der Sinfonie op. 21, 1928, mit einer spiegelförmigen und damit krebsgleichen Reihe).

Webervögel (Ploceidae), Fam. etwa 10–20 cm langer (mit den Schmuckfedern des Schwanzes oft bis fast 70 cm messender) Singvögel mit rd. 150 Arten in Steppen und Savannen Afrikas und S-Asiens, z. T. weltweit verbreitet; bauen oft kunstvoll gewebte Beutel- oder Kugelnester aus feinen Pflanzenfasern mit langer, abwärts gerichteter Einflugsröhre. – Zu den W. gehören u. a. Sperlinge, Witwen und die *Eigtl. Weber* mit rd. 70 Arten, darunter u. a. der über 15 cm lange *Textorweber;* z. T. Stubenvögel.

Webkante (Warenkante, Webrand, Leiste), die beim Weben an beiden Seiten eines Gewebes entstehende Begrenzung.

Webschützen (Schützen, [Web]schiffchen), Vorrichtung, die beim ↑Weben durch das Fach geführt wird und dabei den Schußfaden einträgt.

Webster, Noah [engl. 'websta], *West Hartford (Conn.) 16. 10. 1758, † New Haven (Conn.) 28. 5. 1843, amerikan. Publizist und Lexikograph. Ließ 1828 »An American dictionary of the English language« erscheinen, das laufend neu bearbeitet wird.

Webstuhl, von Hand (Hand-W.) oder elektrisch angetriebene Maschine (Maschinen-W., Webmaschine) zur Herstellung von Stoffen durch ↑Weben. Der W. besteht aus einem *Gestell,* in dem die sog. *Schäfte* hängen; diese werden nach oben und unten bewegt und führen die vom *Kettbaum* über den *Streichbaum* und die *Teilstäbe* (Kreuzschienen) kommenden Kettfäden bei der Fachbildung nach oben bzw. unten. Durch den von der *Lade* geführten *Webschützen,* der durch einen Schlagstock *(Picker)* bewegt wird, erfolgt das Eintragen des Schußfadens in das von den Kettfäden gebildete Fach. Durch das an der Lade befestigte *Webeblatt* wird der Schußfaden an das bereits gewobene Gewebe angedrückt, das dann über den *Brustbaum* umgelenkt, durch den *Zugbaum* abgezogen und auf dem *Warenbaum* aufgewickelt wird. Für die Steuerung der Fachbildung dienen Schaft- und Jacquardmaschinen.

Wechsel, schuldrechtl. Wertpapier, das eine schriftl., unbedingte, jedoch befristete Zahlungsverpflichtung in gesetzl. vorgeschriebener Form enthält. Ursprünglich nur als Zahlungsmittel gedacht, ist der W. heute v. a. ein Instrument des Kreditverkehrs zur kurzfristigen Finanzierung des Warenhandels. Die Zahlungsverpflichtung ist unabhängig von dem Grund, aus dem die Schuld entstanden ist. Der W.aussteller kann sich selbst zur Zahlung verpflichten *(Eigen-W., Sola-W.)* oder einen anderen damit beauftragen *(gezogener W., Tratte)*. Das W.recht ist im W.gesetz vom 21. 6. 1933 geregelt.

Wechselbäder, kurzfristig wechselnde Anwendung kalter und warmer Teilbäder (z. B. Wechselfußbad), v. a. zur Förderung der peripheren Blutzirkulation.

Wechselbalg, im Volksglauben ein häßliches, mißgestaltetes Kind, das von bösen Menschen oder Geistern einer Wöchnerin anstelle ihres eigenen Kindes untergeschoben worden ist.

Wechselbürgschaft ↑Aval.

Wechselfieber, svw. ↑Malaria.

Wechseljahre (Klimakterium), die Zeitspanne, in der bei der Frau die Eierstöcke allmählich die Produktion reifer Eizellen einstellen; in diesen Lebensabschnitt, der meist zw. dem 45. und 55. Lebensjahr, selten auch später oder früher liegt, fällt auch das Auftreten der letzten Periodenblutung *(Menopause)*. Ursache eventuell auftretender klimakterischer Beschwerden ist v. a. die physiolog. Abnahme der Östrogene. Die Wechseljahre des Mannes *(Klimakterium virile)* zeigen eine dem Klimakterium der Frau ähnliche Symtomatik u. a. mit depressiven Verstimmungen, Nachlassen der Leistungsfähigkeit, Libido- u. Potenzschwäche. Ursache der durchschnittl. mit dem 45. Lebensjahr beginnenden Wechseljahre ist u. a. der Rückgang der Testosteronproduktion.

Wechselkröte ↑Bufo.

Wechselkurs (Devisenkurs), Preis einer Währung, ausgedrückt in einer anderen Währung. Zu unterscheiden ist zw. einem System fester, stufenflexibel fester und flexibler Wechselkurse. Bei *festen W.* bestehen bestimmte Paritäten zw. den Währungen, die entweder von den Regierungen festgesetzt werden oder – wie beim früheren Goldstandard üblich – sich automatisch durch die Festlegung von *Goldparitäten* (der Wert der Währung war in Gramm Feingold je Währungseinheit definiert) für die einzelnen Währungen ergeben. In einem System *stufenflexibel fester W.* werden um einen festen Mittelkurs *Bandbreiten* festgelegt, innerhalb derer die Notenbank den W. durch Interventionen am Devisenmarkt (An- bzw. Verkäufe von Devisen) halten muß. Im System *flexibler W.* überläßt die Notenbank den W. dem freien Spiel zw. Angebot und Nachfrage am Devisenmarkt; der W. bildet sich täglich neu (↑Floating).

Wechselprotest, öffentl. Beurkundung, insbes. der Verweigerung der Annahme oder der Zahlung eines ↑Wechsels auf der Rückseite des Wechsels oder auf einem mit dem Wechsel verbundenen Blatt *(Protesturkunde);* muß inner-

Webstuhl. Handwebstuhl mit Jacquardmaschine für Seidenweberei (1832; London, Science Museum)

Wechselprozeß

halb der Zahlungsfrist bzw. vor dem Verfalltag erfolgen.

Wechselprozeß ↑Wechsel- und Scheckprozeß.

Wechselregreß (Wechselrückgriff), der [Rückgriffs]anspruch des Inhabers eines ↑Wechsels gegen sämtliche aus einer Wechselverbindlichkeit Verpflichtete, wenn der Wechsel am Verfalltag nicht bezahlt oder vom Bezogenen nicht angenommen worden ist. Der Wechsel setzt die rechtzeitige Benachrichtigung des Vormannes und des Ausstellers sowie einen gültigen ↑Wechselprotest voraus.

Wechselreiterei, Austausch von ↑Akzepten zw. finanzschwachen Partnern, ohne daß ein Grundgeschäft besteht. Die W. dient der Kreditschöpfung oder der Verdeckung der Zahlungsunfähigkeit. Einen *Reitwechsel* diskontieren zu lassen, erfüllt i. d. R. den Tatbestand des Betrugs.

Wechselrichter, heute meist elektron., häufig mit Thyristoren arbeitende Geräte zur Umwandlung von Gleichspannungen in Wechselspannungen.

Wechselspannung, Schaltzeichen ~, eine elektr. Spannung, deren Stärke (und Vorzeichen) sich (im Ggs. zur Gleichspannung) periodisch mit der Zeit ändert. In der Technik werden sinusförmige W. verwendet; Frequenz meist 50 Hz.

wechselständig ↑Laubblatt.

Wechselsteuer, Verkehrsteuer auf im Inland umlaufende Wechsel.

Wechselstrom, Schaltzeichen ~, elektr. Strom, dessen Stärke und Richtung sich periodisch mit der Zeit ändern. In der Technik werden meist sinusförmige W. verwendet; für ihren zeitl. Verlauf gilt: $I(t) = I_0 \sin \omega t$ ($I(t)$ Momentanwert zum Zeitpunkt t, I_0 Scheitelstromstärke, $\omega = 2\pi\nu = 2\pi/T$ mit Kreisfrequenz ω, Frequenz ν des W. und Periodendauer T). Entsprechend der Wechselspannung gilt für den Effektivwert I_{eff} des W.: $I_{\text{eff}} = I_0/\sqrt{2} \approx 0{,}707 \cdot I_0$. Wechselströme entstehen primär durch Induktion im elektr. Generator; ihre Frequenz ist meist 50 Hz (Netzfrequenz). Durch Verkettung dreier, um je 120° phasenverschobener W. entsteht ein Drehstrom.

Wechselstrommaschinen, elektr. Maschinen, die Wechsel- bzw. Drehstrom erzeugen *(Generatoren)* oder verbrauchen *(Elektromotoren)*. Im Prinzip können alle W. als Generator oder als Motor arbeiten. Sie bestehen aus einem feststehenden Teil, dem *Ständer (Stator)*, und einem rotierenden Teil, dem *Läufer (Rotor)*, meist innerhalb des Ständers. Diese durch einen Luftspalt voneinander getrennten Teile tragen Wicklungen. In der jeweils auf dem anderen Maschinenteil befindl. Ankerwicklung induziert das Hauptfeld eine Spannung, so daß bei Generatorbetrieb Wechsel- bzw. Drehstrom ins Netz geliefert, bei Motorbetrieb Strom aufgenommen wird, der den Läufer in Drehung versetzt. Die gebräuchlichsten Wechselstromgeneratoren sind *Synchrongeneratoren:* eine gleichstromerregte Polradwicklung (Stromzuführung über Schleifringe) rotiert an einer feststehenden, stromliefernden Ständerwicklung vorbei. Ordnet man drei um 120° versetzte Ständerspulen an, wird Drehstrom erzeugt *(Drehstromgenerator)*. Der Drehstromsynchronmotor ist wie der Synchrongenerator aufgebaut. Bei sehr kleinen Leistungen dient er zum Antrieb z. B. von Uhren und Plattenspielern. Der *Asynchronmotor (Induktionsmotor)* hat die gleiche drehfelderzeugende Ständerwicklung wie der Synchronmotor. Das Drehfeld (Drehzahl n_1) induziert in die Läuferwicklung Spannungen, die Kraftwirkung der daraus resultierenden Ströme treibt den

Wechselstrom. Zeitlicher Verlauf von Wechselstrom, Wechselspannung und resultierender elektrischer Leistung in einem Wechselstromkreis mit in Serie geschalteten ohmschen, induktiven und kapazitiven Widerständen; φ Phasenverschiebung zwischen Wechselstrom und Wechselspannung, ω Kreisfrequenz, T Periodendauer

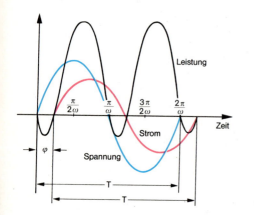

Läufer bis zur Drehzahl n_2 an, die unter der Drehzahl des Ständerfeldes liegt, da bei gleicher Drehzahl keine Spannung mehr in den Läufer induziert wird. Das Verhältnis n_2/n_1 heißt *Schlupf.* Der *Käfigläufermotor* hat eine direkt kurzgeschlossene käfigartige Läuferwicklung und ist wegen seiner Einfachheit und Betriebssicherheit weit verbreitet.

Wechsel- und Scheckprozeß, durch kürzere Fristen und Beschränkung der Beweismittel beschleunigtes Verfahren des Urkundenprozesses zur schnellen Durchsetzung der Wechsel- (Wechselprozeß) und Scheckansprüche (Scheckprozeß).

Wechselwarme ↑Kaltblüter.

Wechselwirkung, die gegenseitige Beeinflussung zweier oder mehrerer Objekte oder Größen. In der *Physik:* elektromagnet. W., schwache W. und starke W. sowie die Gravitations-W. Eine alle W. vereinigende Theorie existiert noch nicht.

Wechselwirkungsgesetz ↑Newtonsche Axiome.

Weckamine (Weckmittel), stimulierende Kreislaufmittel mit stark erregender Wirkung auf das Zentralnervensystem (Psychoanaleptika), die chem. dem Adrenalin nahestehen; z. B. Amphetamin (Benzedrin ®). Mißbrauch der W. führt zu psych. und körperl. Abhängigkeit.

Wecker, Konstantin (eigtl. K. Amadeus), *München 1. 6. 1947, dt. Liedermacher (Klavier, Gesang). Erfolgreicher Vertreter nonkonformist. Songs, Chansons und Balladen.

Weckherlin, Georg Rudolf [...li:n], *Stuttgart 15. 9. 1584, † London 13. 2. 1653, dt. Lyriker. Früher Vertreter des literar. Barock (»Oden und Gesänge«, 1618/19; »Geistl. und weltl. Gedichte«, 1641).

Weckmann, 1) Matthias, *Niederdorla bei Mühlhausen 1621, † Hamburg 24. 2. 1674, dt. Komponist und Organist. Ab 1655 an Sankt Jacobi in Hamburg. Komponierte u. a. Orgelchoräle, Tokkaten, Kantaten.

2) Niklaus d. Ä., nachweisbar in Ulmer Steuerbüchern 1481–1526, dt. Bildhauer. Unterhielt in Ulm eine der letzten spätgot. Schnitzerwerkstätten (Aufträge u. a. für J. Syrlin d. J.); Zusammenarbeit u. a. mit B. Zeitblom, Hans Schüchlin (*1430, † 1505) und seinem Stiefsohn und Nachfolger Niklaus W. d. J. (*um 1475). – *Werke:* Talheimer Altar (vor 1519; Stuttgart, Württemberg. Landesmuseum).

Weda ↑Veda.

Wedda, die Urbevölkerung Ceylons; gehören ethnologisch zu den Weddiden; heute stark mit den Singhalesen (deren Sprache sie übernommen haben), z. T. auch mit den Tamilen vermischt.

Weddellmeer [engl. wedl...], Randmeer des Atlantiks, zw. der Antarkt. Halbinsel und Coatsland, ben. nach dem brit. Seefahrer James Weddell (*1787, † 1834).

Wedekind, Frank, *Hannover 24. 7. 1864, † München 9. 3. 1918, dt. Schriftsteller. Mitarbeiter des »Simplicissimus«; 1899/1900 Festungshaft wegen Majestätsbeleidigung; u. a. 1901 Rezitator in Kabaretts; 1905–08 Mgl. des Dt. Theaters in Berlin; Kritik an der lebensfeindl. bürgerl. Moral; von bed. Einfluß auf das dt. (v. a. expressionist.) Drama des 20. Jh.; u. a. »Frühlings Erwachen« (1891), »Der Erdgeist« (1895), »Der Marquis von Keith« (UA 1901), »Die Büchse der Pandora« (1904; mit »Der Erdgeist« 1914 zusammengefaßt u. d. T. »Lulu«; danach Oper von A. Berg), »Totentanz« (1906), »Die Zensur« (1909); auch Lyrik (»Die vier Jahreszeiten«, 1905) und Erzählungen.

Frank Wedekind

Wedel (Holstein), Stadt an der Unterelbe, Schlesw.-Holst., 30 900 E. U. a. Erdölraffinerie; Jachthafen.

Wedgwood, Josiah [engl. ˈwedʒwʊd], ≈ Burslem bei Stoke-on-Trent 12. 7. 1730, † Etruria (heute zu Stoke-on-Trent) 3. 1. 1795, engl. Kunstkeramiker. Stellte die sog. Cream-Ware (Queen's Ware) her; als *W.steinzeug* eroberte sie den europ. Markt.

Wega [arab.], der hellste Stern (α) im Sternbild Lyra (Leier); Entfernung 8 pc = 26 Lichtjahre. W. gehört zu den drei Sternen des Sommerdreiecks. Ein durch den Infrarotsatelliten IRAS entdeckter Partikelring um den Stern W. wird als erster konkreter Hinweis auf ein fremdes Planetensystem (Alter etwa 1 Mrd. Jahre) gedeutet.

Wegameisen, Gatt. der Schuppenameisen mit mehreren einheim. Arten; Nester in Holz oder im Boden; ernäh-

Paul Wegener in der Titelrolle des unter eigener Regie gedrehten Stummfilms »Der Golem« (1920)

ren sich v. a. vom Honigtau der Blattläuse, die von den W. betreut werden; die 3–5 mm (♂) lange *Schwarzgraue W.* (Gartenameise) ist die häufigste Ameisenart in M-Europa.

Wegener, 1) Alfred, *Berlin 1. 11. 1880, † Grönland Ende Nov. 1930 (verschollen), dt. Geophysiker und Meteorologe. Entwickelte die Theorie der ↑Kontinentalverschiebung (veröffentlicht 1912); er arbeitete außerdem v. a. über die Thermodynamik der Atmosphäre und die Entwicklung geophysikal. Instrumente.

2) Paul, *Arnoldsdorf bei Wąbrzeźno (Woiwodschaft Toruń) 11. 12. 1874, † Berlin 13. 9. 1948, dt. Schauspieler und Filmregisseur. 1906–20 am Dt. Theater in Berlin unter M. Reinhardt; auch bed. Darsteller des (phantast.) Stummfilms, u. a. »Der Golem« (1914), »Alraune« (1927); später Schauspieler des nat.-soz. Films (u. a. »Kolberg«, 1945).

Wegerich, fast weltweit verbreitete Gatt. der *Wegerichgewächse (Plantaginaceae)* mit über 250 Arten; einheimisch sind u. a. der in Schuttunkrautgesellschaften vorkommende, ausdauernde *Große W.* (Breit-W.) und der 5–50 cm hohe *Spitz-W.* (in Fettwiesen und an Wegrändern).

Weglänge ([mittlere] freie W.), Begriff der kinet. Gastheorie und der Teilchenphysik. Unter W. versteht man diejenige Strecke, die ein Teilchen im Mittel zw. zwei aufeinanderfolgenden Zusammenstößen mit anderen Teilchen zurücklegt. In Luft unter Normalbedingungen beträgt die freie W. etwa 10^{-5} cm.

Wegmesser (Hodometer, Wegstreckenzähler), mit einem Zählwerk gekoppelte Vorrichtung zum Messen der Länge eines u. a. beim Gehen oder Fahren zurückgelegten Weges. Die Messung erfolgt meist durch Abrollen eines Rades von bekanntem Umfang und Registrieren der Anzahl der Umdrehungen. Beim *Schrittzähler (Pedometer)*, einem kleinen Gerät in Taschenuhrform, werden die Erschütterungen beim Gehen auf das Zählwerk übertragen.

Wegner, Armin T[heophil], Pseud. Johannes Selbdritt, *Elberfeld (heute zu Wuppertal) 16. 10. 1886, † Rom 17. 5. 1978, dt. Schriftsteller. Wegen seines Briefes an A. Hitler (»Ich beschwöre Sie, wahren sie die Würde des dt. Volkes«; 1933, gedr. 1968) 1933/34 im KZ; danach Emigration über London; schrieb v. a. Gedichte (u. a. »Die Straße mit den tausend Zielen«, 1924), auch Romane (»Das Geständnis«, 1922) und Hörspiele.

Wegschnecken (Arionidae), Fam. 2–15 cm langer Nacktschnecken mit sechs einheim. Arten, v. a. in Gärten und Wäldern; ernähren sich vorwiegend von Pflanzenblättern und Pilzen; u. a. die 10–13 cm lange *Schwarze W.* und die bis 15 cm lange *Rote Wegschnecke*.

Wegwarte (Zichorie), Gatt. der Korbblütler mit acht Arten in Europa und im Mittelmeergebiet. Bekannte Arten: die *Gemeine W.* (Kaffeezichorie), eine 30–130 cm hohe Staude. Sie wird in zwei Kulturvarietäten angebaut: als ↑Salatzichorie und als *Wurzelzichorie,* deren Wurzel geröstet als Kaffee-Ersatz verwendet wird. Eine Sorte der Wurzelzichorie ist der *Radicchio,* dessen rote Blätter roh als Salat gegessen werden. Eine einjährige Kulturpflanze ist die *Endivie* (Winterendivie) mit in der Jugend breiten *(Eskariol)* oder schmalen, zerschlitzten Blättern *(Krause Endivie)*.

Wegwarte. Gemeine Wegwarte (Höhe 30–130 cm)

Wehrdisziplinarrecht

Wegschnecken. Rote Wegschnecke (Länge 12–15 cm)

Wehen ↑Geburt.
Wehler, Hans-Ulrich, *Freudenberg 11. 9. 1931, dt. Historiker. Seit 1972 Prof. in Bielefeld; arbeitet unter sozialhistor. Sicht v. a. zu Problemen des 19. und 20. Jh., u. a. »Bismarck und der Imperialismus« (1969), »Dt. Gesellschaftsgeschichte« (4 Bde. 1987 ff.).
Wehnelt, Arthur Rudolph, *Rio de Janeiro 4. 4. 1871, †Berlin 15. 2. 1944, dt. Physiker. W. entwickelte u. a. den zur elektronenopt. Steuerung in Kathodenstrahl- und Röntgenröhren verwendeten *Wehneltzylinder.*
Wehner, Herbert, *Dresden 11. 7. 1906, †Bonn 19. 1. 1990, dt. Politiker. Trat 1927 der KPD bei und wurde 1929 Sekretär der Revolutionären Gewerkschaftsopposition; arbeitete 1933–35 für die verbotene KPD in Deutschland, 1935–46 im Exil (Sowjetunion, 1942 in Schweden zu einem Jahr Haft verurteilt; aus der KPD ausgeschlossen); trat 1946 der SPD bei und gehörte bald zum engsten Kreis um K. Schumacher; 1949–83 MdB, 1958–73 stellv. Partei-Vors., 1966–69 Bundes-Min. für gesamtdt. Fragen, 1969–83 Vors. der SPD-Bundestagsfraktion; spätestens seit Ende der 1950er Jahre maßgebl. Politiker für die Strategie der SPD, betrieb er deren Umwandlung in eine linke Volkspartei (Godesberger Programm 1959).
Wehrbeauftragter, in der BR Deutschland seit 1957 ein auf fünf Jahre gewählter Beauftragter des Bundestags, der die Wahrung der Grundrechte und der Grundsätze des demokrat. Aufbaus der Bundeswehr überwachen soll.

Wehrdienst, auf Grund der ↑Wehrpflicht zu leistender Dienst des Soldaten *(Militärdienst).* Der *Grundwehrdienst* dauert 10 Monate (1996). Im Anschluß an den Grund-W. oder an die Beendigung eines Dienstverhältnisses als Soldat auf Zeit kann der Bundes-Min. der Verteidigung einen zwölfmonatigen *W. in der Verfügungsbereitschaft* anordnen, während dessen der Wehrpflichtige jederzeit durch die Wehrersatzbehörde erreichbar sein muß. *Vom W. ausgenommen* sind körperlich oder geistig W.unfähige, Entmündigte, wegen eines Verbrechens zu einer Freiheitsstrafe von mindestens ein Jahr Verurteilte, ferner Vorbestrafte, denen die Fähigkeit zur Bekleidung öffentl. Ämter abgesprochen wurde. *Vom W. befreit* sind v. a. [ordinierte] Geistliche, Schwerbeschädigte und Spätheimkehrer. *Vom W. freigestellt* werden Wehrpflichtige, die sich auf mindestens acht Jahre als Helfer im Zivil- oder Katastrophenschutz oder zur Leistung eines mindestens zweijährigen Entwicklungsdienstes verpflichtet haben. *Nicht zum W. herangezogen* werden anerkannte Kriegsdienstverweigerer und Wehrpflichtige, die mindestens zwei Jahre im Vollzugsdienst des Bundesgrenzschutzes oder drei Jahre im sonstigen Vollzugsdienst der Polizei gedient haben. In *Österreich* umfaßt der W. den sechsmonatigen Grund-W. sowie Wehrübungen, die maximal zwei Monate dauern. In der *Schweiz* besteht der W. aus einer 17wöchigen Grundausbildung und dann aus 12–13 Wiederholungskursen (Gesamtdienstzeit etwa elf Monate).
Wehrdienstgerichtsbarkeit, Gerichtsbarkeit des Bundes zur Entscheidung über Disziplinarvergehen und Beschwerden von Soldaten. Die Wehrdienstgerichte gliedern sich in *Truppendienstgerichte* (in Münster, Koblenz und Ulm) und die beim Bundesverwaltungsgericht gebildeten *Wehrdienstsenate* (Sitz München).
Wehrdienstverweigerung, svw. ↑Kriegsdienstverweigerung.
Wehrdisziplinarrecht, die rechtl. Bestimmungen, die die Dienstvergehen eines Soldaten behandeln. Der Disziplinarvorgesetzte verhängt die *einfachen Disziplinarmaßnahmen:* Verweis, Disziplinarbuße, Ausgangsbeschränkung und

Wegerich. Großer Wegerich

Hans-Ulrich Wehler

Herbert Wehner

Wehre

Wehrkirche.
Kirchenburg in Honigberg (Härman) bei Kronstadt, Siebenbürgen (15. Jh.)

Weicher Stil.
Schöne Madonna (Kölner Arbeit, um 1430; Berlin, Skulpturengalerie)

Disziplinararrest; dagegen ist Beschwerde möglich. Die Wehrdienstgerichte verhängen die *gerichtl. Disziplinarmaßnahmen:* Gehaltskürzung, Beförderungsverbot, Dienstgradherabsetzung, Entfernung aus dem Dienstverhältnis, Kürzung und Aberkennung des Ruhegehalts; dagegen sind Beschwerde bzw. Berufung an das Bundesverwaltungsgericht zulässig.

Wehre, in ein Flußbett quer eingebaute Sperrenbauwerke, die v. a. der Erhöhung des natürl. Wasserspiegels dienen.

Wehrersatzwesen, alle Dienststellen und Maßnahmen zur Erfassung und Musterung der männl. Bevölkerung für den Wehrdienst. In der BR Deutschland sind dies das Bundeswehrverwaltungsamt als zentrale Fachaufsicht, die Wehrbereichsverwaltungen und v. a. die Kreiswehrersatzämter.

Wehrkirche, ein zur Verteidigung eingerichtetes Gotteshaus mit einem Chorturm als wehrhaftem Kern; wurde nicht selten zur *Kirchenburg (Kirchenkastell)* mit Wehrgang und Zwinger sowie Bauten zur Vorratshaltung ausgebaut.

Wehrli, Johann Jakob, *Eschikofen bei Frauenfeld 6. 11. 1790, † Guggenbühl bei Kreuzlingen 15. 3. 1855, schweizer. Pädagoge. Nach dem Hofwiler Vorbild, wo er 1810–33 die von P. E. von Fellenberg gegr. Schule leitete, entstanden weitere Armenerziehungsanstalten *(Wehrli-Schulen).*

Wehrmacht, ab 1935 (Einführung der allgemeinen Wehrpflicht) amtliche Bezeichnung für die Streitkräfte des Dt. Reichs, die 1919–35 als †Reichswehr bezeichnet wurden.

Wehrpflicht, die Verpflichtung jedes wehrfähigen Bürgers, Wehrdienst zu leisten, um gegebenenfalls mit seiner Person für die Verteidigung des Staates eintreten zu können. In der BR Deutschland besteht die allg. W. für Männer vom vollendeten 18. bis zum 45. Lebensjahr, im Verteidigungsfall sowie bei Offizieren und Unteroffizieren bis zum 60. Lebensjahr, bei Berufssoldaten bis zum 65. Lebensjahr. Die Dauer des Grundwehrdienstes beträgt (1996) 10 Monate. In *Österreich* besteht allg. W. für die männl. Staatsbürger zw. dem 18. und 51. Lebensjahr. In der *Schweiz* dauert sie vom 20. bis zum 50. (bei Offizieren 55.) Lebensjahr.

Wehrrecht, die Rechtsvorschriften über die Stellung der Streitkräfte, den Wehrdienst, die Rechte und Pflichten des Soldaten, die Wehrleistungen, das Wehrstrafrecht und die Versorgung der Soldaten. Die verfassungsrechtl. Grundlagen des W. in der BR Deutschland wurden durch die Gesetze »zur Ergänzung des Grundgesetzes« vom 26. 3. 1954, 19. 3. 1956 und 24. 6. 1968 geschaffen. Sie bilden die wichtigsten Rahmenvorschriften für den Aufbau der Streitkräfte.

Wehrüberwachung, Aufgabe der Wehrersatzbehörden; die W. stellt sicher, daß jeder Wehrpflichtige bei Eintritt des Verteidigungsfalles verfügbar ist.

Wehrübung, vom Wehrpflichtigen nach Ablauf des Grundwehrdienstes abzuleistender Wehrdienst; dient der weiteren Ausbildung. Die Gesamtdauer der W. beträgt bei Mannschaftsdienstgraden bis zu neun Monaten, bei Unteroffizieren bis zu 15 Monaten, bei Offizieren bis zu 18 Monaten.

Weichbild, im MA der Ort, an dem Stadtrecht galt (im Ggs. zum Landrecht); heute im Sinne von Einzugsbereich, Bannmeile; städt. Siedlungsgebiet.

Weiche ↑Eisenbahn (Gleisanlagen).

Weichen, Bez. für zwei Regionen beiderseits am Bauch von Säugetieren: den seitlich der Nabelgegend gelegenen unteren Teil der Flanke und die weiche Bauchgegend längs des Rippenbogens.

Weicher Stil (Schöner Stil, internat. Stil, internat. Gotik), der in der europ. Plastik und Malerei etwa 1390–1430 dominierende Stil mit Vorliebe für ein elegantes Linien- und Farbenspiel; Anregungen u. a. durch die frz.-burgund. Kunst (C. Sluter), Verbreitung u. a. durch die ↑Parler. Bed. Werke u. a. die sog. »Schönen Madonnen«, der Niederwildunger Altar des Konrad von Soest (1403) oder die »Anbetung der Könige« (1423, Florenz, Uffizien) von Gentile da Fabriano (* um 1370, † 1427).

Weichholz, svw. Splintholz (↑Holz).

Weichhölzer, holztechn. Bez. für alle Nadelhölzer (außer Eibe) sowie für Laubhölzer mit einer Rohdichte unter $0{,}55\,g/cm^3$ (z. B. Erle, Pappel, Linde).

Weichkäfer (Soldatenkäfer, Kanthariden, Cantharidae), mit über 4 000 Arten weltweit verbreitete Fam. häufig bunte Käfer, davon etwa 80 Arten einheimisch; Körper meist sehr langgestreckt; Flügeldecken weich; im Sommer oft massenhaft auf Doldenblütlern; leben räuberisch u. a. von Blattläusen und Raupen.

Weichmacher (Plastifikatoren, Plastikatoren), niedermolekulare Substanzen (v. a. Ester der Phosphorsäure und organ. Säuren), die die Plastizität von thermoplast. Kunststoffen und Kautschuk erhöhen.

Weichmanganerz, svw. ↑Pyrolusit.

Weichschildkröten, die Vertreter zweier Schildkrötenfam. der Unterordnung Halsberger, deren Panzer anstelle von Hornschilden aus einer dicken, lederartigen Haut besteht; leben meist in Süßgewässern Afrikas, S- und O-Asiens sowie N-Amerikas.

Weichsel, Fluß in Polen, entspringt in den Westbeskiden, mündet in die Danziger Bucht (Ostsee), 1 068 km lang.

Weichselkirsche ↑Sauerkirsche, ↑Felsenkirsche.

Weichspülmittel, v. a. kationenaktive Tenside, die die beim Trocknen von Textilien auftretende »Trockensteife« verhindern.

Weichteile, in der medizin. Anatomie Bez. für alle nicht knöchernen Teile des Körpers wie Muskeln, Eingeweide, Sehnen, Bindegewebe.

Weichtiere (Mollusken, Mollusca), seit dem Unterkambrium nachgewiesener, heute mit rd. 125 000 Arten in Meeren, Süßgewässern und auf dem Land weltweit verbreiteter Tierstamm; sehr formenreiche, 1 mm bis 8 m lange Wirbellose, deren Körper sich z. T. (Schnekken, Kahnfüßer, Kopffüßer) in einen mehr oder weniger abgesetzten Kopf, Fuß (mit Gleitsohle) und Eingeweidesack gliedert. Der Fuß kann unterschiedl. Funktionen übernehmen (z. B. Graborgan bei Muscheln und Kahnfüßern, Rückstoßorgan bei den Kopffüßern). Aus der urspr. Mantelbedeckung entwickelte sich über 7–8 dachziegelartig angeordnete Schalenplättchen in der Rückenmitte (Käferschnecken) eine einheitl. Schale (Schalenweichtiere). Durch Ausdehnung des Mantelraums nach vorn entstand stufenweise ein Kopf mit Tentakeln oder (bei Kopffüßern) Fangarmen. Zw. Mantel und Fuß hat sich ein System von Muskeln ausgebildet. Das Nervensystem setzt sich aus Gehirn und je einem seitl. Körperlängsstrang auf der Ventralseite zusammen. Die W. haben einen offenen Blutkreislauf und meist eine ↑Radula zur Nahrungsaufnahme. An Sinnesorganen stehen die Osphradien (kiemenähnlich; Chemorezeptoren) im Vordergrund. – Die Fortpflanzung der W. erfolgt ausschließlich geschlechtlich.

Weide, 1) *Botanik:* (Salix) Gatt. der W.-gewächse mit rd. 300 Arten, v. a. in der

Weide 1).
Salweide; oben: männliche Kätzchen (links), weibliche Kätzchen (rechts) ♦ Unten: Laubzweig

Weidengewächse

Helene Weigel
als Mutter Courage in der Verfilmung von Bertolt Brechts »Mutter Courage und ihre Kinder« unter der Regie von Peter Palitzsch und Manfred Wekwerth, 1960

Weihnachtskaktus. Schlumbergera trincata

wirtschaftliche Haustiere bestimmte Fläche.
Weidengewächse (Salicaceae), Pflanzen-Fam. der Zweikeimblättrigen mit rd. 350 Arten in den Gatt. ↑Pappel und ↑Weide.
Weiden i. d. OPf. [in der Oberpfalz], Stadt an der oberen Naab, Bayern, 42 400 E. Glas-, Porzellanindustrie. Barockkirchen; Rathaus (1539–48; umgebaut). – 1241 erstmals erwähnt; vor 1283 Stadt.
Weidenröschen, Gatt. der Nachtkerzengewächse mit rd. 200 Arten in den außertrop. Gebieten der Erde; aufrechte oder kriechende Stauden oder Halbsträucher mit roten, purpurnen oder weißen Blüten; Samen mit Haarschopf; verbreitet ist das *Zottige Weidenröschen,* bis 1,5 m hoch, mit purpurfarbenen Blüten.
Weiderich, weltweit verbreitete Gatt. der W.gewächse mit rd. 30 Arten; Blüten mit röhrenförmiger Blütenhülle, in Trauben oder Ähren stehend; häufig ist der bis 1,2 m hohe *Blut-W.* (an Ufern und sumpfigen Stellen).
Weiderichgewächse (Lythraceae), Familie der Zweikeimblättrigen mit rd. 500 Arten in 22 Gatt., v. a. im trop. Amerika; meist Kräuter oder Stauden.

Weidenröschen. Schmalblättriges Weidenröschen

nördl. gemäßigten und subarkt. Zone, einige Arten auch in S-Amerika; meist sommergrüne Bäume oder Sträucher mit meist lanzettförmigen Blättern; Blüten zweihäusig, meist in Kätzchen; Frucht eine zweiklappige Kapsel; Samen mit Haarschopf. Einheimisch sind 30 Arten und zahlr. Artbastarde, u. a.: *Korbweide,* Strauch oder bis 10 m hoher Baum mit gelbl. Zweigen und kätzchenartigen Blütenständen; in Auengebüschen auf nassen Böden; Zweige werden zum Korbflechten verwendet. *Salweide* (Palmweide), bis 3 m hoher Strauch oder bis 7 m hoher Baum mit glänzend rotbraunen Zweigen; Blüten vor dem Aufblühen in zottigen, silberweiß glänzenden Kätzchen (Palmkätzchen); an Flüssen, Waldrändern und auf Lichtungen. *Purpurweide,* bis 6 m hoher Strauch oder Baum mit oft purpurroten Zweigen; ♂ Blütenkätzchen mit pupurroten bis gelben Staubbeuteln; in Auwäldern und auf feuchten Wiesen. Als *Trauerweide* bezeichnet man die hängende Zweige gekennzeichneten Kulturformen verschiedener W.arten.
2) *Landwirtschaft:* mit Gräsern, Klee u. a. bestandene, zum Abweiden durch land-

Weihnachtsstern

Weiditz (Wydyz), dt. Künstlerfamilie, bekannt v. a. Hans W. der Ältere, nachweisbar in Freiburg im Breisgau 1497 bis um 1514, dt. Bildschnitzer. Werke u. a. »Dreikönigsaltar« (1505, Freiburg im Breisgau, Münster), »Adam und Eva«-Gruppe aus Buchsbaum (um 1510, Basel, Histor. Museum).

Weidmann, *Jägersprache:* Bez. für einen Jäger, der nicht nur Beute macht, sondern das Wild auch hegt und schützt.

Weigel, 1) Hans, *Wien 29. 5. 1908, † Enzersdorf bei Wien 12. 8. 1991, österr. Schriftsteller und Publizist. Lebte 1938–45 in der Schweiz. Autor von Romanen, Dramen und v. a. Essays (»Götterfunke mit Fehlzündung«, 1971, »Man kann ruhig darüber sprechen. Umkreisung eines fatalen Themas«, 1986), auch bed. Sprach- und Theaterkritiker.

2) Helene, *Wien 12. 5. 1900, † Berlin (Ost) 6. 5. 1971, dt. Schauspielerin österr. Herkunft. 1922–33 Engagements an Berliner Theatern; ab 1929 ∞ mit B. Brecht; 1933–48 Emigration; ab 1949 Intendantin des ↑Berliner Ensembles; auch Film- und Fernsehrollen; zahlr. Gastspiele.

Weihbischof (Auxiliarbischof), in der kath. Kirche Titularbischof, der nur der Weihe nach Bischof, nicht Diözesanbischof ist.

Weihe (Ordo), *kath. Kirchenrecht:* eine Segnung, durch die eine Person oder Sache aus ihrem natürl. Bereich herausgehoben und in besonderer Weise dem Dienst Gottes gewidmet wird. Zum *W.sakrament* ↑Ordination.

Weihen (Circinae), mit 17 Arten in offenen Landschaften weltweit verbreitete Unterfam. schlanker Greifvögel (Fam. Habichtartige); brüten in einem Horst bes. am Boden und im Röhricht. – In Deutschland kommen vor: *Korn-W.,* etwa 50 cm lang; ♂ aschgrau mit weißem Bauch und Bürzel; ♀ bussardähnlich braun (mit weißem Bürzel); v. a. auf Feldern und Mooren; *Rohr-W.,* etwa 55 cm lang; ♂ oberseits hell- und dunkelbraun, unterseits rostrot; ♀ kontrastreicher, Gefieder (mit Ausnahme des hellen Oberkopfs und der hellen Kehle) dunkelbraun; an stehenden Süßgewässern und in Rohrsümpfen; *Wiesen-W.,* bis 45 cm lang, ähnelt der Korn-W.; auf Feldern und Wiesen.

Weihen. Kornweihe

Weihnachten (Christfest, Weihnachtsfest, Nativitatis [Natalis] Domini), gesamtchristl. Fest der Geburt Jesu Christi, seit 354 am 25. Dez. gefeiert. Seit dem 6./7. Jh. ist W. durch die Feier von drei verschiedenen Messen (»Christmette«, »Engelmesse« und der eigtl. »Festmesse«) sowie durch die Schaffung eines eigenen *Weihnachtsfestkreises* (1. Advent bis ↑Septuagesima) liturgisch ausgezeichnet. Im Brauchtum verlagerte sich die Weihnachtsfeier zunehmend auf die Weihnachtsvigil, den Abend des 24. Dez. (Christnacht, Hl. Abend, Hl. Nacht). – Viele Züge der modernen W.feier stammen aus nachmittelalterl. Zeit (Kinderbescherung seit dem 16. Jh.). Älteste Belege für den *Weihnachtsbaum* (geschmückter Nadelbaum) stammen aus dem beginnenden 16. Jh.; der *Weihnachtsmann* (erstmals belegt auf Bildern des 19. Jh.) ist ein säkularisierter Nachfolger des hl. Nikolaus.

Weihnachtskaktus (Gliederkaktus), Kakteen-Gatt. mit mehreren epiphyt. Arten in O-Brasilien; kleine Sträucher mit aus zweikantig geflügelten Gliedern zusammengesetzten Flachsprossen; Topfpflanze.

Weihnachtsspiel, geistl. Schauspiel des MA. Die Haupthandlungen der Weihnachtsliturgie, Engelsverkündigung, Hirtenprozession *(Hirtenspiel)* und Anbetung des Kindes in der Krippe *(Krippenspiel),* wurden durch Zusätze aus der bibl. Geschichte erweitert.

Weihnachtsstern (Adventsstern, Poinsettie), in Mexiko und M-Amerika heimische Art der Gattung Wolfsmilch; bis 1 m hoher Strauch; Zimmerpflanze.

Weihnachtsstern

Weihrauch

Weimar. Das 1907 als Hoftheater erbaute, 1919 umbenannte Deutsche Nationaltheater, davor das Goethe-Schiller-Denkmal

Weimar Stadtwappen

Kurt Weill

Weihrauch (Olibanum), von Weihrauchbaumarten gewonnenes Gummiharz; erstarrt an der Luft zu Körnern, die bei Erhitzen auf glühenden Kohlen einen aromat. Duft entwickeln. – Diente in antiken und altoriental. Kulten, seit dem 4./5. Jh. auch in der christl. Liturgie als Räuchermittel.

Weihrauchbaum, Gattung der Balsambaumgewächse mit über 20 Arten in den Trockengebieten O-Afrikas, der Arab. Halbinsel und Indiens; kleine Bäume oder Dornsträucher; Harzlieferant.

Weihwasser, *kath. Kirche:* geweihtes Wasser, das bei fast allen liturg. Segnungen verwendet wird.

Weilburg, hess. Stadt an der Lahn, 12 100 E. Bergbaumuseum; u. a. opt. Ind.; Luftkurort. Spätgot. Heiliggrabkapelle (1505), Schloß (16.–18. Jh.), Rathaus (1707–13). – 1355–1816 Residenz der Linie Nassau-Weilburg.

Weil der Stadt, Stadt am O-Rand des Schwarzwaldes, Bad.-Württ., 15 400 E. Kepler-Museum. Kath. spätgotische Pfarrkirche Sankt Peter und Paul (1492–1519) mit spätroman. Türmen (12./13. Jh.); Rathaus mit Laubenhalle (16.–18. Jh.). – Etwa 1280–1803 Reichsstadt.

Weiler [mittellat.], kleine ländl. Gruppensiedlung mit 3–20 Wohnstätten und entsprechend kleiner Flur.

Weilheim i. OB [in Oberbayern], Kreisstadt südlich des Ammersees, Bayern, 17 100 E. Spätgot. Friedhofskirche (15. und 16. Jh.), frühbarocke Pfarrkirche (17. Jh.).

Weill, Kurt, *Dessau 2. 3. 1900, † New York 3. 4. 1950, dt. Komponist. Schüler von E. Humperdinck und F. Busoni; ⚭ mit L. Lenya. Zusammenarbeit mit G. Kaiser (u. a. »Der Protagonist«, Oper, 1927); weltbekannt wurden seine Songs für Stücke von B. Brecht, v. a. »Die Dreigroschenoper« (1928) und »Aufstieg und Fall der Stadt Mahagonny« (1930). 1933 Emigration über Paris (dort »Die sieben Todsünden der Kleinbürger«, Ballett mit Gesang nach Brecht) in die USA, schrieb dort v. a. für den Broadway, u. a. »Johnny Johnson« (1936), »Lost in the stars« (1949). U. a. auch Sinfonien, Kammermusik, ein Violinkonzert und Filmmusiken.

Weimar, Kreisstadt an der Ilm, Thüringen, 60 100 E. Hochschulen (u. a. Hochschule für Architektur und Bauwesen, früheres ↑Bauhaus), Staatl. Kunstsammlungen im Schloßmuseum; Dt. Nationaltheater (davor das Goethe- und-Schiller-Denkmal von Ernst Rietschel; 1852–57).
Stadtbild: Stadtpfarrkirche (»Herderkirche«, 1498–1500, barockisiert 1735 bis 1745) mit Cranach-Altar (1555); ehemaliges großherzogliches Residenzschloß, klassizistischer Neubau (1789 bis 1803), am Frauenplan Goethes Wohnhaus, an der Esplanade das Schillerhaus, am Markt das Lucas-Cranach-Haus (1549), außerdem Herders Pfarrhaus, Eckermanns Haus, Liszthaus; Grünes Schloß (1562–69, Umbau 1761 bis 1766 zur Bibliothek); Fürsten- bzw. Goethe-Schiller-Gruft (1824/25). Nahebei die barocken Schlösser Tiefurt (1781–1806), Belvedere (1724–32) und Ettersburg (1706–12). Auf dem Ettersberg Mahn- und Gedenkstätte ↑Buchenwald.
Geschichte: Um 1250 wurde westlich der 975 erstmals bezeugten Burg der Grafen von W. die Stadt gegründet; nach dem Schmalkald. Krieg (1546/47) Residenz der ernestin. Linie der Wettiner (1572 bzw. 1603: Hzgt. Sachsen-W.; 1741: Hzgt. Sachsen-W.-Eisenach; 1815: Groß-Hzgt. Sachsen-W.-Eisenach); Ende des 18./Anfang des 19. Jh. Zentrum der dt. Klassik; 1920 bis 1948/52 Hauptstadt des Landes Thüringen. – 1919 tagte im Dt. Nationaltheater die ↑Weimarer Nationalversammlung.

Weimarer Klassik ↑deutsche Literatur.

Wein

Wein. Schematische Darstellung der Weißweinherstellung

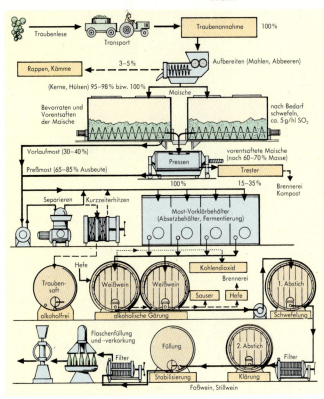

Weimarer Koalition, in der Weimarer Nationalversammlung geschlossenes Bündnis von SPD, Zentrum und DDP; bestand 1919–22 in der Nationalversammlung bzw. dem Reichstag, 1919 bis 1921 und 1925–32 in Preußen und 1919–31 in Baden.

Weimarer Nationalversammlung, verfassunggebende Versammlung der Weimarer Republik, gewählt am 19. 1. 1919, tagte vom 6. 2. bis 30. 9. 1919 in Weimar, dann – mit einer Unterbrechung während des Kapp-Putsches – bis zur Auflösung am 21. 5. 1920 in Berlin. Am 11. 2. 1919 Wahl F. Eberts zum (vorläufigen) Reichs-Präs.; am 22. 6. 1919 Annahme des Versailler Vertrags; am 31. 7. 1919 gegen die Stimmen der DNVP, DVP und USPD Verabschiedung der Weimarer Reichsverfassung.

Weimarer Republik, nach der Stadt Weimar, dem ersten Tagungsort der verfassunggebenden dt. Nationalversammlung 1919, ben. Periode der †deutschen Geschichte (1918–33).

Wein [lat.], durch das W.gesetz über W., Likör-W., Schaum-W., weinhaltige Getränke und Brannt-W. vom 14. 7. 1971 geschützte Bez. für das durch alkohol. Gärung aus frischen oder auch eingemaischten W.trauben oder Traubenmost hergestelltes Getränk, dem häufig, nachdem der Gärprozeß abgeschlossen ist, unvergorener, steril gemachter Most (Süßreserve) zugegeben wird (4–10%). – 1 l W. enthält: 730–900 g Wasser; in leichten W. 67–75 g, in mittleren 75–90 g, in schweren 90–120 g (entsprechend 11–15 Vol.-%) Äthylalkohol (Äthanol). Als Nebenprodukt der

Wein

Wein. Verschiedene Rebsorten: **1** Traminer; **2** Müller-Thurgau; **3** Silvaner; **4** Riesling

alkohol. Gärung bildet sich stets der dreiwertige Alkohol ↑Glycerin (etwa ein Zehntel der Alkoholmenge); an Zucker sind im vollständig durchgegorenen W. noch etwa 2 g/l enthalten. Ferner enthält W. neben der aus der alkohol. Gärung stammenden Kohlensäure zahlr. organ. Säuren wie W.säure, Äpfelsäure, Milch- und Bernsteinsäure, zus. 4–12 g. Sie sind zus. mit über 400 Bukettstoffen (v. a. Ester, höhere Alkohole, Säuren, Aldehyde; insgesamt 2 g) für das Aroma des W. mitentscheidend. Gerb- und Farbstoffe finden sich im Weiß-W. in Mengen bis 0,25 g, im Rot-W. bis 2,5 g, Mineralstoffe, v. a. Kalium- und Phosphorverbindungen, in Mengen von 1,5–4 g.

Nach der *Art der Kelterung* unterscheidet man drei W.arten: Weiß-W. aus hellen Trauben, Rot-W. aus rot gekelterten blauen oder roten Trauben und Rosé-W. bzw. Weißherbst-W. aus hell (weiß) gekelterten Rotweintrauben. – Nach dem *Zeitpunkt der Lese,* die in Deutschland von Mitte Sept. bis Mitte Nov., bei Beeren- oder Trockenbeerenauslesen und Eis-W. erst im Dez. oder im Jan. erfolgt, bestimmen sich Prädikate wie Spätlese, Auslese oder Beerenauslese.

Für W. ist in Deutschland die qualitätsbezogene *Einteilung in vier Klassen* festgelegt: Dt. Tafel-W. (Verschnitt aus verschiedenen dt. Anbaugebieten); Dt. Land-W. (Bez. für 15 namentlich festgelegte W., die ausschließlich aus W.trauben stammen, die in dem umschriebenen Raum geerntet worden sind); Qualitäts-W. eines bestimmten Anbaugebietes (Abk. Q. b. A., Verschnitt aus einem einzigen Anbauge-

Weingartner Liederhandschrift

biet); Qualitäts-W. mit Prädikat (Prädikats-W.; aus einem engen Bereich). Als Prädikate folgen aufeinander: Kabinett, Spätlese, Auslese, Beerenauslese, Trockenbeerenauslese; außerdem Eiswein. Bei der *Weißweinherstellung* werden die Trauben entrappt (von Stielen und Kämmen getrennt) und vorsichtig zerquetscht (gemaischt); die Maische wird sofort abgekeltert. Der süße Traubensaft (Most) wird geschwefelt und vorgeklärt. Durch die im Saft enthaltenen Wildhefen beginnt er selbständig zu gären (Spontangärung). Meist werden heute jedoch zur Einleitung der Gärung Reinzuchthefen zugesetzt. – Bei der *Rotweinherstellung* werden die entrappten Beeren auf der Maische vorvergoren (Maischegärung, 2–14 Tage). Dabei werden die nur in der Beerenhaut enthaltenen Farb- und Gerbstoffe vom entstehenden Alkohol freigesetzt. Erst dann folgen Kelterung und eigtl. Gärung. – Für *Roséweine* bzw. *Weißherbstweine* werden die Rotweintrauben nach einigen Stunden von der Maische abgekeltert und anschließend wie weißer Most vergoren. Nach Klärung und Durchfiltrieren über Filter u. a. aus Kieselgur oder Zellstoff wird er in ein anderes Faß abgezogen (erster Abstich), erneut geschwefelt und, evtl. nach einem zweiten Abstich, längere Zeit im vollen Faß gelagert. Danach folgen Maßnahmen zur geschmackl. Verbesserung (die Zugabe von unvergorenem Most oder der Verschnitt fertiger Weine u. a.). ↑Rebe (Rebsorten, Übersicht).

Geschichte: Die Edelrebe (Vitis vinifera sativa) war bereits den alten Hochkulturen des Vorderen Orients bekannt; über die Griechen und Römer, die W. nur in mit Wasser verdünnter Form genossen, verbreitete sich der Weinbau in ganz Europa. Im MA wurde der W. mit Gewürzen abgeschmeckt. Der Weinbau dehnte sich bis Skandinavien aus, seine Pflege oblag v. a. den Klöstern. Die mit Verwüstungen einhergehenden Kriege der Neuzeit dezimierten W.bauern und -anbaugebiete. In der 2. Hälfte des 19. Jh. wurden aus Nordamerika Mehltau und Reblaus eingeschleppt, die große Schäden an den europ. Beständen verursachten.

Hauptanbaugebiete in Deutschland sind heute die Gebiete längs des Rheins (bis Bonn), der Ahr und Mosel, die Pfalz, Franken und Baden-Württemberg, auch an Elbe und Saale/Unstrut.

Weinberg, Steven [engl. 'waɪnbɔːg], *New York 3. 5. 1933, amerikan. Physiker. Bed. Arbeiten zur Quantenfeldtheorie, zur Theorie der Elementarteilchen sowie zur Gravitationstheorie und Kosmologie; erhielt 1979 den Nobelpreis für Physik (zusammen mit S. L. Glashow und A. Salam).

Weinbergschnecke ↑Schnirkelschnecken.

Weinbrand, Qualitätsbranntwein aus Wein; mindestens 85% des Alkohols muß aus im Herstellungsland gewonnenem Weindestillat stammen.

Weinbrenner, Friedrich, *Karlsruhe 24. 11. 1766, † ebd. 1. 3. 1826, dt. Baumeister. Schuf die Karlsruher N-S-Achse vom Schloß über Marktplatz, Rondellplatz zum Ettlinger Tor; das Markgräfl. Palais (1803–14; Fassade bewahrt) und das Rathaus (1811–25) sind Meisterwerke des klassizistischen »Weinbrennerstils«.

Weinert, Erich, *Magdeburg 4. 8. 1890, † Berlin (Ost) 20. 4. 1953, dt. Schriftsteller. Ab 1933 im Exil (Schweiz, Frankreich, UdSSR); 1937 bis 1939 im Span. Bürgerkrieg, lebte ab 1946 in Berlin (Ost); schrieb agitator. Lyrik und Prosa.

Weinfelden, Bezirkshauptort im schweizer. Kt. Thurgau, 8 900 E. Schloß (12. und 19. Jh.).

Weingarten, Stadt in Oberschwaben, Bad.-Württ., 25 200 E. Stadt- und Klosterarchiv, Alamannenmuseum; Wallfahrtsort. Barocke Benediktinerabteikirche (1715 ff.) mit Deckengemälden von C. D. Asam, Chorgestühl von J. A. Feuchtmayer. – Entwickelte sich aus dem Dorf *Altdorf,* gegr. in der 1. Hälfte des 10. Jh.; seit dem 13. Jh. Sitz der Verwaltung der Landvogtei Oberschwaben; 1865 mit dem von den Welfen gegr. Kloster W. (1268–1806 reichsunmittelbar) zur Stadtgemeinde W. zusammengeschlossen.

Weingartner, Felix von, *Zadar 2. 6. 1863, † Winterthur 7. 5. 1942, österr. Dirigent und Komponist. Opern, Orchester- und Kammermusikwerke.

Weingartner Liederhandschrift [nach dem Aufbewahrungsort von Anfang des 17. bis Anfang des 19. Jh.], nach dem

Steven Weinberg

Weingeist

Weingartner Liederhandschrift. Ganzseitige Miniatur mit der Darstellung Hartmanns von Aue (erstes Viertel des 14. Jh.; Stuttgart, Württembergische Landesbibliothek)

heutigen Aufbewahrungsort *Stuttgarter Liederhandschrift* genannte Strophensammlung von 26 mhd. Sangversdichtern vom Ende des 12. bis Mitte des 13. Jahrhunderts.

Weingeist, svw. ↑Äthanol.

Weinhefe, auf Weinbeeren in mehreren Wildrassen lebender Hefepilz, der im abgepreßten Traubensaft zur Spontangärung führt.

Weinheim, Stadt an der Bergstraße, Bad.-Württ., 42 700 E. U. a. Lederindustrie, Verlage. Burgruine Windeck (12. Jh.); romantisierende Wachenburg (1907–28); Schloß (v. a. 17. und 18. Jh.) mit Park und Exotenwald.

Weinhold, Adolf Ferdinand, *Zwenkau (bei Leipzig) 19. 5. 1841, † Chemnitz 2. 7. 1917, dt. Physiker, erfand die Vakuum-Mantelflasche, ein hochevakuiertes mehrwandiges Glasgefäß (heute noch in Thermosflaschen); schrieb »Physikalische Demonstrationen« (1881).

Weinpalme, Gatt. der Palmen mit neun Arten im trop. Afrika und Asien; bis 30 m hohe Fächerpalmen; Früchte kugelig, mit Steinkern. Wirtschaftlich wichtig ist die u. a. Palmwein liefernde *Palmyrapalme*.

Weinrebe ↑Rebe.

Adolf Ferdinand Weinhold

Weinrebengewächse ↑Rebengewächse.

Weinsäure (Weinsteinsäure, 2,3-Dihydroxybernsteinsäure), Dicarbonsäure; drei stereoisomere Formen: D- und L-W. sind optisch aktiv, Meso-W. ist optisch inaktiv. Die Salze und Ester heißen Tartrate, z. B. Weinstein. Säuerungsmittel für Lebensmittel.

Weinsberg, Stadt östlich von Heilbronn, Bad.-Württ., 10 700 E. Justinus-Kerner-Haus, Stadtkirche (13. und 15. Jh.); Burgruine Weibertreu (13./14. und 16. Jh.), Ruinen eines Römerbades (um 100 n. Chr.). – Der Sage nach erlaubte König Konrad III. nach seinem Sieg über Welf VI. in der *Schlacht bei W.* 1140 den Frauen der Stadt mitzunehmen, was sie tragen könnten, woraufhin diese ihre Männer schulterten.

Weinstadt, Stadt im Remstal, Bad.-Württ., 24 500 E. Silchermuseum; Weinbau; entstand 1975 durch Vereinigung der Gem. Beutelsbach, Endersbach, Großheppach und Schnait.

Weinstein (Kaliumhydrogentartrat), das saure Kaliumsalz der L-Weinsäure; farblose, kristalline, schwer wasserlösl. Substanz, die in Weintrauben enthalten ist; kristallisiert in Fässern und Flaschen.

Weinviertel, nö. Landesteil Niederösterreichs, Teil des Karpatenvorlands.

Weir, Peter [engl. wɪə], *Sidney 21. 6. 1944, austral. Filmregisseur. Erlangte internat. Bekanntheit u. a. durch »Picknick am Valentinstag« (1975), »Gallipolli« (1981), »Der einzige Zeuge« (1985), »Mosquito Coast« (1987), »Der Club der toten Dichter« (1989), »Greeen Card« (1991).

Weise, Christian, *Zittau 30. 4. 1642, † ebd. 21. 10. 1708, dt. Dichter. Mit zahlr. Komödien bed. Vertreter des ↑Schuldramas; auch satir. Romane, u. a. »Die drey Hauptverderber in Deutschland« (1671).

Weisel, die Königin bei den Honigbienen.

Weisen aus dem Morgenland, Die ↑Drei Könige.

Weisenborn, Günther, Pseud. Eberhard Foerster, Christian Munk, *Velbert 10. 7. 1902, † Berlin (West) 26. 3. 1969, dt. Dramatiker und Erzähler. Als Angehöriger der Widerstandsbewegung (seine Werke wurden 1933 verbrannt)

Weinheim. Historischer Marktplatz, im Hintergrund die Burgruine Windeck (rechts) und die Wachenburg

1942–45 im Zuchthaus. Bes. Wirkung zeitigten sein Drama »Die Illegalen« (1946), seine Erinnerungen »Memorial« (1948) und sein Bericht »Der lautlose Aufstand« (1953).

Weiser, Grethe, geb. Nowka, * Hannover 27. 2. 1903, † Bad Tölz 2. 10. 1970, dt. Schauspielerin und Kabarettistin. U. a. 1930–33 an verschiedenen Berliner Kabaretts; ab 1932 mehr als 100 Filmrollen.

Weisgerber, Leo, * Metz 25. 2. 1899, † Bonn 8. 8. 1985, dt. Sprachwissenschaftler. Veröffentlichte u. a. »Von den Kräften der dt. Sprache« (4 Bde., 1949 bis 1962).

Weisheit (Buch der Weisheit, Weisheit Salomos), Abk. **Weisheit** (Weish, Sap), wahrscheinlich im 1. Jh. v. Chr. wohl in griech. Sprache verfaßtes Buch des AT, in dem der Verfasser die jüd. Weisheit als der griech. Philosophie überlegen darstellt.

Weisheitszähne ↑Zähne.

Weiß, Ernst, * 28. 8. 1882, † Paris 15. 6. 1940, österr. Schriftsteller und Arzt. 1933 Emigration nach Prag, 1934 nach Paris (Selbstmord nach dem Einmarsch der dt. Truppen); bed. Romancier, u. a. »Die Galeere« (1913), »Mensch gegen Mensch« (1919), »Der Gefängnisarzt oder die Vaterlosen« (1934), »Der Verführer« (1938), »Der Augenzeuge« (hg. 1963).

Weiß, Bez. für diejenigen neutralen (unbunten) Körperfarben, die die hellsten von allen Farben sind und (im Ggs. zu Schwarz) das andere Ende der Grauskala bilden; auch Bez. für vom Gesichtssinn vermittelte Farbempfindung, die durch weißes Licht hervorgerufen wird.

Weiss, 1) Jan, * Jilemnice (Ostböhm. Gebiet) 10. 5. 1892, † Prag 7. 3. 1972, tschech. Schriftsteller. Bed. Vertreter des phantast. Romans, u. a. »Das Haus der tausend Stockwerke« (1929).

2) Peter, * Nowawes (heute Babelsberg, Gem. Potsdam) 8. 11. 1916, † Stockholm 10. 5. 1982, dt. Schriftsteller. Urspr. Maler und Graphiker; 1934 Emigration, 1939 Flucht nach Schweden (1946 schwed. Staatsbürger); schrieb zunächst in schwed. Sprache (u. a. »Von Insel zu Insel«, Prosa, 1947; »Duell«, R., 1953). Nach den ersten Texten in dt. Sprache (u. a. »Der Schatten des Körpers des Kutschers«, E., 1960; »Abschied von den Eltern«, E., 1961; »Fluchtpunkt«, 1962) wurde das Theaterstück »Die Verfolgung und Ermordung Jean Paul Marats ...« (1964; Filmfassung von Peter Brook [* 1925] 1966) ein Welterfolg; seitdem Exponent des engagierten (Agitations)theaters (u. a. »Die Ermittlung«, 1965, Bühnenmusik von L. Nono; »Viet Nam Diskurs«, 1968); schrieb zuletzt den autobiograph. Roman »Die Ästhe-

Günther Weisenborn

Peter Weiss

Weissagung

Weißenburg i. Bay.
Links: Ellinger Tor (14.–16. Jh.), im Hintergrund der Turm der Pfarrkirche Sankt Andreas (1459–65)

weiße Blutkörperchen ↑Blut.
Weißenburg (frz. Wissembourg), frz. Stadt an der Lauter, Elsaß, Dép. Bas-Rhin, 7300 E. Got. Kirche Sankt-Peter-und-Paul (13. Jh.), Kreuzgang (14. Jh.); barockes Rathaus (1741–52). – 1254 Mgl. des Rhein. Städtebundes, 1672 frz.; danach mehrfacher Besitzwechsel.
Weißenburg i. Bay., Kreisstadt am N-Fuß der südl. Fränk. Alb, Bayern, 18100 E. Weitgehend erhaltene Stadtbefestigung; ev. got. Stadtpfarrkirche Sankt Andreas (14. und 15. Jh.), spätgot. Rathaus (1470–76). – Ab 1338 Reichsstadt.
Weißenfels, Kreisstadt an der Saale, Sachsen-Anhalt, 36500 E. Schuhmuseum; Schuhfabrik. Spätgot. Pfarrkirche Sankt Marien (nach 1475), Barockrathaus (1720), Schloß Neu-Augustenburg (1660–1693). – 1656–1746 Residenz der Sekundogenitur Sachsen-Weißenfels.
Weißensee, See in Kärnten, mit 930 m ü. M. höchstgelegener Badesee Österreichs, 6,4 km².
Weißer Berg (tschech. Bilá hora), Berg in der Tschech. Rep., östlich von Prag, 379 m. – Mit dem Sieg Kaiser Ferdinands II. über Kurfürst Friedrich V. von der Pfalz in der *Schlacht am W. B.* am 8.11.1620 wurde der Böhm. Aufstand zu Beginn des Dreißigjährigen Krieges beendet.
Weißer Knollenblätterpilz, Bez. für zwei reinweiße, 10–15 cm hohe, lebensgefährlich giftige Knollenblätterpilze; in M-Europa kommt auf sauren Böden der *Spitzhütige K.* vor.
Weißer Nil, Fluß in NO-Afrika, rd. 1900 km lang, entfließt als *Albertnil* dem Albertsee, im anschließenden Oberlauf *Bahr el-Djebel* und nach der Mündung des Bahr el-Ghasal (»Gazellenfluß«) *Bahr el-Abiad* gen.; bildet bei Khartum zus. mit dem Blauen Nil den Nil.
Weiße Rose, Widerstandsgruppe (1942/1943) an der Univ. München, u. a. die Geschwister Hans und Sophie ↑Scholl, die Medizinstudenten Willi Graf (* 1918, hingerichtet am 12. 10. 1943), Christoph Probst (* 1919, hingerichtet am 22. 2. 1943 mit den Geschwistern Scholl), Alexander Schmorell (* 1917, hingerichtet am 13. 7. 1943) sowie der Musikwissenschaftler Kurt Huber

tik des Widerstands« (3 Bde., 1957–81). 1982 Georg-Büchner-Preis. – *Weitere Werke:* Gesang vom Lusitan. Popanz (Dr., 1967), Trotzki im Exil (1970), Hölderlin (1971).
Weissagung, Verkündung zukünftiger Ereignisse durch seherische, rational nicht erklärbare Fähigkeiten; bezieht sich im Unterschied zum Wahrsagen meist auf geschichtl. Ereignisse.
Weißbier (Weizenbier), ein helles, obergäriges Bier aus Gersten- und Weizenmalz; Alkoholgehalt etwa 3 %.
Weißblech, zum Schutz gegen Rost mit Zinn überzogenes Eisenblech.
Weißbuche, svw. ↑Hainbuche.
Weißbücher ↑Farbbücher.
Weißdorn, Gatt. der Rosengewächse mit rd. 200 Arten in der nördl. gemäßigten Zone; einheimisch sind der *Eingriffelige W.*, ein Strauch oder kleiner Baum mit bedornten Zweigen und weißen Blüten, sowie der *Zweigriffelige W.* (Mehldorn, Gemeiner W.) mit weißen oder rosafarbenen, unangenehm riechenden Blüten, die ebenso wie Blätter und Früchte *(Mehlbeeren)* medizinisch als Herz- und Kreislaufmittel verwendet werden. Eine Kulturform ist der *Rotdorn* (Blutdorn) mit karmesinroten, gefüllten Blüten; Alleebaum.

Weißdorn.
Eingriffeliger Weißdorn; Zweig mit Blättern und Blüten (links) und Zweig mit Früchten

Weißrussisch

(* 1893, hingerichtet am 13. 7. 1943). Die Gruppe rief v. a. mit Flugblättern u. d. T. »Die Weiße Rose« zum Widerstand gegen das NS-Regime auf; die genannten Mitglieder wurden im Febr./ März 1943 verhaftet und vom Volksgerichtshof unter R. Freisler zum Tode verurteilt.

Weißer Sonntag, erster Sonntag nach Ostern, ben. nach den weißen Gewändern der Täuflinge, die in der Osterwoche die Taufe erhielten; in der kath. Kirche häufiger Termin für die Erstkommunion.

weißer Zwerg, extrem kleiner Stern mit meist sehr hoher effektiver Temperatur und daher meist weißleuchtend. Die Masse des w. Z. unterscheidet sich nur wenig von der Sonnenmasse, so daß er wegen des geringen Durchmessers (in der Größenordnung der Planeten) eine außergewöhnlich hohe Dichte von 10^5 bis 10^7 g/cm^3 besitzt. Der Zustand des w. Z. wird im allg. als ein Endzustand der Sternentwicklung normaler Sterne angesehen.

Weißes Haus (engl. The White House), seit 1800 Amts- und Wohnsitz des Präs. der USA in Washington (in übertragenem Sinne auch Bez. für die Exekutive der USA).

Weißes Meer, Randmeer des Nordpolarmeers, südlich und östlich der Halbinsel Kola, 90 000 km², wichtigster Hafen Archangelsk.

Weiße Väter (Missionare für Afrika, amtlich Missionarii Africae, Patres Albi, Abk. MAfr.), 1868 von C. M. A. Lavigerie bei Algier gegr. Missionskongregation für Afrika; sie schufen bed. afrikan. Sprachinstitute mit dem Ziel der Förderung eingeborener (kirchl.) Führungskräfte. Den W. V. angeschlossen sind die Weißen Schwestern (1869 gegr.; Missionsschwestern Unserer Lieben Frau von Afrika).

Weißfäule, ↑Kernfäule.

Weiß Ferdl, eigtl. Ferdinand Weisheitinger, * Altötting 28. 6. 1883, † München 19. 6. 1949, dt. Komiker. Trug seine Lieder (z. B. »Ein Wagen von der Linie 8«) v. a. auf der Münchner Volkskunstbühne »Platzl« vor.

Weißfische, volkstüml. Bez. für einige silberglänzende, häufig kleinere Karpfenfische; z. B. Elritze, Rotfeder, Plötze.

Weißflog, Jens, * Erlabrunn 21. 7. 1964, dt. Skispringer. 1985 und 1989 Weltmeister; 1984 und 1994 Olympiasieger; vierfacher Sieger der Internat. Vierschanzentournee.

Weißglut ↑Glühen.

Weißguß, Legierungen aus Zink mit geringen Mengen Kupfer o. ä., die eine weißl. Farbe haben; für einfache Gußwaren und Kunstgegenstände.

Weißhaie, Gatt. der ↑Makrelenhaie.

Weißherbst, aus blauen Spätburgunder- (Spätburgunder W.) und Portugisertrauben (Portugieser W.) gewonnener heller, gold bis rötlich schimmernder Wein.

Weißkohl (Weißkraut), Kulturvarietät des Gemüsekohls mit Kopfbildung und grünlichweißen Blättern, als Salat und zur Sauerkrautherstellung verwendet.

Weißkopf (Weisskopf), Gustav, Flugpionier, ↑Whitehead, Gustave.

Weißlinge (Pieridae), mit über 1 500 Arten weltweit verbreitete Fam. der Schmetterlinge (davon etwa 15 Arten einheim.); Flügel meist weiß, gelb und/ oder rot gefärbt; Raupen meist grün; u. a. Kohlweißling, Aurorafalter, Zitronenfalter.

Weissmuller, Johnny [engl. ˈwaɪsmʌlə], * Chicago 2. 7. 1904, † Acapulco de Juárez 20. 1. 1984, amerikan. Schwimmer und Filmschauspieler. 22 Weltrekorde; 1924 und 1928 mehrfacher Olympiasieger; ab 1932 Titelheld der »Tarzan«-Filmserie.

Weißrussisch (Belorussisch), zu den ostslaw. Sprachen gehörende Sprache

Weißenfels. Marktplatz mit Rathaus und Stadtkirche Sankt Marien

Weißkohl (halbierter Kopf)

Johnny Weissmuller

Weißrußland

Staatsflagge

Staatswappen

v. a. in Weißrußland mit etwa 9,5 Mio. Sprechenden. W. wird in kyrill. Schrift (mit einigen Abweichungen von der russ. Kyrilliza) geschrieben.

Weißrußland

Fläche:	207 600 km²
Einwohner:	10,295 Mio.
Hauptstadt:	Minsk
Amtssprache:	Weißrussisch
Nationalfeiertag:	25. 8.
Währung:	1 Rubel = 100 Kopeken
Zeitzone:	MEZ + 1 Std.

Bevölkerungsverteilung 1992

Bruttoinlandsprodukt 1992

Weißrußland (weißrussisch *Belarus*), Staat in O-Europa, grenzt im W an Polen, im NW an Lettland und Litauen, im N und O an Rußland, im SO und S an die Ukraine.
Staat und Recht: Präsidialrepublik; *Verfassung* von 1994. Staatsoberhaupt ist der auf 5 Jahre direkt gewählte Präs., der auch Leiter der durch die Regierung unter dem Min.-Präs. geführten *Exekutive* ist. Die *Legislative* wird vom Parlament (260 auf 4 Jahre gewählte Abg.) gebildet. Parteien: Kommunist. Partei, Volksfront »Wiedergeburt«.
Landesnatur: W. liegt im Bereich der osteurop. Ebene. Die Oberflächenformen werden wesentlich durch pleistozäne Ablagerungen geprägt. Den NW- und Zentralteil durchziehen flache, von SW nach NO streichende, bis 345 m hohe Endmoränenrücken, im S liegt das nördl. Sumpfgebiet der Polesje. Das Klima ist im W maritim, im O kontinentaler geprägt und hat relativ milde, feuchte Winter und kühle, regnerische Sommer.
Bevölkerung: Die Bevölkerung besteht zu rd. 78 % aus Weißrussen, zu etwa 13 % aus Russen, daneben v. a. aus Polen und Ukrainern. Die Mehrzahl der Gläubigen gehört der russ.-orth. Kirche an.
Wirtschaft, Verkehr: Neben der von Rohstoffen abhängigen Ind. existiert eine auf Viehzucht (bes. Milchrinder, Schweine) ausgerichtete Landwirtschaft. Angebaut werden v. a. Futterpflanzen, Kartoffeln und Flachs. An Bodenschätzen werden Kalisalze, Steinsalz, Torf und Phosphate, in geringen Mengen Erdöl und Erdgas gefördert. Traditionelle Ind.-Zweige sind Textil- (bes. Leinenherstellung) und Holzindustrie. W. ist ein wichtiges Transitland im Eisenbahn- (Streckennetz 5 580 km) und Straßenverkehr (90 300 km Straßen, davon 56 600 km mit fester Decke) von den mitteleurop. Ländern nach Rußland und in die balt. Staaten. Das Binnenwasserstraßennetz hat eine Länge von 3 900 km. Internat. ✈ in Minsk.
Geschichte: Ab dem 9. Jh. gerieten die von den ostslaw. Stämmen der Dregowitschen, Radimitschen und Kriwitschen begründeten Ft. unter die Herrschaft der Kiewer Großfürsten, die das Christentum einführten. Seit Beginn des 13. Jh. dehnten die Großfürsten von Litauen ihre Herrschaft auf W. aus; Anfang des 16. Jh. wurde es Streitobjekt zw. Litauen und dem Groß-Ft. Moskau, jedoch erst mit den Poln. Teilungen (1772, 1793, 1795) kam es an Rußland. Im 1. Weltkrieg dt. besetzt, wurde am 25. 12. 1918 die Weißruss. Sowjetrepublik proklamiert. 1920 polnisch besetzt, verzichtete die Sowjetunion im Frieden von Riga (18. 3. 1921) auf die westl. Gebiete, gliederte sie aber nach der militär. Niederlage Polens 1939 wieder in die Weißruss. SSR ein. Der Grenzverlauf zw. Polen und W. entspricht seit der 1945 erfolgten Rückgabe des Gebietes Białystok an Polen der Curzon-Linie. Nach der Erklärung der Souveränität 1990 bzw. der Unabhängigkeit 1991 wurde W. Mgl. der GUS. 1994 wurde eine neue Verfassung verabschiedet, die u. a. das Amt des Präsidenten einführen. Die Präsidentschaftswahlen im Juli 1994 gewann der Altkommunist A. Lukaschenka, der eine enge Anlehnung an Rußland betreibt; dieser Kurs wurde 1995 bei den Parlamentswahlen und durch eine Volksabstimmung bestätigt.

Weisssche Bezirke [nach dem frz. Physiker Pierre Weiss, *1865, †1940],

Weiz

kleine Bereiche innerhalb der Kristallite ferromagnet. Stoffe, die die elementaren magnet. Dipole der Ferromagnetika darstellen; innerhalb der W. B. sind alle atomaren magnet. Dipole jeweils gleichsinnig gerichtet.

Weißschnitt, Hochdruckverfahren, bei dem die konturgebenden Linien als Vertiefungen in eine anschließend gefärbte Platte gearbeitet werden und nach dem Abzug weiß bleiben (u. a. bei U. Graf, A. Dürer, A. von Menzel).

Weißwal ↑Gründelwale.

Weißwasser, Kreisstadt in der Oberlausitz, Brandenburg, 35000 E. Glas-Ind., Braunkohlenabbau.

Weißzahnspitzmäuse (Wimperspitzmäuse, Crocidurinae), Unter-Fam. der Spitzmäuse mit rd. 180 Arten in Europa, Asien und Afrika; Zähne weiß; 3 einheim. Arten: *Hausspitzmaus* (6,5–10 cm lang, Schwanz 3–5 cm lang, Oberseite braungrau, Unterseite hellgrau; im offenen Gelände, auch in Gebäuden; geschützt); *Feldspitzmaus* (7–9 cm lang, Schwanz rd. 3–4 cm lang, Oberseite braungrau bis dunkelbraun, Unterseite scharf abgesetzt weißl.; lebt v. a. im trockenen Gelände); *Gartenspitzmaus* (6–8 cm lang, mit 2,5–4,5 cm langem Schwanz; Färbung oberseits braun bis graubraun, Unterseite dunkelgrau bis ockerfarben).

Weistum, im MA Aussage rechtskundiger Männer über geltendes Gewohnheitsrecht.

Weisung, im Strafrecht, insbes. im Jugendstrafrecht, das Gebot (z. B. hinsichtlich Ausbildung, Arbeits- oder Lehrstelle und Aufenthaltsort) oder Verbot (z. B. Lokalverbot) eines Strafgerichts, das die Lebensführung des Jugendlichen regelt.

Weisungsrecht, das Recht übergeordneter Behörden, nachgeordneten Stellen Anweisungen (Richtlinien, Durchführungsvorschriften u. a.) zu erteilen.

Weiterbildung (Erwachsenenbildung), weiterführendes Lernen nach Eintritt in die Erwerbstätigkeit, v. a. als betriebl. W. im eigenen Berufsfeld (häufig in Tarifverträgen oder Betriebsvereinbarungen geregelt); darüber hinaus auch im Hinblick auf die Erweiterung der berufsüberschreitenden Allgemeinbildung. Träger der W. sind u. a. Univ., ↑Volkshochschulen, Massenmedien (z. B. ↑Funkkolleg), Gewerkschaften, Arbeitgeberverbände, Kirchen, Stiftungen und privatwirtschaftl. Gesellschaften (v. a. bei Sprachschulen).

weiterführende Schulen, alle allgemeinbildenden Schulen, die über die gesetzl. Schulpflicht hinausführen (z. B. Berufsaufbauschulen, Realschulen, Gymnasien).

Weitling, Wilhelm, * Magdeburg 5. 10. 1808, † New York 25. 1. 1871, dt. Frühsozialist. Schneider; 1837 im »Bund der Gerechten« (später Bund der Kommunisten); 1839 am Aufstand L. A. Blanquis beteiligt; ging 1849 in die USA. In seinen von den frz. Sozialisten (u. a. C. Fourier) beeinflußten Schriften entwickelte W. die Konzeption einer auf revolutionärem Wege zu verwirklichenden egalitären Gesellschaft.

Weitsichtigkeit, Fehlsichtigkeit, bei der das Sehbild hinter der Netzhaut erzeugt wird, z. B. infolge zu kurzen Baues des Augapfels, Brechungsanomalie oder Fehlens der Linse, weswegen das Auge sich auf die Ferne akkomodieren muß.

Weitsprung, Disziplin der Leichtathletik. Nach (innerhalb der Anlage) beliebig langem Anlauf Absprung vom Sprungbalken, der nicht übertreten werden darf.

Weitwinkelobjektiv ↑Photoapparat.

Weiz, österr. Bezirkshauptstadt nö. von Graz, Steiermark, 8500 E. Taborkirche (12.–15. und 17. Jh.); ehem. Schloß

Weißrußland. Hügellandschaft bei der Ortschaft Raubitschi im Minsker Gebiet

Weißzahnspitzmäuse. Oben: Etruskerspitzmaus (Kopf-Rumpf-Länge bis 5 cm) ◆ Unten: Hausspitzmaus (Kopf-Rumpf-Länge 6,5–10 cm)

Weizen

(1555–65). Auf dem Weizberg barocke Wallfahrtskirche (1757 ff.).

Weizen (Triticum), Gatt. der Süßgräser mit etwa 27 Arten in Europa, dem Mittelmeergebiet, W-Asien und Äthiopien; einjährige oder winterannuelle Ährengräser mit zweizeilig stehenden, begrannten oder unbegrannten Ähren. Zahlr. Arten sind wichtige Getreidepflanzen. Der Anbau von W. erstreckt sich von den Subtropen bis in ein Gebiet etwa 60° n. Br. und 27–40° s. Br., Hauptanbaugebiete sind Europa, N-Amerika und Asien. – Wichtige W.arten sind: *Dinkel* (Spelz, Schwabenkorn; mit meist unbegrannter Ähre); *Einkorn* (mit kurzen, dichten, flachgedrückten Ähren; selten angebaut); *Emmer* (Flach-W., Zweikorn; mit abgeflachter, lang begrannter Ähre; auf dem Balkan); *Gommer* (mit großen, blaugrünen Ähren und schmalen Körnern; v. a. in Marokko, Äthiopien und Kleinasien); *Hart-W.* (Glas-W.; mit längl., zugespitzten, harten und glasigen Körnern; in allen heißen Steppengebieten); *Rauh-W.* (mit dichten, dicken, langen Ähren, Körner dick und rundlich; selten angebaut); *Saat-W.* (Gemeiner W., Weicher W.; mit zäher Ährenspindel und bei Reife aus den Spelzen fallenden, vollrunden bis längl.-ovalen Körnern; wird in zahlr. Sorten als Sommer- oder Winter-W. angebaut; Körner enthalten etwa 70% Stärke und etwa 10–12% Eiweiß; Hauptanbaugebiete sind Europa, N-Amerika, Rußland, die Ukraine und O-Asien). – Weltweit wurden 1992 556,8 Mio. t Weizen geerntet; davon entfielen auf China 101 Mio. t, die GUS 90 Mio. t, die USA 67 Mio. t, Indien 51 Mio. t, Frankreich 32 Mio. t, Kanada 28 Mio. t, die BR Deutschland 15,6 Mio. t.

Weizenbier, svw. ↑Weißbier.

Weizenkeimöl, aus Weizenkeimlingen gewonnenes Speiseöl mit bes. hohem Gehalt an Vitamin E.

Weizman, Ezer, *Jaffa (heute zu Tel Aviv-Jaffa) 15. 6. 1924, israel. Politiker. General bei der Luftwaffe, Unternehmer; bis 1980 Mgl. der Cherut-Partei (Likud); gründete die nach den Parlamentswahlen von 1984 mit der Israel. Arbeiterpartei fusionierte liberale Zentrumspartei Yahad; mehrfach Min. (u. a. 1977–80 Verteidigungs-Min.); seit 1993 Staatspräsident.

Weizmann, Chaim, *Motol bei Pinsk (Weißrußland) 27. 11. 1874, †Rehovot bei Tel Aviv 9. 11. 1952, israel. Biochemiker und Politiker. Erwirkte 1917 die Balfour-Deklaration; gründete 1918 die Hebr. Univ. Jerusalem; 1920–31 und 1935–46 Präs. der Zionist. Weltorganisation, ab 1929 Leiter der Jewish Agency; trat nach dem 2. Weltkrieg für die Bildung eines arab. und eines jüd. Staates in Palästina ein; Mitbegründer des Staates Israel 1948, dessen erster Staatspräsident.

Weizmann-Institut (The Weizmann Institute of Science), nach C. Weizmann benannte, 1944 in Rehovot bei Tel Aviv gegr. private Hochschule für theoret. und angewandte Naturwissenschaften.

Weizsäcker, Familie dt. Gelehrter und Politiker; bed. u. a.: **1)** Carl Friedrich Freiherr von, *Kiel 28. 6. 1912, Physiker und Philosoph. Sohn von Ernst Freiherr von W.; war u. a. Prof. für Philosophie in Hamburg (1957–69), dann Direktor des Max-Planck-Instituts zur Erforschung der Lebensbedingungen der wiss.-techn. Welt in Starnberg. Seine Arbeiten betrafen zunächst die theoret. Kernphysik, die Astrophysik und die Kosmogonie. Daneben leistete er bed. Beiträge zur Geschichte und zu Gegenwartsproblemen der Physik, zur Naturphilosophie, zur Quantenlogik, zur Wissenschaftstheorie sowie bes. zur Friedensforschung. 1963 Friedenspreis des Börsenvereins des Dt. Buchhandels. **2)** Ernst Freiherr von, *Stuttgart 12. 5. 1882, †Lindau (Bodensee) 4. 8. 1951, Diplomat. Seit 1920 im diplomat. Dienst; 1938–43 Staatssekretär im Auswärtigen Amt; 1943–45 Botschafter beim Vatikan; suchte (u. a. durch Warnung Großbritanniens) den 2. Weltkrieg zu verhindern; 1949 in den Nürnberger Prozessen zu 7 Jahren Haft verurteilt, 1950 vorzeitig entlassen.
3) Richard Freiherr von, *Stuttgart 15. 4. 1920, Politiker (CDU). Sohn von Ernst Freiherr von W.; 1964–70 Präs. des Dt. Ev. Kirchentages, 1969–84 Mgl. der Synode des Rates der Ev. Kirche in Deutschland; 1969–81 MdB; 1979–81 Vize-Präs. des Bundestages; 1981–84 Regierender Bürgermeister von Berlin (West); 1984–94 Bundespräsident.

Welfen, seit dem 8. Jh. nachweisbares fränk. Adelsgeschlecht. Die *burgund. Li-*

Chaim Weizmann

Welle

nie *(Rudolfinger)* gelangte 888 in Hochburgund zur Königsherrschaft; aus dem *schwäb. Zweig* (ältere Linie 1055 erloschen) ging mit der *Linie Welf-Este* eine der bedeutendsten dt. Adelsdynastien hervor (Hzg. von Bayern 1070–77, 1096–1138, 1156–80, Hzg. von Sachsen 1137/38, 1142–80). Seit der Königswahl von 1125 standen die W. im Ggs. zu den Staufern. Kaiser Friedrich I. Barbarossa gelang es 1180, den welf. Machtkomplex seines Vetters Heinrich des Löwen zu zerschlagen. Der stauf.-welf. Ggs. brach noch einmal im Thronstreit von 1198 auf, der mit der Niederlage Kaiser Ottos IV. gegen den auf der Seite Friedrichs II. stehenden frz. König Philipp II. August bei Bouvines (1214) endete. 1235 entstand das welf. Hzgt. Braunschweig-Lüneburg (↑Braunschweig, ↑Lüneburg).

Welfenfonds [...fõ], 1868 von der preuß. Regierung gebildeter Fonds, dem das beschlagnahmte Privatvermögen des wegen antipreuß. Aktivitäten 1866 abgesetzten Königs von Hannover, Georg V., zugeleitet wurde; Verwendung durch Bismarck als Dispositionsmittel für unkontrollierbare Ausgaben (u. a. finanzielle Unterstützung Ludwigs II. von Bayern für dessen Zustimmung zur Reichsgründung 1870). Nach Bismarcks Sturz ließ Kaiser Wilhelm II. den W. an die Erben Georgs V. auszahlen.

Welfenpartei ↑Deutsch-Hannoversche Partei.

Welfenschatz, Bez. für den Reliquiarenschatz (u. a. bed. liturg. Geräte) aus dem Besitz des welf. Hauses Braunschweig-Lüneburg; gelangte 1218 in den Dom von Braunschweig, 1671 an die Linie Calenberg (Hannover), die den W. nach 1867 sukzessive verkaufte; heute im Kunstgewerbemuseum Berlin-Tiergarten.

Weliki Ustjug [russ. vʲɪlʲikij usˈtjuk], russ. Stadt an der Suchona, 38 000 E. U. a. Werft. 2 Klöster (1653 und 1659) und die Wosnessenski-Kirche mit dekorativen Fresken (1648). – Eine der ältesten Siedlungen im nördl. europ. Rußland (im 12. Jh. urkundlich erwähnt).

Weliko Tarnowo, nordbulgar. Stadt an der Jantra, 65 000 E. Univ., histor. Museum, Gemäldegalerie. Vierzig-Märtyrer-Kirche (1230), Kirche Sankt Peter und Paul (urspr. 14. Jh.) mit Wandmalereien. – 1185 Hauptstadt des 2. Bulgar. Reiches und Sitz des bulgar. Patriarchats (bis 1572); 1393 von den Osmanen erobert. 1879 Tagungsort der verfassunggebenden Versammlung, dann der Nationalversammlung.

Welkekrankheiten, durch fortschreitendes Welken (mit Vergilbungen und Nekrosen bis zum Absterben der Pflanzen) gekennzeichnete Pflanzenkrankheiten; Verursacher: parasitäre Pilze und Bakterien.

Welle, 1) *Maschinenbau:* Maschinenelement zur Übertragung von Drehmomenten; *glatte W.* werden z. B. für Transmissionen verwendet, *Kurbel-W.* v. a. für Kolbenmotoren.

2) *Physik:* räumlich und zeitlich period. Vorgang, bei dem Energie transportiert wird, ohne daß gleichzeitig auch ein Massetransport stattfindet. Die transportierte Energie wechselt dabei periodisch ihre Form. W.vorgänge spielen in vielen Gebieten der Physik eine bed. Rolle (z. B. Schall-W., elektromagnet. W., Erdbeben-W. u. a.). Erregt man z. B. in einem elast. Medium eine Stelle *(Wel-*

Welfenschatz. Kuppelreliquiar (um 1175; Berlin, Kunstgewerbemuseum)

Carl Friedrich von Weizsäcker

Richard von Weizsäcker

Wellenbereich

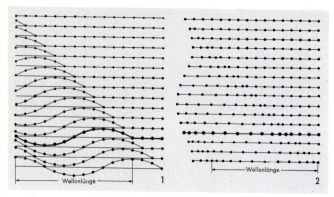

Welle 2). Bildung verschiedener Wellenformen, in der zeitlichen Abfolge von oben nach unten dargestellt: 1 Transversalwelle; 2 Longitudinalwelle

lenzentrum) zu harmon. Schwingungen, so breitet sich der Schwingungszustand des W.zentrums nach allen Seiten aus. Die so entstandene W. wird als *Kugelwelle* bezeichnet. Kann sich die W. nur in einer Ebene ausbreiten, so entsteht eine *Kreiswelle.* Erfolgt die W.ausbreitung nur in einer Richtung, dann spricht man von einer *linearen Welle.* Zur Bestimmung einer W. verwendet man folgende Größen: 1. ↑Wellenlänge. 2. *Wellenzahl,* Formelzeichen $\tilde{n}$: reziproker Wert der W.länge. Die W.zahl gibt an, wieviele W. in der Längeneinheit enthalten sind. 3. *Frequenz,* Formelzeichen f: Frequenz der schwingenden Teilchen des Ausbreitungsmediums. 4. *Fortpflanzungsgeschwindigkeit,* Formelzeichen c: die Geschwindigkeit, mit der sich die vom W.zentrum ausgehende Erregung im Ausbreitungsmedium fortpflanzt. Zw. Fortpflanzungsgeschwindigkeit c, Wellenlänge λ und Frequenz f besteht die Beziehung $c = f \cdot \lambda$. 5. *Amplitude,* Formelzeichen A: Amplitude der schwingenden Teilchen des Ausbreitungsmediums.
Je nach der Schwingungsrichtung der schwingenden Teilchen des Ausbreitungsmediums unterscheidet man zwei W.arten: *Longitudinalwellen (Längswellen),* bei denen Schwingungsrichtung und Ausbreitungsrichtung parallel sind, und *Transversalwellen (Querwellen),* bei denen Schwingungsrichtung und Ausbreitungsrichtung senkrecht aufeinander stehen. Laufen zwei W. gleicher Amplitude und Frequenz aufeinander zu, so kommt es bei ihrer Überlagerung zur Ausbildung einer *stehenden Welle;* dabei gibt es Stellen des Ausbreitungsmediums, die ständig in Ruhe sind *(Schwingungsknoten),* und solche, an denen ständig Schwingungen mit maximaler Amplitude stattfinden *(Schwingungsbäuche).*

Wellenbereich, durch ein bestimmtes Wellenlängen- bzw. Frequenzintervall gekennzeichneter Teilbereich aus dem Gesamtspektrum der elektromagnet. Wellen bzw. Strahlung, i. e. S. aus dem Bereich der [Rund]funkwellen (z. B. Lang-, Mittel-, Kurz- und Ultrakurzwelle).

Wellenbrecher, 1) *Schiffbau:* V-förmige, auf dem Vorschiff angebrachte Schutzwand gegen überkommendes Wasser.
2) *Wasserbau:* molenähnl. Anlage, die anlaufende Wellen (z. B. vor Hafeneinfahrten) brechen soll.

Wellenfront, die vorderste[n] Wellenfläche[n] eines plötzlich einsetzenden Wellenvorgangs.

Wellenfunktion ↑Atommodell.

Wellenlänge, Abstand zweier aufeinanderfolgender Punkte einer Welle, die sich im selben Schwingungszustand befinden; physikal. Zeichen λ. Das gesamte Spektrum der elektromagnet. Wellen (zw. 10^{-8} nm und 100 km) wird in verschiedene *Wellenlängen-* bzw. *Frequenzbereiche* unterteilt.

Wellenleistung, die an der Abtriebswelle einer Maschine (z. B. Schiffsmaschinenanlage) gemessene Leistung.

Wellensittich

Wellenmechanik, von E. Schrödinger 1926 entwickelte Formulierung der Quantenmechanik, die von der Vorstellung der Materiewellen ausgeht und die Zustände mikrophysikal. Systeme durch bes. Wellenfunktionen beschreibt.

Wellenplan, international vereinbarter Plan über die Aufteilung der einzelnen Wellenlängen [eines bestimmten Wellenlängenbereichs] unter den einzelnen Staaten bzw. den in ihnen betriebenen Sendern zur Vermeidung von Überlagerungen und dadurch bedingten Empfangsstörungen, insbes. im Mittel- und Langwellenbereich. Bei dem 1948 in Kopenhagen auf der 4. Wellenkonferenz (nach Bern 1925, Prag 1929, Luzern 1933) beschlossenen, im März 1950 in Kraft getretenen regionalen *Frequenzbandverteilungsplan (Kopenhagener W.)* wurde Deutschland kaum berücksichtigt. Nachdem sich bis 1974 die Zahl der Sender mehr als verdoppelt hatte, wurde auf der Genfer Wellenkonferenz im Nov. 1975 ein neuer W. beschlossen *(Genfer W.),* der am 23. 11. 1978 in Kraft trat und auch die BR Deutschland angemessen berücksichtigte.

Wellenreiten ↑Surfing.

Wellensittich, fast 20 cm langer Papageienvogel (Gruppe Sittiche), v. a. in offenen, buschreichen, von Bäumen durchsetzten Landschaften Australiens; in Schwärmen auftretende Tiere; beliebter Stubenvogel; Männchen unterscheidet sich vom Weibchen durch eine blaue Wachshaut am Oberschnabel.

Wellentunnel (Kardantunnel), bei Kfz mit vorn liegendem Motor und Hinterradantrieb der die Kardanwelle aufnehmende tunnelförmige Teil der Karosseriebodengruppe.

Wellenzahl ↑Welle.

Weller, Thomas [engl. 'wɛlə], *Ann Arbor 15. 6. 1915, amerikan. Bakteriologe. Für die Entdeckung, daß Poliomyelitisviren in Gewebekulturen gezüchtet (und damit zur Herstellung von Impfstoff gegen Kinderlähmung verwendet) werden können, erhielt W. gemeinsam mit J. F. Enders und F. C. Robbins 1954 den Nobelpreis für Physiologie oder Medizin.

Wellershoff, Dieter, *Neuß 3. 11. 1925, dt. Schriftsteller. Vertreter des »neuen Realismus«, einer u. a. am Nouveau roman und Filmtechniken orientierten Darstellungsweise; schreibt Erzählwerke (u. a. »Die Schattengrenze«, R., 1969; »Der Sieger nimmt alles«, R., 1983; »Die Körper und die Träume«, En., 1986; »Der Ernstfall. Innenansichten des Krieges«, 1995), Hörspiele (Buchausgaben: »Am ungenauen Ort«, 1960; »Das Schreien der Katze im Sack«, 1970) sowie bed. literaturästhet. Essays (u. a. »Literatur und Veränderung«, 1969; »Der Roman und die Erfahrbarkeit der Welt«, 1988; »Das geordnete Chaos«, 1992).

Welles [engl. wɛlz], **1)** Orson, *Kenosha (Wis.) 6. 5. 1915, † Los Angeles 10. 10. 1985, amerikan. Schauspieler, Regisseur und Autor. 1938 führte die Ausstrahlung seines Hörspiels »The war of the worlds« (über einen angeblich gerade stattfindenden Angriff der Marsbewohner auf die Erde) bei der amerikan. Bev. zu panikartigen Reaktionen. W. drehte zahlr. bed. Filme (in denen er oft Hauptrollen übernahm): »Citizen Kane« (1941), »Die Lady von Shanghai« (1948), »Macbeth« (1948) und »Othello« (1952; beide nach Shakespeare), »Im Zeichen des Bösen« (1958), »Der Prozeß« (1962; nach F. Kafka), »F wie Fälschung« (1975), »Erinnerungen an Othello« (1977); er spielte daneben u. a. in »Der dritte Mann« (1949; nach G. Greene).

2) Sumner, *New York 14. 10. 1892, † Bernardsville (N.J.) 24. 9. 1961, amerikan. Diplomat. Als Unterstaatssekretär im Außenministerium 1937–43 einer der einflußreichsten Berater F. D. Roosevelts.

Welle-Teilchen-Dualismus (Teilchen-Welle-Dualismus), Bez. für die an Gesamtheiten von mikrophysikal. Objekten zu beobachtende Erscheinung, daß sie sich je nach Art des Experiments entweder wie eine Gesamtheit von Teilchen oder wie eine Welle verhalten. So lassen sich z. B. die Beugungs- und Interferenzversuche an Licht zwanglos mit Hilfe eines ausgedehnten Wellenfeldes beschreiben, während die inelast. mikrophysikal. Wechselwirkung des Lichts mit Materie (z. B. Photoeffekt) nur als Absorption bzw. Emission von Photonen gedeutet werden kann.

Wellhornschnecke, nordatlant. Schnecke mit 8–12 cm langem, gelblichbraunem, stark gerieftem Gehäuse.

Thomas Weller

Orson Welles

Wellhornschnecke (Gehäuse bis 11 cm hoch)

Wellington

Wellington. Panoramaansicht mit der Bucht Port Nicholson

Wellington
Stadtwappen

Wels
Stadtwappen

Wellington, Arthur Wellesley, Herzog von (seit 1814) [engl. 'welıŋtən], *Dublin 29. 4. oder 1. 5. 1769, † Walmer Castle bei Dover 14. 9. 1852, brit. Feldmarschall und Politiker. Leitete erfolgreich ab 1808 das brit. Expeditionskorps in Portugal und Spanien gegen die frz. Truppen; 1815 Hauptbevollmächtigter beim Wiener Kongreß; siegte 1815 mit Blücher bei Belle-Alliance (Waterloo); 1828–30 Premier-Min., 1834/35 Außenminister.

Wellington ['welıŋtən], Hauptstadt von Neuseeland (seit 1865), im SW der Nordinsel, an der Bucht Port Nicholson, 324 600 E. Univ., Nationalmuseum, Dominion-Museum, Nat. Kunstgalerie, Oper; botan. Garten, Zoo. W. bildet mit den Nachbarstädten im Hutt Valley eine bed. Ind.-Agglomeration; Hafen; internat. ✈. – 1840 gegründet.

Wells, H[erbert] G[eorge] [engl. welz], *Bromley (heute zu London) 21. 9. 1866, † London 13. 8. 1946, engl. Schriftsteller. Hatte mit seinen utop. Romanen, u. a. »Die Zeitmaschine« (1895), »Der Krieg der Welten« (1898; Hörspielfassung von O. Welles, 1938), »Jenseits des Sirius« (1905), großen Einfluß auf die Entstehung der ↑Science fiction. – *Weiteres Werk:* »Der Geist am Ende seiner Möglichkeit« (Essay, 1945).

Welpe, junger, noch nicht entwöhnter Hund, Fuchs oder Wolf.

Wels, Otto, *Berlin 15. 9. 1873, † Paris 16. 9. 1939, dt. Politiker (SPD). 1912 bis 1918 und 1920–33 MdR; 1919/20 Mgl. der Weimarer Nationalversammlung; seit 1931 Vors. der SPD; begründete 1933 vor dem Reichstag für die SPD-Fraktion die Ablehnung des Ermächtigungsgesetzes; leitete nach der Emigration 1933 den Exilvorstand der SPD in Prag bzw. Paris.

Wels, oberösterr. Stadt an der Traun, 52 600 E. Stadt- und Burgmuseum. Internat. Landwirtschaftsmesse; u. a. Maschinen- und Stahlbau. Got. Stadtpfarrkirche (13./14. Jh.); gotische ehem. kaiserl. Burg (stark verändert), zahlr. Bürgerhäuser. – Entstand an der Stelle des röm. *Ovilava*.

Welsch, Maximilian von, ≈ Kronach 23. 2. 1671, † Mainz 15. 10. 1745, dt. Baumeister. Maßgeblich an den Gesamtentwürfen für die Würzburger Residenz, die Schönbornkapelle des Würzburger Doms und die Schlösser zu Pommersfelden und Bruchsal beteiligt; baute die Orangerie in Fulda (1722–30) und die Abteikirche in Amorbach (1742 ff.).

welsch, 1) zum frz. sprechenden Teil der Schweiz gehörend.
2) (veraltet abwertend) fremdländisch.

Welse (Siluriformes), Ordnung der Knochenfische mit rd. 2000 weltweit

Weltbühne, Die

(v. a. in S-Amerika) verbreiteten, fast ausschließlich im Süßwasser lebenden Arten; Haut stets schuppenlos, Mundöffnung mit Barteln umstellt, die als Geschmacks- und Tastorgane dienen; überwiegend dämmerungs- und nachtaktive, Brutpflege treibende Fische. Zu den W. gehören u. a. neben den *Katzen-W., Stachel-W., Panzer-W.* die *Echten W.* mit der einzigen einheim. Art *Wels* (Waller, Flußwels): Körper bis 2,5 m lang; Rücken schwarzblau bis dunkel olivgrün, Bauch weißlich, dunkel marmoriert; räuberisch lebend; überwintert ohne Nahrungsaufnahme im Bodenschlamm der Gewässer; Speisefisch.

Welse. Flußwels (Länge 2,5–3 m)

Welser, seit dem 13. Jh. in Augsburg nachweisbares Patriziergeschlecht, das bereits unter Anton W. d. Ä. (*1451, †1518; 1498 Gründung der großen Augsburger Handelsgesellschaft) im europ. Großhandel sowie im Asienhandel tätig war. Bartholomäus W. (*1484, †1561) war neben den Fuggern einflußreichster Bankier Karls V., von dem er Venezuela als Pfand erhielt. 1525–56 Handelsbeziehungen zu Span.-Amerika. 1614 auf Grund unglückl. Kreditgeschäfte mit Frankreich, Spanien und den Niederlanden Konkurs (1797 erlosch die Hauptlinie).

Welt, 1) der Inbegriff alles Seienden. **2)** Erde, Lebensraum des Menschen; ↑Weltall. **3)** in sich geschlossener (Lebens-)Bereich. **4)** als Ggs. zur religiös-sakralen Sphäre das Profane.

Weltall (Kosmos, Universum), die Welt als Ganzes; der gesamte mit Materie und Strahlung erfüllte Raum, in dem sich alles uns faßbare Räumliche und Zeitliche abspielt, bzw. die Gesamtheit der existierenden Materie und Strahlung. Der gegenwärtig der astronom. Forschung mit den größten Radio- und Spiegelteleskopen zugängl. Teil des W. hat einen Radius von über 10 Mrd. Lichtjahren; in diesem Bereich befinden sich schätzungsweise 10 bis 100 Mrd. Sternsysteme. ↑Kosmologie.

Weltanschauung, im Unterschied zum naturwiss. Weltbild eine auf das Ganze der Welt und der menschl. Existenz abzielende Sinndeutung. W. sind v. a. aus den verschiedenen Systemen der Philosophie entwickelt worden. ↑Ideologie.

Weltausstellungen, seit der Mitte des 19. Jh. an wechselnden Orten stattfindende internat. Ausstellungen, die der wirtschaftl. Information dienen und in nat. Selbstdarstellungen die Errungenschaften in Technik und Kultur zur Schau stellen. Als Symbole der Moderne galten u. a.: Kristallpalast von Joseph Paxton (*1801, †1865; London, 1851), Eiffelturm von G. Eiffel (Paris, 1889), dt. Pavillon von L. Mies van der Rohe (Barcelona, 1929), dt. Pavillon von Konrad Rolf Gutbrod (*1910) und Frei Otto (*1925) sowie der Habitat-Komplex von Moshe Safdie (*1938) u. a. (Montreal, 1967).

Weltbank ↑Internationale Bank für Wiederaufbau und Entwicklung.

Weltbestleistung, die in den meßbaren Sportarten beste erreichte Leistung; im Ggs. zum Weltrekord nicht offiziell geführt.

Weltbild, der Gesamtbestand des Wissens einer Epoche oder eines bestimmten Kulturkreises.

Weltbühne, Die, 1918 aus der Theaterzeitschrift »Die Schaubühne« hervorge-

Die Weltbühne. Titelblatt der vorletzten Nummer der Zeitschrift vom 28. 2. 1933

Weltbürgertum

Weltchronik. Illustration aus einer Handschrift der »Weltchronik« des Rudolf von Ems (Ende des 14. Jh.; Stuttgart, Württembergische Landesbibliothek)

Weltgesundheitsorganisation

gangene »Wochenschrift für Politik/Kunst/Wirtschaft«; 1926 hg. von K. Tucholsky, 1927–33 (Verbot) von C. von Ossietzky. 1933–39 erschien in Prag, Zürich und Paris »Die Neue W.«; seit 1946 als »Die W.« neu hg. in Berlin (Ost); 1993 eingestellt.

Weltbürgertum (Kosmopolitismus), Anschauung, wonach alle Menschen, alle Völker und Nationen, alle Kulturen und Epochen gleichberechtigte, sich gegenseitig bereichernde Teile einer gemeinsamen Welt sind. Bereits in der Antike vertreten (Kyniker, Stoa), erlebte der Gedanke des W. in Humanismus und Aufklärung eine Wiederbelebung; heute noch Bestandteil u. a. in Liberalismus, Sozialismus und Freimaurertum.

Weltchronik (Universalchronik), Geschichtsdichtung des MA (u. a. ↑Sächsische Weltchronik), die die aus literar. Vorlagen entnommene Weltgeschichte darstellt: als Aufeinanderfolge der vier Weltreiche oder in der Abfolge der sechs Weltalter (nach Augustinus), die häufig zu den sechs Schöpfungstagen in Beziehung gesetzt werden.

Welt, Die, urspr. liberale, konservative dt. Tageszeitung; 1946 gegr.; 1953 vom Springer Verlag erworben; erschien zunächst in Hamburg, ab 1975 in Bonn, seit 1993 in Berlin.

Weltenburg, Benediktinerabtei bei Kelheim, am Beginn des Donaudurchbruchs, um 760 gegr.; Barockkirche der Brüder Asam (1718 geweiht), Brauerei.

Welternährungsprogramm (engl. World Food Programme, Abk. WFP), durch Resolution der FAO-Konferenz vom 19. 12. 1961 gegr. Hilfsprogramm, das Nahrungsmittelhilfe in Katastrophenfällen, v. a. aber bei Entwicklungsprojekten gewährt. Die Finanzierung erfolgt durch freiwillige Beiträge der UN- und FAO-Mitglieder.

Weltgeistlicher (Weltpriester, Säkularkleriker), kath. Kleriker, der keinem Orden und keiner Kongregation angehört.

Weltgeschichte, svw. ↑Universalgeschichte.

Weltgesundheitsorganisation (engl. World Health Organization, Abk. WHO), 1946 gegr. Organisation der UN, Sitz Genf. Tätigkeiten: u. a. Hilfe bei der Einrichtung von Gesundheitsdiensten, bei der Bekämpfung weitverbreiteter Krankheiten und bei der Besserung der hygiene. Verhältnisse v. a. in den Entwicklungsländern, Finanzierung von medizin. Forschungsvorhaben.

Weltgewerkschaftsbund, Abk. **WGB,** ↑Gewerkschaften.

Welthandel, die Gesamtheit des internat. Güteraustauschs, statistisch erfaßt als Summen der Exporte und der Importe.

Welthandelskonferenz ↑Weltwirtschaftskonferenz.

Welthandelsorganisation (engl. World Trade Organization, Abk. WTO), 1995 errichtete UN-Sonderorganisation, die v. a. in der Nachfolge des GATT-Sekretariats steht; Sitz Genf. Neben dem ↑GATT betreut die WTO das Allgemeine Abkommen über den Handel mit Dienstleistungen (GATS) und das Rahmenabkommen über den Schutz geistiger Eigentumsrechte (TRIPS).

Welthilfssprachen (Universalsprachen, Plansprachen), künstlich geschaffene, zum internat. Gebrauch bestimmte Sprachen. Von den bisher entwickelten W. ist das ↑Esperanto des poln. Arztes L. Zamenhof (1887 geschaffen) am weitesten verbreitet. Prakt. Bedeutung erlangte zuerst das *Volapük* (1879) des bad. Pfarrers Johann Martin Schleyer (*1831, †1912); die Wörter sind meist nach engl. Wurzeln gebildet.

Welti, Friedrich Emil, *Zurzach 23. 4. 1825, † Bern 24. 2. 1899, schweizer. freisinniger Politiker. 1866–91 Bundesrat, mehrfach Bundes-Präs.; maßgebend an der Revision der Bundesverfassung von 1874 beteiligt.

Weltkrieg, globaler, die meisten Staaten und Völker der Erde einbeziehender militär. Konflikt, wobei die Kriegshandlungen sich auf fast alle Kontinente und Weltmeere erstrecken. Zu den im 19. Jh. geschaffenen Voraussetzungen zur Führung von W. zählen die Entwicklung einer internat. Diplomatie, des Welthandels und -verkehrs sowie einer hochentwickelten Technik einschließlich des Nachrichtenwesens. Beide W. des 20. Jh. brachten eine völlig neue Kriegstechnik hervor: Millionenheere, massenhafter Einsatz von techn. Material mit logist. Problemen, Zurückdrängen des bis dahin in den Armeen vorherrschenden Pferdes, Entwicklung von Luft- und Panzerwaffe und umfangreiche Propagandaaktivität. Bezeichnenderweise änderte sich auch die Rolle der Zivilbevölkerung, die durch die durch Rationierung und Rohstoffmangel gekennzeichnete Kriegswirtschaft, durch die geistige Mobilmachung (bis hin zum von J. Goebbels propagierten »totalen Krieg«) und (im 2. W.) durch Angriffe der nunmehr weitreichenden Luftwaffe zunehmend unter der Kriegsführung zu leiden hatte.

Erster Weltkrieg (1914–18): *Vorgeschichte und Kriegsausbruch:* Die Ursachen des 1. W. lagen in den durch den europ. ↑Imperialismus und die ausufernden nationalist. Strömungen beförderten Spannungszuständen zw. den europ. Mächteblöcken seit dem Ende des 19. Jh. Die 1871 vollendete dt. Reichsgründung, gekoppelt mit rascher Industrialisierung, hatte das europ. Mächtegleichgewicht entscheidend verändert. Die Annexion Elsaß-Lothringens durch das Dt. Reich verhinderte eine Verständigung mit Frankreich. Der 1879 gebildete dt.-österr. Zweibund, 1882 um Italien zum Dreibund erweitert, rief als Gegenkoalition den frz.-russ. Zweiverband (1893/94) hervor, der durch ein System zweiseitiger Absprachen Großbritanniens mit Frankreich (Entente cordiale, 1904) und Rußland (1907) zur Tripelentente erweitert wurde. Entscheidend für die Wendung Großbritanniens gegen Deutschland war v. a. der Bau einer dt. Kriegsflotte, die dem dt. Anspruch auf eine eigene »Weltpolitik« militär. Nachdruck geben sollte.

Die ↑Marokkokrisen 1905/06 und 1911, die österr. Annexion von Bosnien und Herzegowina 1908/09 sowie die Balkankriege 1912/13 führten Europa an den Rand einer krieger. Auseinandersetzung. Der Ermordung des österr. Thronfolgers Franz Ferdinand in Sarajevo am 28. 6. 1914 folgte zunächst ein Monat hekt. diplomat. Aktivitäten (Julikrise). In Wien drängte man auf rasche Ausnutzung des Attentats zur Niederwerfung Serbiens, benötigte jedoch die dt. Rückendeckung gegen Rußland. Nach anfängl. Zögern setzte sich in Berlin die »Kriegspartei« durch, in der

Weltenburg. Innenansicht der Klosterkirche Sankt Georg und Sankt Martin, erbaut um 1716–36 von den Brüdern Cosmas Damian Asam und Egid Quirin Asam

Weltkrieg

Hoffnung, die Großmächte aus dem Konflikt heraushalten zu können (Lokalisierung des Krieges). Vermittlungsversuche der übrigen Mächte nach dem österr.-ungar. Ultimatum an Serbien (23. 7.) wehrte Deutschland daher konsequent ab. Erst als sich das brit. Eingreifen abzeichnete (29. 7.), versuchte Berlin erfolglos, einen gewissen mäßigenden Druck auf Wien auszuüben. So entwickelte sich der Konflikt innerhalb einer Woche durch die Starrheit der militär. Planung und Diplomatie sowie durch die Kriegserklärungen Österreich-Ungarns an Serbien (28. 7.), Deutschlands an Rußland (1. 8.) und Frankreich (3. 8.) sowie Großbritanniens an Deutschland (4. 8.) aus einem von den Mittelmächten angestrebten begrenzten Balkankrieg zum Weltkrieg. In sämtlichen am Krieg beteiligten Staaten kam es in Erwartung einer kurzen Kriegsdauer zu spontanen, begeisterten Demonstrationen für den Krieg. Da Italien zunächst neutral blieb, ergab sich folgende Mächtekonstellation: die Mittelmächte Deutschland, Österreich-Ungarn, Osman. Reich (Nov. 1914), Bulgarien (Okt. 1915) gegen die Tripelentente aus Großbrit., Frankreich, Rußland, dazu Serbien und Japan. Der Tripelentente schlossen sich weitere »Alliierte« an, u. a. Italien, Rumänien, Griechenland, China und lateinamerikan. Staaten, die USA als »Assoziierte«. Neutral blieben die Schweiz, die Niederlande, Dänemark, Schweden, Norwegen und Spanien.

Die militär. Dimension: In den ersten Kriegsmonaten waren zunächst alle Offensiven gescheitert: die dt. gegen Frankreich, die österr.-ungar. gegen Serbien, gegen Rußland in Galizien, die russ. gegen Deutschland in Ostpreußen, gegen Österreich-Ungarn in den Karpaten, die frz. gegen Deutschland im Elsaß und in Lothringen. Im W mißlangen die Versuche beider Seiten, die gegner. Front durch Überflügelung im N zu umfassen (»Wettlauf zum Meer«). Danach erstarrte die W-Front für fast vier Jahre im Stellungskrieg. Im O und SO wurden die Eroberungen Polens, Litauens, Kurlands, Serbiens (1915), Montenegros und Rumäniens (1916) durch die Mittelmächte nicht kriegsentscheidend. Das Osman. Reich sperrte den westl. Nachschub für Rußland und verschärfte

Weltkrieg

so dort die Versorgungslage. Der Aug. 1916 brachte den Höhepunkt der militär. Krise für Deutschland: Die dt. Offensive bei Verdun war gescheitert, im Juli hatte die brit.-frz. Offensive an der Somme begonnen. Die russ. 1. Brussilow-Offensive in Galizien und Wolynien sowie die rumän. Offensive nach Siebenbürgen brachte Österreich-Ungarn an den Rand des militär. Zusammenbruchs; nur die italien. Front hielt (Isonzoschlachten). In dieser Situation wurden P. von Hindenburg und E. Ludendorff, die seit ihren Siegen über Rußland bei Tannenberg und den Masur. Seen (Aug./Sept. 1914) in Deutschland myth. Popularität genossen, in die dt. Oberste Heeresleitung (OHL) berufen: Das Hindenburgprogramm kurbelte die Rüstung an; die militär. Lage wurde durch den Abbruch der Verdunschlacht und Siege über Rußland und Rumänien stabilisiert.

Für den Krieg auf den Meeren und in Übersee lagen die überwältigenden Vorteile von vornherein bei Großbrit., verstärkt durch Frankreich, Japan und (ab 1917) die USA. Die dt. Überseekreuzer verschwanden in den ersten Kriegsmonaten von den Weltmeeren: Die dt. Mittelmeerdivision (Kreuzer »Goeben« und »Breslau«) brach nach Kriegsbeginn nach Konstantinopel durch und bekämpfte dann als Kern der türk. Flotte die russ. Seestreitkräfte im Schwarzen Meer. Das dt. ostasiat. Kreuzergeschwader unter M. von Spee wurde von den Briten bei den Falklandinseln vernichtet (8. 12. 1914). Der gesamte dt. Kolonialbesitz wurde im Lauf des W. von den Alliierten besetzt. Die brit. Blockade des Ärmelkanals und der Nordsee zw. Norwegen und Schottland konnte von der dt. Hochseeflotte wegen ihres begrenzten Aktionsradius nicht gebrochen werden. So wurde sie nach der Niederlage bei Helgoland (28. 8. 1914) zurückgehalten. Nach der Niederlage auf der Doggerbank (24. 1. 1915) begann Deutschland den uneingeschränkten U-Boot-Krieg (4. 2. 1915) mit der Torpedierung von kriegführenden und neutralen Handelsschiffen. Nach dem Tod zahlr. amerikan. Passa-

Weltkrieg

giere bei der Torpedierung des brit. Passagierdampfers »Lusitania« (7. 5. 1915) zwang die Kriegsdrohung der USA die dt. Führung zum Einlenken. Doch der trotz hoher brit. Verluste für Deutschland ungünstige Ausgang der Seeschlacht vor dem Skagerrak (31. 5./1. 6. 1916) bedeutete die Wiederaufnahme des uneingeschränkten U-Boot-Kriegs (1. 2. 1917), der den Kriegseintritt der USA (6. 4. 1917) zur Folge hatte.

Den Umschwung zuungunsten der nach dem Kriegseintritt der USA materiell völlig unterlegenen Mittelmächte leitete das Scheitern des uneingeschränkten U-Boot-Kriegs (Herbst 1917) und der dt. Frühjahrsoffensiven 1918 ein; Hoffnungen, nach dem Waffenstillstand und Friedensschluß mit Rußland (Brest-Litowsk 3. 3. 1918) durch die Entlastung an der O-Front im W zum militär. Sieg zu gelangen, erfüllten sich nicht. Die entscheidende frz. (18. 7.), brit. (8. 8.) und amerikan. (12. 9.) Gegenoffensive zwangen die dt. Truppen an der W-Front zum Rückzug zu den Reichsgrenzen. Der Zusammenbruch der bulgar. Front in Makedonien (15. 9. 1918) und der türk.-dt. Front in Palästina (19. 9.) führte zum Waffenstillstand der Alliierten mit Bulgarien (29. 9.), dem Osman. Reich (30. 10.) und mit Österreich-Ungarn (3. 11.). Bereits am 3. 10. bot die dt. Reichsführung auf Betreiben der OHL den Alliierten den Waffenstillstand an, der dann am 11. 11. 1918 geschlossen wurde.

Die polit. Dimension: Als imperialist. Machtkrieg begonnen, gewann der 1. W. mit der russ. Revolution 1917, mit der erstmaligen militär. Intervention der USA in Europa (politisch ergänzt durch das Friedensprogramm der »Vierzehn Punkte« Wilsons) und mit der sozialen Revolution in den meisten kriegführenden Staaten als Antwort von unten auf den Krieg eine neue polit. Dimension: Den Alliierten, die überwiegend demokratisch-parlamentarisch organisiert waren, standen die Mittelmächte gegenüber mit überwiegend dynastisch-imperialer Struktur, belastet mit expansiven hegemonialen dt. Kriegszielen. Durch den »Burgfrieden« vom Aug. 1914 mit einstimmiger Bewilligung der Kriegskredite zunächst überspielt, gewannen in Deutschland die innenpolit. Konflikte mit der Dauer des Krieges und dem Schwinden der Erfolgsaussichten an Bedeutung (Abspaltung der USPD von der SPD 1917, Gründung der Dt. Vaterlandspartei 1917). Die Polarisierung zw. links und rechts führte zum Sturz des Reichskanzlers Bethmann Hollweg und ermöglichte die verschleierte Militärdiktatur Ludendorffs als fakt. Leiter der 3. OHL (1916–18). So sind der Sturz der Monarchie und die Novemberrevolution 1918 als Reaktionen auf die militär. Niederlage und die Verschleppung grundlegender Strukturreformen im von Preußen geprägten dt. Kaiserreich anzusehen.

Die beiden Vielvölkerstaaten Österreich-Ungarn und Osman. Reich waren innenpolitisch noch labiler. Hier trugen im wesentlichen nur die führenden Reichsvölker (Deutsche, Ungarn; Türken) die Kriegsanstrengungen. Namentlich Tschechen (Massendesertionen) und Araber (Aufstand) nahmen die Auflösung dieser beiden Reiche vorweg, die nach Kriegsende in der Gründung von Nationalstaaten (Österreich, Ungarn, Jugoslawien, ČSR, die Staaten des Vorderen Orients, darunter die Türkei) mündete. Am augenfälligsten wirkte sich in Rußland der Zusammenhang zw. Niederlage und Revolution aus, die nicht nur den Fortgang des 1. W., sondern durch die Entstehung Sowjetrußlands auch die Weltgeschichte veränderte. Aber auch die übrigen Alliierten gingen im Krieg durch polit. Krisen hindurch und wurden danach von den übl. Folgen großer Kriege betroffen: Inflation, Wirtschaftskrise, Verschärfung innerer Konflikte. Auch durch die kriegsbedingte Erweiterung des innenpolit. Spektrums nach links (Kommunismus) wie nach rechts (Faschismus) entstand in zahlr. Ländern (z. B. Deutschland, Italien, Frankreich) jene Polarisierung, die das nach Friedensschlüssen begründete internat. System und die in vielen Staaten neugewonnene polit. Ordnung gefährdete, deren Zusammenbruch zu neuen Krisen und letztlich zum 2. W. führte. Zugleich prägte die Verarbeitung des Fronterlebnisses des ersten modernen Massenkriegs Politik, Gesellschaft und Kultur der Zeitgenossen. In Deutschland trug das Trauma der Niederlage (verbrämt

Weltkrieg

durch die sog. Dolchstoßlegende), die Aufnahme eines Abschnitts über die »Alleinschuld Deutschlands« in den Versailler Vertrag und das allgemeine Bedürfnis nach einer Revision der als aufgezwungen erachteten Nachkriegsordnung wesentlich zu den Krisensituationen der Weimarer Republik bei.

Friedensschlüsse und Bilanz: Nach den Sonderfriedensschlüssen der Mittelmächte mit Sowjetrußland (Brest-Litowsk 3. 3. 1918) und Rumänien (Bukarest 7. 5. 1918) fand der 1. W. völkerrechtlich seinen Abschluß in den Pariser Vorortverträgen: dem ↑Versailler Vertrag mit Deutschland (28. 6. 1919) und den Friedensverträgen von Saint-Germain-en-Laye mit Österreich (10. 9. 1919), Trianon mit Ungarn (4. 6. 1920), Neuilly-sur-Seine mit Bulgarien (27. 11. 1919) und Sèvres mit der Türkei (10. 8. 1920). Über 65 Mio. Soldaten waren auf beiden Seiten mobilisiert. Insgesamt gab es rd. 8,5 Mio. Gefallene, über 21 Mio. Verwundete, 7,8 Mio. Kriegsgefangene und Vermißte.

Zweiter Weltkrieg (1939–45): *Vorgeschichte:* Die nach dem 1. W. geschaffene polit. Ordnung Europas und O-Asiens, die auf dem ökonom. und machtpolit. Übergewicht der Siegermächte Großbrit., Frankreich und USA sowie der weitgehenden Isolierung der UdSSR beruhte, geriet mit Beginn der 1930er Jahre als Folge der Weltwirtschaftskrise und der inneren Schwäche der westeurop. Führungsmächte in eine Krise und wurde dann durch die aggressive Expansionspolitik der drei revisionist. Staaten Deutschland, Italien (Eroberung Äthiopiens 1935/36, Annexion Albaniens 1939) und Japan (Besetzung der Mandschurei 1931, ab 1937 Krieg gegen China) schwer erschüttert.

Der Ausbruch des 2. W. in Europa war die Folge der verbrecherischen und menschenverachtenden Politik des ↑Nationalsozialismus in Deutschland. Hitler knüpfte dabei anfangs verbal an die bisherige dt. Revisionspolitik an, unternahm jedoch bald auch einseitige Akte zur schrittweisen außenpolit. und militär. Gleich- und Vormachtstellung Deutschlands. Beteuerungen des Friedenswillens standen neben der seit 1934 forcierten Aufrüstung und neben offenen Vertragsverletzungen seit 1935: 1933 Austritt aus der Abrüstungskonferenz und dem Völkerbund, 1935 Rückgliederung des Saargebiets, Einführung der allg. Wehrpflicht, Dt.-Brit. Flottenabkommen, 1936 Einmarsch dt. Truppen in die entmilitarisierten Rheinlande, Eingreifen in den Span. Bürgerkrieg auf seiten Francos, 1938 dt. Einmarsch in Österreich und die Vereinigung beider Länder, schließlich die erpreßte Angliederung des Sudetenlands an das Dt. Reich auf Grund des Münchner Abkommens. Entgegen den Erwartungen auf einen Bündnispartner Großbrit. geriet nur Italien nach anfängl. Zögern seit 1936/37 immer stärker in den Sog Deutschlands. Die Achse Berlin–Rom (1936), der Stahlpakt (1939) und auch der Antikominternpakt der beiden Mächte mit Japan (1936) stellten wichtige diplomat. Instrumente dar; doch erwies sich ihr Wert als gering, als der Kriegsfall tatsächlich eintrat.

Mit der Errichtung des Protektorats Böhmen und Mähren nach dem dt. Einmarsch in Prag (14./16. 3. 1939) brach Hitler eine unmittelbar zuvor eingegangene internat. Vereinbarung und berührte direkt die brit. und frz. Sicherheitsinteressen. Am 31. 3. 1939 ergänzte Großbrit. mit seiner Garantieerklärung für die poln. Unabhängigkeit das poln.-frz. Militärbündnis. Brit.-frz. Verhandlungen mit der Sowjetunion über eine Militärkonvention zum Schutz der kleineren europ. Staaten blieben erfolglos. Stalin, der sein durch die Säuberungen geschwächtes Land aus krieger. Verwicklungen heraushalten wollte, aber auch territoriale Expansion zur Sicherung des europ. Vorfelds anstrebte, nahm daraufhin ein dt. Verhandlungsangebot an, das zum Dt.-Sowjet. Nichtangriffspakt vom 23. 8. 1939 führte. Im geheimen Zusatzprotokoll wurde Polen entlang Weichsel, Narew und San in zwei Interessengebiete aufgeteilt, die balt. Staaten (außer Litauen) der sowjet. Einflußsphäre zugewiesen.

Am 1. 9. 1939 löste der dt. Überfall auf Polen, nach dem am 3. 9. 1939 Großbrit. und Frankreich Deutschland den Krieg erklärten, den 2. W. aus. Hitler hoffte, durch eine schnelle Abfolge regional begrenzter Feldzüge (»Blitzkriege«) und den dt. Rüstungsvorsprung den seit der Machtergreifung

Weltkrieg

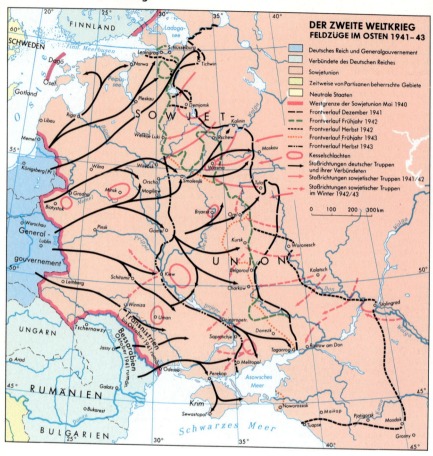

vorbereiteten Eroberungskrieg für sich entscheiden zu können. Für ihn war der 2. W. von Beginn an – nach außen wie nach innen – ein ideolog. und totaler Krieg. Der Befehl zur phys. Vernichtung des Gegners und der im Sinne der nat.-soz. Rassenideologie unternommene Versuch, für ein »rassereines german. Reich dt. Nation« gegen die kommunist. UdSSR mit ihrer als »minderwertig« bezeichneten Bevölkerung Lebensraum im O zu gewinnen und im Rücken der Front die Juden in dem von Deutschland beherrschten Europa auszurotten, unterschieden diesen Krieg von allen anderen.

Der Krieg in Europa (1939–41): Großbrit. entsandte ein Expeditionskorps auf den Kontinent, doch in Überschätzung der dt. Kräfte verharrten Briten und Franzosen hinter der Maginotlinie. Italien erklärte sich für »nicht kriegführend«. Die dt. Wehrmacht besetzte bis zum 6. 10. Polen; am 30. 9. konstituierte sich in Paris eine poln. Exilregierung unter W. Sikorski. Am 17. 9. griff die Sowjetunion Polen von O her an. Ein dt.-sowjet. Grenz- und Freundschafts-

Weltkrieg

vertrag wurde am 28. 9. abgeschlossen: In Abänderung der Vereinbarung vom 23. 8. kam Litauen an die Sowjetunion, während der dt. Anteil am poln. Gebiet bis zum Bug erweitert wurde. Das Dt. Reich annektierte Danzig sowie die ehem. dt. Gebiete und Teile N- und W-Polens, aus dem Rest wurde das Generalgouvernement Polen gebildet. Die Sowjetunion gliederte sich die ostpoln. Gebiete ein und führte die strateg. Sicherung ihres westl. Vorfelds fort, indem sie zw. 28. 9. und 10. 10. Estland, Lettland und Litauen zwang, ihr das Recht zur Truppenstationierung einzuräumen. Ähnl. Territorialansprüchen widersetzte sich Finnland, mußte aber nach dem durch den sowjet. Angriff vom 30. 11. ausgelösten Finn.-Sowjet. Winterkrieg nachgeben (Friede von Moskau 12. 3. 1940).

Der dt. Angriff auf Norwegen ab 9. 4. 1940 (gleichzeitig dt. Besetzung Dänemarks) kam einer brit. Verminung der dortigen Küstengewässer zuvor. Dt. Truppen besetzten gegen norweg. und brit. Widerstand bis zum 10. 6. das Land. Schweden, das über für die dt. Rüstung unentbehrl. Erze verfügte, blieb souverän, aber zu wohlwollendem Verhalten gegenüber Deutschland gezwungen.

Am 10. 5. 1940 fielen die dt. Truppen unter Verletzung der Neutralität dieser Länder in den Niederlanden, in Belgien und Luxemburg ein. Die Niederlande und Belgien kapitulierten am 14. bzw. 28. 5.; am 20. 5. erreichten die dt. Trup-

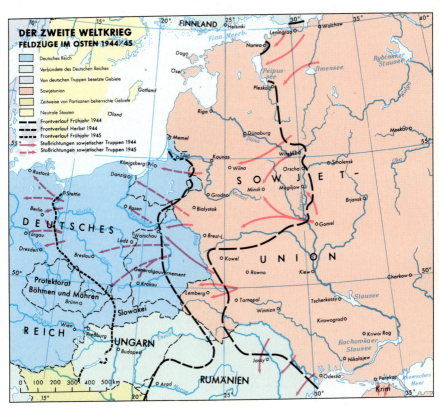

Weltkrieg

pen die Mündung der Somme. Allerdings gelang es 340 000 bei Dünkirchen eingeschlossenen brit., frz. und belg. Soldaten – wenn auch ohne Ausrüstung –, nach Großbrit. zu entkommen. Zw. 5. und 22. 6. rückten dt. Truppen überall bis an die nord- und westfrz. Küste vor und besetzten Frankreich zu drei Fünfteln. Elsaß und Lothringen wurden unter einer dt. Zivilverwaltung dem Dt. Reich faktisch angegliedert (ebenso Luxemburg). Die von Marschall P. Pétain neugebildete, auf den unbesetzten Teil Frankreichs und Teile der Kolonien beschränkte autoritäre Regierung etablierte sich in Vichy (État Français); als Sprecher des Freien Frankreich bemühte sich unterdessen in London C. de Gaulle um die Sammlung der Exilkräfte. Nach dem schnellen Sieg im W befand sich Hitler auf dem Höhepunkt seiner Popularität in Deutschland, die gegen die Skepsis führender Militärs errungenen Erfolge entzogen den oppositionellen Kräften in der Heeresführung den Boden. Am 10. 6. 1940 erklärte Italien Frankreich und Großbrit. den Krieg. Die Sowjetunion besetzte im Juni 1940 die balt. Staaten, erzwang von Rumänien die Abtretung Bessarabiens und der nördl. Bukowina und gliederte sich alle diese Gebiete an. In Großbrit. verkörperte W. Churchill, seit 10. 5. 1940 Premier-Min. einer großen Koalition aus Konservativen, Labour Party und Liberalen, den brit. Durchhaltewillen. Dt. Anstrengungen im Sommer 1940, durch Vorbereitung einer Landung auf der brit. Insel und durch eine Luftoffensive (»Luftschlacht um England«; Bombardierung brit. Städte, u. a. London und Coventry) Großbrit. zum Einlenken zu zwingen, scheiterten. Die Festigung der dt. Herrschaft auf dem Kontinent und der forcierte Ausbau der dt. Flotte bedeuteten mittelfristig eine Bedrohung der globalen brit. Machtstellung. Die USA unterstützten vom Herbst 1940 an Großbrit. immer nachhaltiger. Nach der Niederlage Frankreichs und der zweiten Wiederwahl Roosevelts vollzog sich der Übergang von der »parteiischen Neutralität« zum »unerklärten Krieg« mit wachsender materieller Hilfeleistung (Lend-lease-System).

Nach dem Abschluß des Dreimächtepakts zw. Deutschland, Italien und Japan (27. 9. 1940) suchte Hitler für die Bildung eines Kontinentalblocks auch die Sowjetunion zu gewinnen, die ihre Interessen auf brit. Kosten im S (Indien, Pers. Golf) suchen sollte. Der sowjet. Außen-Min. Molotow betonte aber bei seinem Besuch in Berlin im Nov. 1940 das starke Interesse der Sowjetunion an ihrem europ. Vorfeld. Die mögl. sowjet. Expansion in N- und SO-Europa bestärkte Hitler in seinem bereits im Juli 1940 gefaßten Entschluß, im Krieg gegen die Sowjetunion Großbritanniens letzten scheinbar mögl. Verbündeten in Europa auszuschalten.

Schwere militär. Rückschläge bei den italien. Angriffsunternehmen gegen Ägypten und Griechenland (Sept. und Okt. 1940) veranlaßten das dt. militär. Eingreifen auf dem Balkan, um ein mögl. Festsetzen der brit. Armee in diesem Raum zu verhindern und eine Flankenbedrohung für den geplanten Angriff auf die UdSSR auszuschließen; dt. Panzertruppen unter E. Rommel

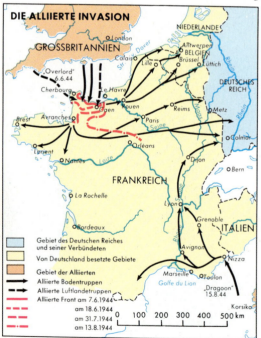

DIE ALLIIERTE INVASION

drängten zw. Febr. und April 1941 die Briten aus Libyen bis an die ägypt. Grenze zurück. Ungarn, Rumänien und die Slowakei traten im Nov. 1940 dem Dreimächtepakt bei, Bulgarien und Jugoslawien im März 1941. Ein hiergegen unternommener Staatsstreich in Belgrad zog die Ausrichtung des dt.-italien. Feldzugs gegen Griechenland nunmehr auch gegen Jugoslawien ab 6. 4. 1941 nach sich. Am 17. 4. war Jugoslawien, am 11. 5. ganz Griechenland einschließlich der Inseln trotz brit. Widerstands in dt. und italien. Hand; Kreta wurde aus der Luft erobert (20.–31. 5.). In Jugoslawien entwickelte sich in der Folgezeit ein immer intensiverer Partisanenkrieg.

Der dt. Überfall auf die Sowjetunion *(Unternehmen »Barbarossa«)* begann (wegen des Balkankrieges sechs Wochen später als geplant) am 22. 6. 1941; Rumänien, Ungarn, Italien und Finnland schlossen sich dem Angriff an. Obwohl sich die sowjet. Kriegsvorbereitungen in Grenzen gehalten hatten, da Stalin bis zuletzt nicht mit einem dt. Angriff vor Abschluß des Kriegs im W gerechnet hatte, kam es trotz des raschen dt. Vordringens in drei Stoßrichtungen (Smolensk, Kiew, Leningrad) bis zum Winter 1941/42 nicht zur sicher erwarteten militär. Entscheidung zugunsten der Deutschen. Das Nichtangriffsabkommen mit Japan vom 13. 4. 1941 erlaubte es der Sowjetunion, Verstärkung aus dem O heranzuführen; wichtige Industriebetriebe wurden kurzfristig nach O verlagert. Moskaus Außenbezirke wurden von den Spitzen der auf den Winterkrieg unvorbereiteten dt. Truppen erreicht, bevor die sowjet. Gegenoffensive ab 5. 12. Moskau entlastete. Das Scheitern der dt. Blitzkriegsstrategie vor Moskau leitete die militärisch und ökonomisch entscheidende Wende im gesamten Kriegsplan Hitlers, der am 19. 12. persönlich den Oberbefehl über das Heer übernommen hatte, ein. Die Vernichtungsstrategie gegen die Juden erreichte zeitgleich ihren Höhepunkt: Im besetzten Polen entstanden ab Herbst 1941 die Vernichtungslager, im Nov. 1941 waren die organisator. Planungen zur Verwirklichung der »Endlösung« abgeschlossen und wurden auf der Wannseekonferenz (20. 1. 1942) mit den beteiligten Dienststellen abgestimmt.

Der Weltkrieg (1941–45): Erst Hitlers Angriff auf die UdSSR brachte die Anti-Hitler-Koalition zustande, die bis dahin an den unterschiedl. Interessen gescheitert war. Die Sowjetunion und Großbrit. vereinbarten am 12. 7. 1941 ein Abkommen über gegenseitige Hilfe; gemeinsam rückten sie am 25. 8. in Iran ein, um die Ölfelder und die südl. Transportroute in die Sowjetunion freizuhalten. Die USA, Großbrit. und die Sowjetunion schlossen am 1. 10. ein Rüstungshilfeabkommen. Als polit. Absichtserklärung zur »endgültigen Beseitigung der Nazi-Tyrannei« und als Aufruf an die unterdrückten Völker verkündeten Churchill und Roosevelt am 14. 8. 1941 die Atlantikcharta.

Das an Rohstoffen sehr arme Japan besetzte in seinem Bestreben, die Kolonialmächte aus O-Asien und der Südsee zu vertreiben und ostasiat. Vormacht zu werden, bis 1941 fast ein Drittel Chinas. Wegen des dortigen, von den USA unterstützten Widerstands und wegen der Gefahr eines Konflikts mit der Sowjetunion wandte es sich stärker nach S und nahm im Sept. 1940 Frankreich das nördl. Indochina ab. Die jap. Besetzung des südl. Indochina verschärfte den Konflikt mit den USA, die ihre wirtschaftl. Interessen und ihren strateg. Vorposten auf den Philippinen bedroht sahen. Der jap. Überfall auf Pearl Harbor am 7. 12. 1941 traf die amerikan. Pazifikflotte schwer und gab Japan die Gelegenheit zu raschem Vordringen in SO-Asien und im Pazifik (Besetzung von Hongkong am 25. 12. 1941, Manila am 2. 1. 1942, Singapur am 15. 2., Niederl.-Indien am 8. 3., Birma am 20. 5. 1942); durch die anschließende dt. und italien. Kriegserklärung an die USA (11. 12.) weitete sich der europ. Konflikt zu einem weltweiten Krieg aus. Der amerikan. Seesieg bei den Midway Islands (3.–7. 6. 1942) verhinderte die Sicherung des pazif. Vorfeldes durch Japan. Die Behauptung von Guadalcanal und Neuguinea (Aug. 1942–Febr. 1943) schützte die alliierten Verbindungswege nach Australien und Neuseeland. Diese Erfolge leiteten die amerikan. Gegenoffensive ein, in deren Verlauf die Japaner ab 1943/44 die eroberten Inseln wieder räumen mußten (»Inselspringen«).

Weltkrieg

Für die gemeinsame strateg. Planung und Kriegführung errichteten die USA und Großbrit. im Jan. 1942 ein gemeinsames Gremium ihrer Vereinigten Generalstäbe; für die einzelnen Kriegsschauplätze wurden kombinierte Truppenverbände mit gemeinsamen Führungsstäben gebildet. Bei Churchills Besuch in den USA (22. 12. 1941 bis 14. 1. 1942) wurde die grundlegende Strategie bekräftigt: Deutschland blieb der Hauptgegner, dessen Ausschaltung auch Japans Zusammenbruch beschleunigen würde; Ausgangspunkt für die Offensive gegen Deutschland blieb die brit. Insel. Eine 2. Front im W, die Stalin zur Entlastung der Roten Armee seit Sept. 1941 ständig forderte, verzögerte sich aber aus techn. und strateg. Gründen bis zum 6. 6. 1944. Währenddessen trug die Sowjetunion an einer bis zu 3500 km breiten Front die Hauptlast des Krieges gegen Deutschland.

Anders als Großbritannien und die USA führten Deutschland und Japan ihre Kriege weiterhin getrennt. Die Offensive des dt. Ostheeres konzentrierte sich 1942 auf die gegner. Versorgungsgebiete am Don und an der unteren Wolga und auf das Erdölgebiet von Baku und Batumi. Durch den am 19./20. 11. 1942 begonnenen sowjet. Gegenangriff wurde die 6. Armee bei Stalingrad eingekesselt und mußte, da Hitler Ausbruchsversuche nach W untersagte und die Versorgung aus der Luft nicht gelang, am 31. 1./2. 2. 1943 kapitulieren. Im Juli 1943 hatte die Rote Armee an der O-Front endgültig die Initiative übernommen.

Die dt. U-Boote erzielten beim Kampf gegen die Seeverbindungen zw. Großbrit. und den USA noch Erfolge, bis in der 5. Phase der Atlantikschlacht (Juli 1942–Mai 1943) die Alliierten entscheidend die techn. und takt. Abwehrleistungen (Luftüberwachung, Radar) verbesserten; am 24. 5. 1943 brach die dt. Kriegsmarine die Konvoibekämpfung im N-Atlantik ab. Ab 1942 erreichten brit. Bomberangriffe immer häufiger Städte im N und W Deutschlands, v. a. die Industriezentren an Rhein und Ruhr. Im Jan. 1943 begannen die amerikan. Tagesangriffe, im Juni 1943 dann die amerikan.-brit. Tag-Nacht-Bomberoffensiven. In N-Afrika war der Vorstoß Rommels nach Ägypten ab Jan. 1942 zunächst erfolgreich (Fall von Tobruk am 21. 6. 1942), kam jedoch bei El-Alamein im Juli/Aug. ins Stocken. Die brit. Gegenoffensive ab Okt. drängte Rommel bis Febr. 1943 über 2000 km weit nach Tunesien zurück. Unterdessen waren ab 7./8. 11. 1942 starke alliierte Verbände in Marokko und Algerien gelandet, wo die frz. Truppen mit heiml. Zustimmung Pétains einen Waffenstillstand eingingen (12. 11. 1942); der bislang unbesetzte Teil Frankreichs wurde daraufhin von Deutschland militärisch besetzt. Mit der Kapitulation der dt.-italien. Heeresgruppe am 13. 5. 1943 endeten die Kämpfe in Afrika.

Auf der Konferenz von Casablanca (14.–26. 1. 1943) verkündeten Roosevelt und Churchill als grundsätzl. Kriegsziel die bedingungslose Kapitulation Deutschlands, Italiens und Japans. Die Konferenz der Außen-Min. in Moskau (19. 10. –1. 11. 1943) und v. a. das Treffen der »Großen Drei« (Roosevelt, Churchill, Stalin) auf der Konferenz von Teheran (28. 11.–1. 12. 1943) bereinigte das im Zusammenhang mit der Entdeckung der Massengräber poln. Offiziere bei Katyn (April 1943) kurzzeitig getrübte Verhältnis der Anti-Hitler-Koalition; in Teheran wurde zudem endgültig die westalliierte Landung in Frankreich für das Frühjahr 1944 festgelegt. Die in Casablanca beschlossene alliierte Besetzung Siziliens (10. 7.–17. 8. 1943) führte überraschend schnell zu Mussolinis Sturz durch den Faschist. Großrat (25. 7.); mit der alliierten Landung an der S-Spitze Italiens kapitulierte die neue Regierung Badoglio (3. 9.) und erklärte am 13. 10. Deutschland den Krieg. Die Alliierten kamen gegen heftigen dt. Widerstand in Italien nur langsam voran (Einmarsch in Rom am 4. 6. 1944).

An der O-Front rückte die personell und materiell überlegene Rote Armee 1943 weiter vor (Smolensk 24. 9., Kiew 6. 11., Leningrad Jan. 1944), Rumänien (12. 9.), Finnland (19. 9.) und Bulgarien (28. 10.) wurden zum Waffenstillstand gezwungen. Die dt. Truppen mußten Griechenland (2. 11.) und S-Jugoslawien räumen, Belgrad wurde am 20. 10. von der Roten Armee und jugoslaw.

Weltkrieg

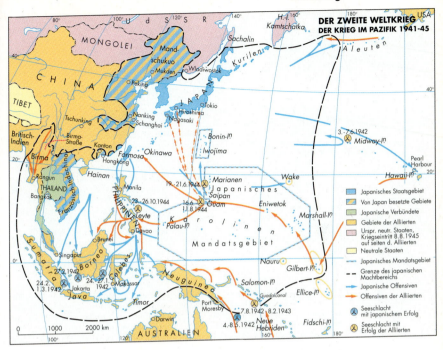

DER ZWEITE WELTKRIEG – DER KRIEG IM PAZIFIK 1941-45

Partisanenverbänden (Tito) eingenommen, Budapest am 24. 12. eingekreist. Weiter nördlich kamen die sowjet. Truppen seit Ende Aug. an der Weichsel und in Ostpreußen zum Stehen. Die anglo-amerikan. Invasion begann in der Normandie am 6. 6. 1944. Paris wurde am 25. 8. 1944 eingenommen (zugleich Einmarsch de Gaulles), Brüssel am 3. 9., Aachen am 21. 10. Von S-Frankreich her schloß am 11. 9. bei Dijon eine 2. (amerikan.-frz.) Invasionsarmee auf. Die dt. Ardennenoffensive (16. – 24. 12. 1944) als letzter Durchbruchsversuch scheiterte. In Erwartung des unvermeidlich bevorstehenden Zusammenbruchs der dt. Front in der Normandie unternahm C. Graf Schenk von Stauffenberg am 20. 7. 1944 ein mißglücktes Attentat auf Hitler (†Zwanzigster Juli).

Auf der Konferenz von Jalta (4.–11. 2. 1945) wurden bezüglich Deutschlands gemeinsame Grundforderungen verkündet: u. a. vollständige Entmilitarisierung, Reparationen, territoriale Einbußen, Schwächung der Zentralgewalt (möglicherweise staatl. Teilung), Bestrafung der Kriegsverbrecher.

Nach ihren Schlußoffensiven ab Anfang 1945 begegneten sich am 25. 4. 1945 (bei Strehla und bei Torgau) an der Elbe sowjet. und amerikan. Truppen. Am 2. 5. kapitulierte Berlin, wo Hitler am 30. 4. Selbstmord begangen hatte. Die dt. Wehrmacht kapitulierte bedingungslos am 7. 5. im alliierten Hauptquartier in Reims, am 8. 5. auch im sowjet. Hauptquartier in Berlin-Karlshorst; die Kapitulation trat am 8. 5. in Kraft. Auf der Potsdamer Konferenz (17. 7.–2. 8. 1945) legten die Alliierten im Potsdamer Abkommen vorläufige Bestimmungen für die Behandlung Deutschlands fest. Der in Potsdam eingesetzte Rat der Außen-Min. bereitete die Friedensschlüsse vom 10. 2. 1947 mit Rumänien, Italien, Ungarn, Bulgarien und Finnland vor (Pariser Friede).

Im Kampf im Pazifik konzentrierten die USA ihre Kraft auf die Eroberung der

Philippinen. Am 26. 3. fiel Iwo Jima, am 21. 6. 1945 Okinawa. Entgegen einer Landung auf den jap. Hauptinseln, bei der mit weiteren verlustreichen Kämpfen zu rechnen war, da Japan die Kapitulation ablehnte, entschied sich der nach dem Tod Roosevelts in das Amt des amerikan. Präs. gelangte Truman für den Einsatz der kurz zuvor fertiggestellten Atombombe. Zwei Abwürfe auf Hiroshima (6. 8., über 200 000 Tote) und Nagasaki (9. 8., 74 000 Tote) sowie die Kriegserklärung der Sowjetunion (8. 8. 1945) führten dazu, daß die jap. Regierung am 14. 8. ihre Bereitschaft zur Kapitulation erklärte. Die Unterzeichnung der Kapitulationsurkunde am 2. 9. 1945 beendete auch im Pazifik die Kampfhandlungen.

Opfer und Folgen: Der 2. W. forderte das Leben von 27 Mio. Soldaten und 25 Mio. Zivilpersonen; 3 Mio. Menschen blieben vermißt. Die Sowjetunion verlor 20 Mio. Menschen, China wenigstens 10 Mio., Deutschland 4,8 Mio. (weitere 2,5 Mio. durch Flucht, Vertreibung und Verschleppung), Polen 5,8 Mio., Japan 2 Mio., Jugoslawien 1,7 Mio., Frankreich 600 000, Großbrit. 400 000, die USA 300 000.

Politisch veränderte der 2. W. die internat. Lage grundlegend. Deutschland und Japan, aber auch Großbrit. und Frankreich büßten ihre weltpolit. Bedeutung ein. Den Macht- und Einflußsphären der USA und der UdSSR entsprechend wurde Europa (und Deutschland) faktisch geteilt (↑Ost-West-Konflikt). In Deutschland und Japan wurden 1945/46 in Nürnberg und Tokio Kriegsverbrecherprozesse durchgeführt. Auf der Konferenz von San Francisco (25. 4. –26. 6. 1945) wurden die UN gegründet. Großbrit., Frankreich, aber z. B. auch die Niederlande betraf der Prozeß der Entkolonisation, den der 2. W., zunächst v. a. in Asien, beschleunigte. In China verschob sich im Kampf gegen Japan das Gewicht zugunsten der KP unter Mao Zedong, die innerhalb von vier Jahren das ganze Land eroberte. In W-Europa lösten die gemeinsamen Probleme der Überwindung der Kriegsfolgen Bemühungen um wirtschaftl., militär. und polit. Zusammenarbeit aus.

Weltliteratur, 1) Gesamtheit der literar. Produktion aller Völker und Zeiten. 2) Werke, die über ihren nat. Entstehungsbereich hinaus literar. Bedeutung entfalten. 3) von A. W. Schlegel (1802) und Goethe (1827) eingeführte Umschreibung für das sich gegenseitig bereichernde Schaffen der über Ländergrenzen hinweg literarisch Tätigen (↑Weltbürgertum).

Weltmacht, Staat, der aufgrund seines militärischen und/oder wirtschaftlichen Gewichts im internationalen Staatensystem eine Spitzenstellung einnimmt, indem er weltweit bestimmenden polit. Einfluß auszuüben in der Lage ist. Ende des 19. Jh. waren Rußland, Frankreich und Großbritannien Weltmächte. Nach dem 1. Weltkrieg verlagerte sich das Schwergewicht der internationalen Politik nach den USA. Im 1. und 2. Weltkrieg versuchte Deutschland – im 2. Weltkrieg auch Japan – eine Weltmachtstellung zu erringen. Nach dem Ende des 2. Weltkriegs waren die Sowjetunion und die USA die politisch, militärisch und wirtschaftlich vorherrschenden Weltmächte. Nach dem Zusammenbruch der Sowjetunion, den politischen Umwälzungen in Europa seit Ende der 1980er Jahre sowie angesichts der Konfliktherde im Nahen Osten und der wirtschaftlich erstarkten Konkurrenten der USA (Westeuropa, Japan) ergaben sich neue Orientierungen. ↑Großmacht.

Weltmarktpreise, Preise der Hauptwarenmärkte (v. a. für Rohstoffe), zu denen Waren im internat. Handel ausgetauscht werden. W. bilden sich an Warenbörsen; Wertgrundlage sind die verschiedenen nat. Preise.

Weltmeer ↑Meer.

Weltpostverein (Weltpostunion, engl. Universal Postal Union, frz. Union Postale Universelle [Abk. UPU]), Sonderorganisation der UN (seit 1948), die auf eine 1874 von H. von Stephan gegr. Organisation zurückgeht. Nach Abschluß des *Weltpostvertrages* 1878 Umbenennung in W. (mit Sitz in Bern) und Aufhebung der polit. Grenzen im Postverkehr. *Ziele* des W. sind Aufbau und Vervollkommnung des Postdienstes sowie Förderung der internat. Zusammenarbeit.

Weltrat der Kirchen, svw. ↑Ökumenischer Rat der Kirchen.

Weltwirtschaftskrise

Weltraum, allg. svw. Weltall; i. e. S. derjenige Teil des Weltalls, der mit Hilfe der Raumfahrt erreichbar ist oder erreichbar erscheint.

Weltraumfahrt, svw. ↑Raumfahrt.

Weltraumrecht, Regeln und Grundsätze des Völkerrechts über die Rechte und Pflichten der Staaten bei der Raumfahrt und der Nutzung des Weltraums sowie der Himmelskörper. Der Weltraumvertrag vom 27. 1. 1967 regelt die friedl. Nutzung des Weltraums. Er wird ergänzt durch den Vertrag vom 29. 12. 1969 über die Rettung und Rückführung von Raumfahrern und die Rückgabe von in den Weltraum gestarteten Gegenständen, durch den Vertrag vom 29. 3. 1972 über die völkerrechtl. Haftung für Schäden durch Weltraumgegenstände sowie durch das Übereinkommen über die Registrierung von in den Weltraum gestarteten Gegenständen.

Weltraumteleskop, ein im Weltraum auf einer Erdumlaufbahn stationiertes Teleskop z. B. ↑ROSAT und das ↑Hubble-Teleskop.

Weltraumwaffen, zusammenfassende Bez. für Waffen und Waffensysteme, die im Weltraum stationiert sind oder gegen dort befindliche gegner. Ziele eingesetzt werden können.

Weltrekord, die Weltbestleistung in einer Sportart, die nach den Bestimmungen des zuständigen internat. Verbandes erzielt und anerkannt sein muß.

Weltreligionen, Religionen, die eine universelle Geltung beanspruchen und/ oder sich über einen größeren Teil der Weltbevölkerung erstrecken, z. B. ↑Judentum, ↑Christentum, ↑Islam, ↑Hinduismus und ↑Buddhismus.

Weltsicherheitsrat ↑UN.

Welturheberrechtsabkommen ↑Urheberrecht.

Weltwährungsfonds [...fõ] ↑Internationaler Währungsfonds.

Weltwährungssystem, die internat. Ordnung der Währungen, entsprechend den Erfordernissen der Abwicklung des internat. Waren-, Dienstleistungs- und Kapitalverkehrs.

Weltwirtschaft, die Gesamtheit der internat. Wirtschaftsbeziehungen, v. a. des internat. Güteraustauschs (Welthandels). Einerseits haben zunehmende Arbeitsteilung und Industrialisierung die Entwicklung der W. gefördert, die zu ihrem Funktionieren Liberalisierung von Handel und Verkehr sowie freie Konvertibilität der Währungen voraussetzt. Andererseits haben protektionistische Zielsetzungen, Währungskrisen sowie die Ausübung wirtschaftl. Macht von reichen gegenüber armen [Entwicklungs]Ländern die Entwicklung der W. auch immer wieder gehemmt. Zur Ordnung der W. wurden v. a. nach dem 2. Weltkrieg zahlr. internat. Organisationen gegründet sowie internat. Handelsverträge, Zoll- und Währungsabkommen abgeschlossen.

Weltwirtschaftsgipfel, seit 1975 jährlich stattfindende Konferenz der Staats- bzw. Regierungschefs der sieben führenden westl. Industrieländer (G-7-Staaten: Deutschland, Frankreich, Großbrit., Italien, Japan, Kanada, USA) zu Problemen der Weltwirtschaft und zur Abstimmung ihrer Wirtschaftspolitik. Zunehmend werden auch polit. Themen besprochen. Seit 1977 nimmt der Präs. der EG-Kommission am W. teil, seit 1993 als Gast auch der Präs. Rußlands (Erweiterung zum Kreis der G-8-Staaten durch [außen]polit. Gespräche mit Stimmrecht des russ. Präs.).

Weltwirtschaftskonferenz, internat. Konferenz über Probleme der Weltwirtschaft, insbes. zur Förderung bzw. Liberalisierung des Welthandels. 1964 tagte in Genf zum ersten Mal die *Welthandelskonferenz* (engl. United Nations Conference on Trade and Development, Abk. UNCTAD), die seither i. d. R. alle vier Jahre zusammentritt; ihre Beschlüsse sind nicht verbindlich.

Weltwirtschaftskrise, allg. eine Wirtschaftskrise, die weltweit zumindest die wichtigsten Wirtschaftsmächte erfaßt; i. e. S. die Wirtschaftskrise, die sich nach dem New Yorker Börsenkrach (»Schwarzer Freitag«, 25. 10. 1929) global ausweitete, auf ihrem Höhepunkt zur Arbeitslosigkeit von rd. 30 Mio. Menschen führte und z. T. erst im Gefolge der Aufrüstung der 2. Hälfte des 1930er Jahre überwunden wurde. Sie begünstigte mit ihren sozialen Folgeerscheinungen das Aufkommen und Anwachsen radikaler Massenbewegungen (Nationalsozialismus, Kommunismus) und trug in Deutschland erheblich zur Diskreditierung der liberalen Demokra-

Judentum
(Siebenarmiger Leuchter)

Christentum
(Lamm Gottes)

Islam
(Glaubensbekenntnis)

Hinduismus
(Aum- oder Omzeichen)

Buddhismus
(Rad des Gesetzes)

Weltreligionen.
Symbole

Weltwunder, Sieben

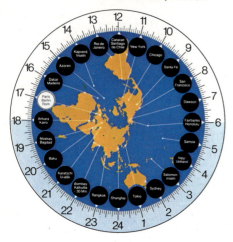

Weltzeituhr.
Weltzeituhr mit Stundenzahlenring

Wim Wenders

Wendehals

tie bei; dagegen gelang z. B. den USA im Rahmen des sozialstaatl. Gesetzgebungs- und Reformwerks des ↑New Deal eine gesellschaftl. Stabilisierung
Weltwunder, Sieben ↑Sieben Weltwunder.
Weltzeit, Abk. **WZ** (engl. UT [Universal Time]), die zum Längengrad Null (Meridian von Greenwich) gehörende mittlere Sonnenzeit, die die Basis der Zonenzeiten bildet. In der internat. Luft- und Seefahrt sowie im Weltfunkverkehr ist die Bez. Greenwich Mean Time (Abk. GMT; dt. Mittlere Greenwich-Zeit [MGZ], Greenwicher Zeit) sowie Z- oder Zulu-Time üblich. ↑Zeitmessung.
Weltzeituhr, eine Uhr, auf der neben der Ortszeit des jeweiligen Standorts (bzw. der entsprechenden Zonenzeit) die Uhrzeiten der verschiedenen Zeitzonen der Erde abgelesen werden können.
Wemfall, svw. ↑Dativ.
Wendehals, über 15 cm langer Specht, v. a. in lichten Laubwäldern, Feldgehölzen und Gärten fast ganz Europas; kurzschnäblig, oberseits graubraun, unterseits weißl. und rostgelb, führt v. a. bei Gefahr charakterist. pendelnde und drehende Kopfbewegungen aus.
Wendekreis, 1) *Astronomie:* Bez. für die beiden Kreise an der Himmelssphäre, in denen die Sonne zum Zeitpunkt einer ↑Sonnenwende (Solstitium) steht. Die beiden Breitenkreise auf der Erdkugel, über denen die Sonne zu diesen Zeitpunkten senkrecht steht (sie haben die geograph. Breite ±23° 27´), werden ebenfalls als W. bezeichnet.
2) *Kraftfahrzeugtechnik:* bei einem Kfz der kleinste Kreis, der durch die am weitesten nach außen vorstehenden Fahrzeugteile bei größtem Lenkradeinschlag beschrieben wird.
Wendel, svw. Schraubenlinie, insbesondere schraubenlinienförmig gewundener Draht (z. B. in der Glühlampe als Glühfaden).
wenden, ein am Wind segelndes Schiff durch entsprechendes Ruderlegen mit dem Bug durch den Wind drehen, wobei die Segel gleichzeitig auf die andere Seite genommen werden. – Ggs. ↑halsen.
Wenden, dt. Sammel-Bez. für alle in Mittel- und Ostdeutschland sowie in den Ostalpenländern ansässigen ↑Slawen; i. e. S. die ↑Sorben.
Wenders, Wim, *Düsseldorf 14. 8. 1945, dt. Filmregisseur und -produzent. Häufig Filme über (psych.) Reisen, die im Prozeß der Selbstfindung die Widersprüche zw. Realität und Vorstellungswelt aufdecken, u. a. »Falsche Bewegung« (1974), »Alice in den Städten« (1974), »Im Lauf der Zeit« (1975), »Der Stand der Dinge« (1982), »Paris, Texas« (1984), »Der Himmel über Berlin« (1987), »Bis ans Ende der Welt« (1991), »In weiter Ferne, so nah« (1993), »Lisbon Story« (1995).
Wendisch, svw. ↑Sorbisch.
Wendland, Niederung östlich der Lüneburger Heide, v. a. in Niedersachsen.
Wenfall, svw. ↑Akkusativ.
Wenigborster (Oligochaeta), Ordnung der Ringelwürmer mit über 3000 Arten, überwiegend im Süßwasser und an Land; Stummelfüße bis auf Borstenbündel zurückgebildet (u. a. Regenwürmer).
Wenner-Gren, Axel Leonard [schwed. ˌvɛnərˈgreːn], *Uddevalla 5. 6. 1881, † Stockholm 24. 11. 1961, schwed. Industrieller. Gründer des Electrolux-Konzerns; rief bed. Stiftungen ins Leben.
Wenzel, Name von Herrschern:
Hl. Röm. Reich: **1) Wenzel,** *Nürnberg 26. 2. 1361, † Schloß Wenzelstein (Kun-

ratitz bei Prag, heute Kunratice u Prahy) 16. 8. 1419, als W. IV. König von Böhmen (seit 1363), Röm. König (1376/78–1400). Suchte eine Mittlerstellung zw. Fürsten und Städten einzunehmen (»Heidelberger Stallung«, 1384), scheiterte aber trotz des Reichslandfriedens von Eger (1389). Hausmachtpolitik, Konflikte mit dem Klerus und der Vorwurf einer Untätigkeit v. a. hinsichtlich des Abendländ. Schismas führten zur Entstehung einer Fürstenopposition, die in der (entgegen dem formalen Recht vollzogenen) Absetzung W. als dt. König durch die vier rhein. Kurfürsten am 20. 8. 1400 gipfelte.

Böhmen: **2) Wenzel I., der Heilige,** * um 903, † Altbunzlau (heute zu Brandýs nad Labem-Stará Boleslav) 28. 9. 935 (ermordet), Herzog (seit 921/922). Im Zusammenhang mit dem bayr.-sächs. Machtkampf in Böhmen von seinem Bruder Boleslaw I. ermordet; Landespatron Böhmens.

3) Wenzel II., * 17. 9. 1271, † Prag 21. 6. 1305, König von Böhmen (seit 1278/83) und Polen (seit 1300). Nach dem Tod seines Vaters Ottokar II. fünf Jahre in Haft; gewann 1289/92 die Lehnsherrschaft über die oberschles. Ft., wurde 1289 dt. Kurfürst und 1300 durch Heirat König von Polen.

Wẹnzelskrone, für die Krönung König Wenzels I. (⚭ 1228/30–1253) hergestellte böhm. Königskrone, die Kaiser Karl IV. 1340/44 und um 1376 in die heute erhaltene Form verändern ließ. Eine päpstl. Bulle von 1346 bestimmte, daß sie auf dem Haupt des hl. Wenzel, einem Kopfreliquiar im Sankt-Veits-Dom in Prag, ruhen solle (daher: Krone des hl. Wenzel). Seit 1860 Symbol des böhm. Staatsrechts (»Länder der W.«).

Wẹnzinger, Johann Christian, * Ehrenstetten (heute zu Ehrenkirchen bei Freiburg im Breisgau) 10. 12. 1710, † Freiburg im Breisgau 1. 7. 1797, dt. Bildhauer. Ausstattung der Stiftskirche in Sankt Gallen (1757–1760).

Werbekosten, alle Aufwendungen, die einem Unternehmen im Zusammenhang mit Werbemaßnahmen entstehen; steuerlich als Betriebsausgaben zu behandeln.

Werbung, allg. die absichtl. und zwangfreie Form der Beeinflussung menschl.

Wenzelskrone (Prag, Sankt-Veits-Dom)

Willensentschließung und Meinungsbildung; bezieht sich diese Beeinflussung auf ideelle (polit., kulturelle, religiöse) Ziele, spricht man von ↑Propaganda; bezieht sie sich auf wirtschaftl. Ziele, spricht man von *Wirtschafts-W.* (Reklame); die *Absatz-W.* (Werbung i. e. S.) umfaßt alle Maßnahmen der Herstellung, Anwendung und Verbreitung von Werbemitteln, die zum Kauf von Gütern bzw. Dienstleistungen anregen sollen. *Werbemittel* in diesem Sinne sind z. B. Anzeigen, Plakate, Drucksachen, Kataloge, Werbefilme, Verkaufsgespräche, Vorführungen, Ausstellungen, Werbegeschenke. Die *informative W.*, die über Qualität und Preis des Produkts informiert, geht häufig über zur *suggestiven W.*, die beim Verbraucher eine nicht oder nicht allein verstandesmäßige Willenswirkung auslösen soll. Zur W. gehört die ↑Öffentlichkeitsarbeit.

Werbungskosten, bei der Einkommensteuer die Aufwendungen zur Erwerbung, Sicherung und Erhaltung der Einnahmen.

Werdandi (Verdandi) ↑Nornen.

Werdenfelser Land, histor. Landschaft zw. Garmisch-Partenkirchen und Mittenwald, Bayern.

Werder (Wert[h], Wört[h]), Flußinsel, auch entwässertes Niederungsgebiet oder zw. Flüssen und stehenden Gewässern gelegenes Gebiet.

Werder/Havel, Stadt auf einer Havelinsel, Brandenburg, 10 700 E. Zentrum des havelländ. Obstbaugebiets.

Werẹfkin, Marianne von [...ki:n], * Tula 11. 9. 1860, † Ascona 6. 2. 1938, schweizer. Malerin russ. Herkunft. Gehörte zur Gruppe um Kandinsky und Jawlensky in München. – Abb. S. 3814.

Werfall, svw. ↑Nominativ.

Werfel, Franz, * Prag 10. 9. 1890, † Beverly Hills (Calif.) 26. 8. 1945, österr. Schriftsteller. Verband in Lyrik (u. a. »Der Weltfreund«, 1911; »Der Gerichts-

Franz Werfel

Johann Christian Wenzinger (Selbstporträt an seinem Haus in Freiburg; vergoldete Bronze, 1760)

Werft

Marianne von Werefkin. Selbstbildnis (um 1908; München Städtische Galerie im Lenbachhaus)

tag«, 1919), Dramen (u. a. »Paulus unter den Juden«, 1926) und Erzählwerken (u. a. »Nicht der Mörder, der Ermordete ist schuldig«, Novelle, 1920; »Verdi«, Roman, 1924; »Barbara oder die Frömmigkeit«, Roman, 1929) humanistische Gesinnung mit expressionistischem Ausdruck; 1938 (mit seiner Frau Alma Mahler-Werfel) Emigration nach Frankreich, 1940 in die USA. Zu seinen bekanntesten Werken gehören die Romane »Jeremias« (1937), »Der veruntreute Himmel« (1939; verfilmt 1958), »Das Lied von Bernadette« (1941; verfilmt 1943), »Stern der Ungeborenen« (hg. 1946) sowie die Komödie »Jacobowsky und der Oberst« (1944; verfilmt 1958).

Werft [niederl.], Betrieb für den Neubau, die Reparatur und auch das Abwracken von Schiffen. Zu einer W. gehören Schiffbauhallen, Hellinge oder Baudocks und Schwimmdocks, die z. T. von großen Portalkränen überspannt sind.

Werftkäfer (Lymexylonidae), mit rd. 75 Arten fast weltweit verbreitete Fam. schlanker, mittelgroßer Käfer an gefällten Laubholzstämmen; Larven fressen horizontale Gänge ins Holz; einheimisch sind *Bohrkäfer* (Buchen-W.; 6 bis 18 mm groß) und *Schiffs-W.* (7–13 mm groß).

Werg (Hede), Fasermaterial aus wirren, kurzen Flachs- oder Hanffasern.

Wergeld (Blutgeld), nach german. Recht die zu zahlende Sippe eines Getöteten vom Täter bzw. dessen Sippe zu zahlende Geldbuße.

Werkbund ↑Deutscher Werkbund.

Werkgerechtigkeit, Begriff der theolog. Ethik und Erlösungslehre. Die W. mißt der eth. Tat, dem Werk, einen von der Gesinnung abhängigen Wert bei und neigt oft dazu, ihr eine mag. Kraft zur Realisation von Heil zuzuschreiben.

Werkkreis Literatur der Arbeitswelt (auch Werkkreis 70) ↑Gruppe 61.

Werkschutz, Gesamtheit der Maßnahmen zum Schutz der Sicherheit eines Betriebes *(Betriebsschutz)* und zur Wahrung der Betriebsordnung; i. e. S. die mit der Durchführung dieser Maßnahmen befaßten Personen.

Werkstoffkunde, Teilbereich bzw. Lehrfach der Technik (insbes. des Maschinen- und Apparatebaus), in dem Eigenschaften und Verhalten verschiedener Werkstoffe bezüglich Belastung, Verschleiß, Korrosion usw. untersucht bzw. gelehrt werden (u. a. Metallkunde).

Werkstoffprüfung (Materialprüfung), Untersuchung von Materialien auf ihre technolog., physikal. und chem. Eigenschaften, um Aufschlüsse über ihre Bearbeitbarkeit, Beanspruchbarkeit, über Fehler im Werkstück u. ä. zu erhalten. *Mechan.-technolog. Prüfverfahren* sind der Zugversuch, die Härteprüfverfahren, der Druckversuch, der Biegeversuch, die Schlagversuche, der Dauerschwingversuch sowie der Wölb- und Berstversuch. Die *Schallemissionsanalyse* untersucht den bei mechan. Belastung, Verformung und z. B. bei der Rißbildung abgestrahlten Ultraschall (10^5–10^7 Hz).

Werkvertrag, entgeltl., gegenseitiger Vertrag, durch den der Unternehmer (Hersteller) sich zur mängelfreien Herstellung des versprochenen Werkes, der Besteller (Kunde) sich zur Leistung der vereinbarten Vergütung verpflichtet. Eine Sonderform des W. ist der *Werklieferungsvertrag*, bei dem der Unternehmer die Herstellung einer Sache aus einem von ihm zu beschaffenden Stoff übernommen hat.

Werkzeugmaschinen, Sammel-Bez. für alle mit einem Antrieb versehenen Vorrichtungen, die dazu dienen, einem Werkstück die gewünschte Form und/oder Oberflächenbeschaffenheit zu geben. Die Automatisierung führt in immer stärkerem Maße zum Einsatz programmgesteuerter W. (↑Numerikmaschinen).

Werl, Stadt am Hellweg, NRW, 28 700 E. Missionsmuseum; Metallverarbeitung. Got. Propsteikirche Sankt Walburga (v. a. 14. Jh.); neuroman. Franziskaner- und Wallfahrtskirche Mariä Heimsuchung (1904–06) mit got. Gnadenbild (13. Jh.). – 1888–1927 Solbad.

Wermelskirchen, Stadt im Mittelberg. Land, NRW, 36 100 E. Schuh- und Textilindustrie. Ev. klassizist. Kirche (1838) mit roman. W-Turm (um 1200).

Wermsdorf, Gem. bei Oschatz, Sachsen, 3 600 E. Barockes Jagdschloß Hubertusburg, nach dem der europ. Friedensschluß von 1763 (↑Siebenjähriger Krieg) benannt ist.

Wermut, svw. Echter Wermut (↑Beifuß).

Wermutwein (Wermut, Vermouth), mit Wermutkraut (Artemisia absinthium) u. a. Kräutern aromatisierte, gespritete [Muskat]weine. Alkoholgehalt 15 bis 20 Vol.-%.

Werne, Stadt an der Lippe, NRW, 29 600 E. Kath. spätgot. Pfarrkirche Sankt Christophorus (um 1450 und 1500), Rathaus (v. a. 16. Jh.).

Werner, 1) Alfred, *Mülhausen 12. 12. 1866, †Zürich 15. 11. 1919, schweizer. Chemiker elsäss. Herkunft. Begründer der Stereochemie anorgan. Verbindungen; Nobelpreis für Chemie 1913.
2) Markus, *Eschlikon (Kt. Thurgau) 27. 12. 1944, schweizer. Schriftsteller. Lehrer; machte sich mit den satir. Romanen »Zündels Abgang« (1984), »Froschnacht« (1985) und »Die kalte Schulter« (1989) einen Namen.
3) Oskar, eigtl. Josef Bschließmayer, *Wien 13. 11. 1922, †Marburg 23. 10. 1984, österr. Schauspieler. 1941 [mit Unterbrechungen] bis 1960 am Wiener Burgtheater; Filme: u. a. »Entscheidung vor Morgengrauen« (1951), »Jules und Jim« (1961), »Fahrenheit 451« (1966).
4) Pierre, *Saint-André (Nord) 29. 12. 1913, luxemburg. Politiker (Christl.-Soziale Partei). 1959–74 und 1979–84 Regierungschef (Staats-Min.); legte 1970 den *Werner-Plan* vor, der die stufenweise Einführung der Wirtschafts- und Währungsunion in der EWG vorsah.
5) Zacharias, *Königsberg 18. 11. 1768, †Wien 17. 1. 1823, dt. Dramatiker. Schrieb u. a. histor. Dramen sowie das von Goethe 1810 in Weimar uraufgeführte Stück »Der vierundzwanzigste Februar«.

Werner der Gärtner ↑Wernher der Gartenaere.

Wernher der Gartenaere [...hɛr - -] (Werner der Gärtner), mhd. (vermutlich österr.) Dichter. Schrieb in der 2. Hälfte des 13. Jh. das satir. Versepos »Helmbrecht« über den Verfall des Rittertums.

Wernigerode, Kreisstadt am nördl. Harzrand, Sachsen-Anhalt, 35 300 E. Harz-, Feudalmuseum. Luftkurort. Frühgot. Sankt-Silvestri-Kirche (13., 17., 19. Jh.), Fachwerkrathaus (um 1420), neugot. Schloß (1862–81). – Ab 1112 Sitz der Grafen von Haymar (bei Hildesheim); 1429 an die Grafen von Stolberg (Stolberg-W.); 1714 zugunsten Brandenburg-Preußens mediatisiert.

Werra, rechter Quellfluß der Weser, 292 km lang.

Wert, 1) *Philosophie:* grundlegender (eth.) Orientierungsmaßstab menschl. Urteilens und Handelns.
2) *Wirtschaftswissenschaften:* die Bedeutung, die einem Gut im Hinblick auf die Bedürfnisbefriedigung beigemessen wird. Der *objektive W.* eines Gutes entspricht dem *Gebrauchs-W.,* d. h. der Verwendbarkeit für einen bestimmten Zweck. Eine wesentlichere Rolle spielt aber der *subjektive W.,* der durch den Nutzen bestimmt wird, den ein Wirtschaftssubjekt einem Gut beimißt. Aus der Verknüpfung der Wertbeimessungen aller an dem Gut Interessierten ergibt sich der *Tausch-* oder *Marktwert* für dieses Gut, das damit eine Ware wird.

Wertberichtigung (Berichtigungsposten), Passivposten in der Bilanz zur

Werftkäfer. Schiffswerftkäfer; Männchen (oben) und Weibchen

Alfred Werner

Wertfreiheit

Wertheim an der Mündung der Tauber in den Main

Korrektur des Wertansatzes eines Aktivpostens (indirekte Abschreibung auf Sach- und Finanzanlagen); W. auf das Umlaufvermögen heißen auch ↑Delkredere.

Wertfreiheit, wissenschaftstheoretische Position, nach der Werturteile nicht zum wiss. Gegenstands- bzw. Objektbereich gehören.

Werth, Johann Reichsgraf von (seit 1647) (Jan van Werth, Jean de Weert), *Büttgen (heute zu Kaarst) 6. 4. 1590, †Benatek (heute Benátky nad Jizerou, Mittelböhm. Gebiet) 16. 9. 1652, General im Dreißigjährigen Krieg. Zuerst in span., ab 1630 in bayr. Diensten im Heer der Liga; wesentlich am Sieg von Nördlingen (1634) beteiligt.

Wertheim, Stadt an der Mündung der Tauber in den Main, Bad.-Württ., 21 800 E. Glasmuseum; Herstellung von techn. und medizin. Glasartikeln; Hafen. Ev. got. Pfarrkirche (1383 ff.) mit gräfl. Grablege, spätgot. ehem. Kilianskapelle (1472 ff.); Renaissancerathaus (1560, umgebaut), Burgruine (12. bis 17. Jh.) mit Bergfried. Im Stadtteil *Urphar* ev. spätroman. Jakobskirche.

Wertheimer, Max, *Prag 15. 4. 1880, † New York 12. 10. 1943, österr.-amerikan. Psychologe. Stellte die Hypothese auf, daß den phänomenolog. Strukturen der Wahrnehmung neurophysiolog. Erregungsvorgänge entsprechen.

Wertigkeit, 1) *Chemie:* urspr. die Anzahl der Wasserstoffatome, die durch das Atom eines beliebigen chem. Elements gebunden oder ersetzt werden können (Valenz); darüber hinaus dient der Begriff W. zur Charakterisierung der Ionenladung (Ionenwertigkeit), der Oxidationszahl (Oxidationsstufe) und von chem. Verbindungen, die mehrere funktionelle Gruppen im Molekül enthalten; z. B. werden anorgan. Säuren mit ein, zwei oder drei abdissoziierbaren Wasserstoffatomen als ein-, zwei- oder dreiwertige (bzw. -basige) Säuren bezeichnet. **2)** *Sprachwissenschaft:* svw. ↑Valenz.

Wertpaket ↑Wertsendungen.

Wertpapiere, alle Urkunden, in denen ein privates Recht verbrieft ist. Zur Ausübung des Rechts ist es erforderlich, die Urkunde in Besitz zu haben. Zu den W. zählen u. a. ↑Effekten, Teilschuldverschreibung, Lotterielos, Rentenwerte, Sparbücher.

Einteilung: 1. Nach der Person des Berechtigten bzw. der Art der Übertragung unterscheidet man: a) *Inhaberpapiere:* Nur der Schuldner ist namentlich genannt; Berechtigter ist der jeweilige Inhaber (Eigentümer) der Urkunde; b) *Namenspapiere* (Rektapapiere): Sie lauten auf den Namen des Berechtigten; die verbrieften Rechte können nur von diesem oder seinem Rechtsnachfolger geltend gemacht werden; c) *Orderpapiere* (z. B. Wechsel, Scheck).

2. Nach der Art des verbrieften Rechts werden unterschieden: a) *schuldrechtl. W.* (W. über Forderungen), z. B. Inhaberschuldverschreibung, Wechsel, Scheck; b) *sachenrechtl. W.*, d. h. Papiere, die ein Sachenrecht verbriefen (Hypothekenbrief, Grundschuldbrief); c) *Mitgliedspapiere*, d. h. Papiere, die ein Mitgliedschaftsrecht verbriefen (z. B. Aktie, Kux).

Wertschöpfung, die Summe der im Lauf einer Periode geschaffenen wirtschaftl. Werte. Sie errechnet sich einerseits als Summe aller Verkäufe, Lagerbestandsänderungen und dem Wert der selbsterstellten Anlagen (d. h. Bruttoproduktionswert) abzüglich sämtl. Vorleistungen, Abschreibungen und indirekten Steuern, zuzüglich der staatl. Subventionen, andererseits als Summe aller Löhne, Gehälter (einschließlich Sozialversicherung), Gewinne, Mieten, Pachten und Zinsen. Die W. ist damit identisch mit dem Nettoinlandsprodukt zu Faktorkosten.

Wertsendungen, Briefe *(Wertbriefe)* und Pakete *(Wertpakete)*, bei denen durch die *Wertangabe* des Absenders eine Sonderbehandlung während der Beförderung gesichert werden soll. Im Falle des Verlusts oder der Beschädigung von W. entsteht ein Schadenersatzanspruch.

Wertsicherungsklauseln, Vertragsklauseln, die vor der Gefahr einer Geldentwertung sichern sollen; nur mit Genehmigung der Dt. Bundesbank zulässig.

Wertzeichen, von staatl. Stellen herausgegebene Marken, die einen bestimmten Geldwert verkörpern, insbes. Postwertzeichen, Steuerzeichen (z. B. für die Tabaksteuer) und Gebührenmarken der Verwaltung.

Werwolf, 1) *Geschichte:* im April 1945 geschaffene nat.-soz. Untergrundbewegung, die Sabotage- und Terrorakte in von alliierten Truppen besetzten Gebieten verübte, jedoch militärisch bedeutungslos blieb.
2) *Mythologie:* im Volksglauben die den schlafenden Menschen verlassende Seele, die sich in einen menschenmordenden Wolf verwandelt.

Wesel, Kreisstadt an der Mündung der Lippe in den Rhein, NRW, 59 900 E. Schill-Museum, Städt. Bühnen; Glashütten, Turbinenfabrik; Hafen. Willibrordikirche (15. Jh.; Wiederaufbau nach 1945); Reste ehem. Festungsanlagen (18. Jh.). – Seit dem 8. Jh. nachweisbar; ab 1407 Mgl. der Hanse; unter span. Besetzung (Ende 16./Anfang 17. Jh.) Beginn des Festungsbaus.

Wesel. Berliner Tor (1718–22)

Wesen, 1) Lebewesen, Geschöpf; auch Eigenart, Charakter eines Menschen.
2) (griech. *ousía*, lat. *essentia*), das Bleibende gegenüber dem Veränderlichen einer Sache, eines Dinges. – In der *Philosophie* wird das Problem der Realität des nicht erkennbaren, sondern nur durch begriffl. Abstraktion erschließbaren W. im Verhältnis zur sinnlich wahrnehmbaren Existenz eines Dinges diskutiert. Durch die Metaphysikkritik (v. a. seit Locke und Hume) als erkennbar erklärt, gewann der Begriff des W. nochmals method. Bedeutung in der Phänomenologie und in der Existenzphilosophie.

Weser, Fluß in Nord- und Mitteldeutschland, entsteht bei Münden durch den Zusammenfluß von ↑Fulda und ↑Werra, mündet bei Bremerhaven in die Nordsee, mit Werra 725 km lang.

Weserbergland, Berg- und Hügelland zw. Münden und Minden beiderseits der oberen Weser.

Wesergebirge, Höhenzug im Weserbergland, östl. der Porta Westfalica, bis 321 m hoch.

Wesfall, svw. ↑Genitiv.

Wesir [arab.], Min. in islam. Staaten.

Wesker, Arnold [engl. ˈweskə], *London 24. 5. 1932, engl. Dramatiker. Gesellschaftskrit. Theaterstücke, u. a. die Trilogie »Hühnersuppe mit Graupen« (1959), »Tag für Tag« (1959), »Nächstes Jahr in Jerusalem« (1960), »Das Hochzeitsfest« (1974).

Wesley

Wespen.
Oben: Hornisse ♦
Unten: Hornissennest

Wesley [engl. 'wezlı, 'weslı], John, * Epworth bei Lincoln 17. 6. 1703, † London 2. 3. 1791, engl. Theologe. Zus. mit seinem Bruder Charles (* 1707, † 1788) Begründer des ↑Methodismus.

Wespen (Echte W., Vespinae), Unter-Fam. der Faltenwespen mit zahlr. v. a. in den Tropen verbreiteten, staatenbildenden, stechenden Arten. Einheimisch sind u. a.: *Hornisse,* staatenbildend, baut aus Holzfasern ein bis 0,5 m langes Nest v. a. in hohle Bäume; drei Kasten: Königin (bis 35 mm lang), Arbeiterinnen (bis 25 mm lang), Männchen (bis 20 mm lang); ernährt sich u. a. von anderen Insekten; Stiche schmerzhaft; *Deutsche W.,* bis 20 mm lang; ihre Staaten bestehen aus durchschnittlich 1500 Tieren; Nester aus Holzfasern, meist unterirdisch angelegt; ernähren sich von süßen Pflanzensäften.

Wessel, 1) Helene, * Dortmund 6. 7. 1898, † Bonn 13. 10. 1969, dt. Politikerin. 1945 Mitbegründerin, 1949–52 Vors. des Zentrums; 1949–53 und 1957–69 MdB; als Gegnerin der dt. Westintegration und Wiederbewaffnung 1952 Mitbegründerin der Gesamtdt. Volkspartei; ab 1957 in der SPD.
2) Horst, * Bielefeld 9. 10. 1907, † Berlin 23. 2. 1930 (Folgen eines Überfalls), dt. Nationalsozialist. Student; ab 1929 SA-Sturmführer; von Goebbels zum nat.-soz. Märtyrer stilisiert; verfaßte das sog. ↑Horst-Wessel-Lied.

Wesseling, Stadt am Rhein, NRW, 30 900 E. Erdölraffineriezentrum im Rhein.-Westfäl. Ind.-Gebiet; Hafen.

Wessenberg, Ignaz Heinrich Frhr. von, * Dresden 4. 11. 1774, † Konstanz 9. 8. 1860, dt. kath. Theologe und Kirchenpolitiker. 1819–33 Abgeordneter der ersten bad. Kammer; betrieb auf dem Wiener Kongreß vergeblich die Gründung einer gesamtdt. Kirche unter Führung eines Primas.

Wessex [engl. 'wesıks], ehem. angelsächs. Königreich im SW Englands; im 8. Jh. unter der Vorherrschaft Mercias; unter König Egbert (⚭ 802–839) führendes angelsächs. Reich.

Wessobrunn, Gem. sw. des Ammersees, Bayern, 1700 E. Ehem. Benediktinerabtei (gegr. um 753); bed. kulturelles Zentrum seit dem frühen MA; erhalten der barocke sog. Gäste- oder Fürstenbau (1680 ff.) mit Stuckarbeiten der ↑Wessobrunner Schule.

Wessobrunner Schöpfungsgedicht, auch unter der Bez. *Wessobrunner Gebet* bekannter zweiteiliger ahd. Text, der in einer lat. Sammelhandschrift des 9. Jh. aus dem Kloster Wessobrunn überliefert ist (heute Staatsbibliothek München).

Wessobrunner Schule, aus Wessobrunn stammende, über die Schweiz, Österreich bis nach Böhmen und Ober-

Wessobrunn. Flur im Gästetrakt des ehemaligen Benediktinerklosters mit Stukkaturen von Johann Schmuzer (1680–85)

italien verbreitete Stukkatorenschule des 17. und 18. Jh. (die Familien Feuchtmayer, Schmutzer und Zimmermann).
West, 1) Benjamin, *Springfield (Pa.) 10. 10. 1738, † London 11. 3. 1820, engl. Maler amerikan. Herkunft. Nach einem Aufenthalt in Italien (Freundschaft u. a. mit A. R. Mengs) ließ sich W. 1763 in London nieder (1768 Gründungs-Mgl. der Royal Academy, 1772 Hofmaler); Mitbegründer der modernen Historienmalerei (u. a. »Der Tod des General Wolfe«, erste Fassung 1770, Ottawa, National Gallery of Canada).
2) Morris L[anglo], *Saint Kilda (Victoria) 26. 4. 1916, austral. Schriftsteller. Lebt seit 1956 hauptsächlich in Italien; schreibt v. a. spannende Unterhaltungsromane (u. a. »Des Teufels Advokat«, 1959, verfilmt 1977; »In den Schuhen des Fischers«, 1963, verfilmt 1968; »In einer Welt von Glas«, 1983).
3) Nathanael, eigtl. Nathan Wallenstein Weinstein, *New York 10. 10. 1902, † bei El Centro (Calif.) 21. 12. 1940 (Autounfall), amerikan. Schriftsteller. Sein (surrealist.) Romanwerk (u. a. »Tag der Heuschrecke«, 1939) war von großem Einfluß auf die amerikan. Literatur des 20. Jh.; auch Drehbuchautor. – *Weitere Werke:* Schreiben Sie Miss Lonelyhearts (R., 1933), Eine glatte Million oder die Demontage des Mister Lemuel Pitkin (R., 1934).
4) Rebecca, eigtl. Dame (seit 1959) Cecily Isabel Andrews, geb. Fairfield, *in der Grafschaft Kerry 25. 12. 1892, † London 15. 3. 1983, angloir. Schriftstellerin. Schrieb psycholog. Romane (»Der Brunnen fließt über«, 1957; »Die Zwielichtigen«, 1966); auch Essays, Biographien.
West Bank [engl. 'west 'bæŋk], svw. W-Jordanien, ↑Palästina (Geschichte).
West Bengal [engl. 'west beŋ'gɔːl], Gliedstaat in O-Indien, 87 852 km², 68,078 Mio. E, Hauptstadt Kalkutta. – Zur Geschichte ↑Bengalen.
Westdeutsche Allgemeine Zeitung, Abk. **WAZ,** dt. regionale Tageszeitung mit Lokalausgaben im gesamten Ruhrgebiet; gegr. 1948 in Essen.
Westdeutsche Rektorenkonferenz, Abk. **WRK,** 1949–90 Bez. für die Zentralvertretung der wiss. Hochschulen in der BR Deutschland und in Berlin; seit 1991 ↑Hochschulrektorenkonferenz.

Westerland, Stadt auf Sylt, Schlesw.-Holst., 8 900 E. Freilichtmuseum, Nordsee-Aquarium; Nordseeheilbad.
Western [engl.], amerikan. Filmgattung, auch Abenteuerroman. ↑Wilder Westen.
Western Australia ['westən ɔ'streɪljə] (Westaustralien), Gliedstaat des Austral. Bundes im W des Kontinents, 2 525 500 km², 1,651 Mio. E, Hauptstadt Perth.
Westerschelde [niederl. 'westərsxɛldə] ↑Schelde.
Westerstede, Kreisstadt im Ammerland, Ndsachs., 17 800 E. Ev. Kirche Sankt Peter (13. und 15. Jh.), barockes Haus Fikensholt (18. Jh.).
Westerwald, Teil des Rhein. Schiefergebirges zw. dem unteren Mittelrheintal, dem unteren Lahntal, dem Dill- sowie dem Siegtal, höchste Erhebung im Fuchskauten (657 m).
Westerwelle, Guido, *Bad Honnef 29. 12. 1961, dt. Politiker (FDP). Jurist; 1983–88 Bundes-Vors. der Jungen Liberalen; seit 1994 Generalsekretär der FDP.
Westeuropäische Union, Abk. **WEU,** 1954 abgeschlossener (Pariser Verträge), am 6. 5. 1955 in Kraft getretener kollektiver Beistandspakt im Rahmen der NATO, dem Großbrit., Frankreich, die Benelux-Staaten, die BR Deutschland, Italien, seit 1989 Spanien und Portugal sowie seit 1992 Griechenland angehören. Vorläufer war der brit.-frz. Bündnisvertrag von Dünkirchen (1947), der im *Brüsseler Pakt (Brüsseler Vertrag)* von 1948 (Westunion) um die Benelux-Staaten erweitert wurde.
Organe: 1) Rat der WEU (Außen- und/ oder Verteidigungsminister der Mgl.-Staaten) mit dem Ständigen Rat (in London akkreditierte Botschafter) als Hilfsorgan; 2) Versammlung (89 Vertreter der WEU-Staaten in der Beratenden Versammlung des Europarats); 3) Generalsekretariat (in Brüssel); 4) Agenturen für Sicherheitsfragen (in Paris). Für die militär. Aufgaben der WEU ist der NATO-Oberbefehlshaber zuständig.
westeuropäische Zeit, Abk. **WEZ,** die Zonenzeit des Meridians von Greenwich. ↑Weltzeit.
Westfale, in Westfalen (u. a. im Landesgestüt Warendorf) gezüchtete Rasse kräftiger Warmblutpferde vom Typ der

Westfalen

†Hannoveraner; ausgezeichnete Turnierpferde in allen Disziplinen.

Westfalen, 1) NO-Teil von Nordrhein-Westfalen, umfaßt die Westfäl. Bucht, das nw. Weserbergland und das Sauerland, Hauptort Münster. **2)** urspr. Teilstamm der Sachsen und selbständiger Herrschaftsraum (Heerschaft) des sächs. Stammesgebiets Ende des 8. Jh. (neben Engern und Ostfalen), erstreckte sich von der unteren Hunte nach S bis über die Ruhr, nach O in die Senne und nach W bis an die Issel. Nach Ausbildung des Hzgt. Sachsen schwand der Name W. zunächst, lebte aber mit Zerschlagung des Hzgt. 1180 wieder auf und bezog sich seit dieser Zeit auf das Land zw. Weser und Rhein und seine Bewohner, während sich Sachsen (später Niedersachsen) als Territorial-Bez. nurmehr auf das Land zw. Weser und Elbe bezog. Der westl. Teil des ehem. Hzgt. Sachsen kam 1180 als *Herzogtum W.* an das Erzstift Köln. Im Spät-MA zerfiel W. in zahlr. Territorien, wobei das Hzgt. W. (der Kern von W.) eine Hauptstütze kurköln. Macht wurde. Napoleon I. bildete 1807 u. a. aus Braunschweig, dem größten Teil Kurhessens, hannoverschen und sächs. Gebieten sowie aus preuß. Territorium westlich der Elbe das *Königreich W.* (Hauptstadt Kassel) unter seinem Bruder Jérôme, das jedoch schon 1813 wieder zerbrach. 1815 kam das heutige W. außer Osnabrück, Lippe und dem Niederstift Münster wieder an Preußen *(Prov. W.)*, 1946 wurde W. Nordrhein-Westfalen eingegliedert.

Westfälisch, niederdeutsche Mundart, †deutsche Mundarten.

Westfälische Bucht, Ausbuchtung des Norddt. Tieflands gegen die Mittelgebirgsschwelle, im O von Teutoburger Wald und Egge begrenzt, nach W gegen die Niederrhein. Bucht und die Niederlande geöffnet.

Westfälischer Frieden, Bez. für die am 24. 10. 1648 nach vierjährigen Verhandlungen zur Beendigung des †Dreißigjährigen Kriegs zw. dem Kaiser einerseits und Frankreich und seinen Verbündeten *(Friede von Münster)* und Schweden und seinen Verbündeten *(Friede von Osnabrück)* anderseits geschlossenen Verträge, denen sich die Reichsstände durch Unterzeichnung anschlossen; bis 1806 Reichsgrundgesetz. Hauptkomplexe: 1. *Die konfessionelle Frage:* Wiederherstellung des †Augsburger Religionsfriedens und des kirchl. Besitz- und Bekenntnisstandes nach dem †Normaljahr 1624; Anerkennung der Kalvinisten. – 2. *Die Verfassungsfrage:* Die dt. Reichsstände erhielten die volle Landeshoheit für ihre Territorien und das Recht der Entscheidung über Krieg und Frieden (nicht gegen Kaiser und Reich); der Kaiser wurde bei den Reichsgeschäften und der Gesetzgebung im Reich an die Zustimmung der Reichsstände gebunden; für die Pfalz wurde eine neue (8.) Kur errichtet. – 3. *Die wesentl. territorialen Veränderungen:* Die Schweiz und die Niederlande schieden aus dem Reichsverband aus, ebenso die Bistümer Metz, Toul und Verdun, die an Frankreich fielen, das darüber hinaus Hoheitsrechte im Elsaß gewann; Schweden erhielt 5 Mio. Taler, Vorpommern (mit Rügen, Stettin und der Odermündung), das Erzstift Bremen (ohne die Stadt Bremen), das Stift Verden und Wismar (damit dt. Reichsstandschaft); Brandenburg wurden Hinterpommern mit dem Stift Cammin, die Stifte Halberstadt und Minden sowie die Anwartschaft auf das Erzstift Magdeburg zugesprochen.

Westflandern (niederl. West-Vlaanderen), Provinz in West-Belgien, 3135 km², 1,1 Mio. Einwohner, Hauptstadt Brügge.

Westfriesische Inseln, westl. Fortsetzung der Ostfries. Inseln vor der niederl. Nordseeküste.

Westghats [engl. 'westgɑ:ts] †Dekhan.

Westgoten (Wisigoten; Terwingen), Teilgruppierung der Goten, 291 n. Chr. als Terwingen erstmals erwähnt. Die W. zogen auf die Balkanhalbinsel und über Italien nach Gallien und begründeten dort 418 nach Föderatenvertrag mit Rom das Tolosan. Reich (um Tolosa, heute Toulouse); 475 röm. Anerkennung der Unabhängigkeit des W.reichs, nunmehr bestehend aus dem größten Teil Spaniens und dem gall. Gebiet zw. Loire und Rhone. Nach dem Sieg (507) des Frankenkönigs Chlodwig I. blieb ihnen nur noch der span. Reichsteil (Königreich von Toledo) sowie ab 585 das span. Swebenreich; sie erlagen 711 den Arabern.

Westindische Assoziierte Staaten (engl. West Indies Associated States), Gruppe von mit Großbrit. assoziierten Staaten im Bereich der Kleinen Antillen. – Die Inseln wurden 1493 von Kolumbus entdeckt, seit den 1620er Jahren britisch besiedelt; 1871–1956 dem Bund der Leeward Islands eingegliedert. 1958 schlossen sich die meisten westind. Kolonien Großbrit. (Barbados, Trinidad und Tobago, Jamaika sowie die Windward und Leeward Islands [ohne die Virgin Islands]) zur *Westindischen Föderation* zusammen, die 1962 wieder aufgelöst wurde. 1967 wurden die W. A. S. mit den Mitgliedern Antigua, Saint Christopher und Kitts, Dominica, Saint Lucia, Grenada gegründet; mit der Konstituierung ihrer Mitglieder als unabhängige Staaten löste sich die Assoziation bis 1983 auf.

Westindische Inseln (Karib. Inseln), zusammenfassende Bez. für die Großen und Kleinen ↑Antillen und die ↑Bahamas.

Westinghouse, George [engl. ˈwestiŋhaʊs], *Central Bridge (N. Y.) 6. 10. 1846, † New York 12. 3. 1914, amerikan. Erfinder und Industrieller. Erfand 1867 die Druckluftbremse für Eisenbahnen.

Westkap, Provinz der Republik Südafrika, 129 370 km², 3,44 Mio E, Hauptstadt Kapstadt. – W. entstand im Zuge der Neugliederung Südafrikas aus den südwestl. Teilen der früheren ↑Kapprovinz.

Westkordillere [...kɔrdɪljeːrə], westl. Gebirgszüge der Anden in Südamerika, bis 6768 m hoch.

Westler, Bez. für eine um 1840 entstandene publizist. Richtung in Rußland, deren Vertreter sich für einen engen Anschluß Rußlands an die Entwicklung der westeurop. Kultur einsetzten.

Westlicher Sajan, Gebirge im südl. Sibirien, erstreckt sich vom Quellgebiet des Abakan bis zum Östl. Sajan, bis 3121 m hoch.

Westmännerinseln, Inselgruppe (16 Inseln) vor der SW-Küste Islands, 16 km², Hauptinsel Heimaey.

Westminster, City of [engl. ˈsɪtɪ əv ˈwestmɪnstə], Stadtteil (seit 1899) der brit. Hauptstadt London. – Entstand um ein im 7. Jh. gegr. (um 958 neugegr.) Kloster, das 1540 aufgehoben wurde; seit 1066 Krönungsort der engl. Könige und deren Residenz bis zu Heinrich VIII.

Westminster Abbey [engl. ˈwestmɪnstə ˈæbɪ], got. Kirche der ehem. Benedik-

Westminster Abbey

Westminster Confession

tinerabtei in London (1245 ff.), engl. Krönungskirche; an der Stelle eines normann. Vorgängerbaus; spätgot. Kapelle Heinrichs VII. (1503–12), Grablege der engl. Könige; Doppelturmfassade (18. Jh.).

Westminster Confession [engl. 'westmɪnstə kən'feʃən] ↑Presbyterianer.

Westminster Hall [engl. 'westmɪnstə 'hɔːl], erhaltener spätgot. Teil (1398) des 1834 durch Feuer zerstörten *Palace of Westminster* in London, der bis auf Wilhelm II. zurückgeht (1097); diente zeitweise als Parlamentsgebäude.

Westminstersynode [engl. 'westmɪnstə...], nach ihrem Tagungsort (Westminster Abbey, London) ben., von 1643–52 tagende Synode zur konformen (puritan.) Kirchenreform Englands, Schottlands und Irlands in bezug auf Bekenntnis, Kirchenverfassung, Gottesdienstordnung und kirchl. Unterricht. Bildet den dogmat. Abschluß der anglokalvinist. Reformation im 17. Jahrhundert.

Westpreußen, ehem. preuß. Prov. beiderseits der unteren Weichsel, Hauptstadt Danzig. – Die 1466 vom Dt. Orden an Polen abgetretenen Gebiete – das Culmer Land und Pomerellen mit den Städten Danzig, Thorn, Elbing, Marienburg sowie das nach Ostpreußen hineinragende Bistum Ermland – wurden nach ihrer Annexion durch Preußen 1772/93 W. gen.; 1815 wurde aus diesen Gebieten (außer dem Ostpreußen eingegliederten Ermland, aber einschließlich Marienwerder) die Prov. W. gebildet (1824/29–78 mit Ostpreußen vereinigt). 1919/20 kam der größte Teil von W. an Polen, Danzig wurde Freie Stadt; die restl. Teile wurden Ostpreußen, Pommern und der 1922 gebildeten Prov. Grenzmark Posen-Westpreußen angeschlossen. Nach dem dt. Überfall auf Polen wurde 1939 der Reichsgau Danzig-Westpreußen gebildet. 1945 wurde W. unter poln. Verwaltung gestellt; mit der Ratifizierung des Deutsch-Poln. Grenzvertrages 1990 als zu Polen gehörig anerkannt.

Westpunkt (Abendpunkt), der Punkt des Horizonts, an dem die Sonne am Tag der Tagundnachtgleiche (Frühlings- bzw. Herbstanfang) untergeht.

Weströmisches Reich, die 395 n. Chr. bei der Teilung des ↑Römischen Reiches geschaffene westl. Reichshälfte.

Westsahara, ehem. span. Überseeprovinz in Afrika, in der extrem trockenen nordwestlichsten Sahara, grenzt im W an den Atlantik, im N an Marokko, im NO an Algerien, im O und im S an Mauretanien, rd. 267 000 km², etwa 180 000 E (überwiegend nomadisierende Sahraoui). Wichtigster Wirtschaftsfaktor sind die Phosphatvorkommen bei Bu Craa.

Geschichte: 1885/1912 span. Protektorat; 1946 mit Ifni zu *Span.-Westafrika*

Westsamoa.
Das Dorf Lepu an der Südküste von Upolu

Westwall

zusammengefaßt; 1958 Übersee-Prov. *Span. Sahara* (seit 1969 ohne Ifni). Die Ansprüche Marokkos und Mauretaniens auf das Gebiet (insbes. nach der Entdeckung bed. Phosphatlager) führten 1975 nach dem Abzug der Spanier zu einem internat. Konflikt. Während die beiden Staaten die W. ohne die vorgesehene Volksabstimmung unter sich aufteilten, rief die Befreiungsbewegung Frente Polisario (FPOLISARIO) in Algerien die Demokrat. Arab. Sahara-Republik (RAST) aus und verstärkte den Guerillakrieg. Nach dem Verzicht Mauretaniens 1978 besetzte Marokko auch den südl. Teil der Westsahara. 1982 wurde die W. als 51. Mgl. der OAU zugelassen. 1991 trat ein Waffenstillstand zw. FPOLISARIO und Marokko in Kraft; ein Referendum unter UN-Aufsicht über die polit. Zukunft der W. wird vorbereitet.

Westsamoa, Staat im südl. Pazifik, umfaßt den westl. Teil der 3 000 km nö. von Neuseeland gelegenen Samoainseln mit den Inseln Savai'i (1 715 km²) und Upolu (1 121 km²) sowie Manono, Apolima und fünf unbewohnten Eilanden.
Staat und Recht: Parlamentarisch verfaßte Häuptlingsaristokratie; *Verfassung* von 1962. Das *Staatsoberhaupt* wird für 5 Jahre (das derzeitige Staatsoberhaupt amtiert noch auf Lebenszeit) von der Gesetzgebenden Versammlung gewählt. Die *Exekutive* liegt beim Kabinett unter Leitung des Premierministers. *Legislative* ist die Gesetzgebende Versammlung (49 Mgl., auf 5 Jahre gewählt). *Parteien:* Human Rights Protection Party (HRPP), Samoan National Development Party (SNDP).
Landesnatur: Die von Korallenriffen umschlossenen Vulkaninseln sind bis 1 844 m hoch. W. hat warm-feuchtes Tropenklima. Dichter Wuchs von Myrtengewächsen, Muskatnußbäumen, Bambus und Farnbäumen, an den Küsten Kokospalmen.
Bevölkerung: Überwiegend Polynesier christl. Konfessionen.
Wirtschaft, Verkehr: Neben den Exportprodukten Bananen, Kopra und Kakao dienen Mais, Hülsenfrüchte, Melonen, Süßkartoffeln, Taro und Brotfrüchte der Eigenversorgung. Wenige Ind.-Betriebe. Die Hauptinseln sind durch Küstenstraßen erschlossen.

Staatsflagge

Westsamoa

Fläche:	2 831 km²
Einwohner:	166 000
Hauptstadt:	Apia
Amtssprachen:	Englisch, Samoanisch
Nationalfeiertag:	1. 7.
Währung:	1 Tala (WS$) = 100 Sene (s)
Zeitzone:	MEZ + 12 Std.

Staatswappen

Wichtigster Hafen und internat. ✈ ist Apia.
Geschichte: Das frühere dt. Schutzgebiet W. kam 1920 als Mandatsgebiet des Völkerbunds und nach dem 2. Weltkrieg als Treuhandgebiet der UN unter neuseeländ. Verwaltung und erhielt 1962 die Unabhängigkeit. Im April 1991 fanden erstmals Parlamentswahlen statt, die das Wahlmonopol der Häuptlinge (»Matai«) einschränkten.
Westsibirisches Tiefland, Tiefland zw. dem Ural im W, dem Jenissei im O, der Karasee im N, der Kasach. Schwelle im S und dem Altai, Salairrücken sowie Kusnezker Alatau im SO, Rußland, rd. 2,6 Mio. km².
Westsiebenbürgisches Gebirge, zusammenfassende Bez. für den Gebirgskomplex in NW-Rumänien, dessen Zentrum das bis 1 848 m hohe *Bihargebirge* bildet.
West Virginia [engl. 'west və'dʒɪnɪə], Staat der USA, in den Appalachen, 62 759 km², 1,81 Mio. Einwohner, Hauptstadt Charleston. – Trennte sich 1861 im Sezessionskrieg von Virginia (Anschluß an Nordstaaten), seit 1863 in der Union.
Westwall (Siegfriedlinie), 1938/39 erbautes Befestigungssystem an der W-Grenze des Dt. Reiches von Aachen bis Basel; Gegenstück zur frz. Maginotlinie.

West Virginia
Flagge

3823

Westwerk

Westwerk (Zeichnung der Klosterkirche in Corvey; 873–885)

Westwerk, ein als selbständiger Kultraum karoling. Klosterkirchen vorgelagerter Querbau mit niedriger Durchgangshalle und darüber einem ebenfalls zum Langhaus hin geöffneten Raum (Herrscherempore). Turmartig ausgebildet mit zwei flankierenden Treppentürmen; z. B. erhalten in Corvey (873 bis 885). Das W. wurde in der otton. und roman. Kunst zum *Westbau* umgeformt, als dessen klass. Form sich die Doppelturmfassade herausbildete.

Wettbewerb (Konkurrenz), die Rivalität zw. Unternehmen auf dem Käufermarkt um Marktanteile. Das Existieren eines freien W. ist eine der wesentlichsten Voraussetzungen für die Marktwirtschaft. Je mehr verschiedene Anbieter und Angebotsbedingungen den Markt bestimmen, desto größer ist die *W.intensität*. Die Grenzen zw. erwünschtem W. und ↑unlauterem W., insbes. ruinösem *Verdrängungs-W.,* sind allerdings in der Realität fließend; durch den ihm eigenen Hang zum Ausschalten von Mitbewerbern kann W. so auch zu Konzentration und Marktbeherrschung führen.

Wettbewerbsbeschränkungen, auf Verträgen, Vereinbarungen oder Absprachen zw. Unternehmen oder auf staatl. Eingriffen (Patente, Urheberrechte, Außenhandelsbeschränkungen u. a.) beruhende Beschneidung der Konkurrenz.

Wette, Vereinbarung zw. zwei oder mehreren Vertragspartnern, daß zur Bekräftigung bestimmter widerstreitender Behauptungen demjenigen, dessen Behauptung sich als richtig erweist, ein Gewinn zufallen soll. Bei den sog. *Spiel-W.* (z. B. Rennwetten) handelt es sich rechtlich um ein Spiel.

Wetter, Friedrich, *Landau/Pfalz 20.2. 1928, dt. kath. Theologe. Bis 1968 Prof. in München, Eichstätt und Mainz; 1968–82 Bischof von Speyer, seit 1982 Erzbischof von München und Freising; Kardinal seit 1985.

Wetter, 1) *Bergbau:* bergmänn. Bez. für das in einem Bergwerk vorhandene Gasgemisch; *Frisch-W.* mit luftähnl. Zusammensetzung, *Ab-W.* mit erhöhtem Gehalt an Kohlendioxid und Stickstoff. **2)** *Meteorologie:* ↑Klima.

Wetterau, Senke zw. Vogelsberg und Taunus, von der Hess. Senke zur Oberrhein. Tiefebene überleitend.

Wetterfühligkeit (Meteorotropismus, Zyklonose), durch den Einfluß des Wettergeschehens bedingte Beeinträchtigung des Wohlbefindens und des Gesundheitszustandes des Menschen. Zu den bewirkenden Wetterfaktoren gehören v. a. solche, die den Wärmehaushalt und die Flüssigkeitsbilanz des Organismus beeinflussen; auch Luftdruck und Aerosole zählen dazu. Bes. starke biotrope Wirkungen gehen von den instabilen Wetterfronten des zyklonalen Wetters mit seinen raschen Schwankungen der therm. Bedingungen aus; sie beeinflussen neben dem Wärmehaushalt u. a. Schlaf, Reaktionszeit und Konzentrationsfähigkeit.

Wetterkarte, stark vereinfachte Landkarte, in der die Wetterlage zu einem bestimmten Zeitpunkt mit Hilfe von Symbolen und Zahlenangaben (z. B. Luftdruck, Temperatur) dargestellt ist. Aus Gründen der Übersichtlichkeit werden die Bodenbeobachtungen zu *Boden-W.,* die aerolog. Meldungen zu *Höhen-W.* zusammengefaßt.

Wetterkunde, svw. ↑Meteorologie.

Wetterlampe (Sicherheitslampe, Davy-Lampe), benzingespeiste Handleuchte; nur noch selten im Bergbau in schlagwettergefährdeten Gruben verwendet. Ihre Ungefährlichkeit beruht darauf, daß die Flamme durch ein engmaschiges Drahtnetz von der Umgebungsluft getrennt ist.

Wetterleuchten, das weithin sichtbare Aufleuchten elektr. Entladungen (von Blitzen) eines fernen Gewitters.

Wetter (Ruhr), Stadt an der zum Harkortsee aufgestauten Ruhr, NRW, 28 200 E. U. a. Stahlindustrie. Burgruine Volmarstein (13.–15. Jh.).

Wetzlar

Wettersatelliten (Meteorologiesatelliten), künstl. Erdsatelliten für die großräumige Beobachtung und Erforschung des Wetters, frühzeitiges Erkennen von Wirbelstürmen u. a. *(Satellitenmeteorologie)*. W. liefern mit Hilfe spezieller Kameras Wolkenaufnahmen, die durch ein automat. Bildübertragungssystem (APT-System) ohne zeitl. Verzögerung von Bodenstationen empfangen werden können. Farbaufnahmen, auf denen niedrigere Wolken gelblicher erscheinen als hohe, lassen die Wolkenhöhe erkennen.

Wettersteingebirge, Teil der Tirol.-Bayer. Kalkalpen zw. Loisach und Isar, in der Zugspitze 2962 m hoch.

Wettervorhersage (Wetterprognose), vom Wetterdienst herausgegebene Vorhersage der künftigen Wetterentwicklung. Nach der Länge des Vorhersagezeitraums unterscheidet man *Kurzfrist-* (ein bis zwei Tage), *Mittelfrist-* (zwei bis sieben Tage) und *Langfristprognosen* (über sieben Tage). ↑Meteorologie.

Wettiner, im sächs.-thüring. Grenzraum beheimatete Adelsdynastie, die sich nach der Burg Wettin an der Saale benannte; ab 1089/1123 Markgrafen von Meißen, ab 1247 Landgrafen von Thüringen; Friedrich I., der Streitbare (⚭ 1381–1428), erhielt 1423 das Hzgt. Sachsen-Wittenberg mit der Kurwürde; 1485 Teilung in die *Ernestin. Linie* (bis 1547 Träger der Kurwürde, ab 1572 Zersplitterung [↑Sächsische Herzogtümer]) und die *Albertin. Linie* (1547–1806 Kurfürsten, 1806–1918 Könige von Sachsen; 1697 bis 1706 und 1709–63 auch Könige von Polen).

Wettingen, Stadt im schweizer. Kt. Aargau, östl. Nachbarstadt von Baden, 17900 E. Ehemalige Zisterzienserabtei (1227 gegr.) mit frühgot. Abteikirche.

Wetzlar, hess. Stadt an der Mündung der Dill in die Lahn, 52000 E. Städt. Museum mit Lottehaus (Goethe-Gedenkstätte), Palais Papius; Industriefestspiele; feinmechan.-opt. Industrie. Ehem. Stiftskirche (sog. Dom; 9. bis

Wetterkarte. Symbole

Wolkensymbole	Frontensymbole
flacher Cumulus	Kaltfront am Boden
aufgetürmter Cumulus	Kaltfront in der Höhe
Cumulonimbus	Warmfront am Boden
Stratocumulus	Warmfront in der Höhe
Stratus	Okklusion am Boden
Stratusfetzen	Okklusion in der Höhe
Altostratus	quasistationäre Front am Boden
Nimbostratus	quasistationäre Front in der Höhe
Altocumulus	
Cirrus	
Cirrostratus	

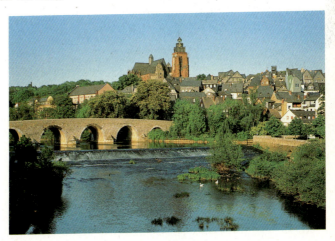

Wetzlar. Blick auf die Stadt mit dem »Dom« Sankt Maria

James Abbott McNeill Whistler. Sinfonie in Weiß Nr. 3 (1867; Birmingham, Barber Institute of Fine Arts)

16. Jh.), ev. Hospitalkirche zum Hl. Geist (18. Jh., Rokoko). – Wurde zw. 1165 und 1180 Stadt, Reichsstadt bis 1802/03, 1693–1806 Sitz des Reichskammergerichts. 1977–79 mit Gießen und 14 weiteren Gemeinden zur Stadt *Lahn* zusammengeschlossen.

WEU, Abk. für ↑**W**est**e**uropäische **U**nion.

Weyden, Rogier van der [niederl. ˈweidə], *Tournai 1399 oder 1400, †Brüssel 16. oder 18. 6. 1464, flämischer Maler. Schüler von R. Campin seit 1427; 1450 Reise nach Rom; von weitreichendem Einfluß auf die niederl. und die dt. Kunst des späten 15. und frühen 16. Jh. (u. a. H. van der Goes, H. Memling, D. Bouts); u. a. »Kreuzabnahme« (1435; Madrid, Prado), »Jüngstes Gericht« (Triptychon; zwischen 1442 und 1452; Beaune, Hôtel-Dieu), »Bladelin-Altar« (»Middelburger Altar«; um 1444; Berlin), »Columbaaltar« (»Dreikönigsaltar«, zwischen 1449 und 1462; München, Alte Pinakothek), bed. Porträts.

Weygand, Maxime [frz. vɛˈgã], *Brüssel 21. 1. 1867, †Paris 18. 1. 1965, frz. General. Führte 1931–35 als Generalinspekteur der Armee die Unterwerfung Marokkos und die Reorganisation der frz. Armee zu Ende; Mai/Juni 1940 Oberbefehlshaber aller frz. Truppen, Juni–Sept. 1940 Verteidigungs-Min. des État Français, danach Generaldelegierter Pétains für das frz. Afrika; 1942–45 in dt. Haft; 1948 vom Vorwurf der Kollaboration freigesprochen.

Weymouthskiefer [ˈvaɪmuːt..., engl. ˈweɪməθ...; nach T. Thynne, Viscount of Weymouth, †1714] ↑Kiefer.

Weyrauch, Wolfgang, *Königsberg 15. 10. 1904 (nicht 1907), †Darmstadt 7. 11. 1980, dt. Schriftsteller. Schrieb (experimentelle) Lyrik (u. a. »Die Spur«, 1963; »Das Komma danach«, 1977), Prosa, u. a. »Das Ende von Frankfurt am Main« (En., 1973), »Hans Dumm. 111 Geschichten« (1978) sowie zahlr. Hörspiele.

WEZ, Abk. für ↑**w**est**e**uropäische **Z**eit.

Wharton, Edith [engl. wɔːtn], geb. Jones, *New York 24. 1. 1862, †Saint-Brice-sous-Forêt bei Paris 11. 8. 1937, amerikan. Schriftstellerin. Schülerin von H. James; lebte ab 1907 hauptsächlich in Frankreich; bes. bekannt wurden ihre Romane »Das Haus der Freuden« (1905), »Im Himmel weint man nicht« (1920); auch Kurzgeschichten.

Whigs [engl. wɪgz], **1)** in *England* bzw. *Großbrit.* ab Ende des 17. Jh. die den Tories gegenüberstehende Parlamentsgruppe, die sich seit der Mitte des 19. Jh. zur Liberal Party entwickelte. Die W. vertraten die Interessen der aristokrat. Grundbesitzer und des Großbürgertums.

2) in den *USA* als Gegenbewegung zu den Demokraten A. Jacksons in den frühen 1830er Jahren gegr. Partei; ging

George Hoyt Whipple

nach Erfolgen bei den Präs.-Wahlen (u. a. W. H. Harrison, Z. Taylor) während des Sezessionskriegs in der »Republican Party« auf.

Whipple, George Hoyt [engl. wɪpl], *Ashland (N. H.) 28. 8. 1878, † Rochester (N. Y.) 1. 2. 1976, amerikan. Pathologe. Forschungen auf dem Gebiet der Lebertherapie bei perniziöser Anämie; Nobelpreis für Physiologie oder Medizin 1939 (mit G. R. Minot und W. P. Murphy).

Whisky [ˈwɪskɪ; gäl.-engl.] (ir. und amerikan. Whiskey), Getreidebranntwein, Alkoholgehalt mindestens 43 Vol.-%; als ältester W. gilt der *Scotch* (Scotch W., schott. W.), der als unverschnittener *Straight* oder als *Blended,* d. h. Mischung verschiedener W.sorten, auf den Markt kommt; eine schott. Besonderheit ist der *Malt W.* aus Gerstenmaische; in den USA wird aus Mais der *Bourbon W.* gewonnen.

Whist [wɪst; engl.], Kartenspiel für vier Personen; gespielt wird mit der *W.karte* zu 52 Blättern; auch zw. drei Personen und einem Strohmann möglich. Aus dem W. entwickelte sich das Bridge.

Whistler, James Abbot McNeill [engl. ˈwɪslə], *Lowell (Mass.) 10. 7. 1834, † London 17. 7. 1903, amerikan. Maler schott. Abkunft. Lebte in Paris und in London; dem frz. Realismus und engl. Symbolismus verbunden, gehört zu den Vorläufern des Jugendstils.

White, Patrick [engl. waɪt], *London 28. 5. 1912, † Sydney 30. 9. 1990, austral. Schriftsteller. Bedeutendster Erzähler Australiens; schrieb v. a. Romane über menschl. Existenzprobleme, u. a. »Zur Ruhe kam der Baum des Menschen nie« (1955), »Voss« (1957), »Der Maler« (1970), »Im Auge des Sturms« (1973), »Der Lendenschurz« (1976); auch Dramen; 1973 Nobelpreis für Literatur.

Whitehead [engl. ˈwaɪthed], **1)** Alfred North, *Ramsgate (Kent) 15. 2. 1861, † Cambridge (Mass.) 30. 12. 1947, brit. Mathematiker und Philosoph. Unternahm zus. mit seinem Schüler B. Russell den formal weitgehend gelungenen Versuch, im Rahmen des Logizismus alle grundlegenden Begriffe und Theoreme der Mathematik und Logik in einem einheitl. Aufbau systematisch zu definieren und abzuleiten.

2) Gustave, urspr. Gustav Weißkopf, *Leutershausen 1. 1. 1874, † Fairfield (Conn.) 10. 10. 1927, amerikan. Flugpionier dt. Herkunft. W. konstruierte einen Eindecker, mit dem er 1901 den ersten Motorflug in der Geschichte unternahm.

Whitman, Walt[er] [engl. ˈwɪtmən], *West Hills bei Huntington (N. Y.) 31. 5. 1819, † Camden (N. Y.) 26. 3. 1892, amerikan. Lyriker. Publizist; seine etwa 400 Gedichte umfassende Sammlung »Grashalme« (endgültige Fassung 1891/92) hatte weitgehenden Einfluß auf das 20. Jh.; bed. auch sein Essaywerk »Demokrat. Ausblicke« (1871).

Whitworth, Sir (seit 1869) Joseph [engl. ˈwɪtwə:θ], *Stockport (Cheshire) 21. 12. 1803, † Monte Carlo 22. 1. 1887, brit. Ingenieur. Führte 1841 das nach ihm benannte System für Schraubengewinde ein (*W.gewinde;* mit 55° Flankenwinkel und Zollabmessungen).

Who, The [engl. ðə ˈhu:], 1964 gegr. engl. Rockgruppe um Pete Townshend (*1945), Roger Daltrey (*1944), John Entwistle (*1944), Keith Moon (*1946, †1978) und seit 1978 Kenny Jones (*1948); wurde berühmt mit den (auch verfilmten) Rockzyklen »Tommy« (1969/70) und »Quadrophenia« (1973).

Patrick White

Walt Whitman

Walt Whitman.
Korrigierte Seite aus der 3. Ausgabe seiner Gedichtsammlung »Leaves of Gras« (1860/61)

WHO

Widderchen

WHO, Abk. für **W**orld **H**ealth **O**rganization (↑Weltgesundheitsorganisation).
Who's Who [engl. 'hu:z 'hu: »wer ist wer«], seit 1849 jährlich erscheinendes biograph. Lexikon über Personen des öffentl. Lebens in Großbrit.; seit 1869 auch für die USA; nach 1945 auch für zahlr. europ. Länder.
Wichern, Johann Hinrich, *Hamburg 21. 4. 1808, † ebd. 7. 4. 1881, dt. ev. Theologe. Gründete 1833 das ↑Rauhe Haus; entwickelte den Gedanken der »Inneren Mission«; 1858 Gründung des »Ev. Johannesstifts« in Spandau zur Erneuerung des Strafvollzugs. W. gab damit Anstöße zur Ökumene, zu den christl.-sozialen Bewegungen und zu einem umfassenden diakon. Werk.
Wichita [engl. 'wɪtʃɪtɔ:], Konföderation von Caddo sprechenden Indianerstämmen in der südl. Prärie, von Kansas bis Texas.
Wichs, traditionelle Festtracht der Chargen student. Korporationen.
Wichte (Artgewicht, spezif. Gewicht), Formelzeichen *γ*, Quotient aus der Gewichtskraft *G* eines Körpers und seinem Volumen *V*, also *γ*=*G*/*V*. Die W. läßt sich auch darstellen als Produkt aus der ↑Dichte *ρ* eines Körpers und der Erdbeschleunigung *g*, also: *γ*=*ρ*·*g*.
Wicke, Gatt. der Schmetterlingsblütler mit mehr als 150 Arten, v. a. in der nördl. gemäßigten Zone; einjährige oder ausdauernde, meist kletternde Kräuter. Bekannte, teilweise als Futter- und Gründüngungspflanzen genutzte Arten sind: *Pferdebohne* (Futterbohne, Saubohne), mit weißen Blüten und bis 20 mm langen eiweißreichen Samen; *Saatwicke* (Futter-W., Acker-W.), 30–90 cm hoch, Blüte rotviolett; *Vogelwicke*, mit bis über 1 m langen Stengeln und blauvioletten Blüten; *Zottelwicke* (Sand-W.), 0,3 bis 1,2 m hoch, zottig behaart, mit meist violetten (auch weißen) Blüten.
Wickelbären (Honigbären), Unterfam. der Kleinbären mit der einzigen Art *Kinkaju* (Wickelbär) in M- und S-Amerika; Länge rd. 40–60 cm, mit etwa ebenso langem Greifschwanz; olivfarben bis gelbbraun; v. a. Pflanzen fressender Baumbewohner.
Wicki, Bernhard, *Sankt Pölten 28. 10. 1919, schweizer. Schauspieler und Regisseur. Wurde als Filmregisseur mit dem bed. Antikriegsfilm »Die Brücke« (1959) bekannt; außerdem u. a. »Das Wunder des Malachias« (1961), »Die Eroberung der Zitadelle« (1977, nach G. Herburger), »Das Spinnennetz« (1980, nach J. Roth).
Wickler (Tortricidae), mit mehr als 5000 Arten weltweit verbreitete Fam. etwa 1–3 cm spannender, meist dämmerungs- oder nachtaktiver Schmetterlinge, darunter rd. 400 Arten einheimisch; Raupen meist in eingerollten (Name!) oder zusammengesponnenen Blättern; können an Nutzpflanzen schädlich werden (z. B. Apfelwickler).
Wicklung, stromführende Teile einer ↑Spule.
Wickram, Jörg, *Colmar um 1505, † Burgheim am Rhein (Elsaß) vor 1562, dt. Dichter. Begründete 1549 eine Meistersingerschule in Colmar. Sein »Rollwagenbüchlin« (1555) gehört zu den bed. Schwank- und Anekdotensammlungen; begründete den neuhochdt. Prosaroman (»Der Goldtfaden«; 1557).
Wiclif, John [engl. 'wɪklɪf] ↑Wyclif, John.
Widder, 1) *Astrologie, Astronomie:* ↑Sternbilder (Übersicht), ↑Tierkreiszeichen (Übersicht).
2) *Technik:* svw. ↑hydraulischer Widder.
3) *Waffenwesen:* Kriegsmaschine der Antike und des MA, eine Art Mauerbrecher, erst von den Kriegern getragen, später in einem Gerüst hängend.
4) *Zoologie:* (Schafbock) männl. Schaf.
Widderbären (Fleckwiddern, Syntomidae), weltweit mit zahlr. Arten verbreitete Fam. mittelgroßer Schmetterlinge; Raupen behaart, fressen v. a. an krautigen Pflanzen; in M-Europa u. a. das *Weißfleckwidderchen* mit weißen Flecken auf den schwarzblauen Flügeln.
Widderchen (Blutströpfchen, Zygaenidae), mit rd. 1000 Arten weltweit verbreitete Fam. etwa 2–4 cm spannender tagaktiver Schmetterlinge, darunter rd. 30 Arten einheimisch; Vorderflügel lang und schmal, einfarbig metallisch grün oder auf dunklem Grund lebhaft rot gefleckt.
Widerlager, massiver Baukörper aus Mauerwerk oder Beton, der den Druck eines Tragwerkes (z. B. Brückenbogen), den Schub eines Gewölbes u. a. aufnimmt und auf den Baugrund überträgt.

Bernhard Wicki

Widerrist, bei landwirtsch. Nutztieren die vom Rücken zum Hals verlaufende Erhöhung (gebildet von den Dornfortsätzen der Brustwirbel).

Widerruf, im *Privatrecht* die Willenserklärung, die eine andere, noch nicht wirksame Willenserklärung beseitigen soll. Im *Verwaltungsrecht* die Aufhebung eines rechtmäßigen Verwaltungsakts durch die Behörde, die ihn erlassen hat.

Widerspruch, 1) *Philosophie:* in der Logik einander ausschließende oder sich gegenseitig aufhebende Bedingungen (*Kontradiktion;* Aussageform: A und nicht-A); dieses Prinzip vom ausgeschlossenen Widerspruch *(Satz vom Widerspruch)* besagt, daß zwei sich logisch widersprechende Aussagen zur gleichen Zeit und in derselben Beziehung nicht zusammen wahr sein können.
2) *Recht:* 1. im *Zivilrecht* allg. eine ablehnende Stellungnahme, die in bestimmten Fällen dem Gegner die Durchsetzung eines Rechts erschwert (z. B. dem Vermieter von Wohnraum die Kündigung). – 2. Rechtsbehelf im *Verwaltungsgerichtsverfahren,* führt zur Überprüfung einer Entscheidung und ist Voraussetzung für die Verpflichtungs- oder Anfechtungsklage. – 3. Im *Grundbuchrecht* ein vorläufiges Sicherungsmittel dessen, der einen Anspruch auf Grundbuchberichtigung hat.

Widerspruchsklage ↑Drittwiderspruchsklage.

Widerstand, 1) *Elektrizitätslehre:* (elektr. W.) Formelzeichen *R,* die unterschiedlich stark ausgeprägte Eigenschaft von Stoffen (allg. von Materie), den elektr. Stromfluß zu hemmen; definiert als Quotient aus der zw. den Enden eines Leiters bestehenden elektr. Gleichspannung *U* und der Stromstärke *I* des in ihm fließenden Gleichstroms: $R = U/I$. In Wechselstromkreisen treten neben diesem als *Ohmscher W.* bezeichneten Gleichstrom-W. zusätzlich induktive und kapazitive [Blind]widerstände auf. SI-Einheit des elektr. W. ist das ↑Ohm (Ω).
2) *Elektrotechnik:* ein Schaltungselement u. a. zur Verminderung der Stromstärke in einem Leiter, zur Spannungsteilung. Wichtige W.daten sind *W.wert* (in Ohm) und *Belastbarkeit* (in Watt). W. sind häufig als *Schicht-* oder *Draht-W.* ausgeführt. *Veränderbare W.* sind Schiebe-W., Potentiometer und Trimmer. Magnetfeldabhängige W. sind *Feldplatten (Fluxistoren),* spannungsabhängig sind *Varistoren,* strahlungsabhängig sind *Photo-W.,* temperaturabhängig sind *NTC-W.* bzw. *PTC-W. (Heiß-* bzw. *Kaltleiter).*
3) *Mechanik:* der Bewegung eines Körpers bzw. physikal. Systems entgegengerichtete Kraft, z. B. der Luftwiderstand.
4) *Politik:* ↑Widerstandsrecht.

Widerstand gegen die Staatsgewalt, Widerstand (z. B. Drohung mit Gewalt oder tätlicher Angriff) gegen Vollstreckungsbeamte, Amtsträger oder Soldaten der Bundeswehr, die Gesetze oder behördl. Anordnungen ordnungsgemäß vollstrecken.

Widerstandsbewegung, organisierte Gegnerschaft gegen eine als tyrannisch, unrechtmäßig oder verfassungswidrig empfundene oder von einer ausländ. Macht eingesetzte Herrschaft (↑Widerstandsrecht). *Aktiver Widerstand* zielt auf den gewaltsamen Sturz des Regimes; *passiver Widerstand* setzt zivilen Ungehorsam, Demonstrationen, polit. Streiks ein.
I. e. S. wird als W. die aktive Opposition gegen die Gewaltherrschaft und die Kriegspolitik der faschist. Diktaturen in Europa zw. 1922 und 1945 bezeichnet, insbes. gegen die NS-Herrschaft in Deutschland sowie in den seit 1938/39 besetzten Ländern (↑Antifaschismus, ↑Résistance, ↑Resistenza), wo sich der durch Exilvertretungen und die Kriegsgegner Deutschlands auch von außen unterstützte Kampf zugleich gegen die Kollaboration mit der Besatzungsmacht richtete. Widerstand wurde individuell, von kleinen Gruppen, von Kreisen innerhalb der Institutionen des jeweiligen Regimes, in den besetzten Ländern auch von bewaffneten Untergrundorganisationen aus sehr unterschiedl. polit., ideolog. und eth. Motiven und in vielfältigen Formen und Intensitätsgraden geleistet.
Die dt. W., deren zahlenmäßiger Umfang schwer zu fassen ist (rd. 12 000 vollstreckte Todesurteile, zum erhebl. Teil für polit. Delikte), umfaßte ein breites Spektrum von organisierten und nichtorganisierten (Sprengstoffattentat Georg Elsers [* 1903, † 1945] auf Hitler am 8. Nov. 1939) Kräften der Arbeiter-

Widerstandsrecht

Widerstandsbewegung. Die zerstörte Baracke in Hitlers Hauptquartier Wolfschanze bei Rastenburg, Ostpreußen, nach dem Attentat vom 20. 7. 1944

bewegung über illegale Jugendgruppen, hochkonservativ-nat. Kreise bis hin zu ehem. Sympathisanten und Funktionären des Regimes. Unter vielen Opfern versuchte in den ersten Jahren nach 1933 v. a. die Linke, ihre verbotenen Organisationen aufrechtzuerhalten und durch geheim hergestelltes Propagandamaterial zu wirken. Die Zusammenarbeit zw. KPD sowie SPD und Gewerkschaften blieb jedoch auf einzelne Ansätze beschränkt. Führende Sozialdemokraten (W. Leuschner, J. Leber), auch Vertreter der christl. Arbeiterbewegung (J. Kaiser) orientierten sich stärker zu den Vertretern des kirchl. bürgerl. Widerstandes und zu dem geheimen Diskussionsforum des ↑Kreisauer Kreises hin, während die KPD nicht vom Dogma des ↑Sozialfaschismus abrückte. Daneben gab es in der W. Beamte, Diplomaten und Offiziere, die Zugang zu den Machtmitteln des Regimes hatten und entschlossen waren, diese für einen Staatsstreich zu nutzen. In den Personen L. Becks, des 1938 zurückgetretenen Generalstabschef des Heeres, und F. C. Goerdelers, des 1937 zurückgetretenen Oberbürgermeisters von Leipzig, überschnitten sich der militär. und der zivile Widerstand. Das Vorhaben von Becks Nachfolger Franz Halder (*1884, †1972), Hitler zu verhaften, blieb 1938/39 unausgeführt. Hitlers militär. Siege von 1940/41 und die wenig befriedigende Unterstützung der W. durch die Alliierten entzogen dann den Umsturzplänen vorerst den Boden. 1941/42 war indes die sog. ↑Rote Kapelle tätig. Nach der Wende des Krieges, die auch die student. Oppositionsgruppe ↑Weiße Rose aktivierte, gipfelten die verstärkten Bemühungen, Deutschland vor der Katastrophenpolitik Hitlers zu retten, im Staatsstreichversuch vom ↑Zwanzigsten Juli 1944.

Widerstandsrecht, religiös oder humanitär begründetes höheres Recht und letztes Mittel zur Auflehnung gegen äußerstes, anders nicht zu bekämpfendes staatl. Unrecht. Im Ggs. zur Revolution wird das W. im Rahmen der bestehenden Ordnung ausgeübt und zielt auf deren Erhaltung oder Wiederherstellung. Das W. hat seine Wurzeln im german. Volksrecht und im Lehnsrecht (W. gegen den ungerechten Herrscher). Seit dem Hoch-MA wiederholte Erörterung des Tyrannenmordes (z. B. bei Thomas von Aquin, im 17. Jh. bei den Monarchomachen, im 20. Jh. in Widerstandsbewegungen gegen totalitäre Regime). Seit dem 17./18. Jh. wurde das W. naturrechtlich begründet. Mit der amerikan. Declaration of Independence und der Frz. Revolution mündete das W. in die Bewegung der Menschen- und Grundrechte. – In Art. 20 GG ist das W. gegen jeden, der die verfassungsmäßige Ordnung zu beseitigen unternimmt, verankert; es kann nicht durch eine Verfassungsänderung aufgehoben werden.

Wiederaufbereitung

Widerstoß, Gatt. der Bleiwurzgewächse mit rd. 200 Arten, verbreitet v. a. vom östl. Mittelmeergebiet bis zum Hochland von Iran; oft auf Salzwiesen, in Küsten-, Steppen- und Wüstengebieten vorkommend; werden z. T. als Trockenblumen für den Schnitt kultiviert, u. a. der 20–50 cm hohe *Strandflieder,* Blüten blauviolett.

Widia ®, Handels-Bez. für eine Gruppe von Sinterhartmetallen aus Wolframcarbid (etwa 94%) und Kobalt (etwa 6%), heute meist mit Zusätzen von Titan-, Niob- oder Tantalcarbid.

Widin, bulgar. Stadt am rechten Donauufer, 60 900 E. Museum; Sinfonieorchester; u. a. Tabakverarbeitung, Porzellanmanufaktur; Hafen. Mittelalterl. Festung (an der Stelle des röm. Militärlagers); Kirche des hl. Pantaleion und Kirche des hl. Petka (17. Jh.), Moschee (1801). – In röm. Zeit *Bononia;* im 14. Jh. Hauptstadt des Widiner Zarenreiches; 1396 vom Kreuzfahrerheer eingenommen, danach bis 1878 unter osman. Herrschaft.

Widmer, Urs, *Basel 21. 5. 1938, schweizer. Schriftsteller. Bevorzugt in seinen Erzählungen (»Die Amsel im Regen im Garten«, 1971; »Indianersommer«, 1985) und Romanen (»Die Forschungsreise«, 1974; »Das enge Land«, 1981) das Surreale; auch Essays (»Die gestohlene Schöpfung«, 1984), Hörspiele und Stücke (»Frölicher – Ein Fest«, 1991).

Widmung, allg. svw. Text, mit dem jemandem etwas zugeeignet (geschenkt) wird. – Im *Recht* ein Hoheitsakt, der die Eigenschaft einer Sache (z. B. Straße, Gewässer) als öffentl. Sache begründet und damit deren Zweckbestimmung festlegt. Die Aufhebung der Eigenschaft einer Sache als öffentl. Sache geschieht durch *Entwidmung.*

Widor, Charles-Marie, *Lyon 21. 2. 1844, † Paris 12. 3. 1937, französischer Organist und Komponist. Bedeutender Improvisator, begründete die neue französische Orgelschule.

Widukind (Wittekind), Führer der Sachsen aus westfäl. Adel; entfachte seit 778 immer wieder Aufstände der Sachsen gegen die fränk. Herrschaft. Nachdem Karl d. Gr. 784/785 das Land verwüstet hatte, unterwarf sich W. und ließ sich 785 taufen.

Widukind von Corvey [- - 'kɔrvaɪ], *um 925, † Corvey nach 973, sächs. Mönch und Geschichtsschreiber. Verfaßte im Kloster Corvey eine lat. Sachsengeschichte in drei Büchern, eine bed. Quelle für die Zeit Heinrichs I. und Ottos I.

Wiechert, Ernst, Pseud. Barany Bjell, *Forsthaus Kleinort bei Sensburg 18. 5. 1887, † Uerikon bei Zürich 24. 8. 1950, dt. Schriftsteller. 1938 zwei Monate im KZ Buchenwald, dann unter Gestapoaufsicht; lebte ab 1948 in der Schweiz. Schrieb v. a. Romane. – *Werke:* Der Wald (1922), Das einfache Leben (1939), Die Jerominkinder (1945–47), Der Totenwald (Bericht, 1946), Missa sine nomine (1950).

Wieck, Clara, dt. Pianistin, ↑Schumann, Clara.

Wiedehopf ↑Hopfe.

Wiederaufbereitung, allg. die Wiedergewinnung nutzbarer Substanzen aus Abfällen, z. B. die Rückgewinnung von Schmieröl aus Altöl (↑Recycling); i. e. S. die auch als *Wiederaufarbeitung* bezeichnete Rückgewinnung des noch spaltbaren Materials, bes. des Uranisotops U 235 und des Plutoniumisotops Pu 239, aus den abgebrannten Brennelementen von Kernreaktoren. Für die W. sind spezielle Anlagen erforderlich, in denen die Brennelemente verarbeitet werden können, ohne daß radioaktive Strahlung nach außen gelangt. In den sog. *heißen Zellen* werden sie mit Hilfe von ferngesteuerten Maschinen (Manipulatoren) in einzelne Brennstäbe zerlegt, die dann in etwa 5 cm lange Stücke zerschnitten werden. Diese Stücke werden anschließend mit kochender Salpetersäure behandelt, wobei der Inhalt der Brennstäbe aufgelöst wird, während die Ummantelungsstücke zurückbleiben. Aus den erhaltenen Lösungen werden das Uran und das Plutonium durch zahlr. hintereinandergeschaltete Extraktionsprozesse isoliert und von den Lösungen der Spaltprodukte abgetrennt. Die erhaltenen Uran- bzw. Plutoniumkonzentrate werden zur Herstellung neuer Brennelemente (bzw. von Atomwaffen) verwendet. Die Konzentrate der Spaltprodukte hingegen müssen zunächst mehrere Jahre (bis zum Abklingen der stärksten Radioaktivität) unter kontrollierten Bedingungen (Kühlung) gela-

Widerstoß. Strandflieder (Höhe 20–50 cm)

Urs Widmer

Wiederaufnahmeverfahren

Wien 1). Die in ihren Teilen vom 13.–20. Jh. erbaute Hofburg, in der Bildmitte der halbrunde Bau der Neuen Hofburg (1881–1913)

gert werden, bevor sie einer Endlagerung zugeführt werden können. Die Diskussion um die technologischen Risiken der Wiederaufarbeitung führte in der BR Deutschland der 1980er Jahre zu zahlreichen Bürgerprotesten v. a. im Streit um die Anlage nahe Wackersdorf/Opf., die erst mit der Einstellung der Bauarbeiten im Mai 1989 endeten.

Wiederaufnahmeverfahren, gerichtl. Verfahren mit dem Ziel, rückwirkend ein rechtskräftiges Urteil zu beseitigen und die Streitsache erneut zu verhandeln. Es ist in allen Prozeßarten vorgesehen. Im Zivilprozeß unterscheidet man die Nichtigkeitsklage (bei schweren Verfahrensverstößen) und die Restitutionsklage (bei einer unrichtigen, v. a. verfälschten Urteilsgrundlage). Im Strafprozeß gibt es die – zeitlich uneingeschränkt zulässige – Wiederaufnahme zugunsten (u. a. bei neuen Tatsachen oder Beweismitteln) wie auch zuungunsten des Angeklagten.

Wiederbelebung (Reanimation), Wiederherstellung der lebenswichtigen Organfunktionen nach Eintritt des klin. Todes (i. w. S. auch bei drohendem klin. Tod). Vom Augenblick des Atmungs- und Kreislaufstillstands an bleiben bis zum Eintritt des biolog. Todes mit irreparablen Organschäden noch vier bis sechs Min. Zeit für Maßnahmen der W. (u. a. Freimachen der Atemwege, künstl. Beatmung, Herzmassage).

Wiedereinsetzung in den vorigen Stand, gerichtl. Entscheidung, die einen Rechtsnachteil beseitigt, der auf Grund einer unverschuldet versäumten Prozeßhandlung eingetreten ist.

Wiedergeburt, die *religionsgeschichtlich* weit verbreitete Vorstellung von Geburt und erneutem Erdenleben Verstorbener (↑Seelenwanderung).

Wiedergutmachung, 1) im *Völkerrecht* svw. ↑Reparationen.
2) der finanzielle Ausgleich für erlittenes nat.-soz. Unrecht. Gesetzl. Grundlage für die W. ist das Bundesentschädigungsgesetz vom 29. 6. 1956/14. 9. 1965. Neben der Rückgabe feststellbarer Vermögensgegenstände bestehen Ansprüche wegen Schäden an Leben, Körper, Gesundheit, Freiheit, Eigentum oder im berufl. und wirtschaftl. Fortkommen. Für jüd. Verfolgte, die ohne bekannten Erben blieben oder keine Rückerstattungsansprüche angemeldet hatten, machten jüd. Nachfolgeorganisationen (u. a. Jewish Restitution Successor Organization, Inc., New York) als Treuhänder die Ansprüche geltend; einen Anspruch auf W. verankerte das 1952/53 zw. Israel und der BR Deutschland geschlossene *Abkommen*.

Wiederkäuer (Ruminantia), Unterordnung der Paarhufer mit rd. 170 weltweit verbreiteten Arten; Pflanzenfresser, die

Christoph Martin Wieland

Wien

ihre Nahrung wiederkäuen (↑Magen); u. a. Hirsche, Giraffen und Horntiere.

Wiederkauf (Rückkauf), dem Verkäufer vorbehaltenes Recht, die verkaufte Sache innerhalb einer bestimmten Frist (im Zweifel bei Grundstücken 30 Jahre, bei anderen Gegenständen drei Jahre) zurückzukaufen.

Wiedertäufer, urspr. Bez. für die ↑Täufer.

Wiedewelt, Johannes, * Kopenhagen 1. 7. 1731, † ebd. 17. 12. 1802, dän. Bildhauer. Schuf klassizist. Grabmäler (Dom von Roskilde), Statuen, Porträtbüsten, Reliefs.

Wiegand, Theodor, * Bendorf bei Koblenz 30. 10. 1864, † Berlin 19. 12. 1936, dt. Archäologe. Ausgrabungen in Kleinasien (Priene, Milet, Didyma, Pergamon). U. a. Direktor der Dt. Archäolog. Institute in Konstantinopel und Berlin. Begründer des Berliner Pergamonmuseums.

Wiegendrucke ↑Inkunabeln.

Wiehengebirge, Höhenzug im Weserbergland, westlich der Porta Westfalica, bis 320 m hoch.

Wieland, 1) Christoph Martin, * Oberholzheim (heute zu Achstetten bei Biberach) 5. 9. 1733, † Weimar 20. 1. 1813, dt. Schriftsteller. Lebte ab 1772 in Weimar (bis 1775 Prinzenerzieher; ↑Anna Amalia); war dort u. a. als Hg. (1773–96) des »(Neuen) Teutschen Merkur« (Autoren: u. a. Kant, Herder, Goethe, Schiller, Novalis, A. W. und F. Schlegel) an der Auseinandersetzung um die Entwicklung einer modernen dt. Literatur beteiligt. Sein Hauptwerk ist der Entwicklungsroman »Geschichte des Agathon« (1766/67, erweiterte Fassung 1773, endgültige Ausgabe 1794). Übersetzte Shakespeare (8 Bde., 1762 bis 1766) sowie Horaz, Lukian und Xenophon. – *Weitere Werke:* Com. Erzählungen (1765), Musarion (Epos, 1768), Die Abderiten (R., 1774), Oberon (Epos, 1780).

2) Heinrich, * Pforzheim 4. 6. 1877, † München 5. 8. 1957, dt. Biochemiker. Untersuchte v. a. Sterine, Alkaloide und Pterine. Für seine Forschungen über den Aufbau der Gallensäuren erhielt er 1927 den Nobelpreis für Chemie.

Wieland (altnord. Völundur), Sagengestalt. W., ein kunstfertiger Schmied, zeitweise mit einer Schwanenjungfrau verheiratet, wird von König Nidung gefangengenommen, gelähmt und zum Arbeiten gezwungen; er rächt sich durch die Ermordung der beiden Prinzen und entflieht mittels selbstgeschmiedeter Flügel. Dramat. Bearbeitung u. a. durch R. Wagner (1849) und G. Hauptmann (»Veland«, 1929).

Wien, Wilhelm (Willy), * Gaffken (Landkreis Samland) 13. 1. 1864, † München 30. 8. 1928, dt. Physiker. Theoret. Arbeiten zur Temperaturstrahlung des schwarzen Körpers: 1893/1894 formulierte er das nach ihm ben. Verschiebungsgesetz und 1896 das Wiensche Strahlungsgesetz; 1911 Nobelpreis für Physik.

Wien, 1) Bundeshauptstadt und kleinstes der Bundesländer Österreichs, an der Donau, 1,53 Mio. E, gegliedert in 23 Gemeindebezirke sowie das exterritoriale Gebiet der UN-City am linken Donauufer. Sitz der Bundesregierung, des Parlaments und der Wiener Landesregierung sowie der OPEC. Univ. (gestiftet 1365), TU, Hochschulen, wiss. Institute, Nationalbibliotheken, Staatsarchiv, über 60 Museen und Gemäldegalerien, zahlr. Theater, u. a. Staatsoper, Burgtheater, Theater in der Josefstadt; Span. Reitschule (gegr. 1572). Kongreß- und Messestadt; U-Bahn; mehrere Donaubrücken und Häfen; internat. ✈ in Schwechat.

Stadtbild: W. ist ringförmig gegliedert: die innere Stadt war bis 1857 von Bastei

Heinrich Wieland

Wien 1)
Landeswappen

Wien 1).
Pestsäule am Graben von Johann Bernhard Fischer von Erlach, Lodovico Burnacini, Paul Strudel u. a. (1687 ff.)

Wienbarg

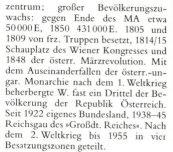

Wien 1).
Riesenrad im Prater

und Glacis umgeben, an deren Stelle im 19. Jh. die Ringstraße mit Repräsentationsbauten und -anlagen entstand (Rathaus, Parlament, Univ., Burgtheater, Natur- und Kunsthistor. Museum, Staatsoper); davor liegt ein Gürtel von Vorstädten, um die eine äußere Befestigungslinie verlief. Vor dieser liegen die Industriegebiete mit Arbeiterwohnblöcken, u. a. Karl-Marx-Hof (1927); im NW alte Weinbauerndörfer; links der Donau (Regulierung 1870–75) die Parkanlagen des Prater, gegenüber das Auwaldgebiet der Lobau. Die westl. Stadtgrenze verläuft über die Höhen des Wiener Waldes. Im Zentrum neben Bauten aus dem MA (↑Stephansdom, das Wahrzeichen Wiens, got. Kirchen [Maria am Gestade, 1330–1414; Michaelerkirche, 13./14. Jh., mit klassizist. Fassade, 1792] sowie Teile der Hofburg [13.–19. Jh.]) v. a. Barockarchitektur: die 1607/10 barockisierte ehem. Jesuitenkirche (Fassade 1662); Kapuzinerkirche (1622–32) mit Kapuzinergruft (kaiserliche Grablege); Peterskirche (1702 ff., ab 1703 von J. L. von Hildebrandt; Portal 1751); Karlskirche (1716 bis 1739) von J. B. Fischer von Erlach, der auch Schloß Schönbrunn plante (erbaut 1695/96 ff., 1744–49 umgebaut). Schloß Belvedere (1714–23) und das Palais Daun-Kinsky (1713–16) schuf J. L. von Hildebrandt.
Geschichte: W. geht auf eine kelt. Siedlung und ein röm. Legionärslager (*Vindobona,* etwa seit 100 n. Chr.) zurück. Bis ins 11. Jh. v. a. wegen des Hafens Entwicklung zum wichtigen Handelsplatz im Süd- und Osthandel. Unter den Babenbergern (seit 1130 Stadtherren) zur Residenzstadt ausgebaut. Zu Beginn des 13. Jh. ummauert, war W., bereits 1137 als Stadt erwähnt, 1237–46 reichsfrei; 1296 Verlust der städt. Privilegien. 1276 kam es an die Habsburger, die 1365 die Univ. gründeten. 1469 Bischofssitz, 1722 Erzbischofssitz. – Im 15. Jh. Schwächung der Wirtschaft durch Verlagerung und Schrumpfung des Osthandels; zwei Türkenbelagerungen (1529 und 1683 [Schlacht am Kahlenberg]) konnte W., 1672 mit einem neuen Befestigungsgürtel versehen, standhalten. In der Folge glanzvoller Aufstieg der Stadt als Kaiserresidenz (seit 1611 ständig) und europ. Kulturzentrum; großer Bevölkerungszuwachs: gegen Ende des MA etwa 50000 E, 1850 431000 E. 1805 und 1809 von frz. Truppen besetzt, 1814/15 Schauplatz des Wiener Kongresses und 1848 der österr. Märzrevolution. Mit dem Auseinanderfallen der österr.-ungar. Monarchie nach dem 1. Weltkrieg beherbergte W. fast ein Drittel der Bevölkerung der Republik Österreich. Seit 1922 eigenes Bundesland, 1938–45 Reichsgau des »Großdt. Reiches«. Nach dem 2. Weltkrieg bis 1955 in vier Besatzungszonen geteilt.
2) Erzbistum, 1469 durch Abzweigung von Passau als exemtes Bistum gegr., seit 1722 Erzbistum; Suffragane sind Eisenstadt, Linz und Sankt Pölten.
Wienbarg, Ludolf, Pseud. Ludolf Vineta, Freimund, *Altona (heute Hamburg) 25. 12. 1802, †Schleswig 2. 1. 1872, dt. Schriftsteller. Wortführer des ↑Jungen Deutschland, schrieb die Abhandlung »Ästhet. Feldzüge« (1834).
Wiener, 1) Alexander Solomon, *New York 16. 3. 1907, † ebd. 8. 11. 1976, amerikan. Hämatologe. Entdeckte 1940 mit K. Landsteiner das Rhesussystem (↑Blutgruppen).
2) Norbert, *Columbia (Mo.) 26. 11. 1894, † Stockholm 18. 3. 1964, amerikan. Mathematiker. Begründer der ↑Kybernetik, schuf unabhängig von Claude Elwood Shannon (*1916) u. a. die Grundlagen der Informationstheorie.
Wiener Frieden, 1) der 1735 als Vorfrieden geschlossene, am 18. 11. 1738 bestätigte Vertrag zw. Österreich und Frankreich; beendete den Poln. Thronfolgekrieg (1733–1735/38).
2) Vertrag zwischen Dänemark, Preußen und Österreich (30. 10. 1864), in dem die Hzgt. Schleswig, Holstein und Lauenburg dem preußisch-österreichischen Kondominium unterstellt wurden (bis 1865).
Wiener Gruppe, in den 1950er Jahren entstandene avantgardist. Wiener Schriftstellergruppe; zu ihr gehörten F. Achleitner, H. C. Artmann (bis 1958), Konrad Bayer (*1932, † 1964 [Selbstmord]), Gerhard Rühm (*1930) und Oswald Wiener (*1935).
Wiener Internationale (Internat. Arbeitsgemeinschaft sozialist. Parteien) ↑Internationale.

Norbert Wiener

Wiener Neustadt

Wiener Kalk, Bez. für reinen, feinstgemahlenen, gebrannten Dolomit; Putz- und Poliermittel; davon abgeleitet: **wienern** für polieren.

Wiener Klassik, in der *Musik* ein Epochenbegriff, der das v. a. auf Wien konzentrierte Schaffen Haydns, Mozarts und Beethovens zw. etwa 1770 und 1827 (Geburts- und Todesjahr Beethovens) bezeichnet. Der Begriff W. K. betont die überragende musikhistor. Bedeutung eines Stils, dessen Eigenart mit Universalität umschreibbar ist. Hauptgattungen sind Klavier- und Violinsonate, Sinfonie und Streichquartett sowie das aus dem Barock übernommene Solokonzert. Die in der Vorklassik (u. a. J. Stamitz) hervorgetretene Tendenz zu Einfachheit und Allgemeinverständlichkeit blieb bei aller Verfeinerung der musikal. Mittel ein Grundzug der W. K.; das zusammenhangstiftende Verfahren der Entwicklung und Abwandlung des Themas (themat.-motiv. Arbeit) und seiner Verteilung auf die verschiedenen Stimmen (durchbrochene Arbeit) kennzeichnet seit Haydns sechs Streichquartetten op. 33 (1781) die für die W. K. grundlegende Bauform der zykl. Sonatensatzform.

Wiener Kongreß, Zusammenkunft der europ. Monarchen und Staatsmänner zum Zweck der polit. Neuordnung Europas nach dem Sturz Napoleons I. in Wien (Sept./Okt. 1814 bis Juni 1815). Eine herausragende Rolle spielten neben dem österr. Staatskanzler Fürst Metternich der russ. Zar Alexander I., der brit. Außen-Min. Viscount Castlereagh, der preuß. Staatskanzler Fürst von Hardenberg und der frz. Vertreter Talleyrand, dessen diplomat. Geschick seinem Land eine nahezu gleichberechtigte Position zurückgewann.

Rußland erhielt den größten Teil des Hzgt. Warschau als Kgr. in Personalunion (»Kongreßpolen«), Preußen bekam die N-Hälfte Sachsens, die Rheinlande, Westfalen, das restl. Schwed.-Vorpommern sowie Danzig, Thorn und Posen zugesprochen. *Österreich* erhielt seinen Besitz im SW, im SO und in Galizien weitgehend restituiert und gewann mit Lombardo-Venetien und Modena sowie dem Wiedererwerb der Toskana die Vormachtstellung in Italien; es verzichtete auf den Breisgau sowie auf die österr. *Niederlande,* die dem neugebildeten Kgr. der Vereinigten Niederlande angeschlossen wurden. Die *Schweiz* gewann drei Kantone (Wallis, Neuenburg, Genf) und erhielt die Garantie ihrer immerwährenden Neutralität. An die Stelle des 1806 aufgelösten Hl. Röm. Reiches trat der †Deutsche Bund.

Wiener Konventionen, zusammenfassende Bez. für 1. das Wiener Übereinkommen über diplomat. Beziehungen vom 18. 4. 1961 sowie 2. das Wiener Übereinkommen über konsular. Beziehungen vom 24. 4. 1963.

Wiener Kreis (Wiener Schule), Gruppe von Wissenschaftlern des Neopositivismus (R. Carnap, V. Kraft, urspr. auch K. R. Popper u. a.), die die philosoph. Grundlagen der Einzelwiss. mit den Hilfsmitteln der modernen formalen Logik und einer wiss. Einheitssprache behandeln wollten.

Wiener Neustadt, niederösterr. Stadt südlich von Wien, 40 000 E. Städt. Museum; Theater; Metallverarbeitung. Roman.-frühgot. Stadtpfarrkirche (1279 geweiht), Neuklosterkirche (13.–15. Jh.), ehem. Burg (um 1250; mehrfach umge-

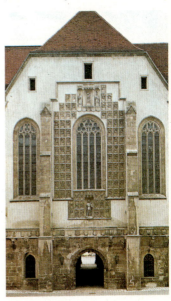

Wiener Neustadt. Ostfassade der Sankt Georgskapelle (1449–60) mit 107 Herrschaftswappen (1453)

Wiener Philharmoniker

Wies. Blick vom Hochaltar auf den Eingang mit Orgelempore

Wiesbaden Stadtwappen

Elie Wiesel

baut) mit spätgot. Georgskirche (15. Jh., mit berühmter Wappenwand).
Wiener Philharmoniker, 1842 auf Initiative von O. Nicolai in Wien aus Musikern der Hofoper gebildetes Orchester von internat. Rang.
Wiener Schlußakte, die Dt. Bundesakte von 1815 ergänzendes, am 8. 7. 1820 angenommenes Grundgesetz des Dt. Bundes.
Wiener Schule, 1) *Musik:* 1. die Gruppe von Komponisten, die (gleichzeitig mit der ↑Mannheimer Schule) als Wegbereiter der ↑Wiener Klassik (u. a. G. C. Wagenseil) gilt; 2. (Zweite Wiener Schule) A. Schönberg und sein Schülerkreis. Sie führten die Harmonik an ihre letzten Grenzen (z. B. Schönbergs Kammersinfonie op. 9) und fanden die Grundlagen der Neuen Musik (ab etwa 1907/08): Atonalität (↑atonale Musik) und ↑Zwölftontechnik.
2) *Philosophiegeschichte:* svw. ↑Wiener Kreis.
3) *Psychologie:* Bez. für verschiedene Richtungen der Tiefenpsychologie; Vertreter u. a. S. Freud, A. Adler, C. Bühler.
4) *Wirtschaft:* seit den 1880er Jahren in Wien bestehende theoret. Schule innerhalb der *Nationalökonomie,* die auf dem Grenznutzenprinzip aufbaut (u. a. Eugen von Böhm-Bawerk [* 1851, † 1914], z. T. auch J. Schumpeter).
Wiener Volkstheater, Wiener Vorstadttheater im 18. bis zur Mitte des 19. Jh. (begr. von J. A. Stranitzky), das in der Komödientradition der ↑Commedia dell'arte stand. Sein Repertoire umfaßte (Lokal)possen, Zauberstücke und Singspiele, die die verschiedensten literar. Stoffe im Sinne einer »Verwiencrung« parodierten. Bed. Vertreter des W. V. sind F. Raimund und J. N. Nestroy.
Wienhausen, Gemeinde bei Celle, Ndsachs., 3 000 E. Ehem. Zisterzienserinnenkloster (gegr. 1221, nach W. verlegt 1231), einschließlich der Ausstattung (13. bis 16. Jh.; bed. Teppiche) erhaltene got. Anlage; barockisierte Kirche mit ausgemaltem Nonnenchor (um 1330).
Wiensches Verschiebungsgesetz, von W. Wien aufgefundene Gesetzmäßigkeit der Energieverteilung in einer Hohlraumstrahlung: Das Maximum der Energieverteilungskurve verschiebt sich mit steigender absoluter Temperatur nach kürzeren Wellenlängen.
Wies (Wieskirche), Wallfahrtskirche im Ortsteil Wies der Gem. Steingaden, erbaut 1745–54 von D. Zimmermann, ein Hauptwerk des Rokoko; Deckenmalerei und Stukkaturen von J. B. Zimmermann.
Wiesbaden, Hauptstadt von Hessen, in geschützter Lage zw. dem SO-Hang des Taunus und dem Rhein, 261 800 E. Sitz der hess. Landesregierung; Statistisches Bundesamt, Bundeskriminalamt; Hess. Hauptstaatsarchiv, Hess. Landesamt für Bodenforschung, Hess. Staatstheater, Museum. Kongreß-, Kur- und Badestadt mit Spielbank. Chem. und pharmazeutische Ind., Sektkellereien, Zementwerk; Rheinhafen. Reste der röm. Stadtbefestigung (4. Jh.; sog. Heidenmauer); Schloß (1837–41, heute Sitz des Hess. Landtags), Kuranlage mit klassizist. Kolonnaden. Im Vorort Biebrich Barockschloß (1700–44). – Wohl schon zur Zeit des Kaisers Augustus durch ein Kastell befestigt. Die Zivilsiedlung *Aquae Mattiacae* entwickelte sich zum bed. Kurort (Thermen seit Mitte des 1. Jh. n. Chr.); mehrfach Be-

Wiesenknopf

Wiesbaden. Kurhaus mit mächtiger Säulenfront (1905–07 von Friedrich Thiersch erbaut)

siedlungen durch Alemannen, Ende des 5. Jh. durch Franken. 829 als *Wisibada* belegt; 1744 Hauptstadt des Ft. Nassau-Usingen; 1866 an Preußen. Seit 1945 Hauptstadt des Landes Hessen.

Wieschaus, Eric F., *7. 6. 1947, amerikan. Biologe. Erhielt für seine Arbeiten über die grundlegenden genet. Steuerungsmechanismen der Embryonalentwicklung 1995 zus. mit C. Nüsslein-Volhard und E. B. Lewis den Nobelpreis für Medizin oder Physiologie.

Wiese, gehölzfreie oder -arme, v. a. aus Süßgräsern und Stauden gebildete Pflanzenformation. Bei landwirtsch. Nutz-W. unterscheidet man *Fett-W.* (mit zweimaliger Mahd pro Jahr und hohem Heuertrag; auf nährstoffreichen Böden) und *Mager-W.* (mit einmaliger Mahd pro Jahr und geringem Heuertrag; an trockenen, nährstoffarmen Standorten).

Wiesel, 1) Elie, *Sighet (heute Sighetu Marmaţiei, Rumänien) 30. 9. 1928, jüd. Schriftsteller. Wuchs in der Tradition des ↑Chassidismus auf; wurde 1944 mit seiner Familie nach Auschwitz und Buchenwald deportiert. Lebte seit Mitte 1945 in Paris, seit 1956 hauptsächlich in New York (seit 1963 amerikan. Staatsbürger). Sein in frz. Sprache geschriebenes Werk ist der Geschichte der Toten und der Überlebenden des Holocausts sowie der Überlieferung der jüd. Tradition gewidmet: u. a. »Die Nacht zu begraben, Elischa« (R.-Trilogie: 1. »Nacht«, 2. »Morgengrauen«, 3. »Tag«; 1958–62), »Die Juden in der UdSSR« (Essay, 1966), »Chassid. Feier« (Geschichten und Legenden, 1972), »Der fünfte Sohn« (R., 1983), »Jude heute« (En., Essays, Dialoge, 1985); 1986 Friedensnobelpreis.

2) Torsten Nils, *Uppsala 3. 6. 1924, schwed. Neurobiologe. Für seine grundlegenden Entdeckungen hinsichtlich der Informationsverarbeitung optischer Reize durch das Gehirn erhielt er (zus. mit D. H. Hubel und R. W. Sperry) 1981 den Nobelpreis für Physiologie oder Medizin.

Wiesel, Gatt. der Marder mit über zehn Arten in Europa, N-Afrika, Asien und N-Amerika; Körper sehr schlank, kurzbeinig; flinke Raubtiere, jagen v. a. Kleinsäuger. – Bekannte Arten sind u. a.: ↑Mink; *Hermelin* (Großes W.), etwa 22–30 cm lang, Schwanz 8–12 cm lang, mit schwarzer Spitze; Fell im Sommer braun, im Winter weiß; *Maus-W.* (Kleines W.), bis 23 cm lang.

Wieselartige (Mustelinae), Unter-Fam. der Marder mit über 30, mit Ausnahme Australiens weltweit verbreiteten Arten; u. a. Edelmarder, Zobel, Iltis, Nerz, Wiesel und Vielfraß.

Wiesenknopf, Gatt. der Rosengewächse mit rd. 30 Arten in der nördl. gemäßigten Zone; einheimisch sind auf Feuchtwiesen der 30–90 cm hohe *Große*

Thorsten Nils Wiesel

Wiesel.
Oben: Mauswiesel (Sommerfell; Körperlänge bis 26 cm) ♦ Unten: Hermelin (Winterkleid; Körperlänge bis 30 cm)

Wiesenschaumkraut

Eugene Paul Wigner

Oscar Wilde

W. mit dunkelbraunroten Blüten in längl. Köpfchen; auf Trockenrasen der 20–60 cm hohe *Kleine W.* (Bibernelle) mit rötl. Blüten in kugeligen Köpfchen.

Wiesenschaumkraut ↑Schaumkraut.

Wiesenthal, Simon, *Buczacz (bei Ternopol, Ukraine) 31. 12. 1908, österr. Publizist. Als Jude 1941–45 im KZ; leitete 1947–54 in Linz ein Dokumentationszentrum über Judenverfolgung; trug wesentlich zur Aufspürung A. Eichmanns in Argentinien (1960) bei; eröffnete 1961 das jüd. Dokumentationszentrum in Wien, das er seitdem leitet.

Wieskirche ↑Wies.

Wiesloch, Stadt am NW-Rand des Kraichgaus, Bad.-Württ., 23 200 Einw. Druckmaschinenbau; Winzergenossenschaft. Kath. spätbarocke Laurentiuskirche (1750–53, später erweitert); Reste der Stadtbefestigung (15. Jh.).

Wight [engl. waıt], engl. Insel (Gft. Isle of W.) im Ärmelkanal, von der südengl. Küste bei Southampton durch Solent und Spithead getrennt, 381 km², 119 800 E, Hauptort Newport. – Wurde 43 n. Chr. röm. *(Vectis);* im 5. Jh. von Jüten erobert; seit 1890 eigener Grafschaftsrat.

Wigman, Mary, eigtl. Marie Wiegmann, *Hannover 13. 11. 1886, † Berlin (West) 19. 9. 1973, dt. Tänzerin, Choreographin und Tanzpädagogin. Schülerin von R. von Laban; bed. Vertreterin des modernen Ausdruckstanzes; leitete eigene Schulen in Dresden, Leipzig und Berlin (West).

Wigner, Eugene Paul [engl. 'wıgnə], *Budapest 17. 11. 1902, amerikan. Physiker österr.-ungar. Herkunft. Beiträge zur Anwendung der Quantenmechanik in der Festkörper-, Atom- und Kernphysik. Während des 2. Weltkrieges war er maßgebend an der Entwicklung der Atombombe und der Kernreaktoren beteiligt. Überlegungen zur Raumspiegelung, Parität und Zeitumkehr bieten über Invarianz in physikal. Theorien. 1963 Nobelpreis für Physik (zus. mit M. Goeppert-Mayer und J. H. D. Jensen).

WIG-Verfahren, Kurz-Bez. für **W**olfram-**I**nert**g**as-Schweißen (↑Schweißverfahren).

Wigwam [indian.], kuppelförmige Hütte der Algonkinstämme des östl. Waldlands Nordamerikas.

Wikinger [altnord.], Bez. für die Skandinavier im 8./9.–11. Jh., die in weiten Teilen Europas als räuber. Gefolgschaften, Landnehmer und Kaufleute auftraten. In W- und S-Europa waren sie als ↑Normannen bekannt, im O als *Rus* oder *Waräger.* Dank ihrer Überlegenheit als Seefahrer *(Wikingerschiff,* ↑Schiff) beherrschten sie die Handelswege in weiten Teilen N-, W- und O-Europas bis nach Konstantinopel; ihre wichtigsten Handelszentren waren Birka im Mälarsee und ↑Haithabu an der Grenze zum Fränk. Reich. Die Züge der Norweger führten v. a. zu den Brit. Inseln (Ende 8. Jh.), nach Island (um 870), nach Grönland (Entdeckung 982 durch Erich den Roten) und Nordamerika (Entdeckung um 1000 durch Leif Eriksson). Die Dänen wandten sich seit dem 9. Jh. dem Kontinent zu, besetzten Friesland, richteten ihre Fahrten nach 866 gegen England und setzten sich 911 in der Normandie fest. 1013 eroberten sie England. Im Ostseeraum und in Rußland waren seit dem 9. Jh. bes. Schweden (Waräger, Rus) aktiv. Sie waren wohl 882 an der Gründung des Kiewer Reiches (Kiewer Rus), der Keimzelle Rußlands, beteiligt. Den byzantin. Kaisern dienten Waräger als Stützen der kaiserl. Garde.

Wild, weidmänn. Bez. für alle freilebenden Tiere, die dem Jagdrecht unterliegen. Man unterscheidet *Hochwild* und *Niederwild, Haarwild* und *Flugwild, edles* (für den menschl. Verzehr geeignetes) und *unedles* (für den Verzehr ungeeignetes) *Wild.*

Wikinger. Kupferplatte in Form eines Wimpels, vermutlich von einem Schiffssteven (1000 bis 1050; Oslo, Universitetets Oldsaksamling)

Wildkatze

Wildbad im Schwarzwald, Stadt, Heilbad an der Enz, Bad.-Württ., 11700 E. Rokokopfarrkirche (1746 bis 1748).
Wildbann ↑Bannforsten.
Wildbeuter (Jäger und Sammler), Jäger-, Fischer- und Sammelvölker, die die von der Natur angebotenen tier. und pflanzl. Produkte ausbeuten.
Wildbret, Fleisch des Nutzwildes, meist als Braten oder Ragout zubereitet.
Wilde, Oscar Fingal[l] O'Flahertie Wills [engl. waɪld], *Dublin 16. 10. 1854, † Paris 30. 11. 1900, englischer Schriftsteller irischer Herkunft. Hervorragendster Vertreter des Ästhetizismus in England, zuletzt unter dem Decknamen *Melmoth* in Frankreich. Sein einziger Roman »Das Bildnis des Dorian Gray« (1891; mehrmals verfilmt) ist neben seinen Märchen und Erzählungen sein bekanntestes Werk. 1895 zu einer zweijährigen Zuchthausstrafe wegen Homophilie verurteilt; in Haft schrieb er die »Ballade vom Zuchthause zu Reading« (1898) und den autobiographischen Essay »De profundis« (hg. 1905); seine Tragödie »Salome« (1893 in frz. Sprache) wurde von R. Strauss als Oper (1905) vertont; schrieb auch Komödien. Von aktueller Bed. ist sein Essay »Der Sozialismus und die Seele des Menschen« (1891).
Wilde Jagd (Wilde Fahrt, Wildes Heer), im Volksglauben ein Totenheer, das, angeführt vom *Wilden Jäger* (urspr. Wodan), in den Sturmnächten durch die Lüfte reitet.
Wildenten, volkstüml. Sammel-Bez. für alle wildlebenden Enten, in Deutschland bes. die Stockente.
Wilder [engl. 'waɪldə], **1) Billy,** eigtl. Samuel W., *Sucha bei Krakau 22. 6. 1906, amerikan. Filmregisseur österr. Herkunft. Filmjournalist und Drehbuchautor in Wien und Berlin (»Emil und die Detektive«, 1931); emigrierte 1933 über Frankreich in die USA; in Hollywood zahlr. Welterfolge mit Komödien und gesellschaftskrit. Filmen. – *Weitere Filme:* Frau ohne Gewissen (1944), Boulevard der Dämmerung (1950), Das verflixte siebte Jahr (1955), Zeugin der Anklage (1957), Manche mögen's heiß (1959), Eins, zwei, drei (1961), Das Mädchen Irma La Douce (1962), Buddy, Buddy (1981).

2) Thornton, *Madison (Wis.) 17. 4. 1897, † Hamden bei New Haven (Conn.) 7. 12. 1975, amerikan. Schriftsteller. Gehört als Romancier (u. a. »Die Brücke von San Luis Rey«, 1927; »Dem Himmel bin ich auserkoren«, 1934) und Dramatiker (»Unsere kleine Stadt«, 1938; »Die Heiratsvermittlerin«, 1939; verfilmt 1958; danach auch das Musical »Hello Dolly«, 1963) zu den bedeutendsten Vertretern der amerikan. Literatur des 20. Jh.; 1957 Friedenspreis des Börsenvereins des Dt. Buchhandels. – *Weitere Werke:* Die Cabala (R., 1926), Die Iden des März (R., 1948), Die Alkestiade (Kom., UA 1955; als Musical 1962), Der achte Schöpfungstag (R., 1967), Theophilus North oder ein Heiliger wider Willen (R., 1974).
Wilderei, unrechtmäßiges Jagen oder Fischen in fremdem Revier.
Wilder Kaiser ↑Kaisergebirge.
Wilder Wein ↑Jungfernrebe.
Wilder Westen, in N-Amerika die im Laufe der Expansion nach W vorrückende Übergangsregion (»frontier«) von organisiertem Siedlungsgebiet der Einwanderer zu dem von Indianern beherrschten Land, (fast ausnahmslos glorifiziert) dargestellt in Romanen und Filmen.
wildes Fleisch, überschüssig wucherndes, schwammiges Granulationsgewebe an heilenden Wunden.
Wildes Heer ↑Wilde Jagd.
Wildfrüchte, die eßbaren Früchte wild wachsender Pflanzen; z. B. Hagebutten, Holunder- oder Preiselbeeren.
Wildgänse, Bez. für alle wild lebenden Echten Gänse, i. e. S. für Graugänse.
Wildhefen, im Ggs. zu den Kulturhefen in der freien Natur auf zuckerhaltigen Stoffen sowie in Böden vorkommende Schlauchpilze, die eine alkohol. Gärung bewirken.
Wildkaninchen, Gatt. der Hasen mit der einzigen, über weite Teile Europas verbreiteten, in Australien, Neuseeland und Chile eingebürgerten Art *Europ. W.;* 35–45 cm Körperlänge, 7–8 cm lange Ohren; lebt gesellig in ausgedehnten Erdröhrensystemen, neigt zu sprichwörtlich starker Vermehrung; Stammform der zahlr. Hauskaninchenrassen.
Wildkatze, in Europa, N-Afrika und SW-Asien heim. Kleinkatze; Länge 45–80 cm, Schwanz 25–40 cm lang;

Billy Wilder

Thornton Wilder

Wildleder

Wildkatze. Mitteleuropäische Wildkatze (Körperlänge 50–80 cm, Schwanzlänge bis 35 cm)

Unterarten sind: *Falbkatze* (Afrikan. W.; 45–70 cm körperlang, gelblichgrau, in Steppen und Savannen Afrikas; die *Nub. Falbkatze* gilt als Stammform der Hauskatze); *Waldkatze* (Mitteleurop. W.; 50–80 cm körperlang, gelblichbraun, Schwanz schwarzspitzig und schwarz geringelt).

Wildleder, Handels-Bez. für Sämischleder; auch Bez. für Veloursleder.

Wildschaden, der durch jagdbares Wild angerichtete Schaden; für W. besteht in weitem Umfang eine Gefährdungshaftung.

Wildschweine, Gatt. der Schweine mit vier Arten in Europa, Asien und N-Afrika. Einheimisch ist das *Euras. Wildschwein* mit 100–180 cm Körperlänge, 55–110 cm Schulterhöhe und (bei Keilern) bis rd. 200 kg Körpergewicht;

Wildschweine. Eurasisches Wildschwein

Eckzähne (bes. beim Keiler) verlängert, die des Oberkiefers nach oben gekrümmt (Gewaff), Fell mit langen, borstigen Haaren, braunschwarz bis hellgrau; frißt Pflanzen, Samen, Schnecken, Würmer und Insekten; die Weibchen bilden mit den Jungtieren (Frischlingen) zus. Gruppen, die Männchen sind außerhalb der Paarungszeit Einzelgänger. Stammform des Hausschweins.

Wildspitze, mit 3 768 m höchste Erhebung der Ötztaler Alpen.

Wildwasserrennen ↑Kanusport.

Wilfrith (Wilfrid, Wilfried) **von York** [engl. jɔːk], hl., *Northumbria 634, † im Kloster Oundle bei Peterborough im Okt. (24. 4.?) 709, angelsächs. Bischof. Versuchte, die kelt. Bräuche zugunsten der röm. Liturgie und der Benediktregel abzuschaffen. – Fest: 12. Oktober.

Wilhelm, Name von Herrschern:
Hl. Röm. Reich: **1) Wilhelm von Holland,** *1227 oder 1228, ⚔ bei Alkmaar 28. 1. 1256, Röm. König (seit 1247). Nach dem Tod Heinrich Raspes zum Gegenkönig gegen Friedrich II. gewählt, 1248 in Aachen gekrönt; nach dem Tod Konrads IV. 1254 allg. anerkannt. Fiel auf einem Feldzug gegen die Friesen.
Dt. Reich: **2) Wilhelm I.,** *Berlin 22. 3. 1797, † ebd. 9. 3. 1888, Dt. Kaiser (seit 1871) und König von Preußen (seit 1861). Leitete 1849 die blutige Niederschlagung des pfälz.-bad. Aufstands (»Kartätschenprinz«). Nach Übernahme der Stellvertretung bzw. Regentschaft (1857/58) für seinen erkrankten Bruder Friedrich Wilhelm IV. leitete W. die liberale Neue Ära ein, geriet aber ab 1859 mit der Landtagsmehrheit in Konflikt über die Heeresreform (↑preußischer Verfassungskonflikt). Als W. an Abdankung dachte, setzte die Militärpartei 1862 Bismarck als Min.-Präs. durch, hinter dem W. in der Folgezeit meist zurücktrat. 1867 übernahm W. das Präsidium des Norddt. Bundes, am 18. 1. 1871 wurde er in Versailles zum Dt. Kaiser ausgerufen.

3) Wilhelm II., *Berlin 27. 1. 1859, † Schloß Doorn 4. 6. 1941, Dt. Kaiser und König von Preußen (1888–1918). Der älteste, streng erzogene Sohn Friedrichs III. stand früh in Opposition zur

Wilhelmshaven

liberalen Aufgeschlossenheit seiner Eltern. Zugleich Ideen romant. Königtums und technokratisch-plebiszitärer Führerschaft verhaftet, gerieten seine Machtansprüche (»persönliches Regiment«) v. a. in Sozial- und Außenpolitik nach seiner Thronbesteigung rasch in Konflikt mit denjenigen Bismarcks (Entlassung 1890). In seiner vorschnellen Unbedachtheit (Daily-Telegraph-Affäre 1908) und seiner durch eine körperl. Behinderung mitgeprägten, inneren Unausgeglichenheit, die durch forsches Auftreten (»Säbelrasseln«) und äußeren Pomp überspielt wurde, spiegelte W. Grundzüge der von inneren Krisen überlagerten dt. Gesellschaft seines Zeitalters (»Wilhelminismus«); seinem selbst auferlegten Führungszwang wurde er aber nicht gerecht. Deutlich wird dies u. a. nach dem Ausbruch des durch seine Politik mitverursachten 1. Weltkriegs, in dessen Verlauf W. gegenüber der militärischen und politischen Reichsleitung völlig in den Hintergrund tritt und an dessen Ende sein Exil in den Niederlanden (Doorn) steht.

England: **4) Wilhelm I., der Eroberer,** *Falaise bei Caen um 1027, † Rouen 9. 9. 1087, König (seit 1066), Hzg. der Normandie (seit 1035). Da König Eduard der Bekenner ihm die engl. Krone versprochen hatte, landete W. am 28. 9. 1066 in Sussex, besiegte den inzwischen gewählten Harold II. Godwinson am 14. 10. bei Hastings und ließ sich am 25. 12. in Westminster krönen; schuf einen zentral gelenkten anglonormann. Feudalstaat.

5) Wilhelm III. von Oranien (Wilhelm Heinrich), *Den Haag 14. 11. 1650, † Hampton Court (heute zu London) 19. 3. 1702, König von England, Schottland und Irland (seit 1689). Statthalter von fünf niederl. Prov.; Generalkapitän der niederl. Truppen im Niederl.-Frz. Krieg 1672–78/79. Die Opposition gegen seinen Schwiegervater Jakob II. von England übertrug ihm zus. mit seiner Gemahlin Maria (II.) Stuart nach der Flucht des Königs die Krone, um eine prot. Thronfolge zu sichern. Beide mußten zuvor dem Bill of Rights zustimmen, wodurch die Entwicklung zur konstitutionellen Monarchie eingeleitet wurde.

Niederlande: **6) Wilhelm I., der Schweiger,** *Dillenburg 25. 4. 1533, † Delft 10. 7. 1584, Graf von Nassau, Prinz von Oranien (seit 1544). 1559 Mgl. des Staatsrats und Statthalter von Holland, Seeland, Utrecht und der Franche-Comté, wurde zum Wortführer der ständ. Opposition gegen den span. Zentralismus. 1572 von den Aufständischen der nördl. Landesteile zum Statthalter ernannt, vereinigte W. 1576 in der Genter Pazifikation alle niederl. Prov., doch infolge der konfessionellen Ggs. gelang es ihm nicht, alle Prov. in einer Aufstandsbewegung zusammenzuhalten. 1580 von König Philipp II. geächtet; von einem Katholiken ermordet.

7) Wilhelm III. von Oranien ↑Wilhelm III., König von England.

Wilhelm von Champeaux [frz. ʃã'po], latin. Guilemus de Campellis (Champellensis), *Champeaux bei Melun um 1070, † Châlons-sur-Marne 1121 (1122?), frz. scholast. Theologe. Lehrer P. Abälards; begründete 1109/10 in Paris die Schule von ↑Sankt Viktor.

Wilhelm von Ockham [engl. 'ɔkəm] ↑Ockham, Wilhelm von.

Wilhelmina, *Den Haag 31. 8. 1880, † Schloß Het Loo bei Apeldoorn 28. 11. 1962, Königin der Niederlande (1890 bis 1948). Einzige Tochter Wilhelms III. (*1817, † 1890), bis 1898 unter der Vormundschaft ihrer Mutter, Königin Emma (*1858, † 1934); trug wesentlich zur Stärkung der Monarchie bei gleichzeitiger Demokratisierung der polit. Institutionen bei; im brit. Exil (1940–45) Stützpfeiler des niederl. Widerstandes; 1948 Thronverzicht zugunsten ihrer Tochter Juliana.

Wilhelmine, *Berlin 3. 7. 1709, † Bayreuth 14. 10. 1758, Markgräfin von Bayreuth. Lieblingsschwester Friedrichs II., d. Gr.; seit 1731 ∞ mit dem späteren Markgrafen Friedrich von Bayreuth (*1711, † 1763); zeichnete in ihren »Denkwürdigkeiten« ein krit. Bild des Berliner Hofes.

Wilhelmshaven [...fən], Stadt am Ausgang des Jadebusens in die Nordsee, Ndsachs., 91 000 E. Senckenberg-Forschungsanstalt für Meeresgeologie und Meeresbiologie, Niedersächs. Landesinstitut für Marschen- und Wurtenforschung, Institut für Vogelforschung – Vogelwarte Helgoland mit Museum;

Wilhelm I.

Wilhelm II.

Wilhelmstraße

Wilhelmshaven. Blick auf einen Teil des Großen Hafens; rechts die Kaiser-Wilhelm-Brücke, links davon der Bontekai mit Museumsschiffen sowie das von zwei Schleppern bugsierte russische Segelschulschiff »Sedov«; im Hintergrund das Marinearsenal

Küstenmuseum, Städt. Kunsthalle, Stadttheater; botan. Garten, Seewasseraquarium. Wichtigster dt. Erdölumschlaghafen, Erdölraffinerie, chem., petrochem. Ind.-Betriebe. Ev. Kirche Neuende (13. Jh.), Rathaus (1928/29), Burg Kniphausen (15.–17. Jh.). – Verdankt sein Entstehen dem 1856 angelegten preuß. Kriegshafen; mit *Rüstringen* 1937 zur Stadt vereinigt.

Wilhelmstraße, Berliner Straße östlich des Brandenburger Tors. An der W. befanden sich im Dt. Reich u. a. das Auswärtige Amt und die Reichskanzlei, so daß »W.« zum Synonym für die Leitung der dt. (Außen)politik bis 1945 wurde.

Wilkins [ˈwɪlkɪnz], **1)** Sir (seit 1928) George Hubert, *Mount Bryan East (Distrikt Burra Burra, S-Australien) 31. 10. 1888, † Framingham (Mass.) 1. 12. 1958, australischer Polarforscher. Überquerte von Alaska aus am 16. 4. 1928 Spitzbergen (2100 Meilen in 20½ Flugstunden); startete am 16. 11. 1928 zum ersten Flug in die W-Antarktis, wo *W.straße* und *W.küste* nach ihm benannt wurden.
2) Maurice Hugh Frederick, *Pangora (Neuseeland) 15. 12. 1916, brit. Biophysiker. Arbeiten über die Trennung von Uranisotopen sowie zur Röntgenstrukturanalyse v. a. von genet. Material. Für seine bed. Beiträge zur Aufklärung der Struktur der ↑DNS erhielt er (mit F. H. C. Crick und J. D. Watson) 1962 den Nobelpreis für Physiologie oder Medizin.

Wilkinson, Geoffrey [engl. ˈwɪlkɪnsn], *Springside bei Todmorden 14. 7. 1921, brit. Chemiker. Klärte unabhängig von E. O. Fischer Struktur und Verhalten bestimmter ↑Koordinationsverbindungen (sog. Sandwichverbindungen); erhielt hierfür zus. mit Fischer 1973 den Nobelpreis für Chemie.

Willaert, Adrian [niederl. ˈwɪlaːrt], *Brügge oder Roeselare zw. 1480 und 1490, † Venedig 7. 12. 1562, fläm. Komponist. Wirkte ab 1527 als Kapellmeister an San Marco in Venedig; Begründer der ↑venezianischen Schule; u. a. Motetten, Chansons, Villanellen und Madrigale.

Wille, die Fähigkeit des Menschen, sich bewußt für oder gegen eine bestimmte geistige Einstellung oder eine bestimmte Weise des Verhaltens zu entscheiden. Im Unterschied zur Triebhandlung wird als W.handlung daher die sich verwirklichende psych. Energie *(Willenskraft)* angesehen.

Willehalm, Held der gleichnamigen Reimpaarerzählung (rd. 14 000 Verse) von Wolfram von Eschenbach. Vorlage ist eine altfrz. Chanson de geste um Guillaume d'Orange (histor. Vorbild: Wilhelm von Aquitanien [† 812], ein Enkel Karl Martells). Im 13. Jh. schrieben Ulrich von dem Türlin eine Vorgeschichte, Ulrich von Türheim eine

Geoffrey Wilkinson

Fortsetzung (»Rennewart«), im 15. Jh. wurden alle drei Epen in Prosa umgesetzt.

Willemer, Marianne von, geb. Jung, *Linz 20. 11. 1784, † Frankfurt am Main 6. 12. 1860. Kam 1798 mit einer Balletttruppe nach Frankfurt am Main; 1814 Bekanntschaft mit Goethe; Vorbild für die Suleika im »West-östl. Divan« (1819), zu dem sie einige Gedichte beitrug.

Willendorf (amtl. W. in der Wachau, zur Marktgemeinde Aggsbach, Niederösterreich), Fundort jungpaläolith. Freilandstationen. Berühmt wurde bes. W. II mit neun Kulturschichten des Aurignacien und des Gravettien (Kalksteinstatuette »Venus von W.«).

Willenserklärung, private Willensäußerung, die rechtl. Folgen haben soll. Die W. ist wichtigster Bestandteil der Rechtsgeschäfte. Die Erklärung des Willens muß nach außen erkennbar gemacht werden. I. d. R. sind W. formlos gültig, sie können also durch ein beliebiges, entsprechend deutbares (konkludentes) Verhalten (z. B. stillschweigende Bezahlung eines Eintrittspreises) abgegeben werden. Voraussetzung für die Wirksamkeit einer W. ist die Rechtsfähigkeit und Geschäftsfähigkeit des Erklärenden zum Zeitpunkt der Willenserklärung. *Empfangsbedürftige W.* (z. B. Kündigungen), d. h. Willenserklärungen, die zu ihrer Wirksamkeit im Ggs. zu den nicht empfangsbedürftigen Willenserklärungen (z. B. Testament) einer anderen Person zur Kenntnis gebracht worden sein müssen, werden erst mit ihrem Zugang wirksam.

Williams [engl. 'wɪljəmz], **1)** Betty, *Belfast 22. 5. 1943, nordir. Friedenskämpferin. Begründete die Bewegung »Women for Peace«, später »Community of the Peace People« mit Mairead Corrigan (*1944), mit der sie 1976 den Friedensnobelpreis erhielt.
2) Robin, *Chicago 21. 7. 1952, amerikan. Filmschauspieler. Internat. Durchbruch v. a. mit iron.-komödiant. Rollen, u. a. in »Good Morning, Vietnam« (1987), »Der Club der toten Dichter« (1989), »König der Fischer« (1991), »Hook« (1991), »Mrs. Doubtfire« (1993).
3) Tennessee, eigtl. Thomas Lanier W., *Columbus (Miss.). 26. 3. 1911, † New York 25. 2. 1983, amerikan. Dramatiker. Seine Dramen sind zu einem großen Teil (teilweise unter seiner Mitarbeit als Drehbuchautor) auch verfilmt worden, u. a. »Glasmenagerie« (1944; verfilmt 1973 von Anthony Harvey [*1931]), Endstation Sehnsucht« (1947; verfilmt 1951 von E. Kazan), »Die tätowierte Rose« (1951; verfilmt 1955 von Daniel Mann [*1912]), »Plötzlich im letzten Sommer« (1958; verfilmt 1959 von Joseph Mankiewicz [*1909, †1993]). – *Weitere Werke:* Die Katze auf dem heißen Blechdach (1955; verfilmt 1958 von Richard Brooks [*1912, †1992]), Süßer Vogel Jugend (1959, verfilmt 1961 von R. Brooks), Die Nacht des Leguans (1962, verfilmt 1963 von J. Huston).
4) William Carlos, *Rutherford (N. Y.) 17. 9. 1883, † ebd. 4. 3. 1963, amerikan. Schriftsteller und Arzt. Gehört als Vertreter des Imagismus zu den bed. amerikan. Lyrikern (u. a. »Paterson«, 5 Bde., 1946–58); auch Romane (»White Mule. Erste Schritte in Amerika«, Trilogie, 1937), Essays (»Die Neuentdeckung Amerikas«, 1925) und Dramen (»Many loves and other plays«, 1961).

Williamsburg [engl. 'wɪljəmzbə:g], Stadt in SO-Virginia, USA, 9 900 E. Kapitol (1701–05), Gouverneurspalast (1706–20), College of William and Mary (1695–99). – Entstand 1633; bis 1780 Hauptstadt von Virginia.

Williams Christbirne (Barlett), aus England stammende feine Tafelbirne; große bis mittelgroße Früchte mit beulen- oder rippenförmigen Erhebungen; Schale gelb, zimtfarben gepunktet; Fruchtfleisch gelblichweiß, schmelzend, aromatisch; Genußreife von Ende August bis Mitte Sept., Lagerzeit 2–3 Monate.

Betty Williams

Williams Christ

Willendorf.
Venus von Willendorf (Wien, Naturhistorisches Museum)

Willibald

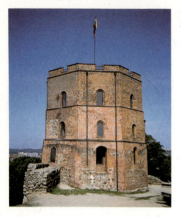

Wilna. Gediminturm; 14./15. Jh., im 20. Jh. restauriert

Richard Willstätter

Wilna Stadtwappen

Willibald (Wilbald), hl., *in England um 700, † Eichstätt 7. 7. 787, Bischof von Eichstätt. Von Bonifatius als Helfer in die dt. Missionsarbeit berufen; ab 741 Bischof von Eichstätt; Mitbegründer der Klöster Heidenheim und Solnhofen. – Fest: 7. Juli.

Willibrord, hl., *in Northumbria um 658, † Echternach (?) 7. 11. 739, angelsächs. Missionar. Lehrer des Bonifatius; missionierte seit 690 in Westfriesland; gründete 698 das Kloster Echternach; schuf die Voraussetzungen für die Gründung des Bistums Utrecht; gilt als Apostel der Friesen und Patron der Beneluxländer. – Fest: 7. November.

Willigis, hl., † 23. 2. 1011, Erzbischof von Mainz (seit 975). 983–994 Ratgeber der Kaiserinnen Theophanu und Adelheid (Rettung der Krone für Otto III. gegen Ansprüche des bayr. Hzg. Heinrich II., des Zänkers); veranlaßte den Bau des Mainzer Doms. – Fest: 23. Februar.

Willkür, Begriff, der ein Handeln bezeichnet, das (unter Ausnutzung von sozialen, polit. Vorteils- oder Machtpositionen) allg. geltende Rechts- und Moralvorstellungen außer Kraft setzt und damit die Interessen anderer mißachtet.

Willkürverbot, sich aus dem GG ergebendes Verbot, Gleiches ungleich und Ungleiches gleich zu behandeln; dies gilt für Verwaltung und Gesetzgeber.

Willmann, Michael, ≈ Königsberg 27. 9. 1630, † Leubus 26. 8. 1706, dt. Barockmaler. Tätig v. a. in schles. Klöstern (Apostelmartyrien, Josephszyklus in Grüssau, St. Joseph).

Willstätter, Richard, *Karlsruhe 13. 8. 1872, † Muralto bei Locarno 3. 8. 1942, dt. Chemiker. Ermittelte die Struktur zahlr. Alkaloide und Pflanzenfarbstoffe und synthetisierte u. a. das Kokain und Atropin. Für seine Untersuchungen über die Anthozyane und das Chlorophyll erhielt er 1915 den Nobelpreis für Chemie.

Wilna (Vilnius), Hauptstadt Litauens, am Neris, 598 000 E. Univ. (gegr. 1579) Hochschulen, Museen, Theater, Philharmonie. U. a. Maschinen- und Präzisionsgerätebau. Am Fuß des Burgberges liegt die Altstadt mit bed. Bauten, u. a. den spätgot. Kirchen Sankt Nikolai (15. Jh., im 18. Jh. Fenster barock verändert), Bernhardinerkirche (1513 vollendet, Umbau zur Wehrkirche im 16. Jh.), Annenkirche (1499 begonnen), den Kirchen in »Wilnaer Barock«: Michaeliskirche (1594–1625), Kasimirkirche (1596–1604), Peter-und-Paul-Kirche (1668–84; mit 2000 Statuen), Sankt Johannis (Umbau 1737–40) und die klassizist. Kathedrale (1771–1801) mit der Kasimirkapelle (1624–36). Die wichtigsten Profanbauten sind das Königsschloß (1530 bis 1940), das Medininkai-Tor (15. und 16. Jh.), die Univ.-Bauten (15.–18. Jh.), das klassizist. Rathaus (1788–99) und der Bischofspalast (1825–32). – Im 10. Jh. gegr., 1323 zur Hauptstadt Litauens erhoben; 1387 Magdeburger Stadtrecht; im 2. Nordischen Krieg von den Schweden erobert und zerstört (1702, 1706); wurde nach der Angliederung Litauens an das Russ. Reich (1795) Gouvernementshauptstadt; 1920 von Polen annektiert; im Sept. 1939 von sowjet. Truppen besetzt.

Wilson [engl. wɪlsn], **1)** Angus, eigtl. A. Frank Johnstone-W., *Bexhill 11. 8. 1913, † Bury-Saint-Edmunds 31. 5. 1991, engl. Schriftsteller. Parodist.-iron. Romane im Stil des Viktorianismus; auch satir. Kurzgeschichten, Hör- und Fernsehspiele sowie Essays. – *Werke:* »Schierling und danach« (1952), »Späte Entdeckungen« (1956), »Meg Eliot« (1958), »Die alten Männer im Zoo« (1961), »Kein Grund zum Lachen« (1967), »Brüchiges Eis« (1980).

2) Charles Thomson Rees, *Glencorse bei Edinburgh 14. 2. 1869, † Carlops bei Edinburgh 15. 11. 1959, brit. Physiker. Konstruierte die Nebelkammer, mit der er 1911 erstmals Spuren von Alphateilchen sichtbar machen konnte. Nobelpreis für Physik 1927 (zus. mit A. H. Compton).

3) Sir (seit 1976) Harold, Baron W. of Rievaulx (seit 1983), *Huddersfield 11. 3. 1916, † London 24. 5. 1995, brit. Politiker (Labour Party). 1945–83 Abg. im Unterhaus; 1947–51 Handels-Min.; 1963–76 Parteiführer, 1964–70 und 1974–76 Premierminister. Seine Restriktionspolitik zur Sanierung von Wirtschaft und Währung stieß auf gewerkschaftl. Widerstand und hatte keinen dauerhaften Erfolg (1967 Einleitung der Wiederverstaatlichung der Eisen- und Stahl-Ind.); erreichte 1975 in einer Volksabstimmung eine Zweidrittelmehrheit für den Beitritt Großbrit. zur EG.

4) Kenneth Geddes, *Waltham (Mass.) 8. 6. 1936, amerikan. Physiker. Entwickelte 1971 die nach ihm ben. Theorie der Renormierungsgruppe, die u. a. die Gleichartigkeit des Verhaltens von Systemen erklärt, die so unterschiedl. Phasenumwandlungen wie das Einsetzen von Schmelz- und Siedevorgängen, von Magnetismus, Supraleitung u. a. erleiden. 1982 Nobelpreis für Physik.

5) Robert W., *Houston (Tex.) 10. 1. 1936, amerikan. Physiker. Entdeckte 1964/1965 zus. mit A. Penzias bei Rauschpegelmessungen an einem Radioteleskop die kosmische Hintergrundstrahlung, wofür beide 1978 den Nobelpreis für Physik erhielten (zus. mit P. L. Kapiza).

6) Robert (Bob), *Waco (Tex.) 4. 10. 1944, amerikan. Dramatiker und Regisseur. Betreibt mit seinem Bildertheater (Theatre of Images) die Destruktion des textgebundenen Dramas. Das Monumentalspektakel »the CIVIL wars« wurde 1983/84 in verschiedenen Stückteilen in Rotterdam, Tokio, Köln und Rom uraufgeführt. – *Weitere Werke:* Einstein on the beach (UA 1976), Death, destruction, and Detroit (UA 1. Teil 1979, 2. Teil 1987), Medea (UA 1981).

7) [Thomas] Woodrow, *Staunton (Va.) 28. 12. 1856, † Washington (D. C.) 3. 2. 1924, 28. Präs. der USA (1913–21). Als Demokrat 1910 Gouverneur von New Jersey, 1912 zum Präs. gewählt; suchte wichtige Reformen durchzusetzen: Zollsenkung, Errichtung des Federal Reserve System (amerikan. Zentralbanksystem), Clayton-Antitrust-Act, progressive Einkommensteuer. Außenpolitisch verfocht er eine Politik der offenen Tür bei grundsätzl. Ablehnung des Dollarimperialismus, ohne aber auf Interventionen in Lateinamerika (Mexiko 1914–16, Haiti und Dominikan. Republik 1915) zu verzichten. Bei Ausbruch des 1. Weltkriegs verkündete W. die Neutralität der USA. Probrit. Sympathien, der verfassungspolit. Ggs. zum Dt. Reich, wirtschaftl. Interessen und der uneingeschränkte dt. Unterseebootkrieg führten zur Kriegserklärung an Deutschland im April 1917. Mit der Proklamation der †Vierzehn Punkte am 8. 1. 1918 versuchte W., das demokrat. Programm eines maßvollen Friedens und einer Neuorganisation der Welt für die Kriegführenden verbindlich zu machen. Um sein Hauptziel, die Gründung eines Völkerbundes, zu erreichen, machte er auf der Pariser Friedenskonferenz 1919 erhebl. Zugeständnisse an Frankreich und Großbrit.; die Ratifikation des Versailler Vertrags durch die USA und deren Beitritt zum Völkerbund vermochte er nicht durchzusetzen; erhielt 1919 den Friedensnobelpreis.

Wimbledon [engl. 'wɪmbldən], ehem. selbständige engl. Stadt, heute zu Groß-London. Bekannt durch die alljährlich ausgetragenen internat. engl. Tennismeisterschaften.

Wimperg, got. Ziergiebel über Fenstern, Portalen usw.; meist mit Blendmaßwerk.

Wimpern, 1) *Anatomie:* (Augen-W.) das Auge gegen das Eindringen von Fremdkörpern schützende Haare an der Vorderkante des Rands der Augenlider vieler Säugetiere, beim Menschen am oberen Lid aufwärts, am unteren Lid abwärts gekrümmt; werden beim Menschen etwa 4–6 Wochen alt.
2) *Biologie:* svw. †Zilien.

Wimpertierchen (Infusorien, Ziliaten, Ciliata), Klasse freischwimmender oder festsitzender Protozoen im Meer und Süßwasser, aber auch parasitisch oder

Charles Thomson Rees Wilson

Kenneth G. Wilson

Robert W. Wilson

Woodrow Wilson

Wimpfeling

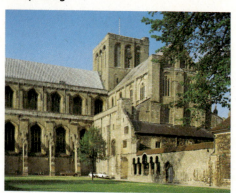

Winchester.
Die 1079 begonnene Kathedrale

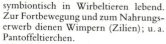

Winde.
Ackerwinde (Höhe 20–80 cm)

Adolf Windaus

symbiontisch in Wirbeltieren lebend. Zur Fortbewegung und zum Nahrungserwerb dienen Wimpern (Zilien); u. a. Pantoffeltierchen.

Wimpfeling (Wimpheling, Wympheling), Jakob, * Schlettstadt 27. 7. 1450, † ebd. 17. 11. 1528, deutscher Humanist und Theologe. Seine pädagogischen Schriften trugen ihm den Titel »Praeceptor Germaniae« (Lehrer Deutschlands) ein; mit seinen histor. Schriften wurde W. Begründer der deutschen Geschichtsschreibung.

Winchester [engl. 'wɪntʃɪstə], engl. Stadt nördlich von Southampton, 30 600 E. Verwaltungssitz der Gft. Hampshire. Kathedrale (11.–17. Jh.), Hospital Saint Cross (12. und 15. Jh.). – Bed. kelt. Siedlung; röm. Straßenknotenpunkt *Venta Belgarum;* wurde um 676 Sitz des Bistums Dorchester (1559 anglikan.), im frühen MA Hauptstadt des Kgr. Wessex.

Winchester-Gewehre [engl. 'wɪntʃɪstə...; nach dem amerikan. Industriellen Oliver Fisher Winchester, * 1810, † 1880], Bez. für die ab 1866 von der Winchester Repeating Arms Company in New Haven (Conn.) hergestellten Repetiergewehre.

Winckelmann, Johann Joachim, * Stendal 9. 12. 1717, † Triest 8. 6. 1768 (ermordet), dt. Archäologe und Kunstgelehrter. Ab 1755 in Rom, 1763 Aufsicht über die Altertümer in und um Rom. Gilt mit seinem Hauptwerk »Geschichte der Kunst des Altertums« (1764) als Begründer der Archäologie. Durch seine ästhet. Kunstbetrachtung wurde die Blickrichtung von der römischen auf die griechische Antike gelenkt, deren Wesen er als »edle Einfalt und stille Größe« charakterisierte. – *Weitere Werke:* Gedanken über die Nachahmung der griechischen Werke in der Malerei und Bildhauerkunst (1755), Anmerkungen über die Baukunst der Alten (1762).

Winckler, Josef, * Bentlage (heute zu Rheine) 6. 7. 1881, † Neufrankenhorst (heute zu Bergisch Gladbach) 29. 1. 1966, dt. Schriftsteller. Verfaßte u. a. den Schelmenroman »Der tolle Bomberg« (1924).

Wind, im wesentlichen in horizontaler Richtung bewegte Luft; entsteht als Folge des Ausgleichs von Luftdruckunterschieden in der ↑Atmosphäre. Die Luft wird infolge der ablenkenden Kraft der Erdrotation (↑Coriolis-Kraft) auf der Nordhalbkugel nach rechts abgelenkt und bewegt sich in der freien Atmosphäre parallel zu den Linien gleichen Luftdrucks (Isobaren). In Bodennähe bewirkt die Reibung an der Erdoberfläche, daß der W. nicht isobarenparallel, sondern aus einem Hochdruckgebiet heraus- und in ein Tiefdruckgebiet hineinweht; infolge der Ablenkung nach rechts auf der Nordhalbkugel umströmen die W. ein Hochdruckgebiet im Uhrzeigersinn, ein Tiefdruckgebiet entgegen dem Uhrzeigersinn.

Windaus, Adolf, * Berlin 25. 12. 1876, † Göttingen 9. 6. 1959, dt. Chemiker. Untersuchte den Aufbau der Sterine, stellte ihre Verwandtschaft mit den Gal-

Windhunde

lensäuren und bestimmten Vitaminen fest und klärte die Struktur der Vitamine D_2 und D_3 sowie ihrer Provitamine. 1928 Nobelpreis für Chemie.

Windblütigkeit, die Verbreitung des Pollens durch den Wind, v. a. bei Bäumen sowie bei Süß- und Riedgräsern.

Winde, Gatt. der W.gewächse mit rd. 250 Arten, v. a. in den subtrop. und gemäßigten Gebieten; einige einheim. Art ist die *Acker-W.* (Drehwurz), mit bis 1 m langen, niederliegenden oder sich emporwindenden Stengeln; Acker- und Gartenunkraut.

Windei (Fließei), ein Hühnerei (Vogelei) ohne Schale (oder mit nur dünner Schalenanlage).

Windelband, Wilhelm, *Potsdam 11. 5. 1848, † Heidelberg 22. 10. 1915, dt. Philosoph. Sein »Lehrbuch der Geschichte der Philosophie« (1892, 17. Auflage 1980) gilt als Standardwerk.

Winden, Fördermittel zum Heben und Senken (z. B. Schrauben-W., Zahnstangen-W., hydraul. W.) oder zum Heranziehen von Lasten (z. B. Seilwinde).

Windenergie ↑Kraftwerke.

Windengewächse (Convolvulaceae), Fam. der Zweikeimblättrigen mit rd. 1 600 Arten in 51 Gatt., v. a. in den Tropen und Subtropen; aufrechte oder windende Kräuter oder Sträucher; u. a. Winde, Trichterwinde.

Windfall profits [engl. 'wɪndfɔːl 'prɔfits; eigtl. »Fallobst-Gewinne«], Gewinne, die einem Unternehmen durch plötzl. Veränderungen der Marktsituation zufallen (z. B. bei Banken durch Zinsveränderungen am Geldmarkt oder bei [europ.] Mineralölgesellschaften durch die Preispolitik der konkurrierenden OPEC-Staaten).

Windhalm (Ackerschmiele), Gatt. der Süßgräser mit drei Arten in Eurasien; ein einheim. Getreideunkraut ist der *Gemeine W.,* 0,3–1 m hoch.

Windharfe, svw. ↑Äolsharfe.

Windhuk, Hauptstadt Namibias, im Zentrum des Landes, 114 500 E. Landesmuseum, Theater, Kunstgalerie, Zoo; Kultur- und Versorgungszentrum des Landes mit nur wenig Industrie; Verkehrsknotenpunkt, ✈. – 1840 von Hottentotten besiedelt; 1890 Anlage der Garnisonsfestung für die dt. Schutztruppe; ab 1891 Sitz des dt. Kommissariats; seit 1909 Stadtrecht.

Windhunde, Rassengruppe sehr schneller Haushunde; Kopf und Körper lang

Windhunde. Afghanischer Windhund

Windhuk. Christuskirche, erbaut 1907–10

Windisch

und schmal; Brust tief; Rute lang und kräftig; verfolgen das Wild mit den Augen. Bekannte Rassen sind: *Afghan. W.* (Afghane), bis 72 cm schulterhoch, lang und üppig behaart, Färbung unterschiedlich; *Greyhound* (Engl. W.), bis 72 cm schulterhoch, Haar kurz, fein, einfarbig und gestromt, Färbung unterschiedlich; *Saluki* (Pers. W.), bis 65 cm schulterhoch, Fell kurzhaarig und glatt, Färbung unterschiedlich.

Windisch, Gem. im schweizer. Kt. Aargau, östlich an Brugg anschließend, 7200 E. Reste eines Amphitheaters u. a. römische Bauten, ehem. Klosterkirche Königsfelden mit berühmten gotischen Chorfenstern (14. Jh.). – Bei dem Oppidum *Vindonissa* der Helvetier um 17 n. Chr. Errichtung des gleichnamigen römischen Legionslagers (um 46 aus Stein neu angelegt); schon um 400 Bischofssitz.

Windische, die Slowenen in Kärnten und Steiermark.

Windischgrätz, Alfred Fürst zu, *Brüssel 11. 5. 1787, †Wien 21. 3. 1862, österr. Feldmarschall. Unterdrückte Juni 1848 den Prager Aufstand; hielt als Oberkommandierender nach der Einnahme Wiens (31. 10.) ein brutales Strafgericht und führte dann Krieg gegen die ungar. Aufständischen.

Windkanal, Versuchseinrichtung zur Bestimmung der aerodynam. Eigenschaften (z. B. Widerstandsbeiwert) von Modellkörpern, die einer darin erzeugten, möglichst gleichmäßigen Luftströmung ausgesetzt werden.

Windkraftwerk ↑Kraftwerke.
Windmesser, svw. ↑Anemometer.
Window-Technik [engl. 'wɪndəʊ...], svw. ↑Fenstertechnik.

Windpocken (Schafblattern, Spitzpocken, Varizellen, Wasserblattern, Wasserpocken), sehr ansteckende, i. d. R. gutartig verlaufende virusbedingte Infektionskrankheit mit bläschenförmigem, den ganzen Körper befallendem Hautausschlag. Dabei entstehen jeweils innerhalb von Stunden aus linsengroßen, blaßroten Flecken Papeln und Bläschen mit rotem Saum, deren Decke leicht einreißt. Nach einigen Tagen stehen frische und unter einer Kruste abheilende Bläschen nebeneinander. W. sind ansteckend bis zum Abfall der letzten Krusten (Isolierung des Erkrankten). Schutzimpfung möglich.

Windröschen, svw. ↑Anemone.
Windrose, svw. Kompaßrose (↑Kompaß).

Windsack, kegelstumpfförmiger, an beiden Enden offener Stoffsack, der an der größeren Öffnung durch einen Drahtring offengehalten wird und drehbar an einer Stange befestigt ist; zur Anzeige von Windrichtung und -stärke.

Windschatten, Zone geringer Windgeschwindigkeit auf der windabgewandten Seite (Lee) eines Strömungshindernisses.

windschiefe Geraden, zwei Geraden, die nicht in einer Ebene liegen, die also weder parallel sind noch sich schneiden.

Windsor, Herzog von [engl. 'wɪnzə], Titel König ↑Eduards VIII. nach seiner Abdankung (Dez. 1936).

Windsor Castle [engl. 'wɪnzə 'kɑ:sl], Stammschloß und Sommerresidenz des engl. Königshauses am westl. Stadtrand von Groß-London. Von Wilhelm dem Eroberer um 1070 gegr. Burg; Erweiterung v. a. im 14. Jh., Schloßkomplex 16./17. Jh. und 1824 ff. durch J. Wyatville im Auftrag Georgs IV.; 1992 durch Brand stark beschädigt. Der Round

Windsor Castle vor dem Brand 1992

Tower liegt zw. zwei Höfen (Lower und Upper Ward), dem Lower Ward schließt sich die Saint George's Chapel (1477 bis 1528) im Perpendicular style an. Die State Apartments liegen an der Nordseite des Upper Ward.

Windstärke, Stärke des Windes, die nach der von Sir Francis Beaufort (* 1774, † 1857) 1806 aufgestellten Skala in zwölf Stufen, entsprechend den Windwirkungen, geschätzt werden kann; die *Beaufort-Skala* wurde 1949 auf 17 Stufen erweitert.

Windsurfing [engl. 'wɪndˌsɔːfɪŋ] ↑Surfing.

Windthorst, Ludwig, *Gut Caldenhof (heute zu Ostercappeln bei Osnabrück) 17. 1. 1812, † Berlin 14. 3. 1891, dt. Politiker. Rechtsanwalt; 1851–53 und 1862–65 in Hannover Justiz-Min.; ab 1867 Mgl. des preuß. Abgeordnetenhauses und MdR im Norddt. Bund, dessen Verfassung er als zu zentralistisch ablehnte. Nach 1870 unbestrittener Führer des Zentrums und im Kulturkampf großer parlamentar. Gegenspieler Bismarcks.

Windward Islands [engl. 'wɪndwəd 'aɪləndz] ↑Antillen.

Winfried (Winfrid) ↑Bonifatius, hl.

Winkel, Formelzeichen ∢, geometr. Gebilde aus zwei von einem Punkt S ausgehenden Strahlen g und h; den Punkt S bezeichnet man als den *Scheitel[punkt]* des W., die Strahlen g und h als seine *Schenkel.* W. bezeichnet man im allg. mit kleinen griech. Buchstaben (α, β, γ, …), mit ∢ (g, h) oder, falls A ein Punkt auf g und B ein Punkt auf h ist, mit ∢ ASB. Ergänzen sich die Schenkel eines W. zu einer Geraden, so spricht man von einem *gestreckten W.* ($\alpha = 180°$); zwei W., die einen Schenkel gemeinsam haben und sich zu einem gestreckten W. ergänzen, heißen *Neben-W.* ($\alpha + \beta = 180°$). Einen W., der seinem Neben-W. gleich ist ($\alpha = \beta = 90°$), nennt man einen *rechten W.* (Zeichen ⌐ oder R), einen W., der kleiner bzw. größer ist als sein Neben-W., einen *spitzen* bzw. *stumpfen W.* ($0 < \alpha < 90°$ bzw. $90° < \alpha < 180°$). Alle W. zw. 180° und 360° nennt man *überstumpf;* beim *Voll-W.* ($\alpha = 360°$) fallen die beiden Schenkel zusammen. Zwei W., die sich zu 90° bzw. 180° ergänzen, bezeichnet man als *Komplement-* bzw. *Supplement-W.* (z. B. sind

Winkelhalbierende

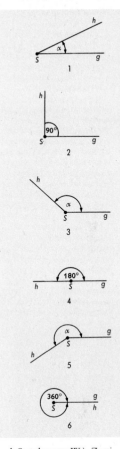

Winkel.
1 spitzer Winkel;
2 rechter Winkel;
3 stumpfer Winkel;
4 gestreckter Winkel;
5 überstumpfer Winkel; **6** Vollwinkel

Neben-W. auch Supplement-W.). Zwei W., die einen Scheitelpunkt gemeinsam haben und deren Schenkel paarweise zwei Geraden bilden, heißen *Scheitel-W.;* sie entstehen beim Schnitt zweier Geraden und sind gleich. ↑Bogenmaß.

Winkeldreiteilung ↑Dreiteilungsproblem.

Winkelfunktionen, svw. ↑trigonometrische Funktionen.

Winkelhalbierende, vom Scheitel eines Winkels ausgehender Strahl, der den Winkel in zwei gleiche Teile teilt. Der Schnittpunkt der drei W. eines Dreiecks ist der Inkreismittelpunkt.

Winkelried

Winkelried, Arnold (Erni) von, ⚔ angeblich Sempach 9.7. 1386, sagenhafter schweizerischer Nationalheld. W. soll in der Schlacht bei Sempach (1386) mehrere feindliche Spieße mit den Armen auf sich gezogen und so im Fallen den Eidgenossen eine Gasse in das österreichische Ritterheer gebahnt haben.

Winkeltrisektion ↑Dreiteilungsproblem.

Winkerkrabben (Geigerkrabben), Gatt. vorwiegend Schlick, Algen und Fischleichen fressender kleiner Krabben, teilweise leuchtend bunt gefärbt, an den Küsten warmer Meere, fast ausschließlich in der Gezeitenzone; Männchen führen mit der Schere »winkende« Bewegungen aus.

Winkler, 1) Angela, *Templin 22. 1. 1944, dt. Schauspielerin. Engagements u. a. an der Berliner Schaubühne und bei den Salzburger Festspielen; spielte auch in Filmen, u. a. »Die verlorene Ehre der Katharina Blum« (1975) und »Die Blechtrommel« (1979).

2) Heinrich August, *Königsberg (Pr.) 19. 12. 1938, dt. Historiker. Prof. in Berlin; Forschungen zur dt. Geschichte des 19. und 20. Jh. (Nationalismus, Arbeiterbewegung).

Winnipeg, Hauptstadt der kanad. Prov. Manitoba, südlich des Winnipegsees, 625 300 E. Zwei Univ., Museen, u. a. Museum der ukrain. Kultur, Theater, Sinfonieorchester; Getreidebörse, Eisen- und Stahlerzeugung. – Um das 1835 neu errichtete (Upper) Fort Garry entstand W., 1870 Verwaltungssitz der neugegr. Prov. Manitoba.

Winnipegsee, See in der Prov. Manitoba, Kanada, 24 390 km², durch den Nelson River zur Hudsonbai entwässert.

Winniza [russ. ˈvinnitsɛ], Gebietshauptstadt in der Ukraine, am oberen Südl. Bug, 375 000 E. Mehrere Hochschulen, Museen, Theater, Philharmonie; u. a. Chemiekombinat. – 1363 erstmals als litauische Festung erwähnt; kam 1569 an Polen; 1795 russisch.

Winrich von Kniprode, *um 1310, † auf der Marienburg 24. 6. 1382, Hochmeister des Dt. Ordens (seit 1351). Führte den Ordensstaat zu höchster polit. Macht und wirtschaftl. Blüte; zahlr. Städtegründungen.

Winsen (Luhe), Kreisstadt am N-Rand der Lüneburger Heide, Ndsachs., 24 600 E. Schloß (14. und 16./17. Jh.), spätgot. ev. Marienkirche (14. Jh.), Alter Marstall (1599).

Winter, Fritz, *Altenbögge (heute zu Bönen) 22. 9. 1905, † Herrsching a. Ammersee 1. 10. 1976, dt. Maler. Bed. Vertreter der abstrakten Malerei in Deutschland; Schüler am Bauhaus; im Nat.-Soz. ab 1937 Malverbot.

Winterastern, svw. Chrysanthemen (↑Wucherblume).

Winterberg, Stadt am Kahlen Asten, NRW, 15 400 E. Kurort, Wintersportort. Kath. klassizistische Pfarrkirche (1785 ff.); Fachwerkhäuser (18. und 19. Jh.).

Wintergetreide (Winterfrucht), im Herbst ausgesätes, winterfestes Getreide.

Wintergrün, Gatt. der Wintergrüngewächse mit rd. 40 Arten, überwiegend in der nördl. gemäßigten Zone sowie in den Hochgebirgen der Subtropen und Tropen; ausdauernde immergrüne Kräuter oder kleine Halbsträucher; einheimisch u. a. das *Nickende W.* mit glokkigen, gelblichweißen Blüten.

Fritz Winter. Lichtsäulen (1935; Mannheim, Kunsthalle)

Wipperfürth

Wintergrüngewächse (Pyrolaceae), Fam. der Zweikeimblättrigen mit rd. 75 Arten in 16 Gatt., v. a. auf der Nordhalbkugel sowie in den Gebirgen der Tropen und Subtropen verbreitet; immergrüne Kräuter oder Halbsträucher.

Winterhafte (Schneeflöhe, Boreidae), Fam. wenige mm langer, häufig dunkel gefärbter Insekten mit rd. 25 Arten in Eurasien und N-Amerika (davon zwei Arten in Deutschland); kommen im Winter auf Schnee vor.

Winterhalter, Franz Xaver, *Menzenschwand 20. 4. 1805, † Frankfurt am Main 8. 7. 1873, dt. Maler. Bed. Porträts, v. a. von Damen der Aristokratie (u. a. »Kaiserin Eugénie und ihre Hofdamen«, 1855, Compiègne, Musée National).

Winterkönig, Beiname ↑Friedrichs V. von der Pfalz.

Winterling, Gatt. der Hahnenfußgewächse mit acht Arten in S-Europa und O-Asien; eine frühblühende Zierpflanze ist der 10–15 cm hohe *Kleine Winterling.*

Wintermücken (Winterschnaken, Petauristidae), Fam. etwa 4–7 mm langer, schnakenähnl. Mücken, v. a. auf der Nordhalbkugel; Männchen an sonnigen Wintertagen in Schwärmen auftretend.

Winterruhe, im Unterschied zum Winterschlaf ein nicht allzu tiefer, oft und auch für längere Zeit (für die Nahrungssuche) unterbrochener Ruhezustand bei verschiedenen Säugetieren (z. B. Eichhörnchen, Dachs, Braunbär, Eisbär) während des Winters, wobei die Körpertemperatur nicht absinkt und der Stoffwechsel normal bleibt.

Winterschlaf, schlafähnl., z. T. hormonal gesteuerter und unter Mitwirkung der Tag-Nacht-Relation und der Außentemperatur ausgelöster Ruhezustand bei manchen Säugetieren (u. a. Hamster, Igel, Murmeltier), v. a. der gemäßigten Gebiete und der Gebirge, während des Winters. Im Unterschied zur Winterruhe wird der W. nur selten durch kurze Pausen (v. a. zum Harnlassen) unterbrochen. Während des W. sinkt die Körpertemperatur tief unter die Normaltemperatur bis auf eine bestimmte, artspezif., unter 5 °C liegende Grenztemperatur ab, verbunden mit einer Verlangsamung des Herzschlags und der Atmung; bei dem (stark verlang-samten) Stoffwechsel wird v. a. das Depotfett verwertet; die Reflextätigkeit bleibt erhalten.

Winterstarre, bewegungsloser (starrer) Zustand bei wechselwarmen Tieren (z. B. Kriechtiere, Lurche; ↑Kaltblüter) der gemäßigten und kalten Gebiete während der Winterzeit. Bei einer solchen *Kältestarre* kann die Körpertemperatur extrem tief (entsprechend der Umgebungstemperatur) absinken, so daß alle Aktivitäten (auch die Reflexe) zum Erliegen kommen.

Winterthur, Bezirkshauptstadt im schweizer. Kt. Zürich, 86 900 E. Musikkollegium; Museen, u. a. Gemäldegalerie Stiftung Oskar Reinhart, Sammlung Oskar Reinhart »am Römerholz«; bed. metallverarbeitende Industrie. Got. Stadtkirche (1264–1515), klassizist. Rathaus (18./19. Jh.), Häuser aus Spätgotik, Barock und Rokoko. – An der Stelle des röm. *Vitudurum* von den Kyburgern im 12. Jh. gegr.; 1264 habsburgisch; 1415 Reichsstadt; 1442 erneut österreichisch; 1467 an Zürich verpfändet.

Winterzwiebel (Winterlauch, Johannislauch, Schnittzwiebel, Hackzwiebel), Lauchart, die v. a. in O-Asien und in den Tropen kultiviert wird; Blätter und Stengel werden als Gemüse und Gewürz verwendet.

Winzergenossenschaften (Weingärtnergenossenschaften, Winzervereine), Zusammenschlüsse von Winzern auf genossenschaftl. Basis mit den Aufgabenbereichen Anbauberatung, Versorgung der Mgl. mit Rebpflanzgut und Düngern, gemeinschaftl. Schädlingsbekämpfung, Weinbereitung und Qualitätsverbesserung, Vermarktung und Marktforschung.

Wipperfürth, Stadt im Berg. Land, an der Wipper, NRW, 21 700 E. U. a. Tex-

Winterling.
Kleiner Winterling
(Höhe 10–15 cm)

Winterthur
Stadtwappen

Wirbel

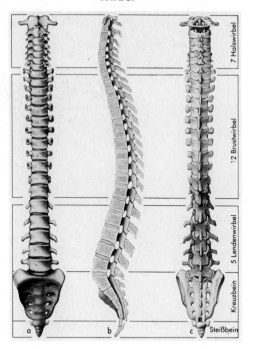

Wirbelsäule. A Vorder-, B Seiten- und C Rückenansicht

tilindustrie. Roman. kath. Pfarrkirche Sankt Nikolaus (12./13. Jh.), ehem. Franziskanerkirche (1670–74).

Wirbel, 1) *Anatomie:* (Spondyli [Einz.: Spondylus], Vertebrae) die knorpeligen und knöchernen Einheiten, aus denen sich die Wirbelsäule der Wirbeltiere und der Menschen zusammensetzt. Beim Menschen haben alle W. (mit Ausnahme der ersten beiden Hals-W. Atlas und Axis) die gleiche Grundform. Jeder W. besteht aus dem Wirbelkörper, dem Wirbelbogen, einem Dornfortsatz, zwei Querfortsätzen und zwei oberen und unteren Gelenkfortsätzen. Die Gesamtheit der W.löcher bildet den Rückenmarkskanal. Die W.körper und die Querfortsätze der Brust-W. tragen Gelenkflächen für die Rippen. Die nach hinten abwärts gerichteten Dornfortsätze sind als gratförmige Erhebungen zu tasten (»Rückgrat«). – Die Beweglichkeit der W.körper wird u. a. durch die Zwischenwirbel- oder *Bandscheiben* gewährleistet. Sie liegen zw. den W.körpern und tragen die volle Last.
2) *Instrumentenkunde:* bei Saiteninstrumenten die drehbaren Pflöcke, Stifte oder Schrauben, um die das Ende der Saiten gewickelt ist und mit deren Hilfe die Saiten gespannt werden.
3) *Musik:* bei Schlaginstrumenten schnelle, gleichmäßige Wechsel der Schläge.
4) *Strömungslehre:* eine um ein Zentrum kreisende Strömung in einer Flüssigkeit oder in einem Gas. W. treten aufgrund von Reibungswirkungen auf.

Wirbellose (wirbellose Tiere, niedere Tiere, Invertebrata, Evertebrata), i. w. S. alle tier. Organismen ohne Wirbelsäule (also einschließlich der Einzeller), i. e. S. Sammel-Bez. für alle Vielzeller ohne Wirbelsäule. Den W. fehlt i. d. R. ein Innenskelett, dagegen ist oft ein Außenskelett ausgebildet. Die W. sind meist einfach organisiert (z. B. Schwämme, Hohltiere, Plattwürmer); die am höchsten entwickelten W. sind die Kopffüßer, Spinnen und Insekten. Die W. umfassen 95% aller bekannten Tierarten.

Wirbelsäule (Rückgrat), knorpelige oder (meist) knöcherne dorsale Achse des Skeletts der Wirbeltiere, die den Schädel trägt und (soweit ausgebildet) mit einem Schultergürtel (indirekt) und einem Beckengürtel in Verbindung steht. Die W. setzt sich zusammen aus gelenkig und durch Bänder und Muskeln miteinander verbundenen ↑Wirbeln (beim Menschen 33–34 [wovon fünf Wirbel zum einheitl. Kreuzbein verschmolzen sind]) sowie aus (zwischengeschalteten) knorpeligen ↑Bandscheiben. Bei den höheren Wirbeltieren kann die W. in verschiedene Abschnitte gegliedert werden: *Hals-W., Brust-W., Lenden-W., Kreuzbein* und *Schwanzwirbelsäule.* – Die W. des Menschen ist in der Seitenansicht doppelt s-förmig gekrümmt und besteht aus sieben Hals-, zwölf Brust-, fünf Lenden-, fünf Kreuzbein- und vier bis fünf Steißbeinwirbeln.

Wirbelsäulenverkrümmung (Rückgratverkrümmung), fixierte (starre) oder nicht fixierte Verformung der Wirbelsäule entlang ihrer Längsrichtung. Man unterscheidet *Skoliose* (seitl. Verbiegung), *Kyphose* (flachbogige konvexe Verbiegung), *Lordose* (Krümmung nach vorn) sowie Mischformen *(Kyphoskoliose).*

Wirbelschichtverfahren (Staubfließverfahren, Fließbettverfahren), von dem dt. Industriechemiker Fritz Winkler (* 1888, † 1950) entwickelte chem.-techn. Verfahren, bei denen der Wärmeübergang im Reaktionsgut bzw. die chem. Umsetzung durch ständige Durchmischung der feinverteilten Feststoffe stattfindet. Das W. wird z. B. beim Rösten sulfid. Erze und bei der Schwelung von Braunkohle angewandt. Die Anwendung des W. bei kohlebefeuerten Kraftwerken ist bes. umweltfreundlich, da bis zu 95% des anfallenden Schwefeldioxids bereits in der Brennkammer chemisch gebunden werden.

Wirbelströme, wirbelförmig verlaufende elektr. Ströme im Innern eines elektr. Leiters, wenn er durch ein Magnetfeld bewegt wird oder sich in einem magnet. Wechselfeld befindet. In einem Magnetfeld bewegte Metallteile werden (durch Wechselwirkung der Magnetfelder der W. mit dem die Ströme erzeugenden Magnetfeld) abgebremst (Nutzbarmachung bei der sog. *Wirbelstrombremse*).

Wirbelstürme, heftige, orkanartige Luftwirbel; am gefährlichsten sind die *tropischen W.* mit Windgeschwindigkeiten bis über 200 km/h; sie entstehen nur über warmen Meeresgebieten. In verschiedenen Bereichen der Tropenzone führen sie unterschiedl. Namen: *Hurrikan* im Bereich des Karib. Meeres, der Westind. Inseln und des Golfs von Mexiko; *Taifun* in den Gewässern Chinas und Japans; *Zyklon* im Golf von Bengalen; *Willy-Willy* in Australien. - Typisch für den Mittleren Westen der USA sind die *Tornados* (Wirbeldurchmesser einige hundert Meter).

Wirbeltiere (Vertebraten, Vertebrata), Unterstamm der ↑Chordatiere mit bilateral-symmetrischem, in Kopf, Rumpf und Schwanz (soweit vorhanden) gegliedertem Körper und meist verknöchertem Innenskelett mit charakterist. Wirbelsäule sowie mit knorpeligem oder knöchernem Schädel. Die W. besitzen urspr. zwei Paar Gliedmaßen (Ausnahme: Rundmäuler), die bei wasserlebenden W. meist als Flossen entwickelt, bei Landbewohnern sehr verschiedenartig ausgebildet sind. Das Gehirn ist deutlich vom übrigen Nervensystem abgegliedert und wie die Sinnesorgane (soweit nicht rückgebildet) hoch entwickelt. Die Epidermis ist mehrschichtig. Das Blut (mit Ausnahme der Eisfische) enthält stets rote Blutkörperchen. W. sind fast immer getrenntgeschlechtlich. Je nach Fehlen oder Vorhandensein von Embryonalhüllen werden Anamnier *(niedere W.;* mit Fischen und Lurchen) und Amnioten *(höhere W.;* mit Reptilien, Vögeln und Säugetieren) unterschieden.

Wirkstoffe, Substanzen, die in biolog. Vorgänge eingreifen (und/oder als Arzneimittel wirken), z. B. Enzyme, Hormone, Vitamine.

Wirkung, 1) *Physik:* Formelzeichen *H,* Produkt aus der Energie *E* und der Zeit *t* bzw. aus dem Impuls *p* und dem Weg *s*: $H = E \cdot t = p \cdot s$; SI-Einheit der Wirkung ist 1 Joulesekunde (Js).
2) *Recht:* ↑Kausalität.

Wirkungsgrad (Nutzeffekt), bei energieumwandelnden Prozessen oder Maschinen Bez. für das Verhältnis von nutzbar abgegebener zur aufgewandten Energie bzw. Leistung.

Wirkungsquantum, svw. ↑Plancksches Wirkungsquantum.

Wirkungsquerschnitt, Maß für die Stärke einer Wechselwirkung von atomaren Teilchen der Sorte A mit einfallenden [Elementar]teilchen bzw. Quanten der Sorte B sowie für die Wahrscheinlichkeit des Eintretens eines bestimmten mikrophysikal. Prozesses (z. B. Anregung von Atomen, Streuung der Teilchen in eine bestimmte Richtung). Der W. ist anschaulich eine Fläche, die die Teilchen der Sorte A dem einfallenden Teilchenstrom senkrecht entgegenstellen und die von ihnen getroffen werden muß, damit eine bestimmte Reaktion ausgelöst wird.

Wirsing (Wirsingkohl, Savoyerkohl, Pörschkohl), Kulturvarietät des Gemüsekohls mit gekrausten, sich zu einem lockeren Kopf zusammenschließenden Blättern.

Wirt, in der *Biologie* ein Lebewesen, das einem bestimmten Parasiten als Lebensstätte dient und ihn ernährt.

Wirbelsäulenverkrümmung. Kyphose

Wirsing

Wirtel (Quirl), in der *Botanik* Bez. für die Gesamtheit (mindestens zwei) der an einem Knoten der Sproßachse stehenden Laub- oder Blütenblätter.

Wirth, Joseph, *Freiburg im Breisgau 6. 9. 1879, † ebd. 3. 1. 1956, dt. Politiker (Zentrum). 1914 MdR; 1920/21 Reichsfinanz-Min.; verabschiedete als Reichskanzler (1921/22) den Rapallovertrag und das Republikschutzgesetz; 1930/31 Reichsinnen-Min.; 1933–48 im schweizer. Exil; trat nach dem 2. Weltkrieg für eine Verständigung mit der UdSSR bei Neutralisierung Deutschlands ein.

Wirtschaft, Gesamtheit aller Einrichtungen und Maßnahmen menschl. Daseinsgestaltung, die sich auf Produktion und Konsum sog. knapper Güter beziehen. Die Gesamtheit der laufenden Produktions- und Konsumvorgänge wird zusammenfassend als *Wirtschaftskreislauf* bezeichnet. Die W. und v. a. der aktuelle W.prozeß erhalten ihr historisch einmaliges Gepräge durch die wirtschaftl. Rahmenbedingungen.

Wirtschaftsausschuß, in Unternehmen mit mehr als 100 Beschäftigten – außer in †Tendenzbetrieben – zu bildendes Gremium, das wirtschaftl. Angelegenheiten mit dem Unternehmer zu beraten und den Betriebsrat zu unterrichten hat.

Wirtschaftsgemeinschaft Westafrikanischer Staaten †Economic Community of West African States.

Wirtschaftsgeographie, Teilgebiet der Geographie, befaßt sich mit den Wechselbeziehungen zw. dem wirtschaftenden Menschen und den bewirtschafteten Räumen.

Wirtschaftsgeschichte, die Geschichte der Wirtschaft, des umfassenden Bereichs der Einrichtungen und Maßnahmen, die seit Beginn der Menschheit zur Deckung des materiellen menschl. Bedarfs gedient haben; Zweig der allg. †Geschichtswissenschaft.

Wirtschaftsgüter, im Steuerrecht selbständig bewertbare Teile des Betriebsvermögens, z. B. Maschinen, Rechte oder andere wirtschaftl. Werte. W., die einen Wert von 800 DM nicht übersteigen *(geringwertige* bzw. *kurzlebige W.),* können im Jahr der Anschaffung oder Herstellung in voller Höhe als Betriebsausgaben abgesetzt werden.

Wirtschaftsgymnasium, Gymnasialtyp bes. in Bad.-Württ. und Bayern; zum Pflichtbereich gehören Betriebs- und Volkswirtschaft.

Wirtschaftshochschule, nach dem 1. Weltkrieg entstandene Form der wiss. Hochschule mit Promotionsrecht zur Ausbildung des Nachwuchses in kaufmänn. Berufen; in der BR Deutschland seit Ende der 1960er Jahre in die bestehenden wiss. Hochschulen integriert.

Wirtschaftskrieg, staatl. [Kampf]maßnahmen gegen die Wirtschaft anderer Staaten. Formen im Frieden sind u. a. Boykott, Embargo, kredit- und währungspolit. Maßnahmen, im Krieg v. a. Blockade und Unterbindung der Zufuhr von Rohstoffen, Lebensmitteln und Ind.gütern. Durch einen Handelskrieg soll der Außenhandel des Gegners beeinträchtigt oder unterbunden werden.

Wirtschaftskriminalität (Weiße-Kragen-Kriminalität), Straftaten, die durch Verstoß gegen Gesetze zur Regelung des Wirtschaftslebens begangen werden; Schätzungen über die durch W. angerichteten Schäden schwanken zw. 4 Mrd. und bis über 20 Mrd. DM jährlich. Wirtschaftsdelikte sind z. B. Steuerhinterziehung, Konkursdelikte, Kredit- und Versicherungsbetrügereien, Subventionsbetrug (betrüger. Erlangung von †Subventionen) und die *Computerkriminalität,* bei der durch unbefugtes Benutzen oder durch entsprechendes Programmieren von Computern ein anderer geschädigt wird.

Wirtschaftskrise, i. w. S. Zustand einer Volkswirtschaft, in dem eines der Ziele des †magischen Vierecks nicht erreicht ist, i. e. S. Zustand, in dem das Wachstumsziel nicht erreicht ist.

Wirtschaftsordnung (Wirtschaftssystem), die Gesamtheit der Rahmenbedingungen, innerhalb derer der Wirtschaftsprozeß abläuft, dabei insbes. die Art des Zusammenwirkens der einzelnen Wirtschaftssubjekte. Die entsprechenden das Wirtschaftsleben regelnden rechtl. Normen bilden die *Wirtschaftsverfassung.* Unterschieden werden die W. v. a. nach der Art und Weise, wie die in einer arbeitsteiligen Wirtschaft notwendige Aufgabe, die Einzelpläne in Übereinstimmung zu bringen, gelöst wird. Dabei stehen sich zwei Grundfor-

Wirtschaftswunder

men gegenüber: die *freie Marktwirtschaft* und die *Zentralverwaltungswirtschaft.* Dazwischen existieren Zwischenstufen, z. B. die *soziale Marktwirtschaft* und die *zentrale Planwirtschaft* mit freier Konsumwahl und am Markt orientierten Preisen.

Wirtschaftspolitik, Gesamtheit der staatl. Maßnahmen zur Gestaltung der wirtschaftl. Rahmendaten *(Strukturpolitik)* bzw. zur Beeinflussung des Wirtschaftsablaufes. In ihrem Ausmaß kann sich die W. auf die gesamte Volkswirtschaft (allg. W.) oder Teilbereiche (spezielle W.) erstrecken. Nach den Aufgaben der W. in einer Marktwirtschaft können ordnungs-, verteilungs- und ablaufpolit. Ziele unterschieden werden. Wesentl. ordnungspolit. Ziel in einem marktwirtsch. orientierten System ist ein funktionsfähiger Wettbewerb; verteilungspolitisch bedeutsam sind eine gerechte Vermögensverteilung und soziale Sicherheit. Ablaufpolit. Ziele sind v. a. stetiges Wirtschaftswachstum, hohes Beschäftigungsniveau, Preisniveaustabilität und außenwirtsch. Gleichgewicht (↑magisches Viereck).

Wirtschaftsprüfer (Abschlußprüfer, Bilanzprüfer), nach den Vorschriften des Gesetzes über eine Berufsordnung der W. vom 24. 7. 1961 öffentlich bestellte und vereidigte Person mit abgeschlossenem wirtschaftswiss. oder jurist. Hochschulstudium und Berufserfahrung, die betriebswirtsch. Prüfungen insbes. der Jahresabschlüsse von Unternehmen auf Ordnungsmäßigkeit der Buchführung und richtige Bewertung der Bilanzposten durchführt und Bestätigungsvermerke *(Testate)* über die Vornahme und das Ergebnis solcher Prüfungen erteilt.

Wirtschaftsprüfung (Revision), Durchführung von Jahresabschlußprüfungen (Bilanz, Gewinn- und Verlustrechnung, Geschäftsbericht) sowie von Sonderprüfungen durch Wirtschaftsprüfer bzw. Wirtschaftsprüfungsgesellschaften.

Wirtschaftsrecht, Gesamtheit der Rechtsvorschriften, mit denen die Rechtsbeziehungen der am Wirtschaftsleben beteiligten Organisationen und Personen geregelt werden. Zum W. im klass. Sinne gehören u. a. BGB, Handels- und Gesellschaftsrecht, Haushaltsrecht, Börsen- und Versicherungsrecht, Steuerrecht und Kammerrecht. Zum W. in der sozialen Marktwirtschaft gehören insbes. das Individual- und Kollektivarbeitsrecht (z. b. Kündigungsschutzgesetz, Betriebsverfassungsgesetz, Mitbestimmungsrecht, Tarifrecht) und das Kartellrecht (Gesetz gegen Wettbewerbsbeschränkungen).

Wirtschaftssektoren, Gliederungsprinzip einer Volkswirtschaft aus entwicklungstheoret. Sicht: primärer Sektor (Urproduktion; bes. Land- und Forstwirtschaft, Fischerei, Bergbau), sekundärer Sektor (verarbeitendes Gewerbe), tertiärer Sektor (Dienstleistungsgewerbe).

Wirtschaftsstrafrecht, Gesamtheit der Rechtsvorschriften, die zum Schutz eines geordneten Wirtschaftslebens und zur Sicherung der am Wirtschaftsprozeß Beteiligten bestimmte Verhaltensweisen verbieten und mit Strafe oder Bußgeld bedrohen. Das W. ist in zahlr. Einzelgesetzen (u. a. Aktiengesetz, Wirtschaftsstrafgesetz) enthalten.

Wirtschaftssubjekt, allg. jeder Teilnehmer am Wirtschaftsleben: Privatpersonen (z. B. als Konsumenten und Steuerzahler), jurist. Personen, öffentl.-rechtl. Körperschaften, Staat.

Wirtschaftssystem ↑Wirtschaftsordnung.

Wirtschaftstheorie (Volkswirtschaftstheorie), Kerngebiet der Volkswirtschaftslehre, dessen Objekt die wiss. Beschreibung und Erklärung der einzel- und insbes. der gesamtwirtschaftl. Prozesse ist.

Wirtschafts- und Sozialrat ↑UN.

Wirtschaftsverbände, Zusammenschlüsse von Unternehmern bzw. Unternehmen einzelner Wirtschaftszweige zur Förderung und Wahrnehmung der gemeinsamen wirtschaftl. Interessen, insbes. gegenüber Öffentlichkeit und Staat.

Wirtschaftsverfassung ↑Wirtschaftsordnung.

Wirtschaftswissenschaft, Gesamtheit von Forschung und Lehre, deren Aufgabe die Erklärung und Darstellung wirtschaftl. Zusammenhänge, Vorgänge und Erscheinungen ist (↑Betriebswirtschaftslehre und ↑Volkswirtschaftslehre einschließlich der Finanzwissenschaft).

Wirtschaftswunder, Schlagwort v. a. für den unerwartet schnellen und nach-

Wirtswechsel

Wismar. Am alten Hafen

haltigen wirtschaftl. Aufschwung in der BR Deutschland nach der Währungsreform von 1948.

Wirtswechsel, in der *Biologie* der bei vielen Parasiten regelmäßig mit Erreichen eines bestimmten Entwicklungsstadiums erfolgende Wechsel der Wirtsorganismen *(Wirte).* Beim letzten Wirt *(Endwirt)* erreicht der Parasit seine Geschlechtsreife; alle vorausgehenden Wirte, bei denen die Jugendstadien parasitieren, heißen *Zwischenwirte.*

Wischnewski, Hans-Jürgen, * Allenstein 24. 7. 1922, dt. Politiker (SPD). 1957–90 MdB; Experte für afrikan. und arab. Fragen; 1966–68 und 1974–80 mehrfach Min.; 1968–72 Bundesgeschäftsführer der SPD; 1984/85 Schatzmeister der SPD.

Wisconsin [engl. wɪsˈkɔnsɪn], einer der Staaten des Mittleren Westens der USA, 145 436 km², 5 Mio. E, Hauptstadt Madison.

Geschichte: Erstmals Ende des 17. Jh. von Franzosen besiedelt; 1763 britisch; 1783 an die USA; eigtl. Massenbesiedlung ab Mitte der 1830er Jahre; 1848 30. Staat der USA; im Sezessionskrieg auf seiten der Union.

Wise, Stephen Samuel [engl. waɪz], * Budapest 17. 3. 1874, † New York 19. 4. 1949, amerikan. Rabbiner und Zionist. Mit N. Goldmann gründete er 1936 den ↑World Jewish Congress.

Wisent ↑Bison.

Wismar, Kreisstadt am S-Ende der Wismarbucht, Meckl.-Vorp., 55 100 E. Theater. Großwerft; Hafen. Stark zerstört im 2. Weltkrieg (Ruinen der Georgs- und Marienkirche). Erhalten sind u. a. die spätgotische Nikolaikirche (14./15. Jh.), der Fürstenhof (16. Jh.) im Stil der italien. Frührenaissance, das Wassertor, ein turmartiger Sandsteinbau (1580–1602), spätgotische Giebelhäuser, u. a. »Alter Schwede« (um 1380), sowie das klassizist. Rathaus (1817 bis 1819). – 1257–1358 mecklenburg. Residenz; eine der mächtigsten Hansestädte (Wend. Hansequartier); 1648 bis 1803/1903 als Reichslehen an Schweden.

Wismut, chem. Symbol **Bi** (von der im MA übl. Bez. Bismutum), metall. chem. Element aus der V. Hauptgruppe des Periodensystems der chem. Elemente; Ordnungszahl 83; relative Atommasse 208,9804; Dichte 9,747 g/cm³; Schmelztemperatur 271,3 °C; Siedetemperatur 1560 °C. Das rötlich-weiße Schwermetall besitzt unter allen Metallen die geringste Leitfähigkeit für Wärme und elektr. Strom; Legierungsbestandteil.

Wismutglanz (Bismuthinit), Mineral von weißer Farbe, strahlig-nadelig, auch säulig; chem. Bi_2S_3; Mohshärte 2.

Wissenschaft, Inbegriff dessen, was überlieferter Bestand des Wissens einer Zeit ist, v. a. der Prozeß methodisch betriebener Forschung und der Lehre als Darstellung der Ergebnisse und Methoden der Forschung. Die W. beginnt mit dem Sammeln, Ordnen und Beschreiben ihres Materials; weitere Schritte sind die Bildung von Hypothesen und Theorien. Die W. ist dem Ziel nach entweder theoret. bzw. reine W. oder ange-

Hans-Jürgen Wischnewski

Wisconsin Flagge

Wittelsbacher

wandte bzw. prakt. W.; ihrem Inhalt nach werden die *Natur-W.* von den *Geistes-W.* unterschieden.

Wissenschaft des Judentums (Judaistik), um 1820 geprägte Bez. für die wiss. Erforschung der jüd. Religion sowie der Geschichte und Literatur der Juden. Mit der Gründung der Hebr. Univ. Jerusalem 1925 wurde die W. d. J. erstmals wiss. Disziplin an einer Hochschule und konnte ihre Forschungsgebiete auffächern.

Wissenschaftlicher Rat, im Ggs. zum ordentl. ↑Hochschullehrer ein beamteter Hochschullehrer ohne eigenen Lehrstuhl.

Wissenschaftsrat, 1) (Dt. Wissenschaftsrat) 1957 auf Grund eines Verwaltungsabkommens zw. Bund und Ländern in der BR Deutschland gegr. zentrales Beratungsgremium in allen Wiss. und Hochschulen betreffenden Fragen; Sitz Köln.
2) in der *Schweiz* beratendes Organ des Bundesrates für alle Fragen der nat. und internat. Wiss.-Politik.

Wissenschaftstheorie, seit Mitte des 20. Jh. als Übersetzung des engl. Terminus *Philosophy of science* allg. üblich gewordener Begriff, wörtlich die Theorie von der Wiss. überhaupt. Die W. beschäftigt sich demnach mit Begriff und Einteilung der Wiss., ihren Erkenntnisprinzipien, ihren Methoden und ihrer Sprache; sie behandelt Möglichkeit, Voraussetzungen und Geltungsgrundlagen der Wissenschaft.

Wissmann, 1) Hermann von (seit 1890), *Frankfurt (Oder) 4. 9. 1853, †Weißenbach (heute zu Haus, Steiermark) 15. 6. 1905, dt. Afrikaforscher. Durchquerte 1880–82 als erster Äquatorialafrika von W nach O; 1895/96 Gouverneur in Dt.-Ostafrika.
2) Matthias, *Ludwigsburg 15. 4. 1949, dt. Politiker (CDU). Jurist; 1973–83 Bundes-Vors. der Jungen Union; seit 1976 MdB; Jan.–Mai 1993 Bundes-Min. für Forschung und Technologie, seit Mai 1993 Bundes-Min. für Verkehr.

Witebsk [russ. 'vitɪpsk], Gebietshauptstadt an der Düna, Weißrußland, 340 000 E. Hochschulen; u. a. Fertighauskombinat; Hafen. – Im 13. Jh. Hauptstadt des gleichnamigen Ft.; 1320 an Litauen (später Polen-Litauen), fiel 1772 an Rußland.

Wismar. Das Wassertor (1580–1602)

Witjastiefe, Name für drei nach dem sowjet. Forschungsschiff Witjas ben. Meerestiefen: W. I im Marianengraben, die größte bisher ausgelotete Meerestiefe mit 11 022 m; W. II, die tiefste Stelle des Tongagrabens, 10 882 m; W. III, die tiefste Stelle des Kermadecgrabens, 10 047 m.

Witoscha, Gebirgsstock südlich von Sofia, bis 2 290 m hoch.

Witt, 1) Johan de, *Dordrecht 24. 9. 1625, †Den Haag 20. 8. 1672 (ermordet), niederl. Staatsmann. Prägte als Ratspensionär von Holland (seit 1653) die gesamte Politik der Vereinigten Niederlande; Gegner der Oranier; suchte die Statthalterwürde durch eine Herrschaft der großbürgerl. Oligarchie zu ersetzen; mit der Ausrufung Wilhelms III. von Oranien zum Statthalter brach seine Herrschaft zusammen.
2) Katharina, *Staaken 3. 12. 1965, dt. Eiskunstläuferin. 1984 und 1988 Olympiasiegerin; 1984, 1985, 1987 und 1988 Weltmeisterin, 1983–88 Europameisterin.

Witte, Sergei Juljewitsch Graf (seit 1905) [russ. 'vɪtʲ], *Tiflis 29. 6. 1849, †Petrograd 13. 3. 1915, russ. Politiker. 1892–1903 Finanz-Min.; 1903–05 Vors. des Min.komitees; 1905/06 erster konstitutioneller Min.-Präsident.

Wittekind ↑Widukind.

Wittelsbacher, bayr. Herrscherhaus, ben. nach der Burg Wittelsbach (nö. von Aichach); ab 1180 Herzöge von Bayern; 1255 1. Teilung: Pfalz-Gft. Bayern und Oberbayern (Zentrum München), Nie-

Wismar
Stadtwappen

Witten

Wittenberg. Marktplatz, auf der linken Seite das 1522–40 erbaute Rathaus, davor die Denkmäler Luthers und Melanchthons, im Hintergrund die Stadtkirche Sankt Marien, um 1300

Ludwig Wittgenstein

Georg Wittig

derbayern (Zentrum Landshut). 1329 wurde die pfälz. Linie (mit der Oberpfalz, 1356 mit der Kurstimme) selbständig. 1349 2. Teilung in die Linien Ober- und Niederbayern, 1392 3. Teilung in die Linien *Bayern-Ingolstadt* (erloschen 1447), *Bayern-Landshut* (erloschen 1503) und *Bayern-München* (erloschen 1777), der 1504/05 die erneute Zusammenfassung und der Erwerb der (vorher pfälz.) Kurwürde (1623) und der Oberpfalz (1628) gelang. 1777 wurde sie von dem pfälz. Kurfürsten Karl Theodor (Linie Pfalz-Sulzbach) beerbt; 1799 Nachfolge der Linie Pfalz-Zweibrücken-Birkenfeld; 1806–1918 bayr. Könige. Neben dieser Linie, die 1832/1833–62 mit Otto I. auch den König von Griechenland stellte, gibt es seit 1799 die »Herzoge in Bayern«.

Witten, Hans, *Braunschweig (?) wohl zwischen 1470/1480, †Annaberg (?) nach 1522, deutscher Bildhauer. Spätgot. Tulpenkanzel im Dom von Freiberg (um 1508–10), eine phantasievolle Verkörperung der Legende des Bergbaupatrons Daniel; Geißelung Christi in der Schloßkirche in Chemnitz (um 1515).

Witten, Stadt im östlichen Ruhrgebiet, NRW, 105 300 E. Privat-Univ. W./Herdecke, Märk. Museum; u. a. Metallindustrie.

Wittenberg (amtl. Lutherstadt W.), Kreisstadt an der Elbe, Sa.-Anh., 49 200 E. Museen, Theater; u. a. Düngemittelkombinat. Schloß (1490–nach 1525), in der spätgot. Schloßkirche (1490–99) die Grabstätten Luthers und Melanchthons. Got. Stadtkirche Sankt Marien (um 1300 bis 1470), Melanchthonhaus (1536), Rathaus (16. Jh.), davor die Denkmäler Luthers und Melanchthons. – 1180 erstmals erwähnt; erhielt 1293 Stadtrecht; 1212–1422 Residenz der askan., dann der wettin. (1485–1547 ernestin., dann albertin. Linie) Herzöge bzw. Kurfürsten von Sachsen; von hier gingen durch M. Luther die entscheidenden Impulse der Reformation aus. 1815 an Preußen, Vereinigung der 1502 von Friedrich dem Weisen gegr. Univ. mit der von Halle (heute Martin-Luther-Univ. Halle-W.).

Wittenberge, Stadt an der Elbe, Brandenburg, 27 500 E. U. a. Zellstoff- und Zellwollfabrikation. Steintor (14. Jh.; Backsteingotik).

Witterung, 1) *Meteorologie:* ↑Klima.
2) *Jägersprache:* vom Tier (z. B. Jagdhund) wahrgenommenes Geruchsbild eines Tieres oder Menschen.

Wittgenstein, Ludwig, *Wien 26. 4. 1889, †Cambridge 29. 4. 1951, österr. Philosoph. Lebte vorwiegend in Cambridge; Schüler von B. Russell; gehört als Vertreter der sprachanalyt. Philosophie zu den einflußreichsten Philosophen des 20. Jh. (↑analytische Philosophie); entwickelte in seinem Hauptwerk »Tractatus logico-philosophicus« (1922) zentrale Thesen zur Strukturgleichheit von Sprache und Welt. – *Weiteres Werk:* Philosoph. Untersuchungen (postum 1953).

Wittig, Georg, *Berlin 16. 6. 1897, † Heidelberg 26. 8. 1987, dt. Chemiker. Arbeitete über heterocycl. und metallorgan. Verbindungen, Stereochemie, freie Radikale und die Aldolkondensation; entdeckte das Dehydrobenzol (Benz-in) und entwickelte 1953 die ↑Wittig-Reaktion. Erhielt 1979 zus. mit H. C. Brown den Nobelpreis für Chemie.

Wittig-Reaktion (Wittigsche Olefinsynthese), von G. Wittig 1953 entwickeltes Verfahren zur Herstellung ungesättigter organ. Verbindungen durch Umsetzen von Aldehyden oder Ketonen mit ↑Yliden; wichtig zur Herstellung z. B. von Vitamin A und D, Karotinoiden, Cholesterinderivaten.

Wittlich, Kreisstadt östlich von Bitburg, Rheinl.-Pf., 15 700 E. Kath. spätmanierist. Pfarrkirche (1708 bis 1724), Renaissancerathaus (1652–76).

Wittlin, Józef, *Dmytrów 17. 8. 1896, † New York 28. 2. 1976, poln. Schriftsteller. Emigration 1939, ab 1941 in den USA, bed. expressionist. Lyriker, u. a. »Hymnen« (Ged., 1920); auch Romane.

Wittmund, Kreisstadt in Ostfriesland, Ndsachs., 19 000 E. Ev. barocke Kirche (1775).

Wittstock, Kreisstadt in der östl. Prignitz, Brandenburg, 14 400 E. Torturm der Oberburg (13. Jh.; heute Museum), got. Marienkirche (13. Jh.), fast vollständig erhaltene Stadtbefestigung.

Wittum, im german. Recht die vor der Ehe vom Bräutigam zu erbringende Vermögensleistung, die urspr. bei Auflösung der Ehe an den Mannesstamm zurückfiel, seit dem MA jedoch zur Witwenversorgung diente.

Witwen (Viduinae), Unter-Fam. bis 15 cm langer Webervögel im trop. Afrika; Brutschmarotzer, die ihre Eier in den Nestern von Prachtfinken ablegen; u. a. *Paradies-W.,* auch Käfigvogel.

Witwenrente ↑Rentenversicherung.

Witwenverbrennung

Hans Witten. Tulpenkanzel (um 1508–10; Dom von Freiberg)

Witwenverbrennung (ind. Sati, engl. Suttee), Brauch im orthodoxen Hinduismus, die Witwe mit ihrem verstorbenen Mann zu verbrennen; 1829 von den Briten verboten.

Witwen. Paradieswitwe

Witwerrente

Konrad Witz. Der wunderbare Fischzug (1944)

Witwerrente ↑Rentenversicherung.
Witz, Konrad, *Rottweil (?) um 1400, †Basel (oder Genf) um 1445, dt.-schweizer. Maler. Überwand in seinen Bildern durch einen ausgeprägten Realismus (u. a. Hintergrundslandschaften) in Nachfolge der niederl. Malerei (u. a. R. Campin) den ↑Weichen Stil; Linkshänder. – *Werke:* Heilspiegelaltar (um 1435, unvollständig erhalten; 9 Tafeln im Basler Kunstmuseum, zwei in Dijon, Musée Municipal, eine in Berlin), Petrusaltar (1444; Genf, Musée d'Art et d'Histoire).
Witz, svw. »Wissen, Verstand« [von ahd. wizzi »Wissen«]; im 17. Jh. wurde daraus das »Talent zum geistreichen Formulierungen«; heute versteht man unter W. hpts. eine pointierte, sehr kurze mündl. Erzählung, die Gelächter erregt.
Witzenhausen, hess. Stadt an der Werra, 16 700 E. Fachbereiche der Gesamthochschule Kassel; der Ortsteil *Ziegenhagen* ist Kneippkurort. Spätgot. Liebfrauenkirche, zahlr. Fachwerkhäuser.
Witzleben, Erwin von, *Breslau 4. 12. 1881, †Berlin-Plötzensee 8. 8. 1944 (hingerichtet), dt. Generalfeldmarschall (seit 1940). Seit 1938 an Umsturzplänen beteiligt, stand W. mit L. Beck im Zentrum des militär. Widerstandes gegen Hitler; 1941/42 Oberbefehlshaber West; sollte nach dem Attentat vom 20. 7. 1944 den Oberbefehl über die Wehrmacht übernehmen.
Wiwekananda ↑Vivekananda.
Wjatka, Gebietshauptstadt im europ. Teil Rußlands, 421 000 E. PH, Museen; u. a. Metallverarbeitung. – Ende des 12. Jh. gegr.; hieß bis 1781 *Chlynow,* 1934–91 *Kirow.*
Wlachen (Walachen), alte Bez. für die Rumänen (↑Rumänien, Geschichte).
Wladikawkas, Hauptstadt der Republik Nordossetien innerhalb Rußlands, 300 000 E. Univ., Hoch- und Fachschulen, Theater; Maschinen- und Apparatebau, elektrotechn., chem., Leicht- und Nahrungsmittelindustrie. W. hieß 1931–44 und 1954–90 *Ordschonikidse,* 1944–54 *Dsaudschikau.*
Wladimir [russ. vla'dimir], Name Kiewer Fürsten:
1) Wladimir I. Swjatoslawitsch [russ. svjta'slavitʃ], gen. der Heilige oder der Große, *956, †1015, Großfürst (seit 978). 969 Fürst von Nowgorod; unterstützte 988 den byzantin. Kaiser Basileios II. Bulgaroktonos militärisch und heiratete dessen Schwester Anna. Seine Taufe trug entscheidend zur Christianisierung Rußlands bei.

Erwin von Witzleben

Wladiwostok an der Hafenbucht Goldenes Horn

2) Wladimir II. Wsewolodowitsch Monomach [russ. 'fsjevɐlɐdɐvitʃ mɛna'max], *1053, † 1125, Großfürst (seit 1113). 1078–94 Fürst von Tschernigow, dann von Perejaslaw. Stellte die Einheit des zersplitterten Kiewer Reiches wieder her; schrieb das literar. bed. Werk »Poučenie« (»Belehrung«).

Wladimir [russ. vla'dimir], Geb.-Hauptstadt im europ. Teil Rußlands, an der Kljasma, 336 000 E. Polytechn. Hochschule, Theater; u. a. Schlepperwerk. Uspenski-Kathedrale (12. Jh.), Dmitri-Kathedrale (1194–97), Klöster (12./13. Jh.), Goldenes Tor (im Kern 1164). – 1158 Hauptstadt des bis zum Ende des 13. Jh. stärksten russ. Ft. *Wladimir-Susdal*. 1299–1326 Sitz des russ. Metropoliten.

Wladislaw (poln. Władysław), Name von Fürsten:
Polen: **1) Wladislaw I. Łokietek** [poln. wɔ'kjetek »Ellenlang«], *zw. 3. 3. 1260 und 19. 1. 1261, † Krakau 2. 3. 1333, König (seit 1320). Einigte die poln. Teilfürstentümer zu einem erneuerten zentralen Königtum.
2) Wladislaw II., König, †Jagello.
3) Wladislaw IV. (Wasa), *Łobzów (Woiwodschaft Kattowitz) 19. 4. 1595, † Merkinė bei Wilna 20. 5. 1648, König (seit 1632). Versuchte vergeblich, seine Ansprüche auf den russ. Zarenthron (gewählt 1610) und auf die schwed. Krone durchzusetzen.
Ungarn: **4) Wladislaw II.**, *Krakau 1. 3. 1456, † Buda (heute zu Budapest) 13. 3. 1516, König von Böhmen (seit 1471) und Ungarn (seit 1490). Sohn Kasimirs IV. Andreas von Polen und Nachfolger von Georg von Podiebrad und Kunstatt; mußte 1478 Mähren und Schlesien an Matthias I. Corvinus abtreten; konnte sich im Kampf um dessen Nachfolge in Ungarn gegen Kaiser Maximilian I. behaupten.

Wladiwostok, Hauptstadt der Region Primorje in Rußland, am Pazifik, 648 000 E. Univ. u. a. Hochschulen, Museen, Gemäldegalerie; Theater, Philharmonie; Werften, Fischverarbeitung, Baustoffindustrie; Endpunkt der Transsibir. Eisenbahn, Häfen, ✈. – 1860 gegr.; ab 1876 bed. Hafen und Hauptstützpunkt der russ. Fernostflotte.

Wlassow, Andrei Andrejewitsch [russ. 'vlasɐf], *Lomakino bei Gorki 1900, † Moskau 1. 8. 1946 (hingerichtet), sowjet. General. Seit 1918 in der Roten Armee; stellte sich nach seiner Gefangennahme 1942 den Deutschen für das antisowjet. »Russ. Komitee« zur Verfügung; organisierte 1944 zwei Divisionen des »Komitees für die Befreiung der Völker Rußlands« aus russ. Kriegsgefangenen; mit seinen Truppen von den USA an die Sowjets ausgeliefert.

Woche, Zeitintervall von 7 Tagen, das als *Kalender-W.* zur fortlaufenden Unterteilung des Kalenderjahres ohne Rücksicht auf die Monats- und Jahresanfänge dient. Zu einem Kalenderjahr können 52 oder 53 Kalender-W. zählen, wobei der Montag als erster und der Sonntag als letzter (siebter) Tag der Kalender-W. gilt. Als erste Kalender-W. eines Kalenderjahres zählt diejenige W., in die mindestens vier der ersten Januartage fallen.

Woche, Die

Woche, Die, dt. polit. Wochenzeitung, gegr. 1993 in Hamburg.

Woche der Brüderlichkeit ↑Gesellschaften für Christlich-Jüdische Zusammenarbeit.

Wochenbett (Kindbett), Bez. für den Zeitraum von 6–8 Wochen nach der Entbindung, in dem es zur Normalisierung der durch die Schwangerschaft veränderten Organe sowie u. a. zur Einregulierung der Laktation kommt. Während des W. kommt es zur Absonderung des anfangs blutigen, später serösen *Wochenflusses* (Lochien) aus der Gebärmutter.

Wochenbettfieber (Kindbettfieber, Puerperalfieber), jede fieberhafte Erkrankung bei Wöchnerinnen, die durch die Infektion der bei der Geburt entstandenen Wunden mit pathogenen Bakterien (v. a. Streptokokken und Staphylokokken) verursacht wird.

Wochenpost, Die, dt. polit. Wochenzeitung; gegr. 1953 in Berlin (Ost); erscheint seit 1993 bundesweit.

Wodan (Wotan) ↑Odin.

Wodka [russ.], v. a. aus Kartoffeldestillaten oder Korn-Kartoffel-Destillaten hergestellter Branntwein. Alkoholgehalt mindestens 40 Vol.-%.

Wodu (Vodoo, Voodoo, Wudu, frz. Vaudou, Vaudoux), aus der Ewe-Sprache abgeleitete Bez. für »Schutzgeist«, Name eines in Haiti weitverbreiteten synkretist. Geheimkults, in dem ekstat. Tänze, die zur Identifikation von Kultteilnehmern mit Gottheiten führen sollen, eine beherrschende Stellung einnehmen.

Wöhler, Friedrich, *Eschersheim (heute zu Frankfurt am Main) 31. 7. 1800, † Göttingen 23. 9. 1882, deutscher Chemiker. Seine Synthese von »organischem« Harnstoff aus »anorganischem« Ammoniumcyanat (1828) gilt als Markstein in der Geschichte der organ. Chemie.

Wohlfahrtsausschuß (französisches Comité de salut public), am 6. 4. 1793 eingesetztes Exekutivorgan des Nationalkonvents; unter M. Robespierre (27. 7. 1793 bis 27. 7. 1794) eines der wichtigsten Organe der jakobinischen Schreckensherrschaft.

Wohlfahrtsstaat, polit. Begriff für einen privatwirtschaftlich organisierten Staat, der sich die Sicherung der materiellen Existenz der Bürger (Daseinsvorsorge) zur umfassenden Aufgabe macht.

Wohlstandsgesellschaft, Schlagwort für eine Gesellschaft, deren weit überwiegender Teil dank allgemeiner wie individueller wirtschaftl. Prosperität über dem Existenzminimum verdient, so daß der Besitz von Luxusgütern üblich ist.

Wohlstandskriminalität, Kriminalität, bei der ein Zusammenhang mit der Wohlstandsgesellschaft in dem Sinn angenommen wird, daß ein der Wohlstandsgesellschaft zuzurechnendes übersteigertes Bedürfnis nach Konsum- und Luxusgütern zu kriminellen Handlungen, insbes. Ladendiebstahl, führt.

Wohmann, Gabriele, geb. Guyot, *Darmstadt 21. 5. 1932, dt. Schriftstellerin. Gehörte zur Gruppe 47; schreibt subtile Romane (u. a. »Paulinchen war allein zu Haus«, 1974; »Das Glücksspiel«, 1981), Erzählungen (u. a. »Habgier«, 1973; »Kassensturz«, 1989) sowie Lyrik (u. a. »Passau, Gleis 3«, 1984, »Das könnte ich sein«, 1989); auch zahlr. Hör- und Fernsehspiele. – *Weitere Werke:* Ach wie gut, daß niemand weiß (R., 1980), Der Irrgast (En., 1985), Unterwegs (Tagebuch, 1986), Aber das war noch nicht das Schlimmste (R., 1995).

Wohnbevölkerung, bei einer Volkszählung die nach ihrem ständigen Wohnsitz erfaßte Bevölkerung.

Wohngeld, zur Sicherung angemessenen und familiengerechten Wohnens auf Antrag und unter bestimmten Voraussetzungen gewährter Zuschuß zu den Aufwendungen für den Wohnraum; wird gewährt als *Mietzuschuß* an einen Mieter oder als *Lastenzuschuß* an den Eigentümer eines Eigenheims.

Wohnmobil, speziell zum Wohnen eingerichtetes Kraftfahrzeug, i. d. R. auch umgebauter Kleinbus (Campingbus) oder Kleinlastwagen mit Spezialaufbau und entsprechender Innenausstattung.

Wohnsitz, Ort der ständigen Niederlassung einer Person; u. a. von Bedeutung für die Bestimmung des Gerichtsstands im Prozeßrecht, als Leistungsort sowie für die Eheschließung.

Wohnungsbau, die Erstellung von Wohnungen, wobei zu unterscheiden ist zw. dem *öffentlich geförderten* Wohnungsbau), dem *steuerbegünstigten* und dem *frei finanzierten* Wohnungsbau. Seit 1996 ist die bisherige Wohneigen-

Friedrich Wöhler
(Ausschnitt aus einem Gemälde)

Wolf

tumsförderung nach § 10e EStG, bei der die Steuervergünstigung mit der Höhe des Einkommens zunahm, durch eine progressionsabhängige Zahlung (u. a. Bauzulage und Kinderzulage) ersetzt. Zur *W.förderung* gehören darüber hinausgehende steuerl. Vergünstigungen wie erhöhte Sonderabschreibungen und die Anerkennung von Bausparbeiträgen als Sonderausgaben.

Wohnungsbauprämie, staatl. Förderungsmaßnahmen für den Wohnungsbau, die nach Maßgabe des Wohnungsbau-Prämiengesetzes gewährt wird. Bis zu einer Einkommensgrenze von 50 000 DM bzw. (für Ehegatten) 100 000 DM werden Sparbeiträge (bis 1 000 DM bzw. 2 000 DM [für Verheiratete]) für die Wohnraumfinanzierung, wie z. B. Beiträge an Bausparkassen, durch eine W. von 10% gefördert.

Wohnungseigentum, das mit dem Miteigentumsanteil an einem Grundstück verbundene *Sondereigentum* an einer in sich abgeschlossenen *[Eigentums]wohnung*. Das Sondereigentum ist untrennbar verbunden mit *Bruchteilseigentum* (Miteigentum nach frei vereinbarten Bruchteilen) an Grund und Boden sowie solchen Teilen des Gebäudes, die dem gemeinschaftl. Gebrauch der Wohnungseigentümer dienen (z. B. Treppenhaus, Heizungsanlage). Das W. ist wie Grundeigentum frei veräußerlich und vererblich sowie belastbar. Die Verwaltung des gemeinschaftl. Eigentums obliegt dem Verwalter, dessen Bestellung zwingend vorgeschrieben ist, dem (fakultativen) dreiköpfigen Verwaltungsbeirat sowie den Wohnungseigentümern gemeinschaftlich.

Wohnungsrecht, von der Miete zu unterscheidendes Recht, ein Gebäude oder den Teil eines Gebäudes unter Ausschluß des Eigentümers als Wohnung zu benutzen (dingl. *Wohnrecht*). Das W. ist eine beschränkte persönl. Dienstbarkeit.

Wohnwagen, für Wohnzwecke eingerichteter Wagen. Bei den für Campingzwecke gebauten W. (*Campingwagen, Caravan*), meist einachsige, häufig auch mit Tandemachse ausgerüstete Kfz-Anhänger, unterscheidet man W. mit starrem Aufbau und vollständiger Innenausstattung und sog. *Klappanhänger*, deren Aufbau für die Fahrt zusammengeklappt werden kann.

Woiwode, urspr. im MA slaw. Bez. für einen gewählten Heerführer, der ein begrenztes Gebiet kontrollierte. In *Rußland* Mitte des 17.Jh. bis 1775 Vorsteher der Provinzialverwaltung; in *Polen* seit dem 12.Jh. Amt des W. (Pfalzgraf [Palatin]) als Statthalterposten, seit 1918 oberster Beamter einer Woiwodschaft; in der Walachei, der Moldau und in Siebenbürgen bis ins 16.Jh. Titel der Herrscher.

Wojtyła, Karol [poln. vɔj'tiɥa] †Johannes Paul II., Papst.

Wojwodina [vɔyvoˈdiːna, vɔyˈvoːdina], bis 1990 autonome Prov. innerhalb der Republik Serbien, 21 506 km², 2,05 Mio. E, Hauptstadt Novi Sad. – 1552 von den Türken besetzt, im 18.Jh. zur ungar. Hälfte Österreichs, 1920 an Jugoslawien.

Wolf, 1) Christa, *Landsberg (Warthe) 18. 3. 1929, dt. Schriftstellerin. Gehört zu den den Sozialismus grundsätzlich bejahenden Schriftstellern aus der ehem. DDR, deren Romane (»Der geteilte Himmel«, 1963; »Nachdenken über Christa T.«, 1968; »Kassandra«, 1983) und Erzählungen (»Moskauer Novelle«, 1961; »Unter den Linden«, 1974; »Kein Ort. Nirgends«, 1979; »Sommerstück«, 1989) jedoch auch Indizien für eine Skepsis gegenüber dem sozialist. Alltag boten; auch Filmdrehbücher. 1980 Georg-Büchner-Preis. – *Weitere Werke:* Was bleibt (E., entstanden 1979, gedr. 1990), Störfall (E., 1987), Die Dimension des Autors. Essays, Aufsätze, Reden und Gespräche 1959–85 (1987), Kassensturz (En., 1989).

2) Christian Freiherr von, dt. Philosoph, †Wolff, Christian Freiherr von.

3) Friedrich, *Neuwied 23. 12. 1888, † Lehnitz bei Oranienburg 5. 10. 1953, dt. Dramatiker. Ab 1928 Mgl. der KPD; 1933 Emigration, 1941–45 in der UdSSR; 1949–51 Botschafter der DDR in Polen; schrieb zahlr. zeitkrit. Dramen (u. a. »Cyankali. § 218«, 1929; »Professor Mamlock«, 1935).

4) Hugo, *Windischgraz (heute Slovenj Gradec, Slowenien) 13. 3. 1860, † Wien 22. 2. 1903, österr. Komponist. Im Mittelpunkt seines Schaffens stehen etwa 300 Lieder. Er übertrug Wagners Konzeption von melod. Textdeklamation in der Singstimme und Textausdeutung im

Gabriele Wohmann

Christa Wolf

Hugo Wolf

Wolf

Wolf. Polarwolf

Wolf. Timberwolf

Orchester auf das Klavierlied, u. a. auf Gedichte von Mörike (1888), Eichendorff (1889), Goethe (1890); »Span. Liederbuch« (1891; P. von Heyse und E. Geibel), »Italien. Liederbuch« (1896; Heyse); Chorwerke; Oper »Der Corregidor« (1896); Kammermusik.

5) Maximilian (Max), *Heidelberg 21. 6. 1863, †ebd. 3. 10. 1932, dt. Astronom. Wurde durch von ihm entwickelte Methoden und Instrumente zu einem der Bahnbrecher der Himmelsphotographie und Astrophysik. Gemeinsam mit dem österr. Astronomen Johann Palisa (*1848, †1925) erstellte er den ersten Sternatlas auf photograph. Grundlage (Wolf-Palisa-Karten).

Wolf, früher in ganz Eurasien und N-Amerika weit verbreitetes Raubtier (Fam. Hundeartige), das heute durch weitgehende Ausrottung nur noch in Rückzugsgebieten vorkommt (in den asiat. Teilen Rußlands, in Alaska und Kanada); Größe und Färbung sind je nach Verbreitungsgebiet sehr unterschiedlich, Länge rd. 100–140 cm, Schulterhöhe 65–90 cm. Schwanz etwa 30–50 cm lang, Höchstgewicht 75 kg (Männchen größer und stärker als Weibchen); sehr geselliger, in Rudeln mit ausgeprägter Rangordnung lebender Hetzjäger, der auch große Beutetiere (bis zu Hirschgröße) zur Strecke bringt; Angriffe auf Menschen sind nicht einwandfrei nachgewiesen. Unterarten sind u. a.: *Rotwolf* (in küstennahen, sumpfigen Prärien von O-Texas und Louisiana), *Polarwolf* (im äußersten NW N-Amerikas; mit dichtem, langhaarigem, fast weißem Fell) und *Timberwolf* (in den nordamerikan. Wäldern). – Steinzeitl. Wandbilder deuten darauf hin, daß die Domestikation des W. zum Haushund spätestens im frühen Mesolithikum begann.

Wolfach, Stadt im Schwarzwald, an der Kinzig, Bad.-Württ., 6 300 E. Heimat- und Glasmuseum; u. a. Glashütte. Barockschloß mit Schloßkapelle, Wallfahrtskirche Sankt Jakobus d. Ä. (alle 17. Jh.).

Wolfe, Thomas [engl. wulf], *Asheville (N. C.) 3. 10. 1900, †Baltimore 15. 9. 1938, amerikan. Schriftsteller. Sein Romanwerk verschaffte dem amerikan. Süden literar. Geltung. – Werke: Schau heimwärts, Engel! (R., 1929), Von Zeit und Strom (R., 1935), Geweb und Fels (R., unvollendet, hg. 1939), Es führt kein Weg zurück (R., unvollendet, hg. 1940).

Wolfegg, Gem. in Oberschwaben, Bad.-Württ., 2 900 E. Vierflügeliges Renaissanceschloß der Grafen von Waldburg (1578–86; bed. Kunstsammlungen [↑Hausbuchmeister]), Schloßkirche (1733–42), Beamtenhäuser (18. Jh.).

Wolfen, Stadt im Bitterfelder Braunkohlenrevier, Sa.-Anh., 43 700 E. Bed. chem. Industrie.

Wolfenbüttel, Kreisstadt an der Oker, Ndsachs., 52 200 E. Niedersächs. Staatsarchiv W., Herzog-August-Bibliothek,

Wolfram von Eschenbach

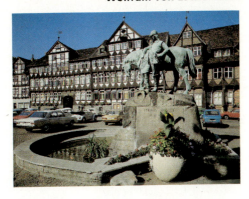

Wolfenbüttel. Stadtmarkt mit Rathaus

Museen (u. a. Lessinghaus, Stadt- und Kreismuseum). U. a. Konserven-, Spirituosenindustrie. Typ. Residenzstadt der Renaissance; Schloß (nach 1547 ff.); ev. Marienkirche (1607 ff.), ev. Johanniskirche (1663), Trinitatiskirche (1719 geweiht); Zeughaus (1613 begonnen); ehem. Kanzlei (1587/88); zahlr. Fachwerkhäuser. – Nach 1283 Ausbau der Wasserburg W. (1118 erstmals erwähnt) zur Residenz der Welfen; 1747 mit anderen Vorstädten zur Stadt W. vereinigt (Residenz bis 1753). An der von Herzog August d. J. von Braunschweig-Wolfenbüttel gegr. (Staats-)Bibliothek wirkten 1690–1716 Leibniz und 1770–81 Lessing.

Wolfenbütteler Fragmente ↑Reimarus, Hermann Samuel.

Wolff (Wolf), Christian Freiherr von (seit 1745), *Breslau 24. 1. 1679, † Halle/Saale 9. 4. 1754, dt. Philosoph. Brachte zentrale Teile der Leibnizschen Philosophie in systemat. Fassung (deshalb: »Leibniz-Wolffsche Philosophie«); herausragender Philosoph der frühen dt. Aufklärung. Mit einer Unterordnung von Ethik, Politik und Recht unter die Erkenntnismaximen und -resultate der method. Vernunft vertritt W. die Idee der bürgerl. Gesellschaft von der freien Entfaltung des Individuums in einem nach Vernunftgesetzen geordneten Rechtsstaat. W. gilt als einer der ersten Verfechter des Völkerbundgedankens und als Mitbegründer des modernen Völkerrechts. – *Werke:* Anfangsgründe aller mathemat. Wiss. (1710), Jus naturae ... (8 Bde., 1740–48), Jus gentium (1749), Philosophia moralis sive ethica (5 Bde., 1750–53).

Wolf-Ferrari, Ermanno, *Venedig 12. 1. 1876, † ebd. 21. 1. 1948, dt.-italien. Komponist. Komponierte Opern in der Tradition der italien. Opera buffa, u. a. »Die vier Grobiane« (1906; nach C. Goldoni), »Der Schmuck der Madonna« (1911), »Sly« (1927; nach Shakespeare); auch Kammermusik und Lieder.

Wölfflin, Heinrich, *Winterthur 24. 6. 1864, † Zürich 19. 7. 1945, schweizer. Kunsthistoriker. Stellte die Ästhetik des einzelnen Kunstwerks in den Vordergrund; Hauptwerk: »Kunstgeschichtl. Grundbegriffe« (1915).

Wolffs Telegraphen-Bureau [- ... by-'ro:], Abk. **WTB**, von Bernhard Wolff (*1811, † 1879) 1849 in Berlin gegr. erste dt. Nachrichtenagentur; 1933 mit der Telegraphen-Union Hugenbergs zum Dt. Nachrichtenbüro GmbH (DNB) vereinigt.

Wolfgang, hl., *in Schwaben, † Pupping bei Linz 31. 10. 994, dt. Missionar und Bischof. 971 Missionar in Ungarn und ab 972 Bischof von Regensburg; wirkte hier v. a. als Klosterreformer. – Fest: 31. Oktober.

Wolfgangsee ↑Sankt-Wolfgang-See.

Wolfram von Eschenbach, *um 1170/80, † um 1220, dt. Dichter. Als Heimat W. (wohl ein Laie und Ritter) gilt das sö. von Ansbach gelegene Wolframs-Eschenbach. Sein gegen 1200 entstandenes, 25 000 Verse umfassendes Epos »Parzival« (Vorlage war der »Perceval« des ↑Chrétien de Troyes) war der erfolgreichste dt. Versroman des MA, der

Thomas Wolfe

Christian von Wolff (Kupferstich von Johann Martin Bernigeroth; 1755)

Wolfram

Wolfram von Eschenbach. Der Dichter, dargestellt als Ritter mit seinem Pferd, das von einem Knappen geführt wird; Miniatur aus der Manessischen Handschrift (1. Hälfte des 14. Jh.; Heidelberg, Universitätsbibliothek)

Karl Wolfskehl

auch in der Neuzeit, v. a. seit dem 19. Jh., eine außergewöhnl. Wirkungsgeschichte entfaltete (u. a. R. Wagners Oper »Parsifal«, 1882). Neben zwei weiteren Epen, dem »Willehalm« (1210–20) und dem fragmentar. »Titurel« (vor 1219) sind auch einzelne Minnelieder (vorwiegend Tagelieder mit epischem Eingang) überliefert.

Wolfram (Tungsten), chem. Symbol **W**, metall. chem. Element aus der VI. Nebengruppe des Periodensystems der chem. Elemente; Ordnungszahl 74; mittlere relative Atommasse 183,85; Dichte 19,3 g/cm^3; Schmelztemperatur 3410 °C; Siedetemperatur 5660 °C. Das silberweiße Schwermetall ist chemisch sehr beständig; tritt in Verbindungen meist sechs-, seltener zwei- bis fünfwertig auf. Verwendung zur Herstellung von Glühfäden für Glühlampen und Elektronenröhren, zu thermisch und mechanisch äußerst beständigen Legierungen; W.carbide sind sehr harte Werkstoffe, z. B. die Wolframcarbid-Kobalt-Legierungen (Widia ®).

Wolframit, Mineral von dunkelbrauner bis schwarzer Farbe und unvollkommenem Metallglanz. Chem. (Fe,Mn)WO$_4$; wichtiges Wolframerz.

Wolfsberg, österr. Bezirkshauptstadt im Lavanttal, Kärnten, 28 100 E. Romanische Stadtpfarrkirche (13. Jh.) mit got. Chor (14. Jh.).

Wolfsburg, Stadt am Mittellandkanal, Ndsachs., 129 200 E. Gemäldegalerie, Planetarium; Theater. Schloß (13./14. und 16. Jh.), Kulturzentrum (1959–63; nach Plänen von A. Aalto). – 1938 im Zusammenhang mit dem Volkswagenwerk gegründet.

Wolfshund, volkstüml. Bez. für den Dt. Schäferhund.

Wolfskehl, Karl, *Darmstadt 17. 9. 1869, †Bayswater (Neuseeland) 30. 6. 1948, dt. Schriftsteller. Mit S. George Hg. der Sammlung »Dt. Dichtung« (3 Bde., 1901–03). Sein Haus in München (Schwabing) war Mittelpunkt des George-Kreises. 1933 Emigration. – *Werke:* Saul (Dr., 1905), Der Umkreis (Ged., 1927), Die Stimme spricht (Ged., 1934), An die Deutschen (Ged., 1947), Sang aus dem Exil (Ged., hg. 1950).

Wolfsmilch, Gatt. der Wolfsmilchgewächse mit rd. 1 600 Arten, v. a. in den Tropen und Subtropen (insbes. in Afrika); Kräuter, Sträucher oder Bäume mit giftigem Milchsaft in ungegliederten Milchröhren. Bekannte Zierpflanzen sind Christusdorn und Weihnachtsstern. Einheimisch sind u. a.: *Garten-W.*, Stengel 10–30 cm hoch; *Sonnen-W.*, bis 40 cm hoch, mit Scheinblüten in fünfstrahliger, gelblichgrüner Scheindolde; Ackerunkraut; *Zypressen-W.*, 15–30 cm hoch, Hüllblätter der Teilblütenstände gelb bis rötlich; auf trockenen, sandigen Böden; *Spring-W.* (Kreuzblättrige W.), bis 1,5 m hoch, häufig in Gärten gegen Wühlmäuse angepflanzt.

Wolfsmilchgewächse (Euphorbiengewächse, Euphorbiaceae), Fam. der Zweikeimblättrigen mit rd. 7 500 Arten in 290 Gatt., überwiegend in den Tropen und Subtropen; Bäume, Sträucher, Stauden oder einjährige Kräuter mit bisweilen giftigem Milchsaft; oft sukkulent und kakteenähnlich.

Wolfsrachen, schwere angeborene Mißbildung: von der Oberlippe bis zum Gaumenzäpfchen durchgehende Lippen-, Kiefer- und Gaumenspalte.

Wolfsspinnen (Lycosidae), mit rd. 1 500 Arten weltweit verbreitete Fam. bis 5 cm langer Spinnen, davon 65 Arten

Wolken

einheimisch; fangen ihre Beute im Sprung (u. a. Taranteln).

Wolga, mit rd. 3530 km längster Strom Europas, entspringt in den Waldaihöhen, Rußland, mündet mit einem Delta ins Kasp. Meer; zahlr. Stauwerke; wichtiger Großschiffahrtsweg, durch Kanäle mit Ostsee, Weißem und Schwarzem Meer sowie mit Moskau verbunden.

Wolgadeutsche Republik, ehem. ASSR innerhalb der RSFSR, an der unteren Wolga, 28 200 km^2, 605 000 E (1939, etwa $^2/_3$ Deutsche), Hauptstadt Engels. – Von Katharina II. 1764 in das fruchtbare Gebiet an der unteren Wolga gerufen, lebten zu Beginn des 1. Weltkriegs im gesamten Siedlungsraum bis zum Ural und in die Ukraine etwa 700 000 *Wolgadeutsche.* 1924 wurde die W. R. gebildet (Amtssprache deutsch). Nach dem dt. Angriff (1941) auf die Sowjetunion wurden die noch etwa 350 000 Wolgadeutschen nach Sibirien und M-Asien deportiert (wegen angebl. Spionage). Die W. R. wurde offiziell am 25. 9. 1945 aufgelöst. Die Wolgadeutschen wurden 1964 rehabilitiert, ihre Rückkehr an die Wolga wurde ihnen jedoch verwehrt.

Wolgast, Kreisstadt am Peenestrom, Meckl.-Vorp., 17 400 E. Werft. Spätgot. Petrikirche (14. Jh.), Barockrathaus. – Seit 1257 Stadtrecht (lüb. Recht seit 1282). 1295–1464 und 1532–1625 Residenz des Hzgt. Pommern-Wolgast; Hansestadt; 1648 an Schweden, 1815 an Preußen.

Wolgemut, Michael, * Nürnberg 1434, † ebd. 30. 11. 1519, dt. Maler. Schüler und 1473 Werkstattnachfolger von H. Pleydenwurff, Lehrer A. Dürers, beeinflußt von der niederl. Malerei (sog. Peringsdörfer Altar, 1485–88; Nürnberg, Friedenskirche). In seiner Werkstatt entstanden die Holzschnitte zum »Schatzbehalter« (1491) und zur »Schedelschen Weltchronik« (1493).

Wolgograd [russ. vɛlgaˈgrat], Geb.-Hauptstadt in Rußland, an der Wolga, 1 Mio. E. Hochschulen, Museen, Theater, Philharmonie; Planetarium. Bildet zus. mit *Wolschski* einen Industrieschwerpunkt an der Wolga. – Gegr. 1589 als Festung *(Zarizyn);* hieß 1925 bis 1961 *Stalingrad;* im 2. Weltkrieg (↑Stalingrad, Schlacht von) stark zerstört.

Wolhynien [voˈlyːniən] ↑Wolynien.

Michael Wolgemut. Kreuztragung Christi; Seitenflügel des Peringsdörfer Altars (1485–88)

Wolken, sichtbare, in der Luft schwebende Ansammlungen von Kondensationsprodukten des Wasserdampfes, d. h. von sehr kleinen Wassertröpfchen, Eiskristallen oder beiden gemeinsam. Nach internat. Vereinbarung werden zehn W.gattungen unterschieden, die den sog. W.stockwerken wie folgt zugeordnet sind:

Oberes Stockwerk (7–13 km): *Zirrus* (Cirrus, Ci): *Feder-W.,* aus einzelnen Fasern bestehende, weiße, glänzende Eiswolken. *Zirrostratus* (Cirrostratus, Cs): dünner, weißer Eiswolkenschleier, der meist Haloerscheinungen hervorruft. *Zirrokumulus* (Cirrocumulus, Cc): feine *Schäfchen-W.,* Flecken in Reihen oder Rippen angeordnet. *Mittleres Stockwerk* (2–7 km): *Altokumulus* (Altocumulus, Ac): höhere, gröbere Schäfchen-W., Felder oder Bänke aus flachen W.ballen oder -walzen, gröber als Zirrokumulus. *Altostratus* (As): graue oder bläul., gleichmäßige W.schicht; läßt die Sonne stellenweise als verwaschene Scheibe erkennen. *Unteres Stockwerk* (0–2 km): *Nimbostratus* (Ns): gleichmäßig strukturlose graue bis dunkelgraue W.schicht mit uneinheitl. Untergrenze, aus der Niederschlag fällt. *Stratokumulus* (Stratocumulus, Sc): tiefe, grobe Schäf-

Wolfsmilch.
Oben: Springwolfsmilch (Höhe bis 1,5 m) ♦
Unten: Zypressenwolfsmilch (Höhe 15–30 cm)

3867

Wollaston

William Hyde Wollaston

⟶ Ci (Cirrus)	**Wolken.** Darstellung auf Wetterkarten
⌒ Cs (Cirrostratus)	
~ Cc (Cirrocumulus)	
⎯ As (Altostratus)	
⌢ Ac (Altocumulus)	
⧸ Ns (Nimbostratus)	
⌣ Sc (Stratocumulus)	
— St (Stratus)	
⌒ Cu (Cumulus)	
⨂ Cb (Cumulonimbus)	

Wolken. Zirrus, hohe Feder-Wolke

chen-W., Schicht oder Bänke aus grauen oder weißl., schollen-, ballen- oder walzenartigen W.teilen. *Stratus* (St): graue, gleichförmige W.schicht mit tiefer Untergrenze, aus der nur kleintropfiger Niederschlag (z. B. Sprühregen) fallen kann; typ. Form des Hochnebels. *Kumulus* (Cumulus, Cu): dichte, scharf abgegrenzte Haufen-W. mit nahezu horizontaler Untergrenze; entweder verhältnismäßig flach (Schönwetterkumulus) oder quellend in die Höhe wachsend. *Kumulonimbus* (Cumulonimbus, Cb): mächtig aufgetürmte Haufen-W., aus der Schauerniederschläge, häufig von Gewittern begleitet (Gewitter-W.), fallen. Kumulus und Kumulonimbus zählen zu den *Quell-W.* und zeigen eine labile Schichtung der Atmosphäre an (Quellbewölkung; häufig mit Regenschauern).

Wollaston, William Hyde [engl. 'wʊləstən], *Dereham (heute East Dereham bei Norwich) 6. 8. 1766, † London 22. 12. 1828, brit. Naturforscher. Arbeiten über pulvermetallurg. Platinbearbeitung, Emissions- und Absorptionsspektren, Gleichartigkeit von Reibungs- und fließender Elektrizität, Minerale und Kristalle; entdeckte Palladium, Rhodium und Cystin.

Wolläuse, svw. ↑Schmierläuse.
Wollbaum, svw. ↑Kapokbaum.
Wollbaumgewächse (Baumwollbaumgewächse, Bombacaceae), Fam. der Zweikeimblättrigen mit rd. 200 Arten in 28 Gatt. in den Tropen, vorwiegend im trop. Amerika; Bäume mit oft dickem, wasserspeicherndem Stamm (Flaschenbäume).

Wollblume, svw. ↑Königskerze.
Wolle, Bez. für die aus dem Haarvlies von Wollschafen gewonnenen, verspinnbaren Wollhaare; i. w. S. auch für die von anderen Säugetieren (insbes. Angora- und Kaschmirziegen, Kamelen, Alpaka, Vikunja und Angorakaninchen) gewonnenen spinnfähigen tier. Haare. Bei *Schaf-W.* wird u. a. nach Faserfeinheit und -kräuselung unterschieden: *Merino-W.* (bes. fein und sehr stark gekräuselt), *Crossbred-W.* (mittelfein, normal gekräuselt), *Cheviot-W.* (grob, lang, wenig gekräuselt). Nach der Art der Gewinnung unterscheidet man: *Schur-W.* (von lebenden Schafen geschorene W.), *Haut-* oder *Schlacht-W.* (vom Fell geschlachteter Tiere), *Gerber-W.* (*Schwitz-W.* bzw. *Schwöde-W.*; bei der Lederherstellung anfallende W.), *Sterblings-W.* (von verendeten Tieren). Chemisch besteht W. nahezu ausschließlich aus α-Keratin, ist daher hygroskopisch und elastisch; die schuppige Oberflächenstruktur bedingt das Filzvermögen. Die durch Scheren der Schafe gewonnene Roh-W. enthält neben den Wollhaaren v. a. *Wollfett* (Gemisch verschiedener Fettsäuren, Chole-

sterin; wird zu Lanolin verarbeitet) und *Wollschweiß* (Gemisch aus Kaliumsalzen von Fettsäuren, Hydroxy- und Amino- u. a. Säuren), die bei der Wollwäsche entfernt werden; die gereinigte und getrocknete W. wird dann der Kammgarn- oder Streichgarnspinnerei zugeleitet.

Wollgras, Gatt. der Riedgräser mit 15 Arten in Torfmooren der nördl. gemäßigten Zone; Blütenhülle nach der Blüte in lange, weiße Haare auswachsend.

Wollhaare (Flaumhaare), im Unterschied zu den Deckhaaren kürzere, bes. dünne, weiche, i. d. R. gekräuselte, zur Erhaltung der Körperwärme meist dicht zusammenstehende und das Unterhaar bildende Haare des Haarkleids der Säugetiere.

Wollhandkrabbe (Chin. W.), nachtaktive, 8–9 cm breite, bräunl. Krabbe in Süßgewässern Chinas; auch in zahlr. dt. Flüsse verschleppt; Scheren dicht behaart.

Wollin, Insel zw. dem Stettiner Haff und der Pommerschen Bucht, Polen, 248 km².

Wollschweber (Hummelschweber, Hummelfliegen, Bombyliidae), mit rd. 3000 Arten weltweit verbreitete Fam. etwa 1–2,5 cm langer Zweiflügler, davon rd. 100 Arten in M-Europa; Körper pelzig behaart.

Wollweber, Ernst Friedrich, *Hannoversch Münden (heute Münden) 28. 10. 1898, † Berlin (Ost) 3. 5. 1967, dt. Politiker (SED). Mgl. der KPD ab 1919; baute das Westeuropa-Büro der Komintern auf *(W.-Organisation);* 1944/45 in der Sowjetunion; danach Rückkehr in die SBZ; nach 1949 in der DDR in leitenden Staatsfunktionen; 1958 wegen »Fraktionstätigkeit« aller Funktionen enthoben.

Wolmirstedt, Kreisstadt im SO der Letzlinger Heide, Sachsen-Anhalt, 12 800 E. U. a. Zuckerfabrik.

Wolof, großes Volk in W-Senegal, in Gambia und Mauretanien; die W.-Sprache, die zur westatlant. Gruppe innerhalb der Niger-Kongo-Sprachen gehört, ist eine bed. Handelssprache in W-Afrika.

Wologda [russ. ˈvɔlɐgdɐ], Geb.-Hauptstadt in Rußland, an der Wologda, 273 000 E. Hochschulen, PH; Peter-I.-

Wologda

Wolken. Oben: Altostratus, Aufzug hoher Schicht-Wolken mit durchscheinender Sonne ♦ Mitte: Zirrostratus, hohe Feder-Wolken in verschiedenen Stockwerken bei Sonnenuntergang ♦ Unten: Altokumulus, hohe Haufenschicht-Wolken in Linsenform gegen Sonnenuntergang

Wolos

Wols. Le moulin à vent (um 1951; Münster, Landesmuseum)

Museum, Gemäldegalerie, zwei Theater; u. a. Maschinenbau, Flachs-, Möbelkombinat; Flußhafen. – 1147 gegr.; entwickelte sich nach der Entdeckung der Passage in das Weiße Meer (1553) zum größten Warenumschlagplatz zw. Moskau und Archangelsk; 1796 Gouvernementshauptstadt.

Wolos, ↑Volos.

Wols, eigtl. Wolfgang Schulze, *Berlin 27. 5. 1913, † Paris 1. 9. 1951, dt. Maler, Fotograf und Graphiker. Ab 1932 in Frankreich; Wegbereiter und bed. Vertreter des Tachismus (↑abstrakter Expressionismus). Seine zur Aufdeckung des Unterbewußtseins z. T. unter Drogeneinfluß entstandenen Arbeiten erwecken den Eindruck seismograph. Farbinfernos.

Wolschski [russ. ˈvɔlʃskij] ↑Wolgograd.

Wolsey, Thomas [engl. ˈwʊlzı], *Ipswich um 1475, † Leicester 29. 11. 1530, engl. Kardinal (seit 1515) und Staatsmann. Unter Heinrich VIII. Leiter der engl. Politik (1514 Erzbischof von York, 1515 Lordkanzler, 1518 päpstl. Legat); wurde 1529 gestürzt, als es ihm nicht gelang, vom Papst eine Nichtigkeitserklärung der Ehe des Königs mit Katharina von Aragonien zu erlangen.

Wölsungen, svw. ↑Wälsungen.

Wolverhampton [engl. ˈwʊlvəhæmptən], Stadt in M-England, in der Metropolitan County West Midlands, 252 400 E. Polytechnische Hochschule, Kunstgalerie, Museum. Handels- und Geschäftszentrum.

Wolynien (Wolhynien), histor. Landschaft im NW der Ukraine, zw. dem Bug (im W) und dem Tal des Dnjepr (im O), grenzt im S an Podolien. – Im 11./12. Jh. unabhängiges Hzgt. *(Lodomerien),* 1188 mit Galizien vereinigt; 1569 poln.; 1793 bzw. 1795 russ.; im 19. Jh. Ansiedlung Wolyniendeutscher (1915: rd. 200 000; nach dem 1. Weltkrieg: rd. 100 000); der W-Teil kam 1921 an Polen, 1939 an die Sowjetunion. Während der dt. Besetzung 1941–44 wurden die Wolyniendeutschen umgesiedelt; die jüd. Bevölkerung wurde fast vollständig ausgerottet; W. gehört seit 1944 zur Ukraine.

Wolzogen, 1) Ernst [Ludwig] Frhr. von, *Breslau 23. 4. 1855, † München 30. 8. 1934, dt. Schriftsteller. Begründete 1901 in Berlin das Kabarett »Überbrettl«; schrieb zeitkrit. Komödien und Romane.

Robert Burns Woodward

2) Karoline Freifrau von, geb. von Lengefeld, *Rudolstadt 3. 2. 1763, †Jena 11. 1. 1847, dt. Schriftstellerin. Schwägerin von Schiller; schrieb die Biographie »Schillers Leben« (1830).

Wombats [austral.] (Plumpbeutler, Vombatidae), Fam. etwa 65–100 cm langer Beuteltiere mit zwei Arten (u. a. der bis 1 m lange *Nacktnasen-W.*) in O- und S-Australien (einschließlich Tasmanien); kurzbeinige, stummelschwänzige Bodenbewohner; Gebiß nagetierähnlich; ausschließlich Pflanzenfresser.

Women's Liberation Movement [engl. ˈwɪmɪnz lɪbəˈreɪʃən ˈmuːvmənt »Frauen-Befreiungs-Bewegung«] (Women's Lib), amerikan. Frauenbewegung, die sich innerhalb der Bürgerrechtsbewegung Mitte der 1960er Jahre herausbildete.

Wonder, Stevie [engl. ˈwʌndə], eigtl. Steveland Morris, *Saginaw (Mich.) 13. 5. 1950, amerikan. Popmusiker (Sänger, Organist, Komponist). Blind geboren; seit 1963 als Soulinterpret erfolgreich; experimentierte in den 1970er Jahren mit elektron. Klangeffekten und komponierte Soulsinfonien.

Wondratschek, Wolf, *Rudolstadt 14. 8. 1943, dt. Schriftsteller. Autor von Kurzprosa (u. a. »Früher begann der Tag mit einer Schußwunde«, 1969; »Carmen oder bin ich das Arschloch der achtziger Jahre«, 1986) und Hörspielen (u. a. »Paul oder die Zerstörung eines Hörbeispiels«, 1971) mit sprachexperimentellen Mitteln (v. a. Collagen), Romanen (u. a. »Einer von der Straße«, 1992) und Lyrik (u. a. »Chuck's Zimmer«, 1974).

Wonsan [korean. wʌnsan], Hafenstadt in Nordkorea, am Koreagolf, 350 000 E. Verwaltungssitz der Prov. Kangwon-do; Hochschulen, histor. Museum; u. a. Schiff- und Maschinenbau, Metallverhüttung und Erdölraffinerie.

Woodward, Robert Burns [engl. ˈwʊdwəd], *Boston 10. 4. 1917, †Cambridge (Mass.) 8. 7. 1979, amerikan. Chemiker. Synthetisierte zahlr. Naturstoffe (z. B. Kortison, Chlorophyll, Vitamin B_{12}, Cholesterin), ermittelte die Struktur von Penicillin u. a. Antibiotika, wofür er 1965 den Nobelpreis für Chemie erhielt.

Wooley, Sir (seit 1935) Leonard [engl. ˈwʊlɪ], *London 17. 4. 1880, †ebd. 20. 2. 1960, brit. Archäologe. Ausgräber von Karkemisch (Syrien; mit T. E. Lawrence), Ur und Alalach.

Woolf, Virginia [engl. wʊlf], *London 25. 1. 1882, †im Ouse bei Lewes (bei Brighton) 28. 3. 1941 (Selbstmord), engl. Schriftstellerin. Versuchte in ihren Romanen (»Mrs. Dalloway«, 1925; »Die Fahrt zum Leuchtturm«, 1927; »Orlando«, 1928; »Die Wellen«, 1931; »Zwischen den Akten«, R.-Fragment, hg. 1941) die Erzähltechnik des inneren Monologs durch die Darstellung der Bewußtseinsgleichzeitigkeit von Erinnertem und Erlebtem (Diskrepanz zw. chronolog. und psycholog. Zeit) zu erweitern. – *Weitere Werke:* Der schiefe Turm (Essays, hg. 1942), Granit und Regenbogen (Essays, hg. 1958), Die Dame im Spiegel (En., hg. 1961).

Woolworth & Co. Ltd., F. W. [engl. ɛf ˈdʌbljuː ˈwʊlwəːθ ənd ˈkʌmpəni ˈlɪmɪtɪd], amerikan. Warenhauskonzern, Sitz New York, gegr. 1879.

Woomera [engl. ˈwuːmərə], Ort in South Australia, 170 km nw. von Port Augusta; austral.-brit. Raketenversuchsanlage; nahebei die Weltraumbeobachtungsstation *Island Lagoon*.

Worcester [engl. ˈwʊstə], engl. Stadt am Severn, 74 800 E. Verwaltungssitz der Gft. Hereford and Worcester; Museen; Porzellanmanufaktur. Kirchen Saint Helen (680), Saint Alban (8. Jh.), Kathedrale (1218 ff.). – An der Stelle einer Römersiedlung entstand um 679 ein Bischofssitz (seit 1565 anglikan.), 1189 Stadt, 1622 Stadtgrafschaft.

Worcestersoße [engl. wʊstə...], scharfe Würzsoße.

Wordsworth, William [engl. ˈwəːdzwəːθ], *Cockermouth (Cumbria) 7. 4. 1770, †Rydal Mount bei Grasmere

Virginia Woolf

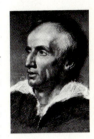

William Wordsworth
(Zeichnung; 1818)

Wombats.
Nacktnasenwombat

Workshop

Wormser Dom. Westchor

(Cumbria) 23. 4. 1850, engl. Dichter. Veröffentlichte zus. mit S. T. Coleridge 1798 die »Lyrical ballads«, deren Erscheinen den Beginn der Romantik in England markiert. Auch Oden- und Sonettdichter (über 500 Sonette).

Workshop [engl. 'wɔːkʃɔp], Kurs oder Seminar, das den Schwerpunkt auf die freie Diskussion, den Austausch von Ideen, die Darlegung von Methoden und deren prakt. Anwendung legt.

Workuta [russ. vɛrku'ta], Stadt im westl. Vorland des Polarural, Rußland, 101 000 E. Kohlenbergbau, Holzkombinat. – 1941–45 von [meist dt.] Kriegs- und polit. Gefangenen erbaut (große Deportationslager), seit 1943 Stadt.

Worldcup [engl. 'wɔːldkʌp] (Weltpokal), meist jährlich stattfindende Wettbewerbe in mehreren Sportarten.

World Jewish Congress [engl. 'wɔːld 'dʒuːɪʃ 'kɔŋgres] (Jüd. Weltkongreß), Abk. **WJC**, internat. Zusammenschluß der jüd. Organisationen der einzelnen Staaten zur Vertretung jüd. Anliegen in der Welt; 1936 in Genf gegründet.

World Methodist Council [engl. 'wɔːld 'mɛθədɪst 'kaʊnsl] ↑Methodismus.

World Trade Organization [engl. 'wɔːld 'treɪd ɔːgənɪ'zeɪʃn], Abk. **WTO**, ↑Welthandelsorganisation.

Worldwatch Institute [engl. 'wɔːldwɔtʃ 'ɪnstɪtjuːt], unabhängige wiss. Institution, die für Entscheidungsträger in Politik, Wirtschaft und Verwaltung sowie für alle anderen Interessierten die Zusammenhänge zw. der Weltwirtschaft und den einzelnen ökolog. Systemen aufzeigt; gegr. 1975 in Washington (D.C.); gibt seit 1984 jährlich »State of the world« (dt. Ausgabe u. d. T. »Zur Lage der Welt«, 1987 ff.) heraus.

Worldwide Fund for Nature [engl. 'wɔːld waɪd 'fʌnd fə 'neɪtʃə], Abk. **WWF**, 1961 gegr. unabhängige internat. Organisation (Sitz seit 1979 Gland, Schweiz) zur Durchführung von Naturschutzprojekten; Wahrzeichen: Großer Panda; der WWF hieß bis 1987 *World Wildlife Fund*.

Worms, 1) Stadt am linken Oberrheinufer, Rheinl.-Pf., 76 900 E. Museum, Gemäldegalerie Kunsthaus Heylshof. Chem. Ind., Metallverarbeitung; Rheinhafen.

Stadtbild: Bed. Kirchen, u. a. ↑Wormser Dom, Pauluskirche (11., v.a. 13.Jh.), kath. Pfarrkirche Sankt Martin (1265 vollendet), Andreaskirche (12.Jh., heute Museum) und die got. Liebfrauenkirche (13./14.Jh.); Synagoge (1034, Wiederaufbau 1959–61), mittelalterl. Judenfriedhof (ältester Grabstein 1077), Frauenbad (1185/86).

Geschichte: Seit dem Neolithikum ununterbrochen besiedelt; ehem. kelt. Ort *(Borbetomagus);* in röm. Zeit Vorort der *Civitas Vangionum;* seit dem 4. Jh. Bischofssitz (bis 1801/02); 413–436 Zentrum des Burgunderreiches (als solches Mittelpunkt der Nibelungensage); seit 496 (seit dem 7. Jh. *Wormatia*) von den Franken besetzt; seit 898 unter der Herrschaft der Bischöfe; im Investiturstreit standen die Bürger auf seiten Heinrichs IV. (1074 Zollfreiheit); 1122 in W. Abschluß des ↑Wormser Konkordats; unter den Staufern ein Mittelpunkt kaiserl. Macht (1184 große Freiheitsurkunde); 763–1545 fanden in W. 45 Reichstage statt, u. a. 1495 (Reichsreform) und 1521, auf dem im *Wormser Edikt* über Luther und seine Anhänger die Reichsacht verhängt wurde. 1689 durch frz. Truppen verwüstet. 1801–16 unter frz. Herrschaft, fiel dann an das Groß-Hzgt. Hessen(-Darmstadt). 1945 wurde W. zu rund 50 % zerstört; seit 1946 zu Rheinland-Pfalz.

2) ehem. Bistum, das vom Donnersberg

Worms 1) Stadtwappen

Worldwide Fund for Nature, WWF®

Wortart

bis ins Neckartal reichte; in der 1. Hälfte des 4. Jh. entstanden; im 8. Jh. dem Erzbistum Mainz unterstellt; ab 1648 meist in Personalunion mit Mainz oder Trier verbunden. Das linksrhein. fürstbischöfl. Territorium fiel 1797/1801 an Frankreich, der rechtsrhein. Teil 1803 an Baden und Hessen. Zur Zeit der frz. Herrschaft wurde das Bistum aufgelöst; die Diözese wurde 1817/21 zw. Mainz, Speyer, Freiburg im Breisgau und Rottenburg aufgeteilt.

Wormser Dom, spätroman. Kaiserdom, eine doppelchörige Basilika (mit Querschiff und Vierung im O) an der Stelle einer röm. Basilika auf den Fundamenten eines otton. Vorgängerbaus. Begonnen in der 1. Hälfte des 12. Jh. (1181 Weihe des Ostchors), Westchor 1210 bis 1220. Je zwei Türme flankieren Ost- und Westchor, Vierung und Westchor mit Achteckturm; Mittelschiff mit mächtigen Viereckpfeilern. Hochaltar (1740) nach Entwurf B. Neumanns (sechs Säulen), Figuren von Johann Wolfgang van der Auwera (* 1708, † 1756).

Wormser Edikt ↑Worms (Geschichte).

Wormser Joch (Umbrailpaß) ↑Alpenpässe (Übersicht).

Wormser Konkordat, am 23. 9. 1122 vor Worms zwischen Heinrich V. und Legaten Kalixts II. getroffene Vereinbarung, durch die der Investiturstreit beigelegt wurde. Der Kaiser verzichtete auf die Investitur mit Ring und Stab. Der Papst gestand zu, daß der Kaiser in Deutschland die Regalien vor der Weihe (in Italien und Burgund nachher) verlieh.

Wörner, Manfred, *Stuttgart 24. 9. 1934, † Brüssel 13. 8. 1994, dt. Politiker (CDU). Jurist; 1965–88 MdB; 1969–72 und 1980–82 stellv. Fraktions-Vors.; 1982–88 Bundesverteidigungs-Min.; seit 1988 Generalsekretär der NATO.

Woronesch [russ. vaˈrɔnɪʃ], Gebietshauptstadt in Rußland, nahe der Mündung des Woronesch in den Don, 886 000 E. Univ. u. a. Hochschulen, Kunst-, I.-S.-Nikitin-Museum, Theater; eines der größten russ. Ind.-Zentren. – 1586 als Festung gegr.; wurde 1824 Gouvernementshauptstadt; bei den Kämpfen um W. (Juli 1942–Jan. 1943) zu 95 % zerstört.

Woroschilow, Kliment Jefremowitsch [russ. vɐrɐˈʃiləf], *Werchneje (Gebiet Lugansk) 4. 2. 1881, † Moskau 2. 12. 1969, sowjet. Marschall (seit 1935) und Politiker. 1925–40 Volkskommissar für Verteidigung; im 2. Weltkrieg Chef der Truppen im NW, an der Leningrader Front und Chef der Partisanenbewegung; 1946–53 Min.-Präs., 1953–60 Vors. des Präsidiums des Obersten Sowjets (Staatsoberhaupt).

Woroschilowgrad ↑Lugansk.

Worpswede, Gem. im Teufelsmoor nahe Bremen, Ndsachs., 8200 E. Seit 1889 Künstlerkolonie (u. a. P. Modersohn-Becker, R. M. Rilke).

Wort, 1) *allg.*: kleinster sprachl. Bedeutungsträger.
2) *Datenverarbeitung:* eine als Einheit zu betrachtende Folge von Zeichen, der im Arbeitsspeicher genau eine Adresse zugeordnet ist. Übliche *Wortlängen* betragen 16, 32 und 64 bit.

Wortart, Wortklasse, der ein Wort einer Sprache nach gewissen Form- und Bedeutungskriterien zugeordnet wird. Im Dt. unterscheidet man die drei Hauptwortarten *Verb, Substantiv* und *Adjektiv;* diese werden dekliniert oder konjugiert. Die W. *Artikel* und *Pronomen*

Wormser Dom. Ansicht von Südwesten

Manfred Wörner

Wörterbuch

Frank Lloyd Wright

Orville Wright

Richard Wright

stehen vor oder anstelle von Substantiven und werden dekliniert. *Adverb, Präposition* und *Konjunktion* sind unveränderlich; sie modifizieren die Hauptwortarten, stellen Beziehungen her oder strukturieren den Satz. *Interjektionen* (oder *Satzwörter*; z. B. *danke!*) fungieren wie Sätze als selbständige Äußerungen.

Wörterbuch, Nachschlagewerk, das den Wortschatz einer Sprache nach bestimmten Gesichtspunkten auswählt, anordnet und erklärt; das W. gibt Sprachinformationen, während das Lexikon Sachinformationen bietet.

Wörther See, See in Kärnten, westlich von Klagenfurt, 18,8 km².

Wortmann, Sönke, *Marl 25. 8. 1959, dt. Filmregisseur. Drehte u. a. »Drei D« (1989), »Allein unter Frauen« (1991), »Kleine Haie« (1992), »Der bewegte Mann« (1994).

Wortspiel, Spiel mit der Doppel- oder Mehrfachbedeutung von Wörtern oder der Klangähnlichkeit verschiedener Wörter; wesentl. Element des Satirischen sowie aller Spielarten des Komischen.

Wosnessenski, Andrei Andrejewitsch [russ. vɐznɪˈsjɛnskɪj], *Moskau 12. 5. 1933, russ. Lyriker. Schrieb u. a. »Dreieckige Birne« (1962), »Antiwelten« (1964); auch Essays, u. a. »Begegnung mit Pasternak« (1984).

Wostok [russ. vasˈtɔk], Name einer Serie bemannter sowjet. Raumflugkörper; 1961 gelangte mit W. 1 zum ersten Mal ein Mensch in eine Satellitenumlaufbahn (J. A. Gagarin).

Wotan ↑Odin.

Wotruba, Fritz, *Wien 23. 4. 1907, † ebd. 28. 8. 1975, österr. Bildhauer und Graphiker. Architektonisch aufgebaute Stein- und Bronzearbeiten (menschl. Körper). Auch Architekt (»Zur heiligsten Dreifaltigkeit«, Sankt Georgenberg, Wien-Mauer, 1976).

Wouk, Herman [engl. wəʊk], *New York 27. 5. 1915, amerikan. Schriftsteller. Welterfolg mit dem Kriegsroman »Die Caine war ihr Schicksal« (1951; verfilmt 1954).

Wounded Knee [ˈwuːndɪd ˈniː], Ort in South Dakota, USA, 150 km sö. von Rapid City. – Am W. K. Creek fielen am 29. 12. 1890 über 400 Sioux, darunter zahlr. Frauen und Kinder, einem Massaker amerikan. Kavalleristen zum Opfer.

Wouwerman, Philips [niederl. ˈwəʊwərman], *Haarlem 24. 5. 1619, □ ebd. 23. 5. 1668, niederl. Maler. Beeinflußt von F. Hals (dessen Schüler?); Reiter-, Kriegs- und Lagerszenen.

Wrack [niederdt.], gesunkenes, gestrandetes oder auf andere Weise unbrauchbar gewordenes Schiff.

Wrangel (Wrangell), **1)** *Carl Gustav,* Graf von Salmis (seit 1651), *Skokloster (Gemeinde Håbo, Prov. Uppsala) 23. 12. 1613, † Gut Spieker (auf Rügen) 5. 7. 1676, schwed. Reichsadmiral (seit 1657) und Reichsmarschall (seit 1664). Im Dreißigjährigen Krieg 1646 Oberbefehlshaber in Deutschland; 1664 Mgl. der Vormundschaftsregierung für den minderjährigen Karl XI.

2) *Friedrich Heinrich Ernst* Graf von (seit 1864), gen. Papa W., *Stettin 13. 4. 1784, † Berlin 1. 11. 1877, preuß. Generalfeldmarschall (seit 1856). Oberbefehlshaber im 1. und 2. Dt.-Dän. Krieg (1848 und 1864); sprengte im Nov. 1848 die preuß. Nationalversammlung in Berlin und beendete damit die preuß. Märzrevolution.

Wrangelinsel, russ. Insel im Nordpolarmeer, rd. 7 300 km², bis 1 096 m hoch. – 1823 von dem russ. Forscher Ferdinand Petrowitsch Wrangel (*1797, † 1870) gesichtet.

Wrangell Mountains [engl. ˈræŋɡəl ˈmaʊntɪnz], Gebirgszug in SO-Alaska, bis 5 036 m hoch; vergletschert.

Wren, Sir (seit 1673) Christopher [engl. rɛn], *East Knoyle bei Salisbury 20. 10. 1632, † Hampton Court (heute zu London) 25. 2. 1723, engl. Baumeister, Mathematiker und Astronom. Hauptwerk ist die Londoner Saint Paul's Cathedral; erbaute u. a. das Hospital von Greenwich (1696 ff.), den O-Flügel von Schloß Hampton Court (1689–92); Umbau von Kensington Palace (1689 bis 1702).

Wright [engl. raɪt], **1)** *Frank Lloyd,* *Richland Center (Wis.) 8. 6. 1869, † Phoenix 9. 4. 1959, amerikan. Architekt. Schüler von L. H. Sullivan; vertrat eine *organ. Architektur* (Einheit von Form, Material, Funktion und Landschaft). Beim Guggenheim-Museum in New York (1943 entworfen, 1956–59 gebaut) stellte W. eine spiralförmige Rampe über einen kreisförmigen Grundriß. Sein Hochhaus »Price

Wucherblume

Tower« (1955/56) in Bartesville, (Okla.) zeigt die für W. typ. Verwendung von Winkelformen, Kreis und Spirale.

2) Orville, *Dayton (Ohio) 19.8.1871, † ebd. 30.1.1948, und sein Bruder *Wilbur*, *Millville (Ind.) 16.4.1867, † Dayton (Ohio) 30.5.1912, amerikan. Flugpioniere. Begannen um 1900 mit Modellflugversuchen und Gleitflügen. 1903 führten sie mit dem Motorflugzeug »Flyer I« (rd. 12 PS, zwei Luftschrauben) vier Flüge von 12–59 Sekunden Dauer und 36–265 m Länge durch. 1904 gelangen ihnen mit »Flyer II« die ersten Kurvenflüge und 1905 mit »Flyer III« Streckenflüge bis zu 45 km.

3) Richard, *bei Natchez (Miss.) 4.9.1908, † Paris 28.11.1960, afroamerikan. Schriftsteller. Lebte ab 1946 in Paris; schildert in seinen Romanen und Erzählungen die Diskriminierung der schwarzen Amerikaner. – *Werke:* Onkel Toms Kinder (En., 1938), Sohn dieses Landes (R., 1940), Der Mörder und die Schuldigen (R., 1953), Der schwarze Traum (R., 1958), Schwarzer Hunger (Autobiographie, hg. 1977).

Wrobel, Ignaz, Pseud. des dt. Journalisten und Schriftstellers Kurt ↑Tucholsky.

Ws, Einheitenzeichen für **W**att**s**ekunde.

WTB, Abk. für ↑**W**olffs **T**elegraphen-**B**ureau.

WTO, Abk. für **W**orld **T**rade **O**rganization, ↑**W**elthandelsorganisation.

Wucher, die Ausbeutung der Zwangslage, der Unerfahrenheit, des Mangels an Urteilsvermögen oder der erhebl. Willensschwäche eines anderen dadurch, daß einer sich oder einem Dritten für die Vermietung von Wohnraum *(Miet-W.)*, Kreditgewährung *(Kredit-W., Zins-W.)*, sonstige Leistungen oder für die Vermittlung einer dieser Leistungen Vermögensvorteile versprechen oder gewähren läßt, die in einem auffälligen Mißverhältnis zu der Leistung oder deren Vermittlung stehen. W.geschäfte sind nichtig.

Wucherblume (Chrysanthemum), Gatt. der Korbblütler mit rd. 200 Arten auf der Nordhalbkugel und in S-Afrika; Blütenköpfchen meist mit weibl. Zungenblüten und zwittrigen, röhrenförmigen Scheibenblüten. Einheimisch sind u.a. *Margerite* (Wiesen-W.; bis 60 cm hoch, mit weißen Zungen- und gelben Röhrenblüten) und *Rainfarn* (Wurmkraut; mit farnähnlichen Blättern und goldgelben Blütenköpfchen). Zahlr. Arten und Sorten sind beliebte Garten- und Schnittpflanzen, u.a. die zahlr. Sorten der *Chrysanthemen* (Winterastern).

Frank Lloyd Wright. Guggenheim-Museum (1956–59; New York)

Wucherblume. Margerite (Höhe 30–60 cm)

Wudu

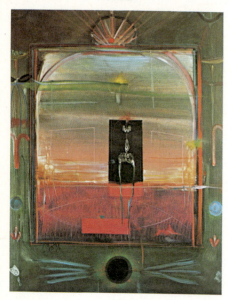

Paul Wunderlich.
Aurora, Hommage
à Runge (1964;
Hamburg, Kunsthalle)

Wunderstrauch.
Codiaeum variegatum
»Pictum« (Höhe 1,5 bis
2,5 m)

Wudu, svw. ↑Wodu.
Wuhan, Hauptstadt der chin. Prov. Hubei, an der Mündung des Han Shui in den Jangtsekiang, 3,64 Mio. E. Univ., Prov.-Museum. Schwer-Ind., Werften; Hafen, ⚓.
Wühler (Cricetidae), mit Ausnahme von Australien weltweit verbreitete Fam. der Mäuseartigen mit rd. 600 Arten (u. a. Wühlmäuse, Rennmäuse, Hamster) von etwa 10–60 cm Länge; Lebensweise überwiegend grabend.
Wühlmäuse (Microtinae), Unter-Fam. meist plumper, kurzschwänziger Wühler mit über 100 Arten in Eurasien, N-Afrika sowie N- und M-Amerika; Körper 10–40 cm lang, mit stumpfer Schnauze. Die W. graben unterird. Gangsysteme, in die sie für den Winter pflanzl. Vorräte eintragen (u. a. Feldmaus, Bisamratte, Lemminge).
Wulfila ↑Ulfilas.
Wulf-Mathies, Monika, *Wernigerode 17. 3. 1943, dt. Gewerkschafterin. 1982 bis 1994 Vors. der ÖTV; seit 1995 EU-Kommissarin.
Wullenwever, Jürgen ['vʊlənveːvər], *Hamburg um 1492, † Wolfenbüttel 29. 9. 1537 (hingerichtet), Bürgermeister von Lübeck (1533–35). Versuchte die Vorherrschaft der Hanse in der Ostsee zu erneuern, unterlag aber im Juni 1535 König Christian III. von Dänemark; wurde im Nov. 1535 vom Erzbischof von Bremen gefangengenommen und Hzg. Heinrich d. J. von Braunschweig-Wolfenbüttel ausgeliefert, der ihn enthaupten ließ.
Wulstlinge, Gatt. der Lamellenpilze (Klasse Ständerpilze) mit rd. 60 Arten (in M-Europa 27 Arten); viele bekannte Gift- und Speisepilze wie Knollenblätterpilz, Fliegenpilz, Perlpilz.
Wunder, Geschehen (»Durchbrechung der Naturgesetze«), das von den Gläubigen vieler Religionen als Machtbezeugung, (Vor)zeichen, Strafe oder Wohltat der Gottheit bzw. Gottes gedeutet wird.
Wunderkerzen, drahtförmige Kleinfeuerwerkskörper, die unter Bildung eines Funkensprühregens abbrennen; sie bestehen aus einem eisen- oder stahlpulverhaltigen Leuchtsatz auf einem Metalldraht.
Wunderlich, 1) Fritz, *Kusel 26. 9. 1930, † Heidelberg 17. 9. 1966, dt. Sänger. Gefeierter lyr. Operntenor; auch internat. Lied- und Konzertreisen.
2) Paul, *Berlin 10. 3. 1927, dt. Maler und Graphiker. Farblithographien (v. a. surrealist. Gestalten aus Mythologie und erot. Dichtung); auch Plastiken und Objekte (Schmuck, Leuchter).
Wunderstrauch, Gatt. der Wolfsmilchgewächse mit 14 Arten im trop. Asien und in Ozeanien; Bäume oder Sträucher mit ledrigen, oft bunten Blättern; z. T. Zimmerpflanzen *(Croton)*.
Wundinfektion, die Infektion einer Wunde mit Krankheitserregern. Als *unspezif. W.* bezeichnet man die Besiedlung einer Wunde mit aeroben, eiterbildenden Bakterien, bes. Staphylokokken und Streptokokken. Von einer *spezif. W.* spricht man beim Eindringen von Wundstarrkrampf- und Gasbrandbakterien und von Tollwutviren in eine Wunde.
Wundklee, Gatt. der Schmetterlingsblütler mit über 50 Arten in Europa, Vorderasien und N-Afrika; Futterpflanze ist der *Gelbe Klee* (Gemeiner W.), 6–60 cm hoch, gelbe oder rote Blüten.
Wundliegen, svw. ↑Dekubitus.
Wundrose (Erysipel), durch Streptokokken verursachte ansteckende Ent-

Wuppertal

zündung der Haut und des Unterhautgewebes; charakteristisch sind u. a. Rötung und Schwellung mit scharfer Abgrenzung sowie hohes Fieber.

Wundstarrkrampf (Starrkrampf, Tetanus), durch das im Erdboden vorkommende Bakterium Clostridium tetani verursachte Wundinfektionskrankheit ohne lokale Entzündung an der Eintrittspforte. Nach einer Inkubationszeit von 1–3 Wochen, in der sich die Erreger vermehren und ein als Nervengift wirkendes Exotoxin ausscheiden, kommt es zum Ausbruch der Krankheit. Der W. beginnt meist uncharakteristisch mit Unruhe, Mattigkeit, Gliederzittern, Schlaflosigkeit, starken Schweißausbrüchen und Krampf der Kaumuskulatur. Schließlich wird auch die Nacken- und Rückenmuskulatur von der sehr schmerzhaften Muskelstarre ergriffen. Jeder Sinnesreiz wie helles Licht, Luftzug, Berührung oder Geräusche kann einen lebensgefährl. Schüttelkrampf auslösen. Krämpfe der Bronchial- und Zwerchfellmuskulatur führen schließlich zum Tod durch Ersticken oder Herzversagen. Zur allg. Prophylaxe des W. empfiehlt sich die aktive Immunisierung im Vorschulalter; bei Erwachsenen wird die aktive Immunisierung durch intramuskuläre Injektion von Tetanustoxoid (zweimal je 0,5 ml Tetanol ® im Abstand von 4 Wochen) erreicht; nach einem Jahr erneute Injektion, Auffrischungsimpfungen alle 10 Jahre.

Wundt, Wilhelm, * Neckarau (heute zu Mannheim) 16. 8. 1832, † Großbothen bei Leipzig 31. 8. 1920, dt. Psychologe und Philosoph. Gründete 1879 in Leipzig das erste Institut für experimentelle Psychologie; bed. ist v. a. seine »Völkerpsychologie« (10 Bde., 1900–1920).

Wunibald (Wynnebald), hl., * in Südengland um 701, † Heidenheim bei Gunzenhausen 18. 12. 761, angelsächs. Abt. Bruder des hl. Willibald; von Bonifatius für die dt. Missionsarbeit berufen. – Fest: 18. Dezember.

Wünschelrute, Metallgerte oder gegabelter Zweig, der vom Rutengänger in beiden Händen gehalten wird und dessen »Ausschlag« bestimmte unterird. »Reizzonen« (Wasserläufe, Öllager, Erzadern) anzeigen soll. Eine wiss. Erklärung für etwaige W.erfolge ist nicht bekannt.

Wunsiedel, Kreisstadt im Hochland des Fichtelgebirges, Bayern, 10 300 E. Fichtelgebirgsmuseum; u. a. Porzellanindustrie, Likörfabrik; Luisenburgfestspiele. Barockes Geburtshaus Jean Pauls. – Seit 1326 Stadtrecht.

Wupper (im Oberlauf Wipper), rechter Nebenfluß des Niederrheins, 114 km lang.

Wuppertal, Stadt im Bergischen Land, NRW, 383 900 E. Gesamthochschule,

Wundklee.
Gelber Klee (Höhe 6 – 60 cm)

Wuppertal.
Blick auf den Stadtteil Elberfeld; links im Bild die Laurentiuskirche (1825 – 35), im Vordergrund die Stadthalle (1895 – 1900)

Wurf

Würger. Neuntöter mit Beutetier (Hirschkäfer)

Wuppertal Stadtwappen

Museen, Oper, Schauspielhaus; botan. Garten, Zoo. U. a. Textil-, Maschinen- und Werkzeugindustrie. Dem innerstädt. Verkehr dient seit 1901 eine 13,3 km lange Schwebebahn über dem Tal der Wupper. Spätgot. chem. Kreuzbrüder-Klosterkirche im Ortsteil Beyenburg (15. Jh.), klassizist. Laurentiuskirche (19. Jh.). – Die 1929 durch den Zusammenschluß der Städte *Barmen, Elberfeld, Ronsdorf, Vohwinkel* und *Cronenberg* entstandene neue Stadt *Barmen-Elberfeld* wurde 1930 in W. umbenannt.

Wurf, bei Tieren, die gewöhnlich Mehrlinge zur Welt bringen, die Gesamtheit der nach einer Trächtigkeitsperiode geborenen Jungen.

Würfel, 1) *Mathematik:* (regelmäßiges Hexaeder, Kubus) von sechs kongruenten Quadraten begrenzter †platonischer Körper. Die Quadrate stoßen in 12 gleich langen Kanten aneinander; die Kanten treffen sich in acht Ecken, in jeder Ecke stoßen jeweils drei Kanten rechtwinklig aufeinander.
2) *Spiel:* (Knobel) zum W.spiel benutzter sechsseitiger Körper; auf den Seiten sind durch Punkte oder »Augen« die Zahlen 1–6 so angegeben, daß die sich gegenüberliegenden zusammen jeweils 7 ergeben.

Wurfholz, als Waffe geeignetes, gekrümmtes, abgeflachtes Holzstück; eine bes. Form stellt der †Bumerang dar.

Würger (Laniidae), Fam. bis 30 cm langer, gut fliegender, häufig ihre Beute (vorwiegend Insekten, kleine Wirbeltiere) auf Dornen oder Ästen aufspießender Singvögel mit fast 75 Arten, v. a. in offenen Landschaften Afrikas, Eurasiens und N-Amerikas; einheimisch sind u. a. *Neuntöter* (Dorndreher, Rotrücken-W.), etwa 17 cm lang; Zugvogel; *Raub-W.* (Grau-W.), bis 25 cm lang, jagt v. a. Mäuse, Kleinvögel; Standvogel; *Rotkopf-W.,* bis knapp über 15 cm lang, oberseits überwiegend schwarz, unterseits weißlich, mit rostbraunem Oberkopf und Nacken.

Würgereflex, v. a. durch Berühren der Rachenhinterwand reflektorisch ausgelöstes Würgen (Rachenreflex).

Wurm, Theophil, *Basel 7. 12. 1868, †Stuttgart 28. 1. 1953, dt. ev. Theologe. Nach 1933 als Landesbischof der ev. Landeskirche in Württemberg Wortführer des Widerstands gegen die Eingriffe des nat.-soz. Regimes in kirchl. Angelegenheiten; 1945–49 Vors. des Rates der EKD.

Würmeiszeit †Eiszeit.

Würmer (Vermes), volkstüml. Bez. für langgestreckte, bilateralsymmetr. Wirbellose untereinander nicht verwandter systemat. Kategorien, z. B. Plattwürmer, Schlauchwürmer, Ringelwürmer.

Wurmfarn, Gatt. der Tüpfelfarngewächse mit rd. 150 Arten v. a. auf der Nordhalbkugel; verbreitet in Laub- und Nadelwäldern ist der *Gemeine W.* (Dryopteris filix-mas) mit 0,5–1,5 m langen Blättern und hellbraun beschuppten Blattstielen. Aus dem Wurzelstockextrakt wurde früher ein Bandwurmmittel hergestellt.

Wurmfortsatz †Blinddarm.

Wurmkrankheiten (Wurmerkrankungen, Helminthosen, Einz. Helminthiasis), Gruppe weltweit verbreiteter, in den Tropen und Subtropen endemisch vorkommender parasitärer Erkrankungen der Tiere und des Menschen durch Infektion mit Würmern. Die wichtigsten W. sind: Hakenwurmkrankheit, Madenwurmkrankheit, Täniase, Zystizerkose.

Wurt [niederdt.] (Warft), zum Schutz gegen Hochwasser aufgeworfener Siedlungshügel in Niederungsgebieten.

Württemberg, östl. Landesteil von Baden-Württemberg, umfaßt die Reg.-

Würzburg

Bez. Stuttgart und Tübingen. – Die Grafen (seit 1135) von W. im mittleren Neckar- und im Remstal konnten im 13. Jh. beträchtl. Teile der stauf. Gebiete erwerben. Im Spät-MA stärkste Territorialmacht in SW-Deutschland. 1442 Teilung in zwei neue Linien (Stuttgart und Urach); 1482 stellte Eberhard im Bart (⚭ 1459–96) die Einheit wieder her; 1495 Erhebung zum Hzgt. W. (und Teck). 1520–34 war W. in habsburg. Hand. 1806–13 Mgl. des Rheinbunds, wurde W. souveränes Kgr. und gewann umfangreiche Gebiete (v. a. Heilbronn, Hohenloher Ebene, Ellwangen, Ulm, Rottweil sowie Teile Oberschwabens und des Allgäus). 1816 trat W. dem Dt. Bund bei, 1834 dem Dt. Zollverein. 1819 konstitutionelle Verfassung, nach der Unterdrückung (1849) der Märzrevolution von 1848 Rückkehr zum System der Reaktion. Gegen Preußen lehnte sich W. meist an Österreich an, trat aber 1871 in das Dt. Reich ein. 1918 wurde die Republik ausgerufen, 1919 erhielt W. eine demokrat. Verfassung (bis 1933); nach dem 2. Weltkrieg in eine [nördl.] amerikan. (Land Württemberg-Baden) und eine [südl.] frz. Besatzungszone (Land Württemberg-Hohenzollern) geteilt, 1952 mit dem Land †Baden zu †Baden-Württemberg zusammengeschlossen.

Würzburg, 1) Stadt am Mittelmain, Bayern, 128 000 E. Verwaltungssitz des Reg.-Bez. Unterfranken; Univ. (gegr. 1402 bzw. 1582) u. a. Hochschulen, Bayer. Staatsarchiv. Mainfränk. Museum, Städt. Galerie, Theater; Metallverarbeitung, Weinbau; Hafen.

Stadtbild: Roman. Dom (11.–13. Jh., Gewölbe 15. bis 17. Jh., 1701–04 barokkisiert) mit Schönbornkapelle, Kirche Sankt Burkhard (11. und 15. Jh.), frühgot. Deutschhauskirche (um 1250 bis 1296), spätgot. Marienkapelle (1377 bis 1479); barock sind u. a. das Neumünster (Umbau der roman. Kirche 1710ff.) und das Käppele (Wallfahrtskirche; 1747–50 von B. Neumann). Festung Marienberg (um 1200–18. Jh., z. T. Museum) mit Marienkapelle (Zentralbau vielleicht 706 und damit älteste erhaltene Kirche Deutschlands). Bed. barocke, ehem. bischöfl. Residenz (1720–44; 1945 zerstört), deren berühmtes Treppenhaus von B. Neumann mit Fresken von Tiepolo erhalten ist. Alte Mainbrücke (1473–1543) mit Statuen, Haus zum Falken (18. Jh.) mit Stuckfassade.

Geschichte: Auf dem Marienberg befestigte Höhensiedlung schon im 8. Jh. v. Chr.; im 7. Jh. n. Chr. Herzöge (ihre Burg war das *Castellum Wirciburg* auf dem Marienberg); um 800 als Königspfalz belegt, 741/742 Errichtung eines Bischofssitzes durch Bonifatius; seit etwa 1000 Entwicklung zur Stadt; seit 1030 war der Bischof Stadtherr. Ab 1656 Bastionenanlage; 1803

Würzburg 1)
Stadtwappen

Würzburg 1).
Blick auf die Festung Marienberg (im Vordergrund Statue des heiligen Kilian auf der Mainbrücke)

Wurzel

Würzburg 1). Die Gartenfront der von Johann Balthasar Neumann 1720–44 erbauten Würzburger Residenz

bayrisch, kam 1805/06 als Hauptstadt des Groß-Hzgt. W. an Ferdinand III. von Toskana, fiel 1814 endgültig an Bayern. 2) Bistum, 741/742 im Rahmen der angelsächs. Mission von Bonifatius errichtet; unterstand 746 bis 1806 dem Erzbistum Mainz; 1806–17 Sedisvakanz; 1817 kam das Gebiet zu Bayern, das Bistum wurde dem Erzbistum Bamberg unterstellt.

Wurzel, 1) *Botanik:* neben Sproßachse und Blatt eines der drei Grundorgane der Sproßpflanzen, das der Verankerung im Boden und der Aufnahme von Wasser und darin gelöster Nährsalze und der Speicherung von Reservestoffen dient. An der noch wachsenden W. können drei Zonen unterschieden werden: der *Vegetationspunkt* hat zum Schutz für die zarten embryonalen Zellen eine W.haube ausgebildet, deren verschleimte, abgestoßene Zellen der W. das Weiterkriechen im Boden erleichtern. Die *Wachstumszone* beginnt an der Basis des Vegetationskegels. In ihr erfolgt die Umwandlung der jungen Zellen in Dauerzellen bei einem gleichzeitigen Streckungswachstum. Die Wachstumszone geht über in die Zone der *W.haare*, durch die die Wasser- und Nährsalzaufnahme erfolgt. Die Leitungsbahnen sind in einem Zentralzylinder als zentrales, radiales Leitbündel angeordnet. Die *Seiten-W.* bilden mit der *Haupt-W.* ein W.system. – Am Sproß ausgebildete W. heißen sproßbürtig. Gehören sproßbürtige W. zum normalen Entwicklungsverlauf, bezeichnet man sie als Nebenwurzeln. Werden Neben-W. künstlich erzeugt, nennt man sie Adventivwurzeln.

2) *Mathematik:* allg. Bez. für jede Lösung einer Bestimmungsgleichung. I. e. S. die Lösung einer Gleichung der Form $x^n = a$ (n positive ganze Zahl); man schreibt: $x = \sqrt[n]{a}$ (gesprochen: x ist die n-te W. aus a) oder auch $x = a^{1/n}$. Die n-te W. aus einer Zahl a ist also diejenige Zahl x, die, in die n-te Potenz erhoben, die Zahl a ergibt, z. B. $\sqrt[3]{64} = 4$, denn $4^3 = 64$. Die Größe a nennt man den *Radikanden*, n den *Wurzelexponenten*, die Rechenoperation des Bestimmens der W. *Radizieren* oder *Wurzelziehen*. Die 2. W. einer Zahl bezeichnet man als *Quadrat-W.* (sie wird im allg. ohne Wurzelexponenten geschrieben), die 3. W. als *Kubikwurzel*.

3) *Sprachwissenschaft:* der bedeutungstragende Kern einer Wortfamilie.

4) *Zahnmedizin:* svw. Zahnwurzel (↑Zähne).

Wurzelfüßer (Rhizopoda), Stamm vorwiegend freilebender Protozoen mit zahlr. Arten in Süß- und Meeresgewässern sowie in feuchten Lebensräumen an Land; bewegen sich mit Scheinfüßchen fort; Fortpflanzung überwiegend ungeschlechtlich durch Teilung (u. a. Amöben, Strahlentierchen).

Wuttke, Martin, *Gelsenkirchen 8. 2. 1962, dt. Schauspieler und Theaterintendant. Seit 1984 Engagements u. a. in Hamburg und Berlin; seit 1996 Intendant des Berliner Ensembles.

Wurzen ↑Alpenpässe (Übersicht).

Wüste, vegetationsloses oder sehr vegetationsarmes, lebensfeindl. Gebiet. Bei *Trockenwüsten* in trop. und subtrop. Gebieten unterscheidet man die *Kern-W.* von der *Halb-W.*, die zur Dornstrauchsavanne bzw. Steppe überleitet. Aufgrund der hohen tägl. Temperaturschwankungen und der [fast] fehlenden Vegetationsdecke zerfällt das Gestein zu scharfkantigem Schutt und Grus. Der Wind verfrachtet Sand und Staub; läßt seine Transportkraft nach, bilden sich Flugsand und Dünen *(Sand-W.)*. In polaren und subpolaren Gebieten sowie im Hochgebirge entstehen mangels Wärme pflanzenarme bis pflanzenlose *Kältewüsten*. Bei völliger Eis- und Schneebedeckung spricht man von *Eiswüsten*. Unter dem Einfluß kalter Meeresströmungen und warmer Winde kann sich in den Subtropen der Typ der *Küsten-W.* entwickeln. – Abb. S. 3882.

Wyk auf Föhr

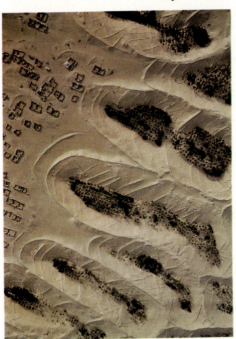

Wüste. Oasenlandschaft in der algerischen Sahara

Wüstenfuchs, svw. Fennek (↑Füchse).
Wüstung, Bez. für aufgegebene Siedlungen *(Ortswüstung)* und Wirtschaftsflächen *(Flurwüstung).*
Wutach, rechter Nebenfluß des Hochrheins, bildet die W.schlucht, 90 km lang.
WWF, Abk. für ↑**W**orld **W**ide **F**und for Nature.
Wyatt (Wyat), Sir (seit 1537) Thomas ['waɪət], *Allington Castle bei Maidstone (Kent) 1503, † Sherborne (Dorset) 11. 10. 1542, engl. Dichter. Führte das ↑Sonett in die engl. Literatur ein.
Wyborg [russ. 'vɨbɐrk] (früher finn. Viipuri), Stadt am Finn. Meerbusen, Rußland, 77 000 E. Museum; u. a. Schiffsreparatur; Hafen. – Im frühen 12. Jh. als Handelsplatz urkundlich erwähnt, 1293 von Schweden zu einer großen Festung ausgebaut; im 2. Nordischen Krieg 1710 von den Russen erobert, 1721 Rußland zugesprochen; 1811 finnisch; endgültig 1944/47 an Rußland.

Wyclif (Wycliffe, Wyclyf, Wiclif), John [engl. 'wɪklɪf], *Spreswell bei Wycliffewith-Thorpe (bei Darlington) vor 1330, † Lutterworth bei Coventry 31. 12. 1384, englischer Philosoph und Theologe. Kritisierte als Verfechter des frühkirchlichen Armutsideals die Besitzkirche und bestritt jeglichen politischen Machtanspruch des Papstes; lehnte u. a. Zölibat, Mönchtum und ↑Transsubstantiation ab. Mit dem Beginn einer englischen Bibelübersetzung und der Ausbildung von Laienpredigern, den *Lollarden* (»Flüsterer«), rief Wyclif eine Volksbewegung ins Leben, die 1381 in einem (Wyclif angelasteten) Bauernaufstand ein Ende fand. Seine Ideen wirkten durch die Vermittlung von J. Hus und Hieronymus von Prag stark auf die Vorreformation. Das Konstanzer Konzil erklärte ihn 1415 zum Ketzer.
Wyk auf Föhr [vi:k - -], Stadt, Nordseeheilbad auf der nordfries. Insel Föhr, Schlesw.-Holst., 5 700 E.

John Wyclif

Wyler

Wüste.
Sanddünen in der algerischen Sahara

Wyoming
Flagge

Wüste.
Sandwüste in der Sahara

Wyler, William [engl. 'waɪlə], *Mülhausen (Dep. Haut-Rhin) 1.7.1902, † Beverly Hills 27.7.1981, amerikan. Filmregisseur. Drehte u. a. »Die besten Jahre unseres Lebens« (1946), »Ein Herz und eine Krone« (1953), »Ben Hur« (1959, nach dem Roman von L. Wallace), »Funny Girl« (1968), »Glut der Gewalt« (1970).

Wyneken, Gustav, *Stade 19.3.1875, † Göttingen 8.12.1964, dt. Pädagoge. Gründete 1906 mit P. Geheeb die Freie Schulgemeinde Wickersdorf (Landerziehungsheim), deren Leitung er 1906 bis 1910, 1919/20 und 1925–31 angehörte.

Wynnebald ↑Wunibald, hl.

Wyoming [engl. waɪˈəʊmɪŋ], Bundesstaat im W der USA, 253 326 km², 466 000 E, Hauptstadt Cheyenne; Hauptwirtschaftszweig ist der Bergbau. Geschichte: Bis 1890, als W. als 44. Staat in die Union aufgenommen wurde, Schauplatz zahlr. Kämpfe mit den Indianern, die aus den freien Prärien in Reservate zusammengedrängt wurden.

Wyschinski, Andrei Januarjewitsch [russ. vɪˈʃinskij], *Odessa 10.12.1883, † New York 22.11.1954, sowjet. Politiker. 1935–39 als Generalstaatsanwalt Hauptankläger in den Moskauer Schauprozessen; 1949–53 Außen-Min.; ab 1953 ständiger sowjet. Vertreter bei den UN.

Wyspiański, Stanisław [poln. vɨsˈpjaj̃ski], *Krakau 15.1.1869, † ebd. 28.11.1907, poln. Dramatiker. Urspr. Maler. Gilt als Erneuerer des poln. Theaters; entnahm die Stoffe seiner Dramen der poln. Geschichte und der griech. Antike, u. a. »Die Warschauerin« (1898), »Wesele« (1901), »Die Richter« (1907).

Wyszyński, Stefan [poln. vɨˈʃɨj̃ski], *Zuzela (Masowien) 3.8.1901, † Warschau 28.5.1981, poln. kath. Theologe und Kardinal (seit 1953). Seit 1948 Erzbischof von Gnesen und Warschau (in Personalunion) und Primas von Polen; symbolisierte den Selbstbehauptungswillen des poln. Katholizismus gegenüber der kommunist. Ideologie und dem staatl. Machtanspruch.

Xx

X, 1) 24. Buchstabe des dt., 21. des lat. Alphabets, der zurückgeht auf das Zusatzzeichen χ (Chi) der griech. Schrift. **2)** röm. Zahlzeichen für 10.

x (x), Formelzeichen für eine bei der graph. Darstellung auf der Abszissenachse (x-Achse) abgetragene Variable.

Xanten, Stadt am linken Ufer des Niederrheins, NRW, 15 700 E. Dommuseum, Regionalmuseum, Archäolog. Park mit röm. Amphitheater u. a. Bauten (2. Jh. n. Chr.). Dom (1263–1437; roman. Fassade) mit dem Märtyrergrab des hl. Viktor und seiner Gefährten; Klever Tor der ehem. Stadtbefestigung. – Unter Kaiser Augustus wurde das röm. Militärlager *Castra Vetera I* (auf dem Fürstenberg) angelegt; 70 n. Chr. zerstört. *Castra Vetera II* war wohl bis Ende des 3. Jh. besetzt. Unter Trajan Gründung der Zivilsiedlung *Colonia Ulpia Traiana* (drittgrößte Colonia Germaniens). Zw. 383 und 388 wurde an der Stelle des heutigen Domes ein hölzernes Totenhaus (Memoria) für den hl. Viktor und seine Gefährten errichtet (vor 450 durch einen Steinbau ersetzt). Hier (*Ad sanctos* [»bei den Heiligen«]) entwickelten sich rasch das Monasterium, die Keimzelle des Stiftes Xanten (1802 aufgelöst), und die Siedlung, die 1228 Stadtrecht erhielt; kam 1444 an Kleve, 1614 im *Vertrag von Xanten,* der den Jül.-Kleveschen Erbfolgekrieg beendete, an Brandenburg. – Abb. S. 3884.

Xanthippe, Gattin des Sokrates; übertragen: zänk. Eheweib.

Xanthophylle [griech.], gelbe bis rötl., sauerstoffhaltige Karotinoide in Blättern und Früchten u. a. Lutein.

Xanthos, im Altertum größte Stadt †Lykiens, auf dem östl. Ufersteilhang des Flusses Xanthos (heute Koça Çay) nahe dem Meer, 120 km sw. von Antalya, Türkei; 546 v. Chr. durch Perser, 42 v. Chr. im röm. Bürgerkrieg zerstört. Die Akropolis war seit dem 7. Jh. v. Chr. befestigt; Fundort berühmter Grabmonumente (Sarkophaghäuser, Pfeilergräber; z. T. auf hohen Sockeln und mit griech. Tempelfassaden), z. B. das sog. Harpyienmonument (um 480 v. Chr.) und das Nereidenmonument (Ende 5. Jh. v. Chr.), beide im Brit. Museum, London.

X-Beine (Genua valga), Fehlstellung der Beine mit Einwärtskrümmung der Oberschenkel und Auswärtskrümmung der Unterschenkel.

Xe, chem. Symbol für †Xenon.

Xenakis, Iannis (Yannis), *Brăila 1. 5. 1922, griech.-frz. Komponist. Benutzt seit 1955 mathemat. Verfahren beim Komponieren, u. a. »Metastaseis« (1954), Kammermusik, Bühnenmusiken (zu Aischylos), elektron. und Computermusik.

Xenien, 1) *Kulturgeschichte:* in der *Antike* Gastgeschenke unter Freunden oder eines Gastgebers.
2) *Literatur:* Titel des 13. Buches der Epigramme Martials.
3) *Literaturkritik:* selbstgewählte iron. Bez. (ben. nach der Epigrammsammlung Martials) für die von Goethe und Schiller 1796 gegen die zeitgenöss. Literaturkritik verfaßten polem. Epigramme. Sie riefen zahlr. ebenfalls polem. »Anti-X.« hervor *(X.kampf).*

Xenokrates, *396/395 v. Chr., † Athen 314/313 v. Chr., griech. Philosoph. Ab 339 Leiter der älteren Akademie. Die drei Arten des Seins werden nach X. durch das Denken, mit den Sinnen und im Glauben erfaßt. Auf dieser Auffassung beruht die klass. Dreiteilung der Philosophie in Logik, Physik und Ethik.

Xenon [griech.], chem. Symbol **Xe,** gasförmiges chem. Element aus der VIII. Hauptgruppe des Periodensystems der chem. Elemente, Ordnungszahl 54; mittlere relative Atommasse 131,29; Dichte 5,887 g/l (bei 0 °C); Schmelztemperatur −111,9 °C; Siedetemperatur −107,1 °C. Edelgas, extrem reaktionsträge, doch sind in den letzten Jahren zahlr. X.verbindungen mit Fluor, Chlor

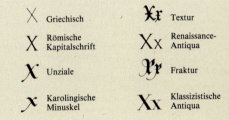

Entwicklung des Buchstabens **X**

X	Griechisch	𝔛𝔯	Textur
X	Römische Kapitalschrift	Xx	Renaissance-Antiqua
X	Unziale	𝔛𝔯	Fraktur
x	Karolingische Minuskel	Xx	Klassizistische Antiqua

Xenonlampe

Xanten. Mittelschiff des Doms Sankt Viktor

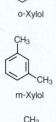

o-Xylol

m-Xylol

p-Xylol

Xylole. Oben: o-Xylol ◆ Mitte: m-Xylol ◆ Unten: p-Xylol

und Sauerstoff hergestellt worden. Füllgas für Glüh- und Gasentladungslampen, Zählrohre, auch für X.laser verwendet.

Xenonlampe, Hochdruckgasentladungslampe mit Edelgasfüllung (Gasdruck bis etwa 2,5 MPa = 25 bar); Farbtemperatur und Spektrum entsprechen dem natürl. Tageslicht.

Xenophanes, *Kolophon um 565, † Elea (Lukanien) um 470, griech. Dichter und Philosoph. Vertreter der ↑eleatischen Philosophie.

Xenophon, *Attika um 430 v. Chr., † nach 355 v. Chr., griech. Geschichtsschreiber und Schriftsteller. Schüler des Sokrates; 401 Teilnehmer am Feldzug Kyros' d. J. gegen Artaxerxes II., zeichnete sich nach der Schlacht bei Kunaxa in der Leitung des Rückzuges der führerlos gewordenen 10 000 griech. Söldner nach Trapezus (heute Trabzon) aus. Sein Gesamtwerk läßt sich in vier Gruppen einteilen: 1. histor. Schriften: »Anabasis« (7 Bücher über den Zug der 10 000), »Hellenika« (Griech. Geschichte, 7 Bücher); 2. sokrat. Schriften, u. a. Memorabilien (Erinnerungen an Sokrates), »Apologia« (Verteidigung [des Sokrates]), »Symposion« (Gastmahl); 3. polit.-eth. Schriften: »Hieron« »Agesilaos«, »Kýrou paideía« (»Die Erziehung des Kyros [II.]«, 8 Bücher); 4. kleine Lehrschriften.

Xenotim [griech.] (Ytterspat), Mineral von meist gelbl. Farbe und Fettglanz. Chem. Y[PO$_4$]; an Stelle von Ytterium oft auch andere seltene Erden, Thorium oder Uran.

Xerographie [griech.] ↑Kopierverfahren.

xeromorph [griech.], in der *Botanik* svw. an Trockenheit angepaßt.

Xerophyten [griech.], Pflanzen mit bes. morpholog. und physiolog. Anpassungen an Standorte mit zeitweiligem oder dauerndem Wassermangel (z. B. in Wüsten). Um den Wasserverlust durch die Transpiration einzuschränken, haben X. bes. Schutzeinrichtungen, z. B. verdickte Epidermis, Ausbildung von Wachs- und Harzüberzügen, Verkleinerung der Spaltöffnungen und der transpirierenden Oberflächen (z. B. Blattabwurf zu Beginn der Trockenzeit). Viele X. (z. B. Sukkulenten) speichern außerdem während der kurzen Regenzeiten Wasser für die längeren Trockenzeiten.

Xerxes I. (im AT Ahasverus), *um 519 v. Chr., † Susa 465 (ermordet), Großkönig (seit 486) aus der altpers. Dynastie der Achämeniden. Sohn Darius' I.; sein Versuch, Griechenland zu erobern, schlug trotz Aufgebots aller verfügbaren Machtmittel fehl (Niederlagen bei Salamis [480] und Plataä [479]; ↑Perserkriege).

Xylophon

Xhosa [ˈkoːsa] (früher »Kaffern« gen.), Bantuvolk in Südafrika, etwa 6,6 Mio. Angehörige.

Xi [griech.], 15. Buchstabe des urspr., 14. des klass. griech. Alphabets mit dem Lautwert [ks]: Ξ, ξ.

Xi'an [ɕian] (Sian), Hauptstadt der chin. Prov. Shaanxi, im Zentrum der Wei-He-Ebene, 1,89 Mio. E. Univ., Fachhochschulen, Provinzmuseum, botan. Garten. U. a. Textil-Ind., Eisen- und Stahlwerk. Zahlr. histor. Baudenkmäler, u. a. Tempel der Stadtgottheiten (1432 erneuert), sog. Kleine-Wildgans-Pagode (707/710), sog. Große-Wildgans-Pagode (652; im 8. Jh. aufgestockt), Große Moschee (14. Jh.). 40 km östlich bei Lintong 1974 Entdeckung der Grabanlage (Fläche rd. 30 000 m²) des Kaisers Qin Shi Huangdi (⚭ 221–210 v. Chr.) mit über 7 000 Tonfiguren in Lebensgröße: Soldaten, Pferde, Streitwagen; 1990 nö. von X. Freilegung einer weiteren Tonsoldatenarmee (auf ein Drittel der Lebensgröße verkleinerte Terrakotten aus dem 2. Jh. v. Chr.). – X., im Altertum *Chang'an* (zeitweilig andere Namen), eine der ältesten chin. Städte (in der Umgebung Funde ab etwa 5 000 v. Chr.), war Hauptstadt Chinas während der Han-, Sui und Tangzeit (3. Jh. v. Chr. bis 10. Jh. n. Chr.). Im 7./8. Jh. n. Chr. die wohl größte Stadt der damaligen Welt (fast 2 Mio. E).

Xingu, Rio [brasilian. ˈrriu ʃiŋˈgu], rechter Nebenfluß des Amazonas, entspringt im Bergland von Mato Grosso, mündet unterhalb von Pôrto de Moz, etwa 2 100 km lang.

Xining (Sining), Hauptstadt der chin. Prov. Qinghai, im Hochland von Tibet, 576 400 E.

Xinjiang [ɕindʒjang] ↑Sinkiang.

Xiongnu [ɕıʊŋ...], ostasiat. Nomadenvolk, bildete Ende des 3. Jh. v. Chr. das erste große Nomadenreich der nordasiat. Steppe. Die X. galten lange als die »Stammväter« der ↑Hunnen.

Xixa bangma [ɕiɕia-] (tibetisch Shisha Pangma; früher Gosainthan), Berg im Himalaya, in S-Tibet, China, nahe der Grenze zu Nepal, 8 012 m ü. M.

Xixia [ɕiɕia], chin. Name des Staates der ↑Tanguten.

X-Kontakt ↑Elektronenblitzgerät.

Xochipilli [span. xotʃiˈpiji; aztek. »Blumenprinz«], aztekischer Gott des Wachstums, der Blumen und der Sinneslust.

XP [ˈçiːroː] ↑Christusmonogramm.

X-Strahlung, svw. ↑Röntgenstrahlung.

Xylem [griech.], svw. Gefäßteil (↑Leitbündel).

xylo..., Xylo... [griech.], Bestimmungswort in Zusammensetzungen mit der Bedeutung »Holz...«.

Xylographie, Holzstich (↑Holzschnitt).

Xylole [griech./arab.] (Dimethylbenzole), drei isomere aromat. Verbindungen: *o*- und *m-Xylol* sind farblose, aromatisch riechende Flüssigkeiten, *p-Xylol* bildet farblose Kristalle; alle X. sind wasserunlöslich. Lösungs- und Verdünnungsmittel für Fette, Öle, Kautschuk, Zusatz zu Auto- und Flugbenzin; Ausgangssubstanzen z. B. für Phthalsäure und Farbstoffe.

Xylophon [griech.], Holzstabspiel aus abgestimmten Holzstäben oder -platten; in der außereurop. Musik, in der abendländ. Volksmusik sowie als Orchesterinstrument verwendet. Das Orchester-X. hat klaviaturmäßige Anordnung der Platten (Umfang c^2–d^5), oft mit darunter hängenden Resonanzröhren.

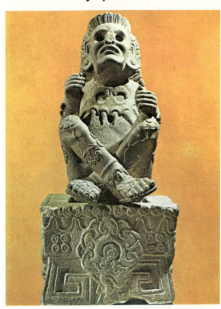

Xochipilli. Darstellung des Gottes (um 1500; Mexiko, Museo Nacional de Antropologia)

Yy

Y ['ypsilɔn], **1)** 25. Buchstabe des dt., 22. des lat. Alphabets, von den Griechen aus dem altsemit. Zeichen für w entlehnt, bezeichnete im Altgriech. zunächst den Lautwert [u, uː], der später in den wichtigsten Mundarten zu y geworden ist. Die Römer übernahmen diesen Buchstaben in Form von V als Zeichen für u; erst später auch die Form Y zur Schreibung von griech. Fremdwörtern entlehnt. Im Dt. hat Y verschiedene Lautwerte: [y, ʏ, i, ɪ], gelegentlich [j]. **2)** chem. Symbol für ↑Yttrium.

y (*y*), mathemat. Formelzeichen für eine bei der graph. Darstellung auf der Ordinatenachse (*y*-Achse) abgetragene Variable.

Yacht ↑Jacht.

YAG [Abk. für **Y**ttrium-**A**luminium-**G**ranat], $Y_3Al_5O_{12}$, ein durch Zusammenschmelzen von Yttrium- und Aluminiumoxid erhaltenes Mischoxid, das wegen seiner Granatstruktur (fälschlich) als Yttrium-Aluminium-Granat bezeichnet wird. Durch Zonenschmelzen gewonnene YAG-Einkristalle, die z. B. mit Neodym (anstelle von Yttrium) und Chrom (anstelle von Aluminium) dotiert sind, werden für Festkörperlaser verwendet. Rein weiße oder bes. schön gefärbte YAG-Kristalle dienen als Schmucksteine.

Yak (Jak) ↑Rinder.

Yale University [engl. 'jeɪl juːnɪ'vəːsɪtɪ], Privat-Univ. in New Haven; 1701 Gründung eines College, 1810–61 Entwicklung zu einer der bedeutendsten Univ. der USA.

Yalow, Rosalyn Sussman [engl. 'jeɪləʊ], *New York 19. 7. 1921, amerikan. Physikerin und Nuklearmedizinerin. Entwickelte zus. mit dem amerikan. Mediziner Salomon Aaron Berson (*1918, †1972) eine Indikatormethode zur Bestimmung der (nur in geringsten Mengen im Körper auftretenden) Peptidhormone über deren Antikörper bzw. über die entsprechende Antigen-Antikörper-Reaktion *(Radioimmunoassay);* 1977 Nobelpreis für Physiologie oder Medizin (zus. mit R. Guillemin und A. Schally).

Yamato-e, svw. Jamato-E (↑japanische Kunst).

Yams ↑Jamswurzel.

Yamuna ['jæmʊnɑ]: ↑Jumna.

Yanan, Stadt im Lößhochland der Prov. Shaanxi, 82 400 E. Univ., Revolutionsmuseum. – 1937–47 Sitz des von Mao Zedong geführten ZK der KPCh.

Yang ↑Yin und Yang.

Yang, Chen Ning, gen. Frank Y. [engl. jæŋ], *Hefei 22. 9. 1922, amerikan. Physiker chin. Herkunft. Sagte 1956 gemeinsam mit T. D. Lee die später bestätigte Nichterhaltung der ↑Parität bei der schwachen Wechselwirkung voraus; Nobelpreis für Physik 1957 (mit T. D. Lee).

Yangon, seit 1989 offizieller Name von ↑Rangun.

Yankee ['jæŋkɪ; engl.-amerikan.], ursprünglich wohl Spitzname niederländischer Siedler (vermutlich abgeleitet von der Verkleinerungsform Janke des niederl. Namens Jan) in N-Amerika; während des Sezessionskrieges als Schimpfwort auf alle Nordstaatler bezogen; wurde zum Spitznamen für US-Amerikaner.

Yankee-doodle [engl. 'jæŋkɪduːdl], um 1755 entstandenes amerikan. Volkslied.

Yaoundé [jaun'de] (Jaunde), Hauptstadt von Kamerun, im SW des Landes, 730 m ü. M., 654 000 E. Univ., Nationalbibliothek, Bundesarchiv; Konsumgüterindustrie, ⚒. – Entstand aus einem dt. Militärposten (gegr. 1888).

Yao Wenyuan (Yao Wen-yüan), *im Kreis Zhuji (Prov. Zhe-jiang) 1931, chin. Journalist und Politiker. Löste durch seine scharfen Angriffe gegen die chin. Intellektuellen in der »Literaturzeitung« die Kulturrevolution 1965 aus; als Mgl. der Viererbande 1981 zu 20 Jahren Gefängnis verurteilt.

Yard [engl. jɑːd; eigtl. »Gerte, Meßrute«], Einheitenzeichen yd, Längenmaß, 1 yd = 0,9144 m.

Rosalyn Sussman Yalow

Entwicklung des Buchstabens **Y**

	Griechisch		Renaissance-Antiqua
	Unziale		Fraktur
	Textur		Klassizistische Antiqua

Yaşar Kemal [türk. jaˈʃar kɛˈmal], eigtl. Kemal Sadık Gökçeli, *Gökçeli (Prov. Adana) 1922, türk. Schriftsteller. Herausragender Vertreter des türk. Gegenwartsromans, u. a. »Memed, mein Falke« (1955), »Der Wind aus der Ebene« (1960), »Eisenerde, Kupferhimmel« (1963), »Das Lied der tausend Stiere« (1971), »Auch die Vögel sind fort« (1978).

Yazılıkaya [türk. jazɯˈlɯka.ja] ↑Boğazkale.

Yb, chem. Symbol für ↑Ytterbium.

Ybbs an der Donau [ɪps], niederösterr. Stadt westl. von Sankt Pölten, 6 000 E. Spätgot. Pfarrkirche (15./16. Jh.). – 837 erwähnt.

yd, Einheitenzeichen für Yard.

Yeats, William Butler [engl. jeɪts], *Sandymount (heute zu Dublin) 13. 6. 1865, †Roquebrune-Cap-Martin bei Nizza 28. 1. 1939, ir. Dichter. Gilt als herausragender ir. Schriftsteller seiner Zeit; schrieb (symbolist.) Lyrik (u. a. »The green Helmet«, 1910; »Der Turm«, 1928) und Dramen, die, u. a. am jap. No-Spiel orientiert, altir. und kelt. Mythen verpflichtet sind (u. a. »Cathleen ni Houlihan«, 1902; »Das Einhorn von den Sternen«, 1908; »Das Stundenglas«, 1913). War v. a. auch Mitbegründer des ir. Nationaltheaters (seit 1904 »Abby Theatre«), das er leitete und für das er auch J. M. Synge und S. O'Casey gewinnen konnte. 1923 Nobelpreis für Literatur.

Ye Jiangying [- dʒjaŋ...] (Yeh Chiang-ying), *Meixian (Prov. Guangdong) 14. 5. 1897, †Kanton 22. 10. 1986, chin. Marschall (seit 1955) und Politiker; 1946–49 stellv. Generalstabschef der Volksbefreiungsarmee; ab 1954 Stellv. Vors. des Nat. Verteidigungsrates, 1975–78 (faktisch ab 1971) Verteidigungs-Min.; 1978 (faktisch 1976) bis 1983 Vors. des Ständigen Ausschusses des Nat. Volkskongresses (Staatsoberhaupt).

Yellowstone National Park [engl. ˈjɛləʊstəʊn ˈnæʃənəl ˈpɑːk], seit 1872 unter Naturschutz gestelltes Gebiet der USA, v. a. in NW-Wyoming, 8 953 km², berühmt v. a. durch Geysire, heiße Quellen und Sinterterrassen. – Abb. S. 3888.

Yerby, Frank [engl. ˈjəːbɪ], *Augusta (Ga.) 5. 9. 1916, amerikan. Schriftsteller. Zahlr. unterhaltende erfolgreiche Romane, v. a. aus dem Leben der Südstaatler; u. a. »Eine Welt zu Füßen« (1946), »Louisiana-Fieber« (1947), »Mississippi-Story« (1979).

Yersin, Alexandre [frz. jɛrˈsɛ̃], *Rougemont bei Saanen 22. 9. 1863, †Nha Trang (Süd-Vietnam) 1. 3. 1943, schweizer. Tropenarzt. Entdeckte (unabhängig von S. Kitasato) den Erreger

Chen Ning Yang

William Butler Yeats

Yellowstone National Park. Die Mammoth Hot Springs

Yeti

Yellowstone National Park. Lower Fall and Grand Canyon des Yellowstone River

Yin und Yang

der Pest und entwickelte ein nach ihm ben. Pestserum.
Yeti [nepales.] ↑Schneemensch.
Yggdrasil ↑germanische Religion.
Yinchuan [intʃuan] (bis 1945 Ningxia), Hauptstadt der Autonomen Region Ningxia, China, im mittleren Hwanghotal, 576 000 E. Univ., Theater, Moscheen.
Yin und Yang [chin.], kosmolog. Begriffe der chin. Philosophie seit etwa 400 v. Chr.: *Yin* ist das Weibliche, Nachgiebige, die Erde; *Yang* das Männliche, die Stärke, der Himmel; beide haben ihren gemeinsamen Ursprung in einem Absoluten.
Ylang-Ylang-Baum [ˈiːlaŋ…; malaiisch] (Ilang-Ilang-Baum, Canangabaum), Annonengewächs in S- und SO-Asien; kleiner Baum, aus dessen Blüten das in der Parfüm-Ind. verwendete *Ylang-Ylang-Öl* gewonnen wird.
Ylide [Kw.], organ. Verbindungen mit einer stark polarisierten Bindung zw. einem Kohlenstoff- und einem Heteroatom, wobei das Kohlenstoffatom oft ein freies Elektronenpaar besitzt; 1947 erstmals von G. Wittig hergestellt; bed. in der präparativen organ. Chemie (↑Wittig-Reaktion).
YMCA [engl. ˈwaɪemsiːˈeɪ], Abk. für **Y**oung **M**en's **C**hristian **A**ssociation (↑Christlicher Verein Junger Männer).

Ymir ↑germanische Religion.
Ynglingar [schwed. ˌyŋliŋar], älteste schwed. Königsdynastie, von der auch die frühen norweg. Könige abstammen; wird erst mit Björn dem Alten (etwa 900–950) greifbar, nahm um 1000 das Christentum an und erlosch etwa 1056.
Yoga ↑Joga.
Yogyakarta [indones. dʒɔgdʒaˈkarta], Stadt im südl. Z-Java, Indonesien, 430 000 E. 2 Univ., Museum, Theater. – 1755 als Sultanat Y. eingerichtet; eines der Zentren des Unabhängigkeitskampfes; 1945–50 Sitz der Regierung der Republik Indonesien.
Yohimbin [afrikan.] (Johimbin, Quebrachin), aus der Rinde des westafrikan. Yohimbinbaumes Pausinystalia yohimba gewonnenes Alkaloid mit gefäßerweiternder Wirkung; wird medizinisch gegen Durchblutungsstörungen verwendet; gilt als Aphrodisiakum.
Yokohama (Jokohama), jap. Industriestadt auf Honshū, an der SW-Küste der Bucht von Tokio, 3,07 Mio. E. Mehrere Univ. und Museen. Der Ind.-, Passagier- und Außenhandelshafen ist das Überseetor Tokios. Bed. Tempelanlage (gegr. 1321; 1911 wiederhergestellt), dreistöckige Pagode (15. Jh.). – Seit 1889 Stadt.
Yoldia [nach dem span. Grafen A. d'Aguirre de Yoldi, *1764, †1852], seit dem Eozän bestehende Gatt. primitiver Muscheln, v. a. in sandigen Küstenregionen aller Meere.
Yonne [frz. jɔn], linker Nebenfluß der Seine, 295 km lang.
Yorck von Wartenburg, preuß. Adelsfamilie; im 18. Jh. *Yorck;* 1814 Grafentitel Y. von Wartenburg. Bed. Vertreter:
1) *Johann* (Hans) *David Ludwig Graf* (seit 1814), *Potsdam 26. 9. 1759, †Klein Oels (bei Oels) 4. 10. 1830, preuß. Feldmarschall (seit 1821). Schloß als Befehlshaber des preuß. Hilfskorps im Rußlandfeldzug Napoleons I. eigenmächtig die Konvention von Tauroggen (30. 12. 1812).
2) *Peter Graf,* *Klein Oels (bei Oels) 13. 11. 1904, †Berlin 8. 8. 1944 (hingerichtet), dt. Widerstandskämpfer. War Mitbegründer des Kreisauer Kreises; erfüllte (zus. mit seinem Vetter C. Graf Schenk von Stauffenberg) eine vielseitige Mittlerrolle in der Widerstandsbewegung.

Yorktown

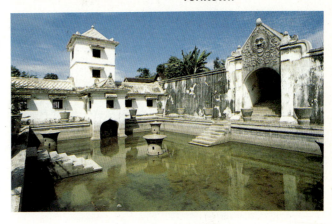

Yogyakarta. Wasserbecken im Wasserschloß Taman Sari (Mitte des 18. Jh.)

York [engl. jɔːk], Stadt in N-England, am Ouse, 99 800 E. Univ., Eisenbahnmuseum, Yorkshire-Museum, volkskundl. Castle-Museum; Theater. Handels- und Ind.-Zentrum. Got. Kathedrale (13.–15. Jh.) erhaltene Stadtbefestigung (14. Jh.). – Das röm. Legionslager *Eboracum (Eburacum)* wurde etwa 71–74 gebaut; die nahebei entstandene Siedlung wurde vor 237 Colonia und Hauptstadt der Prov. Britannia inferior; 296 zerstört, von Konstantius I. wieder aufgebaut; Abzug der Römer Ende des 4. Jh.; wurde Anfang des 7. Jh. Hauptstadt des angelsächs. Northumbria, 627 Sitz eines Erzbischofs; 867 von den Dänen erobert, Anfang des 10. Jh. von Wessex; 1212 City, 1396 Stadtgrafschaft.

York [engl. jɔːk], engl. Dynastie, Nebenlinie des Hauses Plantagenet. Der Thronanspruch Richards, Hzg. von Y. (*1411, †1460), gegen Heinrich VI. Lancaster stürzte England in die †Rosenkriege. Das 1461–85 regierende Haus Y. erlosch 1499 in männl. Linie.

Yorktown [engl. ˈjɔːktaʊn], Ort nahe der W-Küste der Chesapeake Bay, im sö. Virginia, USA. – Die Kapitulation des brit. Generals Lord Cornwallis vor den amerikan.-frz. Streitkräften unter Washington und Rochambeau bei Y.

York. Kathedrale (13. bis 15. Jh.)

Edward Young
(zeitgenössischer Kupferstich)

Ysop

Yoruba

(1781) entschied den Nordamerikan. Unabhängigkeitskrieg.
Yoruba [jo'ru:ba, 'jo:ruba], **1)** *Sprachwissenschaften:* (Anago, Ana, Nago, Yariba, Aku) zu den Kwasprachen gehörende Sprachen in SW-Nigeria, westlich des Nigerdeltas, darüber hinaus in Togo, Benin und in Flüchtlingskolonien in Sierra Leone gesprochen.
2) *Völkerkunde:* Volk der Sudaniden v. a. in SW-Nigeria. Etwa 50% wohnten in Städten über 20000 E, sog. *Y.-Städten*, lebten jedoch von der Landwirtschaft. – Vom 11. bis ins 19. Jh. bestand ein Y.reich unter einem Gottkönig (Alafin von Oyo), der als Nachkomme des Weltenschöpfers galt.
Young, [engl. jʌŋ], **1)** Edward, ≈ Upham (Hampshire) 3. 7. 1683, † Welwyn (Hertford) 5. 4. 1765, engl. Dichter. Hatte mit seinem Essay über das Genre (»Gedanken über Originalwerke«, 1759) wesentl. Einfluß auf den dt. Sturm und Drang; sein Hauptwerk ist die umfangreiche Blankversdichtung »Klagen oder Nachtgedanken über Leben, Tod und Unsterblichkeit...« (1742 bis 1745); auch Satiren und Dramen.
2) Neil, * Toronto 12. 11. 1945, kanad. Rocksänger und -gitarrist. Gehörte zur Gruppe Crosby, Stills, Nash and Young; seit den 1970er Jahren Solokarriere mit Folk-Rock-Balladen, auch zus. mit der Gruppe »Crazy horse«.
Young Men's Christian Association [engl. 'jʌŋ 'menz 'krɪstjən əsəʊ'sjeɪʃən], Abk. **YMCA,** ↑Christlicher Verein Junger Männer.
Youngplan [engl. jʌŋ...], nach dem amerikan. Manager Owen D. Young (* 1874, † 1962) benannte internat. Abkommen über die Zahlung der dt. Reparationen nach dem 1. Weltkrieg, das in Ablösung des Dawesplans (↑Dawes, C. G.) am 21. 8. 1929 angenommen wurde; die Tilgung sollte sich über 59 Jahre mit durchschnittl. jährl. Zahlungen von 2 Mrd. Goldmark (tatsächl. 1931 eingestellt) erstrecken. Zur bankmäßigen Verwaltung der Zahlungen wurde die Bank für Internationalen Zahlungsausgleich errichtet. Zudem sah der Y. eine internat. 5,5%ige Anleihe des Dt. Reiches über rd. 300 Mio. US-Dollar vor (Younganleihe). Ein von NSDAP, DNVP und Stahlhelm in Angriff genommener, letztlich erfolgloser Volksentscheid gegen die Annahme des Y. (22. 12. 1929) verschaffte den Nat.-Soz. einen Popularitätszuwachs.
Young Women's Christian Association [engl. 'jʌŋ 'wɪmɪnz 'krɪstjən əsəʊ'sjeɪʃən], Abk. **YWCA,** dem Christl. Verein Junger Männer entsprechende Vereinigung der weibl. Jugend, gegr. 1855 in London.
Yourcenar, Marguerite [frz. jursə'na:r], eigtl. M. de Crayencour, * Brüssel 8. 6. 1903, † Mount Desert Island (Maine) 18. 12. 1987, frz. Schriftstellerin. Lebte ab 1939 in den USA, erneuerte mit ihren psychologisch fundierten Romanen den histor. Roman (u. a. »Der Fangschuß«, 1939; verfilmt 1976 von V. Schlöndorff; »Ich zähmte die Wölfin«, 1951; »Die schwarze Flamme«, 1968); wurde 1980 als erste Frau Mitglied der Académie française.
Ypern ['y:pərn, 'i:pərn] (amtl. niederl. Ieper; frz. Ypres), belg. Stadt 60 km wsw. von Gent, 34000 E. U. a. Textilindustrie. – Tuchhalle (um 1200–1380) mit 70 m hohem Belfried; Renaissancerathaus (1620); Kathedrale Sint-Maartens (1221 ff.); Befestigungen (im 17. Jh. durch Vauban erneuert). – Gehörte im Spät-MA mit Gent und Brügge zu den bedeutendsten Städten Flanderns; 1559–1801 Bischofssitz; 1715 bis 1781/82 eine der niederl. Barrierefestungen. Im 1. Weltkrieg schwere Schäden durch die drei *Ypern-Schlachten* (Okt. 1914, April/Mai 1915, Juni–Nov. 1917).
Ypsilon [griech.], 22. und letzter Buchstabe des urspr., 20. des klass. griech. Alphabets mit dem Lautwert [u, u:], später [y, y:]: Υ, υ (↑Y).
Ysaye, Eugène [iza'i], * Lüttich 16. 7. 1858, † Brüssel 12. 5. 1931, belg. Violinist. Einer der schulebildenden Virtuosen seiner Zeit.
Ysop ['i:zɔp; semit.-griech.] (Isop, Josefskraut), Gatt. der Lippenblütler mit einer einzigen, vom Mittelmeergebiet bis zum Altai verbreiteten Art; 20–70 cm hoher Halbstrauch mit meist dunkelblauen Blüten; früher als Heil- und Gewürzpflanze kultiviert.
Ytterbium [nach dem schwed. Fundort Ytterby], chem. Symbol **Yb,** metall. chem. Element aus der Reihe der Lanthanoide des Periodensystems der chem. Elemente, Ordnungszahl 70; mittlere relative Atommasse 173,04;

YWCA

Schmelztemperatur 824±5 °C; Siedetemperatur 1193 °C; Leichtmetall (zwei Modifikationen); kommt mit den anderen Lanthanoiden v. a. in Yttriummineralen vor.

Yttrium [nach dem schwed. Fundort Ytterby], chem. Symbol **Y**, metall. chem. Element aus der III. Nebengruppe des Periodensystems der chem. Elemente, Ordnungszahl 39; relative Atommasse 88,9059; Schmelztemperatur 1523±8 °C; Siedetemperatur etwa 3337 °C; Leichtmetall (zwei Modifikationen); Y.minerale enthalten stets bed. Mengen an Lanthanoiden; Legierungsbestandteil. Mit Europium aktiviertes Y.vanadat oder Y.oxid wird als roter Leuchtstoff für Farbfernsehröhren verwendet.

Yuan, urspr. eine Bez. für gelochte runde chin. Bronzemünzen; 1892–1936 große chin. Silbermünze; neuerdings in unedlen Metallen geprägt.

Yucatán [span. juka'tan], mex. Staat im N der Halbinsel Yucatán, 38 402 km², 1,36 Mio. E, Hauptstadt Mérida.

Yucatán, Halbinsel [span. juka'tan], Halbinsel der zentralamerikanischen Landbrücke, zwischen dem Karib. Meer und dem Golf von Mexiko, größtenteils zu Mexiko, im S und SO zu Guatemala und Belize, zahlr. Ruinenstätten der Maya und Tolteken. – In vorkolumb. Zeit war die Halbinsel das Gebiet der Hochkultur der Maya. Die Küste wurde 1517/18 von Spaniern erkundet, 1527–46 erobert.

Yukawa Hideki, *Tōkio 23. 1. 1907, † Kyōto 8. 9. 1981, jap. Physiker. Entwickelte eine Theorie der Kernkräfte und erhielt dafür 1949 den Nobelpreis für Physik.

Yukon River [engl. 'juːkɔn 'rɪvə], Fluß in NW-Kanada und Alaska, entfließt dem Tagish Lake, mündet in einem Delta in das Beringmeer, 2554 km lang.

Yukon Territory [engl. 'juːkɔn 'terɪtərɪ], Territorium im NW Kanadas, 536 323 km², 28 000 E, Hauptstadt Whitehorse.

Yun, Isang, *Tongyong (Süd-Korea) 17. 9. 1917, korean. Komponist. Lebte ab 1964 in Berlin (West), 1967 nach Südkorea verschleppt, zu lebenslängl. Haft verurteilt, 1969 freigelassen; seit 1970 Kompositionslehrer an der Berliner Musikhochschule; verschmilzt westl.-avantgardistischen Techniken mit chin.-korean. Traditionen; u. a. Sinfonien, Orchesterwerke, Kammermusik, mehrere Opern (u. a. »Geliebte Füchsin«, 1970).

Yunnan, Prov. in SW-China, 394 000 km², 36,75 Mio. E, Hauptstadt Kunming.

Yupik ↑Eskimoisch.

Yverdon-les-Bains [frz. ivɛrˈdõləbɛ̃], Bezirkshauptstadt im schweizer. Kt. Waadt, am S-Ende des Neuenburger Sees, 21 000 E. Ref. Pfarrkirche (1755 bis 1757); ehem. Schloß (1260 ff. und 16. Jh.), spätbarockes Rathaus (18. Jh.). – Röm. Zivilsiedlung an der Stelle eines helvet. Ortes *(Eburodunum)* und Militärlager; seit 1260 Stadt. 1536 von Bern erobert, bis 1798 Landvogtei.

YWCA [engl. 'waɪdʌbljuːsiːˈeɪ], Abkürzung für ↑Young Women's Christian Association.

Marguerite Yourcenar

Isang Yun

Yverdon-les-Bains. Schloß (2. Hälfte des 13. Jh.)

Zz

Z, 1) 26. und letzter Buchstabe des dt., 23. des lat. Alphabets. Im Dt. bezeichnet Z die stimmlose Affrikate [ts].
2) Formelzeichen für die Ordnungszahl eines chem. Elements.

z (z), Formelzeichen für eine komplexe Zahl bzw. Veränderliche.

Zabergäu, Gäulandschaft in Bad.-Württ., zw. Strom- und Heuchelberg.

Zabern (frz. Saverne), frz. Stadt am Rhein-Marne-Kanal, Dép. Bas-Rhin, 10 300 E. Pfarrkirche (12. bis 15. Jh.), Schloß (18. Jh., z. T. Museum).

Zabern-Affäre, durch ein gesetzwidriges Vorgehen des Militärs gegen die Bev. in Zabern (Elsaß) ausgelöste Verfassungskrise (1913). Ein folgenloser, aber fast überparteilicher Mißbilligungsantrag des Reichstags gegen den Reichskanzler Bethmann Hollweg, der die Militäraktionen öffentlich gutgeheißen hatte, offenbarte die mangelnde Reformierbarkeit des polit. Systems wie das Übergewicht des Militärs im Kaiserreich.

Zacatecas [span. saka'tekas], Staat in Z-Mexiko, 73 252 km^2, 1,26 Mio. E, Hauptstadt Zacatecas.

Zacharias, hl., † Rom 15. 3. 752, Papst (ab 3. 12. 741). Unterstützte Bonifatius in der Bistumsorganisation der fränk. Kirche und schuf die Voraussetzungen zum Bund des Papsttums mit den Franken. – Fest: 22. März.

Zacharias, hl., bibl. Gestalt, Ehemann der Elisabeth und Vater Johannes des Täufers. – Fest: 5. November.

Zacharias, svw. †Sacharja.

Zacharias, 1) Christian, *Jamshepur (Indien) 27. 4. 1950, dt. Pianist. Seit Mitte der 1970er Jahre Interpret (v. a. Werke der Klassik und Romantik) von internat. Ruf.
2) Helmut, *Berlin 27. 1. 1920, dt. Jazzgeiger. Erlangte mit seinem swingenden Geigenstil internat. Popularität; schrieb auch »Die Jazz-Violine« (1950).

Zacher, Gerd, *Meppen 6. 7. 1929, dt. Organist. Führender Interpret zeitgenöss. Orgelmusik.

Zackenbarsche (Sägebarsche, Serranidae), überwiegend in trop. und warmen Meeren weit verbreitete Fam. meist räuber. lebender Barschfische mit über 500 rd. 3–300 cm langen Arten; Rückenflosse sägeartig gestaltet; Kiemendeckel mit ein bis zwei Dornen oder Stacheln.

Zackenhirsch (Barasingha), v. a. in sumpfigen Gebieten N- und Z-Indiens sowie Thailands lebender Hirsch; Männchen mit ein bis über 1 m langes, vielendiges Geweih.

Zadar [serbokroat. 'zadar], Hafenstadt an der kroat. Adriaküste, 43 000 E. Philosoph. Fakultät der Univ. Zagreb, Staatsarchiv, Kunstgalerie, archäolog. und ethnolog. Museum; u. a. Schiffbau, Fischkonservenfabrik; Fährverbindung mit Ancona (Italien). Ehem. Donatuskirche (9. Jh.; an der Stelle des röm. Forums), roman. Dom (13. Jh.; Krypta 11. Jh.); zahlr. venezian. Bauten (15. und 16. Jh.). – Ging aus dem antiken *Iader* hervor; seit 1202 bedeutendste Handelsniederlassung Venedigs in Dalmatien; 1814/15 bis 1919/20 zu Österreich; 1919/20 an Italien, 1947 zur kroat. Teilrepublik Jugoslawiens.

Zaddik [hebr. »gerecht, Gerechter«], im Judentum urspr. der wahrhaft Fromme, dann Lehrer und Meister im Chassidismus.

Zadek, Peter, *Berlin 19. 5. 1926, dt. Regisseur. 1933 Emigration mit den Eltern nach Großbrit.; in London 1957 erste Regietätigkeit (UA von J. Genets »Der Balkon«); 1958 Übersiedlung in die BR Deutschland. Z. gehört zu den Regisseuren, die das dt. Theater seit Ende der 1960er Jahre auf internat. Niveau geprägt haben; 1963–67 Schauspieldirektor am Bremer Theater; 1972 bis 1977 Intendant am Schauspielhaus Bochum, 1985–89 Intendant am Dt. Schauspielhaus in Hamburg; seit 1990 als (freier) Regisseur u. a. am Wiener Akademietheater, 1991–94 beim Berliner Ensemble.

Peter Zadek

Entwicklung des Buchstabens Z

Z Semitisch	Zz Renaissance-Antiqua
Z Griechisch	ℬ Fraktur
Z Unziale	Zz Klassizistische Antiqua
Zz Textur	

Zählrohr

Zadkine, Ossip [frz. zad'kin], *Smolensk 14. 7. 1890, † Paris 25. 11. 1967, frz. Bildhauer russ. Herkunft. Verwendet kubist. Elemente für expressive Ausdrucksgebärden; Mahnmal »Die zerstörte Stadt« für Rotterdam (1953).

Zagreb [serbokroat. ˌzaːgrɛb] (früher dt. Agram), Hauptstadt Kroatiens, an der oberen Save, 704 000 E. Univ., Museen, Gemäldegalerien, Glyptothek, Nationaltheater, Oper u. a. Theater, Filmstudios, botan. Garten, Zoo. Zahlr. Ind.-Betriebe; internat. Messe. Stephansdom (13.–15. Jh.) mit neugot. Türmen, got. Markuskirche (14./15. Jh.), barocke Katharinenkirche (17./18. Jh.). – Im 13./14. Jh. Verwaltungszentrum und seit Ende des 17. Jh. kultureller Mittelpunkt Kroatiens; zunächst Hauptstadt des Kgr. Kroatien (1718 bis 1918); ab 1945/46 der Teilrepublik Kroatien, ab 1992 der unabhängigen Republik Kroatien. – Abb. S. 3894.

Zagrosgebirge (Sagros), Faltengebirgssystem im westl. Iran, bis 4 548 m hoch.

Zähigkeit, svw. ↑Viskosität.

Zahl, einer der Grundbegriffe der Mathematik; man unterscheidet u. a. die ↑natürlichen Zahlen, die ↑ganzen Zahlen, die ↑rationalen Zahlen, die ↑irrationalen Zahlen, die ↑reellen Zahlen und die ↑komplexen Zahlen.

Zahlendarstellung, die Darstellung (Schreibweise) einer Zahl mit Hilfe bestimmter Zahlzeichen (z. B. der arab. Ziffern 0, 1, 2, 3, ..., 9) nach vereinbarten Regeln.

Zahlenebene ↑Gaußsche Zahlenebene.

Zahlenlotto ↑Lotterie.

Zahlensymbolik, Lehre von den Bedeutungen der natürl. Zahlen über ihren Zählwert hinaus (z. B. 3 als Symbol der Vollkommenheit). Die Z. läßt sich bis in die babylonisch-sumer. und ägypt. Kultur zurückverfolgen.

Zahlensystem, die Gesamtheit der zur Darstellung einer Zahl verwendeten Zahlzeichen (Ziffern) und Regeln für deren Zusammensetzung. Das heute allgemein verwendete Zahlensystem ist das ↑Dezimalsystem. In der elektron. Datenverarbeitung wird das ↑Dualsystem benutzt.

Zahlentheorie, Teilgebiet der Mathematik, das sich mit der Struktur, der Darstellung von Zahlen und deren Beziehungen untereinander befaßt.

Zähler, 1) *Kern- und Elementarteilchenphysik:* jede Vorrichtung, mit der sich Teilchen registrieren lassen bzw. sich die Stärke einer ionisierenden Strahlung messen läßt.

2) *Mathematik:* ↑Bruch.

3) *Technik:* meist mechan., elektromechan. oder elektron. Vorrichtung, die automat. Stückzahlen, Durchflußmengen, Längen oder andere Größen durch Zählen einzelner Einheiten ermittelt und das Ergebnis anzeigt.

Zählmaße (Stückmaße), **1)** *Chemie:* ↑Mol.

2) *Meßwesen:* Bez. für Mengenmaße, die durch eine bestimmte Stückzahl gegeben sind, z. B. Dutzend (12 Stück), Mandel (15 bzw. 16 Stück) und Schock (60 Stück).

Zählrohr, kernphysikal. Gerät zur Zählung ionisierender Quanten oder Teilchen (Elektronen, Ionen) und zur Strahlenschutzüberwachung.

Ossip Zadkine. Mahnmal »Die zerstörte Stadt« (1953; Rotterdam)

Zagreb Stadtwappen

Zahlungsbilanz

Zagreb mit dem Stephansdom

Zahlungsbilanz, zusammengefaßte Gegenüberstellung der Werte aller Transaktionen zw. Inländern und Ausländern in einer Periode. In der Z. sind mehrere Teilbilanzen zusammengefaßt *(konsolidiert);* die Z. selber ist definitionsgemäß stets ausgeglichen; Salden treten nur in den Teilbilanzen auf. Die Teilbilanzen: 1. *Handelsbilanz:* Warenexporte (Aktiva) und Warenimporte (Passiva); 2. *Dienstleistungsbilanz:* Exporte und Importe von Dienstleistungen (Reiseverkehr, Transportleistungen, Lizenzen, Patente u. a.); 3. *Übertragungsbilanz:* Gegenüberstellung der empfangenen (Aktiva) und der geleisteten Übertragungen (Passiva) ohne Gegenleistung (Entwicklungshilfe, Geldüberweisungen von Gastarbeitnehmern u. a.); 4. *Kapitalbilanz (Kapitalverkehrsbilanz):* Gegenüberstellung der lang- und kurzfristigen Forderungen des Auslands (Aktiva) und derjenigen des Inlands (Passiva); 5. *Devisenbilanz:* Gegenüberstellung der Devisenzu- und -abgänge der Dt. Bundesbank sowie der Veränderungen des Goldbestands. Die Handels-, Dienstleistungs- und Übertragungsbilanz werden zusammengefaßt zur *Leistungsbilanz.*
Zahlungsbilanzgleichgewicht ↑außenwirtschaftliches Gleichgewicht.

Zahlungsmittel, Geldzeichen (↑Geld) und geldgleiche Forderungsrechte, die zum Ausgleich für erhaltene Leistungen verwendet werden. – Die Z. entwickelten sich mit fortschreitender Differenzierung und Intensivierung des wirtschaftl. Austausches zu immer größerer Bequemlichkeit ihrer Handhabung. Mit dem Ausbau differenzierterer Geldsysteme (im Hl. Röm. Reich seit Ende des 15. Jh.) kam es zur Unterscheidung von Z. mit unbeschränkter und solchen mit beschränkter gesetzl. Zahlungskraft (↑Kurant, Währungsmünzen, Handelsmünzen, Scheidemünzen; ↑Münzen). Wichtiger Einschnitt in neuerer Zeit war die Einführung des bargeldlosen Zahlungsverkehrs.
Zahlungsunfähigkeit (Insolvenz), das Unvermögen, seine fälligen Geldverpflichtungen zu erfüllen; Grund für Konkurs- oder Vergleichsverfahren.
Zahlwort, svw. ↑Numerale.
Zahlzeichen, svw. ↑Ziffer.
Zahmer Kaiser ↑Kaisergebirge.
Zahnarme (Edentata), Ordnung sehr primitiver Säugetiere in S- bis N-Amerika; Zähne entweder vollständig fehlend (Ameisenbären) oder bis auf wenige rückgebildete (Faultiere), lediglich bei Gürteltieren in großer Anzahl vorhanden, aber sehr klein.

Zähne

Zahnarzt, Berufs-Bez. für Personen, die während eines mindestens zehnsemestrigen Hochschulstudiums mit Erfolg die naturwiss. und zahnärztl. Vorprüfung und zahnärztl. Prüfung abgelegt haben.

Zahnbohrer (Dentalbohrer), zahnärztl. Instrument (Bohrmaschine) aus hochwertigem Stahl (Bohrkrone häufig mit Diamantsplittern besetzt) v. a. zur Entfernung erkrankten Zahngewebes bei Karies bzw. zur Präparation von Kavitäten für Zahnfüllungen. – Um 1875 wurden elektr. Z. eingeführt; seit Ende der 1950er Jahre gibt es die durch ↑Zahnturbinen in Rotation versetzten Turbinenbohrmaschinen.

Zähne (Dentes; Einz.: Dens), in der Mundhöhle der meisten Wirbeltiere und des Menschen vorhandene harte Gebilde, die in ihrer Gesamtheit das Gebiß bilden. Sie dienen dem Ergreifen, Anschneiden, Zerreißen und Zermahlen der Nahrung. Das Gebiß kann spezialisiert sein auf das ausschließl. Ergreifen der Beute (*Greifgebiß;* z. B. bei Robben), das Abrupfen der Nahrung (*Rupfgebiß;* z. B. bei Kühen), Nagen (*Nagegebiß;* z. B. bei Nagetieren), Quetschen (*Quetschgebiß;* z. B. bei Flußpferden), Knochenbrechen, Schneiden und Reißen (*Scherengebiß, Brechscherengebiß;* bei Raubtieren), Zerkauen der Nahrung (*Kaugebiß;* z. B. beim Menschen). Verschiedene wirbellose Tiere und viele Knochenfische haben zahnartige Hartgebilde im Schlund *(Schlundzähne).*

Äußerlich gliedern sich die Z. in die aus dem Zahnfleisch ragende *Zahnkrone* (Krone), den im Zahnfleisch sitzenden *Zahnhals* und die im *Zahnfach* (Alveole) des Kieferknochens verankerte *Zahnwurzel.* An der Wurzelspitze liegt die Öffnung zum Wurzelkanal, in dem Gefäße und Nerven zur *Zahnhöhle* verlaufen, um dort zus. mit lockerem Bindegewebe und Zahnbeinzellen die *Zahnpulpa* (Pulpa, Zahnmark; umgangssprachl. »Zahnnerv«) zu bilden. Der Kern des Zahns besteht aus lebendem, knochenähnl. *Zahnbein* (Dentin). Die Wurzel ist außen von einer dünnen Schicht geflechtartiger Knochensubstanz, dem *Zahnzement,* umgeben, von dem aus Kollagenfasern der bindegewebigen, gefäß- und nervenreichen *Wurzelhaut* zum Zahnfach des Kiefers ziehen

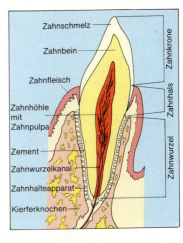

Zähne. Bau und Verankerung eines menschlichen Schneidezahns

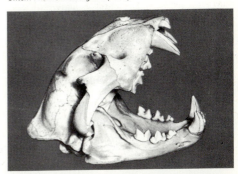

Zähne von Tieren. Oben: Raubtiergebiß (Löwe) ♦ Unten: Pflanzenfressergebiß (Pferd)

Zahnersatz

Zahnrad.
Oben: innenverzahntes Schrägzahnrad ♦
Unten: Schnecke und Schneckenrad

und den Zahnhalteapparat bilden. Die Krone ist von *Zahnschmelz* (Schmelz, Zahnemail), der härtesten Substanz des Körpers überhaupt, dünn überzogen.
Die *Zähne des Menschen* bilden in Ober- und Unterkiefer je einen Zahnbogen. In jeder Hälfte liegen vorn zwei Schneidezähne, ein Eckzahn, zwei Vorbackenzähne und drei Backenzähne, insgesamt also 32 Zähne im bleibenden Gebiß. Dem Milchgebiß fehlen die Backenzähne, so daß es nur aus 20 Zähnen besteht. Die *Schneidezähne* (Inzisivi) besitzen eine scharfe Schneidkante zum Abbeißen der Nahrung und haben nur eine Wurzel. Die *Eckzähne* (Kanini) sind durch eine sehr lange Wurzel im Kiefer verankert und meist vorn zugespitzt. Die *Vorbackenzähne* (Vormahlzähne, Prämolaren) zerkleinern die Nahrung mit ihrer beim Menschen zweihöckrigen Krone. Die unteren sind mit einer, die oberen mit zwei Wurzeln im Kiefer befestigt. Die *Backenzähne* (Mahlzähne, Molaren) zermahlen mit ihrer beim Menschen vierhöckrigen Krone die Nahrung. Die oberen Mahlzähne haben drei, die unteren zwei Wurzeln. Spitzhöckerige Vorbacken- oder Backenzähne, die bei Raubtieren dem Zerteilen der Beute dienen, nennt man *Reißzähne*. Die hintersten (dritten) Backenzähne *(Weisheitszähne)* des Menschen werden erst im 4. oder 5. Lebensjahr angelegt. Ihr Durchbruch (der auch ausbleiben kann) erfolgt nach dem 16. Lebensjahr.
Die meisten Säuger bekommen zweimal Zähne. Zuerst erscheint das noch unvollständige *Milchgebiß*. Zum *Zahnwechsel* werden die relativ kleinen Milchzähne von der Wurzel her abgebaut, während darunter die Z. des bleibenden Gebisses heranwachsen.
Zahnersatz, Wiederherstellung der geschlossenen Zahnreihe und damit der ursprüngl. Kaufähigkeit durch Einsetzen künstl. Zahnkronen (Jacketkronen aus Porzellan, Mantelkronen aus Kunststoff, Vollgußkronen aus Dentalgold oder anderen Dentallegierungen [als Verblendkrone mit einer keram. oder Kunststoffmasse überzogen]), Brücken oder einer Zahnprothese.
Zahnfleisch, an Blut- und Lymphgefäßen bes. reicher, drüsenloser Teil der Mundschleimhaut, der die Knochenränder der Kiefer überzieht und sich eng dem Zahnhals der Zähne anlegt.
Zahnfleischentzündung (Gingivitis, Ulitis, Parodontitis superficialis), akute oder chron., exsudative, nekrotisierende Entzündung des Zahnfleischs, die immer nur im Bereich und in der näheren Umgebung noch vorhandener Zähne auftritt.
Zahnheilkunde (Zahnmedizin, Odontologie, Odontiatrie), die wiss. Lehre vom Bau, von der Funktion und den Krankheiten des Gebisses (Zähne, Zahnhalteapparat, Zahnfleisch und Kiefer).
Zahnimplantation, Verfahren zur Wiederherstellung der Kaufunktion durch Einpflanzung von nadelförmigen, zahnwurzelähnl., schrauben- oder blattförmigen Fremdkörpern aus keram. Masse (z. B. Aluminiumoxidkeramik), Metallen (Titan, Tantal) oder Kombinationen aus beiden in den Kieferknochen oder Einfügung eines Edelstahlgerüsts zw. Kieferknochen und Knochenhaut. Angewendet wird die Z. v. a. bei Einzelzahnverlust in einer sonst geschlossenen Zahnreihe oder als Verankerungshilfe bei totalem Zahnersatz.
Zahnkaries […i-ɔs] (Karies, Zahnfäule, Zahnfraß), Erkrankung der Zähne, bei der es durch äußere Einflüsse zur Zerstörung des Zahnhartgewebes kommt. Durch Vergärung kohlenhydrathaltiger Speisereste (v. a. Monosaccharide), die an den Zähnen haften, kommt es zur Ansäuerung des Milieus und dadurch zur Herauslösung anorgan. Salze aus dem Zahnhartgewebe. In das aufgelockerte Hartgewebe können Bakterien einwandern, die das organ. Stützgewebe des Zahnes angreifen. Die Z. beginnt an der Zahnoberfläche, aber auch am freiliegenden Zahnzement des Zahnhalses, greift auf das Zahnbein über und führt zur Infektion, Entzündung und Vernichtung des Zahnmarks. Die Z. beginnt v. a. an Stellen mit Zahnbelag *(Plaque),* bes. an Einsenkungen, seitl. Berührungsflächen der Zähne, Schmelz-Zahnfleischrand-Übergang am Zahnhals. Sie erzeugt anfangs undurchsichtige, »kreidige« Flecke am Zahnschmelz, später bewirkt sie eine Aufrauhung der Zahnoberfläche. Nach der Zerstörung der Schmelzwand entstehen braun pigmentierte Höhlen im Zahn-

bein. In diesem Stadium kommt es bei Reizung durch Kälte, Wärme oder süße Speisen zu ziehenden, jedoch rasch vorübergehenden Schmerzen. Die Behandlung der Z. besteht in der Entfernung des erkrankten Zahngewebes mit anschließender Zahnfüllung.

Zahnkarpfen (Zahnkärpflinge, Cyprinodontoidei), artenreiche, v. a. in Süßgewässern, in Salinen oder warmen Quellen der Tropen und Subtropen verbreitete Unterordnung der Knochenfische, von denen einige Arten in die gemäßigten Regionen vorgedrungen sind; meist kleine Tiere von hecht- bis karpfenähnliche Gestalt, z. T. prächtig gefärbt.

Zahnmedizin, svw. ↑Zahnheilkunde.

Zahnrad, Maschinenelement zur Übertragung von Drehbewegungen bzw. Drehmomenten zw. zwei Wellen. Von der Lage der beiden Wellen hängt die Grundform der verwendeten Zahnräder ab. So benutzt man z. B. für parallellaufende Wellen Stirnräder, deren Grundform zylindrisch ist. Am häufigsten werden dabei Räder mit *Geradverzahnung* benutzt. Bei der *Schrägverzahnung* erzeugen die miteinander »kämmenden« Zahnräder in Längsrichtung der Wellen einen Schub; nur bei der *Pfeilverzahnung* hebt sich der axiale Schub auf. Kegelräder werden für Wellen, deren Mittellinien sich schneiden, verwendet, Schrauben- und Schneckenräder bei sich kreuzenden Wellen. Das häufigste Zahnprofil bei Kegelrädern mit *Bogenverzahnung* hat die Form einer Kreisevolvente (sog. *Evolventenverzahnung*).

Zahnradbahn, Schienenfahrzeug mit Antrieb durch Abwälzen eines oder mehrerer angetriebener Zahnräder auf einer in der Gleismitte angeordneten Zahnstange. Z. werden bis zu einer Steigung von 25 % gebaut.

Zahnschnitt, in der *antiken Baukunst* zunächst funktionelles, dann ornamentales Gesimsglied des griech. Tempels ion. Ordnung; in der *Romanik* als *Zahnfries (Dt. Band)* in übereinandergestaffelter Reihung rechteckiger Steine verwendet.

Zahnspinner (Notodontidae), mit über 2 000 Arten weltweit verbreitete Fam. meist mittelgroßer Schmetterlinge (darunter rd. 35 Arten einheimisch; z. B. Gabelschwänze).

Zaiditen

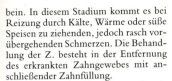

Zahnspinner.
Großer Gabelschwanz

Zahnstein, Zahnkaries, Zahnfleischentzündung und Parodontitis begünstigende, grauweiße bis dunkelbraune, harte Ablagerung aus Kalksalzen und organ. Stoffen auf den Zähnen, bes. im Bereich der Speicheldrüsenausführungsgänge.

Zahnturbine (Dentalturbine), nach dem Prinzip der Freistrahlturbine (↑Pelton-Turbine) arbeitende, preßluftgetriebene (2 bar), sehr kleine Turbine (Läuferdurchmesser etwa 7 mm) mit 350 000–550 000 Umdrehungen pro Minute zum Antrieb von Zahnbohrern.

Zahnwale (Odontoceti), vielgestaltige Unterordnung der Wale mit rd. 80 Arten von etwa 1–18 m Länge (♂ größer als ♀); überwiegend im Meer, nahezu weltweit verbreitet, einige Arten im Süßwasser (↑Flußdelphine); Schädel asymmetrisch; Nasenlöcher zu einer unpaaren Öffnung verschmolzen; Zähne meist stark vermehrt, von gleichartig kegelförmiger Gestalt (u. a. Delphine, Gründelwale, Pottwale).

Zähringer, bed. schwäb. Adelsfamilie des MA, ben. nach ihrer Burg nö. von Freiburg im Breisgau; Städtegründungen; besaßen in der 2. Hälfte des 11. Jh. die Hzgt. Kärnten und Schwaben; 1218 im Mannesstamm ausgestorben; Nebenlinien: u. a. Markgrafen von Baden.

Zährte (Rußnase, Blaunase, Näsling), meist 20–30 cm langer, schlanker Karpfenfisch; Körper langgestreckt; Färbung grau mit helleren Körperseiten, zur Laichzeit schwarz mit orangefarbener Bauchseite; Schnauze nasenartig verlängert; Speisefisch.

Zaiditen [zaiˈdiːtən] (Saiditen), Anhänger einer schiit.-islam. Sekte, die sich um Zaid ibn Ali als 5. Imam bildete (daher »Fünfer-Schia«), der 740 im Aufstand gegen die Omaijaden fiel; bis

Zährte
(Länge bis 40 cm)

Zaire

heute die stärkste religiöse Gruppe im Jemen, dessen Nordteil bis 1962 von zaidit. Imamen beherrscht wurde.
Zaire [zaˈiːr(ə)] ↑Kongo (Fluß).

Staatsflagge

Staatswappen

Zaire

Fläche:	2 345 409 km²
Einwohner:	39,882 Mio.
Hauptstadt:	Kinshasa
Amtssprache:	Französisch
Nationalfeiertag:	30. 6.
Währung:	1 Neuer Zaïre (NZ) = 100 Makuta (K)
Zeitzone:	MEZ + 1 Std.

1970 1991   1970 1991
Bevölkerung Bruttosozial-
(in Mio.)   produkt je E
             (in US-$)

Bevölkerungsverteilung 1992

Bruttoinlandsprodukt 1991

Zaire [zaˈiːr(ə)] (franz. Zaïre), Staat in Afrika, grenzt im N an die Zentralafrikan. Republik, im NO an Sudan, im O an Uganda, Ruanda, Burundi und Tansania, im SO an Sambia, im S und SW an Angola, im äußersten W an den Atlantik und an Cabinda und im W an Kongo. **Staat und Recht:** Präsidialrepublik; *Verfassung* von 1978 (seit 1992 durch eine Übergangscharta ersetzt, die jedoch vom Präs. nicht ratifiziert wurde). *Staatsoberhaupt* und Chef der *Exekutive* ist der Präs., er wird auf 7 Jahre gewählt. Bis 1990 waren alle *Parteien* außer der Regierungspartei Mouvement Populaire de la Révolution (MPR) verboten. **Landesnatur:** Z. nimmt den größten Teil des Kongobeckens ein sowie Teile seiner Begrenzung im O (Zentralafrikan. Graben mit dem Grenzberg Margherita 5 109 m hoch) und SO (Lundaschwelle). Im W reicht Z. auf die Niederguineaschwelle hinauf. Wichtigste Achse des Landes ist der Kongo. Z. hat trop. Klima mit weitgehend immergrünem Regenwald.
Bevölkerung: Rd. 90 % der Bevölkerung sind Bantu, 10 % Sudanneger, 1 % Niloten, etwa 100 000 Pygmäen. 94 % der E sind Christen, die übrigen meist Anhänger traditioneller Religionen.
Wirtschaft, Verkehr: Der größte Teil der Bev. lebt von der Landwirtschaft. Vorherrschend ist Wanderhackbau mit Brandrodung. Angebaut werden Mais, Reis, Hirse, Maniok u. a. Grundnahrungsmittel, exportiert werden Palmöl, Kaffee, Tabak. Bed. Bergbau auf Kupfer, Zink, Silber, Kobalt, Cadmium, Uran und Radium. In großer Menge werden Ind.-Diamanten gewonnen. Erdöl wird seit 1975 gefördert. Ind.-Betriebe finden sich v. a. im Bergbaugebiet Shaba sowie in Kinshasa, Kisangani, Bukavu und Kalémie. Das Eisenbahnnetz hat eine Länge von 4 750 km, das Straßennetz von 145 000 km (davon 20 700 km asphaltiert). Bed. Schiffahrt auf Flußabschnitten und Seen. Internat. ✈ bei Kinshasa, Lubumbashi, Kisangani und Bukavu.
Geschichte: 1482 Entdeckung durch Portugiesen. Im 19. Jh. erforschte D. Livingstone die östl. Regionen, den Kongo befuhr erstmals H. M. Stanley; von Gabun her drang P. Savorgnan de Brazza in das Kongobecken vor. Stanley erwarb 1881–85 für Leopold II. von Belgien weite Teile des Kongobeckens durch Protektoratsverträge; dieser *Unabhängige Kongostaat* wurde dem belg. König auf der internat. Kongokonferenz in Berlin (1884/85) als persönl. Besitz bestätigt; 1908 mußte er ihn dem belg. Staat übertragen. Als die seit 1955 entstandenen polit. Parteien die sofortige Unabhängigkeit ihres Landes forderten, entließ Belgien seine Kolonien überstürzt in eine unvorbereitete Unabhängigkeit: Am 30. 6. 1960 wurde die *Demokratische Republik Kongo* ausgerufen, bis 1966 auch *Kongo (Léopoldville)*, 1966–71 *Kongo (Kinshasa)* genannt. J. Kasawubu übernahm das Amt des Staats-Präs., P. E. Lumumba das des Ministerpräsidenten. Es kam zur *Kongokrise;* die Prov. Katanga (heute Shaba) machte sich unter Führung des Prov.-Gouverneurs M. K. Tschombé selbständig. In der Armee übernahm S. S. Mobutu die Führung; er ließ Lumumba im Sept. 1960 verhaften und nach Katanga abschieben; dabei wurde Lumumba auf bis heute nicht geklärte Weise umgebracht. 1962 beendeten die UN gewalt-

sam den Abfall Katangas und der rebell. Ost-Prov., wobei UN-Generalsekretär D. Hammarskjöld ums Leben kam. 1965 wurden Wahlen abgehalten, die die Sammlungsbewegung Tschombés gewann. Tschombé wurde jedoch von Kasawubu im Okt. 1965 entlassen. Mobutu übernahm daraufhin mit der Armee die Macht, hob die Verfassung auf und ernannte sich zum Präsidenten. Einzige Partei wurde der Mouvement Populaire de la Révolution (MPR). Zu Beginn der 1970er Jahre leitete er eine Afrikanisierungspolitik ein (teilweise Verstaatlichung der ausländ. Konzerne). Von Angola aus kam es im März 1977 zu einer nach schweren Kämpfen zurückgeschlagenen Invasion in die Prov. Shaba durch Truppen des Kongoles. Nat. Befreiungsfront, deren Kern die früheren »Katanga-Gendarmen« Tschombés bildeten. Eine erneute Invasion in Shaba im Mai 1978 wurde durch das Eingreifen frz. Fallschirmjäger beendet. Hinhaltende Demokratisierungsversprechen und im Zuge der Entspannung des Ost-West-Verhältnisses wie der Auflösung des Apartheid-Regimes wachsende wirtschaftl. Probleme führten seit 1991 zu einem jahrelangen Machtkampf zw. Präs. Mobutu und der Opposition. Die nach der Aufhebung der Einparteienherrschaft (April 1990) einberufene Nationalkonferenz zur Demokratisierung des Landes nahm im Aug. 1991 unter Vors. von Erzbischof L. Monsengwo als Übergangsparlament ihre Arbeit auf; zunächst von Mobutu geduldet, erließ sie bis zu ihrer Selbstauflösung im Dez. 1992 eine Übergangscharta, bestimmte einen Hohen Rat der Republik (Haut Conseil de la République) als Nachfolgeorgan und wählte im Aug. 1992 einen früheren Weggefährten Mobutus, E. Tshisekedi, zum Ministerpräsidenten. Im seither andauernden Machtkampf, in dem sich zwischenzeitlich zwei Regierungen und zwei Parlamente gegenüberstanden, verweigerte Mobutu, gestützt auf das Militär, das zahlr. Unruhen blutig niederschlug, seinen Rücktritt.

Zakat [arab. »Gerechtigkeit, Almosen«], Almosenabgabe der Muslime, eine der fünf Grundpflichten im Islam; schon zu Lebzeiten Mohammeds als Steuer eingezogen.

Zakopane [poln. zakɔ'panɛ], poln. Stadt am N-Fuß der Hohen Tatra, 30 000 E. Tatra-Museum; heilklimat. Kurort, Wintersport.

Zakynthos ↑Sakinthos.

Zama (Zama Regia), antike Stadt (wohl bei Maktar [N-Tunesien]). Hier wurde Hannibal 202 v. Chr. im 2. Pun. Krieg durch Scipio Africanus d. Ä. besiegt.

Zambo ['sambo; span.], männl. Mischling mit negridem und indianidem Elternteil. Der entsprechende weibl. Mischling heißt **Zamba**.

Zamenhof, Ludwik [poln. 'zamɛŋxɔf], *Białystok 15. 12. 1859, † Warschau 14. 4. 1917, poln. Augenarzt; Erfinder des Esperanto.

Zamora [span. θa'mora], span. Prov.-Hauptstadt am Duero, 60 500 E. Kunstmuseum, Museum der Karwoche; bed. Kirchen, u. a. Kathedrale (1135–71), Iglesia de la Magdalena (um 1200), Santo Tomé (12. Jh.); bed. Klöster und Profanbauten; Stadttore (11. und 12. Jh.). – 712–748 und 998–1002 unter arab. Herrschaft; kam 1073 an Kastilien und León.

Zampieri, Domenico ↑Domenichino.

Zande, großes Volk der Sudaniden im nördlichen Zaire, in der Zentralafrikanischen Republik und im SW der Republik Sudan.

Zander (Hechtbarsch, Schill), meist 40–50 cm langer, schlanker, räuberisch lebender Barsch in Süß- und Brackgewässern M-, N- und O-Europas sowie W-Asiens; Rückenflosse in Vorder- und Hinterflosse aufgeteilt; graugrün mit meist dunklen Querbinden; Speisefisch.

Zandvoort [niederl. 'zantfo:rt], niederl. Nordseebad bei Haarlem, 15 800 E. Grand-Prix-Autorennstrecke.

Zange, Werkzeug zum Greifen, Festhalten, Bewegen und Bearbeiten von Werkstücken u. a.; die Form ist dem jeweiligen Verwendungszweck angepaßt

Zander (Länge bis 1 m)

Zangenstromwandler

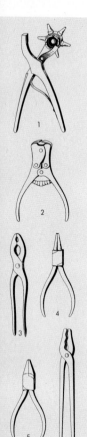

Zange.
1 Revolverlochzange;
2 Hebelvorschneider;
3 Gasrohrzange;
4 Rundzange; 5 Flachzange; 6 Schmiedezange

(z. B. seitl. Schneiden zum Durchtrennen dünner Drähte beim *Seitenschneider*). In der *Medizin* und *Zahnmedizin* bei Operationen, in der Diagnostik und im Laboratorium eingesetzte Instrumente mit je nach dem Verwendungszweck spezieller Formgebung.

Zangenstromwandler ↑elektrische Meßgeräte.

Zanskar (Zaskar), rd. 200 km lange Talschaft im Himalaya, im ind. Unionsstaat Jammu and Kashmir, zw. 3000 und 4000 m ü. M., als Bezirk des Distrikts Ladakh etwa 7000 E, Hauptort Padam.

Zanussi, Krzystof [poln. za'nuci], * Warschau 17. 6. 1939, poln. Filmregisseur. Internat. bekannter Vertreter des poln. Films, u. a. »Die Struktur des Kristalls« (1969), »Illumination« (1973), »Spirale« (1978), »Imperativ« (1982), »Paradigma« (1985), »Wo immer du bist« (1988), »Bestandsaufnahme« (1989); auch Theaterregisseur.

Zapata, Emiliano [span. sa'pata], * Anenecuilco (Morelos) 1883, † Cuernavaca (S-Mexiko) 10. 4. 1919 (ermordet), mex. Revolutionär. Dank seiner Popularität unter den Bauern wurde er in der mex. Revolution seit 1906 die führende Persönlichkeit der Aufständischen im S (»Zapatistas«).

Zäpfchen, 1) *Anatomie:* ↑Gaumen.
2) *Pharmazie:* Arzneiform, ↑Suppositorien.

Zapfen, 1) *Anatomie:* (Sehzapfen) ↑Auge.
2) *Bautechnik:* meist zylinder- oder kegelstumpfförmiges Bauelement, das als Verbindungs-, Befestigungs- oder Gelenkteil dient.
3) *Botanik:* ↑Blütenstand.

Zapfenstreich, urspr. musikal. Signal, auf das hin in Soldatenlagern die Schankfässer geschlossen wurden; heute allg. Bez. für das Ende der Ausgehzeit. Der *Große Z.* ist eine Zusammenstellung der Z. mehrerer Heeresgattungen, denen ein geistl. Lied und die Nationalhymne angeschlossen wurde; wird bei bes. Gelegenheiten gespielt.

Zapfwelle, vom Motor eines Fahrzeugs angetriebene Welle, die den Antrieb von angehängten oder angebauten Geräten erlaubt.

Zapolska, Gabriela [poln. za'pɔlska], eigtl. Maria Korwin-Piotrowska, Pseud. Józef Maskoff, * Podhajce (heute Podgaizy, Ukraine) 30. 3. 1857, † Lemberg 17. 12. 1921, poln. Schriftstellerin. Schauspielerin; schrieb naturalist. Romane (u. a. »Wovon man nicht spricht«, 1909) und Dramen (u. a. »Die Moral der Frau Dulska«, 1907).

Zapoteken, Indianervolk im mex. Staat Oaxaca. In vorspan. Zeit hatte der Oberpriester (auch oberster Richter) eine größere Macht als der König. An der Spitze des zapotek. Pantheons stand der Regengott. Archäologisch wichtig ist die Tempelstätte ↑Monte Albán; Blütezeit etwa 500–800.

Zappa, Frank [engl. 'zæpə], * Baltimore 21. 12. 1940, † Los Angeles (Calif.) 4. 12. 1993, amerikan. Rockmusiker (Gitarre). Vertreter des Rock-Underground; gründete 1964 die Gruppe »The Mothers of Invention«.

Zar [lat.-slaw.], offizieller Titel des Monarchen in Rußland 1547–1917 und in Bulgarien 1908–46; *Zarewitsch* war bis 1718 der offizielle Titel jedes Zarensohns, *Zesarewitsch* ab 1797 der Titel des russ. Thronfolgers. Die Zarin wurde *Zariza,* die Zarentochter *Zarewna* genannt.

Zaragoza [zaraˈɣɔsa, span. θaraˈɣoθa] (Saragossa), span. Prov.-Hauptstadt am Ebro, 622000 E. Univ., Kunstmuseum; bed. Ind.-Standort.

Stadtbild: Reste der röm. Stadtmauer (2. Jh. n. Chr.); zwei Kathedralen: fünfschiffige got. Kathedrale La Seo (1119 bis 1520 an der Stelle einer Moschee; 1546–59 verändert), Wallfahrtskirche Nuestra Señora del Pilar (17. und 18. Jh.); roman.-got. Kirche San Pablo (um 1259) mit Turm im Mudejarstil (14. Jh.); Börse (1541–51); aus arab. Zeit stammendes Kastell Aljafería.

Geschichte: Bei einem iber. Oppidum wurde unter Augustus die röm. Veteranenkolonie *Caesaraugusta* gegründet; wohl um 250 Bischofssitz (1318 Erzbischofssitz); nach der Reconquista ab 1118 Hauptstadt Aragoniens; 1808/09 Verteidigung gegen frz. Truppen.

Zarathustra (Zoroaster), * vermutlich in Rhagai (heute zu Teheran) um 628 v. Chr., † um 551 v. Chr., altiran. Prophet und Begründer des ↑Parsismus. Wahrscheinlich wirkte er um 600 v. Chr. in Ostiran. Z. verkündete einen Dualismus, der in der Gegnerschaft des bösen Geistes Angra Manju gegen Ahura Masda, den guten Gott, begründet ist

Zapoteken. Maske eines Gottes; Jade, Höhe 26 cm (Mexiko, Museo Nacional de Antropología)

und den Menschen zur eth. Entscheidung herausfordert. Innerhalb des Avesta, der hl. Schrift des Parsismus, gehen wahrscheinlich die als »Gathas« bezeichneten Texte unmittelbar auf Z. zurück.

Zarge, 1) *Bauwesen:* Rahmenkonstruktion aus Holz oder Stahl, z. B. für Türen. 2) *Musikinstrumentenbau:* bei Saiteninstrumenten (z. B. Violine, Gitarre) und Trommeln die Seitenwand des Korpus, die Decke und Boden verbindet.

Zarizyn ↑Wolgograd.

Zarlino, Gioseffo, * Chioggia bei Venedig wahrscheinlich vor dem 22. 4. 1517, † Venedig 14. 2. 1590, italien. Musiktheoretiker und Komponist. Entwickelte eine systemat. Lehre des Kontrapunkts; historisch folgenreich wurde seine musiktheoret. Begründung der Dur-Moll-Tonalität.

Zarzuela [sarsu'e:la; span.], singspielartige Gattung des span. Musiktheaters.

Zäsur (Caesura) [lat.], 1) *allg.:* (gedankl.) Einschnitt. 2) *Verslehre:* ein durch das Wortende markierter syntakt. oder metr. Einschnitt, meist in längeren Versen oder Perioden. ↑Vers.

Zátopek, Emil [tschech. 'za:tɔpɛk], *Kopřivnice (Nordmähr. Gebiet) 19. 9. 1922, tschechischer Langstreckenläufer. Stellte zw. 1949 und 1955 18 Weltrekorde auf; gilt als der bedeutendste Langstreckenläufer nach P. Nurmi.

Zatta, Antonio, italien. Drucker des 18. Jh. Betrieb die bedeutendste Druckerei Venedigs; druckte u. a. die »Opere teatrali« von C. Goldoni (44 Bde., 1788–95) mit 400 Stichen.

Zauber, Begriff der Religions-Wiss. und Volkskunde zur Bez. mag. Handlungen bzw. Mittel, die v. a. den Schutz oder die Beförderung der eigenen Person und die Abwehr feindl. Macht (*Abwehrzauber*) oder eine Schadensübertragung erreichen sollen. Zu den Z.mitteln zählen Z.stab, Lied, Beschwörung, Z.formel und Z.kreis sowie Blick und Gestus des Zauberers.

Zaubernuß (Hamamelis), Gatt. der Z.gewächse mit acht Arten, verbreitet vom östl. N-Amerika bis Mexiko und in O-Asien; sommergrüne Sträucher oder kleine Bäume mit gelben, in Büscheln stehenden Blüten, die nach dem Blattfall im Herbst oder im Spätwinter erscheinen; wirtschaftlich wichtig ist die *Virgin. Zaubernuß,* deren Rindenextrakt Bestandteil von Arzneimitteln und Kosmetikpräparaten ist; z. T. Gartenziersträucher.

Zaubernußgewächse (Hamamelidaceae), Fam. der Zweikeimblättrigen mit über 100 Arten in 26 Gatt., v. a. in Ostasien.

Zaubersprüche, Beschwörungsformeln oder -verse, die mag. Wirkungen hervorbringen sollen (z. B. »*Merseburger Z.*«). Gehören zu den ältesten Zeugnissen der dt. Literatur.

Zaum (Zaumzeug), zum Lenken und Zügeln von Reit- und Zugtieren an deren Kopf angebrachte Vorrichtung. Beim Pferd unterscheidet man das meist aus Lederriemen gefertigte *Kopfgestell (Halfter)* und die *Trense.* Diese besteht aus einer zweigliedrigen Stahlstange mit Stahlringen an den äußeren Enden *(Trensengebiß)* zum Einschnallen in das Backenstück des Kopfgestells und zur Aufnahme der Zügel.

Zauner, Franz Anton von (seit 1807), *Unterfalpetan (Gem. Kaunerberg bei

Zauner

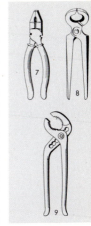

Zange. 7 Kombinationszange; 8 Beißzange; 9 Rohr- oder Wasserpumpenzange

Zaragoza Stadtwappen

Zaum. Schematische Darstellung und Bezeichnung der einzelnen Teile

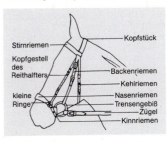

Frank Zappa

3901

Zaunkönige

Zaunkönige. Europäischer Zaunkönig

Zaunrübe. Rotbeerige Zaunrübe. Oben: Sproßteil ♦ Unten: Wurzel

Landeck) 5. 7. 1746, † Wien 3. 3. 1822, österr. Bildhauer. Vertreter des Frühklassizismus in der Nachfolge G. R. Donners; u. a. Brunnen im Ehrenhof von Schloß Schönbrunn (1775 ff.), Reiterdenkmal Josephs II. in Wien (1795–1807).
Zaunkönige (Troglodytidae), Fam. etwa 10–20 cm langer Singvögel mit rd. 60 Arten, v. a. in unterholzreichen Wäldern und Dickichten Amerikas (eine Art auch in Eurasien); einheimisch ist der *Europ. Zaunkönig,* rd. 10 cm lang; mit kurzem, bei Erregung steil aufgestelltem Schwanz.
Zaunrübe, Gatt. der Kürbisgewächse mit zehn Arten in Europa, im Mittelmeergebiet und in W-Asien; einheimisch sind die *Rotbeerige Z.* (Gichtrübe, Teufelsrübe; mit rankenden 2–3 m langen Sprossen, gelblichgrünen Blüten und scharlachroten Beerenfrüchten; an Wegrändern und Hecken) und die *Schwarzbeerige Z.* (Weiße Z.; bis 3 m hoch, mit grünlichweißen Blüten und schwarzen, giftigen Beerenfrüchten).
z. B., Abk. für **z**um **B**eispiel.
ZBF, Abk. für Zugbahnfunk.
z. d. A., Abk. für **z**u **d**en **A**kten.
ZDF, Abk. für ↑**Z**weites **D**eutsches **F**ernsehen.
Zebaoth (Sabaoth) [hebr. »Heerscharen«], im AT Bez. der göttl. Mächte, meist in Verbindung mit dem Gottesnamen.
Zebrafink, etwa 10 cm langer Singvogel im Grasland Australiens und der Kleinen Sundainseln; beliebter Stubenvogel.
Zebras [afrikan.-portugies., eigentlich »Wildesel«] (Tigerpferde), Gruppe wildlebender, auf weißl. bis hellbraunem Grund dunkel bis schwarz querstreifter Pferde mit vier Arten in Savannen Afrikas südl. der Sahara; meist in großen Herden lebende Unpaarhufer mit aufrechtstehender Nackenmähne. Außer dem ausgerotteten *Quagga* kennt man noch drei weitere (rezente) Arten: 1. *Berg-Z.:* in gebirgigen Gebieten S-Afrikas; kleinwüchsige (1,2–1,3 m schulterhoch); 2. *Grévy-Z.:* in Savannen Äthiopiens und O-Afrikas; 1,4–1,6 m Schulterhöhe; 3. *Steppen-Z.* (Pferdezebra): ebenso groß wie das Bergzebra; Unterart u. a. *Chapman-Z.* (Damarazebra, Wahlbergzebra): S- und SW-Afrika.

Zebroide [afrikan.-portugies./griech.], Bez. für Bastarde aus Kreuzungen zw. Zebras und Pferden *(Pferde-Z.),* Eseln *(Esel-Z.)* oder Halbeseln; i. d. R. unfruchtbar.
Zebu [frz.] ↑Rinder.
Zech, Paul, Pseud. Paul Robert, Timm Borah, *Briesen (heute Wąbrzeźno, Woiwodschaft Toruń) 19. 2. 1881, † Buenos Aires 7. 9. 1946, dt. Schriftsteller. Erhielt 1918 (zus. mit L. Frank) den Kleist-Preis; 1933 Emigration nach Argentinien. – *Werke:* Das schwarze Revier (Ged., 1913), Der schwarze Baal (Nov., 1917), Golgatha (Ged., 1920), Das trunkene Schiff (Dr., 1924), Kinder von Paraná (R., hg. 1952) Deutschland, dein Tänzer ist der Tod (R., hg. 1980).
Zeche, 1) *allg.:* im 15. Jh. entstandene Bez. für Wirtshausrechnung; **zechen,** svw. [in Gesellschaft] trinken.
2) *Bergbau:* svw. Bergwerk, Bergwerksanlage.
Zechine (italien. Zecchino), der Goldgulden Venedigs 1284–1802.
Zechstein, obere Abteilung des Perms (↑Geologie, Erdgeschichtliche Zeittafel).
Zecken (Ixodidae), mit zahlr. Arten weltweit verbreitete Gruppe mittelgroßer bis sehr großer Milben; flache, derbhäutige, an Reptilien und Warmblütern blutsaugende Ektoparasiten. Durch Z. können auf Mensch und Haustiere (bes. Rinder, Schafe) gefährl. Krankheiten übertragen werden.
Zeckenenzephalitis (Frühjahrs-Sommer-Enzephalitis), durch Zecken übertragene, virusbedingte Gehirnentzündung.
Zedenbal (Cedenbal, Tsedenbal), Jumschagiin, *im Verw.-Geb. Ubsa Nur 17. 9. 1916, † Moskau 24. 4. 1991, mongol. kommunist. Politiker. 1958–84 Erster Sekretär des ZK der Mongol. Revolutionären Volkspartei; 1952–74 Vors. des Min.-Rats; 1974–84 Staatsoberhaupt der Mongol. Volksrepublik.
Zedent [lat.], Gläubiger, der eine Forderung [an den Zessionar] abtritt (zediert).
Zeder [griech.-lat.], **1)** *Botanik:* Gatt. der Kieferngewächse mit vier Arten in den Gebirgen N-Afrikas und Vorderasiens; hohe, immergrüne Bäume, Nadeln 3–6 Jahre bleibend, Zapfen aufrecht, eiförmig bis zylindrisch; u. a. *Atlas-Z.,* bis 40 m hoch, in den Gebir-

gen N-Afrikas; *Himalaya-Z.*, bis 50 m hoch, im Himalaya; *Libanon-Z.* (Echte Z.), bis 40 m hoch, im östl. Kleinasien und im Libanon.
2) *Holzwirtschaft:* (Zedernholz) das fein strukturierte, hellrötl. bis graubraune, aromatisch duftende Holz von Arten der Gatt. Zeder.

Zedillo Ponce de Léon, Ernesto, *Mexiko 27.12.1951, mex. Politiker (PRI). 1988–92 Haushalts-, 1992/93 Bildungs-Min.; seit 1994 Staatspräsident.

Zedler, Johann Heinrich, *Breslau 7.1.1706, †Leipzig 1763, dt. Verleger. Gab u. a. mehrere umfangreiche Nachschlagewerke, darunter 1732–54 das nach ihm als »Der Zedler« zitierte »Große vollständige Universal-Lexicon aller Wissenschaften und Künste« (64 Bde., 4 Supplement-Bde.), heraus.

Zedrachbaum [pers./dt.], Gatt. der Zedrachgewächse mit rd. 10 Arten im subtrop. und trop. Asien und in Australien; sommergrüne oder halbimmergrüne Bäume oder Sträucher mit in großen, meist achselständigen Rispen stehenden Blüten.

Zedrachgewächse [pers./dt.] (Meliaceae), Fam. der Zweikeimblättrigen mit rd. 1400 Arten in rd. 50 Gatt., v. a. in den Tropen.

Zeeman, Pieter [niederl. 'ze:mən], *Zonnemaire 25.5.1865, † Amsterdam 9.10.1943, niederl. Physiker. Entdeckte 1896 die Aufspaltung der Spektrallinien von Atomen, die sich in einem Magnetfeld befinden (*Zeeman-Effekt*). Nobelpreis für Physik 1902 zus. mit H. A. Lorentz.

Zeffirelli, Franco, *Florenz 12.2.1923, ital. Regisseur. Internat. bekannter Opernregisseur; auch Verfilmung von Verdis Opern »La Traviata« (1982) und »Otello« (1985/86); drehte u. a. auch die Filme »Bruder Sonne, Schwester Mond« (1971), »Jesus von Nazareth« (1978), »Der Champ« (1979).

Zehen, urspr. in Fünfzahl vorhandene, bewegl., in kurze Röhrenknochen als Skelettelemente gegliederte Endabschnitte der Gliedmaßen der vierfüßigen Wirbeltiere; beim Menschen und den übrigen Primaten wird von Z. nur im Zusammenhang mit den unteren bzw. hinteren Extremitäten gesprochen.

Zehengänger (Digitigrada), Säugetiere, die im Unterschied zu den Sohlengängern mit der Ventralfläche ihrer Zehen auftreten, z. B. Hunde und Katzen.

Zehnerpotenz, eine Potenz mit der Basis 10, allg. Schreibweise: 10^n; für positive, ganzzahlige Exponenten n läßt sich 10^n als eine 1 mit n Nullen schreiben, z. B. $10^3 = 1000$, entsprechend 10^{-n} als Dezimalzahl 0,0...01, wobei die 1 an n-ter Stelle nach dem Komma steht, z. B. $10^{-3} = 0,001$.

Zehnersystem, svw. ↑Dezimalsystem.

Zehnfußkrebse (Dekapoden, Decapoda), weltweit verbreitete Ordnung der Höheren Krebse mit rd. 8500, bis etwa 60 cm langen Arten, vorwiegend im Meer; gliedern sich in die vier Unterordnungen Garnelen, Panzerkrebse, Mittelkrebse und Krabben.

Zehnkampf, Disziplin der Leichtathletik; ein Mehrkampf für Männer, der an zwei aufeinanderfolgenden Tagen bestritten wird. 1. Tag: 100-m-Lauf, Weitsprung, Kugelstoßen, Hochsprung, 400-m-Lauf. 2. Tag: 110-m-Hürdenlauf, Diskuswerfen, Stabhochsprung, Speerwerfen, 1500-m-Lauf.

Zehnt (Dezem), etwa seit dem 5. Jh. von der Kirche geforderte Abgabe (urspr. des 10. Teils vom Getreide, Vieh u. a.) an die Bischöfe zum Unterhalt des Klerus; kam ab dem 9. Jh. auch an die Grundherren; etwa seit dem 13. Jh. bis zur Bauernbefreiung auch als Geldleistung.

Zeichen, 1) *allg.:* jede sinnlich wahrnehmbare Gegebenheit (Gegenstand, Erscheinung, Vorgang, Handlung), die mit einem bestimmten, vereinbarten Bedeutungs- bzw. Informationsinhalt als Signal (z. B. die Verkehrszeichen) oder Symbol (z. B. die astronom. Zei-

Zeichen

Zebras. Grévyzebra

Zeder. Atlaszeder (hängender Zweig mit Zapfen)

Pieter Zeeman

3903

Zeichengeld

Zeisige. Erlenzeisig

chen) auftritt oder eine andere Gegebenheit (z. B. Phonem, physikal. Größe, mathemat. Variable, techn. Objekt) repräsentiert bzw. diese bezeichnet oder darstellt (z. B. Schrift-Z., Formel-Z., mathemat. Z. oder Schalt-Z.).
2) *Datenverarbeitung:* (engl. character) ein Element einer endl., als Z.vorrat bezeichneten Menge unterscheidbarer räuml. oder zeitl. Muster.

Zeichengeld (Repräsentativgeld), Bez. für alle Geldformen, für die der Materialwert belanglos bleibt, weil der Kredit der zuständigen öffentl. Hand ausreicht, unabhängig davon einen gesetzl. Zwangskurs zu sichern (häufigste Form: Papiergeld).

Zeichengerät, svw. ↑Plotter.

Zeichenleser, in der Datenverarbeitung verwendete Geräte, die sichtbare Zeichen (Strichmarkierungen beim sog. *Markierungsleser,* direkt lesbare [genormte] Schriftzeichen beim *Klarschriftleser*) »erkennen« und einer weiteren Verarbeitung zugänglich machen.

Zeichenrolle (nichtamtlich: Warenzeichenrolle), vom Patentamt geführtes Register, in das Warenzeichen, insbes. der Zeitpunkt der Anmeldung sowie Name und Wohnort des Zeicheninhabers eingetragen werden.

Zeichensetzung, svw. ↑Interpunktion.

Zeichensprache, System der Verständigung mit Zeichen, die nicht Symbole der für die Informationsübermittlung übl. (gesprochenen bzw. geschriebenen) Sprachen sind, z. B. die *Hand-* oder *Fingersprache* (Cheirologie, Daktylologie, Daktylolalie, Daktylophasie) der Taubstummen.

Zeichentrickfilm ↑Trickfilm.

Zeichnung, in Unterscheidung zur Malerei die künstler. Darstellung, die an die Linie gebunden ist. Als Zeichenfläche dient meist (weißes oder farbiges) Papier; Zeichenmittel sind v. a. Bleistifte, Silberstifte, Kohle, verschiedene Kreiden und Pastellstifte; für die Arbeit mit Feder und Pinsel verwendet man verschiedene Tinten und Tuschen, Sepia, Deckweiß und Aquarellfarben; bei der Arbeit mit Pastellstift und Pinsel sind die Grenzen zur Malerei fließend. Auf Z. beruhen druckgraph. Verfahren wie Kupferstich, Radierung, Holzschnitt, Lithographie. Häufig ist die Z. auch eine Planstufe (Skizze, Studie, Entwurfszeichnung, Vorzeichnung, Karton) zu Werken anderer Gattungen (Gemälde, Skulptur, Architektur). In der *Kunstgeschichte* gehen Z. (paläolith. Umrißzeichnungen von Tieren) der flächigen Malerei voraus, so ist z. B. die Vasenmalerei der Z. zuzurechnen. Spätantike und MA kannten die Z. als Buchillustration. Seit der Frührenaissance diente die Z. in Italien, v. a. in Florenz, als Medium des Natur- und Perspektivstudiums (u. a. Aktstudien) wie als wiss. Erkenntnismittel und erhielt als selbständiges Ausdrucksmittel den Rang einer eigenen Kunstgattung (Pisanello, Leonardo, Raffael, Michelangelo). In Deutschland (Dürer) entwickelte sich die Z. in engem Zusammenhang mit der Druckgraphik. Die bildhafte Wirkung der Z. wurde im Barock durch den Gebrauch weicher Stifte und breiter Pinsel noch gesteigert (bes. Rembrandt). Im 18. Jh. erfüllte die Kabinettkunst intimer Kreide- und Pastellbilder (F. Boucher, Maurice Quentin de la Tour) die Sammelleidenschaft, bevor mit der Verbreitung von Druck- und Fotoverfahren die Z. als eigenständige Gattung in den Hintergrund trat.

Zeichnungsschein, Urkunde, in der sich der Zeichner (Erwerber) eines neu auszugebenden Wertpapiers zur Übernahme eines bestimmten Nominalbetrages der Emission verpflichtet.

Zeisige [tschech.], zusammenfassende Bez. für mehrere Arten (aus unterschiedl. Gatt.) der Finkenvögel in geschlossenen und offenen Landschaften Eurasiens sowie N- und S-Amerikas; in M-Europa u. a. der Birkenzeisig (↑Hänflinge) und der *Erlenzeisig* (Zeisig i. e. S.), 11 cm lang; bewohnt bes. die Nadelwälder N-, M- und O-Europas.

Zeiss, Carl, * Weimar 11. 9. 1816, † Jena 3. 12. 1888, dt. Mechaniker und Unternehmer. Gründete 1846 in Jena eine feinmechan.-opt. Werkstätte für opt. Präzisionsinstrumente. ↑Carl-Zeiss-Stiftung.

Zeit, 1) *allg.:* Abfolge eines Geschehens, die im menschl. Bewußtsein als Vergangenheit, Gegenwart und Zukunft am Entstehen und Vergehen der Dinge erfahren wird. Die Gegenwart läßt sich als Grenze zwischen Noch-nicht (Zukunft) und Nicht-mehr (Vergangenheit) bestimmen.

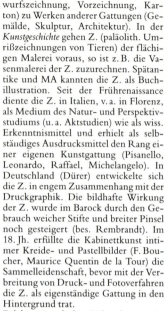

Carl Zeiss

Zeitmessung

2) *Physik:* eine nach allen Erfahrungen unbeeinflußbare, jedoch nach der Relativitätstheorie vom Bewegungszustand eines zeitmessenden Beobachters abhängige Größe (Formelzeichen t) zur Charakterisierung des Ablaufs aller Ereignisse. Daneben wird unter Z. auch der *Zeitpunkt* eines Ereignisses sowie die *Zeitspanne (Zeitraum)* zw. zwei Ereignissen verstanden.
3) *Sprachwissenschaft:* svw. ↑Tempus.
Zeit, Die, dt. polit. Wochenzeitung; gegr. 1946 in Hamburg.
Zeitalter, 1) größerer geschichtl. Zeitabschnitt.
2) ↑Geologie (Übersicht Erdzeitalter).
Zeitarbeit, durch amtl. oder private Unternehmen vermittelte, zeitlich befristete berufl. Tätigkeit in einem Leiharbeitsverhältnis.
Zeitblom, Bartholomäus [...blo:m], * Nördlingen um 1455, † Ulm um 1520, dt. Maler. Vertreter der Ulmer Spätgotik; u. a. »Kilchberger Altar« (um 1482; Stuttgart, Staatsgalerie).
Zeitdilatation ↑Relativitätstheorie.
Zeitgeschichte, die der unmittelbaren Gegenwart vorausgehende Epoche (als »jüngste Phase der Neuzeit«) und die ihr gewidmete histor. Disziplin. Die Grenzen zur Politikwissenschaft sind fließend. Über die genaue Periodisierung der Z. besteht weder nat. noch internat. Übereinstimmung. So wird in Deutschland der Beginn der Z. weithin mit dem Eintritt der USA in den 1. Weltkrieg und der russ. Revolution 1917 angesetzt, in Frankreich (»histoire contemporaine«) mit der Frz. Revolution 1789, in Großbrit. (»contemporary history«) mit der Parlamentsreform von 1832.
Zeitgleichung, die Differenz zw. wahrer und mittlerer Sonnenzeit; sie variiert zw. den Werten −14 min 24 s am 12. Februar und +16 min 21 s am 3. November (die Daten können sich um einen Tag verschieben).
Zeitlose, Gattung der Liliengewächse mit rd. 60 Arten, verbreitet von Europa bis Z-Asien und in N-Afrika; Knollenpflanzen mit einzelnstehenden, lilafarbenen, rötl. oder weißen (nur bei einer Art gelben) Blüten; z. T. Gartenzierpflanzen. Die einzige einheim. Art ist die *Herbstzeitlose* (Wiesensafran), auf feuchten Wiesen und in Auwäldern; enthält das giftige Alkaloid Kolchizin.

Zeitlupe (Zeitdehnung), [Film]aufnahmetechnik, bei der die Aufnahmefrequenz höher ist als die Wiedergabefrequenz; bei der Wiedergabe mit normaler Bildfrequenz im Projektor wird der Bewegungsablauf somit verlangsamt.
Zeitmessung, der Vergleich einer Zeitspanne (Dauer eines Vorganges) mit einer Zeiteinheit bzw. die genaue Registrierung von bestimmten Zeitpunkten mit Hilfe von Uhren; i. w. S. auch die Entwicklung von Verfahren, Vorschriften und Geräten (Uhren) zur Messung und Registrierung von Zeitdauern und -punkten sowie zur Festlegung einer Zeiteinheit. Ein unveränderl. Maß der Zeit konnte bis zur Entwicklung von Atomuhren nur durch die Rotationsperiode der Erde bzw. durch die Dauer ihres Umlaufs um die Sonne definiert werden (*astronom. Z.*). Die Sonnenhöchststände an einem Ort definieren die Zeitpunkte »12 Uhr« seiner wahren Ortszeit. Diese *wahre Sonnenzeit* [des Ortes] variiert allerdings wegen der ellipt. Form der Erdbahn und wegen der Schiefe der Ekliptik. Man definiert daher mit Hilfe einer fiktiven Sonne, die sich gleichförmig am Himmelsäquator bewegt, eine *mittlere Sonnenzeit,* die proportional zum Drehwinkel der Erdrotation ist (↑Zeitgleichung). Die mittlere Sonnenzeit des Nullmeridians (mittlere Ortszeit von Greenwich, mittlere Greenwichzeit) dient als Weltzeit (Universal Time, Abk. UT), auf die sich alle Zonenzeiten beziehen, z. B. die *mitteleurop. Zeit* (Abk. MEZ; liegt 1 Stunde vor der Weltzeit). 1967 wurde als Zeiteinheit die *Atomsekunde* eingeführt, deren Darstellung mit Cäsiumuhren (↑Atomuhr) erfolgt. Seit 1955 berechnet das *Internat. Büro für die Zeit* (BIH, Abk. für Bureau International de l'Heure) in Paris aur der Grundlage der Anzeigen verschiedener Cäsiumuhren eine »integrierte Atomzeitskala«, die seit 1971 als *Internat. Atomzeit[skala]* (TAI, Abk. für Temps atomique international) bezeichnet wird. Das Skalenmaß ist die Atomsekunde. Die Internat. Atomzeit wurde so festgelegt, daß sie mit der Weltzeit (UT) zu Anfang 1958 übereinstimmte. Da die Atomsekunde etwa $3 \cdot 10^{-8}$ s kürzer als die gegenwärtige Sekunde der mittleren Sonnenzeit ist, findet eine wachsende

Zeitmultiplexverfahren

Verschiebung der TAI gegenüber der UT statt. Durch gelegentl. Einfügen einer zusätzl. *Schaltsekunde* wird seit 1972 eine als *Koordinierte Weltzeit* (UTC; Abk. für Universal Time Coordinated) bezeichnete Zeitskala erstellt, die von der UT nie mehr als 0,9 s abweicht. 1975 empfahl die 15. Generalkonferenz für Maß und Gewicht die Verwendung der UTC als Grundlage der bürgerl. Zeit, d. h. den Ersatz von UT durch UTC bei der Bildung der Zonenzeiten. Neue Zeitgesetze (z. B. in Deutschland das Gesetz über die Zeitbestimmung vom 25.7. 1978) definieren die gesetzl. Zeit auf der Grundlage der UTC.

Zeitmultiplexverfahren [dt./lat./dt.], Verfahren zur gleichzeitigen Übertragung mehrerer pulsmodulierter Signale durch zeitl. Ineinanderschachtelung der zu verschiedenen Nachrichten gehörenden Pulse (Ausnutzung der Pulszwischenräume).

Zeitraffer, [Film]aufnahmetechnik, bei der die Aufnahmefrequenz niedriger ist als die Wiedergabefrequenz, somit werden Bewegungsvorgänge bei der Wiedergabe mit größerer Geschwindigkeit dargestellt.

Zeitrechnung, die Einordnung histor. Ereignisse in eine bis zur Gegenwart reichende Zeitskala. Die Wiss. der Z. und z. T. auch die Z. selbst werden *Chronologie* genannt. – Zeitmaßstab ist das Sonnenjahr mit seinen Bruchteilen. Der Anfangspunkt der Zeitskala wird willkürlich auf ein tatsächl. oder angenommenes Ereignis gesetzt, von dem aus die Jahre als Ära gezählt werden, z. B. in der röm. Geschichte das (fiktive) Gründungsjahr Roms 753 v. Chr. (Zählung *ab urbe condita* [a. u. c.; »nach Gründung der Stadt«]), in der islam. Geschichte das Jahr der Hidjra *(d. H.)* 622 n. Chr. und in der abendländ. Geschichte die Geburt Christi (Zählung *vor Christus [v. Chr.]* und *nach Christus [n. Chr.]).* Auch der Jahresanfang ist willkürlich; der aus dem röm. Kalender stammende 1. Jan. setzte sich im Abendland erst im 16. Jh. endgültig durch. Durch die Einteilung des †Jahres mit Hilfe astronom. definierter Zeiteinheiten entsteht der *Kalender.* Da weder das nach den Mondphasen sich ausrichtende *Mondjahr* (354,367 Tage) noch das daneben den Ablauf der Jahreszeiten berücksichtigende *Lunisolarjahr* noch das reine *Sonnenjahr* (365,2564 Tage) eine ganze Zahl von Tagen umfaßt, ist stets die Einfügung von *Schalttagen* notwendig. Der auf dem Lunisolarjahr beruhende *jüd. Kalender* z. B. wechselt zw. Monaten von 29 und 30 Tagen und nimmt in period. Abständen einen 13. Monat *(Schaltmonat)* hinzu (Beginn der Z. 3761 v. Chr.). Der heute übl. Kalender geht auf den von Cäsar eingeführten, auf dem Sonnenjahr basierenden *Julian. Kalender* zurück (Monate mit 30 bzw. 31 Tagen außer Febr. mit 28, an die alle vier Jahre ein Schalttag angehängt wurde). Der 1582 von Papst Gregor XIII. eingeführte *Gregorian. Kalender* glich den inzwischen aufgetretenen zehntägigen Rückstand gegenüber dem Sonnenjahr aus; *Schaltjahre* wurden alle Jahre, deren zwei Endziffern durch 4 teilbar sind, außer den nicht durch 400 teilbaren Jahrhundertdaten (1700, 1800, 1900). Dadurch vergrößerte sich die Datumsdifferenz zw. dem Gregorian. Kalender *(neuer Stil* [n. St.]) und dem in nichtkath. Gebieten z. T. noch lange beibehaltenen Julian. Kalender *(alter Stil* [a. St.]) am 1.3. 1700 auf 11, am 1.3. 1800 auf 12 und am 1.3. 1900 auf 13 Tage. – Von bes. Bedeutung für die christl. Kalenderrechnung war die *Festrechnung,* die auf der Festlegung des Ostertermins (1. Sonntag nach dem 1. Frühlingsvollmond) beruht. Die 35 mögl. Osterdaten (22.3. bis 25.4.) kehren dabei in einem 532jährigen Zyklus wieder *(Osterzyklus).*

Zeitschrift, Publikation, die periodisch (z. B. Wochen-, Monats-, Vierteljahresschrift) in einzelnen Heften (mit mehreren Beiträgen verschiedener Autoren) erscheint; im Unterschied zur †Zeitung umfaßt die Z. ein bestimmtes Sach- oder Fachgebiet. Im wesentlichen unterscheidet man die *Fachzeitschriften* (mit wiss. Artikeln für ein begrenztes Fachpublikum) von den Z., die ein breiteres Publikum ansprechen, den *allg. Z.* oder den sog. *Publikums-Z.:* dazu gehören neben Frauen-, Mode-, Jugend-, Sport-Z. auch die polit. und wirtschaftl. Z. sowie die Kultur-Z. (Literatur-, Film-, Musik-, Kunst-Z.) und die Illustrierte; eine Sonderstellung nehmen die satir. Z. ein.

Geschichte: Die Geschichte des Zeitschriftenwesens beginnt im 17. Jh. mit den *Gelehrten-Z.* (Frankreich: »Journal des Savants«, gegr. 1665; England: »Philosophical transactions«, gegr. 1665; Deutschland: »Acta eruditorum«, gegr. 1682, u. a. Mitarbeit von Leibniz). Im frühen 18.Jh. verbreiteten sich die ↑moralischen Wochenschriften, zu denen u.a. auch die ersten *Frauen-Z.* gehörten; im Laufe des 18.Jh. gewannen v. a. die literarischen Zeitschriften an Bed.; im 19.Jh. entstanden neben den ersten *Partei-Z.* die *Berufs-Z.* sowie satir. Z. und die Illustrierte.

Zeittakt, in der *Fernmeldetechnik* die Sprechdauer für eine Gesprächsgebühreneinheit bei Telefongesprächen. Der Z., der gegenwärtig von der jeweiligen Entfernungszone sowie von Tageszeit und Wochentag abhängt, wird in zentralen Z.gebereinrichtungen erzeugt.

Zeitung, Publikation, die meist täglich *(Tages-Z.),* mehrmals in der Woche oder einmal wöchentlich *(Wochen-Z.)* erscheint. Die Z. unterrichtet einen breiten Leserkreis in Meldung und Kommentar über aktuelle Ereignisse u. a. aus dem gesellschaftl. Leben, aus Politik, Wirtschaft, Kultur.
Geschichte: Die Geschichte des Zeitungswesens (Vorläufer waren die Flugschriften des 16.Jh.) beginnt im 17.Jh. (erste dt. Z. 1609 in Straßburg und Augsburg; erste engl. Tageszeitung: »Daily Courant«, gegr. 1702); in Berlin erschien ab 1617 die traditionsreiche ↑Vossische Zeitung. Im 18.Jh. nahmen neben den ↑Zeitschriften auch in England, Frankreich und Rußland die Tages-Z. zu. Seit dem 19.Jh. gehört die Z. zu den bedeutendsten ↑Massenmedien, die auch (etwa in den Lesegesellschaften des späten 18.Jh.) soziale Funktionen wahrnehmen. ↑Presse.

Zeitungswissenschaft, seit 1917 Universitätsdisziplin, die sich mit Funktion und Bedeutung von Presse und Nachricht befaßt; nach 1945 Publizistik-wissenschaft. ↑Publizistik.

Zeitwert, Wert eines Gutes zum Zeitpunkt der Wertermittlung.

Zeitwort, svw. ↑Verb.

Zeitz, Kreisstadt an der Weißen Elster, Sa.-Anh., 39 600 E. Museum, Theater. U. a. Hydrierwerk, Eisengießereien. Spätgot. Schloßkirche (nach 1662 barockisiert) mit otton. Krypta (10. Jh.), roman. Pfarrkirche Sankt Michael (nach 1429 spätgotisch umgebaut), spätgot. Altes Rathaus (1502–09), barockes Schloß Moritzburg (1657 ff.). – 968 bis 1028/30 Bistum für die Slawenmission; seit 1210 Stadt.

Zeitzeichen (Zeitsignale), über Funk verbreitete [Ton]signale, die einen bestimmten Zeitpunkt (Uhrzeit) markieren.

Zeitzone, ein Gebiet der Erde, in dem vereinbarungsgemäß die gleiche Uhrzeit *(Zonenzeit)* gilt. 1884 wurde eine Einteilung der Erde in Z. festgelegt, die im wesentlichen bis heute beibehalten wurde: 24 Meridiane, jeweils 15° voneinander entfernt, sind die Mittellinien von 24 Zeitzonen. In der Praxis wurde der Verlauf der Grenzen zw. den einzelnen Zonen v. a. den polit. Grenzen angepaßt (zusätzl. Abweichungen durch Sommer- und Winterzeit).

Zeitzünder ↑Munition.

zelebrieren [lat.], **1)** *allg.:* etwas feierlich begehen.
2) *kath. Kirche:* die Eucharistie feiern.

Zell am Harmersbach, Stadt im mittleren Schwarzwald, Bad.-Württ., 6 300 E. U. a. Keramikfabrik. Barocke Wallfahrtskirche Maria zu den Ketten (1911 erweitert), frühklassizist. Pfarrkirche (1790–94). – Mitte des 13.Jh. bis 1803 reichsunmittelbar (stets die kleinste Reichsstadt).

Zell am See, Bezirkshauptort im österr. Bundesland Salzburg, am W-Ufer des *Zeller Sees* (4,3 km²), 8 800 E. Umfaßt alle Siedlungen um den See. Spätbarocke Kalvarienbergkirche (1778–80), Schloß Rosenberg (16.Jh.).

Zelle [lat.], **1)** *Biologie:* kleinste eigenständig lebensfähige und daher über einen eigenen Energie- und Stoffwechsel verfügende Grundeinheit aller Lebewesen von den Einzellern bis zum Menschen. Man unterscheidet prinzipiell zwei Zelltypen: die Protozyten der Prokaryonten (Bakterien und Blaualgen) und die Euzyten der Eukaryonten (alle übrigen Organismen). – Die Größe der *Protozyten* liegt zw. 0,2 µm und 10 µm. Ihr Protoplasma ist von einer Zellmembran begrenzt und von einer Zellwand umgeben. Stets fehlen Zellkern (Nukleus), Mitochondrien, Plastiden, endoplasmat. Retikulum, Golgi-Apparat und Lysosomen, die die Euzyten besitzen. Die DNS liegt in einem besonde-

Zeller

Zellteilung. Schematische Darstellung der Stadien der Mitose: **1** und **2** Prophase; **3–6** Metaphase; **7** Anaphase; **8** Telophase

ren, Nukleoid genannten Bereich der Zelle. – *Euzyten* sind meist größer als Protozyten (8 μm Durchmesser beim menschl. roten Blutkörperchen, über 1 m Länge bei Nerven-Z. mit entsprechend langem Neuron, mehrere Meter Länge bei pflanzl. Milchröhren; mittlerer Durchmesser der Euzyten 10–100 μm). Sie sind ebenfalls von einer Zellmembran umgeben und enthalten in ihrem Protoplasma i. d. R. eine große Anzahl von Organellen sowie Strukturelemente. Tier. und pflanzl. Z. weisen einige Unterschiede auf.

Tierische Zelle: Die Z. der Tiere sind nur von der dünnen Zellmembran begrenzt, die das Protoplasma umschließt. Neben oft im Zellplasma eingeschlossenen Reservestoffen (z. B. Fetttröpfchen) und Fibrillen (in Muskelzellen) liegen im Protoplasma v. a. die verschiedenen Zellorganellen: Der *Zellkern* (Kern; ↑Nukleus) nimmt meist eine zentrale Lage ein. Befindet sich der Kern nicht in Teilung, so sind die Chromosomen als aufgelockertes Netzwerk erkennbar. Gegen das Zellplasma wird der Kern durch eine Doppelmembran abgegrenzt. Diese *Kernmembran* (Kernhülle) enthält Poren, durch die die genet. Information über die Boten-RNS aus dem Kern zu den ↑Ribosomen in der Z. gelangt. Außerdem findet man in jedem Interphasekern wenigstens ein *Kernkörperchen* (Nebenkern, Nukleolus). In enger Beziehung zum Zellkern bzw. zur (doppelten) Kernmembran steht das ↑endoplasmatische Retikulum mit den Ribosomen. Eng verknüpft mit dem endoplasmat. Retikulum ist der Golgi-Apparat, ein Membransystem im Zellplasma, das v. a. den Sekretionsleistungen der Zelle dient. Die ↑Mitochondrien liefern die Energie für den Zellstoffwechsel.

Pflanzliche Zelle: Der augenfälligste Unterschied zur tier. Z. ist das Vorhandensein einer aus vier Schichten bestehenden Zellwand (statt nur einer Zellmembran), die bei der ausgewachsenen Z. ein starres Gebilde darstellt. Nur in der pflanzl. Z. finden sich die Chloroplasten als Ort der Photosynthese oder andere Plastiden. Als weitere Besonderheit liegen in ausdifferenzierten Pflanzen-Z. große, mit Zellsaft gefüllte, Vakuolen vor. Im Protoplasma findet man ansonsten die gleichen Strukturen bzw. Organellen wie in der tier. Zelle.

2) *Elektrotechnik:* Bez. für das einzelne Element einer Batterie oder eines Akkumulators.

3) *Politik:* kleinste Einheit einer polit. Organisation.

Zeller, 1) Carl, * Sankt Peter in der Au bei Steyr 19. 6. 1842, † Baden bei Wien 17. 8. 1898, österr. Operettenkomponist; u. a. »Der Vogelhändler« (1891).

2) Eva, * Eberswalde 25. 1. 1923, dt. Schriftstellerin. Lebte bis 1956 in der DDR, 1956–62 im heutigen Namibia, seitdem in der BR Deutschland; schreibt Romane (u. a. »Solange ich denken kann«, 1981; »Nein und Amen«, 1986) und Erzählungen (u. a. »Heidelberger Novelle«, 1988); auch Lyrik.

Zellkern ↑Nukleus.

Zellkolonie (Zellverband, Zönobium), bei zahlr. Bakterien, Blaualgen und einzelligen Algen vorkommender Verband von Einzelzellen, die meist durch Gallerte miteinander verbunden sind und keine Arbeitsteilung aufweisen.

Zellmembran ↑Membran.

Zellobiose [lat.] (Cellobiose), aus zwei Molekülen Glucose gebildetes, in der Natur nicht frei vorkommendes Disaccharid.

Zellstoff, aus Zellulose bestehendes, v. a. aus Holz, auch aus Stroh, Schilf, Bambus u. a. pflanzl. Materialien gewonnenes, weißes bis gelbbräunl. Produkt. Z. ist der Ausgangsstoff zur Herstellung von Papier, Chemiefasern (Acetatfasern, Viskose) und Zellulosederivaten (Zelluloseäther, Zelluloseester). Beim *Sulfitverfahren* wird das Holz 12 bis 20 Stunden lang bei Drücken von 0,5 bis 0,7 MPa (= 5 bis 7 bar) und Temperaturen von 130 bis 140 °C mit Calciumhydrogensulfit behandelt, wobei Lignin in lösl. Ligninsulfonsäure übergeht; diese sog. Sulfitablauge wird vom zurückbleibenden *Sulfit-Z.* abgetrennt, der zerfasert, gewaschen und evtl. gebleicht in Rollen oder pappeartigen Bögen in den Handel kommt. Die zuckerhaltige Sulfitablauge kann zur Herstellung von Alkohol oder zur Züchtung von Hefen verwendet werden.

Zellteilung (Zytokinese), die Aufteilung einer lebenden Zelle in zwei neue, selbständige Zellen im Zuge einer Zellvermehrung bzw. Fortpflanzung. Man unterscheidet: 1. bei *Prokaryonten* (Bakterien und Blaualgen): Nach Verdoppelung der DNS und Trennung der beiden Tochter-DNS-Anteile wird zw. diesen ein Septum angelegt, das schließlich die Teilung der Zelle in zwei Tochterzellen bewirkt; 2. bei *Eukaryonten*: Die Z. setzt nach oder bereits während der Schlußphase einer Kernteilung ein. Bei der Kernteilung handelt es sich i. d. R. um eine ↑Mitose. Die meisten tier. *Zellen* teilen sich von einer äquatorialen Ringfurche aus durch eine einfache Durchschnürung. Bei den mit einer Zellwand ausgestatteten *pflanzl. Zellen* entsteht zw. den Tochterkernen senkrecht zur Teilungsebene eine Plasmadifferenzierung, aus der sich die beiden neuen Zellmembranen und dazwischen die Zellplatte als erste Wandanlage bilden.

Zellularpathologie, von R. Virchow begründete Lehre, nach der alle Krankheiten auf Störungen der Körperzellen bzw. ihrer Funktionen zurückzuführen sind.

Zellulartherapie, Injektion körperfremder (tier.) Zellen zum Zwecke der »Regeneration« von Organen und Geweben (↑Frischzellentherapie).

Zellulasen [lat.] (Cellulasen), Zellulose zu Glucose spaltende Carbohydrasen; fehlen den Wirbeltieren.

Zellulitis [lat.] (Cellulitis, Pannikulose), 1) Entzündung des Zellgewebes.
2) im anglo-amerikan. Raum entstandene Bez. für eine durch umschriebene Anreicherung von Fettgewebe entstehende groß- oder kleinfeldrige Reliefbildung im Oberschenkel- und Gesäßbereich bei Frauen.

Zelluloid [lat./griech.] (Celluloid), aus Nitrozellulose hergestellter, ältester thermoplast., leicht brennbarer Kunststoff.

Zellulose [lat.] (Cellulose), Hauptbestandteil der pflanzl. Zellwand; Polysaccharid aus mehreren hundert bis zehntausend 1,4-β-glykosidisch gebundenen Glucoseresten; feste, farb- und geruchlose Substanz, die sich in Wasser und organ. Lösungsmitteln nicht löst; durch Einwirkung von Alkalien quillt Z., durch Säuren wird sie hydrolytisch gespalten; bei Verwendung konzentrierter Säuren und höherer Temperatur kann der Abbau bis zur Glucose fortgeführt werden.

Zelluloseacetat (Acetylzellulose), durch Umsetzung von Zellulose mit Essigsäure und Essigsäureanhydrid hergestellte Verbindung; zur Herstellung von Chemiefasern (Acetatfasern), thermoplast. Kunststoffen, Folien und Filmen verwendet.

Zelluloseäther, durch Veretherung der freien Hydroxylgruppen der Zellulose entstehende Zellulosederivate; hochveretherte Z. werden als Lackrohstoffe und thermoplast. Kunststoffe, niedrigveretherte Z. als Farbstoffbindemittel und zur Herstellung von Klebstoffen, Emulgiermitteln und Waschhilfsmitteln verwendet.

Zelluloseester, durch teilweise oder vollständige Veresterung der Hydroxylgruppen der Zellulose entstehende Zellulosederivate (Acetylzellulose, Nitrozellulose); wichtige Kunststoffe.

Zellulosenitrat, svw. ↑Nitrozellulose.

Zellwand, vom Zytoplasma nach außen abgeschiedene (d. h. außerhalb der ↑Zellmembran liegende), starre Hülle pflanzl. Zellen. Sie gliedert sich von außen nach innen in vier Schichten: 1. Die *Mittellamelle* besteht aus Pektinen und bildet sich bei der Zellteilung zw. den beiden Tochterzellen aus. 2. Die *Primärwand,* in deren Grundsubstanz (Pektin und Hemizellulosen) Zellulosefäden (Mikrofibrillen) netzartig eingelagert sind. 3. Auf eine dünne Übergangslamelle folgt die *Sekundärwand.* Diese kann z. B. in Festigungsgeweben durch starke Einlagerung von Zellulose bes. massiv werden, wobei mehrere Schichten mit Paralleltextur entstehen. Die Anordnung der Mikrofibrillen in der Primär- und Sekundärwand wird als *Textur* bezeichnet. 4. Abschließend nach innen folgt die *Tertiärwand,* die wiederum aus Pektin und Hemizellulosen besteht.

Zeloten [griech.], von Judas dem Galiläer begründete radikale, römerfeindl. Gruppierung im palästin. Judentum des 1. Jh. n. Chr., die für mehrere Aufstände [mit]verantwortlich war; übertragen: [Glaubens]eiferer.

Zelt, urspr. Bez. für zerlegbare, transportable Behausung nichtseßhafter Völker; meist aus Tierhäuten, Stoffbahnen, Filzdecken oder auch aus Grasmatten und Rinden bestehend, die über ein Holzstangengerüst gelegt werden. Mo-

Zelter

Carl Friedrich Zelter
(Gemälde von
Karl Begas d. Ä.)

Alexander von
Zemlinsky

derne Z. (Camping-Z.) sind leicht auf- und abbaubare Unterkünfte unterschiedl. Form und Größe aus wasserdichter Leinwand *(Z.tuch),* die durch ein Gerüst meist aus ineinandersteckbaren Metallrohren gestützt wird.

Zelter, Carl Friedrich, *Berlin 11.12.1758, † ebd. 15.5.1832, dt. Komponist. Gründete u. a. die ↑Liedertafel (schrieb dafür zahlr. Männerchöre) und das Königl. Institut für Kirchenmusik (1822) in Berlin; auch musikal. Berater Goethes; komponierte u. a. über 200 Lieder (u. a. nach Texten von Goethe).

Zemeckis, Robert L. [engl. ...'mɛts...], *Chicago 1952, amerikan. Filmregisseur. Drehte u. a. »Auf der Jagd nach dem grünen Diamanten« (1984), »Zurück in die Zukunft« (3 Teile, 1985–89), »Falsches Spiel mit Roger Rabbit« (1988), »Der Tod steht ihr gut« (1992), »Forrest Gump« (1994).

Zement [lat.-frz.], zur Herstellung von Beton und Mörtel verwendetes, auch unter Wasser erhärtendes (hydraul.) Bindemittel, das durch Brennen von Kalk und Ton bzw. von Mergel mit geeigneter Zusammensetzung und anschließendes Vermahlen erhalten wird. Die wichtigste Zementart ist der *Portland-Z.,* der zw. 3 und 5% Gips oder Anhydrit enthält.

Zemlinsky, Alexander von, *Wien 14.10.1871, † Larchmont (N.Y.) 15.3.1942, österr. Komponist und Dirigent poln. Abstammung. Nach Tätigkeit in Wien und Berlin Emigration 1938 in die USA; Lehrer, Freund und später Schwager A. Schönbergs; komponierte Opern, u. a. »Kleider machen Leute« (1910), 3 Sinfonien, Kammermusik, Chorwerke, zahlr. Lieder.

Zen (urspr. Zen 49), 1949 in München gegr. Vereinigung dt. abstrakter Maler; Anregung durch die jap. Zen-Malerei; bed. Vertreter u. a. W. Baumeister, F. Winter, Gerhard Fietz (*1910).

Zen-Buddhismus [zɛn...], Strömung des Buddhismus, Meditationslehre; in China etwa um 500 n. Chr. entstanden; seit dem 13. Jh. v. a. für das jap. Geistesleben entscheidend; im Mittelpunkt des Z.-B. *(Zen)* steht das »sitzende Versenkung« *(Zazen),* sie soll zur »Erleuchtung« *(Satori)* führen, der plötzl. Erkenntnis des Seins. Der Z.-B. beeinflußt nachhaltig die jap. Kunst, die Gestaltung der Gärten und die Teezeremonie. – In den letzten Jahrzehnten des 20. Jh. war der Z.-B. auch in Europa von Einfluß.

Zender, Hans, *Wiesbaden 22.11.1936, dt. Dirigent und Komponist. Setzt sich als Dirigent bes. für neue Musik ein; seit 1988 Prof. für Komposition an der Frankfurter Musikhochschule; experimentierte als Komponist mit Form, Zeit, Wort und Klang, u. a. Oper »Stephen Climax« (1986, nach »Ulysses« von J. Joyce).

Zener-Diode [nach dem amerikan. Physiker Clarence Melvin Zener, *1905] (Z-Diode), eine Halbleiterdiode, die in der Sperrichtung bei Überschreiten einer bestimmten Spannung einen auf dem Zener-Effekt beruhenden sehr starken Stromanstieg *(Zener-Durchbruch)* zeigt; v. a. zur Konstanthaltung von Gleichspannungen *(Referenzdiode)* verwendet.

Zenit (Scheitelpunkt), der senkrecht über dem Beobachtungsort liegende Punkt des Himmelsgewölbes; der Gegenpunkt wird *Nadir* genannt.

Zenitdistanz, der Winkelabstand eines Gestirns vom Zenit, gemessen in Grad.

Zenobia (Septimia Z.), Herrscherin von Palmyra (267–272) und röm. Gegenkaiserin (270/271–272). Erweiterte ihr Herrschaftsgebiet um Arabien, Ägypten sowie große Teile Kleinasiens. 272 wurde sie durch Kaiser Aurelian besiegt und in dessen Triumphzug mitgeführt.

Zenon von Elea (Z. der Ältere, Z. der Eleat), *um 490, † um 430, griech. Philosoph. Vertreter der ↑eleatischen Philosophie.

Zenon von Kition (Z. der Jüngere), *Kition (Zypern) um 335, † Athen 263, griech. Philosoph. Begründete um 300 in Athen die ältere Stoa.

Zensor (lat. censor), Beamter im republikan. Rom, der wohl seit dem 5. Jh. v. Chr. (443?) für die Vermögensschätzung, die sittl. Überwachung der Bürger, Verpachtung öffentl. Einkünfte und öffentl. Eigentums, Vergabe öffentl. Arbeiten zuständig war. Jeweils zwei Z. wurden für maximal 18 Monate gewählt.

Zensur [lat.], **1)** *Pädagogik:* ↑Note.
2) *Publizistik, Recht:* die Überwachung von Meinungsäußerungen durch eine in

einem polit. Machtbereich herrschende Gruppe (v. a. in autoritären Staaten) zur Verhinderung nichtkonformer oder unkontrollierter Meinungsbildung in der Bevölkerung; v. a. in Literatur, Kunst und Massenmedien.

Zensus (lat. census), **1)** im antiken Rom die alle fünf Jahre durchgeführte Eintragung der Vermögensverhältnisse zur Steuererhebung und Einreihung in die Zenturien.
2) im Mittelalter und bis in die Neuzeit Abgabe, Pachtzins, Steuerleistung.
3) svw. Volkszählung.

Zensuswahlrecht, Wahlrecht, das an den Nachweis eines bestimmten Besitzes, Einkommens oder einer Steuerleistung (Zensus) gebunden ist (z. B. in Preußen in Form des Dreiklassenwahlrechts).

Zentauren, svw. ↑ Kentauren.

Zenti..., Centi... [lat.] ↑ Vorsatzzeichen.

Zentiliter, Einheitenzeichen **cl,** der 100. Teil eines Liters: 1 cl = 0,01 l.

Zentimeter, Einheitenzeichen **cm,** der 100. Teil eines Meters: 1 cm = 0,01 m.

Zentner [lat.], Einheitenzeichen **Ztr.,** gesetzlich nicht mehr zulässige Masseneinheit; 1 Ztr. = 50 kg, in Österreich 1 Ztr. = 100 kg (sog. *Meterzentner,* in Deutschland als *Doppelzentner* bezeichnet).

zentr..., Zentr..., centr..., Centr... [griech.-lat.], Bestimmungswort von Zusammensetzungen mit der Bedeutung »im Zentrum liegend, vom Zentrum ausgehend«.

Zentralafrikanische Föderation, 1953 bis 1963 bundesstaatl. Zusammenschluß der Länder Britisch-Zentralafrikas: Südrhodesien (heute Simbabwe), Nordrhodesien (heute Sambia) und Njassaland (heute Malawi).

Zentralafrikanische Republik (amtlich französisch République Centrafricaine), Staat in Afrika, grenzt im NW an Tschad, im NO an Sudan, im S an Zaire und Kongo, im W an Kamerun.

Staat und Recht: Präsidialrepublik; *Verfassung* von 1986 (geändert 1992). *Staatsoberhaupt* ist der Präs., der in direkter Wahl mit absoluter Stimmenmehrheit auf 6 Jahre gewählt wird. Die *Legislative* liegt bei der Nationalversammlung (52 Abg., für 5 Jahre gewählt). Der *Exekutive* sitzt der vom Präs. ernannte Premier-Min. vor. Mehrparteiensystem.

Zentralafrikanische Republik

Zentralafrikanische Republik

Staatsflagge

Zentralafrikanische Republik

Fläche:	622 984 km²
Einwohner:	3,173 Mio.
Hauptstadt:	Bangui
Amtssprache:	Französisch
Nationalfeiertage:	13. 8. und 1. 12.
Währung:	1 CFA-Franc = 100 Centimes (c)
Zeitzone:	MEZ

Staatswappen

Landesnatur: Die Z. R. liegt auf der Asandeschwelle, die das Kongobecken vom Tschadbecken trennt. Das Land ist weitgehend ein Hügelland in 500 bis 1 000 m Meereshöhe. Es wird im NO vom Bongomassiv (bis 1 368 m) und im NW von Ausläufern des Adamaua (bis 1 420 m) überragt. Die Z. R. hat wechselfeuchtes trop. Klima. Im SW findet sich trop. Regenwald, im NO Trocken-, ansonsten Feuchtsavanne.

Bevölkerung: Sie gehört weitgehend zu den Sudaniden (Banda, Baja, Mandija, Zande). 57 % sind Anhänger von traditionellen Religionen, 35 % Christen.

Wirtschaft, Verkehr: In der Landwirtschaft sind 80 % der Bev. tätig. Wichtigste Anbauprodukte sind Maniok, Hirse, Bataten, Mais und Reis; exportorientierter Anbau von Kaffee und Baumwolle. Exportiert werden Hölzer wie Sapelli, Sipo, Limba. Bed. Diamantengewinnung; Uranerz ist nachgewiesen. Ind.-Betriebe (v. a. Textilien und Konsumgüter) konzentrieren sich in der Hauptstadt. Von den 20 300 km Straßen sind nur 5 000 km ganzjährig befahrbar. Wichtigster Hafen und internat. ✈ ist Bangui.

Geschichte: Im Wettbewerb mit Deutschland und dem Unabhängigen Kongostaat Leopolds II. von Belgien erwarb Frankreich Ende des 19. Jh. die

1970 1992 1970 1992
Bevölkerung Bruttosozialprodukt je E
(in Mio.) (in US-$)

Bevölkerungsverteilung 1992

Bruttoinlandsprodukt 1992

Zentralafrikanischer Graben

Kolonie Oubangui-Chari (Ubangi-Schari), die 1910 Bestandteil des Generalgouvernements Frz.-Äquatorialafrika, 1946 Überseeterritorium innerhalb der Frz. Union wurde und sich 1958 zur autonomen Z. R. innerhalb der Frz. Gemeinschaft erklärte. Am 13. 8. 1960 wurde die Z. R. unabhängig. Sie blieb in der Frz. Gemeinschaft und arbeitete politisch, wirtschaftlich und militärisch eng mit Frankreich zusammen. Die 1962 zur Einheitspartei erhobene Bewegung der Sozialen Entwicklung Schwarzafrikas (MESAN) wurde entmachtet durch den Staatsstreich des Generalstabschefs J. B. Bokassa zum Jahreswechsel 1965/66. Bokassa wurde 1972 Präs. auf Lebenszeit, ließ im Dez. 1976 das *Zentralafrikan. Kaiserreich* ausrufen und sich als Bokassa I. zum Kaiser proklamieren (Krönung Dez. 1977). Bokassas Schreckensregiment endete (mit frz. Unterstützung) im Sept. 1979 mit seinem Sturz durch den ehem. Präs. D. Dacko, der erneut die Z. R. proklamierte und das Präs.-Amt übernahm (im März 1981 durch Wahl bestätigt). 1981 brachte ein Militärputsch General A. Kolingba an der Spitze eines Militärkomitees des Nat. Wiederaufbaus an die Macht. 1986 wurde in einer Volksabstimmung die neue Verfassung angenommen, die den Rassemblement démocratique centrafricaine (RDC) zur einzigen Partei erklärte und dem Präs. weitgehende Vollmachten einräumte; Kolingba wurde für sechs weitere Jahre als Präs. bestätigt. Bokassa wurde nach seiner Rückkehr 1986 zum Tode verurteilt und 1988 zu lebenslängl. Zwangsarbeit begnadigt. Nach der Einführung eines Mehrparteiensystems fanden im Okt. 1992 Parlaments- und Präsidentschaftswahlen statt, die jedoch später vom obersten Gericht des Landes wegen Manipulationen durch die Regierung annulliert wurden. Bei den auf internat. Druck hin im Sept. 1993 erneut abgehaltenen Präsidentschaftswahlen unterlag Kolingba deutlich. Neuer Präs. wurde der Oppositionspolitiker A.-F. Patassé; er ernannte J.-L. Mandaba zum Premierminister.

Zentralafrikanischer Graben ↑Ostafrikanisches Grabensystem.

Zentralamerika, Bez. für den festländ. Teil von Mittelamerika.

Zentralasien, die inneren Hochgebiete Asiens, umrahmt von Himalaya, Karakorum, Pamir, Tienschan, Westl. und Östl. Sajan sowie vom Großen Chingan.

Zentralbank, Bez. für eine Notenbank, die gleichzeitig Träger der Währungspolitik des betreffenden Landes ist.

Zentralbankrat, Organ der ↑Deutschen Bundesbank.

Zentralbau, ein Bau, bei dem im Unterschied zum Longitudinalbau alle Teile auf einen Mittelpunkt bezogen sind: um den aus einem Kreis, Vieleck (meist Achteck) oder einer Ellipse entwickelten Grundriß gruppieren sich in symmetr. Anordnung Teilräume, wobei die Geschlossenheit der Architektur meist durch eine Kuppel betont wird. Vorbildcharakter (u. a. für den Felsendom in Jerusalem) entwickelte das antike Pantheon in Rom. Im christl. Sakralbau setzte sich der Z. v. a. in der byzantin. Kunst durch (Kreuzkuppelkirche, z. B. Hagia Sophia in Istanbul). Im Westen fand der Z. zunächst meist für Kirchen mit bes. Bestimmung Verwendung: Palastkirchen (z. B. San Vitale in Ravenna, Aachener Dom), Grabkapellen und Baptisterien. Für die Baumeister der Renaissance wurde der reine Z. die ideale Bauform schlechthin (u. a. Entwurf Bramantes für die Peterskirche; A. Palladio, Villa Capra, Vicenza).

Zentralbewegung, Bewegung eines Körpers unter dem Einfluß einer stets auf den gleichen Raumpunkt *(Zentrum)* gerichteten Kraft *(Zentralkraft)*. Beispiele sind die gleichförmige Kreisbewegung und die Bewegung der Planeten um die Sonne (↑Keplersche Gesetze).

Zentralismus, in Staaten (↑Einheitsstaat) und gesellschaftl. Verbänden Konzentration aller Kompetenzen bei einer zentralen obersten Instanz.

Zentralkomitee, Abk. **ZK,** die Führungsspitze kommunist. Parteien. Das Z. leitet zw. den Parteitagen die Partei, ist vielfach Akklamationsorgan von Politbüro und Sekretariat. Es besteht aus einer nicht festgelegten Zahl von Mgl. und »Kandidaten«.

Zentralkomitee der deutschen Katholiken, 1952 von der Fuldaer Bischofskonferenz gegr. Zusammenschluß der Laienkräfte und -arbeit des dt. Katholizismus zu Meinungsbildung und Aktionseinheit.

Zentralmassiv (Zentralplateau; frz. Massif Central), Gebirgsmassiv in Frankreich, westlich der unteren Saône und der Rhone, im Puy de Sancy 1 886 m hoch.

Zentralnervensystem (zentrales Nervensystem), Abk. **ZNS**, durch Anhäufung von Ganglienzellen entstehende, übergeordnete Teile des ↑Nervensystems, die einerseits ein ↑Gehirn, andererseits ein ↑Rückenmark (bei den Wirbeltieren einschließlich Mensch) bzw. ein ↑Bauchmark (bei Ringelwürmern und Gliedertieren) bilden.

Zentralperspektive ↑Perspektive.

Zentralprojektion ↑Projektion.

Zentralrat der Juden in Deutschland, 1950 gegr. Spitzenorganisation der jüd. Gemeinden und ihrer Landesverbände in Deutschland; Körperschaft des öffentl. Rechts; Sitz Düsseldorf; Vors. (seit 1992) I. Bubis; Aufgaben: u. a. Mitwirkung bei der Gesetzgebung zur Wiedergutmachung, Förderung des kulturellen und religiösen Lebens der dt. Juden.

Zentralstelle für die Vergabe von Studienplätzen, Abk. **ZVS**, in Dortmund 1973 errichtete Behörde zur Vergabe von Studienplätzen an staatl. und staatl. anerkannten Hochschulen in zulassungsbeschränkten Studiengängen.

Zentralstern, ein sehr heißer Stern im Mittelpunkt eines planetarischen Nebels.

Zentralverwaltungswirtschaft ↑Planwirtschaft.

Zentralwert (Median), in der Statistik ein Mittelwert der Lage; stellt den mittleren der nach der Größe geordneten einzelnen Reihenwerte dar.

Zentrifugalkraft [griech.-lat./lat./dt.] (Fliehkraft, Schwungkraft), bei krummliniger Bewegung eines Körpers (v. a. bei einer Drehbewegung) auftretende Trägheitskraft, die die Richtungsänderung infolge einer real einwirkenden Kraft zu verhindern sucht; die Z. ist dem Betrage nach gleich dieser einwirkenden *Zentripetalkraft,* aber ihr genau entgegengesetzt.

Zentrifuge [griech.-lat.] (Schleuder, Trennschleuder), Gerät zur Trennung *(Zentrifugieren, Schleudern)* von Gemischen (z. B. der Art fest-flüssig, flüssig-flüssig, gasförmig-gasförmig), das die bei Rotation auftretende Zentrifugal-

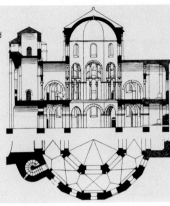

Zentralbau. Aachener Dom, Schnitt (Ost–West) und halbierter Grundriß

kraft ausnutzt. Bei der *Flaschen-* oder *Becher-Z.* (für kleine Mengen) wird das Trenngut in mehrere reagenzglasähnl. Flaschen oder Becher gefüllt. Sehr schnellaufende Becher-Z. werden als *Ultra-Z.* bezeichnet (übl. Drehzahlen 60 000 bzw. 100 000 U/min). – Die *Teller-Z.* besitzen mehrere konische Schleuderbleche, die in rasche Umdrehungen versetzt werden (3 000 bis über 10 000 U/min); die *Sieb[trommel]-Z.* zum Trennen fester und flüssiger Stoffe besitzt eine rotierende, siebähnlich gelochte Trommel, durch deren Löcher die Flüssigkeit herausgeschleudert wird (z. B. Wäscheschleuder).

Zentripetalkraft [griech.-lat./dt.] ↑Zentrifugalkraft.

zentrische Streckung, eine Abbildung der Ebene auf sich, bei der das Zentrum Z der z. S. in sich übergeht und jeder von Z verschiedene Punkt P so auf einen Punkt P' der Geraden ZP abgebildet wird, daß $ZP' = \lambda ZP$ gilt; λ ist der *Ähnlichkeits-* oder *Abbildungsfaktor.*

Zentriwinkel [griech.-lat./dt.], svw. ↑Mittelpunktswinkel.

Zentrum, 1) allg. seit der Mitte des 19. Jh. Bez. für die Abg. und polit. Kräfte, die im Parlament die Plätze zw. der Rechten und der Linken einnehmen und eine mittlere polit. Linie verfechten.

2) die durch Zusammenschluß kath. Abg. im preuß. Landtag und im Reichstag 1870/71 entstandene *Deutsche Zentrumspartei.* Unter der Führung von L. Windthorst überstand das Z. den von

Zenturie

Ferdinand Graf von Zeppelin

Frits Zernike

Bismarck angestrengten ↑Kulturkampf; in dessen Verlauf entwickelte es sich zum Kern der Opposition der kath. Minderheit gegen die kleindt.-preuß. Staatsstruktur, erlangte aber nach 1890 eine parlamentar. Schlüsselstellung. Im 1. Weltkrieg verfocht es zunächst den Siegfrieden, unter dem Einfluß M. Erzbergers ab 1917 einen Verständigungsfrieden; 1918 erfolgte die Abspaltung der Bayer. Volkspartei. Das Z. lehnte die Novemberrevolution ab, schloß sich aber der Weimarer Koalition an. Bis 1932 in allen Reichsregierungen vertreten, stellte es die Reichskanzler K. Fehrenbach, J. Wirth, W. Marx und H. Brüning. Nach der Machtergreifung Hitlers stimmten die Z.-Abg. dem Ermächtigungsgesetz zu; im Juli 1933 löste sich das Z. zwangsweise selbst auf. Die Neugründung eines linksorientierten Z. 1945 hatte nur regionale Erfolge (v. a. in NRW).

Zenturie [...i-ə; lat.] (Centurie), Einheit der röm. Armee von 60 (urspr. 100) Mann unter einem *Zenturio*; 60 Z. machten eine ↑Legion aus. Die Z. waren Grundlage der Zenturiatkomitien bei der Wahl der Beamten mit Imperium und der Entscheidung über Krieg und Frieden.

Zeolithe [griech.], Gruppe feldspatähnl., meist farbloser, weißer oder schwach gefärbter, säulignadeliger bis tafeliger Minerale, die zu den Tektosilicaten gehören. Chem. allg.

$$(Me_2^I, Me^{II}) O \cdot Al_2O_3 \cdot nSiO_2 \cdot mH_2O$$

(Me^I Alkali-, Me^{II} Erdkaliionen); Mohshärte 3–5; Dichte 2,08–2,7 g/cm³. Ihre Alkali- und Erdalkaliionen lassen sich bis zu einem gewissen Grad gegen andere Kationen austauschen (↑Ionenaustauscher).

zephalo..., Zephalo... [griech.] (zephal..., Zephal..., cephal[o]..., Cephal[o]..., kephal[o]..., Kephal[o]...), Bestimmungswort von Zusammensetzungen mit der Bedeutung »Kopf, Spitze«.

Zephanja (Sophonias), der neunte der zwölf sog. Kleinen Propheten des AT; predigte vor 622 v. Chr. unter König Josia von Juda.

Zephir [griech.-lat.] (Zephyr), dichterisch für: milder [Süd]westwind.

Zeppelin, Ferdinand Graf von ['tsɛpəli:n], * Konstanz 8. 7. 1838, † Berlin 8. 3. 1917, dt. Luftschiffkonstrukteur. Württemberg. Offizier; widmete sich nach 1891 dem Luftschiffbau und konstruierte das erste (nach ihm ben.) lenkbare Starrluftschiff LZ 1 (Start 1900), dem über 100 weitere *Zeppeline* folgten. 1909 gründete Z. die Luftschiffbau Z. GmbH, Friedrichshafen. Seine Mitarbeiter (u. a. Ludwig Dürr [*1878, †1956], H. Eckener) führten sein Werk nach seinem Tode fort.

Zepter [griech.] (veraltet Szepter), Herrscherstab; im MA zunächst Symbol kaiserl. bzw. königl., später auch fürstl. Gewalt (insbes. Gerichtsgewalt).

Zepterlehen ↑Lehnswesen.

Zerberus (Cerberus, Kerberos), in der griech. Mythologie der dreiköpfige Wachhund an den Pforten der Unterwelt.

Zerbst, Kreisstadt an der Nuthe, Sa.-Anh., 17 800 E. Ehem. Klosterkirche (um 1252, heute Heimatmuseum), frühbarockes Schloß (17. Jh.), Roland (1445). – 1603–1793 bestand ein eigenes Ft. Anhalt-Zerbst.

zerebral [lat.], das Gehirn betreffend.

Zeremoniell [lat.-frz.], Förmlichkeiten, die bei feierl. Anlässen im staatl. (geregelt im Protokoll) und religiösen Bereich Anwendung finden.

Zerfallsreihe, durch aufeinanderfolgenden Kernzerfall (α- und β-Zerfall) auseinander hervorgehende radioaktive Stoffe bzw. Atomkerne. Natürl. Z. sind die *Thoriumreihe,* die *Uranreihe* (Uran-Radium-Reihe) und die *Actiniumreihe* (Uran-Actinium-Reihe); eine künstlich erzeugte Z. ist die *Neptuniumreihe.*

Zerkarie [...i-ə; griech.] (Cercaria), Entwicklungsstadium (Generation) bei Saugwürmern der Ordnung Digenea; unterscheidet sich v. a. durch einen Ruderschwanz und die unvollkommen entwickelten Geschlechtsorgane von den erwachsenen Tieren.

Zermatt, Gem. im schweizer. Kt. Wallis, am N-Fuß des Matterhorns, 3 700 E. Wintersportort.

Zermatten, Maurice [frz. zɛrmaˈtɛn], * Saint-Martin (Wallis) 22. 10. 1910, schweizer. Schriftsteller. Schreibt in frz. Sprache mit im bäuerl. Milieu angesiedelte psycholog. Romane (»... denn sie wissen nicht, was sie tun«, 1958).

Zernike, Frits, eigtl. Frederik Z., * Amsterdam 16. 7. 1888, † Naarden 10. 3.

1966, niederl. Physiker. Bedeutende Arbeiten zur Wellenoptik. Entwicklung des Phasenkontrastmikroskops, wofür er 1953 den Nobelpreis für Physik erhielt.

Zero ['ze:ro; arab.-frz. »null«], 1957–67 bestehende Künstlervereinigung in Düsseldorf (Heinz Mack [* 1931], Otto Piene [* 1928], 1960 G. Uecker), deren Mgl. wichtige Beiträge v. a. zur ↑kinetischen Kunst und zur Lichtkunst leisteten.

Zerodur ® ↑Glaskeramik.

Żeromski, Stefan [poln. ʒɛˈrɔmski], Pseud. Maurycy Zych, * Strawczyn bei Kielce 1. 11. 1864, † Warschau 20. 11. 1925, poln. Schriftsteller. Bes. bekannt sind seine Romane »Die Heimatlosen« (1900), »In Schutt und Asche« (1904) und »Vorfrühling« (1924).

Zerrung, in der *Medizin* meist akute (ruckartige) Überdehnung von Elementen des Bewegungsapparats mit von Schmerzen begleiteten Feinbauschäden.

Zersetzung, die (unerwünschte) Veränderung von Struktur und chem. Zusammensetzung eines Stoffs durch Wärme, elektr. Strom (↑Elektrolyse), Chemikalien oder Einwirkung von Mikroorganismen.

Zerstäuber, Vorrichtung zum Zerstäuben von Flüssigkeiten (Zerteilung in feinste Tröpfchen, Herstellung eines Aerosols); Anwendung u. a. beim Vergaser, bei Spritzpistolen, beim Parfüm-Z. und beim Atomiseur. Z. arbeiten im Ggs. zum Spray ohne Treibgase.

Zerstörer, mittelgroßes, vielseitig einsetzbares, schnelles und wendiges Kampfschiff (Länge 120 bis 170 m, 30–35 kn, 3 000 bis 8 000 ts), meist mit Mischbewaffnung aus Artillerie (bis 15 cm Kaliber), Torpedos (bis 10 Rohre) und Flugkörperstartern sowie modernsten Ortungs- und Feuerleitgeräten. Aufgaben: Geleitschutz, Flugabwehr und U-Jagd.

Zerstrahlung (Dematerialisation), die beim Zusammentreffen eines Elementarteilchens mit seinem Antiteilchen erfolgende vollständige Umsetzung ihrer Massen in elektromagnet. Strahlungsenergie.

Zertifikat [lat.], 1) allg. svw. Bestätigung.
2) in der *Erwachsenenbildung* Bescheinigung eines erfolgreichen Abschlusses von Weiterbildungskursen der Volkshochschulen oder von Fernunterrichtskursen.

Zerussit [lat.] (Cerussit, Weißbleierz), Mineral, durchsichtig bis durchscheinend, farblos oder weiß, grau, gelb, braun, auch schwarz, mit fettigem Glanz; chem. $PbCO_3$. Mohshärte 3–3,5; Dichte 6,4–6,6 g/cm^3; wichtiges Bleierz.

zervikal [lat.], 1) den Nacken, Hals betreffend.
2) den Gebärmutterhals betreffend.

Zervikalsyndrom (Halswirbelsäulensyndrom), durch Bandscheibenvorfall im Bereich der Halswirbelsäule bzw. Teilverrenkung des Atlantookzipitalgelenks bedingtes akutes oder mit chron. Erkrankungen der Halswirbelsäule einhergehendes chron. Syndrom; u. a. mit Nacken- und Kopfschmerz, Parästhesien, Muskelschwäche und Lähmungserscheinungen.

Zesen, Philipp von (seit 1653), latin. Caesius, Pseud. Ritterhold der Blaue, * Priorau bei Bitterfeld 8. 10. 1619, † Hamburg 13. 11. 1689, dt. Dichter. Mgl. der »Fruchtbringenden Gesellschaft«; bed. Lyriker (u. a. »Dichter. Rosen- und Liljenthal«, 1670) und Erzähler (u. a. »Adriat. Rosemund«, 1645) des Barock; schrieb auch eine Poetik (»Hochdt. Helikon«, 1640).

Zession [lat.], svw. ↑Abtretung.

Zessionar [lat.], der (neue) Gläubiger, an den ein (alter) Gläubiger (Zedent) eine Forderung abgetreten hat.

Zeta [griech.], 7. Buchstabe des urspr., 6. des klass. griech. Alphabets mit dem Lautwert [zd] (später [dz] und [z]): Z, ζ.

Zetkin, Clara, geb. Eißner, * Wiederau bei Rochlitz 5. 7. 1857, † Archangelskoje 20. 6. 1933, dt. Politikerin. Zunächst Sozialdemokratin; baute die sozialist. Frauenbewegung auf; 1882–90 im Exil; 1891–1917 Hg. der Zeitschrift »Die Gleichheit«; Mitbegründerin der Spartakusgruppe und der USPD; 1917 bis 29 Mgl. des ZK der KPD; 1920–33 MdR; 1932 Alters-Präs. des Reichstags.

Zeuge, Person, die einen tatsächl. Vorgang persönlich wahrgenommen hat und hierüber Auskunft geben kann. Bes. Bedeutung hat die Z. als Beweismittel in gerichtl. Verfahren. Der *Zeugenbeweis* ist in allen Verfahrensordnungen vorgesehen. Einer gerichtl. Ladung

Clara Zetkin

Zeugenberg

Zeughaus in Berlin, Unter den Linden (1695–1706)

haben Z. grundsätzlich Folge zu leisten, zwangsweise Vorführung ist möglich. Der Z. ist verpflichtet, vollständig und wahrheitsgemäß auszusagen (hierüber ist er vor der Vernehmung zu belehren), andernfalls kann er u. a. wegen Meineids, fahrlässigen Falscheids oder uneidl. Falschaussage bestraft werden. Die Aussagepflicht des Z. wird durch ↑Zeugnisverweigerungsrecht und Auskunftsverweigerungsrechte begrenzt. Der Z. hat einen gesetzl. Anspruch auf Entschädigung für Verdienstausfall und Aufwendungen. – Im übrigen werden Z. herangezogen bei der Eheschließung und unter bes. Umständen bei der Errichtung eines Testaments.

Zeugenberg, in Schichtstufenländern vor dem Stufenrand isoliert auftretender Berg. Steht er in seinem Sockel mit dem Gestein der Schichtstufe in Verbindung, wird er *Auslieger* genannt.

Zeugen Jehovas (früher auch Russeliten, bis 1931 Ernste Bibelforscher), auf den Pittsburgher Kaufmann C. T. Russell, der für 1874 oder 1878 (dann auch für 1914, 1918, 1925) die Wiederkunft Christi erwartet hatte, zurückgehende eschatolog. Religionsgesellschaft. 1881 gründete er die »Zion's Watch Tower Tract Society« als Geschäftsfirma, die dann das organisator. Rückgrat der Bewegung wurde; heute »Watch Tower Bible and Tract Society« (in der BR Deutschland »Wachtturm Bibel- und Traktatgesellschaft, Dt. Zweig, e. V.«). 1916 machte der Jurist Joseph Franklin Rutherford (*1869, †1942) aus den Bibelforschern die aktivist. Missionstruppe »Jehovas Zeugen«. Die Z. J. wirken seit 1903 auch in Deutschland. Vom nat.-soz. Regime wurden die Z. J. verboten; etwa 6000 Z. J. kamen in Konzentrationslager, v. a. wegen Kriegsdienstverweigerung.

Zeughaus (Arsenal), früher Gebäude, in dem Kriegsmaterial aufbewahrt wurde. Urspr. reine Nutzbauten, seit der Renaissance Repräsentativbauten, u. a. in Augsburg (von E. Holl, 1600 bis 1607), Dresden (Albertinum, 1559 ff.) und Berlin (1695–1706).

Zeugnis, 1) *allg.:* urkundl. Bescheinigung. Bei Beendigung eines Dienst- bzw. Arbeitsverhältnisses vom Arbeitgeber dem Arbeitnehmer auszustellende schriftl. Bestätigung über Art und Dauer der Beschäftigung sowie, auf Verlangen des Arbeitnehmers, auch über Führung und Leistungen des Arbeitnehmers.

2) *Pädagogik:* (Schul-Z.) Beurkundung des Leistungsstandes eines Schülers auf Grund der Beurteilung durch die Lehrkräfte. Während eines Schuljahres gibt es ein Zwischen-Z., an seinem Ende ein Z., das die Versetzung in die folgende Klasse regelt; beim Kurssystem (Gesamtschule, Oberstufe der Gymnasien) werden die Leistungen der Halbjahreskurse bewertet. Das *Abiturzeugnis* setzt sich je zu einem Drittel aus den Grund- und Leistungskurspunkten und den (schriftl. und mündl.) Prüfungsergebnissen der Abiturprüfung selbst zusammen.

Zeugnisverweigerungsrecht, das in allen Verfahrensordnungen geregelte Recht, entgegen der an sich bestehenden Aussagepflicht des Zeugen das Zeugnis zu verweigern. Wegen *persönl. Beziehungen* hat ein Z., wer mit einem Prozeßbeteiligten bzw. (im Strafprozeß) mit dem Angeklagten verlobt, verheiratet (auch nach Ehescheidung), verwandt oder verschwägert ist. Ein Z. *zur Wahrung des Berufsgeheimnisses* steht insbes. Geistlichen, Anwälten, Steuerberatern und Steuerbevollmächtigten, Ärzten, Abgeordneten, Redakteuren und Journalisten, beim Strafprozeß dem Verteidiger des Beschuldigten zu.

Zeugung, die Hervorbringung eines Lebewesens durch Befruchtung, der meist eine Begattung vorausgeht.

Zeugungsfähigkeit ↑Potenz.

Zeugungsunfähigkeit ↑Impotenz.

Zeus, in der griech. Mythologie der höchste Gott der Griechen, Sohn des Kronos und der Rhea, Bruder und Gemahl der Hera. Z. stürzt mit Hilfe seiner Brüder Poseidon und Hades die Herrschaft der Titanen und teilt mit seinen Brüdern die Welt: Jene erhalten die Herrschaft über Meer und Unterwelt, Z. über Himmel und Erde. Z. ist der Urheber von Blitz und Donner, wacht auch über Gerechtigkeit und Gleichgewicht im sozialen und sittl. Bereich, v. a. auch über die Einhaltung von Eid und Vertrag. Zeichen seiner Allmacht ist seine unerschöpfl. Zeugungskraft.

Zeven ['tse:vən], Stadt an der Aue, Ndsachs., 10 100 E. – Im Siebenjährigen Krieg erzwang Frankreich in der *Konvention von Kloster Z.* (8. 9. 1757) die Auflösung der engl. Festlandsarmee; damit blieb Hannover in frz. Hand.

Zhao Ziyang [chin. dʒaʊ -] (Chao Tzuyang), *bei Hua Xian (Prov. Henan) 1919, chin. Politiker. Ab 1950 KPCh-Funktionär in Süd-China; 1967–71 aller Funktionen enthoben; ab 1973 ZK-Mgl., ab 1977/79 Kandidat bzw. Voll-Mgl. des Politbüros, ab 1980 in dessen Ständigem Ausschuß; 1980–87 Min.-Präs.; Jan. 1987 bis Mai 1989 Generalsekretär des ZK der KPCh; im Zuge der Studentenunruhen des Mai 1989 aller seiner Funktionen enthoben.

Zhejiang [chin. dʒe...] (Tschekiang), chin. Prov. am Ostchin. Meer, 101 800 km², 40,084 Mio. E, Hauptstadt Hangzhou.

Zhengzhou [chin. dʒe...] (Tschengtschou), Hauptstadt der chin. Prov. Henan, in der Großen Ebene, 1,61 Mio. E. Univ.; u. a. Textilmaschinenbau. – Eine der ältesten Großstädte Chinas.

Zhou Enlai [chin. dʒɔʊ -] (Chou Enlai), *Huai'an (Prov. Jiangsu) 1898, † Peking 8. 1. 1976, chin. Politiker. Studierte u. a. in Paris, Göttingen und Berlin; 1921 Mitbegründer der KPCh; nahm 1934/35 am »Langen Marsch« teil; 1935 Vertreter Maos; ab 1949 Min.-Präs. (Vors. des Staatsrates) und 1949–58 zugleich Außen-Min. der VR China; ab 1969 Mgl. des Ständigen Ausschusses des Politbüros der KPCh; vertrat China bei den wichtigen außenpolit. Verhandlungen.

Zhu Rongji [chin. dʒ... -], *Changsha (Prov. Hunan) 1. 10. 1928, chin. Politiker. Ingenieur; 1988–91 Oberbürgermeister von Schanghai; seit 1991 stellv. Min.-Präs.; seit 1987 Mgl. des ZK, seit 1992 Mgl. des Politbüros (zugleich in dessen ständigem Ausschuß) der KPCh.

Zia ul-Haq, Mohammed [ziːɐ ːul'hæk], *Jalandhar 1924, † bei Bahawalpur 17. 8. 1988 (Flugzeugabsturz), pakistan. Offizier und Politiker. 1976 Stabschef des Heeres; übernahm durch einen Putsch gegen Präs. Z. A. Bhutto am 5. 7. 1977 als »Oberster Kriegsrechtsadministrator« die Macht; ab 1978 Staatspräsident; verfolgte eine Politik der Islamisierung.

Mohammed Zia ul-Haq

Zibetkatzen (Viverrinae), Unter-Fam. schlanker, meist auf hellerem Grund dunkel gefleckter oder gezeichneter Schleichkatzen mit rd. 20 Arten in unterschiedl. Lebensräumen S-Europas, Afrikas sowie S- und SO-Asiens; nachtaktive Raubtiere, die ihre Reviere mit einem Duftstoff *(Zibet)* markieren. Zu den Z. gehören u. a. ↑Ginsterkatzen und die *Echten Z.* mit der *Ind. Z.* (Zibete; in Hinterindien, Malakka, SO-Asien; Körper bis 80 cm lang, grau, mit dunkler Zeichnung) und der *Afrikan. Z.* (Civette; in Afrika weit verbreitet; Körper etwa 70 cm lang).

Ziborium [griech.-lat.] (Ciborium), **1)** *Baukunst:* ein auf Säulen ruhender Altarüberbau in Gestalt eines Baldachins (seit frühchristl. Zeit).
2) *kath. Kirche:* (Speisekelch) seit dem Spät-MA Bez. für den Kelch, den der Zelebrant bei der Eucharistiefeier benutzt.

Zichorie [...i-ə; griech.-lat.-italien.], svw. ↑Wegwarte.

Zick, 1) Januarius, *München 6. 2. 1730, † Ehrenbreitstein (heute zu Koblenz) 14. 11. 1797, dt. Maler. Schüler seines Vaters Johannes Z.; 1758 bei A. R. Mengs in Rom; Fresken (ehem. Abteikirche in Wiblingen bei Ulm, 1778 bis 1780), Porträts und Genrebilder.

Zibetkatzen. Afrika-Zibet-Katze (Kopf-Rumpf-Länge bis über 80 cm; Schwanzlänge 45 cm)

Ziegel

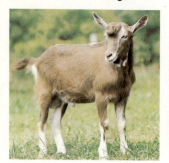

Ziegen. Links: Bunte Deutsche Edelziege ◆ Rechts: Sattelziege

Ziegenlippe (Hutdurchmesser 5–12 cm)

Ziegenmelker. Europäischer Ziegenmelker

2) Johannes, *Lachen bei Ottobeuren 10. 1. 1702, †Würzburg 4. 3. 1762, dt. Maler. Rembrandt-Nachfolge im Rokoko. Fresken im Schloß in Bruchsal (1751–54, erneuert).

Ziegel [lat.], svw. Mauerziegel oder Dachziegel, i. w. S. auch Bez. für Klinker u. a. grobkeram. Erzeugnisse der Baukeramik.

Ziegen, mit den Schafen eng verwandte Gatt. wiederkäuender Paarhufer mit nur vier rezenten Arten, v. a. in Gebirgen Eurasiens und N-Afrikas; mittelgroße, geschickt kletternde Tiere, deren Männchen einen Kinnbart und große, meist türkensäbelförmig nach hinten gekrümmte Hörner tragen (Hörner der Weibchen klein). Wildlebende Z. *(Wild-Z.)* sind außer dem ↑Steinbock: *Bezoar-Z.,* etwa 1,2–1,6 m lang und bis 1 m schulterhoch, in Vorderasien und auf den griech. Inseln, Hörner der Männchen 0,8–1,3 m lang, Fell rötlich- bis braungrau; Stammform der Haus-Z.; *Span. Steinbock,* etwa 1 m (Weibchen) bis 1,4 m (Männchen) lang und bis 0,75 m schulterhoch, in span. Hochgebirgen; Fell im Sommer hell- bis rotbraun, im Winter graubraun; *Markhor,* 1,4–1,7 m lang und über 1 m schulterhoch, im Himalayagebiet und benachbarten Hochgebirgen. – Die hornlose, 75–85 cm schulterhohe *Bunte Deutsche Edelziege* wird v. a. in Süddeutschland gezüchtet; die *Sattelziege* (auch *Walliser-Z.*) v. a. im schweizer. Kanton Wallis.

Ziegenbart, svw. ↑Keulenpilz.

Ziegenlippe (Filziger Röhrling, Mooshäuptchen), von Juni bis Okt. an moosigen Waldrändern der Laub- und Nadelwälder häufig wachsender, meist einzelnstehender Speisepilz; Hut 5–12 cm breit, halbkugelig bis flach, samtigweichfilzig, gelblich bis olivbraun, alt mit feldartig zerrissener Oberfläche, Röhren leuchtend zitronengelb.

Ziegenmelker (Caprimulgidae), Fam. bis 40 cm langer Nachtschwalben mit rd. 70 Arten, v. a. in Wäldern und Savannen der trop. bis gemäßigten Regionen der Alten und Neuen Welt; dämmerungs- und nachtaktive Vögel; einheimisch ist der *Europ. Z.* (Europ. Nachtschwalbe), etwa amselgroß; Gefieder oberseits baumrindenartig gefärbt, unterseits grau quergebändert.

Ziegenpeter, svw. ↑Mumps.

Ziegler, Karl Waldemar, *Helsa bei Kassel 26. 11. 1898, †Mülheim a. d. Ruhr 11. 8. 1973, dt. Chemiker. Entwickelte ein bei Normaldruck ablaufendes Polymerisationsverfahren für Äthylen in Gegenwart metallorgan. Mischkatalysatoren; 1963 (zus. mit G. Natta) Nobelpreis für Chemie.

Ziehen, Umformverfahren (Formgebung der Werkstücke durch reine Zugkräfte); Anwendung in der Blechverarbeitung zur Herstellung von Gefäßen, Rohren und Drähten sowie in der Kunststoffverarbeitung.

Ziehharmonika, einfache ↑Handharmonika.

Ziehrer, Carl Michael, *Wien 2. 5. 1843, †ebd. 14. 11. 1922, österr. Operettenkomponist und Dirigent. Neben 22 Operetten etwa 600 Tänze und Märsche.

Ziehungsrechte, den Ländern, die dem Internat. Währungsfonds (IWF) angehören, zustehende Rechte, Auslands-

Zigeuner

währung für einen bestimmten Zeitraum zu beziehen, wobei im Austausch eigene Währung an den Fonds gegeben werden muß.

Zielfunktion ↑Optimierung.

Zielgruppe, Teil der Gesamtbevölkerung, der von einer publizist. Aussage (z. B. Werbekampagne) oder einem bes. Warenangebot erreicht werden soll.

Zielkauf, Kauf, bei dem die Rechnung erst nach Lieferung der Ware zu einem bestimmten Zeitpunkt zur Zahlung fällig wird.

Zierfandler, svw. ↑Silvaner.

Zierfische, Süßwasser- oder Meeresfische, die wegen ihrer Färbung, Gestalt oder bes. Lebensweise in Aquarien gehalten werden.

Zierpflanzen ↑Kulturpflanzen.

Ziersalmler (Bleistiftfische, Nannostominae), Unter-Fam. etwa 4–7 cm langer, schlanker, bunt gezeichneter Knochenfische; Fortbewegung auffallend ruckartig; Warmwasseraquarienfische.

Ziesel [slaw.], Gatt. etwa 15–40 cm (einschließlich Schwanz bis 65 cm) langer Nagetiere (Fam. Hörnchen) mit rd. 30 Arten, v. a. in wüsten-, steppen- und präriartigen Landschaften Eurasiens und N-Amerikas; legen umfangreiche Erdbaue an; halten je nach Klima Winterschlaf, einige Arten auch Sommerschlaf. In Europa kommen vor: *Schlicht-Z.* (Ziesel i. e. S., Einfarbziesel; etwa 20 cm lang, Fell graubraun) und *Perl-Z.* (rd. 20–25 cm lang, Körperoberseite braun mit weißl., perlförmiger Fleckenzeichnung).

Ziest [slaw.], Gatt. der Lippenblütler mit rd. 200 Arten in den gemäßigten Zonen; einjährige oder ausdauernde Kräuter, Halbsträucher oder Sträucher; einheimisch ist u. a. der 0,2–1,2 m hohe *Sumpfziest,* Blüten rötlich, mit rot und weiß gefleckter Unterlippe.

Zieten (Ziethen), Hans Joachim von, *Wustrau bei Neuruppin 24. 5. 1699, † Berlin 26. 1. 1786, preuß. Reitergeneral (seit 1760). Zeichnete sich im 2. Schles. Krieg und im Siebenjährigen Krieg aus; entschied die Schlacht bei Torgau (1760).

Ziffer [arab.-lat.] (Zahlzeichen), Zeichen zur schriftl. Darstellung einer Zahl; die heute allg. übl. Z. sind die zehn arab. Ziffern des ↑Dezimalsystems (1, 2, 3, ..., 9, 0).

Zigarette [span.-frz.], im wesentlichen aus feingeschnittenem Tabak bestehendes Genußmittel zum Rauchen, das zum überwiegenden Teil maschinell hergestellt wird; daneben können Z. auch aus Feinschnittabak und Z.papier bzw. Hülsen angefertigt (»gedreht« bzw. »gestopft«) werden. Zur Herstellung von *Filter-Z.* wird zw. je zwei Z. ein doppelt langer Filterstab (v. a. aus Zelluloseacetat) eingefügt, mit dem Mundstückpapier umklebt und anschließend in zwei Filter-Z. zerteilt.

Zigarillo [span.-frz.], dünne, meist an beiden Enden offene Zigarre oder dünner Stumpen.

Zigarre [span.-frz.], Genußmittel zum Rauchen aus Tabak; zur Herstellung wird aus grobgeschnittenem oder gerissenem Tabak durch Zusammendrehen eine Einlage *(Wickel* oder *Puppe)* gebildet, die dann in die gewünschte Form gedrückt und anschließend in bes. Tabakblätter (zunächst das *Umblatt,* dann das *Deckblatt*), heute vielfach auch in eine Folie aus gemahlenem Tabak eingeschlagen wird.

Zigeuner, im dt. Sprachraum verbreitete Benennung für die Angehörigen einer (mit Ausnahme SO- und O-Asiens) weltweit verbreiteten ethn. Minderheit ind. Herkunft, die wohl zw. 800 und 1000 n. Chr. durch das Einströmen arab. Volksstämme zur Auswanderung gezwungen war. Die kulturelle Identität gründet in der eigenen Sprache (↑Romani), in der eigenständigen Auseinandersetzung mit der Kultur der Mehrheitsbevölkerung und in der Erfahrung jahrhundertelanger Verfolgung. Der Begriff Z. geht vermutlich auf griech. thingánein (»berühren«) zurück; als atsínganoi bzw. athínganoi (»Unberührbare«) wurden im Byzantin. Reich die Mgl. einer sektierer. Gruppe in Phrygien und Lykaonien bezeichnet. Die Bez. Z. wird von Teilen der Z. als diskriminierend abgelehnt.

Die große Mehrheit der Vorfahren der heutigen europ. Z. ließ sich zw. dem 11. und 14. Jh. auf dem Balkan (↑Roma), im Mittleren Osten und in Osteuropa nieder. Von dort aus erreichten einige kleinere Wanderzüge zw. 1400 und 1500 Westeuropa. Seit Beginn der Neuzeit kam es zu einer Reihe von Verfolgungen der Z. sowie zu ihrer Vertreibung.

Ziesel. Perlziesel

3919

Zikaden

Heinrich Zille

Damit bildeten sich seit dem 16./17. Jh. in nahezu jedem Land Westeuropas kleinere »nat.« Bevölkerungsgruppen von Z., z. B. in Frankreich die *Manouches* (z. T. auch Sinti gen.), in Großbritannien die *Gypsies*, in Polen die *Kalderasch*, in Spanien die *Cále* (auch *Gitanos* gen.) und in Deutschland die ↑Sinti. Ihren Höhepunkt erreichten die Verfolgungen der Z. in Deutschland während der nat.-soz. Terrorherrschaft. Seit 1935 galten die Z. nicht mehr als Reichsbürger. Bereits ab 1936 erfolgte die zwangsweise Unterbringung der Z. in Sammellagern, 1940 die Deportation von Polen, ab 1942 wurden sie in KZ verschleppt, wo sie dem Völkermord zum Opfer fielen. In Europa kamen durch diese Verfolgungen rd. 500 000 Z. ums Leben.

Nach 1945 wurde den Z. eine volle Wiedergutmachung vorenthalten, da sie nach einem Urteil des Bundesgerichtshofs erst ab 1. 3. 1943 als rassisch verfolgt anzusehen seien. Die ab 1956 gegründeten Bürgerrechtsgruppen und Verbände der Z. sind seit 1982 im Zentralrat Dt. Sinti und Roma (Sitz Heidelberg) zusammengefaßt. In Deutschland leben schätzungsweise etwa 40 000 Sinti und 20 000 Roma überwiegend kath. Konfession. Weltweit wird die Gesamtzahl auf bis 12 Mio. geschätzt.

Zikaden [lat.] (Zirpen, Cicadina), mit rd. 35 000 Arten weltweit verbreitete Unterordnung 0,1–18 cm spannender Insekten, davon ca. 400 Arten einheimisch; Pflanzensauger mit stechend-saugenden Mundwerkzeugen sowie (als Imagines) mit zwei Paar in Ruhestellung dachförmig über dem Hinterleib zusammengelegten Flügeln; die Männchen vieler Z. erzeugen mit Hilfe von Trommelorganen am Hinterleib artspezif. Schrill- und Zirplaute.

Zikkurat (Zikurrat), babylon. Bez. für den abgestuften Tempelturm der Architektur Mesopotamiens und Elams. Seit Mitte des 3. Jt. v. Chr. lag der Tempel auf mehreren Terrassen (Stufenturm), auf die man über Freitreppen gelangte. Die Außenwände waren mit Ziegeln verkleidet. Gut erhalten die Z. von Ur.

Zilahy, Lajos ['zilɔhi], *Nagyszalonta (heute Salonta bei Oradea) 27. 3. 1891, † Novi Sad 1. 12. 1974, ungar. Schriftsteller. Gehörte im 2. Weltkrieg der Widerstandsbewegung an; 1947 Emigration, lebte zuletzt in den USA, schrieb seitdem vorwiegend in engl. Sprache; hinterließ ein bed. Romanwerk. – *Werke:* Tödl. Frühling (1922), Die Seele erlischt (1932), Die Dukays (1947), Der Engel des Zorns (1953), Im Herzen des Waldes (1959).

Zilcher, Hermann, *Frankfurt am Main 18. 8. 1881, † Würzburg 1. 1. 1948, dt. Pianist und Komponist. U. a. Oper »Doktor Eisenbart« (1922).

Ziliarmuskel [lat.] ↑Auge.

Zilien [...i-ən; lat.] (Cilien, Wimpern, Flimmern), in der Grundstruktur mit den Geißeln übereinstimmende, jedoch sehr viel kürzere, feinere und in größerer Anzahl ausgebildete Zellfortsätze (Organellen), die durch rasches Schlagen der Fortbewegung der Organismen, dem Herbeistrudeln von Nahrung oder im Körper- bzw. Organhohlräumen (z. B. in Atem-, Exkretions- und Geschlechtskanälen) dem Transport von Partikeln und Flüssigkeiten dienen.

Zille, Heinrich, *Radeburg bei Dresden 10. 1. 1858, † Berlin 9. 8. 1929, dt. Zeichner und Maler. Mit ausgeprägtem Sinn für Situationskomik schilderte er (teils in scharfer satir. Anklage) das Milieu der Berliner Arbeiterviertel. Ab 1895 entstanden zahlr. Photographien von den Straßen Berlins.

Zillertal, Talschaft des Zillers (rd. 50 km langer, rechter Nebenfluß des Inn) ab Mayrhofen, Tirol.

Zillertaler Alpen, Teil der Zentralalpen zw. Brenner (im W) und Birnlücke (Österreich, Italien), bis 3510 m hoch.

Zillig, Winfried, *Würzburg 1. 4. 1905, † Hamburg 18. 12. 1963, dt. Komponist

Heinrich Zille. »Mit dem Orje vakehre ick nich mehr. Der is schon dreizehn Jahr und jloobt noch an den Klapperstorch«; Federzeichnung (1906; Berlin, Zillemuseum)

Zimtbaum

und Dirigent. Komponierte u. a. die Opern »Die Windsbraut« (1941), »Troilus und Cressida« (1951), Orchesterwerke, Kammermusik; auch Schauspiel- und Filmmusiken.

Zilpzalp ↑Laubsänger.

Zimbeln, kleine, abgestimmte Becken, die entweder paarweise gegeneinander oder mit einem Schlegel einzeln angeschlagen werden.

Zimbelstern, mechan. Register der barocken Orgel, ein im Prospekt angebrachter Stern, der mit Schellen besetzt ist.

Zimelie [...i-ə] (Cimelie, Zimelium, Cimelium) [griech.-lat.], wertvoller Besitz antiker oder mittelalterl. Herkunft in einer Bibliothek oder in einer [kirchl.] Schatzkammer.

Zimmeraralie [...i-ə], Gatt. der Araliengewächse mit einer einzigen, in Japan heim. Art; immergrüner, 2–5 m hoher Strauch mit tief gelappten, glänzenden Blättern, weißen Blüten und schwarzen Beerenfrüchten; Zimmerpflanze.

Zimmerkalla, Gatt. der Aronstabgewächse mit acht Arten in S-Afrika; Sumpfpflanzen; eine Art mit weißer Blütenscheide und gelbem Blütenkolben ist eine beliebte Zimmerpflanze.

Zimmerlinde, Gatt. der Lindengewächse mit drei Arten im trop. und südl. Afrika; eine Art mit großen, herzförmigen Blättern und weißen Blüten wird als Zimmerpflanze kultiviert.

Zimmermann, 1) Bernd (Bernhard) Alois, *Bliesheim (heute zu Erftstadt) 20. 3. 1918, †Königsdorf (heute zu Köln) 10. 8. 1970, dt. Komponist. Sein Werk umfaßt u. a. die Oper »Die Soldaten« (1965; nach J. M. R. Lenz), die Konzerte für Violine (1950), Oboe (1952), Trompete (1954), Kammer- und Klaviermusik.

2) Dominikus, *Gaspoint (heute zu Wessobrunn) 30. 6. 1685, †Steingaden 16. 11. 1766, dt. Baumeister. Schuf die Wallfahrtskirche in Steinhausen (1727 bis 1733), die Liebfrauenkirche in Günzburg (1736–41) und die Wieskirche (1745–54), ein Hauptwerk des Rokoko.

3) Johann Baptist, *Wessobrunn 3. 1. 1680, †München 2. 3. 1758, dt. Stukkator und Maler. Mitarbeiter seines Bruders Dominikus Z. und von F. Cuvilliés d. Ä. (Nymphenburg, Münchner Residenz).

4) Udo, *Dresden 6. 10. 1943, dt. Komponist. Seit 1986 Leiter des »Dresdner Zentrums für zeitgenöss. Musik«, seit 1990 Intendant der Oper in Leipzig; schreibt v. a. Opern, u. a. »Der Schuhu und die fliegende Prinzessin« (1977; nach P. Hacks), »Die wundersame Schustersfrau« (1982; nach F. García Lorca), »Die Sündflut« (1988; nach E. Barlach); auch Orchesterwerke und Kammermusik.

Zimmerpflanzen, meist aus trop. und subtrop. Gebieten stammende Zierpflanzen, die im Ggs. zu den nur im Gewächshaus kultivierbaren Zierpflanzen relativ unempfindlich sind. *Warmhauspflanzen* benötigen das ganze Jahr Temperaturen zw. 18 und 25 °C. *Kalthauspflanzen* können im Sommer ins Freie gestellt werden und überwintern (in einem hellen Raum) bei 5–10 °C.

Zimmertanne ↑Araukarie.

Zimmertheater, v. a. in der Zeit nach dem 2. Weltkrieg in kleineren Räumen mit Behelfsbühnen ausgestattetes Theater; heute meist kleineres Privattheater.

Zimmerwalder Konferenz, Treffen europ. Linkssozialisten (5.–8. 9. 1915) in Zimmerwald (Kt. Bern), dem die *Kiental-Konferenz* am 24.–30. 4. 1916 in Kiental (Kt. Bern) folgte, die die Arbeiterschaft zu Maßnahmen gegen den Krieg aufforderte.

Zimt [semit.-griech.-lat.] (Echter Zimt), die als Gewürz u. a. für Süßspeisen verwendete Rinde des Ceylonzimtbaums, die von kleineren, bis rd. 2,5 cm dicken (abgeschnittenen) Zweigen gewonnen wird. Die Rinde wird abgeschält und getrocknet. Sie kommt in zusammengerollten, ineinandergesteckten Stücken als *Stangenzimt* oder gemahlen in den Handel. – Wie Z. verwendet wird der *Ceylonzimt* (Kaneel) aus der weißlichgelben Rinde des Zimtrindenbaums (↑Kaneelbaumgewächse).

Zimtbaum, Gatt. der Lorbeergewächse mit über 250 Arten in S-, O- und SO-Asien, Australien und Melanesien; immergrüne Bäume und Sträucher. Die wirtschaftlich wichtigste Art ist der bis 12 m hohe *Ceylon-Z.*; die Rinde des *Chin. Z.* (Zimtkassie) liefert den *Chinazimt* sowie – zus. mit Früchten und Blättern – das *Kassiaöl* (für Gewürze und zur Seifenherstellung). In Taiwan, O-Afrika und auf Ceylon wird der bis 40 m

Zimmeraralie.
Fatsia japonica
(Höhe 2–5 m)

Zimmerkalla

Zincirli

Zinn. Links: Schleifkanne (1483) ♦ Rechts: Rörken (1683; beide Nürnberg, Germanisches Nationalmuseum)

hohe *Kampferbaum* kultiviert (Lieferant des natürl. Kampfers).

Zincirli [türk. zin'dʒirli] (Sendschirli), türk. Dorf am NO-Fuß der Amanos dağları, bei İslâhiye; Ruinenhügel der Hauptstadt *Samal* eines späthethit. Kgr. (um 1200 v. Chr.), seit dem 10. Jh. v. Chr. Sitz einer aramäischen Dynastie, etwa 725 v. Chr. assyr. Prov.; Ausgrabungen (1888–1902) legten Reste der doppelt ummauerten Stadt mit Zitadelle frei.

Zingulum (Cingulum) [lat.], zur liturg. bzw. Standeskleidung des kath. Geistlichen gehörender Gürtel.

Zink, chem. Symbol **Zn**, metall. chem. Element aus der II. Nebengruppe des Periodensystems der chem. Elemente; Ordnungszahl 30; mittlere relative Atommasse 65,39; Dichte 7,133 g/cm³; Schmelztemperatur 419,58 °C; Siedetemperatur 907 °C. Das bläulich-weiße Metall reagiert rasch mit Säuren und Alkalien, ist aber korrosionsbeständig gegen kaltes Wasser und feuchte Luft durch Bildung einer Schutzschicht aus bas. Z.carbonaten. Wichtige Z.minerale sind Galmei, Wurtzit und bes. Z.blende. Z. läßt sich mit zahlr. Metallen legieren; wichtig sind die Z.-Kupfer-Legierungen Messing und Neusilber sowie Gußlegierungen mit 3,5–6 % Aluminium, bis 1,6 % Kupfer und 0,02–0,05 % Magnesium. Z. wird zu Blechen, Drähten und Rohren verarbeitet. Korrosionsgefährdete Metalle (z. B. Eisen) werden elektrolytisch verzinkt. In der Metallurgie wird Z. bei der Gewinnung anderer Metalle, z. B. von Silber durch den Parkes-Prozeß oder von Gold bei der Cyanidlaugung, verwendet. *Zinkoxid* wird als Weißpigment, Füllstoff für Kautschuk, als Puder- oder Salbengrundlage, *Zinkchlorid* für Batterien, als Lötwasser, Desinfiziens und in der Gerbstoffsynthese, *Zinksulfat* zur Konservierung von Holz und Häuten, *Zinksulfid* als Leuchtstoff für Leuchtschirme verwendet. Biolog. Bedeutung hat Z. als wichtiges Spurenelement für Pflanzen, Tiere und Mensch.

Zinkblende (Sphalerit), Mineral, fast metallglänzend, auch von honiggelber *(Honigblende)* und roter Farbe *(Rubinblende);* chem. ZnS. Mohshärte 3,5–4; Dichte 3,9–4,2 g/cm³; wichtiges Zinkerz.

Zinkchlorid ↑Zink.

Zinken, 1) *Gaunersprache:* ein geheimes Zeichen, das der Verständigung untereinander dient.

2) *Kartenspiel:* Zeichen an den von Falschspielern präparierten *(gezinkten)* Spielkarten.

Zinkit (Rotzinkerz), Mineral von blutbis hyazinthroter Farbe; bildet meist körnige und spätige Aggregate. Chem. ZnO; Mohshärte 4,5–5; Dichte 5,4–5,7 g/cm³.

Zinkleimverband, durch Zinkleim, der beim Erkalten fest, aber nicht gipshart wird, versteifter Kompressions- bzw. Stützverband.

Zinkoxid ↑Zink.

Zinksalbe (Unguentum zinci), aus Zinkoxid und Wollfett-Alkohol-Salbe hergestellte desinfizierende und adstringierende Wundsalbe.

Zinkspat ↑Galmei.
Zinksulfat ↑Zink.
Zinksulfid ↑Zink.

Zinn, Georg August, *Frankfurt am Main 27. 5. 1901, † ebd. 27. 3. 1976, dt. Politiker (SPD). 1948/49 Mgl. des Parlamentar. Rats; 1946–49 und 1950–62 hess. Justiz-Min.; 1950–69 Min.-Präs. von Hessen.

Zinn, chem. Symbol **Sn** (von lat. stannum), metall. chem. Element aus der IV. Hauptgruppe des Periodensystems der chem. Elemente; Ordnungszahl 50;

Zinsen

mittlere relative Atommasse 118,71; Schmelztemperatur 231,97 °C; Siedetemperatur 2270 °C. Das silberweiß glänzende, weiche, dehnbare Schwermetall tritt in 3 Modifikationen auf: als tetragonal kristallisierendes β-Zinn (Dichte 7,31 g/cm³), über 162 °C als rhomb. γ-Zinn (Dichte 6,54 g/cm³) und unterhalb 13,2 °C als kub. α-Zinn (Dichte 5,75 g/cm³). Die Umwandlung von β-Z. in α-Z. geschieht in Form sich langsam auf dem Metall ausbreitender dunkler Flecken *(Zinnpest)*. Beständig gegenüber Wasser, Luft sowie u. a. Lebensmittelbestandteilen (daher Z.geschirr); starke Säuren und Laugen greifen Z. an. – Wichtigstes Z.erz ist der Z.stein (Kassiterit); zinnsteinreiche Gesteine werden mechanisch zerkleinert und geschlämmt, das gewonnene Erz (Z.dioxid) wird mit Koks oder Kohle reduziert, das Rohmetall durch Seigern gereinigt. – Z. wird zur Veredlung (Verzinnen) von Eisenblechen (Weißblech) oder als dünne Folie (Stanniol, Z.folie) für Tuben u. ä. verwendet, früher in großen Mengen für Z.geschirr. *Z. legierungen* haben Bedeutung als Bronze, Lagermetall, Letternmetall, Lötzinn. Von den *Z. verbindungen* werden Zinn(II)- und Zinn(IV)-chlorid als Katalysatoren und Färbehilfsmittel, Z.oxide (Z.asche) als Polier- und Trübungsmittel für Milchglas und Email verwendet.

Zinna, ehem. Zisterzienserkloster (1170/1171 gegr., 1553 säkularisiert) in der Gem. *Kloster Zinna* (nördlich von Jüterbog, 1 400 E). Kirche (etwa 1200–20), altes (14. Jh.) und neues Abtshaus (»Fürstenhaus«, 1495).

Zinnchloride ↑Zinn.

Zinne, pfeilerartiger Aufbau auf einer Mauer; bei Wehrbauten in Form von Z.-Reihen *(Zinnenkranz)* mit Zwischenräumen zum Schießen (Scharten).

Zinnemann, Fred [engl. 'zɪnɪmən], *Wien 29. 4. 1907, amerikan. Filmregisseur österr. Herkunft. Ab 1929 in Hollywood; lebt seit den 1960er Jahren in London; drehte nach seinem ersten großen Erfolg »Das siebte Kreuz« (1944; nach dem Roman von A. Seghers) weitere bed. zeit- und gesellschaftskrit. Filme, u. a. »Die Gezeichneten« (1947), »Zwölf Uhr mittags« (1952), »Verdammt in alle Ewigkeit« (1953; nach dem Roman von J. Jones), »Ein Mann zu jeder Jahreszeit« (1966; nach dem Dr. »Thomas Morus« von Robert Bolt [*1924]), »Der Schakal« (1972; nach dem Roman von F. Forsyth), »Julia« (1977), »Am Rande des Abgrunds« (1983).

Zinnie [...i-ə; nach dem dt. Botaniker Johann Gottfried Zinn, *1727, †1759], Gatt. der Korbblütler mit 17 Arten in Amerika; die als Gartenzierpflanzen beliebten Zuchtformen haben teilweise oder vollständig in Zungenblüten umgewandelte Scheibenblüten.

Zinnkraut ↑Schachtelhalm.

Zinnober [pers.-griech.-provenzal.] (Cinnabarit, Zinnabarit), Mineral von meist roter, auch braunroter, schwarzer oder bläul.-metall. (Stahlerz) Farbe. Chem. HgS; Mohshärte 2–2,5; Dichte 8,1 g/cm³; wichtiges Quecksilbermineral.

Zinnober (derb)

Zinnstein (Kassiterit, Cassiterit), Mineral von brauner oder braunschwarzer Farbe und blendenartigem Glanz. Chem. SnO_2; Mohshärte 7; Dichte 6,8–7,1 g/cm³.

Zinsabschlagsteuer, umgangssprachl. Bez. für eine Form der Kapitalertragssteuer auf Zinseinkünfte. Mit Wirkung zum 1. 1. 1993 werden Kapitalerträge (v. a. Zinsen, Dividenden) oberhalb neu festgesetzter, durch Freistellungsauftrag des Anlegers beantragter Sparer-Freibeträge (Alleinstehende 6 000 DM, Ehepaare 12 000 DM Kapitalerträge pro Jahr) durch die Kreditinstitute steuerlich erfaßt; oberhalb dieser Grenzen werden von allen ausgezahlten Kapitalerträgen durch die den Kapitalertrag auszahlende Stelle 30 % (bei Tafelgeschäften 35 %) einbehalten und als Abschlagszahlung (Zinsabschlag) auf die Jahreseinkommensteuer des Anlegers an das Finanzamt abgeführt.

Zinnstein. Kristallstufe

Zinsen [lat.], in der Wirtschafts-Wiss. der Preis für die Überlassung von Kapital bzw. Geld auf Zeit. Zu unterscheiden sind: 1. *Real-Z.,* der Kaufkraftzuwachs, der sich unter Berücksichtigung inzwischen eingetretener Preisänderungen zw. der Kaufkraft des Darlehensbetrages am Anfang einer Periode und der des Darlehensbetrages zuzüglich der Z. am Ende der Periode ergibt; 2. *Nominal-Z.,* der auf den Nennwert von Wertpapieren bezogene Zinssatz; 3. *Effektiv-Z.,* der aus dem Verhältnis zw. Zins-

Zinseszinsen

Zirkon.
Kristallformen. Oben:
prismatischer Habitus ♦
Unten: ditetragonale
Bipyramide

erträgen und Kaufpreis eines Wertpapieres resultierende Zinssatz; 4. *kalkulator. Z.*, in der Kostenrechnung die auf das betriebsnotwendige Kapital (also auch auf das Eigenkapital) verrechneten Zinsen. In der Finanzbuchhaltung sind die in der Gewinn- und Verlustrechnung gesondert auszuweisenden *Aufwand-* und *Ertrags-Z.* zu unterscheiden, die gewöhnlich mit ähnl. Aufwendungen wie Kreditprovisionen und Wechseldiskonten zusammengefaßt werden. Im Bankwesen unterscheidet man auch *Aktiv-* bzw. *Soll-Z.* und *Passiv-* bzw. *Habenzinsen*. Dabei sind Aktiv- bzw. Soll-Z. die vom Kunden für Kredite zu zahlenden Z., Passiv- bzw. Haben-Z. die von der Bank an die Kunden für Einlagen zu zahlenden Zinsen.

Zinseszinsen, Zinsen, die entstehen, wenn fällige Zinsen nicht ausbezahlt, sondern dem Kapital hinzugefügt werden und mit diesem zusammen verzinst werden.

Zinsfuß, svw. ↑Zinssatz.

Zinsleiste, svw. ↑Erneuerungsschein.

Zinsrechnung, die Berechnung des Zinses: Die Höhe der Zinsen Z für ein Kapital K bei einem Zinsfuß p berechnen sich für i Jahre nach der Formel:

$$Z = \frac{K \cdot i \cdot p}{100} \; ;$$

für t Tage nach der Formel:

$$Z = \frac{K \cdot p \cdot t}{360 \cdot 100} \; .$$

Zinssatz (Zinsfuß), Höhe der Zinsen, ausgedrückt in % des Kapitals; der Z. bezieht sich i. d. R. auf ein Jahr.

Zinsspanne, die Differenz zwischen Soll-Zinssatz und Haben-Zinssatz *(Bruttozinsspanne)*. Nach Abzug des Verwaltungsaufwands ergibt sich die *Nettozinsspanne*.

Zinzendorf, Nikolaus Ludwig Graf von Z. und Pottendorf, *Dresden 26.5. 1700, † Herrnhut 9. 5. 1760, dt. ev. Theologe und Liederdichter. Siedelte 1722 mähr. Exulanten auf seinem Besitz in Herrnhut an, woraus 1728 die Herrnhuter ↑Brüdergemeine entstand; verfaßte zahlr. religiöse Reden und Schriften sowie v. a. über 2 000 geistl. Lieder; auch Missionstätigkeit unter nordamerikanischen Indianern (1741–43).

Ziolkowski, Konstantin Eduardowitsch [russ. tsɪal'kɔfskij], *Ischewskoje (Gebiet Rjasan) 17. 9. 1857, † Kaluga 19. 9. 1935, russ.-sowjet. Gelehrter und Luft- und Raumfahrttheoretiker. Projektierte Ganzmetallflugzeuge, führte aerodynam. Untersuchungen in einem Windkanal durch, entwickelte die Flüssigkeitsrakete.

Zion (Vulgata: Sion), im AT urspr. Name der von David eingenommenen Jebusiterburg in Jerusalem, dann für die ganze Stadt Jerusalem (»Tochter Zions«) verwendet zur Kennzeichnung ihrer endzeitl. Heilsbedeutung.

Zionismus, polit. und soziale Bewegung zur Errichtung eines jüd. Staates in Palästina (↑Israel). Die Anfänge des Z. liegen im 19. Jh. und stehen im Zusammenhang mit dem Aufkommen des (auch jüd.) Nationalismus in Europa und des modernen Antisemitismus. Die Besiedlung Palästinas wurde zu Beginn des 20. Jh. aktiv betrieben (Unterstützung u. a. durch die Balfour-Erklärung 1917). Dieser »prakt. Z.« fand seine Ergänzung durch das Auftreten T. Herzls, der den Z. als polit. Kraft organisierte und ihm durch die *Zionistenkongresse* eine gewichtige Plattform schuf. Die in den 1920er Jahren verstärkt einsetzende Einwanderung in Palästina führte u. a. 1922 zur Gründung der ↑Jewish Agency for Palestine und zur Ausbildung von Parteien. Der Widerstand der palästinens. Araber gegen die jüd. Besiedlung verstärkte sich nach 1933, als – bedingt durch die nat.-soz. Judenverfolgung – die Einwanderung sprunghaft zunahm. Mit dem Teilungsplan der UN vom 29. 11. 1947, der von den arab. Staaten abgelehnt wurde, v. a. aber mit der Ausrufung des Staates Israel am 14. 5. 1948, wurde das von Herzl 1897 proklamierte Ziel der »Gründung eines Judenstaates« erreicht.

Zipperlein, veraltete Bez. für ↑Gicht.

Zips, Gebiet im östl. Vorland der Hohen Tatra, Slowak. Republik, umfaßt die Leutschauer Gebirge und die Zipser Magura. Seit Ende des 12. Jh. Ansiedlung der in Schlesien und Mitteldeutschland angeworbenen Bauern in der Ober-Z. auf dem Hochplateau südl. der Hohen Tatra (Sammel-Bez. *Zipser Sachsen*) durch ungar. Könige, im 13. Jh. auch Ansiedlung aus Bayern stammender Bergleute und Handwerker im Gründner Boden (Göllnitztal). Die 24 Zipser Städte sicherten 1370 ihre Selbstverwaltungsrechte (bis 1876). 1918 wurde die Z. Teil der Tschechoslowakei. 1945 Vertreibung der Zipser Sachsen.

Zirbeldrüse (Epiphyse, Pinealdrüse), neurosekretorische Hormondrüse der Wirbeltiere, die v. a. das Melatonin ausschüttet. Die Z. der Fische und Amphibien (Pinealorgan) besitzt lichtempfindliche Strukturen; das Melatonin ist an der Steuerung des Farbwechsels beteiligt. Bei Vögeln ist die Z. möglicherweise Sitz der Wahrnehmung magnet. Felder. Melatonin steuert bei Vögeln und Säugetieren den circadianen und circaannualen Rhythmus des Verhaltens und hemmt bei den Säugetieren mit anderen Hormonen zusammen auch die Genitalienreifung bis zur Pubertät. – Beim *Menschen* ist die ovale, pinienzapfenähnl., am Mittelhirn gelegene, 8–14 mm lange Z. um das achte Lebensjahr herum am stärksten entwickelt.

Zirbelkiefer, svw. Arve (↑Kiefer).

zirka ↑circa.

Zirkel [lat.], 1) *allg.:* nicht öffentlich tagende Arbeitsgruppe.

2) *Geometrie:* Gerät zum Zeichnen von Kreisen, zum Abgreifen von Maßen *(Greif-Z., Taster)* und zum Übertragen von Strecken *(Stech-Z.).*

Zirkelschluß, svw. ↑Circulus vitiosus.

Zirkon [italien.-frz.], Mineral von meist brauner oder braunroter Farbe und diamantartigem Glanz. Chem. $Zr[SiO_4]$; Mohshärte 7,5; Dichte 3,9–4,8 g/cm^3. Infolge von Thorium- und Urangehalt Hauptträger der Radioaktivität in den Gesteinen.

Zirkonium [italien.-frz.], chem. Symbol **Zr,** metall. chem. Element aus der IV. Nebengruppe des Periodensystems der chem. Elemente; Ordnungszahl 40; mittlere relative Atommasse 91,224; Dichte 6,506 g/cm^3; Schmelztemperatur 1852 °C; Siedetemperatur 4377 °C. Das in zwei Modifikationen vorkommende Z. ist gegen Säuren und Alkalien sehr beständig; *Z. legierungen,* v. a. mit Zinn, Chrom, Nickel und Eisen, zeichnen sich durch Korrosionsbeständigkeit aus und werden wegen ihrer geringen Absorptionsfähigkeit für therm. Neutronen als Hüllmaterial für Brennstoffelemente in Kernreaktoren verwendet.

Zirkon. Kristall von pyramidalem Habitus

Zirkulation [lat.], svw. Kreislauf, Umlauf, z. B. der Luftmassen in der Atmosphäre.

zirkum..., Zirkum... [lat.] (circum..., Circum...), Bestimmungswort von Zusammensetzungen mit der Bedeutung »um, um – herum«.

Zirkumflex [lat.], diakrit. Zeichen in der Form eines aufsteigenden und danach abfallenden Striches (ê) oder einer Tilde (ẽ), das im Griech. die zuerst steigende, dann wieder fallende Intonation eines Langvokals oder Diphthongs bezeichnet. Der Gebrauch des Z. hat in modernen Sprachen unterschiedl. Funktionen.

Zirkumpolarsterne, Sterne, die bei ihrem täglich scheinbaren Lauf nicht unter den Horizont verschwinden.

Zirkumzision [lat.] ↑Beschneidung.

Zirkumskript [lat.], in der *Medizin* svw. umschrieben, deutl. abgegrenzt.

Zirkus [lat.], in röm. Zeit langgestreckte Arena für Pferde- und Wagenrennen sowie für Gladiatorenspiele u. a. (↑Circus maximus), die derart längsgeteilt war, daß eine Umlaufbahn entstand; an beiden Längsseiten befanden sich steil ansteigende Sitzreihen. Heute wird unter Z. ein i. d. R. mobiles Unternehmen verstanden, das in einem Zwei- oder Viermastenzelt, ausgestattet mit einer kreisförmigen *Manege* sowie ansteigenden Sitzreihen, Tierdressuren, Reitkünste, Akrobatik, Artistik und Clownerien darbietet. Z. besitzen oft auch feste Gebäude an ihrem Standort. – Als Begründer gilt der brit. Offizier Philip Astley (* 1742, † 1814). Der erste dt. Z. wurde von Ernst Jakob Renz (* 1815, † 1892) ins Leben gerufen.

Zirndorf

Zisterzienserbaukunst.
Abteikirche in Pontigny
(um 1185 bis 1208)

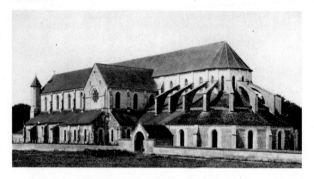

Zirndorf, Stadt im sw. Vorortbereich von Fürth, Bayern, 21 600 E. Bundesamt für die Anerkennung ausländ. Flüchtlinge mit Durchgangslager.
Zirpen, volkstüml. Bez. für Zikaden.
Zirrhose [griech.], Bindegewebsverhärtung, auf eine Bindegewebsvermehrung folgende narbige Schrumpfung eines Organs; i. e. S. svw. Leberzirrhose.
Zirrokumulus [lat.] (Cirrocumulus) ↑Wolken.
Zirrostratus [lat.] (Cirrostratus) ↑Wolken.
Zirrus [lat.] (Mrz. Zirren; Cirrus) ↑Wolken.
zirzensische Spiele [lat./dt.], im Röm. Reich im Zirkus ausgetragene öffentl. Spiele (Wagenrennen, Faust- und Ringkämpfe, Wettläufe, militärische Vorführungen der Jungmannschaft). ↑panem et circenses.
zis..., Zis... [lat.] (cis..., Cis...), Vorsilbe mit der Bedeutung »diesseits«.
Zisalpinische Republik (Cisalpin. R.), im Juli 1797 entstandener, von Frankreich abhängiger Staat, der die Lombardei und große Teile der Emilia-Romagna, ab Oktober 1797 auch das Veltlin umfaßte, Hauptstadt Mailand; von Napoléon Bonaparte 1801/02 in die Italien. Republik, 1805 in das Kgr. Italien umgewandelt; zerfiel 1814/15.
Zischlaut, svw. ↑Sibilant.
Ziselieren [frz.], das Einarbeiten von Mustern und Ornamenten in polierte Metalloberflächen.
Ziska [von Trocnov], Johann ↑Žižka [z Trocnova], Jan.
Zisleithanien (Cisleithanien), inoffizielle Bez. für die österr. Reichshälfte (westl. der Leitha), offiziell »die im Reichsrat vertretenen Kgr. und Länder« Österreich-Ungarns nach dem Ausgleich von 1867.
Zisterne [lat.], Sammelbehälter für Niederschlagswasser, das von Dächern oder bes. Sammelflächen in die Z. geleitet wird.
Zisterzienser (Cistercienser, lat. Sacer Ordo Cisterciensis, Abk. SOCist, SOrdCist, SOC, OCist), Angehörige des nach dem 1098 von Robert von Molesme und dem hl. Alberich gegr. Kloster Cîteaux ben. benediktin. Reformordens, der unter S. Harding 1108 selbständig wurde. Einfachheit der Liturgie, Schmucklosigkeit der Kirchen (↑Zisterzienserbaukunst) und effiziente Wirtschaftsweise (Landkultivierung, Vieh- und Fischzucht) kennzeichnen den Orden, der sich rasch, v. a. unter dem Einfluß Bernhards von Clairvaux (deshalb auch »Bernhardiner«), verbreitete. – Schon unter S. Harding kam es zur Bildung eines weibl. Zweigs, der *Zisterzienserinnen* (»Bernhardinerinnen«), der mit den Z. eine Einheit bildet. – Gegen Ende des 19. Jh. führten Auseinandersetzungen über eine Reform innerhalb des Ordens zur Abspaltung der kontemplativen ↑Trappisten.
Zisterzienserbaukunst, der vom Zisterzienserorden nach strengen Regeln geprägte Baustil: turmlose, lange, kreuzförmige Basilika mit geradem Chorschluß und einer Reihe von Kapellen an der Ostseite des Querhauses, sorgfältig bearbeitetes Quadermauerwerk, Verzicht auf Glasmalerei und Skulptur. Von Burgund (Fontenay, Pontigny) aus verbreitete sich die Z. u. a. über S-Frankreich (Le Thoronet), Ita-

Zitrusfrüchte

lien (Fossanova, Chiaravalle), Deutschland (Eberbach, Maulbronn, Bebenhausen), Spanien, England und Skandinavien.

Zistrose [griech./lat.], Gattung der Zistrosengewächse mit rd. 20 Arten im Mittelmeergebiet; immergrüne, niedrige Sträucher mit großen weißen, rosafarbenen oder roten Blüten; Charakterpflanzen der Macchie.

Zitadelle [lat.-italien.-frz.], bes. Befestigung innerhalb der Verteidigungsanlage einer Stadt oder Festung, am Rand oder oberhalb der Gesamtanlage.

Zitat [lat.], wörtl. Übernahme eines (meist kurzen) Textteils oder Ausspruchs mit Nennung des Verfassers, oft auch der Quelle.

Zither [griech.] (früher auch Cither, Zitter), Zupfinstrument mit kastenförmigem, an einer Seite ausgebuchtetem Korpus. Gegenüber der Buchtung liegt das Griffbrett mit 29 Bünden. Die Griffbrettsaiten sind auf a^1 a^1 d^1 g c gestimmt. Sie werden angeschlagen mit einem Metallring am Daumen der rechten Hand. Daneben verlaufen die mit den Fingern gezupften Freisaiten.

Zitrin [lat.] (Citrin), hellgelbe bis goldgelbe Varietät des Quarzes.

Zitronat [lat.-italien.-frz.] (Sukkade), in Zuckerlösung (durch Sukkadieren) haltbar gemachte Schalen grüner (unreifer) Zitronatzitronen; Kuchengewürz.

Zitronatzitrone, die bis 25 cm lange, bis 2,5 kg schwere Zitrusfrucht des *Zitronatzitronenbaums*; mit sehr dicker, warzig-runzeliger Schale und wenig Fruchtfleisch.

Zitrone [lat.-italien.] ↑Zitronenbaum.

Zitronellöl, aus den Blättern eines in den gesamten Tropen kultivierten Zitronellgrases (Lemongras) gewonnenes, rosenartig duftendes äther. Öl, das zur Parfümherstellung verwendet wird.

Zitronenbaum, in Vorderindien oder China heimisch, im subtrop. Asien und im Mittelmeergebiet in zahlr. Varietäten kultivierte Art der Zitruspflanzen; etwa 3–7 m hohe Bäume; das Fruchtfleisch der *Zitronen* (Limonen) enthält rd. 3,5–8% Zitronensäure und viel Vitamin C.

Zitronenfalter, in NW-Afrika, Europa und in den gemäßigten Zonen Asiens verbreiteter, etwa 5–6 cm spannender, leuchtend gelber (♂) oder grünlich-weißer (♀) Tagschmetterling mit je einem kleinen, orangeroten Tupfen in der Mitte beider Flügelpaare.

Zitronenkraut ↑Melisse.

Zitronensäure (Citronensäure), eine Hydroxytricarbonsäure; bildet farblose, leicht wasserlösl. Kristalle. Die Z. kommt v. a. in Früchten (Zitrusfrüchten, Johannisbeeren) vor und spielt im Zellstoffwechsel aller Organismen eine große Rolle (↑Zitronensäurezyklus). Die Salze und Ester der Z. heißen *Zitrate*.

Zitronensäurezyklus (Zitratzyklus, Citratzyklus, Tricarbonsäurezyklus, Krebs-Zyklus), in den Mitochondrien der tier. und pflanzl. Zellen ablaufender Teilprozeß der der Energiegewinnung dienenden inneren Atmung. Im Z. laufen die Abbauwege aller energieliefernden Stoffe (Kohlenhydrate, Fette, Proteine) zusammen, wobei das Prinzip des Z. die Abspaltung von Wasserstoffatomen (mit Hilfe der Koenzyme NAD$^+$ und FAD$^+$), die zur Energiegewinnung (unter aeroben Bedingungen) der Atmungskette zugeführt werden, und die Abspaltung des Stoffwechselendprodukts Kohlendioxid ist. Der Z. dient aber nicht nur dem Abbau von Substanzen, sondern auch (ausgehend von einigen Zwischenprodukten des Z.) dem Aufbau (z. B. von Aminosäuren, Fettsäuren, Glucose und Häm); er nimmt daher im Zellstoffwechsel eine zentrale Stellung ein. Der Z. wird mit der Kondensation von Acetyl-CoA (»aktivierte Essigsäure«) mit Oxalessigsäure zu Zitronensäure, die über sieben enzymat. katalysierte Reaktionsschritte (unter mehrfacher Umlagerung und Abspaltung zweier Kohlendioxidmoleküle sowie von acht Wasserstoffatomen) zu Oxalessigsäure abgebaut wird, mit der der Kreislauf wieder beginnt.

Zitrusfrüchte [lat./dt.], die Früchte der Zitruspflanzen, die (botanisch gesehen) Beerenfrüchte darstellen und aus mindestens fünf miteinander verwachse-

Zistrose

Zitronenbaum. Zitrone. Oben: Zweig mit Blüten und Frucht ♦ Unten: aufgeschnittene Frucht

Zitronenfalter (Flügelspannweite 5–6 cm)

Zitruspflanzen

nen Fruchtblättern hervorgehen. Das Fruchtfleisch besteht aus keulenförmigen Saftschläuchen, die Fruchtschale setzt sich aus dem farbigen, zahlreiche Öldrüsen aufweisenden, karotinoidreichen (äußeren) Exokarp und dem schwammigen Endokarp zusammen.

Zitruspflanzen [lat.] (Citrus), Gatt. der Rautengewächse mit rd. 60 in China, S- und SO-Asien heim. Arten, die in zahlr. Kulturformen in allen subtrop. und trop. Gebieten angebaut werden; immergrüne kleine Bäume oder Sträucher mit Beerenfrüchten; die bekanntesten Arten sind: Grapefruitbaum, Zitronenbaum, Mandarinenbaum, Orangenpflanze.

Zittau, Kreisstadt in der sö. Oberlausitz, Sachsen, 33 800 E. Theater; u. a. Textilindustrie. Spätgot. Petri-Pauli-Kirche (13.–15. Jh.), klassizist. Johanniskirche (19. Jh.). – 1255 Stadt; 1346 wurde unter der Führung von Z. der Sechsstädtebund der Oberlausitz gegründet.

Zittauer Gebirge ↑Lausitzer Gebirge.

Zitteraale (Electrophoridae), Familie nachtaktiver Knochenfische mit dem *Elektr. Aal* (Zitteraal i. e. S.) als einziger Art, in Süßgewässern des nördl. S-Amerika (bes. Amazonas); Körper bis etwa 2,3 m lang, aalähnlich, braun und unbeschuppt; Raubfische, die ihre Nahrung (v. a. Fische) durch Stromstöße aus den (zu elektr. Organen umgebildeten) Schwanzmuskeln lähmen oder töten.

Zittergras, Gatt. der Süßgräser mit 30 von Europa bis Z-Asien und in M- und S-Amerika verbreiteten Arten, davon eine bis 1 m hohe Art einheimisch.

Zitterpilze, svw. ↑Gallertpilze.

Zitterrochen (Elektr. Rochen, Torpedinidae), Fam. etwa 50–180 cm langer Rochen mit rd. 35 Arten in warmen und gemäßigten Meeren; mit fast kreisrundem Körper und kräftig entwickeltem Schwanz; paarige elektr. Organe an den Seiten des Kopfes und Vorderkörpers können eine Spannung von über 200 V erzeugen.

Zitze (Mamille), haarloser, warzenartiger bis fingerförmig langer Fortsatz (Ausmündung) der paarigen Milchdrüsenorgane im Bereich der Brust bzw. des Bauchs bei höheren Säugetieren.

Ziu ↑Tyr.

Zivildienst, Ersatzdienst Wehrpflichtiger, den anerkannte Kriegsdienstverweigerer zu leisten haben. Im Z. sind Aufgaben, die dem Allgemeinwohl dienen, vorrangig im sozialen Bereich, zu erfüllen. Seine Dauer beträgt (1996) 13 Monate. Die Organisation des Z. ist im Bundesamt für den Z. zusammengefaßt. Daneben führt ein Bundesbeauftragter für den Z. die dem Min. auf dem Gebiet des Z. obliegenden Aufgaben durch.

ziviler Ungehorsam, Gehorsamsverweigerung der Staatsbürger als Mittel des Widerstands gegen staatl. Gewalt.

Zivilgerichtsbarkeit, die rechtsprechende Tätigkeit der staatl. Gerichte auf dem Gebiet des Privatrechts (d. h. in Zivilsachen) durch die Gerichte der ordentl. Gerichtsbarkeit sowie durch bes. Zivilgerichte (Bundespatentgericht und Schiffahrtsgerichte).

Zivilgesetzbuch, Abk. **ZGB,** in der Schweiz das Gesetz vom 10. 12. 1907, das die bürgerl.-rechtl. Verhältnisse auf dem Gebiet des Personen-, Familien-, Erb- und Sachenrechts regelt.

Zivilisation [lat.-frz.], Summe der durch Wiss. und Technik geschaffenen Lebensbedingungen, auch die entsprechenden gesellschaftl. Umgangsformen.

Zivilisationsschäden, psych. und phys. Schäden, die durch mißbräuchl. Nutzung von Zivilisationsgütern oder als Nebenerscheinung bei ihrer Herstellung auftreten. Als auslösende Faktoren kommen u. a. in Betracht: fehlerhafte (z. B. übermäßige einseitige) Ernährung, Umweltverschmutzung, Mangel an körperl. und klimat. (die Abwehrkraft steigernder) Belastung, Rastlosigkeit und übermäßiger berufl. Streß, Lärmbelästigung, soziale Desintegration. Durch Z. verursacht oder mitverursacht sind häufig: Fettleibigkeit, Bluthochdruck, Arteriosklerose, Herzinfarkt, Gicht, Diabetes, manche allerg. Erkrankungen, manche Karzinome (z. B. Lungenkrebs).

Zivilliste (Krondotation), das Jahreseinkommen eines Monarchen, das er aus den Staatseinkünften bezieht.

Zivilprozeß, das insbes. in der ZPO sowie im Gerichtsverfassungsgesetz und im Zwangsversteigerungsgesetz gesetzlich geregelte Verfahren der ordentl. Gerichtsbarkeit in bürgerl. Rechtsstreitigkeiten. Man teilt den Z. in das *Erkenntnisverfahren* und das davon abhängige *Vollstreckungsverfahren*. Ersteres

dient der Erkenntnis und bindenden Feststellung dessen, was zw. den Parteien rechtens ist, letzteres der zwangsweisen Rechtsdurchsetzung mittels staatl. Macht.
Das Erkenntnisverfahren wird durch Klage eingeleitet, das Vollstreckungsverfahren durch einen Vollstreckungsantrag. Die Erhebung der Klage, d. h. die Zustellung der bei Gericht eingereichten Klageschrift, begründet die Rechtshängigkeit der Streitsache. Das Verfahren soll nach Möglichkeit in einem einzigen, umfassend vorbereiteten Termin zur mündl. Verhandlung erledigt werden. Das Urteil ergeht aufgrund einer zusammenfassenden Würdigung des Parteivortrags und des Beweisergebnisses. Das Urteil bildet auch die Grundlage für das Vollstreckungsverfahren. Neben dem Urteilsverfahren kennt die ZPO das Mahnverfahren, den Urkundenprozeß, den Wechsel- und Scheckprozeß sowie das Verfahren des einstweiligen Rechtsschutzes (Arrest und einstweilige Verfügung). – In *Österreich* und in der *Schweiz* ist der Z. im wesentlichen ähnlich geregelt.

Zivilprozeßordnung, Abk. **ZPO,** das den Zivilprozeß regelnde Gesetz.

Zivilrecht, svw. ↑bürgerliches Recht.

Zivilschutz (früher: ziviler Bevölkerungsschutz, Luftschutz), Teil des zivilen Verteidigung; umfaßt u. a. den auf freiwilliger Grundlage durchgeführten *Selbstschutz,* den *Warndienst,* den *Katastrophenschutz* und den *Schutzraumbau* zur Schaffung von Schutzräumen zum Schutz der Bevölkerung sowie lebens- und verteidigungswichtiger Anlagen und Einrichtungen vor der Wirkung von Angriffswaffen (v. a. von ABC-Waffen *[ABC-Schutz]*). Zuständige Behörde für den Z. ist das Bundesamt für Zivilschutz. – In *Österreich* werden die Aufgaben des Z. von verschiedenen Behörden des Bundes, der Bundesländer und der Gemeinden sowie von Hilfsorganisationen erfüllt. In der *Schweiz* ist der Z. stark entwickelt. Zuständige Behörden sind das Bundesamt des Z., die kantonalen Z.ämter und die gemeindl. Z.stellen.

Žižka [z Trocnova], Jan [tschech. 'ʒiʃka] (dt. Johann Ziska [von Trocnov]), *Trocnov bei Budweis um 1370, † bei Přibyslav (Ostböhm. Gebiet) 11. 10.

Zobel.
(Kopf-Rumpf-Länge 40–60 cm)

1424, böhm. Hussitenführer. Besiegte Kaiser Sigismund am Žižkaberg (Vítkov) bei Prag am 14. 7. 1420 und bei Havlíkův am 8. 1. 1422.

ZK, Abk. für ↑Zentralkomitee.

Zlín [tschech. tslɪːn], südmähr. Stadt östlich von Brünn, Tschech. Republik, 86 300 E. Schuhmuseum; Schuh-Ind., im Ortsteil *Kudlov* Ateliers der tschech. Puppen- und Zeichentrickfilmproduktion. – Hieß 1949–89 Gottwaldov.

Zloty ['slɔti; poln. »Goldener«; Mrz. Zlotys] (poln. Zloty [poln. 'zu̯ɔti]), 1528–1864 der poln. Gulden; erneuert 1923; heute Währungseinheit in Polen, Abk. **Zl.**

Zn, chem. Symbol für ↑Zink.

Zobel [slaw.] (Sibir. Z.), ziemlich gedrungener, spitzschnauziger Marder, v. a. in Wäldern großer Teile Asiens; Länge rd. 40–60 cm, mit etwa 10–20 cm langem, buschigem Schwanz; Fell braungelb oder dunkelbraun oder fast schwarz, langhaarig und weich. 90% der in der Pelzwirtschaft verwendeten Z.felle stammen von Z.farmen.

Zodiakallicht [griech./dt.] (Tierkreislicht), schwache Leuchterscheinung am nächtl. Himmel; v. a. durch Streuung des Sonnenlichts an Partikeln der interplanetaren Materie hervorgerufen.

Zodiakus [griech.], svw. ↑Tierkreis.

Zofingen, Bezirkshauptort im schweizer. Kt. Aargau, 8 800 E. U. a. Großdruckerei, Zeitschriftenverlag. Spätgot. ehem. Stiftskirche Sankt Mauritius (12. bis 16. Jh.) mit barockem W-Turm (1646–49), spätbarockes Rathaus (1792 bis 1795).

Zogu I. [alban. 'zogu] (Zog I.), eigtl. Achmed Zogu, *Schloß Burgajet (Albanien) 8. 10. 1895, † Paris 9. 4. 1961. 1923 Min.-Präs.; 1924 im Exil; ab 1925 Staats-Präs., ab 1928 König, ab 1939 wieder im Exil.

Zola, Émile [frz. zɔ'la], *Paris 2. 4. 1840, † ebd. 29. 9. 1902, frz. Schriftsteller. Hauptvertreter des europ. Naturalismus; machte sich während der Drey-

Zölestin

Émile Zola.
(Gemälde von Édouard Manet, 1868; Paris, Musée d'Orsay)

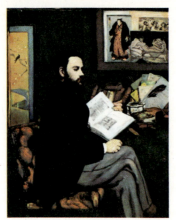

fusaffäre mit dem berühmten offenen Brief »J'accuse« (Ich klage an; 1898) an den Präs. der Republik zum Anwalt des unschuldig Verurteilten. Im Mittelpunkt seines Hauptwerkes, des 20teiligen Romanzyklus »Die Rougon-Macquart. Geschichte einer Familie unter dem 2. Kaiserreich« (1871–93), steht die Frage nach der Rolle von Vererbung und Milieu im Leben des Menschen; das Werk, dessen Methodik in der theoret. Abhandlung »Der Experimentalroman« (1880) dargelegt wird, gibt ein umfassendes Zeitgemälde der frz. Gesellschaft. bes. bekannt wurden daraus »Die Schnapsbude« (1877), »Nana« (1880), »Germinal« (1885), »Die Bestie im Menschen« (1890), »Der Zusammenbruch« (1892); schrieb u. a. auch die Romantrilogie »Die drei Städte« (1894 bis 1898) sowie den Romanzyklus »Die vier Evangelien« (1899–1903).

Zölestin [lat.] (Cölestin, Coelestin), Mineral von weißer, oft bläul. Farbe, auch farblos; chem. $SrSO_4$. Mohshärte 3–3,5; Dichte 3,9–4 g/cm^3. Strontiumrohstoff; Verwendung zur Herstellung von Feuerwerkskörpern (rote Flammenfärbung).

Zölibat [lat.], zeitweilige oder dauernde Lebensform der Ehelosigkeit und geschlechtl. Enthaltsamkeit (Jungfräulichkeit). Der in vor- und außerchristl. Religionen von Priestern und Mönchen (Nonnen) geforderte Z. fand v. a. in der lat. Kirche seine ausgeprägteste Form; die auf der Synode von Elvira (um 306) erlassene erste kirchenrechtl. Regelung, die den Bischöfen, Priestern und Diakonen der westl. Kirche die ehel. Enthaltsamkeit vorschrieb, ließ sich bis zum 12. Jh. nur schwer durchsetzen. In den Ostkirchen darf eine vor der Weihe geschlossene Ehe fortgeführt werden; nur für Bischöfe und Mönche besteht die Z.verpflichtung. – Die reformator. Kirchen lehnen den Z. ab.

Zoll, alte Längeneinheit unterschiedlicher Größe, meist zwischen 2,3 und 3 cm; in einigen Gebieten der Technik wird z. T. bis heute der engl. Zoll (= ↑Inch; Einheitszeichen: ″) verwendet: $1″ = 25{,}4 mm$.

Zollabkommen, zwischenstaatl. Abkommen zur gegenseitigen Abstimmung der Zölle; bedeutendstes Z. ist das ↑GATT.

Zölle [griech.-mittellat.], vom Staat erhobene Abgaben auf Güter beim Überschreiten einer Grenze. Heute wird im allg. nur noch die Wareneinfuhr mit einem Zoll belegt *(Einfuhr-Z.);* Ausfuhr- und *Durchfuhr-Z.* spielen kaum noch eine Rolle. Nach dem Zweck können Z. unterschieden werden in *Finanz-Z.,* die aus rein steuerl. Gründen erhoben werden, und *Schutz-Z.* (zum Zweck der Abschirmung und Förderung der einheim. Wirtschaft). *Ausgleichs-Z.* sollen Exportprämien und Subventionen des Herkunftslandes der Importe ausgleichen, um Wettbewerbsverzerrungen zu vermeiden. Zollstraftatbestände werden z. T. nach dem Steuerstrafrecht verfolgt (z. B. Zollhinterziehung, Schmuggel), z. T. nach dem Strafgesetzbuch (z. B. Steuerzeichenfälschung).

Zollgebiet, das von der *Zollgrenze* umschlossene Hoheitsgebiet; es wird vom *Zollinland* (das Hoheitsgebiet i. e. S.) und von den *Zollanschlüssen* (ausländ. Staatsgebiete, die Teil eines inländ. Wirtschaftsgebietes sind) gebildet.

Zollgrenzbezirk, sich entlang der Zollgrenze in einer Entfernung bis zu 15 km erstreckender Bezirk im Zollgebiet, in dem zur Sicherung des Zollaufkommens bestimmte Beschränkungen und Verpflichtungen gelten (z. B. die Verpflichtung, sich auf Verlangen der Zollbediensteten über seine Person auszuweisen).

Zollunion, Zusammenschluß mehrerer Staaten zur Errichtung eines gemeinsamen Marktes mit einheitl. Außenzoll (im Unterschied zur †Freihandelszone) und Abbau jegl. Handelshemmnisse zw. den Mgl.; z. B. †Europäische Wirtschaftsgemeinschaft.

Zollverein †Deutscher Zollverein.

Zölom [griech.], die sekundäre †Leibeshöhle.

Zölostat [lat./griech.] (Coelostat), aus zwei Spiegeln bestehende Vorrichtung, die das Licht eines Sterns – speziell der Sonne – immer in die gleiche Richtung (z. B. in ein fest montiertes Fernrohr) wirft.

Zombie, ein eigentlich Toter, der williges Werkzeug dessen ist, der ihn zum Leben erweckt hat; stammt aus dem Wodukult Haitis; Motiv des Horrorfilms.

Zömeterium [griech.-lat.] (Coemeterium), altchristl. Grabstätte, Friedhof, Katakombe.

Zone [griech.], 1) *Geographie:* Erdgürtel, Gebietsstreifen.
2) *Mathematik:* ein zusammenhängender Streifen der Oberfläche eines Rotationskörpers zw. zwei parallelen Ebenen, z. B. Kugelzone.

Zonengrenzen, die auf der Grundlage von Vereinbarungen zw. Großbrit., den USA und der Sowjetunion (Konferenz von Jalta) festgelegten Grenzlinien zw. den dt. Besatzungszonen, die zw. den Westzonen bald wieder aufgehoben wurden.

Zonenschmelzverfahren, Verfahren zur Züchtung hochreiner Siliciumeinkristalle für die Halbleiterfertigung. Hierbei wird ein polykristalliner Stab durch einen Ofen geschoben, so daß jeweils eine schmale Zone des Stabs aufschmilzt. Da Fremdatome sich in der Schmelzzone anreichern, erhält man durch wiederholtes Zonenschmelzen sehr reine Kristalle oder erreicht eine homogene Fremdstoffverteilung bei dotierten Halbleitermaterialien.

zönobitische Klöster †Koinobitentum.

Zons †Dormagen.

zoo..., Zoo... [tso-o...; griech.], Bestimmungswort von Zusammensetzungen mit der Bedeutung »Leben, Lebewesen«.

Zoologie [tso-o...] (Tierkunde), als Teilgebiet der Biologie die Wiss. und Lehre von den Tieren. Die *allg.* Z. befaßt sich mit allen Erscheinungen des tier. Lebens, v. a. mit der Gestalt und dem Bau der Tiere, ihren Körperfunktionen, der Individual- und Stammesentwicklung, mit den fossilen Tieren, den verwandtschaftl. Zusammenhängen, der Benennung der Arten, ihren Beziehungen zur Umwelt, ihrer Verbreitung und ihrem Verhalten. Die *spezielle* Z. befaßt sich mit bestimmten Tiergruppen. Zur *angewandten* Z. zählen die Haustierkunde, die Schädlingskunde und die Tiermedizin.

zoologischer Garten [tso-o... -] (Zoo, Tierpark), öffentl. oder private, meist wiss. geleitete Einrichtung zur Haltung und Züchtung einheim. und fremdländ. Tierarten in Käfigen, in Freigehegen und in (entsprechend klimatisierten) Gebäuden, die insgesamt in eine gärtnerisch, häufig parkartig gestaltete Gesamtanlage eingefügt sind.

Zoomobjektive ['zu:m...; engl./lat.] (Variooobjektive), photograph. Objektive mit stufenlos veränderl. Brennweite.

Zoon politikon ['tso-ɔn -; griech.], auf Aristoteles zurückgehende »Wesensbestimmung« des Menschen als eines »sozialen, polit. Lebewesens«, d. h. als eines auf Gemeinschaft angelegten Lebewesens.

Zopfstil, veraltete Bez. für einen Übergangsstil der dt. Kunst zw. Rokoko und Klassizismus (verwandt dem frz. Louisseize), bes. in Architektur und Malerei.

Zoppot (poln. Sopot), poln. Stadt an der Danziger Bucht, 51 000 E. Seebad und Kurort (Moorbäder). – 1772 preußisch; 1920 zur Freien Stadt Danzig, 1939–45 zum Reichsgau Danzig-Westpreußen.

Zorn, Anders [schwed. so:rn], *Utmeland bei Mora 18. 2. 1860, † Mora 22. 8. 1920, schwed. Maler und Radierer. Vertreter des Impressionismus.

Zornnattern, Gatt. der Echten Nattern mit zahlr. eierlegenden Arten, v. a. in sonnigen, felsigen, buschreichen Landschaften S-Europas, N-Afrikas, Asiens, N- und M-Amerikas; jagen bevorzugt Eidechsen, kleine Schlangen und Mäuse; Biß für den Menschen ungefährlich. – Zu den Z. gehören u. a. die bis 2 m lange *Gelbgrüne Z.*, die etwa 2 m lange *Pfeilnatter* und die etwa 1,75 m lange *Hufeisennatter*.

Anders Zorn. Porträt Maja von Heyne (Radierung, 1906)

Zornnattern. Gelbgrüne Zornnatter (Länge bis 2 m)

Zoroaster

José Zorrilla y Moral

Richard Zsigmondy

Zoroaster ↑Zarathustra.
Zoroastrismus ↑Parsismus.
Zorrilla y Moral, José [span. θɔ'rriʎa i mo'ral], *Valladolid 21. 2. 1817, † Madrid 23. 1. 1893, span. Dichter. Bed. Lyriker und Epiker der span. Romantik. Seine Bearbeitung des Don-Juan-Stoffes »Don Juan Tenorio« (1844) gilt als eines der vollendetsten Dramen der span. Bühnenkunst.
Zoster [griech.], svw. ↑Gürtelrose.
Zotten, kleine, fingerförmige Ausstülpungen der [Schleim]haut, z. B. Darmzotten.
ZPO, Abk. für Zivilprozeßordnung.
Zr, chem. Symbol für ↑Zirkonium.
Zrenjanin [serb. ˌzrɛnjanin] (dt. Großbetschkerek), Stadt nördl. von Belgrad in der Wojwodina, Serbien, 80 800 E. Mittelpunkt des 1920 zu Jugoslawien gekommenen Teils des Banats.
Zsigmondy, Richard ['ʃɪgmɔndi], *Wien 1. 4. 1865, † Göttingen 29. 9. 1929, österr. Chemiker. Arbeiten über Kolloidchemie, Ultrafiltration und Dialysatoren; konstruierte 1902/03 zus. mit Henry Friedrich Wilhelm Siedentopf (*1872, † 1940) das Ultramikroskop. 1925 erhielt er den Nobelpreis für Chemie.
z. T., Abk. für zum Teil.
Ztr., Einheitenzeichen für ↑Zentner.
Zuccalli, Enrico (Johann Heinrich) [italien. tsuk'kalli], *Roveredo (GR) 1642, † München 8. 3. 1724, schweizer. Baumeister. Tätig in München: Weiterführung der Theatinerkirche und des Nymphenburger Schlosses, Schlößchen Lustheim (1684–89) in Schleißheim, barocker Umbau der Ettaler Klosterkirche (1709 ff.).
Zuccari [italien. 'tsukkari], **1)** Federico, *Sant' Angelo in Vado bei Urbino 1540 (?), † Ancona 20. 7. 1609, italien. Maler und Zeichner. Vertreter des röm. Spätmanierismus; Bruder von Taddeo Z.; Fresken u. a. im Vatikan.
2) Taddeo, *Sant' Angelo in Vado bei Urbino 1. 9. 1529, † Rom 2. 9. 1566, italien. Maler. Bruder von Federico Z.; u. a. Fresken im Palazzo Farnese in Caprarola bei Rom (1560/61).
Zucchini [tsʊ'ki:ni; italien.] (Zucchetti), Bez. für die bis 25 cm langen, grünen, gurkenähnl. Früchte einer nichtkriechenden Kulturform des Speisekürbisses; Verwendung als Gemüse.

Zuchthaus, früher eine Anstalt zur Vollstreckung der schwersten Freiheitsstrafe in Verbindung mit Arbeitspflicht; seit 1969 in der BR Deutschland abgeschafft.
Züchtigungsrecht, im geltenden Familienrecht überkommener Begriff, den das BGB aber nicht fortführt. Zum Wohl und zur Diziplinierung des Kindes sind im Rahmen der elterl. Sorge Erziehungsmaßnahmen zulässig. Entwürdigende Maßnahmen (z. B. Prügel, Einsperren) sind verboten und vom elterl. Erziehungsrecht nicht gedeckt.
Zuchtmittel, im Jugendstrafrecht eine der Möglichkeiten, die Straftat eines Jugendlichen zu ahnden: *Verwarnung*, Erteilung von *Auflagen* und *Jugendarrest*.
Zuchtperlen ↑Perlen.
Zucker [arab.-italien.], die kristallinen, wasserlösl., meist süß schmeckenden Kohlenhydrate (Mono- und Oligosaccharide); i. e. S. Bez. für das Disaccharid Saccharose, das v. a. aus Zuckerrüben und Zuckerrohr *(Rüben-Z.* bzw. *Rohr-Z.)* gewonnen wird. Bei der Gewinnung von Z. aus Z.rüben werden die zerkleinerten Rüben mit Wasser ausgelaugt, die Nichtzuckerstoffe (Salze, Säure, Proteine, Pektine) werden ausgefällt, abfiltriert und als Dünger verwendet (die ausgelaugten Z.rübenschnitzel als Viehfutter). Der Klarsaft wird zu Dicksaft mit 65–68% Trockensubstanz eingedampft, erneut filtriert, eingedickt, zentrifugiert, gereinigt (raffiniert); das Produkt ist weißer Kristall-Z., der Zentrifugationsrückstand ist die Melasse. Z. zählt heute zu den wichtigsten Grundnahrungsmitteln des Menschen; in den Industrieländern werden durchschnittlich 10–15% des tägl. Nährstoffbedarfs durch Z. gedeckt. Daneben ist Z. (häufig in Form zuckerhaltiger Nebenprodukte der Z.gewinnung, v. a. Melasse) Ausgangsmaterial für einige biochem. Prozesse, z. B. für die Gewinnung von Äthylalkohol durch Gärung, für die Gewinnung von Zitronensäure oder für die Hefeproduktion. Da Z. zu den nachwachsenden Rohstoffen gehört, versucht man zunehmend, ihn auch als Ausgangsmaterial für die Herstellung chem. Produkte (z. B. von Tensiden) zu nutzen.
In der Antike war Z. unbekannt; gesüßt wurde mit Honig. Die Kristallisation

von reinem Z. aus dem Saft des Z.rohrs wurde wahrscheinlich in Indien im 4.Jh. n. Chr. entdeckt. Die Vermittlung dieser Kenntnis und die Einfuhr (als Heil- und Stärkungsmittel) ins Abendland erfolgte über den Orient (Araber). Die Luxusware Z. wurde erst im 19.Jh. mit der ersatzweisen Gewinnung aus Rüben zum Massengenußmittel (1992 in der BR Deutschland rd. 30 kg pro Kopf und Jahr).

Zuckeraustauschstoffe, süß schmeckende Kohlenhydrate (z. B. Fructose) und Zuckeralkohole (z. B. Sorbit), die im menschl. Körper insulinunabhängig verwertet werden können; verwendet in der Diabetiker- und Reduktionsdiät. ↑Süßstoffe.

Zuckerkrankheit (Diabetes mellitus, Zuckerharnruhr), chron. Stoffwechselstörung, bei der es durch unzureichende Insulinproduktion der Bauchspeicheldrüse zu einer Erhöhung des Blutzuckerspiegels, gewöhnlich auch zum Anstieg des Harnzuckers kommt. Gleichzeitig ist der Fett- und Eiweißstoffwechsel gestört. Grundsätzlich muß unterschieden werden zw. juveniler Z. (evtl. Autoimmunkrankheit) und dem sog. Alterszucker.
Das wichtigste *Krankheitszeichen* der Z. ist der erhöhte Harnzucker. Der Blutzuckerspiegel liegt im nüchternen Zustand bei 60–110 mg-% (60 bis 110 mg/100 cm³). Da die Niere normalerweise nur als Überlaufventil fungiert und mehr als 99% des abgefilterten Zuckers wieder zurückgewinnt, erscheinen nüchtern nur minimale Zuckerspuren im Urin. Erst bei einem Blutzuckerspiegel von über 170 mg-% kommt es zur Überschreitung der Nierenschwelle und damit zur Zuckerausscheidung. Während verschiedene Hormone den Zuckerspiegel erhöhen, ist nur das Bauchspeicheldrüsenhormon Insulin imstande, ihn zu senken; daher führt Insulinmangel zum Blutzuckeranstieg, der eine Verzuckerung wichtiger Proteine bewirkt. Daneben kommt es zu einer Beeinträchtigung des Fettstoffwechsels: anstelle von Zucker werden Fette und Eiweiße abgebaut, bis größere Mengen kurzzeitig organ. Säuren aus dem Fettstoffwechsel ins Blut übertreten, die nicht weiter verbrannt werden können. Solche Säuren (wie die Betaoxybuttersäure und die Acetessigsäure) führen zu einer gefährl. Übersäuerung des Bluts und der Gewebe. Große Atmung, fruchtartiger Mundgeruch und zuletzt tiefe Bewußtlosigkeit kennzeichnen dieses sog. diabetische Koma *(Coma diabeticum).* Der starke Zuckeranstieg und der Zuckerverlust schwemmt mit dem Harn täglich bis zu acht Liter Flüssigkeit und entsprechend viele Salze aus. Dadurch kommt es bei fortdauerndem Insulinmangel zu einer gefährl. Verstärkung des Komas mit Blutdruckabfall und Kreislaufzusammenbruch.
Manche *Früherscheinungen* der Z. sind unmittelbar auf die Stoffwechselstörung, andere auf die Zucker- und Wasserverluste zurückzuführen (vermehrter Durst, häufiges Wasserlassen, auch nachts, Müdigkeit und Abgeschlagenheit, Juckreiz und Neigung zu Hautinfektionen). Fettleibigkeit geht der Z. in rd. 50% der Fälle voraus, und nicht selten werden anfangs auch Zeichen einer vorübergehenden Unterzuckerung durch gesteigerte Zuckerverwertung beobachtet (Heißhunger, Schweißausbrüche, Schwäche und Zittern, Kopfschmerz, Schwindel, Leistungsabfall und Konzentrationsschwäche). Die *Behandlung* der Z. erfolgt bei einem Drittel aller Diabetiker allein mit Diät, bei einem weiteren Drittel mit Tabletten (Antidiabetika), das letzte Drittel muß mit Insulininjektionen behandelt werden. Die *Diät* des Zuckerkranken soll v. a. kalorien- und fettarm sein. Um stoßartige Belastungen des Stoffwechsels und der Blutzuckerregelung zu vermeiden, sollten sechs Mahlzeiten über den Tag verteilt werden.

Zuckerpalme (Sagwirepalme), in SO-Asien verbreitete, 10–17 m hohe Palme; aus dem Saft der männl. Blütenstände wird Zucker gewonnen.

Zuckerrohr, nur in Kultur bekannte Süßgrasart; Staude mit bis zu 7 m hohen und 2–7 cm dicken Halmen, die von einem weichen, vor der Blüte etwa 13–20% Rohrzucker enthaltenden, weißen Mark erfüllt sind, das Rohrzucker und Z.melasse (aus der Rum- und Arrak hergestellt werden) liefert. Die zellulosehaltigen Rückstände bei der Verarbeitung der Halme *(Bagasse)* werden zur Herstellung von Karton und Pa-

Zuckerrübe

Zuckerrohr
(Höhe bis 7 m)

Zuckerrübe

Carl Zuckmayer

pier verwendet. – Die größten Z.anbaugebiete der Erde sind Indien und Brasilien. – Das Z. wurde in Europa im 3.Jh. v. Chr. durch die Feldzüge Alexanders d. Gr. bekannt, der Anbau läßt sich für Indien jedoch erst seit dem 3.Jh. n. Chr. nachweisen. Im 15.Jh. wurde Z. auf den Kanarischen Inseln angepflanzt; von dort brachte Kolumbus es auf die Westind. Inseln In der 1. Hälfte des 16. Jh. wurde es durch die Jesuiten in Brasilien und durch H. Cortés in Mexiko eingeführt. Bis zur Mitte des 19.Jh. wurde Zucker praktisch ausschließlich aus Z. gewonnen.

Zuckerrübe, Kulturform der Gemeinen Runkelrübe in zahlr. Sorten; zweijährige Pflanze; die Rüben enthalten 12–21% Rübenzucker; Anbau in der gemäßigten Zone in Gebieten mit genügend warmem, nicht zu feuchtem Klima.

Zuckmayer, Carl, *Nackenheim bei Mainz 27. 12. 1896, † Visp 18. 1. 1977, dt. Schriftsteller. 1939–46 im Exil in den USA, ab 1958 in der Schweiz (1966 schweizer. Staatsbürger). Erfolgreicher Dramatiker, der Humor und Satire, z. T. auch derb-drast. Komik verbindet. In seinem späteren Werk setzt er sich v. a. mit dem Ethos der Freiheit und zeitgeschichtl. Themen auseinander; auch Erzähler und Drehbuchautor. – *Werke:* Der fröhl. Weinberg (Dr., 1926; verfilmt 1952 von Erich Engel [*1891, †1966]), Schinderhannes (Dr., 1927; verfilmt 1958 von H. Käutner), Katharina Knie (Dr., 1929), Der Hauptmann von Köpenick (Dr., 1930; verfilmt u. a. 1956 von H. Käutner), Herr über Leben und Tod (R., 1936), Des Teufels General (Dr., 1946; verfilmt 1954 von H. Käutner), Die Fastnachtsbeichte (E., 1959), Als wär's ein Stück von mir (Erinnerungen, 1967).

Zuckmücken (Federmücken, Schwarmmücken, Chironomidae), Fam. v. a. über die nördl. gemäßigte Zone verbreiteter Mücken mit weit über 5 000, etwa 2–15 mm großen, gelbl., grünen, braunen oder schwarzen Arten (davon rd. 1 200 Arten in M-Europa); häufig Stechmücken sehr ähnlich, jedoch nicht stechend; die Männchen bilden zuweilen riesige arttyp. Schwärme.

Zufallsgröße (Zufallsvariable) ↑Wahrscheinlichkeitsrechnung.

Zufallszahlen, rein nach dem Zufall ermittelte Zahlen[reihe]. Zur Simulierung realer Prozesse, in denen Zufallsgrößen eine Rolle spielen, werden Z. mit Hilfe bes. *Zufallsgeneratoren* erzeugt (der einfachste Zufallsgenerator für die Zahlen von 1 bis 6 wäre z. B. ein Spielwürfel).

Zug, 1) Hauptstadt des schweizer. Kt. Zug, am N-Ende des Zuger Sees, 21 700 E. Histor. Museum; wichtigster Markt und Ind.-Standort des Kt. Zug. Spätgotisch sind die Pfarrkirche Sankt Oswald (1478–1511), das Rathaus (1505) und das Stadthaus (1575–83 umgebaut); Burg (13., 14. und 16. Jh.). – Um 1200 von den Kyburgern gegr.; kam 1273 an die Habsburger; 1352/64 an die Eidgenossen; 1799–1801 Hauptort des Kt. Waldstätten; seit 1803 Hauptort des neu gegr. Kt. Zug.

2) zentralschweizer. Kt., 239 km², 87 100 E, Hauptstadt Zug. Neben der Viehhaltung Acker- und Obstbau (Kirschen); an den Seen Fremdenverkehr. – Der Kt. Z. entstand 1803 in den Grenzen des alten städt. Territoriums; gehörte 1845–47 zum kath. Sonderbund.

Zug, 1) *Mechanik:* die Beanspruchung eines Werkstücks oder -stoffs durch zwei in entgegengesetzte Richtungen wirkende Z.kräfte.

2) *Meteorologie:* durch Temperatur- oder Druckunterschiede hervorgerufene Luftströmung.

3) *Militärwesen:* (mehrere Gruppen bzw. Trupps umfassende) Teileinheit, die un-

Zuhälterei

Zugspitze
mit Ehrwald in Tirol

ter der Leitung eines Z.führers (Offizier oder erfahrener Unteroffizier) steht. Mehrere Züge bilden eine Kompanie.
4) *Verkehrswesen:* mehrere miteinander verbundene Fahrzeuge, z. B. Eisenbahn-Z., Last[wagen]zug.

Zuger See, Alpenrandsee in den schweizer. Kt. Zug, Schwyz und Luzern, 38,3 km².

zugewandte Orte, in der alten Eidgenossenschaft bis 1798 die mit den ↑Dreizehn alten Orten mehr oder weniger eng verbundenen Territorien: Fürstabtei und Stadt Sankt Gallen sowie Biel als engere z. O., Mülhausen und Genf als ev. z. O., Wallis und Graubünden als »ewig Mitverbündete«, ferner das Ft. Neuenburg und das Fürstbistum Basel, im 16./17. Jh. auch Rottweil.

Zugewinnausgleich, der bei Beendigung der Zugewinngemeinschaft (z. B. durch Scheidung, Ehevertrag, Tod) durchzuführende Ausgleich zur gleichmäßigen Beteiligung der Ehegatten an dem von ihnen während der Dauer der Ehe erwirtschafteten Vermögenszuwachs *(Zugewinn).*

Zugewinngemeinschaft, im Eherecht der gesetzl. Güterstand. Die Vermögen der Ehegatten bleiben auch nach der Eheschließung getrennt und werden vom jeweiligen Ehegatten allein verwaltet. Gemeinschaftl. Vermögen entsteht nur durch einzelne Rechtsgeschäfte. An den gemeinsam angeschafften Gegenständen entsteht eine Mitberechtigung nach Bruchteilen. Jeder Ehegatte kann über seinen Anteil an diesen Gegenständen ohne Mitwirkung des anderen verfügen; es bestehen jedoch Verfügungsbeschränkungen. Über sein Vermögen im Ganzen kann ein Ehegatte nur mit Zustimmung des anderen Ehegatten verfügen.

Zugpflaster, Pflaster mit hautreizenden Stoffen und daher von durchblutungsfördernder Wirkung.

Zugpostfunk, Funktelefondienst, der es Reisenden in den meisten Eurocity- und Intercity-Zügen gestattet, vom Zugsekretariat aus Telefongespräche mit Teilnehmern des öffentl. Fernsprechnetzes zu führen.

Zugriffszeit, in der *Datenverarbeitung* die Zeitspanne, die notwendig ist, um Daten einzelner Speicherzellen zu lesen oder in sie abzulegen. Sie liegt bei modernen Computern im Nanosekundenbereich.

Zugspitze, mit 2962 m höchster Berg Bayerns und der BR Deutschland, am W-Rand des Wettersteingebirges auf der dt.-österr. Grenze.

Zugvögel, Vögel, die alljährlich in ihre artspezif. Winter- bzw. Brutgebiete ziehen. Der Rückgang v. a. von Weitstrecken-Zugvögeln (Übergang zu Standvögeln) wird als Indiz einer Klimaänderung gedeutet.

Zuhälterei, Straftatbestand, wenn jemand einen anderen, der der Prostitution nachgeht, ausbeutet oder seines Vermögensvorteils wegen bei der Ausübung der Prostitution überwacht sowie

Zug 1)
Stadtwappen

Zug 2)
Kantonswappen

die Prostitutionsausübung hinsichtlich Zeit, Ort und Ausmaß bestimmt.

Zuidersee ['zɔydərze:], ehem. Nordseebucht (rd. 3700 km²) in den nw. Niederlanden, nach Errichtung eines Abschlußdammes (1927–32) nach dem Hauptzufluß, der IJssel, in *IJsselmeer* umbenannt. Gleichzeitig begann die sich über Jahrzehnte erstreckende Einpolderung.

Zukermann, Pinchas, *Tel Aviv 16.7. 1948, israel. Violinist. Internat. gefeierter Interpret klass. Musik.

Pinchas Zukermann

Zukofsky, Louis, *New York 23.1. 1904, †Port Jefferson (N. Y.) 12.5. 1978, amerikan. Schriftsteller. Sohn russ. Einwanderer. Lyriker im Umfeld des †Imagismus (u. a. »A« 1–12, 1959, »A« 13–21, 1969); auch Studien zur ästhet. Theorie und Romane (u. a. »It was«, 1961).

Zukunft, in der Sprachwiss. svw. †Futur.

Zukunftsforschung, svw. †Futurologie.

Zulieferung †Auslieferung.

Zulliger, Hans, *Mett (heute zu Biel [BE]) 21.2.1893, †Ittigen bei Bern 18.10.1965, schweizer. Psychologe, Psychoanalytiker und Pädagoge. Einer der Begründer der psychoanalyt. Pädagogik und der Kinderanalyse (bes. verdient machte er sich um das tiefenpsycholog. Verständnis kindlicher Fehlleistungen, Spiele und Träume).

Zülpich, Stadt nw. von Euskirchen, NRW, 16700 E. Propstei-Museum. Röm. Badeanlagen (um 100 n. Chr.), Teile der Stadtbefestigung (13.–15. Jh.), kurköln. Landesburg (14./15. Jh.). – Röm. Handelsplatz *Tolbiacum;* in karoling. Zeit Königshof; danach im Besitz der Grafen von Jülich, ab 1278 der Kölner Erzbischöfe.

Hans Zulliger

Zulu, 1) *Sprachwissenschaft:* (isi-Zulu) zur südöstl. Gruppe der Bantoidsprachen gehörende Bantusprache v. a. in der Republik Südafrika. Charakteristisch sind die Schnalzlaute im Phoneminventar.
2) *Völkerkunde:* Bantuvolk in Südafrika, etwa 8 Mio. Angehörige. – 1816 wurden die verschiedenen Z.stämme zu einem Kgr. vereinigt, das bis 1879 Bestand hatte.

Zündanlage, elektr. Anlage, die die zur Bildung eines Zündfunkens (zur Zündung des Kraftstoff-Luft-Gemischs im Verbrennungsraum eines Ottomotors) erforderl. Hochspannung liefert. Die bei Kfz vorwiegend verwendete *Batterie-Z.* entnimmt ihre Energie der Fahrzeugbatterie bzw. der Lichtmaschine. Die Z. besteht im wesentlichen aus Zündspule, [Zünd]verteiler (mit Unterbrecher und Zündversteller) und den Zündkerzen. In der Sekundärwicklung der *Zündspule* wird bei der (zum jeweiligen Zündzeitpunkt erfolgenden) durch den Unterbrecher bewirkten kurzen Unterbrechung des Stromkreises der an die Batterie angeschlossenen Primärspule ein Hochspannungsimpuls induziert, der dem Zündverteiler und von dort aus jeweils einer Zündkerze zugeführt wird. Um den *Zündzeitpunkt* den jeweiligen Betriebsbedingungen möglichst gut anzupassen, enthält die Z. gewöhnlich noch eine *Zündverstelleinrichtung* (Fliehkraft- oder Unterdruckversteller). Die Zündung erfolgt, bevor der Kolben den oberen Totpunkt (OT) erreicht hat (sog. *Vorzündung*); Abweichungen davon werden als *Früh-* bzw. *Spätzündung* bezeichnet. Bessere Leistungen als mit mechan. Unterbrechern, deren Schaltleistung begrenzt ist, erzielt man mit *elektron Z.* (z. B. mit der Transistor-Spulenzündung). Für Schlepper- und Bootsmotoren, für leichte Motorräder u. a. werden batterieunabhängige *Magnet-Z.* verwendet.

Zunder, 1) *Botanik:* †Zunderschwamm.
2) *Metallurgie:* bei hohen Temperaturen auf Metalloberflächen entstehende Korrosionsschicht.

Zünder, Vorrichtung, durch die ein Explosivstoff oder die Treibladung eines Geschosses zur Zündung gebracht wird. †Munition.

Zunderschwamm (Blutschwamm, Falscher Feuerschwamm, Wundschwamm), zu den Porlingen gehörender mehrjähriger, bis 30 cm großer Ständerpilz, der bes. auf Buchen und Birken Weißfäule (†Kernfäule) erzeugt. Aus der getrockneten, mit Salpeterlösung getränkten Mittelschicht des Fruchtkörpers wird *Zunder* hergestellt, der sich durch auftreffende Funken zum Glimmen bringen läßt.

Zündholz (Streichholz), zur Entfachung und Übertragung von Feuer dienende Stäbchen aus Holz, Streifen aus Pappe oder anderem Material (z. B. bei *Wachs-*

Züngeln

zündern ein mit Wachs imprägnierter Baumwolldocht), die mit einem durch Reiben entflammbaren, verschiedene brennbare Stoffe (z. B. Schwefel) enthaltenden *Zündkopf* versehen sind.

Zündkerze, Vorrichtung zur Zündung des im Verbrennungsraum von Ottomotoren verdichteten Kraftstoff-Luft-Gemischs durch einen elektr. Funken. Der Funkenüberschlag erfolgt zw. Mittel- und Masseelektrode (Abstand bei normalen Kfz-Motoren 0,7–0,8 mm; übl. Spannungen 5000–15000 V).

Zündpunkt (Zündtemperatur), die niedrigste Temperatur, bei der sich ein brennbarer Stoff im Gemisch mit Luft selbst entzündet.

Zündschloß (Zündanlaßschalter), gewöhnlich mit einer Lenksäulenverriegelung (als Diebstahlsicherung) kombinierter, mit dem Zündschlüssel zu betätigender Schalter, der den Stromkreis der Zündanlage eines Kfz einschaltet.

Zündspule, Teil einer ↑Zündanlage.

Zündstein, svw. ↑Feuerstein.

Zündstoffe, svw. Initialsprengstoffe (↑Sprengstoffe).

Zündtemperatur, svw. ↑Zündpunkt.

Zündung, das Auslösen einer Explosion, Detonation oder Verbrennung (Entzündung), meist durch Erhitzen des Explosiv- oder Brennstoffs. ↑Zündanlage.

Zündverteiler, Teil einer ↑Zündanlage.

Zunft, im Hoch-MA in allen europ. Städten entstandene Organisationen von [freien] Handwerkern, Handeltreibenden (↑Gilden) u. a. Gruppen zur Ausübung des gemeinsamen Gewerbes und Regelung der wirtschaftl. und sozialen Verhältnisse. v. a. im Interesse der Produzenten. Die äußere Organisation der Zünfte, die von der Obrigkeit mit Monopolrecht (*Z. zwang*) ausgestattet waren, beruhte auf der Gliederung in Meister, Gesellen und Lehrlinge. I. d. R. war für Lehrlinge und Gesellen eine Lehrzeit, Gesellenzeit und Wanderzeit *(Wanderzwang)* vorgeschrieben. Das *Meisterstück* diente zum Nachweis der Kenntnisse und Fähigkeiten. Entscheidungen wurden von den *Meisterversammlungen (Morgensprachen)* getroffen; nur die Meister waren Vollgenossen der Zünfte. An der Spitze standen die gewählten *Z. meister (Aldermann).* Die *Z. ordnungen (Z. statuten, Schragen)* wurden von der Stadtobrigkeit bestätigt oder erlassen und regelten wirtschaftl. und organisator. Fragen wie Betriebsgröße, Arbeitszeit und Rohstoffbezug; auch Warenqualität, Wettbewerb und Preise unterstanden zünftiger Überwachung. Die Gesellen waren vielfach in *Gesellenbruderschaften* zusammengeschlossen. – Im ausgehenden MA führte der Zunftzwang immer mehr zur Erstarrung. Die Regierungen versuchten deshalb, den Einfluß der Z. einzuschränken, z. B. durch Ernennung von Freimeistern und Hofhandwerkern. 1731 wurde eine Reichshandwerksordnung erlassen; seit der Frz. Revolution wurde die Gewerbefreiheit eingeführt: 1791 in Frankreich, 1810/11 in Preußen, 1859 in Österreich. In den Innungen blieb der Gedanke des berufl. Zusammenschlusses lebendig.

Zunge, 1) *Anatomie:* (Glossa, Lingua) häufig muskulös ausgebildetes Organ am Boden der Mundhöhle bei den meisten Wirbeltieren. Die Z. der Säugetiere und der Menschen, deren Schleimhaut am Z. rücken mit den Sehnenfasern der Z. muskulatur unverschiebl. fest verbunden ist, ist charakterisiert durch Drüsenreichtum sowie eine sehr stark entwickelte, quergestreifte Muskulatur. Sie fungiert als Hilfsapparat für das Kauen, Schlucken und für die Körperpflege und wirkt bei Lautäußerungen mit. Der Z. rücken trägt neben zahlr. freien Nervenendigungen, die die Z. zu einem empfindl. Tastorgan machen, viele verschiedenartige Papillen, die teils dem ↑Geschmackssinn, teils mechan.-taktilen Funktionen zuzuordnen sind.

2) *Instrumentenkunde:* bei bestimmten Blasinstrumenten ein dünnes Plättchen aus Schilfrohr oder Metall, das im Luftstrom schwingt und ihn periodisch unterbricht. Je nachdem, ob die Z. gegen einen Rahmen schlägt oder durch ihn hindurch schwingt, spricht man von *aufschlagenden Z.* (Klarinette, Saxophon) und von *durchschlagenden Z.* (Harmonium, Hand-, Mundharmonika); bei *Gegenschlag-Z.* schlagen zwei Z. gegeneinander (Oboe, Fagott).

Züngeln, bei Eidechsen und Schlangen das schnell aufeinanderfolgende Vorstoßen, Hin- und Herbewegen und Einziehen der (gespaltenen) Zunge. Beim Z. nimmt die Zungenschleimhaut Ge-

3937

Zungenbein

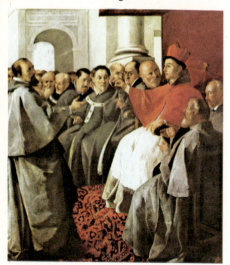

Francisco de Zurbarán.
Der heilige Bonaventura leitet das Konzil von Lyon (1629; Paris, Louvre)

Zürich 2) Kantonswappen

ruchsstoffe (u. a. von Beute) aus der Luft auf.

Zungenbein, knöcherne (z. T. auch knorpelige), frei in Muskeln eingehängte Stützstruktur der Zunge der Wirbeltiere (beim Menschen klein und hufeisenförmig).

Zungenbelag, weißlichgraue Schicht aus Speiseresten, weißen Blutkörperchen, verhornten Zellen und Bakterien auf dem Zungenrücken; häufig kommt die »belegte Zunge« bei (chron.) Erkrankungen der Mundhöhle, des Rachens und des Magen-Darm-Kanals vor.

Zungenblüten (Strahlenblüten), bei Korbblütlern vorkommender Blütentyp mit einer aus drei oder fünf verwachsenen Kronblättern gebildeten zungenförmigen Blumenkrone.

Zungenmandel (Zungentonsille), beim Menschen den Zungengrund bedeckendes paariges Organ des lymphatischen Rachenrings; Anhäufung von Balgdrüsen und Lymphgewebe.

Zungenpfeifen, svw. ↑Lingualpfeife.

Zuni [engl. 'zu:ni], eines der bekanntesten Dörfer der Puebloindianer im westl. New Mexico, 200 km westlich von Albuquerque; Herstellung von Silberschmuck und Türkisarbeiten.

Zünsler (Lichtzünsler, Lichtmotten, Pyralidae), mit über 10000 Arten weltweit verbreitete Fam. etwa 15–30 mm spannender, vorwiegend dämmerungs- oder nachtaktiver Schmetterlinge (davon rd. 250 Arten einheimisch); Raupen legen in Pflanzen oder organ. Stoffen meist Gespinstgänge.

Zupfinstrumente, Gruppe von Musikinstrumenten, deren Töne durch Anreißen des primär schwingenden Materials entstehen, u. a. Harfe, Laute, Zither.

Zurbarán, Francisco de [span. θurβa-'ran], * Fuente de Cantos bei Badajoz 7. 11. 1598, † Madrid 27. 8. 1664, span. Maler. Als Stadtmaler von Sevilla erhielt Z. zahlr. Aufträge für Sevillaner Klöster und stellte vorwiegend Szenen aus der Geschichte des Mönchtums dar. Seine monumentalen Figuren sind durch Anwendung der von Caravaggio entwickelten scharfen Helldunkeleffekte von hoher Plastizität. Z. schuf auch bed. Stilleben; zahlr. Werkstattarbeiten, u. a. zum Export (Peru).

Zurechnungsfähigkeit, frühere Bezeichnung für Schuldfähigkeit (↑Schuldunfähigkeit).

Zurechnungsunfähigkeit, frühere Bezeichnung für ↑Schuldunfähigkeit.

Zürich, 1) Hauptstadt des schweizer. Kt. Zürich, am N-Ende des Zürichsees und an der Limmat, 365 000 E. Univ., Eidgenöss. Technische Hochschule (ETH) u. a. Hochschulen und wiss. Institute, Staatsarchiv, zahlr. Museen, u. a. Schweizer. Landesmuseum, Opernhaus, Schauspielhaus, Tonhalle, botan. Garten, Zoo. Handels- und Finanzzentrum der Schweiz, zugleich wichtigster und größter Ind.-Standort des Landes, Kongreß- und Messestadt; internat. ✈ in Kloten.

Stadtbild: Bed. Kirchen, u. a. roman. Großmünster (12./13. Jh.) über den Fundamenten einer wohl karoling. Basilika, roman.-got. Fraumünster (vollendet im 15. Jh.) mit modernen Fenstern von M. Chagall, spätgot. Wasserkirche (1479–84), barocke Kirche Sankt Peter (1705/06) mit roman. Turm des Vorgängerbaus. Rathaus (1694–98), zahlr. Zunft- und Patrizierhäuser (16., 17. und 18. Jh.); Bauten des 19. und 20. Jh. sind u. a.: ETH (1861–64), Kunsthaus (1910), Univ. (1914), Ausstellungspavillon (1967; nach Plänen von Le Corbusier), Fernmeldezentrum (1974–78).

Zustandsänderung

Geschichte: 929 wurde das unter den Römern *Turicum* gen. Z. erstmals als Stadt genannt; nach 1218 reichsunmittelbar; 1336 Einführung einer Zunftverfassung; 1351 ewiges Bündnis mit den Eidgenossen; nach 1523 Einführung der Reformation durch Zwingli, ausgedehntes Bündnissystem mit den ev. Städten; 1803 Hauptstadt des neuen gleichnamigen Kantons.
2) Kt. im Schweizer Mittelland, 1729 km^2, 1,16 Mio. E, Hauptstadt Zürich. Bed. Landwirtschaft; Ind. v. a. in den Ballungsgebieten der Städte Zürich und Winterthur. – 1803 in den Grenzen des ehem. Stadtstaates entstanden; 1869 erhielt Z. seine noch gültige Verfassung.
Zürichsee, See in den schweizer. Kt. Sankt Gallen, Schwyz und Zürich, 90,1 km^2.
Zürn, Jörg, *Waldsee (heute Bad Waldsee) um 1583, † Überlingen vor 1635, dt. Bildhauer. Leiter einer großen Werkstatt in Überlingen; schuf u. a. den frühbarocken Hochaltar des Überlinger Münsters (1613–19). – Abb. S. 3940.
Zurückbehaltungsrecht, Recht des Schuldners, die geschuldete Leistung solange zu verweigern, bis der Gläubiger seinerseits die dem Schuldner gebührende und fällige Leistung (Gegenleistung) erbringt. Die jeweiligen Leistungsverpflichtungen müssen auf demselben rechtl. Verhältnis beruhen.
Zurzach, Bezirkshauptort im schweizer. Kt. Aargau, am Hochrhein, 3400 E. Thermalbad. Resté eines röm. Kastells und einer frühchristl. Kirche, Stiftskirche Sankt Verena (geweiht 1347; 1733/1734 barockisiert). – Die 1363 erstmals erwähnten Zurzacher Messen (Leder, Textilien) bestanden bis 1856.
Zusatzstoffe, im Lebensmittelrecht solche Stoffe, die dazu bestimmt sind, Lebensmitteln zur Beeinflussung ihrer Beschaffenheit oder zur Erzielung bestimmter Eigenschaften oder Wirkungen zugesetzt zu werden (z. B. Acetate, Carbonate, Chloride, Backtriebmittel, Bleichmittel und Konservierungsmittel).
Zuschlag, bei einer Versteigerung die Annahme des in einem Meistgebot liegenden Angebots zum Abschluß eines Vertrages durch den Versteigerer.
Zuschläge (Zuschlagstoffe), in der Hüttentechnik Bez. für bas. oder saure Stoffe, die bei metallurg. Schmelzverfahren zugegeben werden, um eine leicht abzutrennende Schlacke zu erhalten.
Zuse, Konrad, *Berlin 22. 6. 1910, † Hünfeld (Kreis Fulda) 18. 12. 1995, dt. Ingenieur. Entwickelte ab 1934 die Grundkonzeption für eine programmgesteuerte Rechenmaschine; 1941 vollendete er mit der Z3 in Relaistechnik das erste programmgesteuerte Rechengerät der Welt.
Zustand, in der *Physik* die Gesamtheit der physikal. Größen eines physikal. Systems, die es in jedem Zeitpunkt in seinen Eigenschaften und seinem Verhalten eindeutig beschreiben.
Zuständigkeit, im *Verfahrensrecht* der einem Gericht oder einer Verwaltungsbehörde zustehende Geschäftsbereich. Die *gerichtl.* Z. bestimmt sich nach der Zulässigkeit des Rechtswegs, die *örtl.* Z. nach dem Gerichtsstand.
Zustandsänderung, jede Änderung des thermodynam. Zustands eines Stoff- bzw. thermodynam. Systems, die durch Änderung einer Zustandsgröße verursacht wird; sie kann umkehrbar sein *(reversible Z.)* oder nicht *(irreversible Z.)*; als *adiabat.* Z. bezeichnet man solche, die ohne Wärmeaustausch mit der Umgebung ablaufen.

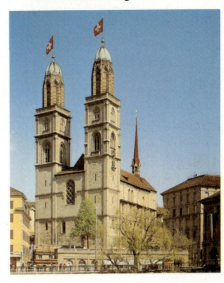

Zürich 1).
Großmünster
(11.–13. Jh.)

Zürich 1)
Stadtwappen

Zustandsdiagramm

Jörg Zürn. Hochaltar des Überlinger Münsters (1613–19)

Zustandsdiagramm, jede graph. Darstellung des Zusammenhangs zw. den Zustandsgrößen eines beliebigen thermodynam. Systems in einem ebenen Koordinatensystem.

Zustellung, die förml. und in einer *Zustellungsurkunde* zu beurkundende Bekanntgabe des Inhalts eines Schriftstücks (z. B. Klageschrift, Ladung zum Termin). Die Z. soll dem Z.adressaten mit Rücksicht auf die i. d. R. damit in Lauf gesetzten Fristen (z. B. Rechtsmittelfristen) Gelegenheit zur Kenntnisnahme eines Schriftstücks verschaffen und für den Zustellenden den Nachweis sichern, daß gerade dieses Schriftstück zugestellt worden ist. Die Z. erfolgt i. d. R. von Amts wegen durch den Gerichtsvollzieher, die Post, die zuständige Behörde selbst oder unmittelbar von Anwalt zu Anwalt.

Zustimmungsgesetze, Bundesgesetze, die im Ggs. zu den Einspruchsgesetzen kraft ausdrückl. verfassungsrechtl. Vorschrift der Zustimmung des Bundesrats bedürfen (z. B. die von den Ländern auszuführenden Gesetze und verfassungsändernde Gesetze).

ZVS, Abk. für ↑**Z**entralstelle für die **V**ergabe von **S**tudienplätzen.

Zwang, 1) *allg.*: das (mit Drohung, Anwendung von Gewalt o. ä. verbundene) Einwirken auf einen Menschen, etwas seinem Willen Widerstrebendes zu tun oder zu unterlassen.

2) *Psychopathologie:* das immer wiederkehrende Phänomen des Beherrschtwerdens von Vorstellungen oder Handlungsimpulsen, die von den betroffenen Personen selbst als unsinnig, fremdartig oder als mit dem Ich-Ideal nicht vereinbar beurteilt werden.

3) *Recht:* ↑Zwangsmittel.

Zwangsarbeit, »jede Art von Arbeit oder Dienstleistung, die von einer Person unter Androhung irgendeiner Strafe verlangt wird und für die sie sich nicht freiwillig zur Verfügung gestellt hat« (Definition der Internat. Arbeitsorganisation [IAO] von 1930); ausgenommen werden Militärdienstpflicht, die übl. Bürgerpflichten (z. B. Wegereinigung), Strafarbeit auf Grund gerichtl. Verurteilung, Notstandspflichten. In vielen Staaten wurden und werden dennoch Personen aus polit., wirtschaftl. und ideolog. Gründen systemat. Z. unterworfen. Im nat.-soz. Deutschland wurden die Häftlinge der Konzentrationslager zu Z. herangezogen. Besserungsarbeit (meist in Lagern, *Kolonien*) soll der Umerziehung dienen; sie ist aber praktisch eine Form der Bestrafung und der Ausbeutung der Arbeitskraft der Häftlinge.

Zwangsernährung, die gegen den Willen und u. U. gegen den Widerstand eines Hungerstreikenden vorgenommene künstl. Ernährung durch einen Arzt. Aufgrund der Pflicht des Staates, Gesundheit und Leben zu schützen, haben Vollzugsbehörden die Pflicht zur Z., wenn der Gefangene nicht mehr über eine freie Willensbestimmung verfügt oder unmittelbare Lebensgefahr besteht.

Zwangshypothek, bei der Zwangsvollstreckung wegen einer Geldforderung in das unbewegliche Vermögen die zwangsweise Eintragung einer Sicherungshypothek ins Grundbuch.

Zwangsjacke (Zwangshemd), vorn geschlossenes, grobes Leinenhemd mit überlangen, nicht offenen Ärmeln, die früher zur Ruhigstellung unruhiger psych. Kranker auf dem Rücken verknotet wurden.

Zwangskurs, Kurs, zu dem Banknoten von jedermann in unbegrenzter Höhe kraft Gesetzes angenommen werden müssen. Z. besteht für jedes Papiergeld, das in dem betreffenden Land gesetzl. Zahlungsmittel ist.

Zwangsmittel, im Verwaltungszwangsverfahren die spezifischen Beugemittel zur Durchsetzung von Verwaltungsakten, um die Herausgabe einer Sache, die Vornahme einer Handlung oder eine Duldung oder Unterlassung zu erzwingen. Z. sind: die *Ersatzvornahme,* durch die eine dem Pflichtigen obliegende vertretbare Handlung dadurch erzwungen wird, daß die Vollstreckungsbehörde selbst oder im Wege der Amtshilfe eine andere Behörde oder ein beauftragter Privatmann die dem Pflichtigen aufgegebene Handlung ausführt; das *Zwangsgeld* (3 DM–2000 DM) bei unvertretbaren, allein vom Willen des Pflichtigen abhängenden Handlungen (z. B. Schulbesuch). Ist das Zwangsgeld uneinbringlich, so kann auf Antrag der Vollzugsbehörde durch das Verwaltungsgericht die *Beugehaft* (Ersatzzwangshaft) von 1–14 Tagen angeordnet werden; der *unmittelbare Zwang,* mit dem rechtmäßige behördl. Anordnungen gegen den Widerstand der Betroffenen (z. B. [einfache] körperl. Gewalt) durchgesetzt werden können. Die stärkste Form des unmittelbaren Zwangs ist der Schußwaffengebrauch. – Die Z. sind *Beugemittel,* haben also keinen strafrechtl. Ahndungscharakter.

Zwangsneurose, v. a. durch Symptome des Zwangs (Zwangsgedanken, -impulse, -handlungen), aber auch durch übersteigerte Gewissenhaftigkeit und gesteigerte Schuldgefühle charakterisierte Neuroseform mit meist chron. Verlauf.

Zwangsversteigerung, die im Zwangsversteigerungsgesetz (ZVG) geregelte öffentl. Versteigerung gepfändeter Sachen; gesetzl. Form der Zwangsvollstreckung. Zuständig für die Z. ist das Vollstreckungsgericht (Amtsgericht). Bei der Versteigerung wird nur ein solches Gebot berücksichtigt, das die dem Anspruch des Gläubigers vorgehenden Rechte sowie die Kosten des Verfahrens abdeckt *(geringstes Gebot).* Neben der Durchsetzung von Geldforderungen dient die Z. zur Auflösung einer Gemeinschaft (z. B. Erbengemeinschaft) an Grundstücken bei Uneinigkeit über Auseinandersetzung.

Zwangsvollstreckung, bes. Verfahren zur Durchsetzung oder Sicherung vermögensrechtl. Ansprüche durch staatl. Zwang im Auftrag des Berechtigten. Voraussetzungen einer Z. sind das Vorliegen eines Vollstreckungstitels und einer Vollstreckungsklausel sowie die ↑Zustellung des Vollstreckungstitels. Die Z. erfolgt durch den Gerichtsvollzieher in das *bewegl. Vermögen* (z. B. Geld, Wertpapiere, Einrichtungsgegenstände) des Schuldners durch ↑Pfändung und Verwertung des Pfandstücks in der öffentl. Versteigerung. Bei Forderungen des Schuldners wird durch Pfändungs- und Überweisungsbeschluß dem Drittschuldner verboten, an den Schuldner zu bezahlen; das Gericht fordert den Drittschuldner auf, dem Gläubiger des Schuldners zu leisten. Die Z. in das *unbewegl. Vermögen* (z. B. Grundstücke) erfolgt durch Eintragung einer ↑Zwangshypothek, durch Zwangsverwaltung oder Zwangsversteigerung. Rechtsbehelfe gegen die Z. sind für den Schuldner die Erinnerung gegen die Art und Weise der Z. und die Vollstreckungsklage gegen den zugrundeliegenden Anspruch. Ein betroffener Dritter hat die Möglichkeit der ↑Drittwiderspruchsklage.

Zwanzigflach, svw. ↑Ikosaeder.

Zwanzigster Juli 1944, Datum des Attentats auf Hitler im Rahmen der dt. Widerstandsbewegung. Nach verschiedenen fehlgeschlagenen Plänen zum Sturz Hitlers seit 1938 (u. a. L. Beck, H. von Tresckow) beabsichtigte eine neue Verschwörung unter C. Graf Schenk von Stauffenberg, nach der Ermordung Hitlers eine vom Widerstand gebildete Staatsführung (L. Beck, W. Leuschner, C. F. Goerdeler, E. von Witzleben, U. von Hassell, J. Leber) an die Macht zu bringen. Die außenpolit. Lage (alliierte Landung in der Normandie [6. 6. 1944]; Einbruch an der O-Front) ließ die Chancen für einen Waffenstillstand zw. den Westmächten und einer neuen dt. Regierung zunehmend sinken, drängte daher zum Han-

Zweckverbände

Arnold Zweig

Stefan Zweig

deln. Da Stauffenberg auf Grund seines Amtes als Stabschef beim Befehlshaber des Ersatzheeres einer der wenigen Verschwörer war, die direkten Zugang zu Hitler hatten, zündete er selbst am 20. 7. 1944 in der »Wolfsschanze« bei Rastenburg (Ostpreußen) die Bombe, die Hitler jedoch nur leicht verletzte. Die Nachricht, daß Hitler überlebt habe, ließ auch in Berlin das Unternehmen zusammenbrechen; nur in Paris lief zunächst alles planmäßig (Verhaftung von SS- und SD-Führung durch die Wehrmacht). Die führenden Verschwörer verloren nach dem Umsturzversuch ihr Leben durch Selbstmord, militär. Standgerichte oder Todesurteil des Volksgerichtshofs unter R. Freisler. Es kam zu etwa 1000 Verhaftungen und etwa 200 Hinrichtungen.

Zweckverbände, freiwillig oder auf Anordnung der Aufsichtsbehörde erfolgende Zusammenschlüsse von Gemeinden und Gemeindeverbänden zur gemeinsamen Erfüllung von Aufgaben, zu deren Durchführung sie verpflichtet oder berechtigt sind, z. B. Bau und Betrieb von Schulen, Abwasserbeseitigungsanlagen. Die Z. sind Körperschaften des öffentl. Rechts; die Finanzierung erfolgt über eine Umlage.

Zweiblatt, Orchideen-Gatt. mit rd. 30 Arten in der nördl. gemäßigten Zone; Erdorchideen mit nur zwei Stengelblättern; einheimisch ist u. a. das bis 20 cm hohe *Berg-Z.* (Kleines Z.), mit 6–9 grünl., innen rötl. Blüten.

Zweibrücken, Stadt im Westrich, Rheinl.-Pf., 34000 E. Bibliothek, Rosengarten; u. a. Schuh-Ind.; Landgestüt (Trakehnerzucht). Ev. spätgot. Alexanderkirche (1492ff., 1953–55 vereinfacht wieder aufgebaut), spätbarockes ehem. Schloß (1720–25; wiederhergestellt); klassizist. Rathaus (1770–85). – Ab 1185 Residenz der gleichnamigen Gft. (die 1385 an die Kurpfalz fiel), ab 1477 des wittelsbach. Ft. (Hzgt.) Pfalz-Zweibrücken; 1801–16 frz., danach bis 1945 zu Bayern.

Zweibund, Bez. für das von Bismarck und G. Graf Andrássy d. Ä. betriebene Defensivbündnis zw. dem Dt. Reich und Österreich-Ungarn vom 7. 10. 1879 (veröffentlicht 3. 2. 1888) für den Fall eines Angriffs Rußlands oder dessen Unterstützung für eine andere angreifende Macht (Frankreich); Grundbaustein des Bismarckschen Bündnissystems.

Zweier, ein von zwei Ruderern gefahrenes Boot; als Riemenboot mit und ohne Steuermann (Länge 10,50 bzw. 10 m, Breite 0,40 m), als Skullboot *Doppelzweier* (Länge 10 m, Breite 0,40 m).

Zweiersystem, svw. ↑Dualsystem.

Zweifaden-Glühlampen ↑Biluxlampe.

Zweifelderwirtschaft, Form der Feldwirtschaft, bei der entweder das Ackerland abwechselnd je zur Hälfte zum Anbau von Getreide (oder Hülsenfrüchten) und als Brache dient oder bei der ein Teil des Ackers in intensiver Weise abwechselnd nur mit Getreide und »Blattfrüchten« (Hackfrüchte, Körnerleguminosen, Klee, Ölpflanzen) bebaut wird.

Zweiflügler (Dipteren, Diptera), mit rd. 90000 Arten weltweit verbreitete Ordnung 1–60 mm langer Insekten (davon rd. 6500 Arten einheimisch), die nur ein (meist durchsichtiges) Vorderflügelpaar haben, wohingegen das hintere Flügelpaar zu stabilisierenden Schwingkölbchen (↑Halteren) reduziert ist; Kopf mit stechend-saugenden (v. a. bei Mücken) oder mit leckend-saugenden Mundwerkzeugen (bei Fliegen); Körper oft stark beborstet; Fortpflanzung erfolgt v. a. durch Ablage von Eiern.

Zweifüßer (Bipeden), Lebewesen mit vier Extremitäten, die sich jedoch bevorzugt oder ausschließlich auf den Hintergliedmaßen fortbewegen. Dadurch können die Vordergliedmaßen für andere Tätigkeiten eingesetzt werden, z. B. als Werkzeug (wie beim Menschen) oder, nach ihrer Umbildung zu Flügeln, zum Fliegen.

Zweig, 1) Arnold, *Glogau 10. 11. 1887, †Berlin (Ost) 26. 11. 1968, dt. Schriftsteller. 1933 Emigration nach Palästina, 1948 Rückkehr nach Berlin (Ost), dort ab 1950 Präs. der Dt. Akademie der Künste; setzte sich in breitangelegten Romanen mit den gesellschaftl. Kräften seiner Zeit auseinander; der Roman um einen Justizmord, »Der Streit um den Sergeanten Grischa« (1927), ist Kernstück des mehrbändigen Romanzyklus »Der große Krieg der weißen Männer«, zu dem u. a. »Die Zeit ist reif« (1957), »Erziehung vor Verdun« (1935), »Die Feuerpause« (1954) gehören. – *Weitere Werke:* Novellen um Clau-

dia (R., 1912), Frühe Fährten (Nov.n, 1925), Das Beil von Wandsbek (R., hebr. 1943, dt. 1947; verfilmt 1951 und 1981).
2) Stefan, *Wien 28.11.1881, † Petrópolis bei Rio de Janeiro 23.2.1942 (Selbstmord), österreichischer Schriftsteller. Emigrierte 1938 nach Großbrit., dann nach Brasilien; bes. bekannt sind seine Novellen (»Amok«, 1922; »Angst«, 1925; »Verwirrung der Gefühle«, 1927; »Schachnovelle«, 1942) sowie der Essayband »Sternstunden der Menschheit« (1927); auch großangelegte Biographien (»Joseph Fouché«, 1930; »Marie Antoinette«, 1932; »Maria Stuart«, 1935; »Balzac«, hg. 1946); bed. Übersetzungen. – *Weitere Werke:* Ungeduld des Herzens (R., 1938), Die Welt von gestern (Autobiographie, 1942).

Zweigeschlechtlichkeit, svw. ↑Bisexualität.

Zweigewaltenlehre (Zweischwertertheorie), eine theolog. Begründung des Verhältnisses von Kirche und Staat im MA. Von Papst Gelasius I. entwickelt und durch Vorstellungen von Augustinus bestärkt, kam die Z. mit dem Investiturstreit voll zur Geltung: Luk. 22, 35–38 wurde als Überreichung zweier Schwerter durch Christus gedeutet, die die weltl. und geistl. Macht symbolisieren. Gegenüber der kurialen Deutung einer Übergabe beider Schwerter an den Papst (der dann das weltl. Schwert an den Kaiser – quasi als Lehen – weiterleiht) vertrat die kaiserl. Theorie der Gewaltenteilung (u. a. Otto von Freising) eine unmittelbare und parität. Verleihung der beiden Schwerter an Kaiser und Papst durch Christus.

Zweihäusigkeit, svw. ↑Diözie.

Zweikammersystem, Form des Parlamentarismus, bei der die Befugnisse des Parlaments, insbes. die Gesetzgebung, von zwei Kammern (Häusern, Körperschaften) wahrgenommen werden (im Unterschied zum *Einkammersystem,* bei dem die gesetzgebende Körperschaft aus nur einer Kammer besteht), wobei in demokrat. Systemen mindestens eine Kammer unmittelbar vom Volk gewählt sein muß. Während die *Erste Kammer* (z. B. Oberhaus, Länderkammer, Ständekammer) eine ständ., regionale oder berufsständ. Vertretung darstellt, repräsentiert die *Zweite Kammer* (z. B. Abg.-Haus, Nationalrat, Unterhaus, Repräsentantenhaus) das ganze Volk. Ein echtes Z. liegt vor, wenn die Zweite Kammer nicht nur beratend, sondern beschließend entweder mit vollem oder suspensivem Veto an der Gesetzgebung beteiligt ist.

Zweikampf, kämpfer. oder sportl.-spieler. Auseinandersetzung zw. zwei Personen, meist nach festen Regeln (oft mit Waffen) durchgeführt: in der Antike bei sportl. Wettkämpfen (z. B. bei den Olymp. Spielen) oder Schaustellungen (z. B. bei den Gladiatoren), auch bei feindl. Auseinandersetzungen; im MA bei der Entscheidung von Fehden, bei der Schlichtung von Rechtsstreitigkeiten (wobei übernatürl. Mächte zugunsten des Unschuldigen eingreifen sollten) und in ritterl. Z. (Tjost) im Rahmen der Turniere. Eine bes. Form des Z. ist das *Duell,* meist wegen Beleidigung bzw. Ehrverletzung; in der BR Deutschland werden die dabei begangenen Straftaten (Körperverletzung, Tötung) nach den für diese Delikte vorgesehenen strafrechtl. Bestimmungen geahndet.

Zweikeimblättrige (Zweikeimblättrige Pflanzen, Dikotylen, Dikotyledonen, Dicotyledoneae, Magnoliatae), Klasse der Bedecktsamer mit über 170 000 Arten, die bis auf wenige Ausnahmen zwei Keimblätter aufweisen. Die Hauptwurzel bleibt bei den meisten Z. zeitlebens erhalten; Blätter meist deutlich gestielt und netzadrig, Blüten meist vier- oder fünfzählig. – Zu den Z. gehören (mit Ausnahme der Palmen) alle Holzgewächse.

Zwei-plus-Vier-Vertrag (Vertrag über die abschließenden Regelungen in bezug auf Deutschland), aus den am 5.5.1990 begonnen *Zwei-plus-Vier-Verhandlungen* hervorgegangener, am 12.9.1990 abgeschlossener Vertrag zw. den vier Siegermächten des 2. Weltkriegs (Frankreich, Großbrit., Sowjetunion, USA) und den beiden dt. Staaten über die Fragen der dt. Einheit.

Zweireichelehre ↑Reformation.

Zweispitz (Zweimaster), seit Ende des 18. Jh. Hut mit breiter, zweiseitig aufgeschlagener Krempe.

Zweistromland ↑Mesopotamien.

Zweitaktverfahren, Arbeitsverfahren von Verbrennungsmotoren (Zweitakt-

zweiter Bildungsweg

Zweites Deutsches Fernsehen

motoren), dessen Arbeitsspiel im Ggs. zum Viertaktverfahren nur aus *Verdichtungstakt* und *Arbeitstakt* besteht. Der gesamte Ladungswechsel, d. h. das Ausschieben der Abgase und das Einbringen der *Frischladung,* muß in der sehr kurzen Zeit ablaufen, in der sich der Kolben nahe dem unteren Totpunkt (UT) befindet. Der Zweitaktmotor hat eine höhere Wärmebelastung als der Viertaktmotor; seine Vorteile liegen aber neben der baul. Einfachheit darin, daß er bei gleichem Hubvolumen und gleicher Drehzahl wie ein entsprechender Viertaktmotor wegen der doppelten Anzahl von Arbeitsspielen eine höhere Leistung und ein gleichförmigeres Drehmoment besitzt. Die Schmierung von Pleuellager und Kolben erfolgt durch sog. Zweitaktöl, das dem Treibstoff im [Mischungs]verhältnis von 1 : 20 bis 1 : 50 zugesetzt wird *(Mischungsschmierung).*

zweiter Bildungsweg, Bildungseinrichtungen, in denen Berufstätige Bildungsabschlüsse bis zur Hochschulreife nachholen können. Institutionen des zweiten B. sind Volkshochschulen, Berufsaufbauschulen, Fachoberschulen, Kollegs (zur Erlangung der Hochschulreife) sowie Funk- und Telekolleg. Der Unterricht erfolgt entweder zusätzlich zur Berufstätigkeit (z. B. Abendgymnasium, Abendrealschule) oder in Tagesschulen, auch als Fernunterricht.

Gerhard Zwerenz

Zweite Republik, Bez. für die Republik Österreich seit 1945 (↑Österreich, Geschichte).

Zweiter Weltkrieg ↑Weltkrieg.

Zweites Deutsches Fernsehen, Abk. **ZDF,** bundesweite Rundfunkanstalt des öffentl. Rechts, gegr. durch Staatsvertrag der Länder der BR Deutschland (6. 6. 1961); Sendebeginn: 1. 4. 1963; Sitz Mainz. ↑Fernsehen.

Zweites Gesicht, manchen Menschen zugeschriebene Gabe, Personen und Vorgänge außerhalb der zeitl. und räuml. Wirklichkeit visionär zu erkennen.

Zweitstimme ↑Wahlen.

Zweiverband, Bez. für die frz.-russ. Allianz, die durch den Notenwechsel vom Aug. 1891 und die Militärkonvention vom 17. 8. 1892 begründet wurde.

Zweiwegefernsehen (partizipatorisches Fernsehen), Kabelfernsehsystem, bei dem der Zuschauer mit Hilfe der speziellen Tastatur eines Fernbedienungsgeräts in einen »Dialog« mit dem Sender treten kann, indem er nicht nur unter einer Vielzahl von Programmen wählen, sondern auch auf Fragen und Vorschläge im Programm [codiert] antworten kann.

Zwerchfell (Diaphragma), querverlaufende, (im erschlafften Zustand) kuppelförmig in die Brusthöhle vorgewölbte Trennwand zw. Brust- und Bauchhöhle bei den Säugetieren (einschließlich Mensch); besteht aus quergestreifter Muskulatur und einer zentralen Sehnenplatte, die durch das aufliegende Herz sattelförmig (zu einer Doppelkuppel) eingedrückt ist; wird von Speiseröhre, Aorta, unterer Hohlvene und von Nerven durchzogen. Es stellt einen wichtigen Atemmuskel (für die Z.atmung bzw. Bauchatmung) dar (↑Atmung).

Zwerenz, Gerhard, * Gablenz (heute zu Crimmitschau) 3. 6. 1925, dt. Schriftsteller. 1957 Übersiedlung in die BR Deutschland; seit 1994 MdB (Direktmandat für die PDS); veröffentlichte zahlr. (erot.) Romane in der Tradition des Schelmenromans, u. a. »Casanova oder Der kleine Herr in Krieg und Frieden« (1966), »Kopf und Bauch« (1971). – *Weitere Werke:* Heldengedenktag (Essays, 1969), Die Geschäfte des Herrn Morgenstern (Satiren, 1980), Der Bunker (R., 1983), Die DDR wird Kaiserreich (R., 1985), Vergiß die Träume deiner Jugend nicht. Eine autobiograph. Deutschlandsage (1989).

Zwergadler, etwa bussardgroßer, adlerartiger Greifvogel, v. a. in Gebirgswäldern und Waldsteppen NW-Afrikas, S- und O-Europas sowie der südl. und gemäßigten Regionen Asiens; jagt v. a. kleine Vögel und Wirbeltiere.

Zwergantilopen, svw. ↑Böckchen.

Zwerge, 1) *Biologie:* ↑Zwergwuchs.

2) *Volksglauben und Volkserzählung:* kleine, weise, geisterhafte Wesen, v. a. Erdgeister *(Gnomen),* geschickte Schmiede und Bergleute, Besitzer großer Schätze, oft im Besitz einer Tarnkappe.

Zwerggalerie, an roman. Kirchen ein sich in Arkaden öffnender Laufgang am Außenbau, meist um die Apsis, auch um das ganze Gebäude (Speyer).

Zwerghühner, zusammenfassende Bez. für sehr kleine (etwa 500 – 1 000 g schwere), lebhafte, oft auffallend gefärbte, als Ziergeflügel gehaltene Haushühner.

Zwergkäfer (Palpenkäfer, Pselaphidae), weltweit verbreitete Käfer-Fam. mit rd. 7 000 etwa 1–3 mm langen Arten (davon fast 80 Arten einheimisch); meist unter faulen Pflanzenresten, in morschem Holz, hinter Baumrinde, im Moos.

Zwergläuse (Zwergblattläuse, Phylloxeridae), Fam. sehr kleiner, an Wurzeln, Blättern und Rinde von Holzgewächsen der N-Halbkugel lebender Blattläuse (u. a. Reblaus).

Zwergmaus, sehr kleine Art der Echtmäuse in Eurasien; Länge rd. 5–8 cm; Schwanz etwas kürzer; Färbung rötlich gelbbraun mit weißer Bauchseite; baut ein kugelförmiges Grasnest.

Zwergmispel, svw. ↑Steinmispel.

Zwergmoschustiere (Zwerghirsche, Hirschferkel, Tragulidae), Fam. 0,5 bis 1 m langer und 0,2–0,4 m schulterhoher Paarhufer mit vier Arten, v. a. in Wäldern und Trockengebieten W- und Z-Afrikas sowie S- und SO-Asiens; Männchen haben säbelartig verlängerte Eckzähne; u. a. die *Maushirsche* (Kantschile), 40–75 cm lang, in S- und SO-Asien.

Zwergohreule ↑Eulenvögel.

Zwergpalme, Gatt. der Palmen mit einer einzigen, formenreichen Art in den Mittelmeerländern; niedrige, sich buschig verzweigende und meist etwa 1 m hohe (im Alter auch bis 7 m hohe) Stämme bildende Fächerpalme; Blüten gelb; Früchte rötlich; oft als Zimmerpflanze kultiviert.

Zwergpferde ↑Ponys.

Zwergpinscher, aus dem Glatthaarpinscher gezüchtete dt. Hunderasse; schlanker, bis 30 cm schulterhoher Zwerghund mit spitz gestutzten Stehohren und aufrechter, kurz gestutzter Rute; Behaarung kurz, glatt, anliegend, einfarbig gelb bis hirschrot *(Rehpinscher),* auch schwarz, braun und blaugrau.

Zwergschimpanse, svw. ↑Bonobo.

Zwergspringer ↑Böckchen.

Zwergsterne (Zwerge), Sterne mit relativ kleinem Durchmesser und daher relativ geringer absoluter Helligkeit. Z. sind die häufigsten Sterne (die Sonne ist ein gelber Z.). Sie machen etwa 90% der Sterne unserer Milchstraße aus. Es werden nach ihrer Oberflächentemperatur weiße, gelbe, rote und braune Z. unterschieden.

Zwergwuchs (Nanismus), 1) *Humanmedizin:* (Nanosomie, Kümmerwuchs) ein anormal geringes Längenwachstum des Körpers, ein auf Wachstumsstörungen (z. B. als Folge anormaler Hormonproduktion) beruhender Minderwuchs mit Körpergrößen beim erwachsenen Mann von weniger als 136 cm, bei der erwachsenen Frau von weniger als 124 cm (*Liliputaner*), im Unterschied zum *Minderwuchs* (Männer zw. 136 und 150 cm, Frauen zw. 124 und 136 cm).
2) *Physiologie:* eine charakterist. Erbeigentümlichkeit bestimmter Menschenrassen, die als Pygmide (Zwerge) zusammengefaßt werden, sowie bestimmter Tier- und Pflanzenrassen (v. a. Zuchtrassen und -formen).

Zwergzikaden (Jassidae), mit rd. 5 000 Arten weltweit verbreitete Fam. durchschnittlich 4–10 mm langer Zikaden, davon über 300 Arten in M-Europa; saugen an zahlr. Pflanzen.

Zwetajewa, Marina Iwanowna [russ. tsvɪˈtajɪvɛ], *Moskau 8. 10. 1892, †Jelabuga (Tatar. Republik) 31. 8. 1941, russ. Lyrikerin. Lebte ab 1922 in der Emigration (Prag, ab 1925 Paris); beging nach ihrer Rückkehr (1939) in die UdSSR Selbstmord; seit 1956 rehabilitiert. Ihre assoziationsreiche, experimentierfreudige, auch Wörter aus anderen Sprachen integrierende Lyrik folgt v. a. in außergewöhnlichen Rhythmen den Strukturen der Musik; schrieb auch dramat. und erzähler. Texte. – *Werke:* Der Rattenfänger (lyr. Satire, 1925), Mein Puschkin (Essay, hg. 1967), Gedichte 1909–39 (hg. 1979), Vogelbeerbaum (Ged., dt. Ausw. 1986), Mutter und die Musik (Autobiographie, 1934/35).

Zwetajewa

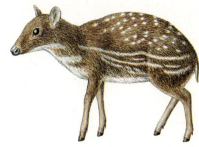

Zwergmoschustiere. Afrikanisches Hirschferkel (Kopf-Rumpf-Länge 75–85 cm)

Zwergmaus. Eurasiatische Zwergmaus (Kopf-Rumpf-Länge 6–8 cm, Schwanzlänge 5,5 bis 8 cm)

3945

Zwetsche

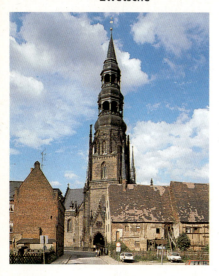

Zwickau. Stadtkirche Sankt Marien (13.–16. Jh.)

Zwickau Stadtwappen

Zwetsche (Zwetschge) ↑Pflaumenbaum.

Zwettl-Niederösterreich ['tsvɛtəl...], niederösterr. Bezirkshauptstadt im Waldviertel, 11 400 E. Freimaurermuseum im Schloß Rosenau. Barocke Kloster- und Pfarrkirche des 1138 gegr. Zisterzienserstifts mit spätroman.-frühgot. Kreuzgang (13. Jh.). In der Stadt roman. Propsteikirche (12. Jh.), roman. Pfarrkirche (um 1490 erweitert).

Zwickau, Kreisstadt im nördl. Erzgebirgsvorland, Sa., 113 600 E. Hochschule für Maschinenbau; Museen; u. a. Kfz-, Maschinenbau. Spätgotisch sind die Stadtkirche Sankt Marien (13. bis 16. Jh.), die Katharinenkirche (v. a. 15. Jh.), das Rathaus (1403; 1679 umgebaut) und das Gewandhaus (1522–25; heute Theater).

Zwickel, Klaus, * Heilbronn 31. 5. 1939, dt. Gewerkschafter. Werkzeugmacher; 1989–93 stellv. Vorsitzender, seit 1993 Vorsitzender der IG Metall; seit 1993 Präs. des Internat. Metallgewerkschaftsbundes (IMB), schlug 1995 ein sog. »Bündnis für Arbeit« vor.

Zwicker, elsässische Weinspezialität (Verschnitt meist aus Gutedel und Silvaner); *Edelzwicker,* Verschnitt verschiedener Rebsorten.

Zwiebel, 1) (Küchenzwiebel, Speise-Z., Sommer-Z., Zipolle) aus dem westl. Asien stammende, in zahlr. Sorten kultivierte Lauchart; ausdauerndes (in Kultur zweijähriges) Kraut mit grünlichweißen Blüten in kugeliger Trugdolde und einer Schalenzwiebel.
2) (Bulbus) meist unterirdisch wachsender, gestauchter Sproß mit breitkegelförmig bis scheibenartig abgeflachter Sproßachse, die am Z.boden verwurzelt ist und oberseits stoffspeichernde, verdickte Blattorgane trägt. Diese können aus schuppenförmig sich überdeckenden Niederblättern hervorgegangen sein (*Schuppen-Z.;* z. B. bei Tulpen) oder aus den Blattscheiden abgestorbener Laubblätter (*Schalen-Z.;* z. B. bei der Küchenzwiebel u. a. Laucharten). Z. sind die Speicherorgane der Zwiebelpflanzen.

Zwiefalten, Gem. am S-Rand der Schwäb. Alb, Bad.-Württ., 2 600 E. Bed. Barockkirche der ehem. Benediktinerreichsabtei (1089 gegr., 1803 aufgehoben), 1739–65 (ab 1741 unter der Leitung von J. M. Fischer) erbaut. Klostergebäude (1668–90), mit Kapelle von M. Thumb (1668).

Zwiesel, Stadt im Hinteren Bayer. Wald, Bayern, 10 600 E. Waldmuseum. Glashütten. Barocke Bergkirche Mariä Namen (1682) mit Rokokoausstattung.

Zwillich (Zwilch), dichte und strapazierfähige Gewebe aus Baumwolle, Leinen oder Halbleinen; u. a. für Arbeitskleidung.

Zwillinge ↑Sternbilder (Übersicht), ↑Tierkreiszeichen (Übersicht).

Zwillinge (Gemelli, Gemini), **1)** *Humanmedizin:* Mehrlinge in Form zweier Geschwister, die sich zur gleichen Zeit im Uterus des mütterl. Organismus entwickelt haben. *Eineiige Z.* (EZ; ident. Z.) gehen aus einer einzigen befruchteten Eizelle (Zygote) hervor. Bei ihnen teilt sich der Keim in einem sehr frühen Entwicklungsstadium in zwei in der Regel gleiche Teile auf, weshalb EZ immer erbgleich und daher von gleichem Geschlechts sind und (annähernd) gleich aussehen. Verläuft die Teilung des Keims unvollständig, so entstehen ↑siamesische Zwillinge oder sonstige Doppelbildungen. *Zweieiige Z.* (ZZ) gehen auf zwei befruchtete Eizellen zurück; sie haben daher ungleiches Erbgut, können also auch zweierlei Geschlechts

Zwischenstromland

sein. Die Tendenz zu Zwillingsgeburten beruht beim Menschen auf nicht geschlechtsgebundenen, rezessiven Erbanlagen.

2) *Kristallographie:* zwei gesetzmäßig miteinander verwachsene Individuen der gleichen Kristallart.

Zwinger, 1) *Bauwesen:* Umgang zw. äußerer und innerer Ringmauer bei einer mittelalterl. Stadtbefestigung oder einer Burg; diente auch für Ritterspiele und Feste. – Der *Dresdner Zwinger* wurde von D. Pöppelmann als Barockanlage gestaltet (1709–28).

2) *Tierhaltung:* umzäumter, mit Hütte versehener Auslauf für Hunde *(Hunde-Z.);* auch im Sinne von Raubtierkäfig (z. B. Bärenzwinger).

3) *Tierzucht:* Zuchtbetrieb für Rassehunde.

Zwingli, Ulrich (Huldrych, Huldreich), *Wildhaus bei Sankt Gallen 1. 1. 1484, ✕ bei Kappel am Albis 11. 10. 1531, schweizer. Reformator. War ab 1519 Seelsorger am Großmünster in Zürich; stand unter dem Einfluß der humanist. Schriften Erasmus' von Rotterdam. Zum öffentl. Auftreten im Sinne der Reformation kam es 1522 durch seine gegen das Fastengebot gerichtete Schrift »Von erkiesen und fryheit der spysen«. Seine reformator. Positionen wurden vom Rat der Stadt Zürich öffentlich anerkannt: Heiligenbilder, Klöster, Prozession, Orgelspiel, Gemeindegesang, Firmung, letzte Ölung u. a. wurden abgeschafft, das Abendmahl auf vier Sonntage im Jahr beschränkt. In seinem weiteren Wirken entwickelte Z. seine antisakramentalist. (symbol.) Auffassung vom Abendmahl weiter und führte seine Auseinandersetzung mit Luther (gipfelnd im Marburger Religionsgespräch vom 2. bis 4. 10. 1529) fort. Im 2. Kappeler Krieg fiel Z. als Feldprediger auf der Seite Zürichs. – Abb. S. 3948.

Zwirn, durch Zusammendrehen (Zwirnen, Verzwirnen) zweier oder mehrerer Fäden hergestelltes (gedoppeltes, drei- oder mehrfädiges) Garn.

Zwischeneiszeit (Interglazial). ↑Eiszeit.

Zwischenfruchtbau, in der Landwirtschaft der zur Mehrfachnutzung eines Ackers zw. den Vegetationszeiten zweier Hauptfrüchte in zwei aufeinanderfolgenden Jahren eingeschaltete Anbau einer dritten Kultur *(Zwischenfrucht).*

Zwischenhirn ↑Gehirn.

Zwischenkieferknochen, in der Mitte zw. den beiden Oberkieferknochen liegender Deckknochen des Kieferschädels der Wirbeltiere, der bei den Säugetieren die oberen Schneidezähne trägt. Bei einigen Säugetieren und beim Menschen verschmilzt der Z. völlig mit den benachbarten Oberkieferknochen. – Der Z. des Menschen wurde schon vor J. W. von Goethe von Johann Friedrich Blumenbach (* 1752, † 1840) entdeckt.

Zwischenstromland, 1) ↑Mesopotamien.

2) Großlandschaft in NO-Argentinien zw. Paraná und Uruguay.

Zwiefalten.
Ehemalige Abteikirche (1741–50) und Klostergebäude (1668–90)

Zwischenwirt

Ulrich Zwingli
(Gemälde von Hans
Konrad Asper, 1549;
Zürich, Zentralbibliothek)

Zwischenwirt ↑Wirtswechsel.
Zwitter (Hermaphroditen), Organismen mit der Fähigkeit, über entsprechende Geschlechtsorgane sowohl männl. als auch weibl. befruchtungsfähige Geschlechtsprodukte auszubilden. *Tierische Z.* finden sich v. a. bei Schwämmen, Nesseltieren, Strudel-, Saug-, Band- und Ringelwürmern, Lungenschnecken. – Unter den Wirbeltieren kommen echte Z. nur bei Fischen vor. – Soweit in der Medizin und Anthropologie von Z. gesprochen wird, handelt es sich um *unechte Z. (Schein-Z.;* ↑Intersex). *Pflanzliche Z.* sind alle Pflanzen mit Zwitterblüten (Blüten mit Staub- und Fruchtblättern) und die einhäusigen Pflanzen.
Zwölf Artikel der Bauernschaft in Schwaben, Forderungen der oberschwäb. Bauern von 1525: u. a. Freiheit der Jagd, der Holzung, Unparteilichkeit der Rechtsprechung, Abschaffung ungerechter Fronen, Aufhebung der Leibeigenschaft und Wahl der Pfarrer durch die Gemeinde. ↑Bauernkrieg.
Zwölferschia, Selbst-Bez. der sonst Imamiten gen. Gruppe der Schiiten, die Ali ibn Abi Talib und elf seiner Nachkommen als zwölf von Gott mit Sündlosigkeit begnadete Imame verehren, wovon der zwölfte, Mohammed al-Mahdi († 873), nicht gestorben sein, sondern in Verborgenheit leben soll, bis er am Ende der Zeiten als Mahdi wieder erscheint.

Zwölffingerdarm ↑Darm.
Zwölffingerdarmgeschwür ↑Darmkrankheiten.
Zwölfkampf, turner. Mehrkampf der Männer; setzt sich aus sechs Pflicht- und sechs Kürübungen im Bodenturnen, am Reck, Barren, Seitpferd, an den Ringen und im Sprung über das Längspferd zusammen.
Zwölftafelgesetz (lat. lex duodecim tabularum), ältestes röm. Gesetzgebungswerk, 451/450 v. Chr. auf zwölf Tafeln aufgezeichnet; fragmentarisch erhalten.
Zwölften (die Z.; Zwölfnächte, Unternächte), ↑Lostage.
Zwölftontechnik (Dodekaphonie), die von A. Schönberg um 1920 entwickelte »Methode der Komposition mit zwölf nur aufeinander bezogenen Tönen«. Grundlage und Ausgangspunkt der Z. ist eine Reihe, die die zwölf Tonqualitäten des gleichschwebend temperierten Systems nach Intervallproportionen ordnet. Dabei werden die absoluten Tonhöhen nicht festgelegt. Einer in der Z. geschriebenen Komposition liegt im Prinzip eine einzige Zwölftonreihe zugrunde. Diese wird aber nicht unverändert beibehalten. Sie tritt vielmehr in vier verschiedenen Erscheinungsformen auf: in ihrer Original- oder Grundgestalt (G), in der Umkehrung (U), im Krebs (K) oder im Krebs der Umkehrung (KU). Da jede Erscheinungsform der Reihe elfmal transponierbar ist, sind für eine Reihenkomposition insgesamt 48 Reihengestalten verfügbar; meist wird aber nur ein kleiner Ausschnitt der Reihengestalten verwendet. – Die Reihe soll in einer Komposition Zusammenhang und Einheit stiften. Deshalb werden sämtl. Tonkonstellationen (Themen, Motive, Klänge) aus einer Reihe bzw. deren verschiedenen Erscheinungsformen oder Transpositionen abgeleitet. Die Reihe bestimmt also nicht nur die horizontalen Melodielinien, sondern auch die vertikalen Klangbildungen. Auf Grund ihrer method. Anpassungsfähigkeit konnte sich die Z. bei den verschiedensten Komponisten auf ganz unterschiedl. Weise weiterentwickeln (↑serielle Musik).
Zwolle [niederl. 'zwɔlə], niederl. Prov.-Hauptstadt im Mündungsgebiet von Vechte und IJssel, 92 500 E. Museum; Viehmärkte, Gemüse- und Obstauktio-

nen; Industriebetriebe. Spätgotisch sind die Kirche Sint-Michael (14./15. Jh.), die Liebfrauenkirche (15. Jh.) mit hohem Turm (sog. »Peperbus«, d. h. Pfefferbüchse) und das Rathaus (15. Jh., 1844 erneuert); viertürmiges Stadttor Sassenpoort (1408). – 1040 erstmals urkundlich erwähnt; 1346 Mgl. der Hanse.

Zworykin, Wladimir Kosma [engl. 'zwɔːrɪkɪn], *Murom (Gebiet Wladimir, Rußland) 30. 7. 1889, † Princeton (N. J.) 29. 7. 1982, amerikanischer Physiker russischer Herkunft. Entwickelte mit dem Ikonoskop (Aufnahmeröhre) und dem Kineskop (Wiedergaberöhre) das erste vollelektronische Fernsehsystem der Welt.

Zyankali, svw. ↑Kaliumcyanid.
Zyanose [griech.], svw. ↑Blausucht.
Zygote [griech.], die aus einer Befruchtung (Verschmelzung zweier Gameten) hervorgehende (diploide) Zelle.
Zyklamate [griech.] (Cyclamate) ↑Süßstoffe.
zyklische Verbindungen ↑cyclische Verbindungen.
zyklo..., Zyklo..., zykl..., Zykl... [zu griech. kýklos »Kreis«], Bestimmungswort von Zusammensetzungen mit der Bedeutung »Kreis, kreisförmig«.
zykloid [griech.], die Symptome des manischdepressiven Irreseins in leichterem Grade zeigend.
zyklometrische Funktionen (Arkusfunktionen, Kreisbogenfunktionen), die Umkehrfunktionen der ↑trigonometrischen Funktionen. Die Umkehrfunktionen des Sinus, Kosinus, Tangens und Kotangens sind die Funktionen *Arkussinus* ($y = \arcsin x$), *Arkuskosinus* ($y = \arccos x$), *Arkustangens* ($y = \arctan x$) und *Arkuskotangens* ($y = \text{arccot } x$).
Zyklon [griech.-engl.], 1) *Meteorologie:* ↑Wirbelstürme.
2) *Technik:* Fliehkraftabscheider zur Abtrennung von Feststoffteilchen aus Gasen *(Staubabscheider)* oder Flüssigkeiten *(Hydro-Z.).*
Zyklone [griech.], svw. Tief[druckgebiet] (↑Druckgebilde).
Zyklopen (Kyklopen), in der griech. Mythologie drei mit nur einem Stirnauge ausgestattete Riesen, die als Helfer des Hephäst für Zeus die Blitze schmieden. In der Odyssee erscheinen die Z. als ganzes Volk.

Zylinder

Zylinder 2).
1 gerader, **2** schiefer Kreiszylinder

Zyklopenmauer, aus großen, unregelmäßigen, polygonal behauenen Blöcken mörtellos gefügte, zweischalige Mauer mit Innenfüllung aus Lehm und Steinen. Die Technik wurde außer für myken. Burgen von Hethitern und Etruskern verwendet.
Zyklotron [griech.] (Cyclotron) ↑Teilchenbeschleuniger.
Zyklus [griech.], 1) *allg.:* periodisch ablaufendes Geschehen, Kreislauf von regelmäßig wiederkehrenden Dingen oder Ereignissen.
2) *Kunst:* Folge inhaltlich zusammengehörender [z. B. literar., musikal., bildner.] Werke.
3) *Humanmedizin:* svw. Menstruationszyklus (↑Menstruation).
Zylinder [griech.], 1) *Maschinenbau:* bei Kolbenmaschinen langgestreckter Hohlkörper, dessen Innenraum *(Z.bohrung)* meist Kreisquerschnitt besitzt und im Zusammenwirken mit dem sich hin- und herbewegenden ↑Kolben die Energieumsetzung ermöglicht. Der Z. bildet mit dem Kolben und dem den Z. abschließenden *Z.deckel* (bei Verbrennungskraftmaschinen *Z.kopf* genannt) den Arbeitsraum der Kolbenmaschine.
2) *Mathematik:* Bez. für einen Körper, der durch zwei parallele Ebenen und eine Fläche begrenzt wird, die durch Parallelverschiebung einer Geraden (der Erzeugenden) längs einer Raumkurve (der Leitkurve) entsteht. Ist die Leitkurve ein Kreis, so spricht man von einem *Kreiszylinder.* Stehen Z.fläche und parallele Ebenen senkrecht aufeinander, dann liegt ein *gerader Z.,* anderenfalls ein *schiefer Z.* vor. Den Abstand der beiden Ebenen nennt man *Höhe* des Z., die Z.fläche den *Mantel.* Das Volumen des geraden Kreis-Z. beträgt $V = \pi r^2 h$, die

3949

Zylinderlinsen

gesamte Oberfläche ist $O = 2\pi r\,(r+h)$ (r Kreisradius, h Höhe).
3) *Mode:* Herrenhut mit hohem, steifem (oder ausklappbarem) Kopf und fester Krempe.

Zylinderlinsen (astigmatische Linsen), von zylindr. Flächen begrenzte opt. Linsen; als Brillengläser *(Zylindergläser)* zur Behebung des Astigmatismus verwendet.

Zylinderprojektion   ↑Kartennetzentwurf.

Zynismus [griech.], von Skepsis geprägte Bewußtseinshaltung, die allg. anerkannte Wertvorstellungen mit distanzierter Ironie in Frage stellt.

Zypern (englisch Cyprus), Staat im östl. Mittelmeer, umfaßt die gleichnamige Insel.

Zypern

Staatsflagge

Staatswappen

Zypern

Fläche:	9 251 km²
Einwohner:	716 000
Hauptstadt:	Nikosia
Amtssprachen:	Griechisch und Türkisch
Nationalfeiertag:	1. 10.
Währung:	1 Zypern-Pfund (Z£) = 100 Cents (c)
Zeitzone:	MEZ + 1 Std.

Staat und Recht: Präsidialdemokratie; *Verfassung* von 1960 formal noch gültig. – Griechisch-zypr. Teil: *Staatsoberhaupt* ist der Präs., er ist als Regierungschef zugleich oberster Inhaber der Exekutivgewalt. *Legislativorgan* ist das Repräsentantenhaus (56 Abg. für 5 Jahre gewählt). *Parteien:* Demokratikos Synagermos, Demokratiko Komma, Anothotiko Komma Ergazomenou Laou. – Türkisch-zypr. Teil: *Staatsoberhaupt* ist der Präs., die Exekutivgewalt liegt beim Premierminister. *Legislativorgan* ist die Gesetzgebende Versammlung (50 Abg. für 5 Jahre gewählt). *Parteien:* Ulusal Birlik Partisi, Cumhuriyetçi Türk Partisi, Toplumucu Kurtulus Partisi.

Landesnatur: Z., die drittgrößte Mittelmeerinsel, erstreckt sich über 224 km in SSW–NNO-Richtung und 96 km in N–S-Richtung. Im N liegt der Gebirgszug des bis 1 024 m hohen Pentadaktilos, nach S folgt die zentrale Ebene, die Messaria. Im SW liegt das bis 1 953 m hohe Massiv des Troodos. Das Klima ist mediterran mit heißen, trockenen Sommern. Macchie und Garigue überwiegen.

Bevölkerung: 80% der E sind überwiegend orth. Griechen, 19% muslim. Türken; daneben gibt es armen. und maronit. Minderheiten.

Wirtschaft, Verkehr: Hauptanbaugebiet ist die fruchtbare Messaria; Anbauprodukte sind Getreide, Kartoffeln, Gemüse, Obst. U. a. Schaf-, Ziegen-, Schweine-, Rinder- und Geflügelhaltung. Außer dem bereits im Altertum erfolgten Bergbau auf Kupfer werden Pyrit, Asbest, Chromerz, Umbra, Okker und Salz gewonnen. Im griech. Teil ist die Ind. (v. a. Textil- und Lederwaren-Ind.) der wichtigste Wirtschaftszweig, außerdem spielt hier der Fremdenverkehr eine bed. Rolle. Im türk. Teil dominiert die Landwirtschaft. Das Straßennetz ist rd. 9 200 km lang. Wichtigste Häfen sind Famagusta (türk.) und Limassol (griech.), neuer internat. ✈ bei Larnaka im griech.-zypr. Gebiet.

Geschichte: Seit etwa 1400 v. Chr. Sitz von Kolonien myken. Kultur; seit 1200 von Achäern und seit etwa dem 12. Jh. von Phönikern besiedelt; kam 58 v. Chr. an das Röm. Reich. Nach arab.-byzantin. Auseinandersetzungen um Z. 688 bis 965 gemeinsame Herrschaft beider Mächte; 1192–1489 Herrschaft des Hauses Lusignan; danach an Venedig; 1573 an die Osmanen, Entstehung einer starken türk. Minderheit; 1878 nach dem Russ.-Türk. Krieg unter brit. Verwaltung (bei formeller Anerkennung der türk. Oberhoheit), seit 1925 brit. Kronkolonie. Die seit 1931 währenden Unruhen und Terrorakte der griech. Zyprer, die schon seit dem 19. Jh. den Anschluß *(Enosis)* an Griechenland forderten, gelangten ab 1950 unter Führung des Oberhauptes der zypr. orth.

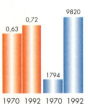

Zypern.
Der Luftkurort Pedulas am Nordwesthang des Troodos

Kirche, Erzbischof Makarios III. Der seit 1955 andauernde Guerillakampf der griech.-nationalist. Widerstandsorganisation EOKA unter J. Griwas gegen die brit. Kolonialmacht endete am 16. 8. 1960 mit der Proklamation der Unabhängigkeit durch Präs. Makarios (Stationierung griech. und türk. Truppen, Beibehaltung der brit. Hoheitsrechte über seine militär. Stützpunkte). Die Einschränkung türk. Sonderrechte im Dez. 1963 durch Makarios rief einen Bürgerkrieg zw. beiden Volksgruppen hervor; im März 1964 wurde eine UN-Friedenstruppe entsandt. In dieser Zeit bildeten die türk. Zyprioten eigene Streitkräfte und errichteten im Dez. 1967 die »Provisor. türk.-zypr. Verwaltung«; sie forderten, unterstützt von der Türkei, u. a. polit. Mitspracherecht und Selbstverwaltung. Nachdem im Juli 1974 die von griech. Offizieren geführte Nationalgarde geputscht hatte und ein Anschluß der Insel an Griechenland drohte, besetzten türk. Truppen den N und NO (rd. 40% des Staatsgebiets) Zyperns. 1975 wurde einseitig der Türk. Föderationsstaat von Z., 1983 die Türk. Republik Nordzypern unter Präs. R. Denktaş (seit 1976) proklamiert, die nur von der türk. Regierung in Ankara anerkannt wurde. In den folgenden Jahren wurden unter UN-Schirmherrschaft die Gespräche über humanitäre Fragen fortgesetzt, brachten aber keine Annäherung der Standpunkte. Die seit 1988 geführten Gespräche über eine politische Lösung des Zypernproblems scheiterten 1990, wurden jedoch 1991 wieder aufgenommen. 1993 führte auch die Wahl von G. Klerides zum Präsidenten des griech.-zypr. Teil nicht zu einem Umschwung in den Verhandlungen.

Zypresse [griech.-lat.], Gatt. der Zypressengewächse mit etwa 15 Arten, verbreitet vom Mittelmeergebiet bis zum Himalaya, in der Sahara und im sw. N-Amerika; immergrüne, meist hohe Bäume mit kleinen, schuppenförmigen, beim Keimling noch nadelförmigen Blättern und einhäusigen Blüten und nußgroßen, kugeligen Zapfen; u. a. die im gesamten Mittelmeerraum verbreitete, bis 25 m hohe *Echte Z. (Mittelmeer-Z.)* mit seitlich ausgebreiteten (Wildform) oder hochstrebenden, eine dichte, schmale Pyramide formenden Ästen *(Säulenzypresse, Trauerbaum).* In China beheimatet ist die *Trauer-Z.* mit hängenden Zweigen. – Abb. S. 3952.

Zypressengewächse (Cupressaceae), Fam. der Nadelhölzer mit 15 weitverbreiteten Gatt.; aufrechte oder niederliegende, reich verzweigte Bäume oder Sträucher; u. a. Lebensbaum, Wacholder, Zypresse.

zyst..., Zyst..., zysto..., Zysto... [zu griech. kýstis »Harnblase, Beutel«], Bestimmungswort von Zusammensetzun-

Zyste

Zypresse. Echte Zypressen (Höhe bis 25 m)

gen mit der Bedeutung »Blase (Zyste), Harnblase«.
Zyste [griech.], **1)** *Biologie:* feste, widerstandsfähige Kapsel bei zahlr. niederen Pflanzen und Tieren als Schutzeinrichtung zum Überdauern ungünstiger Lebensbedingungen.
2) *Medizin:* mit Flüssigkeit gefüllter Hohlraum im Gewebe.
Zystin ↑Cystin.
Zystoskop [griech.] ↑Endoskopie.
zyto..., Zyto... [griech.], Bestimmungswort von Zusammensetzungen mit der Bedeutung »Zelle«.
Zytochrome [griech.] (Cytochrome), Enzyme, die bei der Zellatmung, bei der Photosynthese und bei anderen biochem. Vorgängen als Redoxkatalysatoren (Oxidoreduktasen) wirken. Z. kommen in allen lebenden Zellen vor, bei den Eukaryonten insbes. in Mitochondrien und Chloroplasten. Die biolog. Funktion der Z. besteht in der Elektronenübertragung, wobei ihr zentral liegendes Eisenatom reversibel oxidiert bzw. reduziert wird: $Fe^{2+} \rightleftharpoons Fe^{3+} + e^{\ominus}$. Nach ihren charakterist. Absorptionsspektren unterscheidet man die Z. a, b und c.
Zytokinine [griech.] (Cytokinine, Phytokinine), im gesamten Pflanzenreich (bes. in Wurzelspitzen und jungen Früchten) verbreitete Gruppe von Adeninderivaten mit die Zellteilung aktivierender Wirkung.
Zytologie (Zellenlehre, Zellforschung), die Wiss. und Lehre von der pflanzl., tier. und menschl. Zelle als Teilgebiet der allg. Biologie.
Zytoplasma (Zellplasma), der Inhalt einer Zelle, jedoch ohne Kernplasma; setzt sich zusammen aus dem Grundplasma und einer Vielzahl darin ausgebildeter Strukturen.
Zytosin [griech.] (Cytosin, 4-Amino-2-oxopyrimidin), zu den Nukleinsäurebasen zählende Pyrimidinbase, die in Form des Ribosids *Zytidin* in der RNS bzw. des Desoxyribosids Desoxyzytidin in der DNS enthalten und stets mit Guanin gepaart ist.
Zytostatika [griech.], Substanzen, die wegen ihrer hemmenden Wirkung auf das Wachstum und die Vermehrung bes. von rasch wachsenden Zellen zur Chemotherapie von Tumoren verwendet werden.
ZZ, Abk. für **z**weieiige **Z**willinge (↑Zwillinge).
z. Z. (z. Zt.), Abk. für **z**ur **Z**eit.

Bildquellenverzeichnis

ACL, Brüssel. *635.* – M. Adelmann, Zürich: *352, 581.* – Aerofilms, Borehamwood, Herts, Großbritannien: *564.* – A. G. E. Foto Stock, Barcelona: *326, 1285, 1360, 1396, 1853, 3153.* – Ägyptisches Museum, Kairo: *74, 75, 1602, 2992, 3494, 3565, 3610.* – Ägyptisches Museum und Papyrussammlung, Berlin: *2410.* – M. Ahlbrecht, Manama, Dubai: *2859.* – Akademie der Wissenschaften, Berlin: *1997.* – Albright-Knox Gallery, Buffalo: *3404.* – Fratelli Alinari, Florenz: *1592, 2008, 2092, 2183, 2451, 2591, 2651.* – Alpine Luftbild & Co., Innsbruck: *1189, 1307, 3832.* – Alte Pinakothek, München: *818, 1393, 2129, 2595, 2915,* 3746. – L'Amieté Charles Peguy, Paris: *2567.* – Prof. Dr. B. Andreae, Marburg: *2453.* – T. Angermayer, Holzkirchen: *936, 1333, 2187, 2284, 2529, 3083.* – Animal Photography, London: *610, 625, 1358, 1417, 2010, 2462, 2666, 3161, 3433, 3501, 3722.* – Anthony-Verlag, Starnberg: *1814, 2001, 2885, 3330.* – Antikensammlung, Berlin: *1942, 2683.* – F. Anton, München: *293.* – Agencja Antorska, Warschau: *2082.* – J. Apel, Elmshorn: *866, 2993.* – Archäologisches Museum, Ankara: *1494, 1495.* – Archäologisches Museum, Heraklion: *764, 1327, 2245.* – Archäologisches Museum, Olympia: *2517.* – Archäologisches Museum, Saloniki: *1366.* – Archäologisches Nationalmuseum, Athen: *1342, 1362, 2323.* – Archer M. Huntington Art Gallery, University of Texas at Austin: *572, 2634.* – Archiv Dr. Karkosch, Inh. M. Kube, Gilching: *642, 2315, 3517.* – Archiv für Kunst und Geschichte, Berlin: *26, 28, 48, 99, 100, 102, 103, 114, 204, 216, 258, 261, 268, 310, 313, 342, 345, 349, 352, 353, 378, 380, 387, 391, 400, 407, 412, 428, 450, 484, 490, 504, 511, 531, 541, 559, 568, 587, 608, 612, 613, 626, 647, 664, 665, 671, 695, 703, 709, 744, 757, 765, 766, 771, 789, 793, 813, 826, 847, 853, 877, 882, 943, 965, 975, 994, 1011, 1029, 1031, 1047, 1076, 1079, 1087, 1093, 1101, 1102, 1119, 1123, 1129, 1130, 1156, 1160, 1223, 1233, 1288, 1291, 1308, 1335, 1339, 1341, 1358, 1427, 1453, 1471, 1479, 1482, 1487, 1488, 1503, 1511, 1537, 1550, 1568, 1572, 1596, 1608, 1649, 1652, 1656, 1677, 1686, 1744, 1763, 1768, 1774, 1775, 1781, 1810, 1819, 1826, 1827, 1863, 1876, 1884, 1890, 1894, 1918, 1948, 1950, 1952, 1953, 1960, 1967, 1969, 1970, 2005, 2012, 2026, 2028, 2029, 2034, 2040, 2042, 2071, 2075, 2076, 2092, 2098, 2105, 2107, 2110, 2120, 2142, 2160, 2169, 2176, 2190, 2194, 2208, 2221, 2244, 2276, 2279, 2287, 2289, 2298, 2313, 2319, 2366, 2368, 2399, 2400, 2432, 2435, 2436, 2488, 2516, 2540, 2554, 2556, 2562, 2585, 2597, 2689, 2702, 2741, 2743, 2747, 2760, 2780, 2859, 2863, 2868, 2869, 2873, 2890, 2901, 2911, 2929, 2962, 2969, 3002, 3004, 3020, 3032, 3041, 3066, 3076, 3081, 3084, 3121, 3122, 3162, 3166, 3192, 3197, 3215, 3263, 3280, 3294, 3320, 3336, 3364, 3393, 3408, 3484, 3498, 3502, 3536, 3567, 3572, 3574, 3586, 3625, 3655, 3656, 3681, 3693, 3695, 3697, 3716, 3722, 3731, 3733, 3737, 3740, 3771, 3787, 3827, 3841, 3862, 3865, 3910, 3932.* – ARDEA, London: *888, 1073, 1314, 1812, 2659, 2744, 2835, 2865, 3619, 3760, 3871, 3917.* – Prof. F. Arens (†), Mainz: *1104, 2887, 3753.* – Kunstarchiv Arntz, Haag: *705, 1484, 1994, 2077, 2081, 3423.* – Art Gallery of Ontario, Toronto: *2861.* – Art Institute of Chicago: *2417, 3152.* – Artothek, J. Hinrichs, Peißenberg: *312, 720, 1318, 2050, 2129, 2595, 2617, 2839, 2915, 3746, 3814.* – The Associated Press, Frankfurt am Main: *112, 314, 345, 396, 402, 471, 781, 1064, 1303, 1651, 1664, 1675, 1781, 1802, 1888, 2010, 2082, 2086, 2191, 2238, 2256, 2265, 2343, 2469, 2598, 2775, 2860, 2923, 2980, 3176, 3181, 3483.* – E. Astor, Reilingen: *1361, 1362.* – Atlantic Pressebilderdienst, Berlin: *3209.* – Atlas-Photo, Paris: *427.* – Australische Botschaft, Bonn: *503, 550.* – G. W. Bachert, Bonn: *2265.* – E. Bachmann, Kaiserstuhl, Schweiz: *136.* – B. Back, Frankfurt am Main: *1893.* – Bärenreiter-Verlag, Kassel: *472, 2154.* – Barnaby's Picture Library, London: *1041.* – W. Bauer, Bamberg: *930.* – Bauhaus-Archiv, Berlin: *1729, 3731.* – BILDAGENTUR BAUMANN, Würlingen, Schweiz: *3286, 3891.* – PRESSE-FOTO baumann, Ludwigsburg: *2858.* – BAVARIA Bildagentur, Gauting: *90, 206, 228, 313, 462, 515, 577, 829, 835, 845, 851, 867, 909, 970, 977, 983, 1047, 1162, 1231, 1262, 1296, 1312, 1368, 1466, 1467, 1480, 1519, 1551, 1767, 2035, 2055, 2066, 2085, 2130, 2138, 2170, 2188, 2208, 2218, 2222, 2250, 2380, 2382, 2499, 2524, 2604, 2668, 2733, 2742, 2870, 2888, 2906, 2909, 2944, 2947, 2982, 2986, 3069, 3075, 3126, 3145, 3164, 3199, 3251, 3265, 3296, 3297, 3309, 3342, 3349, 3365, 3429, 3443, 3455, 3465, 3476, 3490, 3491, 3523, 3543, 3613, 3693, 3694, 3759, 3796, 3833, 3834, 3844, 3846, 3882, 3914.* – Bayer, Leverkusen: *812.* – Bayerische Motorenwerke, München: *115.* – Bayerisches Nationalmuseum, München: *1505, 3712.* – Bayerische Staatsbibliothek, München: *570, 959, 2508.* – Bayerische Staatsgemäldesammlungen, München: *720, 1406.* – BBC-Publications, London: *987.* – H. Bechtner, München: *857.* – W. Becker, Ludwigshafen am Rhein: *3887.* – Beeldbank & Uitgeefprojekten, International Picture Service, Amsterdam: *40, 893, 2032, 2567, 3154, 3385, 3439, 3889.* –

Benaki Museum, Athen: *1569.* – Prof. Dr. W. Berdesinski (†), Heidelberg: *194, 225.* – Archiv J.-E. Berendt, Baden-Baden: *1526.* – Dr. G. Bergdolt, Mannheim: *1347.* – R. Berger, Kunstverlag, Köln: *621, 2577.* – Bernisches Historisches Museum, Bern: *860.* – Prof. Dr. A. Beuermann (†), Braunschweig: *1366.* – Bibliothèque Nationale, Paris: *1422, 2681.* – Bildarchiv Foto Marburg, Marburg: *47, 184, 268, 330, 426, 719, 839, 911, 1743, 1841, 2193, 2549, 2620, 2643, 2648, 2818, 2836, 3261, 3328, 3512.* – Bildarchiv Preußischer Kulturbesitz, Berlin: *65, 182, 356, 429, 611, 645, 688, 718, 721, 793, 796, 904, 968, 1131, 1296, 1314, 1322, 1338, 1364, 1367, 1382, 1386, 1387, 1415, 1436, 1441, 1594, 1690, 1822, 1853, 1942, 2070, 2207, 2278, 2410, 2508, 2577, 2587, 2596, 2602, 2683, 2688, 2701, 2889, 3015, 3077, 3085, 3157, 3167, 3169, 3216, 3294, 3308, 3341, 3368, 3422, 3565, 3642, 3696, 3708, 3713, 3768, 3771, 3778, 3793, 3838, 3890.* – Bilderberg, Archiv der Fotografen, Hamburg: *374, 985.* – T. Binz, Mannheim: *343, 1420, 2086.* – Biofoto, Frederiksberg: *2311, 2563.* – Biologische Bundesanstalt für Land- und Forstwirtschaft, Dossenheim: *1261.* – Bischöfliches Ordinariat, Mainz: *1993.* – Prof. Dr. W. Blasius, Gießen: *250.* – Blaukreuz-Verlag, Wuppertal: *432.* – K. Blüher, Hannover: *1930.* – BLV Verlagsgesellschaft, München: *1304, 3298, 3602.* – Robert Bosch, Stuttgart: *475.* – Bote & Bock, Berlin: *1816.* – Prof. K. D. Bracher, Bonn: *482.* – Branddirektion Frankfurt am Main: *1027.* – W. Braun, Jerusalem: *396, 1634.* – U. H. Breker, Köln: *3678.* – Britisches Museum, London: *169, 295, 521, 909, 964, 1364, 1777, 1957, 2539, 3367, 3564.* – The British Council, Köln: *2462.* – British Features, Bonn: *624, 1168, 1498, 1778, 1792, 3845, 3868.* – F. Bruckmann, München: *820.* – Luftbildarchiv Albrecht Brugger im Hause Fotofachlabor Schnepf, Stuttgart: *385, 452, 2073.* – Dr. E. M. Brugger, Heidelberg: *104.* – R. Brugger, Königswinter: *686, 1362, 1642, 1672.* – Büchergilde Gutenberg, Frankfurt am Main: *3511.* – H. J. Buchholz, Hannover: *3489.* – W. Büdeler, München: *3724.* – A. Buhtz, Heidelberg: *442, 830, 1768, 1796, 2229.* – Bundesanstalt für Bodenforschung, Hannover: *1733.* – Bundesarchiv, Koblenz: *2198.* – Bundesbildstelle, Bonn: *50, 487, 1410, 1996, 2282, 3018, 3319.* – Burda Bilderdienst, Offenbach am Main: *2104.* – R. Bussian, Mannheim: *1618, 3951.* – CAF, Warschau: *3172.* – Camel, München: *2606.* – Camera Press Deutschland, Hamburg: *2310, 2585.* – Canon Europa-Photo, Willich: *2631.* – CBS-Schallplattengesellschaft, Frankfurt am Main: *3149.* – M. Cedri, Paris: *550.* – Centre national d'art et de culture Georges Pompidou, Paris: *36.* – CESA-DIAARCHIV, Cölbe: *2160, 3789.* – V. Chiara-Schultz, Cardaillac, Frankreich: *3356.* – Cinepress, München: *179.* – W. Claus, Fulda: *1143.* – R. Clausen (†), Hamburg: *2238.* – Cleveland Museum of Art, Cleveland: *2641.* – Colecciones del Real Monasterio, El Escorial: *1353.* – Comet-Photo, Zürich: *1219, 3682.* – Comisaria Nacional del Patrimonio Artistico, Madrid: *1290.* – Concorde Filmverleih, München: *1033.* – Consolidated News Pictures, Washington D. C.: *2404.* – Conti-Press, Hamburg: *434, 620.* – T. Cugini, Zürich: *1700.* – Deutsche Airbus, München: *1068.* – Deutsche Bahn, Bildarchiv, Berlin, München und Nürnberg: *699, 857, 1303, 1609.* – Deutsche Forschungsanstalt für Luft- und Raumfahrt e. V., Köln: *3203.* – Deutsche Fotothek der Sächsischen Landesbibliothek, Dresden: *353, 2922, 3782.* – Deutsche Gesellschaft zur Rettung Schiffbrüchiger, Bremen: *716.* – Deutsche Luftbild, W. Seelmann & Co., Hamburg: *466, 495, 781, 1120, 1164, 2059, 3438, 3877.* – Deutsche Post, Bonn: *3301.* – Deutscher Verlag, Berlin: *3141.* – Deutsches Archäologisches Institut Berlin, Kairo und Rom: *81.* – Deutsches Elfenbeinmuseum, Erbach: *876.* – Deutsches Fernsehen DFS, München: *199.* – Deutsches Institut für Filmkunde, Frankfurt am Main: *238, 585, 592, 1035, 1036, 1076, 1157, 1175, 2622, 3190, 3290, 3770, 3780.* – Deutsches Museum, München: *219, 239, 287, 290, 373, 394, 462, 634, 655, 988, 1186, 1203, 1481, 1806, 1890, 2060, 2176, 2198, 2219, 2220, 2363, 2504, 2666, 2827, 2895, 2944, 3168, 3301, 3727, 3815, 3903, 3904.* – Deutsches Tapetenmuseum, Kassel: *2289, 3403.* – Deutsche Verlags-Anstalt, Stuttgart: *3166.* – Diafrance, Paris: *623.* – Die Neue Sammlung, Staatliches Museum für angewandte Kunst, München: *2256.* – Die Weltwoche Bildarchiv, Zürich: *333, 642.* – Diözesanbildstelle, Linz: *2483.* – documenta archiv, Kassel: *403, 3472.* – W. Dolder, Zezikon, Schweiz: *1185.* – H. Dollhopf, Nürnberg: *3559.* – Dommuseum, Mailand: *882.* – Prof. Dr. M. Domrös, Mainz: *3271.* – H. Dossenbach, Oberschlatt, Schweiz: *3345.* – dpa-Bildarchiv, Frankfurt am Main und Stuttgart: *22, 30, 83, 108, 132, 133, 136, 138, 152, 156, 166, 179, 193, 202, 208, 215, 228, 242, 256, 273, 297, 300, 305, 326, 338, 342, 347, 351, 353, 354, 365, 368, 373, 375, 381, 385, 386, 421, 430, 438, 453, 455, 456, 461, 464, 469, 473, 476, 479, 481, 485, 488, 490, 500, 518, 527, 531, 558, 565, 569, 572, 580, 582, 586, 602, 610, 617, 622, 625, 626, 637, 639, 645, 647, 652, 656, 672, 673, 681, 686, 691, 738, 742, 748, 750, 753, 762, 763, 764, 772, 773, 776, 779, 781, 826, 832, 835, 838, 877, 888, 928, 935, 960, 977, 992, 996, 1003, 1009, 1027, 1033, 1048, 1060, 1064, 1074, 1076, 1083, 1086, 1090, 1118, 1128, 1133, 1134, 1135, 1142, 1151, 1160, 1163, 1171, 1172, 1176, 1184, 1217, 1231, 1241, 1284, 1292, 1312, 1321, 1324, 1325, 1330, 1331, 1332, 1339, 1340, 1347,*

1349, 1354, 1355, 1372, 1374, 1375, 1384, 1389, 1395, 1419, 1424, 1428, 1433, 1434, 1438, 1447, 1452, 1455, 1460, 1470, 1473, 1488, 1492, 1496, 1504, 1506, 1510, 1519, 1536, 1537, 1539, 1543, 1544, 1545, 1555, 1556, 1557, 1564, 1614, 1667, 1670, 1671, 1676, 1679, 1699, 1701, 1702, 1705, 1707, 1731, 1732, 1736, 1745, 1756, 1759, 1778, 1790, 1792, 1793, 1802, 1818, 1820, 1834, 1835, 1841, 1855, 1863, 1874, 1875, 1878, 1884, 1888, 1889, 1891, 1896, 1901, 1904, 1906, 1925, 1937, 1940, 1948, 1953, 1954, 1964, 1986, 1988, 1989, 1990, 2003, 2006, 2007, 2010, 2019, 2028, 2033, 2035, 2040, 2041, 2044, 2054, 2060, 2061, 2073, 2080, 2091, 2094, 2096, 2101, 2128, 2136, 2140, 2150, 2161, 2164, 2178, 2179, 2182, 2193, 2214, 2225, 2238, 2241, 2243, 2244, 2254, 2260, 2262, 2272, 2284, 2288, 2289, 2296, 2299, 2310, 2318, 2322, 2356, 2357, 2373, 2380, 2399, 2427, 2432, 2437, 2440, 2447, 2448, 2456, 2466, 2481, 2487, 2488, 2490, 2505, 2515, 2519, 2524, 2525, 2554, 2560, 2573, 2574, 2592, 2610, 2622, 2647, 2652, 2661, 2664, 2673, 2690, 2704, 2711, 2723, 2752, 2756, 2774, 2776, 2781, 2786, 2817, 2818, 2839, 2852, 2871, 2877, 2884, 2903, 2930, 2944, 2945, 2950, 2959, 2963, 2964, 2976, 2980, 2981, 2992, 2993, 2994, 3010, 3017, 3023, 3024, 3042, 3048, 3052, 3063, 3079, 3080, 3081, 3093, 3104, 3120, 3129, 3135, 3167, 3174, 3178, 3179, 3198, 3199, 3206, 3207, 3246, 3253, 3290, 3291, 3297, 3316, 3318, 3331, 3338, 3346, 3362, 3363, 3372, 3374, 3383, 3415, 3424, 3430, 3438, 3443, 3448, 3449, 3453, 3457, 3473, 3477, 3482, 3497, 3513, 3532, 3533, 3541, 3543, 3544, 3554, 3577, 3611, 3614, 3683, 3698, 3704, 3718, 3724, 3737, 3744, 3762, 3768, 3777, 3785, 3787, 3789, 3792, 3812, 3813, 3827, 3836, 3843, 3845, 3856, 3858, 3863, 3870, 3873, 3874, 3891, 3901, 3934, 3944. – Dr. K. Drumm, Tübingen: 1950. – Dumbarton Oaks Research Library and Collections, Harvard University, Washington: 1594. – N. Ehlert, Köln: 2939, 2983. – Prof. Dr. I. Eibl-Eibesfeldt, Pöcking: 840. – Dr. H. Eichler, Heidelberg: 211, 2414, 2594, 3680. – Prof. Dr. J. Eichler, Wiesbaden: 3853. – Prof. Dr. M. Eigen, Göttingen: 845. – H. Eisenbeiss, München: 1304, 3298, 3602. – EKDOTIKE ATHENON, Athen: 2245. – Prof. Dr. T. Ellinger (†), Kopenhagen: 252. – Stuttgarter Luftbild Elsässer, Stuttgart: 1124. – Elsevier, Amsterdam: 2940, 3758, 3769. – U. Emrich, Mannheim: 3479. – Engelhorn Verlag, Stuttgart: 2882. – ENIT – Staatliches Italienisches Fremdenverkehrsbüro, Frankfurt am Main: 370, 2517. – Eremitage, St. Petersburg: 2168, 3184, 3192. – Dr. G. Ernst, Dachsberg: 807. – W. Ernst, Ganderkesee: 1442. – Erzbischöfliches Diözesan-Museum, Köln: 1239. – Erzbischöfliches Diözesanmuseum und Domschatzkammer, Paderborn: 717. – Erzbischöfliches Ordinariat, München und Freising: 782. – F. und K. Eschen, Berlin: 505, 847, 1759. – ESOC – European Space Operations Centre, Darmstadt: 2776, 2993. – Eupra Bildarchiv, München: 3409, 3470, 3894. – Europäische Gemeinschaften, Brüssel: 952. – Explorer, Paris: 3445. – G. Fehr, Territet, Schweiz: 1665. – Photo-Archiv Fellerer, Ascona: 1700. – Dr. H. Felten, Frankfurt am Main: 282. – W. Ferchland, Tistrup, Dänemark: 471, 993. – Filmverlag der Autoren, München: 1034. – Botschaft von Finnland, Bonn: 1774. – E. Fischer, Bad Bramstedt: 1213, 1326, 2323, 3552. – S. Fischer Verlag, Frankfurt am Main: 2556, 3057. – W. Fix, Speyer: 3253. – Photo- und Presseagentur FOCUS, Hamburg: 1727. – R. Forberg, Düsseldorf: 465. – J. Förster, Ludwigshafen am Rhein: 3847. – Frans-Hals-Museum, Haarlem: 1429. – Botschaft der Französischen Republik, Bonn: 2994. – Amtliches Französisches Verkehrsbüro, Frankfurt am Main: 561. – Frauenhaus-Museum, Straßburg: 1232. – J. R. Freeman, London: 964. – Fremdenverkehrsverband Molln, Österreich: 925. – B. Friedrich, Köln: 776, 800, 888, 1139, 1349, 1413, 1481, 1674, 1778, 1791, 3891. – M. Fries, Wiesbaden: 593, 2177, 2464, 2523, 2762. – Dr. P. Fuchs, Göttingen: 3547. – Prof. Dr. E. Gabriel, Ahrensburg: 191. – Galerie Brockstedt, Hamburg: 1657. – Galerie Hans Mayer, Düsseldorf: 3685. – Galleria Borghese, Rom: 567. – Galleria Henze, Lugano: 968. – Studio X, Gamma, Limours: 235, 999, 1007, 1706, 2325, 3177, 3917. – A. Gelberg, Weinheim: 2432. – Gemeindliches Heimatmuseum, Oberammergau: 3712. – Geopress, H. Kanus, München: 80, 3636. – Georg-Kolbe-Museum, Berlin: 1839. – Germanisches Nationalmuseum, Nürnberg: 223, 359, 1028, 1481, 2584, 3662, 3922, 3923. – Archiv Gerstenberg, Wietze: 2918, 2977, 3040, 3311. – Dr. G. Gerster, Zumikon, Schweiz: 39, 73, 159, 476, 1618, 1945, 2090, 2159, 2526, 2586, 3344, 3353, 3679, 3778, 3881. – Gesamtverband des Deutschen Steinkohlenbergbaus, Essen: 377. – R. Glatzer, Engenhahn: 2289. – Gleimhaus, Halberstadt: 1666, 2012. – Glyptothek, München: 1531. – G. Goedhart, Scheveningen, Niederlande: 492. – Goethe-Haus und Frankfurter Goethe-Museum, Freies Deutsches Hochstift, Frankfurt am Main: 1154. – A. Gold, Aachen: 1443. – Ing. N. Gradisch (†), Wien: 3027. – Graphische Sammlung Albertina, Wien: 512. – Dr. G. Grill, Mannheim: 808, 3442. – I. Gröblinghoff, Werne: 2977. – B. Großmann, Tokio: 1143. – H. Groth, Hamburg: 347. – Gruner & Jahr, München: 3213. – Guggenheim Museum, New York: 684. – Gutenberg-Museum, Mainz: 1407. – Haags Gemeentemuseum, Den Haag: 3259. – Prof. Dr. A. Hagen, Bergen, Norwegen: 1008. – Hale Observatory, Pasadena, Kalifornien: 155. – R. Halin, Paris: 2293. – Hamburger Kunsthalle: *410, 1469, 1525, 1817, 2688, 3393, 3475.* – Dr. A. Hanle, Ilvesheim: *3008, 3516.* – Bildarchiv C. und L. Hansmann, München: *95, 144, 400, 1294, 1912, 3334, 3469, 3843.* – K. Hartmann, Sobernheim: *391, 502, 747, 1966.* – »Haus Rüschhaus«, Annette-von-Droste-Hülshoff-Museum, Münster: *803.* – Prof. W. Hege, Gelsenkirchen: *2517.* – G. Heidorn, München: *379.* – Prof. Dr. K. Heine, Sinzig-Bad Bodendorf: *3392, 3508.* – K. Heinemann, Ottobrunn: *1986.* – W. Heinemann, Kraichtal: *1989, 3434.* – A. Heine-Stillmark, Karlsruhe: *997.* – E. Heinkel, Fahrzeugbau, Speyer: *1470.* – Prof. Dr. A. Herold, Gerbrunn: *996, 1386, 3436, 3552.* – Herrmann & Kraemer, Garmisch-Partenkirchen: *2793, 3603.* – Herzog August Bibliothek, Wolfenbüttel: *2953.* – Prof. Dr. F. Heß, Marburg: *3451.* – Hessische Landes- und Hochschulbibliothek, Darmstadt: *165.* – Hessischer Schafzuchtverband, Kassel: *2209.* – Hessisches Landesmuseum, Darmstadt: *1005, 1297.* – Dr. B. Heukemes, Ladenburg: *2845.* – Hirmer Verlag, München: *43, 760, 1364, 3601.* – Historisches Museum der Pfalz mit Weinmuseum, Speyer: *508.* – Prof. Dr. B. Hock, München: *3743.* – Hoechst, Frankfurt am Main: *360.* – S. Hoeher, Bielefeld: *95, 1059, 1066.* – M. Hohner, Musikinstrumente, Trossingen: *2307.* – Holle Verlag, Baden-Baden: *64, 508, 1238.* – A. Hollstein, Bonn: *3844.* – Foto-Grafik Hörlein, Nürnberg: *2963, 3867.* – E. von Horvath, Pressbaum: *1542.* – Dr. J. E. Howoldt, Mannheim: *2768, 2834.* – Bildarchiv H. Huber, Garmisch-Partenkirchen: *1153, 1381, 1842, 2445.* – Hulton Picture Library, London: *203.* – IBM-Deutschland, Sindelfingen: *633, 2662, 2736.* – IFA-Bilderteam, Taufkirchen: *135, 237, 461, 657, 664, 691, 771, 775, 792, 1303, 1355, 1359, 1360, 1379, 1385, 1625, 1628, 1811, 1830, 2009, 2086, 2376, 2476, 2552, 2716, 2735, 2835, 2869, 3098, 3106, 3236, 3260, 3292, 3311, 3351, 3357, 3363, 3387, 3520, 3539, 3608, 3630, 3788, 3825, 3833, 3840, 3847, 3916.* – Indische Gesandtschaft, Bern: *1173.* – Institut Belge, Brüssel: *469.* – Institut für Deutsche Sprache, Mannheim: *1600.* – Institut für Geologie und Paläontologie der Technischen Univ. Hannover: *1981.* – Interfoto MTI, ungarische Nachrichten Agentur, Budapest: *927, 2077.* – Interfoto Friedrich Rauch, München: *69, 459, 801, 930, 1175, 1223, 1455, 1475, 1546, 1922, 2314, 3776, 3861.* – Botschaft von Irland, Bonn: *3750.* – Iveco Magirus, Ulm: *1027.* – Dr. V. Janicke, München: *49, 275, 2382, 2627, 2979, 3091, 3172, 3471.* – Johann-Sebastian-Bach-Museum, Leipzig: *296.* – Jürgens, Ost + Europa/Photo, Berlin: *217, 298, 800, 981, 1150, 1240, 1266, 1313, 1334, 1669, 1704, 2192, 2351, 2699, 2703, 2903, 2924, 2932, 2938, 2941, 3192, 3300, 3327, 3373, 3538, 3550, 3856.* – V. Kaeppel,

Eltville: *3766.* – R. Kagerer, Grenzach-Wyhlen: *3813.* – H. Kahnt, Mannheim: *647, 1402, 2064, 2182, 2432, 2433.* – Botschaft von Kanada, Bonn: *936.* – Kapitolinische Museen, Rom: *204.* – Lichtbildarchiv Keil, Neckargemünd: *243, 1635, 1659, 1879, 2240, 2593, 3355.* – W. Keimer, Heidelberg: *1669, 3740, 3882.* – Prof. Dr. A. Kessler, Hannover: *3477.* – Kester Lichtbildarchiv, München: *563.* – Kestner-Museum, Hannover: *1227.* – Heinz Kettler Metallwarenfabrik, Ense: *978.* – Keystone Pressedienst, Hamburg und Zürich: *55, 187, 280, 350, 377, 394, 428, 440, 448, 486, 487, 505, 507, 541, 546, 620, 634, 636, 638, 643, 644, 651, 656, 657, 675, 684, 691, 750, 760, 789, 790, 801, 825, 841, 877, 885, 930, 933, 983, 1736, 1045, 1057, 1086, 1089, 1090, 1122, 1126, 1127, 1134, 1175, 1181, 1209, 1226, 1328, 1343, 1372, 1383, 1472, 1487, 1493, 1496, 1498, 1500, 1501, 1513, 1516, 1517, 1520, 1528, 1539, 1548, 1549, 1554, 1567, 1614, 1624, 1654, 1675, 1677, 1686, 1720, 1751, 1755, 1760, 1770, 1783, 1811, 1815, 1832, 1917, 1924, 1927, 1970, 1983, 2005, 2019, 2031, 2048, 2051, 2055, 2068, 2069, 2078, 2094, 2109, 2120, 2122, 2137, 2153, 2154, 2158, 2166, 2169, 2200, 2206, 2224, 2263, 2266, 2272, 2278, 2286, 2337, 2348, 2356, 2363, 2385, 2399, 2405, 2473, 2490, 2509, 2510, 2515, 2531, 2585, 2648, 2719, 2726, 2759, 2761, 2762, 2764, 2766, 2778, 2785, 2794, 2806, 2814, 2822, 2845, 2861, 2876, 2954, 3013, 3018, 3022, 3054, 3065, 3075, 3081, 3121, 3122, 3159, 3160, 3167, 3260, 3333, 3375, 3386, 3410, 3457, 3480, 3550, 3617, 3619, 3637, 3658, 3686, 3692, 3702, 3738, 3749, 3765, 3772, 3775, 3782, 3839, 3858, 3860, 3866, 3871, 3881, 3887, 3915, 3936.* – Verlag Kiepenheuer & Witsch, Köln: *2992.* – Dr. R. Kiesewetter, Ludwigshafen am Rhein: *1230.* – K. I. P. P. A., Amsterdam: *2201, 2213, 2237.* – A. Kirchbach, Starnberg: *334.* – Bildkunstverlag G. + W. Klammet, Ohlstadt: *1431, 1628, 1638, 2034, 3497, 3622, 3816.* – B. Klingwall (†), Eskilstuna, Schweden: *169.* – Klokke-Verlag, Paderborn: *717.* – KNA – Kath. Nachrichten Agentur, Frankfurt am Main: *1678, 1858, 2359.* – Albrecht Knaus Verlag, München: *1836.* – E. Knoerich, La Paz, Bolivien: *458.* – A. Koch Kunstverlag, München: *85, 546, 672, 768, 818, 1005, 1161, 1184, 1341, 1393, 1806, 2093, 2410, 3025, 3850.* – P. Koch, Zollikon, Schweiz: *180, 961, 1703, 3273.* – H. W. Köhler, Augsburg: *2791.* – Dr. M. Köhler, Pforzheim: *2617.* – P. Kohlhaupt, Sonthofen: *1688, 1729.* – Prof. Dr. G. Kohlhepp, Tübingen: *151, 2989.* – Kohte & Klewes, Q A Photos, Düsseldorf: *958.* – Prof. Dr. K. Kohut, Duisburg: *2693, 3234.* – Dr. R. König, Kiel: *138, 387, 792, 843, 1026, 1458, 1680, 1812, 1828, 1907, 2061, 2401, 2571, 2611, 3191, 3404, 3509.* – Konzertdirektion Dr. R. Goette, Hamburg: *1870,*

1904. – Konzertdirektion R. Vedder, Frankfurt am Main: 2457. – H. Kordecki, Fürth im Odenwald: 854, 978, 1077, 1105, 1801, 1903, 2758, 3097. – H. Köster, Berlin: 258, 698, 1085, 1390, 1402. – B. Kothe-Marxmeier, Bochum: 1954. – K. P. A., Düsseldorf: 2457. – Prof. Dr. F. Kuhlow, Hamburg: 867. – Prof. Dr. H. Kühne, Berlin: 129. – H. Kühner, Ludwigshafen am Rhein: 3673. – R. Künkel, München: 867. – Kunsthalle Bremen: 2260, 3455. – Kunsthaus Zürich: 37, 1278, 3370. – Kunsthistorisches Museum, Wien: 113, 206, 210, 1287, 2175, 2819, 3048, 3298, 3299, 3668. – Kunstmuseum Basel: 913, 969, 2139. – Kunstmuseum Bern: 112. – Kunstsammlungen der Veste Coburg: 2809. – Kunstsammlung Nordrhein-Westfalen, Düsseldorf: 1728, 1869, 1992. – R. Kunze, Freiburg im Breisgau: 810. – Kupferstich-Kabinett, Dresden: 2081. – Kurpfälzisches Museum, Heidelberg: 2581. – L. Kürten, Meerbusch: 3519. – E. Kusch (†), Schwarzenbruck: 2460. – Kuultokuva, Helsinki: 16. – G. Kwiatkowski, Mannheim: 1420. – Helga Lade Fotoagentur, Frankfurt am Main: 599, 670, 702, 736, 756, 844, 919, 920, 1289, 1335, 1572, 1585, 1653, 1838, 1920, 2374, 2561, 2729, 2816, 2979, 3169, 3369, 3509, 3817, 3864. – Landesbildstelle Sachsen, Dresden: 3084. – Landesdenkmalamt Baden-Württemberg, Stuttgart: 272. – Landesgalerie, Hannover: 2798. – H. Lange, Leipzig: 2280, 3282, 3319. – S. Lauterwasser, Überlingen: 2239, 3014. – Len Sirmann Press, Genf: 2719. – Prof. Dr. K. Lenz, Berlin: 1726. – Dr. A. Lesisz, Breslau: 3741. – Prof. h. c. G. Lettenmair (†), Linz: 2484. – Liebighaus – Museum alter Plastik, Frankfurt am Main: 3022. – F. K. Frhr. von Linden, Waldsee, Pfalz: 204, 389, 619, 1274, 1374, 1630, 1955, 2783. – Linden-Museum – Staatliches Museum für Völkerkunde, Stuttgart: 64, 2746. – Prof. C. C. Lingard, Ottawa: 2565. – Lippmann & Rau, Frankfurt am Main: 1049. – Literarisches Colloquium, Fotos: R. von Mangoldt, Berlin: 1286. – Foto Löbl-Schreyer, Bad Tölz: 31, 640, 1115, 1815, 2276, 3174, 3284, 3701, 3940. – LOSSEN-FOTO, Heidelberg: 1747. – Louvre, Paris: 130, 131, 183, 580, 680, 822, 972, 1508, 1593, 1743, 1878, 2009, 2126, 2210, 2588, 2628, 3123, 3385, 3478, 3770, 3938. – Dr. H. von Löwis of Menar, Rostock: 1016, B. Lüdicke, Nordhorn: 3629. – F. Mader, Hamburg: 383, 1282, 1283, 3045, 3068, 3745, 3865. – J. Marshall, Portland, Oregon: 3725. – Arxiu Mas, Barcelona: 3241. – H. Matei, Bukarest: 1814. – M. Matzerath, Karlsruhe: 1063, 1663, 1817, 2104, 2391, 2796, 3496. – Bildagentur Mauritius, Mittenwald: 41, 144, 301, 379, 386, 593, 658, 745, 979, 1015, 1067, 1177, 1222, 1280, 1287, 1294, 1352, 1369, 1562, 1643, 1660, 1757, 1798, 1853, 1949, 1978, 1982, 2004, 2068, 2169, 2207, 2213, 2222, 2291, 2587, 2610, 2621, 2682, 2692, 2749, 2763, 2770, 2848, 2858, 2909, 2926, 3188, 3201, 3290, 3316, 3337, 3611, 3651, 3652, 3706, 3717, 3888. – R. Meinl, Musikinstrumentenhersteller, Diespeck an der Aisch: 3547. – Prof. Dr. H. Mensching, Hannover: 2957. – Messerschmitt-Bölkow-Blohm, Ottobrunn: 1546, 2212. – Metropolitan Museum of Art, New York: 1845, 2463. – Bildverlag Gebr. Metz, Tübingen: 1937. – Middle East Airlines, Frankfurt am Main: 363. – Mielewerke, Gütersloh: 3761. – C. H. Moessner, München: 1370. – T. Molter, Wolfenbüttel: 2012. – S. Moses, München: 194. – Motor-Presse-Verlagsgesellschaft, Stuttgart: 1546. – Mozart-Museum der Internationalen Stiftung Mozarteum, Salzburg: 2297. – MPI für Physik und Astrophysik, Garching: 241. – MPI für Plasmaphysik, Garching: 1674. – Prof. Dr. K.-M. Müller, Münster: 222. – Bildarchiv W. H. Müller, Stuttgart: 1806. – A. Münchow, Aachen: 3291. – Architektenbüro Murphy und Jahn, Chicago: 1513. – Musée Barbier-Müller, Genf: 1326. – Musée d'Art et d'Histoire, Genf: 3860. – Musée d'Art Moderne de la Ville de Paris: 2470. – Musée des Arts Décoratifs, Paris: 258. – Musée des Beaux-Arts, Tours: 2883. – Musée d'Orsay, Paris: 2126, 2270, 2919, 3172. – Musée du Jeu de Paume, Paris: 3930. – Musée d'Unterlinden, Colmar: 29. – Musée Instrumental du Conservatoire Royal, Brüssel: 1885, 3003, 3696. – Musée Marmottan, Paris: 1575. – Musée National d'Art Moderne, Paris: 205, 811, 1373, 1802, 1979, 3612. – Musée National des Châteaux de Versailles et de Trianon, Château de Versailles: 34, 3716. – Museen der Stadt Wien: 356. – Musée Picasso, Paris: 2640. – Musée Rodin, Paris: 2879. – Musées Royaux des Beaux-Arts de Belgique, Brüssel: 466, 3379. – Museo Aldrovandiano, Biblioteca Universitaria, Bologna: 290. – Museo Archeologico Nazionale, Neapel: 102, 1441, 2750. – Museo Archeologico Nazionale, Sperlonga: 2453. – Museo Arqueológico »Rafael Larco Harrera«, Lima: 124. – Museo dell'Opera del Duomo, Siena: 23. – Museo del Prado, Madrid: 85, 512, 1341, 3631. – Museo di Storia della Scienza, Florenz: 1305. – Museo Nacional de Antropologia, Mexiko: 3885, 3901. – Museo Nazionale d'Arte Orientale, Rom: 1172, 1583. – Museo Nazionale del Bargello, Florenz: 696, 780, 1485. – Museo Nazionale di Villa Giulia, Rom: 942, 943, 1866. – Museum der Stadt Worms und Städtische Gemäldegalerie, Worms: 318, 509, 1973. – Museum Folkwang mit Deutschem Plakat-Museum, Essen: 768, 1184, 2391. – Museum für Gegenwartskunst, Öffentliche Kunstsammlung, Basel: 2335. – Museum für Gestaltung Zürich: 3632. – Museum für Kunsthandwerk, Frankfurt am Main: 600, 1690. – Museum für Kunst und Gewerbe, Hamburg: 1001, 1694. –

Museum für Ostasiatische Kunst, Köln: *601, 1947.* – Museum für Völkerkunde, Basel: *2511.* – Museum für Völkerkunde, Berlin: *182, 1594.* – Museum für Völkerkunde, Wien: *107, 293, 323.* – Museum Ludwig, Köln: *235, 2262, 2961, 3472.* – Museum Moderner Kunst Stiftung Ludwig, Wien: *2498.* – Museum of Fine Arts, Boston: *2452, 3254, 3762.* – Museum of Modern Art, New York: *1923, 2247, 3044.* – Museum Wiesbaden: *968, 1006.* – Museu Nacional de Arte Antiga, Lissabon: *2695.* – Musikinstrumentenmuseum im Münchner Stadtmuseum: *3021, 3185.* – Dr. U. Muuß, Altenholz: *865.* – Prof. Dr. H. Nachtigall, Marburg: *597.* – Národní, Galerie, Prag: *3536.* – Nasjonalgalleriet, Oslo: *2305.* – Nationalgalerie, Berlin: *1806, 2207, 2889.* – National Gallery, London: *178, 1161, 2509, 3240, 3769.* – National Gallery of Art, Washington D. C.: *96, 2339.* – National Gallery of Ireland, Dublin: *508.* – Nationalmuseum, Stockholm: *3377.* – National Museum of Pakistan, Karachi: *1443.* – National Museum of Wales, Cardiff: *1957.* – National Portrait Gallery, London: *299, 749, 1953, 2359, 2381, 2650, 3158, 3377, 3428, 3440, 3871.* – Naturhistorisches Museum, Wien: *1428.* – Neue Galerie – Sammlung Ludwig, Aachen: *1408, 1443.* – Neue Pinakothek, München: *1318.* – W. Neumeister, München: *232, 697, 717, 719, 1021, 1843, 2411, 2563, 2825, 2867, 2886, 2891, 3947.* – Niederländisches Büro für Tourismus, Köln: *2389.* – Niedersächsisches Landesmuseum, Hannover: *2144, 2194.* – Niedersächsisches Staats- und Univ.-Bibliothek, Göttingen: *1497.* – Dipl.-Ing. H. Niehoff, Offenbach am Main: *2568.* – A. van den Nieuwenhuizen, Zevenaar, Niederlande: *852.* – NIPPON TELEVISION NETWORK CORPORATION, Tokio: *3186.* – Nobelstiftelsen, The Nobel Foundation, Stockholm: *128, 290, 328, 369, 380, 421, 426, 438, 440, 456, 470, 473, 519, 566, 571, 574, 577, 581, 584, 626, 638, 639, 645, 650, 656, 675, 682, 773, 812, 839, 846, 877, 946, 1047, 1074, 1087, 1127, 1134, 1158, 1279, 1285, 1295, 1449, 1453, 1459, 1480, 1510, 1517, 1549, 1651, 1685, 1746, 1765, 1823, 1824, 1884, 1901, 1949, 1982, 1990, 2003, 2018, 2019, 2105, 2139, 2140, 2153, 2184, 2198, 2210, 2226, 2239, 2249, 2250, 2276, 2296, 2303, 2312, 2342, 2348, 2428, 2453, 2460, 2560, 2564, 2566, 2667, 2778, 2779, 2796, 2860, 2877, 2879, 2881, 2914, 2976, 3092, 3141, 3158, 3161, 3198, 3295, 3303, 3312, 3320, 3366, 3381, 3415, 3455, 3473, 3487, 3587, 3622, 3625, 3738, 3837, 3845, 3932.* – Norddeutscher Rundfunk, Hamburg: *1016*, Ny Carlsberg Glyptotek, Kopenhagen: *146, 690.* – I. Ohlbaum, München: *758, 788, 801, 819, 828, 834, 904, 1125, 1133, 1142, 1332, 1486, 1513, 1656, 1667, 1833, 1917, 1925, 2014, 2130, 2149, 2180, 2660, 2719, 3171, 3390, 3623, 3748,* *3755, 3793.* – Tierbilder Okapia, Frankfurt am Main: *346, 513, 758, 866, 897, 1000, 1158, 1260, 1279, 1527, 1557, 2292, 2327, 2477, 2667, 2710, 2876, 3058, 3126, 3749, 3840.* – Dr. H. Olles, Hofheim am Taunus: *234.* – Orell Füssli Verlag, Zürich: *458.* – H. Orth, Worms: *233.* – Österreichische Galerie im Belvedere, Wien: *3027.* – Österreichische Nationalbibliothek, Wien: *180, 407, 412, 418, 457, 543, 555, 561, 629, 671, 679, 1010, 1025, 1428, 1442, 1450, 1493, 1762, 2171, 2505, 2837, 2970, 3076, 3122, 3200, 3669, 3725, 3874.* – Österreichisches Museum für angewandte Kunst, Wien: *2697.* – Georg Ott Werkzeug- und Maschinenfabrik, Ulm: *1512.* – L. Özkök, Älvsjö, Schweden: *1681, 2154.* – Palazzo Farnese, Rom: *330.* – Palazzo Pitti, Florenz: *566.* – R. Panjabi, Neu-Delhi: *269.* – E. Pansegrau, Berlin: *3464.* – K. Paysan, Stuttgart: *1073, 1425.* – G. Peda, Passau: *2907.* – A. Perceval, Paris: *218, 468, 1077, 1097, 1100, 1303, 1968, 2088, 2961.* – F. Peyer, Hamburg: *314.* – R. Pfanz, Leonberg: *1625.* – Pfarramt Rohr, Niederbayern: *224.* – E. Pfeiffer, Göttingen: *154.* – U. Pfistermeister, Fürnried: *413, 1892, 2663, 3618.* – Photo-Center Greiner und Meyer, Braunschweig: *2908.* – Photographie Giraudon, Paris: *17, 36, 81, 100, 154, 258, 260, 349, 415, 466, 673, 680, 683, 684, 822, 972, 1267, 1278, 1357, 1525,* 1948, *1974, 1979, 2249, 2255, 2445, 2533, 2628, 2766, 2868, 2877, 3300, 3394, 3612, 3663, 3692, 3770.* – Pictor International, München: *1720, 1739, 1895, 1998, 2342, 2869, 3918.* – Picturepoint, London: *1377, 1380, 1621, 3846.* – PICTURE PRESS Bild- und Textagentur, Hamburg: *506, 1507, 3212.* – Polizeipräsidium, Mannheim: *1910.* – Polygram, Hannover: *3011.* – Popperfoto, London: *323, 550, 570, 2386, 2454, 2526, 2534, 2563, 2646, 2666, 2931.* – Prähistorische Staatssammlung, München: *1112.* – Dr. H. Presser, Mainz: *802.* – Publifoto G. Bergami, Genua: *1223.* – Agentur RAPHO, Paris: *2338.* – F. H. Rapp, Calw: *591.* – Prof. Dr. W. Rätzel, Oestrich-Winkel: *509.* – Prof. Dr. W. Rauh, Heidelberg: *66, 116, 245, 395, 791, 876, 1345, 1357, 1671, 1737, 2065, 2650, 3684.* – Reinhard Tierfoto, Heiligkreuzsteinach: *1755, 2066, 2069, 2863, 2866, 3366.* – Dr. E. Retzlaff, Römerberg: *467, 2081, 3118, 3266.* – H. Retzlaff, Tann in der Rhön: *184.* – Rex Features, London: *582, 894, 2778, 2902, 3252.* – Rheinisches Bildarchiv, Köln: *235, 680, 2262, 2961, 3313.* – Rheinisches Landesmuseum, Bonn: *1777.* – Rheinisches Landesmuseum, Trier: *747.* – Fotoatelier Rheinländer, Hamburg: *3528.* – Rijksmuseum, Amsterdam: *2834.* – Rijksmuseum Kröller-Müller, Ede-Otterlo, Niederlande: *1322.* – Risch-Lau, Schwarzach, Österreich: *117.* – Roger-Viollet, Paris: *220, 1089, 2179, 2827, 3286, 3568, 3699.*

– Römisch-Germanisches Zentralmuseum, Mainz: *860.* – Rosenthal, Porzellan, Selb: *2697,* – F. S. Rothenberg, Korbach: *140, 775, 1346, 3490, 3925.* – Rowohlt Verlag, Reinbek: *316, 2316, 2665, 2912.* – Royal Caribbean Cruise Line, Frankfurt am Main: *3028.* – Dr. A. Rudin (†), Mannheim: *2060.* – Sabah Saaid, Frankfurt am Main: *2714.* – Saarland-Museum in der Stiftung Saarländischer Kulturbesitz, Saarbrücken: *36, 2675.* – Dr. P. Sager, Hamburg: *1178, 1378.* – Botschaft der Republik Sambia, Bonn: *1768.* – Prof. Dr. H. H. Sambraus, Freising: *2425, 3102.* – Bildarchiv S. Sammer, Neuenkirchen: *1860, 2277.* – Sammlung Ch. Berend-Corinth, New York: *638.* – Sammlung S. Poppe, Hamburg: *1553.* – Prof. Dr. G. Sandner, Hamburg: *171, 1398.* – San Francisco Museum of Modern Art, San Francisco: *2874.* – SANYO, Ahrensburg: *632.* – Dr. F. Sauer, Karlsfeld: *3017, 3173, 3546.* – SCALA, Florenz: *23, 139, 330, 369, 482, 483, 567, 618, 696, 776, 816, 942, 943, 987, 1139, 1287, 1316, 1326, 1353, 1483, 1485, 1644, 1704, 2158, 2183, 2228, 2275, 2525, 2601, 2711, 2738, 2836, 3190, 3347, 3671, 3672.* – Dr. K.-F. Schädler, München: *228.* – Dr. K. Schaifers, Heidelberg: *2099.* – Schatzkammer Hofburg Schweizerhof, Wien: *2819.* – Prof. R. Scheibe (†), Berlin: *3018.* – D. Schelker, Frankfurt am Main: *3440.* – Dr. B. Schemmel, Würzburg: *417.* – Schiller-Nationalmuseum und Deutsches Literaturarchiv, Marbach am Neckar: *1526, 2287, 3033.* – U. Schillinger, Colombo: *523.* – B. Schipke, Hamburg: *1361.* – J. Schmidt, Ludwigshafen am Rhein: *439, 2123, 2448, 2583, 2975, 3406.* – Photo Schmidt-Schaumburg, Lübeck: *3895.* – Prof. Dr. H.-U. Schmincke, Witten-Heven: *1981.* – Schmuckmuseum, Pforzheim: *2870.* – Bildarchiv Schneiders, Lindau am Bodensee: *54, 122, 236, 343, 500, 543, 556, 628, 646, 1096, 1132, 1308, 1378, 1500, 1778, 1867, 1876, 1963, 2041, 2281, 2372, 2388, 2427, 2430, 2696, 2812, 2818, 2854, 2883, 3051, 3087, 3109, 3111, 3153, 3171, 3196, 3254, 3262, 3317, 3329, 3361, 3460, 3461, 3474, 3533, 3548, 3570, 3646, 3647, 3742, 3771, 3818, 3821, 3836, 3873, 3879, 3935, 3939.* – Verlag Schnell und Steiner, Regensburg: *1824, 2907.* – K. Scholz, Haimhausen in Oberbayern: *84, 1637, 2706, 3419, 3524.* – Schott Musik International, Mainz: *1089, 3623.* – Foto-Design K. Schreiber, Wilhelmshaven: *3842.* – W. Schreiber & Söhne, Nauheim: *338.* – Prof. J. Schreiter, Langen: *1297.* – H. Schrempp, Breisach am Rhein: *542, 841, 936, 944, 1002, 1434, 1784, 1791, 1817, 2735, 2910, 3687, 3748, 3878.* – Schweizerisches Landesmuseum, Zürich: *1973.* – Schweizer Verkehrsbüro, Frankfurt am Main: *3120.* – Science Museum, London: *3515.* – Bildarchiv K. Seeger, Kirchheim: *926.* – Porzellanfabriken Christian Seltmann, Weiden, Oberpfalz: *2697.* – Forschungsinstitut und Natur-Museum Senckenberg, Frankfurt am Main: *1086, 2166.* – Dr. W. Senftleben, Tübingen: *2117.* – Shinchosha Company, Tokio: *22.* – Siemens, Erlangen und Mannheim: *158, 1146, 1217, 1789, 2589.* – SIGLOCH EDITION, Sirius Bildarchiv, Künzelsau: *1155.* – Sven Simon Fotoagentur, Bonn und Essen: *190, 351, 410, 428, 499, 553, 575, 576, 752, 841, 892, 1173, 1290, 1302, 1445, 1458, 1803, 2109, 2110, 2125, 2209, 2299, 2575, 2713, 3012, 3014, 3016, 3075, 3176, 3490, 3704, 3723, 3793.* – B. Singer, Köln: *1709.* – Botschaft des Königreichs Spanien, Bonn: *1687.* – Staatliche Antikensammlungen, München: *930, 1370.* – Staatliche Graphische Sammlung, München: *1142, 2597.* – Staatliche Kunstsammlungen, Dresden: *2773.* – Staatliche Kunstsammlungen, Kassel: *184, 1476, 3215.* – Staatliche Landesbildstelle, Saarbrücken: *36.* – Staatliche Münzsammlung München: *775.* – Staatliche Museen zu Berlin Preußischer Kulturbesitz: *65, 645, 1387, 2648.* – Staatliches Amt für Denkmalpflege, Stuttgart: *2548.* – Staatliches Museum für Naturkunde, Stuttgart: *387.* – Staatliches Museum für Naturkunde und Vorgeschichte, Oldenburg: *1237.* – Staatliches Museum für Völkerkunde, München: *124, 2353.* – Staatsbibliothek Preußischer Kulturbesitz, Berlin: *3157.* – Staatsgalerie, Stuttgart: *662, 1529, 1794, 2138, 3025.* – Staats- und Univ.-Bibliothek, Hamburg: *1436.* – Städelsches Kunstinstitut, Frankfurt am Main: *312, 2839.* – Stadtarchiv Mainz: *1277.* – Städtische Galerie im Lenbachhaus, München: *3814.* – Städtische Kunsthalle, Mannheim: *329, 2093, 2134, 2370, 2605, 3850.* – Städtisches Kulturinstitut, Worms: *1691.* – Städtisches Reiß-Museum, Mannheim: *3432.* – J. Stadtmüller, Limburg: *2036, 3435.* – Stella Kultur Management, Hamburg: *2315.* – Stiftsarchiv St. Gallen: *29.* – Stockholms Universitets Konstsamling, Stockholm: *3466.* – W. Stoess, Wiesbaden: *2469.* – Studio Bergerhausen, Mannheim: *2370.* – Studio Boersch, Wiesbaden: *527.* – Studio Schlie, Wiesbaden: *976, 2228.* – Stvw. Tettnang: *3437.* – Stvw. Tournai: *2390.* – Süddeutscher Verlag-Bilderdienst, München: *48, 70, 94, 98, 100, 138, 155, 164, 334, 336, 354, 371, 480, 485, 511, 514, 542, 563, 567, 569, 581, 604, 644, 650, 654, 675, 676, 681, 696, 710, 747, 767, 774, 776, 786, 790, 811, 825, 891, 927, 980, 1031, 1049, 1050, 1112, 1125, 1175, 1176, 1281, 1314, 1315, 1316, 1329, 1340, 1343, 1370, 1389, 1476, 1480, 1488, 1492, 1499, 1503, 1543, 1649, 1710, 1755, 1770, 1825, 1838, 1905, 1914, 1917, 1918, 1928, 1960, 2058, 2085, 2096, 2114, 2130, 2131, 2140, 2275, 2278, 2304, 2373, 2378, 2473, 2562, 2574, 2595, 2601, 2613, 2640, 2713, 2725, 2741, 2760, 2765, 2844, 2861, 2874, 2898, 2906, 2917, 2954, 3037, 3055, 3064, 3079, 3132, 3140, 3158,*

3176, 3198, 3206, 3209, 3335, 3363, 3446, 3453, 3454, 3472, 3531, 3682, 3684, 3691, 3731, 3738, 3746, 3747, 3753, 3755, 3826, 3828, 3831, 3838, 3886, 3892, 3942. – Suhrkamp Verlag, Frankfurt am Main: *112, 438*. – H. Tappe, Montreux: *1837, 2412, 2720, 2930*. – Thermenmuseum, Rom: *3447*. – Georg Thieme Verlag, Stuttgart: *341, 1797*. – Gebr. Thonet, Frankenberg: *3456*. – E. Thuy, Ludwigshafen am Rhein: *317*. – Thyssen Stahl, Duisburg: *3281*. – Foto Felicitas Timpe, München: *1537*. – Titus, Turin: *3670*. – Tobis Filmkunst, Berlin: *1228*. – Tokyo National Museum, Tokio: *1661*. – Transglobe Agency, Hamburg: *1335, 1416*. – Tretjakow-Galerie, Moskau: *611, 3231*. – Treugesell Verlag, Düsseldorf: *1610, 1846*. – Turkish Press, Ankara: *1597*. – Uffizien, Florenz: *1525*. – Prof. Dr. H. Uhlig, Gießen: *2624*. – Ullstein Bilderdienst, Berlin: *17, 140, 271, 572, 584, 592, 668, 876, 910, 980, 1079, 1204, 1278, 1353, 1459, 1536, 1606, 1739, 1977, 2189, 2219, 2250, 2327, 2332, 2343, 2372, 2426, 2923, 3001, 3062, 3265, 3294, 3499, 3595, 3795, 3839, 3841, 3910, 3936*. – Ulmer Museum, Ulm: *2093*. – United Press UPI, Frankfurt am Main: *40, 2402, 2797*. – Universal Photo, Paris: *1353*. – Univ.-Bibliothek Erlangen: *818, 2834*. – Univ.-Bibliothek Heidelberg: *3750, 3866*. – University Museum of Antiquities, Oslo: *3048*. – U. S. Informationsservice, Bonn: *215, 219, 554, 622, 646, 799, 859, 1241, 1449, 1479, 1545, 1548, 1778, 1780, 1803, 2038, 2146, 2151, 2179, 2743, 2776, 2878, 2898, 2910, 2987, 2995, 3795, 3845, 3865*. – Prof. Dr. W. H. Valentin, Berlin: *1939*. – Vatikanische Sammlungen, Rom: *43, 268, 573, 1364, 2577, 2727*. – Verkehrsmuseum Nürnberg: *856*. – Verkehrsverein Worms: *3872*. – Verlag für Fremdsprachliche Literatur, Peking: *1716*. – Victoria und Albert Museum, London: *83, 1294, 1628, 3449*. – J. M. Voith, Heidenheim: *2535*. – Volkswagenwerk, Wolfsburg: *25, 813*. – Vorderasiatisches Museum, Berlin: *3167*. – L. Vorel, Mannheim: *2583*. – A. Vorhauer, Neustadt an der Weinstraße: *3719*. – Internationale Pressebildagentur VOTAVA, Wien: *1544, 2754*. – V. Wacker von Stocki, Cascais, Portugal: *1367*. – K. Wagner, Schloß Seggau, Österreich: *1997*. – Wallraf-Richartz-Museum, Köln: *680, 967, 3313*. – Walt Disney Company Deutschland, Frankfurt am Main: *779, 2229*. – Walter-Verlag, Freiburg im Breisgau: *3421*. – R. Walz, Berlin: *3331*. – G. Wawra, Wiesbaden: *481, 1002, 2969, 3276*. – WEA Musik, Hamburg: *2242*. – Prof. P. Weber, Münster: *2695*. – E. Weiland, Zollikon, Schweiz: *2736*. – Prof. W. Weißleder, Frankfurt am Main: *246*. – WEREK Pressebildagentur, Gröbenzell: *651*. – Westfälisches Amt für Denkmalpflege, Münster: *3168*. – Westfälisches Landesmuseum für Kunst- und Kulturgeschichte, Münster: *116, 3870*. – G. Wiener, Bildarchiv, Langen: *3837*. – Prof. Dr. H. Wilhelmy, Tübingen: *961, 2315, 2361, 3272, 3822*. – Prof. Dr. K.-H. Willer, Heidelberg: *238*. – J. Winkler, Wolfratshausen: *1502, 2337*. – Prof. Dr. E. Winter, Gusterath: *39*. – Prof. Dr. F. Winzinger, Regensburg: *3066*. – Prof. Dr. A. Wirthmann, Karlsruhe: *3394*. – Woodmansterne, Watford, Großbritannien: *831, 963, 1379, 2510, 2600, 3159, 3848, 3889*. – WOSTOK Verlagsgesellschaft, Köln: *295, 463, 1545, 2005, 2849, 2898, 2942, 3068, 3206, 3269, 3398, 3542, 3544, 3791*. – Bildarchiv Dr. W. Wrage, Hamburg: *1143, 1375*. – H. Wurlitzer, Neustadt an der Aisch: *1813*. – Württembergische Landesbibliothek, Stuttgart: *3798*. – Württembergisches Landesmuseum, Stuttgart: *1782*. – Xeniel-Dia, Neuhausen auf den Fildern und Stuttgart: *3858, 3880*. – ZEFA – Zentrale Farbbild Agentur, Düsseldorf: *69, 226, 463, 892, 997, 1267, 1299, 1373, 1484, 1677, 1991, 2007, 2049, 2115, 2377, 2618, 2686, 2765, 2805, 2838, 2871, 2957, 2984, 3352, 3358, 3493, 3685, 3934, 3946*. – K. Zeidler, Hamburg: *530*. – Carl Zeiss, Oberkochen: *2270, 2362, 3448*. – H. Zemann, Heidelberg: *78, 505*. – Zentralbibliothek, Zürich: *3948*. – G. Ziesler, München: *449*. – Dr. J. Zimmer, Pullach: *3758*. – D. Zingel, Wiesbaden: *2297*. – Prof. W. Zschietzschmann, Gießen: *1365*. – Zweites Deutsches Fernsehen, Mainz: *3944*.

Formeln, Karten und Zeichnungen Bibliographisches Institut & F. A. Brockhaus, Mannheim.

Reproduktionsgenehmigungen für Abbildungen künstlerischer Werke von Mitgliedern und Wahrnehmungsberechtigten wurden erteilt durch die Verwertungsgesellschaft BILD-KUNST/Bonn.

Stvw. = Stadtverwaltung